CURSO DE DIREITO COMERCIAL

SÉRGIO CAMPINHO

FALÊNCIA E RECUPERAÇÃO DE EMPRESA

15ª edição
2025

- O autor deste livro e a editora empenharam seus melhores esforços para assegurar que as informações e os procedimentos apresentados no texto estejam em acordo com os padrões aceitos à época da publicação, *e todos os dados foram atualizados pelo autor até a data da entrega dos originais à editora.* Entretanto, tendo em conta a evolução das ciências, as atualizações legislativas, as mudanças regulamentares governamentais e o constante fluxo de novas informações sobre os temas que constam do livro, recomendamos enfaticamente que os leitores consultem sempre outras fontes fidedignas, de modo a se certificarem de que as informações contidas no texto estão corretas e de que não houve alterações nas recomendações ou na legislação regulamentadora.

- Data do fechamento do livro: 27/10/2024

- O autor e a editora se empenharam para citar adequadamente e dar o devido crédito a todos os detentores de direitos autorais de qualquer material utilizado neste livro, dispondo-se a possíveis acertos posteriores caso, inadvertida e involuntariamente, a identificação de algum deles tenha sido omitida.

- Direitos exclusivos para a língua portuguesa
  Copyright ©2025 by
  Saraiva Jur, um selo da SRV Editora Ltda.
  Uma editora integrante do GEN | Grupo Editorial Nacional
  Travessa do Ouvidor, 11
  Rio de Janeiro – RJ – 20040-040

- Atendimento ao cliente: https://www.editoradodireito.com.br/contato

- Reservados todos os direitos. É proibida a duplicação ou reprodução deste volume, no todo ou em parte, em quaisquer formas ou por quaisquer meios (eletrônico, mecânico, gravação, fotocópia, distribuição pela Internet ou outros), sem permissão, por escrito, da **SRV Editora Ltda.**

- Capa e diagramação: Tiago Fabiano Dela Rosa

- **DADOS INTERNACIONAIS DE CATALOGAÇÃO NA PUBLICAÇÃO (CIP)**
  VAGNER RODOLFO DA SILVA – CRB-8/9410

C196c Campinho, Sérgio
Curso de Direito Comercial - Falência e Recuperação de Empresa / Sérgio Campinho. – 15. ed. – São Paulo : Saraiva Jur, 2025. (Curso de Direito Comercial)

512 p.
ISBN 978-85-5362-701-1 (Impresso)

1. Direito. 2. Direito Comercial. 3. Direito de Empresa. I. Título.

	CDD 346.07
2024-3234	CDU 347.7

Índices para catálogo sistemático:
1. Direito comercial   346.07
2. Direito comercial   347.7

PREFÁCIO

Sérgio Campinho, com a seriedade que marca a sua trajetória destacada e responsável no seio da advocacia e da academia, oferece-nos a sua mais recente colaboração ao mundo jurídico: *Curso de direito comercial – Falência e recuperação de empresa*.

Depreende-se do escrito que o processo de falência com o incidente eventual da recuperação judicial da empresa, inspirado na legislação francesa, restou regulado até a presente data pelo cognominado Decreto-Lei n. 7.661, de 21 de junho de 1945.

Inspirado na ideologia processualista-iluminista da época de sua edificação, atravessou meio século, o que por si só denota sua vetustez, posto radicalmente alterados os paradigmas jurídicos do novo milênio, o que implicou a defasagem da lei ante a nova ordem econômica e a realidade brasileira.

As severas transformações socioeconômicas, acrescidas da novel percepção axiológica do direito, fundado na livre concorrência e na dignidade da pessoa humana, conduziram o legislador a repensar uma norma falencial mais voltada para a salvação das empresas do que para a punição delas com a decretação da quebra, o que conduzia, a um só tempo, devedores e credores a situações deveras desvantajosas. Enfim, o direito concursal não atendia mais as agruras da crise da empresa, impondo-se um marco separatório entre o passado e o presente; entre o processo liquidatório de outrora e o recuperatório.

Nesse afã, foi constituída uma comissão com a finalidade de elaborar um novel projeto de lei de falências e concordatas, submetido ao crivo dos especialistas desde os idos de 1992, notadamente com grande e profícua participação da Ordem dos Advogados do Brasil.

Cumpre destacar que o decurso do tempo motivou a adoção da lúcida estratégia de criação de uma nova comissão para a redação última do projeto, à luz das ponderações recebidas (Portaria 552/MJ). Por isso, várias propostas foram acolhidas sem a triagem necessária, transfigurando sobremodo o projeto originário.

Essa interação resultou na atual lei, com resgate da sua tecnicidade, que, em sentido diametralmente oposto à antiga legislação, tem como desígnio a tríplice proteção dos credores, devedores e empresa. A obra do Professor Sérgio Campinho, cuja dedicação e competência experimentei como dileto companheiro na Faculdade de Direito da Universidade do Estado do Rio de Janeiro, aborda, com notável visão interdisciplinar, todas as vicissitudes desse novel ordenamento. Depreende-se de suas especulações teóricas e dogmáticas a moderna teoria da empresa, que se organiza para a prestação de serviços e produção de bens de forma organizada, de sorte que, além dos comerciantes, passaram a integrar a órbita falencial as pessoas jurídicas de natureza civil, bem como o devedor individual, ambos com ostensiva exploração de atividade econômica.

Deveras, anota o autor o quanto se ampliou esse espectro para alcançar pessoas com funções delegadas pelo Poder Público e que exercem atividade econômica, numa afirmação legal de que *ubi eadem ratio ibi eadem dispositio*.

Ressalta a obra a tendência hodierna à desformalização e à preponderância do valor celeridade na prestação jurisdicional, responsáveis pela supressão da atuação constante do Ministério Público, salvo nas hipóteses em que se manifesta interesse público, situação de difícil ocorrência nesse rito em que gravitam interesses patrimoniais, de regra, disponíveis, bem como do Poder Judiciário, cuja função precípua é a solução dos conflitos intersubjetivos.

O autor não se descura da análise principiológica, ressaltando a influência do dogma da valorização do trabalho humano, porque quanto mais forte a empresa, mais forte o emprego, conspirando pelo ideal de progresso e da livre concorrência.

Destaca-se, sob esse enfoque, o mais expressivo dispositivo da lei, vale dizer, o art. 47 ao dispor que "a recuperação judicial tem por objetivo viabilizar a superação da situação de crise econômico-financeira do devedor, a fim de permitir a manutenção da fonte produtora, do emprego dos trabalhadores e dos interesses dos credores, provendo, assim, a preservação da empresa, sua função social e o estímulo à atividade econômica".

Destarte, revela a sua crença de que a recuperação em si tende a superar quantitativamente a ocorrência das falências e que a *ratio essendi* da lei, por si só, explicita a razão da manutenção do privilégio dos créditos trabalhistas.

Destaca Campinho que a celeridade é responsável pela sumarização formal dos incidentes surgidos, quer na falência, quer na recuperação da empresa, sendo certo que, sob o enfoque empresarial, a falência adquiriu uma feição continuativa dos negócios,

PREFÁCIO

com administração profissional, de sorte que a tutela dos credores está na justa proporção da rentabilidade dos bens da massa.

A par dos aspectos interdisciplinares, a obra de Sérgio Campinho aborda a novel lei na sua visão de conjunto, a saber: são 8 capítulos, sendo o capítulo I relativo às "disposições preliminares" acerca do alcance da lei e seus sujeitos; o capítulo II dedicado às "disposições comuns à recuperação judicial e à falência"; o capítulo III específico quanto à "recuperação judicial"; o capítulo IV destinado a regular a "convolação da recuperação judicial em falência"; o capítulo V específico da "Falência"; o capítulo VI retratando a inovadora "recuperação extrajudicial"; o capítulo VII tratando das "disposições penais" e o capítulo VIII, das "disposições finais e transitórias".

A leitura deste volume, indispensável pela sua linguagem técnica e didática, não é servil apenas aos profissionais do direito, mas também a tantos quantos se dedicam à atividade negocial.

Enfim, é motivo de efusiva saudação o surgimento de mais um trabalho elaborado pela acuidade intelectual de Sérgio Campinho, que desde muito jovem destacou-se nesse campo árido do direito comercial, fazendo-o respeitado com singularidade entre os profissionais da advocacia e os integrantes do mundo acadêmico.

Honra-me prefaciar este livro, assim como gerou em mim significativo desvanecimento proceder à leitura de obra deveras minudente e construtiva, de tal sorte que há de destacar-se na biblioteca dos comercialistas respeitáveis do nosso Brasil.

Ministro Luiz Fux

Sumário

Prefácio V

Seção I – Disposições Gerais

CAPÍTULO 1 – NOÇÕES GERAIS 3

1. Etimologia 3

2. Uma visão conceitual da falência 3

3. A compreensão da falência à luz do ordenamento jurídico brasileiro.......... 6

4. Natureza da falência: direito material ou processual? 8

5. A falência como execução concursal 8

6. Conceito de falência 9

7. Conceito de recuperação judicial 10

8. Natureza jurídica da recuperação judicial 11

CAPÍTULO 2 – SUJEITOS DA FALÊNCIA, DA RECUPERAÇÃO JUDICIAL E DA RECUPERAÇÃO EXTRAJUDICIAL........................ 15

1. O empresário (sistema restritivo) 15

2. A profissão intelectual, de natureza científica, literária ou artística 17

3. O empresário rural 17

4. O empresário individual 18

5. O espólio	18
6. O menor empresário	20
7. A sociedade empresária	21
8. A sociedade anônima	22
9. A sociedade de economia mista e a empresa pública	23
10. A instituição financeira	24
11. A sociedade seguradora	26
12. A sociedade operadora de plano de assistência à saúde	27
13. A entidade de previdência complementar	27
14. O transportador aéreo	27
15. A sociedade cooperativa e a sociedade cooperativa médica operadora de plano de assistência à saúde	28
16. A sociedade que exerce atividade rural	30
17. As concessionárias de serviços públicos de energia elétrica	31
18. Os clubes de futebol	31
CAPÍTULO 3 – JUÍZO COMPETENTE	33
1. Conceito de principal estabelecimento	33
2. Prevenção	34
3. Natureza da competência	35
4. Encerramento das atividades	36
5. Alteração de estabelecimento	37
6. Filial de matriz situada no exterior	38

SEÇÃO II – ÓRGÃOS DA RECUPERAÇÃO JUDICIAL E DA FALÊNCIA E ACERTAMENTO DO PASSIVO DO DEVEDOR

CAPÍTULO 4 – O JUIZ E O MINISTÉRIO PÚBLICO	43
1. Visão geral e preliminar	43
2. A atividade do magistrado	43

3. A atuação do Ministério Público	44
4. Requerimento de falência pelo Ministério Público	47

CAPÍTULO 5 – O ADMINISTRADOR JUDICIAL ... 51

1. Posição jurídica	51
2. Nomeação e investidura	52
3. Impedimentos	54
4. Deveres e atribuições	55
5. Destituição	58
6. Substituição	58
7. Remuneração	61
8. Responsabilidade do administrador judicial	63
9. Prestação de contas	64

CAPÍTULO 6 – ASSEMBLEIA GERAL DE CREDORES ... 69

1. Noção	69
2. Competências	69
3. Convocação	70
4. Instalação	72
5. Direção dos trabalhos	73
6. Composição	73
7. Deliberações, termo de adesão e outros mecanismos de tomada de voto	75
8. Direito de voto e seu exercício abusivo	81
9. Supressão do direito de voto	86
10. Órgão não obrigatório	88

CAPÍTULO 7 – COMITÊ DE CREDORES ... 91

1. Constituição e composição	91
2. Impedimentos	93
3. Atribuições e competências	93

XII   CURSO DE DIREITO COMERCIAL – FALÊNCIA E RECUPERAÇÃO DE EMPRESA

4. Deliberações 94

5. Remuneração 95

6. Destituição 95

7. Responsabilidade civil 95

8. Órgão não obrigatório 96

CAPÍTULO 8 – VERIFICAÇÃO E HABILITAÇÃO DE CRÉDITOS 97

1. Natureza da verificação de créditos 97

2. Habilitação de crédito 98

3. Impugnação de créditos 101

4. Julgamento na verificação de créditos 102

5. Recurso da sentença de impugnação 103

6. Condenação em honorários advocatícios 104

7. Quadro-geral de credores 105

8. Créditos fazendários 106

9. Créditos decorrentes da relação de trabalho 109

10. Créditos ilíquidos 111

11. Habilitação retardatária 111

12. Impugnação retardatária 114

13. Exclusão, reclassificação ou retificação de créditos 115

Seção III – Recuperação Judicial

CAPÍTULO 9 – FUNDAMENTOS DO INSTITUTO 119

1. A crise econômico-financeira 119

2. O sistema bifásico de formação e aprovação do plano de recuperação judicial..... 121

CAPÍTULO 10 – INSTAURAÇÃO DO PROCESSO DE RECUPERAÇÃO JUDICIAL 125

1. Legitimação ativa 125

2. Requerimento conjunto (grupo de sociedades) 126

2.1. Juízo competente.. 127

2.2. Litisconsórcio ativo (consolidação processual)........................... 128

2.3. Plano unitário de recuperação judicial (consolidação substancial) 132

3. Condições para a recuperação judicial 138

4. Requisitos formais do pedido e representação 145

5. Constatação prévia 149

6. Deferimento do processamento da recuperação judicial.............. 151

7. Natureza jurídica do ato judicial.. 152

8. Recurso do despacho do processamento 153

9. Desistência do pedido 155

CAPÍTULO 11 – EFEITOS EM RELAÇÃO AOS CREDORES 157

1. Créditos sujeitos à recuperação... 157

2. Créditos titularizados por representantes comerciais autônomos.............. 161

3. Tratamento isonômico dos credores 162

4. Obrigações e valores inexigíveis 164

5. Suspensão das execuções, do curso da prescrição e proibição da constrição de bens.. 165

6. Novação recuperacional e o período de supervisão judicial 171

CAPÍTULO 12 – EFEITOS EM RELAÇÃO AOS BENS E À PESSOA DO DEVEDOR... 175

1. Restrição à livre disposição dos bens.. 175

2. Proibição de distribuição de lucros 178

3. Afastamento do devedor ou de seus administradores 180

CAPÍTULO 13 – A REORGANIZAÇÃO DA EMPRESA........................ 183

1. Meios de recuperação 183

2. Financiamento do devedor 185

3. Plano de recuperação: prazo de apresentação, conteúdo e tratamento do crédito de natureza trabalhista 188

4. Manifestação dos credores 190

XIV   CURSO DE DIREITO COMERCIAL – FALÊNCIA E RECUPERAÇÃO DE EMPRESA

5. Prazo de realização da assembleia geral de credores e prazo de suspensão das execuções.. 191

6. Apresentação de certidões negativas de débito fiscal.............................. 193

7. Julgamento... 199

8. Plano oferecido pelos credores... 201

9. Alienação de filiais ou UPIs... 204

10. Estado de recuperação e seu encerramento.. 207

11. Revisão do plano de recuperação judicial: pressupostos, condições e efeitos...... 212

12. Plano especial de recuperação judicial... 216

CAPÍTULO 14 – CONVOLAÇÃO DA RECUPERAÇÃO JUDICIAL EM FALÊNCIA 221

1. Hipóteses 221

2. Eficácia dos atos 224

Seção IV – Falência

CAPÍTULO 15 – ESTADO DE FALÊNCIA... 227

1. Pressupostos 227

2. Qualidade de empresário.. 227

3. Insolvência do empresário 227

4. Sistema do patrimônio deficitário.. 228

5. Sistema da incapacidade de pagar 228

6. Sistema da cessação de pagamentos.. 229

7. Sistema da impontualidade.. 229

8. Sistema da enumeração ou indicação de fatos concretos, precisados em lei 230

9. Sistema adotado pelo direito positivo brasileiro 230

10. Insolvência presumida ou confessada... 231

11. Conceito de insolvência.. 231

12. Decretação judicial da falência... 232

13. Pluralidade de credores.. 232

CAPÍTULO 16 – DEVEDOR EMPRESÁRIO 235

1. Empresário individual 235

2. Falência dos legalmente impedidos de exercer a atividade de empresário ... 236

3. Sociedade empresária... 237

4. Sócio de responsabilidade solidária e ilimitada.................................... 237

5. Sócio de responsabilidade limitada 241

6. Administradores das sociedades anônima e limitada 244

7. Sócio comanditário 245

8. Sócio oculto 245

9. Sócio da sociedade limitada e controlador da sociedade anônima 246

10. Ação de responsabilidade.. 247

    10.1. Objeto do pedido 248

11. Incidente de desconsideração da personalidade jurídica 249

12. Sociedade em conta de participação... 251

13. Sociedade em comum.. 252

14. Prova da qualidade de empresário.. 253

CAPÍTULO 17 – INSOLVÊNCIA DO DEVEDOR EMPRESÁRIO......... 255

1. Visão geral.. 255

2. Sistema da impontualidade.. 255

    2.1. Obrigação líquida.. 256

        2.1.1. Letra de câmbio não aceita 257

        2.1.2. Duplicata não aceita.. 257

        2.1.3. Duplicata virtual, escritural ou eletrônica 260

        2.1.4. Créditos líquidos que não ensejam falência 264

    2.2. Título executivo 264

    2.3. A prova da impontualidade: protesto do título 265

        2.3.1. Protesto comum e protesto especial.. 266

2.3.2. Protesto de sentença	269
2.3.3. Intimação do devedor	270
2.3.4. Local do protesto	272
2.3.5. Processamento e formalidades do protesto	272
2.4. Valor superior a quarenta salários mínimos	274
2.5. Relevante razão de direito	275
2.6. Crítica conceitual ao sistema da impontualidade	277
3. Sistema de enumeração legal	281
3.1. Execução sem pagamento ou garantia	283
3.2. Atos ruinosos	291
3.2.1. Liquidação precipitada e uso de meios ruinosos ou fraudulentos para pagar	291
3.2.2. Realização de negócio simulado ou alienação de ativo	292
3.2.3. Traspasse do estabelecimento	293
3.2.4. Transferência simulada do estabelecimento principal	294
3.2.5. Outorga ou reforço de garantia	294
3.2.6. Ocultação, fuga ou abandono do estabelecimento	295
3.2.7. Descumprimento de obrigação do plano de recuperação	295
CAPÍTULO 18 – DECRETAÇÃO JUDICIAL DA FALÊNCIA	297
1. Natureza do processo pré-falimentar	297
2. Legitimação processual ativa	297
2.1. Iniciativa do devedor	298
2.2. Iniciativa do cônjuge sobrevivente, do herdeiro ou do inventariante	300
2.3. Iniciativa dos sócios	301
2.4. Iniciativa dos credores	302
2.5. A iniciativa da Fazenda Pública	303
3. Defesa do requerido	305
4. O depósito elisivo da falência	307

SUMÁRIO   XVII

5. Decretação da falência 309

6. Termo legal da falência 310

7. Continuação provisória das atividades 312

8. Publicidade da sentença 314

9. Natureza jurídica da sentença 314

10. Coisa julgada 315

11. Recurso 315

12. Unidade e universalidade do juízo da falência 317

13. Sentença denegatória da falência 323

    13.1. Condenação em perdas e danos 325

14. Natureza do processo de falência 326

CAPÍTULO 19 – EFEITOS DA SENTENÇA EM RELAÇÃO À PESSOA DO FALIDO 329

1. Condição jurídica do falido 329

2. Direitos do falido 329

3. Inabilitação empresarial 330

4. Obrigações legais do falido 331

5. Restrição ao livre trânsito 332

6. Sigilo de correspondência 333

CAPÍTULO 20 – EFEITOS DA SENTENÇA EM RELAÇÃO AOS BENS DO FALIDO 335

1. O desapossamento dos bens e a formação da massa falida objetiva 335

2. Arrecadação e custódia dos bens 336

3. Arrecadação frustrada ou exígua 337

4. Bens excluídos da arrecadação 338

5. Auto de arrecadação dos bens 341

6. Liquidação antecipada dos bens 342

7. Geração de rendimentos a partir dos bens arrecadados 343

CAPÍTULO 21 – EFEITOS DA SENTENÇA EM RELAÇÃO AOS CREDORES 345

1. A formação da massa falida subjetiva 345

2. Credores concorrentes e credores concursais 345

3. Credores reivindicantes 346

4. Credores extraconcursais 346

5. Credores não admitidos 346

6. Credores por obrigações solidárias 348

7. Efeitos jurídicos quanto aos direitos dos credores e eficácia da convenção de arbitragem 349

8. Vencimento antecipado da dívida do falido 350

9. Suspensão das execuções individuais dos credores 351

10. Cessação da fluência de juros 351

11. Suspensão do curso do prazo prescricional 353

CAPÍTULO 22 – EFEITOS DA SENTENÇA EM RELAÇÃO AOS CONTRATOS DO FALIDO 355

1. Contrato: conceito e classificação 355

2. Contratos bilaterais 356

3. Contratos unilaterais 358

4. Coisas vendidas, ainda em trânsito 358

5. Venda de coisas compostas 359

6. Venda de coisa móvel ou prestação de serviços pagos em prestações 359

7. Contrato de venda com reserva de domínio 359

8. Contrato de compra e venda a termo 360

9. Promessa de compra e venda de imóveis 360

10. Contrato de locação 361

11. Compensação e liquidação de obrigação no âmbito do sistema financeiro nacional 361

12. Patrimônio de afetação 362

13. Contrato de trabalho	364
14. Concessão de serviço público	365
15. Contrato de conta-corrente	365
16. Contratos de mandato e comissão	366
17. Propriedade em comum	367
18. Contrato de sociedade	367
19. Compensação das dívidas do falido	370

CAPÍTULO 23 – AÇÃO REVOCATÓRIA 373

1. Atos ineficazes e revogáveis	373
2. Pagamento de dívidas não vencidas	376
3. Pagamento por meio extraordinário	376
4. Constituição de garantia real	377
5. Atos a título gratuito	377
6. Renúncia à herança ou ao legado	378
7. Traspasse do estabelecimento	378
8. Registros e averbações após a decretação da falência	379
9. Ineficácia do reembolso dos acionistas	380
10. Atos previstos no plano de recuperação judicial ou extrajudicial	381
11. Processamento da ação revocatória	381
12. Legitimação ativa e passiva	382
13. Competência, rito e prazo de propositura	383
14. Recurso da decisão revocatória	384
15. Ineficácia ou revogação de ato amparado em decisão judicial	385
16. Efeitos da ação revocatória	385

CAPÍTULO 24 – PEDIDO DE RESTITUIÇÃO 387

1. Função e natureza jurídica	387
2. Restituição ordinária	388

3. Alienação fiduciária em garantia 388

4. Cessão fiduciária de direitos creditórios 390

5. Arrendamento mercantil 390

6. Mandato e comissão 391

7. Comodato 391

8. Contrato estimatório 392

9. Restituição de dinheiro em poder do falido e restituição fazendária 392

10. Restituições especiais 393

11. Restituição de coisa vendida a crédito 393

12. Restituição decorrente de adiantamento a contrato de câmbio 395

13. Valores entregues ao devedor pelo contratante de boa-fé 396

14. Rito processual 396

15. Embargos de terceiro opostos pelo cônjuge do falido 397

CAPÍTULO 25 – CLASSIFICAÇÃO DOS CRÉDITOS 401

1. Razão de ordem 401

2. Gradação dos créditos 401

3. Créditos de natureza trabalhista 402

4. Crédito relativo a honorários advocatícios 404

5. Representantes comerciais autônomos 405

6. Créditos com garantia real 407

7. Créditos tributários 408

8. Créditos com privilégio especial 410

9. Créditos com privilégio geral 411

10. Créditos quirografários 412

11. Créditos subquirografários 412

12. Créditos subordinados 413

13. Créditos extraconcursais 414

CAPÍTULO 26 – REALIZAÇÃO DO ATIVO E PAGAMENTO DO PASSIVO.. 417

1. O momento da liquidação... 417

2. Plano de venda dos bens... 419

3. Alienação comum ou ordinária.. 420

4. Formas ordinárias... 421

5. Modalidades ordinárias 422

6. Modalidades extraordinárias.. 423

7. Sucessão nas obrigações do devedor.. 425

8. Disposições complementares à realização do ativo 427

9. Ordem de pagamentos 427

10. Importâncias reservadas... 429

11. Disposições complementares ao pagamento do passivo........ 429

12. Encerramento da falência 430

CAPÍTULO 27 – EXTINÇÃO DAS OBRIGAÇÕES DO FALIDO......... 433

1. Enquadramento 433

2. Pagamento 436

3. Decurso do tempo e encerramento da falência......................... 436

4. Processamento do requerimento.. 437

5. Sócios de responsabilidade ilimitada.. 438

SEÇÃO V – RECUPERAÇÃO EXTRAJUDICIAL

CAPÍTULO 28 – RECUPERAÇÃO EXTRAJUDICIAL 441

1. Convocação extrajudicial de credores 441

2. O acordo extrajudicial homologável 442

3. Condições gerais... 445

4. Condições especiais 446

5. Credores excluídos 446

XXII   CURSO DE DIREITO COMERCIAL – FALÊNCIA E RECUPERAÇÃO DE EMPRESA

6. Instrução do pedido 447

7. Oposição dos credores 449

8. Efeitos 451

SEÇÃO VI – O CÓDIGO DE PROCESSO CIVIL COMO FONTE SUBSIDIÁRIA E AS CONCILIAÇÕES E MEDIAÇÕES NOS PROCESSOS DE RECUPERAÇÃO JUDICIAL E RECUPERAÇÃO EXTRAJUDICIAL

CAPÍTULO 29 – DIÁLOGO COM O CÓDIGO DE PROCESSO CIVIL 455

1. Questão de ordem 455

2. Contagem dos prazos de natureza processual 455

3. O sistema recursal da Lei n. 11.101/2005 457

4. Regime de publicações e intimações 459

5. Negócio jurídico processual 460

6. Cooperação jurisdicional (cooperação nacional) 460

7. Conciliações e mediações antecedentes ou incidentais aos processos de recuperação judicial e de recuperação extrajudicial 461

SEÇÃO VII – INSOLVÊNCIA TRANSNACIONAL OU TRANSFRONTEIRIÇA

CAPÍTULO 30 – SISTEMA NORMATIVO DA INSOLVÊNCIA TRANS-NACIONAL NO BRASIL 469

1. Finalidade, regras, princípios e funcionalidade 469

2. Juízo competente 472

3. Acesso à jurisdição brasileira 473

4. Reconhecimento de processo estrangeiro e seus efeitos 474

5. Cooperação direta e indireta 478

6. Processos concorrentes 479

Referências 483

Seção I

Disposições Gerais

CAPÍTULO 1

NOÇÕES GERAIS

1. ETIMOLOGIA

O vocábulo falência deriva do verbo falir, do latim *fallere*, que exprime a ideia de faltar com o prometido, identificando-se, outrossim, com o verbo enganar. Significa, pois, falha, omissão, traduzindo a falta do cumprimento daquilo que foi assumido.

A palavra falência, sob o ponto de vista técnico-jurídico, passou a exprimir a impossibilidade de o devedor arcar com a satisfação de seus débitos, dada a impotência de seu patrimônio para a geração dos recursos e meios necessários aos pagamentos devidos.

Nas Ordenações do Reino usava-se a palavra "quebra" para identificar o instituto, inspirada na tradição de os credores promoverem a quebra da banca do comerciante que não houvesse honrado seus compromissos, impossibilitando-o, assim, de comerciar. A denominação foi apropriada pelo Código Comercial, em sua terceira parte, intitulada "Das Quebras" (arts. 797 a 913, já revogados). São, portanto, as palavras sinônimas, empregando-se indistintamente falência e quebra, como já se via no texto do outrora vigente art. 798 do Código Comercial ao estabelecer que "a quebra ou falência pode ser casual, com culpa ou fraudulenta", reafirmando a sinonímia das duas designações jurídicas.

A denominação "bancarrota" não ganhou eco no direito comercial brasileiro, embora seja sua utilização identificada no Código Criminal de 1830, consoante anotava Carvalho de Mendonça[1], sendo aí empregada para designar a falência fraudulenta. Contudo, foi banida pelo Código Comercial de 1850.

2. UMA VISÃO CONCEITUAL DA FALÊNCIA

A falência revela-se como o conjunto de atos ou fatos que exteriorizam, ordinariamente, um desequilíbrio no patrimônio do devedor.

---

[1] *Tratado de direito comercial brasileiro*, vol. VII, 4. ed. Rio de Janeiro: Livraria Editora Freitas Bastos, 1946, p. 9-10.

O instituto da falência faz emergir um complexo de regras, estabelecidas com o escopo de disciplinar e oferecer uma solução a esse desequilíbrio verificado, revelador de um estado de insolvência do devedor, que não possui patrimônio capaz de atender ao cumprimento a contento de suas dívidas.

Hodiernamente, como já esclarecia Carvalho de Mendonça[2], a falência não mais se presta a servir de instrumento de "ignorância e de desonra, nas mãos de credores para a vingança pessoal contra o devedor". Assim, como atesta o ilustre comercialista, "a lei que a disciplina não é a lei de cólera", afastando-se, destarte, as expressões falência e quebra do sentido etimológico originário.

Numa visão moderna e contemporânea do instituto falimentar, parece-nos adequada a proposição formulada por Rubens Requião[3], segundo a qual, na realidade, a falência "propõe uma solução para a empresa comercial arruinada: ou a liquida ou proporciona a sua recuperação".

A falência, sob este prisma de fundo, é a medida judicialmente realizável para resolver a situação jurídica do devedor insolvente. Essa solução não implica, necessariamente, a liquidação judicial do patrimônio do empresário insolvente – falência-liquidação –, revelando-se, outrossim, como promotora da recuperação da empresa por ele desenvolvida – falência-recuperação.

Essa visão unitária da insolvência empresarial, entre nós designada falência, foi sendo historicamente consagrada na legislação de diversos países, como na Alemanha (Lei de Insolvência Alemã, Insolvenzordnung – InsO, de 5 de outubro de 1994, com vigência em 1º de janeiro de 1999) e em Portugal (Código da Insolvência e da Recuperação de Empresas – CIRE, aprovado pelo Decreto-Lei n. 53, de 18 de março de 2004). Desse modo, tem-se um único processo de insolvência, sendo a recuperação uma de suas finalidades, em alternativa à liquidação[4].

A lei brasileira (Lei n. 11.101, de 9 de fevereiro de 2005), entretanto, não adota o prefalado princípio da unicidade do processo de insolvência empresarial ou falência, propondo, ao revés, a adoção de dois processos especiais aplicáveis ao devedor empresário em estado de crise econômico-financeira ou insolvente: o processo de recuperação judicial e o processo de falência.

Na verdade, a Lei n. 11.101/2005 preserva a tradição dualística institucional, contemplada em legislações precedentes entre a falência e a concordata (agora eliminada e

---

[2]   Ob. cit., vol. VII, p. 25.
[3]   *Curso de direito falimentar*, vol. I, 17. ed. São Paulo: Saraiva, 1998, p. 6.
[4]   Cf., entre outros, Catarina Serra, *O novo regime português da insolvência – uma introdução*, Coimbra: Livraria Almedina, 2004, p. 9; Pereira de Almeida, *Vida judiciária*, n. 74, dez/2003, p. 7 e ss.; Ludwig Häsemeyer, *Insolvenzrecht*, 3. ed. rev. e atual.; Köln, Berlin, Bonn, München: Heymanns, 2003, p. 720.

substituída pela recuperação), sistema que também se fazia presente na Lei Portuguesa anterior (Código dos Processos Especiais de Recuperação da Empresa e de Falência – CPEREF, instituído pelo Decreto-Lei n. 132, de 23 de abril de 1993), reformada sob a inspiração da Lei da Insolvência Alemã (InsO).

Para nós, o melhor sistema conceitual seria apresentar a insolvência empresarial ou falência diante de uma unidade processual[5], superando-se a dicotomia existente. Nesse processo único, após reconhecer-se o estado de insolvência do devedor, seja por iniciativa dele mesmo ou de algum de seus credores, ensejar-se-ia, prioritariamente, a recuperação da empresa econômica e financeiramente viável, através de todos os meios possíveis. Na sua inviabilidade, promover-se-ia a liquidação judicial do patrimônio do

---

[5] No Direito Alemão, o processo de liquidação do patrimônio do devedor insolvente ou a recuperação da empresa pode ser viabilizado por meio de um "Plano de Insolvência" (Insolvenzplan). Segundo Wolfgang Breuer, além de apurar a responsabilidade do devedor e saldar as dívidas com os credores, o plano de insolvência tem como objetivo maior o saneamento econômico e financeiro da empresa (*Insolvenzrecht*, 2. ed., Munique: Beck, 2003, p. 173). O referido plano, no dizer de Ludwig Häsemeyer, possui um campo muito maior de regulamentação, abrangendo desde o saneamento à liquidação (ob. cit., p. 720). No Direito Português, também se tem presente a mesma figura de um "Plano de Insolvência". Segundo o escólio de Catarina Serra, "o processo de insolvência é agora um processo único. Caracteriza-se por uma tramitação supletiva baseada na liquidação do patrimônio do devedor, existindo a possibilidade de os credores aprovarem um plano de insolvência, com o fim de promover a realização da liquidação em moldes distintos ou de recuperar a empresa" (ob. cit., p. 11). Os processos de insolvência nos Direitos Alemão e Português têm como finalidade imediata a liquidação do patrimônio do devedor insolvente e a partilha do produto entre os credores, admitindo-se, entretanto, seja dita liquidação evitada através de um plano de insolvência, no qual se viabilize a recuperação. Contudo, em crítica a esses sistemas, ponderamos que a decisão de recuperar fica postergada a uma fase avançada do processo, o que muitas vezes poderá vir a frustrá-la. Conforme, em comentários à lei portuguesa, esclarece Catarina Serra, "o plano de insolvência é o único instrumento que pode ser utilizado para fins de recuperação (cfr. art. 1º e art. 195º, n. 2, al. *b*). Ora, a assembleia para discutir e votar a respectiva proposta só pode ter lugar depois de transitada em julgado a sentença de declaração de insolvência, de proferida a sentença de verificação e graduação de créditos, de esgotado o prazo para interposição de recursos desta sentença e de realizada a assembleia de apreciação do relatório (cfr. art. 209º, n. 2)... O momento decisivo é, no entanto, o da reunião da assembleia de credores para apreciação do relatório do administrador da insolvência, que se realiza pouco tempo depois da declaração de insolvência (45 a 75 dias depois) e em que se escolhe entre a continuidade da empresa ou o seu encerramento e a eventual atribuição do administrador da insolvência do encargo de elaborar um plano de insolvência (cfr. art. 36º, al. *n* e art. 156º n. 2 e 3)" (ob. cit., p. 10-12). Pensamos ser a ideia da unicidade processual a mais adequada, mas o fim de recuperação deve poder logo ser implementado, não se mostrando conveniente seja o mesmo postergado, como acima se anotou. Assim, o próprio devedor, ao requerer que o juiz reconheça o seu estado de insolvência, poderia desde logo apresentar um plano de recuperação a ser apreciado pelos credores quando da declaração da insolvência ou falência. O mesmo poder-se-ia verificar quando a iniciativa do requerimento de falência fosse do credor: declarada a falência, abrir-se-ia a faculdade de o devedor apresentar um plano de recuperação, como alternativa à liquidação do seu patrimônio.

empresário insolvente. Assim, estar-se-ia oferecendo um tratamento à situação jurídica de insolvência desse empresário, em melhor atendimento aos anseios da economia contemporânea, prestigiando, como regra, a recuperação, só se partindo para a decretação da liquidação judicial quando a recuperação não se mostrasse factível.

3. A COMPREENSÃO DA FALÊNCIA À LUZ DO ORDENAMENTO JURÍDICO BRASILEIRO

Diante do sistema da Lei n. 11.101/2005, a falência encontra-se visceralmente ligada à perspectiva de liquidação judicial do patrimônio do empresário (individual ou sociedade empresária) insolvente, predominando, portanto, a ideia da falência-liquidação, impondo-lhe uma visão conceitual coordenada para este fim. Tanto que, uma vez declarada, não pode mais o devedor pretender a recuperação da empresa por ele exercida (art. 48, I). Com efeito, o objetivo do processo falimentar se movimenta para uma liquidação de ativos, com o afastamento do devedor empresário de suas atividades, visando a preservar e otimizar a utilização produtiva dos bens e recursos produtivos, inclusive os intangíveis que integram o estabelecimento empresarial (cf. art. 75), com o escopo de viabilizar medidas que, com maior proficiência, garantam melhor satisfação dos créditos (cf. arts. 111, 113, 139, 140 e 141). Ademais, a nova estrutura do art. 75, determinada pela Lei n. 14.112/2020, também enfatiza a falência como mecanismo de realocação de ativos na economia e de célere retorno do empreendedor falido à atividade econômica.

Todavia, essa vocação que lhe distingue na Lei n. 11.101/2005 não exclui a realização do seu papel concernente a promover a preservação da empresa[6], embora em perspectiva outra da que se tem traduzida nos institutos da recuperação judicial e da recuperação extrajudicial.

Como se destacou acima, a falência visa a preservar e otimizar a utilização produtiva do ativo do devedor falido, com sua realocação de maneira útil na economia. E, na realização desse ativo, se impõe celeridade e a observância de uma ordem de preferência para orientar a alienação dos bens. Prioriza-se a "alienação da empresa", isto é, a venda do negócio do devedor, com a transferência em bloco do estabelecimento. Em segundo plano, indica-se a venda do negócio, não de modo unitário, mas com a segregação de suas unidades produtivas, para, em terceiro plano, orientar a alienação em bloco dos bens que integram cada um dos estabelecimentos físicos do devedor e, por fim, a alienação dos bens individualmente considerados (art. 140).

Ora, com essa sequência de preferência ou prioridade, fica materializada a ideia da preservação da empresa, que se complementa e vem fortalecida pela previsão de que o

---

[6]   Sobre o tema, consulte o nosso "A preservação da empresa na falência". In: WAISBERG, Ivo; RIBEIRO, José Horácio Halfeld Rezende (Org.). *Temas de direito da insolvência.* São Paulo: IASP, 2017, p. 1.019-1.031.

objeto dessa alienação estará livre de quaisquer ônus e inexistirá sucessão do arrematante nas obrigações do devedor, inclusive as de natureza tributária, as derivadas da legislação do trabalho e as decorrentes de acidente de trabalho (art. 141, II).

As providências legais objetivam, sem dúvida, como já se consignou, a obtenção de mais recursos para o pagamento dos credores. Mas, ao mesmo tempo, se voltam para promover a preservação da empresa, com vistas a possibilitar a realização de sua função social, na medida em que estimulam a aquisição do negócio do devedor, para mantê-lo em operação, ou ao menos alguma ou algumas unidades produtivas isoladamente. Em qualquer dos casos se tem por finalidade, em uma frequência de maior amplitude, ou embora mais reduzida, a realização de atividade econômica organizada pelo adquirente do negócio do devedor falido ou ao menos de unidade ou unidades produtivas isoladas.

A reforma implementada pela Lei n. 14.112/2020 contribuiu para a otimização das vendas dos ativos na falência, não só em razão das regras constantes do art. 75, mas também ao conferir ao administrador judicial poderes para promover a venda, de maneira mais ágil, de todos os bens integrantes da massa falida. Em realidade, esse é um dever que se lhe impõe realizar no prazo máximo de cento e oitenta dias, contado da data da juntada do auto de arrecadação, sob pena de destituição, salvo por impossibilidade fundamentada e reconhecida por decisão judicial (art. 22, III, "*j*").

Na sua ótica de liquidação judicial do patrimônio do empresário insolvente emerge, ainda, como forma de saneamento do mercado, realizando a eliminação dos empresários e das empresas por eles desenvolvidas, econômica e financeiramente insolventes, sem viabilidade de recuperação. Visa, pois, preservar o mercado, impedindo que prossigam em suas atividades, dado a evidente perturbação e desequilíbrio que são capazes de nele provocar.

Ainda nesse diapasão, a liquidação judicial apresenta o também relevante escopo de assegurar aos credores do devedor insolvente um tratamento racional na realização de seus créditos, obstando abusos ou preferências indevidas e injustas, garantindo, sobretudo, a *par conditio creditorum*, ou seja, o tratamento igualitário, isonômico, entre credores de uma mesma categoria, já que os credores do devedor comum serão, no processo de falência, agrupados em classes que irão orientar a preferência para o recebimento dos respectivos créditos, preferência esta conferida segundo critérios legalmente definidos. Tem-se a reafirmação do princípio basilar do direito obrigacional de que o patrimônio do devedor se constitui na garantia geral dos credores, ressalvadas as preferências legítimas.

A respeito, atestava Carvalho de Mendonça[7] que a falência oferece "aos credores valiosa defesa coletiva no desastre econômico do devedor comum, impedindo preferências injustas, abusos e fraudes, proporciona o expediente honesto para o devedor demonstrar a sua lisura no infortúnio, observando a *par conditio creditorum*, e promover a sua liberação".

---

[7]   Ob. cit., vol. VII, p. 24.

Desse modo, a promoção da liquidação judicial do patrimônio do devedor insolvente, implementando o saneamento do ambiente empresarial e assegurando a *par conditio creditorum*, espelha a clara intenção da lei em promover a garantia e proteção do crédito, alma do mundo empresarial para alavancar e viabilizar os processos de produção e circulação de bens e serviços.

4. NATUREZA DA FALÊNCIA: DIREITO MATERIAL OU PROCESSUAL?

O instituto da falência afigura-se de extrema complexidade. De logo aparece na doutrina, nacional e alienígena, divergência quanto ao seu enquadramento: direito material ou direito processual?

A discussão parece-nos acadêmica e inócua. Como bem acentuava Carvalho de Mendonça[8], a falência não se restringe aos domínios do direito comercial; penetra nos do direito público, do direito civil, do direito internacional público e privado, do direito penal, do direito processual, em cada um dos quais vai buscar regras, preceitos e ensinamentos, tendo, muitas vezes, de modificá-los a fim de adaptá-los ao grande meio de ciência econômica, cujos fenômenos não lhe devem ser estranhos, na ciência financeira e na estatística, onde verifica a prova do resultado do seu funcionamento. Apreciada economicamente, a falência interessa não somente à economia individual como à pública, pois, incontestavelmente, perturba o crédito público, produz a dispersão de capitais, trazendo dano para a economia geral.

No regramento falimentar coexistem regras de fundo e de forma, não havendo que se falar na prevalência do caráter material ou do processual do instituto, pois a feição híbrida lhe é peculiar. Como exemplo das primeiras, registramos os arts. 117 e 118, os quais se voltam à disciplina dos efeitos da falência em relação aos contratos bilaterais e unilaterais do falido, respectivamente. Ainda no campo das exemplificações, indicamos, como exteriorização legal das segundas, os preceitos dos arts. 98 e 97. Este se ocupa da legitimação ativa para o requerimento de falência; aquele, da apresentação da resposta pelo devedor requerido e da figura da elisão da falência pelo depósito da importância reclamada pelo credor, quando o requerimento vier fundado nas hipóteses de impontualidade no pagamento da obrigação (art. 94, I) ou na execução sem pagamento ou garantia (art. 94, II).

5. A FALÊNCIA COMO EXECUÇÃO CONCURSAL

O instituto falimentar, tal qual desenhado em nossa lei, sob o prisma estritamente do direito processual, apresenta-se como uma execução concursal.

---

[8]   Ob. cit., vol. VII, p. 60.

Sampaio de Lacerda[9] afirmava, no direito anterior, que "dinamicamente, é um processo de execução coletiva, instituído por força de lei em benefício dos credores", assertiva esta plenamente compatível com o ordenamento posterior.

Com efeito, a falência afigura-se como um meio extraordinário de execução, englobando o patrimônio do devedor, instituída em favor da totalidade de seus credores que, salvo raras exceções, são atraídos para o juízo da falência.

Distingue-se da denominada execução singular, tratada pelo Código de Processo Civil de 2015 como execução por quantia certa, na medida em que esta se realiza em proveito particular de um ou mais credores determinados, procedendo-se a apreensão judicial de um ou mais bens individualizados do patrimônio do devedor (penhora).

A falência abrange os credores do devedor, como incide sobre os seus bens. Por isso, é chamada de execução extraordinária, concursal, coletiva ou universal.

No processo de falência será apreendido o patrimônio passível de execução do devedor, através de um procedimento denominado arrecadação, com o escopo de extrair-lhe valor para o atendimento, em rateio, observadas as preferências legais, de todos os credores do devedor comum. Será estabelecido, pois, um concurso de credores, assegurando-se perfeita igualdade de tratamento entre os credores de uma mesma classe (*par conditio creditorum*).

Não deve prestar a falência como meio ordinário de obtenção pelo credor do cumprimento da obrigação assumida pelo devedor, mas, sim, segundo ensinamento de Carvalho de Mendonça[10], como

> remédio extraordinário, que institui o concurso de credores sobre o patrimônio realizável do devedor comum, manifestada que seja a impossibilidade de satisfazer pontualmente os seus compromissos. Se o devedor não paga a um credor, cujo título de obrigação é indiscutível, e se revela privado de recursos para satisfazer a todos os credores, não bastariam os remédios ordinários autorizados pelas leis do processo, inspiradas no conceito individualista. A comunhão de prejuízos certos ou prováveis impõe e justifica a constituição de outro aparelho, no qual se sujeite o patrimônio do devedor a uma ordenada e universal execução.

6. CONCEITO DE FALÊNCIA

Diante de tudo que foi anteriormente exposto, é oportuno apresentar um conceito de falência, segundo seus contornos estabelecidos pelo ordenamento jurídico nacional, com toda a ênfase de que um instituto tão rico em suas causas, seus objetivos e efeitos não pode estar satisfatoriamente aprisionado em um mero enunciado conceitual.

---

[9]   *Manual de direito falimentar*. 12. ed. Rio de Janeiro: Livraria Editora Freitas Bastos, 1985, p. 17.
[10]   Ob. cit., vol. VII, p. 19-20.

Feita a ressalva, pode-se conceituar a falência no Brasil como um instituto destinado a solucionar a crise da empresa não viável, promovendo a liquidação judicial do patrimônio insolvente de seu titular, o empresário individual ou a sociedade empresária, mediante um processo de execução concursal, visando a sanear o mercado e a promover a garantia e a proteção do crédito, por meio de um sistema eficiente de liquidação de ativos para o pagamento do maior número de credores e do mais elevado percentual de créditos, observada a *par conditio creditorum*, tendo ao mesmo tempo por escopo a preservação e a otimização dos bens e dos recursos produtivos, sua realocação proveitosa no mercado e o rápido retorno do empreendedor falido à atividade econômica.

7. CONCEITO DE RECUPERAÇÃO JUDICIAL

A recuperação judicial, segundo perfil que lhe reservou o ordenamento, apresenta-se como um somatório de providências de ordem econômico-financeiras, econômico-produtivas, organizacionais e jurídicas[11], por meio das quais a capacidade produtiva de uma empresa possa, da melhor forma, ser reestruturada e aproveitada, alcançando uma rentabilidade autossustentável, superando, com isso, a situação de crise econômico-financeira em que se encontra seu titular – o empresário –, permitindo a manutenção da fonte produtora, do emprego e a composição dos interesses dos credores (cf. art. 47). Nesta perspectiva, é um instituto de direito econômico.

Sob a ótica processual, a medida se implementa por meio de uma ação judicial, de iniciativa do devedor[12], com o escopo de viabilizar a superação de sua situação de crise. É um processo especialíssimo, em que, por exemplo, não existe a figura do réu. Mas dita pretensão somente pode ser exercida até a declaração de sua falência (art. 48, I). Todo o procedimento vem orientado para a formação, aprovação e homologação de um plano de recuperação judicial, o qual poderá resultar de uma solução de consenso

---

[11]   Segundo os economistas alemães Kraus/Gless, há necessidade de ser implementada uma estratégia de saneamento e reestruturação para superação da crise da empresa, compreendendo os seguintes itens: (a) medidas operacionais visando a melhoria dos resultados e liquidez da empresa; (b) uma nova orientação fundamental e estratégica (da correção do Portfolio à nova configuração das relações de produção e mercado de cada setor da empresa); (c) uma alteração estrutural fundamental (de uma reestruturação fundamental do processo de valorização e da estrutura financeira até mesmo a uma nova estrutura organizacional da empresa); (d) uma mudança completa da mentalidade/cultura da empresa (*in* Buth/Hermanns (org.), *Restrukturierung, Sanierung, Insolvenz.* 2. ed. Munique: Beck, 2004, § 4º, p. 119 e ss.).

[12]   Estão, excepcionalmente, legitimados a requerê-la, o cônjuge sobrevivente, os herdeiros do falecido, ou o inventariante, na hipótese do devedor empresário, ou o sócio remanescente (parágrafo único do art. 48). Mas tais situações serão na Seção III enfrentadas e adequadamente esclarecidas e enquadradas.

ou, subsidiariamente, diante de manifesta impossibilidade, da imposição dos credores, observadas, neste caso, certas condições por lei estabelecidas.

8. NATUREZA JURÍDICA DA RECUPERAÇÃO JUDICIAL

A concordata, na esteira do Decreto-Lei n. 7.661/45, não exibia feição contratual. Sua natureza era a de um favor legal. Os credores a ela então sujeitos, os quirografários, não eram chamados a manifestarem suas vontades. Preenchendo o devedor os requisitos pela lei impostos, passava ele a fazer jus a esse favor, dirigindo ao juiz a sua pretensão, que, por sentença, a deferia.

Diversamente se apresentava, como se apresenta, a concordata civil, disciplinada no art. 783 do Código de Processo Civil de 1973[13], a expressar: "O devedor insolvente poderá, depois da aprovação do quadro a que se refere o art. 769, acordar com os seus credores, propondo-lhes a forma de pagamento. Ouvidos os credores, se não houver oposição, o juiz aprovará a proposta por sentença". Tem-se, pois, configurada a concordata contratual, tal qual, inclusive, também assim se caracterizava a concordata comercial no direito anterior ao Decreto-Lei n. 7.661/45, revelando a formação de um contrato processual.

Na recuperação judicial, durante o estágio inicial da Lei n. 11.101/2005, prevaleceu a autonomia privada da vontade das partes interessadas para alcançar a finalidade recuperatória. O caráter exclusivamente negocial consistiu em marco relevante do novel instituto. O procedimento estruturava-se para a construção de soluções conjuntas para a superação da crise empresarial. A reforma introduzida pela Lei n. 14.112/2020 alterou substancialmente o viés negocial da recuperação judicial, propondo solução diversa da autocomposição originariamente preconizada.

O sistema concebido para a formação e aprovação do plano de recuperação judicial passou a ser bifásico, composto, assim, de uma primeira fase estritamente negocial e de uma segunda impositiva ou imperativa. A primeira fase desenvolve-se em ambiente puramente negocial, visando a integrar as vontades do devedor e de seus credores, que vêm, assim, conjuntamente, aprovar um plano de recuperação judicial. Malograda a iniciativa negociada, passa-se à segunda fase, na qual a vontade coletiva dos credores se sobrepõe à do devedor, com a possibilidade de imposição de um plano de recuperação judicial.

---

[13]   O citado art. 783 encontra-se localizado no Título IV do Livro II da Lei n. 5.869/73 – o Código de Processo Civil de 1973 – título esse dedicado à execução por quantia certa contra devedor insolvente – insolvência civil, isto é, de devedor civil, não enquadrado como empresário individual ou como sociedade empresária. O título em apreço teve sua vigência estendida pelo art. 1.052 do Código de Processo Civil de 2015 até a edição de lei específica sobre o tema.

A natureza jurídica da recuperação judicial torna-se híbrida.

Com a sua implementação na primeira fase, tem-se a recuperação judicial como um contrato instrumentalizado no plano de recuperação judicial. O fato de o plano de recuperação encontrar-se submetido a uma avaliação judicial não lhe retira a índole contratual. A concessão, por sentença, da recuperação judicial, não tem qualquer repercussão sobre o conteúdo do plano estabelecido entre as partes interessadas (devedor e seus credores), porquanto a decisão encontra-se vinculada a esse conteúdo. O controle judicial do plano de recuperação possibilita excluir eventuais objeções em face de sua validade. O procedimento de concessão judicial contribui para a redução das fontes de erro durante a sua celebração[14] e para repelir condutas abusivas, bem como permite aos credores a oportunidade de verificar se seus interesses não foram prejudicados[15], garantindo a sua plena legalidade e dotando-o de força executiva[16]. A atuação do juiz restringe-se à verificação de conformação do plano com o ordenamento jurídico. É um guardião de sua legalidade. Fica-lhe obstado, pois, interferir no seu conteúdo, de domínio exclusivo das partes[17]. A exigência da chancela do acordo por autoridade judicial representa medida de política judiciária.

Por isso, numa primeira fase, o instituto da recuperação judicial deve ser enxergado com a natureza de um contrato judicial, com feição novativa, realizável através de um

---

[14] Ex.: Imprecisões jurídicas quanto às normas de incorporação ou fusão societária, quando forem tais operações eleitas como forma de recuperação.

[15] Ex.: Tratamento diferenciado entre os credores da classe que houver rejeitado o plano de recuperação – §2º do art. 58 da LRF – e não atendimento dos créditos derivados da legislação trabalhista ou decorrentes de acidentes de trabalho vencidos até a data do pedido de recuperação, no prazo legal – art. 54 da LRF.

[16] §1º do art. 59 da LRF: "A decisão judicial que conceder a recuperação judicial constituirá título executivo judicial, nos termos do art. 584, inciso III do *caput* da Lei n. 5.869, de 11 de janeiro de 1973 – Código de Processo Civil". Hoje, a referência legal ao inciso III do art. 584, constante do texto da LRF, deve ser atualizada para contemplar o inciso II do art. 515 do Código de Processo Civil de 2015.

[17] Essa posição vem sendo corroborada pelo Superior Tribunal de Justiça. A respeito, confiram-se os trechos extraídos das ementas dos seguintes julgados: "A assembleia de credores é soberana em suas decisões quanto aos planos de recuperação judicial. Contudo, as deliberações desse plano estão sujeitas aos requisitos de validade dos atos jurídicos em geral, requisitos esses que estão sujeitos a controle judicial" (REsp n. 1.314.209/SP, Rela. Min. Nancy Andrighi e julgado à unanimidade de votos pelos Ministros integrantes da 3ª Turma do STJ em 22-5-2012). "As decisões da assembleia de credores representam o veredito final a respeito dos destinos do plano de recuperação. Ao Judiciário é possível, sem adentrar a análise da viabilidade econômica, promover o controle de legalidade dos atos do plano sem que isso signifique restringir a soberania da assembleia geral de credores" (REsp n. 1.513.260/SP, Rel. Min. João Otávio de Noronha e julgado à unanimidade de votos pelos Ministros integrantes da 3ª Turma do STJ em 5-5-2016).

plano de recuperação. A proposta do devedor é formulada em juízo e sua vontade vem inicialmente manifestada na petição inicial e complementada com a apresentação do plano de recuperação e, ainda, com o assentimento às eventuais alterações propostas pelos credores. A de seus credores, sujeitos aos efeitos da recuperação, é declarada de forma expressa ou tácita. Esta se verifica quando não apresentam objeção à proposição formulada; aquela se realiza quando o plano sofre objeção por parte de qualquer credor, sendo, então, a proposta do devedor submetida a uma deliberação expressa dos credores. Para a perfectibilidade do acordo, não se exige a manifestação unânime da vontade dos credores, sendo suficiente sua formação entre o devedor e uma maioria legalmente estabelecida de credores, capaz de obrigar a minoria. A massa de credores é quem declara a sua vontade. E isso se justifica porque o fim do processo de recuperação judicial deve ser único para todos, pois a relação processual que se estabelece é única.

O contrato deste modo perfectibilizado revela-se como plurilateral. Assim o é justo porque comporta um número indefinido de partes, cujas prestações se dirigem à consecução de um fim comum. Ainda que se possam vislumbrar interesses opostos, estes são integrados, dirigidos, coordenados para a obtenção deste fim comum: a recuperação da empresa em crise.

Não se aprovando o plano de recuperação judicial na primeira fase, tem-se a possibilidade de ingresso em uma segunda, que revela a recuperação judicial impositiva ou imperativa, suprimindo-lhe a natureza contratual. A impositividade, derivada da exclusiva vontade dos credores, surge diante do malogro da aprovação de um plano negociado, como legítima alternativa à convolação da recuperação judicial em falência. Traduz-se, portanto, na ideia de um plano imposto pelos credores ao devedor, como último recurso à falência. Estará ele, igualmente, sujeito ao controle e à aprovação judicial, que especificamente deverá garantir não seja impingido ao devedor ou, quando for o caso, aos seus sócios sacrifício maior do que aquele que decorreria da liquidação falimentar.

Faculta-se aos credores tornar concreto o seu plano em duas oportunidades: (a) rejeição do plano de recuperação judicial pela assembleia geral de credores[18] (§§ 4º a 8º do art. 56); e (b) retardamento injustificável da deliberação dos credores a respeito do plano de recuperação judicial apresentado pelo devedor (§ 4º-A do art. 6º). A ocorrência de qualquer uma das hipóteses oportuniza o ingresso na segunda fase do processo de recuperação judicial, na qual a sua natureza negocial cede espaço ao viés impositivo ou imperativo[19].

---

[18] Realizada pelo modo presencial, híbrido ou exclusivamente digital.

[19] Para o aprofundamento da matéria concernente ao plano oferecido pelos credores, confira-se o item 8 do Capítulo 13.

E desde logo é lícito deixar bem claro que o escopo da providência é o de recuperar a empresa – enquanto atividade econômica organizada – e não o seu titular, o empresário (individual ou sociedade empresária). Assim é que, dentre as medidas de saneamento da crise, se prevê a possibilidade de alteração dessa titularidade.

CAPÍTULO 2

SUJEITOS DA FALÊNCIA, DA RECUPERAÇÃO JUDICIAL E DA RECUPERAÇÃO EXTRAJUDICIAL

1. O EMPRESÁRIO (SISTEMA RESTRITIVO)

Tradicionalmente, o sistema adotado pelo Direito brasileiro, quanto à sujeição ao procedimento falimentar, é o restritivo. Previa o art. 1º do Decreto-Lei n. 7.661/45 que se considerava "falido o comerciante". Reafirmava, assim, a natureza mercantil do instituto, presente desde o Código Comercial de 1850.

Com o advento do Código Civil de 2002, impôs-se uma releitura do prefalado art. 1º do diploma de 1945, a fim de adaptá-lo à nova ordem jurídica pelo Código instituída que, de forma geral e definitiva, incorporou a teoria da empresa a qual, diga-se de passagem, já se desenhava em algumas leis esparsas, como as Leis n. 8.245/91 (Lei de Locações), na parte relativa à renovação compulsória da locação, e n. 8.934/94 (Lei de Registro Público de Empresas Mercantis e Atividades Afins).

O art. 2.037, situado nas disposições finais e transitórias do Código Civil, manda aplicar aos empresários individuais e às sociedades empresárias as disposições vigentes da lei, isto é, não revogadas pelo Código, referentes a comerciantes ou a sociedades comerciais, bem como a atividades mercantis.

Dentro desse cenário, concluía-se que o sujeito passivo da falência ativo e da extinta concordata em nosso Direito era o empresário, tanto o singular ou individual, quanto as sociedades empresárias.

Idêntico sistema vem consagrado pela Lei n. 11.101/2005, a qual, em seu art. 1º, estatui: "Esta lei disciplina a recuperação judicial, a falência e a recuperação extrajudicial do empresário e da sociedade empresária, doravante referidos simplesmente como devedor". Vê-se, assim, total sintonia entre a Lei Falimentar e o princípio estabelecido no art. 2.037 do Código Civil.

O empresário, nos termos da lei brasileira, é a pessoa física ou jurídica que exerce profissionalmente, ou seja, com habitualidade e fim lucrativo, atividade econômica organizada para a produção ou a circulação de bens ou de serviços no mercado (Código Civil, arts. 966 e 982).

Percebe-se, pelo conceito, que a qualificação jurídica do empresário vai além da clássica definição de comerciante elaborada pela doutrina à luz dos princípios emergentes dos arts. 1º e 4º do antigo e revogado Código Comercial e do art. 19 de seu Regulamento n. 737, de 1850, apoiada na "mercancia" (ato de comércio), para definir o conteúdo da "matéria comercial"[1].

A atividade empresarial, fruto do exercício profissional da empresa, resultada da ordenação econômica do trabalho, tem seu campo de incidência ampliado, vindo a tocar aqueles que executam atividades de intermediação ou circulação, produção de bens e prestação de serviços em geral.

O sistema restritivo adotado não mais se justifica, pois deixa à margem da disciplina da Lei n. 11.101/2005 inúmeros agentes econômicos. A teoria da empresa não mais responde, adequadamente, aos anseios atuais do direito da insolvência, o qual se constitui em instrumento de controle da economia, devendo excluir do mercado os agentes econômicos inviáveis e preservar os viáveis.

O objetivo da recuperação judicial e da recuperação extrajudicial deve ser o da preservação da atividade econômica e não apenas daquela que se caracteriza como atividade empresária.

O regime da insolvência civil se mostra como um sistema deficiente para cuidar da insolvência daqueles não qualificados como empresários e que desempenham atividade econômica, notadamente no que se refere à intitulada concordata civil (art. 783 do Código de Processo Civil de 1973, mantido em vigor por força do disposto no art. 1.052 do Código de Processo Civil de 2015), na qual se identifica manifesta impropriedade dos meios para a consecução do fim esperado: a preservação da atividade econômica.

Os agentes econômicos não enquadrados juridicamente como empresários, como as sociedades simples e certas associações que realizam atividade econômica, por exemplo, igualmente são responsáveis pela geração direta e indireta de empregos, de tributos e de bens ou serviços para o mercado, promovendo uma efetiva função social da atividade econômica.

Desse modo, urge que se amplie o conceito da sujeição ao regime da Lei n. 11.101/2005 para o agente econômico, não mais ficando limitado àqueles que se enquadrem juridicamente como empresários[2].

---

[1]   No rol das definições apresentadas podem-se extrair três elementos que, pacificamente, nelas apareciam para conceituar a figura do comerciante: (a) prática de atos de comércio (exercício da mercancia); (b) a profissionalidade dessa prática, revelada pela habitualidade e pelo escopo de lucro; (c) a capacidade jurídica do agente.

[2]   A respeito da possibilidade de recuperação judicial de associação com finalidade econômica, consulte o nosso parecer sobre o caso da UCAM (Universidade Candido Mendes), publicado em *Estudos e Pareceres*. Rio de Janeiro: Processo, 2021, p. 113-145. O Superior Tri-

2. A PROFISSÃO INTELECTUAL, DE NATUREZA CIENTÍFICA, LITERÁRIA OU ARTÍSTICA

Na caracterização do empresário, a lei, contudo, expressamente exclui dessa condição certas pessoas, em função da natureza das atividades que desempenham. Assim dispõe o parágrafo único do art. 966 do Código Civil: "Não se considera empresário quem exerce profissão intelectual, de natureza científica, literária ou artística, ainda com o concurso de auxiliares ou colaboradores, salvo se o exercício da profissão constituir elemento de empresa".

As pessoas enquadradas na disposição, embora realizem uma atividade de caráter econômico, não são, na visão legal, juridicamente empresárias, devendo, destarte, observar o regime do direito civil e, consequentemente, encontram-se imunes aos procedimentos falimentar e de recuperação.

É o caso, por exemplo, do exercício liberal das profissões de advogado, engenheiro, arquiteto, médico, farmacêutico e dentista (profissão intelectual de natureza científica); ou, ainda, de escritor (profissão intelectual de natureza literária), de músico e de desenhista (profissão intelectual de natureza artística).

Mas não se pode olvidar da ressalva prevista no texto reproduzido: "salvo se o exercício da profissão constituir elemento de empresa"[3]. Nesses termos, não há a subtração da condição de empresário, ficando o sujeito sob o pálio da legislação especial.

3. O EMPRESÁRIO RURAL

O empresário rural, entendido como tal aquele cuja atividade rural constitua sua principal profissão, fica submetido, em princípio, ao regime do direito civil, não estando, desse modo, sujeito à falência ou à recuperação. Não é, portanto, considerado juridicamente empresário.

---

bunal de Justiça, por ocasião do julgamento do Agravo Interno no Pedido de Tutela Provisória n. 3.654/RS, reconheceu como plausível a "legitimidade ativa para apresentar pedido de recuperação judicial das associações civis sem fins lucrativos que tenham finalidade e exerçam atividade econômica" (4ª Turma, decisão por maioria, em 15-3-2022, Rel. p/ acórdão Min. Luis Felipe Salomão). O mesmo Superior Tribunal de Justiça, por sua 3ª Turma, apreciando pedido de recuperação judicial formulado por fundação de direito privado, decidiu que entidades dessa natureza não possuem legitimação para ajuizar tal requerimento (cf. Recurso Especial n. 2.036.410/MG e Recurso Especial n. 2.155.284/MG, ambos relatados pelo Min. Ricardo Villas Bôas Cueva e decididos por maioria em 1º-10-2024).

[3] A empresa constitui uma atividade organizada contendo diversos elementos. O exercício da profissão intelectual poderá ser um desses elementos. A respeito, confira-se o que escrevemos na obra *Curso de direito comercial*: direito de empresa, com formulação de exemplos, a fim de clarear a compreensão da matéria (*Curso de direito comercial*: direito de empresa. 14. ed. São Paulo: Saraiva, 2016, Capítulo 3, item 3.3.4).

No entanto, permite o Código Civil que ele requeira a sua inscrição no Registro Público de Empresas Mercantis da sua respectiva sede e, efetivado o registro, ficará equiparado, para todos os efeitos, ao empresário individual ou à sociedade empresária, conforme o caso (arts. 971 e 984 do citado Código). A partir de então, passará a estar sujeito à falência e à recuperação. Sobre a recuperação judicial do produtor rural, reme-temo-nos, em aprofundamento, ao item 3 do Capítulo 10 e ao item 12 do Capítulo 13.

4. O EMPRESÁRIO INDIVIDUAL

O empresário individual é a pessoa física ou natural que exerce a empresa. O fará sob uma firma, constituída a partir de seu nome, utilizado de forma completa ou abreviada, podendo-lhe aditar designação mais precisa de sua pessoa ou gênero de atividade.

Sujeitam-se à falência o empresário individual regular, entendido como aquele que não está legalmente impedido de exercer a atividade e se encontra devidamente inscrito no Registro Público de Empresas Mercantis da respectiva sede, a cargo das Juntas Comerciais, bem como o irregular ou de fato, ou seja, aquele que exerce a atividade à margem das exigências legais para o seu exercício regular[4]. Entretanto, o empresário irregular não poderá fazer uso dos institutos da recuperação judicial ou da extrajudicial, reservados somente para aqueles que exerçam regularmente as suas atividades há mais de dois anos (arts. 48 e 161).

5. O ESPÓLIO

O empresário individual pode falecer em estado de insolvência, ou, até mesmo, pode ela aflorar após a sua morte.

Como a existência da pessoa natural termina com a morte, não se concebe possa ser declarada a falência do *de cujus*. Daí ter a Lei de Falência e Recuperação encontrado a solução de sujeitar ao procedimento falimentar o espólio do devedor empresário, tal qual já o fazia a lei revogada de 1945.

---

[4] Consoante escrevemos em nosso livro *Curso de direito comercial*: direito de empresa, o empresário individual, para ostentar a condição de regular, passando a gozar de determinados privilégios legais, deve obedecer a dois requisitos: não estar legalmente impedido de exercer a atividade e encontrar-se registrado no Registro Público de Empresas Mercantis de sua sede, desempenhado pelas Juntas Comerciais. Faltando qualquer desses elementos, ficará qualificado como empresário irregular ou de fato, mas será sempre considerado empresário, na medida em que for capaz e exercer atividade própria de empresário. Em conclusão, podemos sistematizar os pressupostos para a obtenção da qualidade de empresário e aqueles que outorgam a condição de empresário regular. No primeiro grupo, encontram-se a capacidade e o exercício profissional de atividade privativa de empresário; no segundo, o registro e a inexistência de vedação legal para que o agente exerça a atividade econômica própria de empresário (ob. cit., p. 43-44).

Encontram-se legitimados a requerê-la o cônjuge sobrevivente, qualquer herdeiro do devedor falecido, o inventariante ou qualquer credor (art. 97, II e IV). Os mesmos legitimados podem requerer a recuperação judicial ou extrajudicial do espólio (parágrafo único do art. 48 e art. 161), à exceção do credor.

Caberá ao inventariante a representação do espólio, devendo, assim, ser citado para a respectiva ação. Apesar de competir ao inventariante a representação do espólio falido no processo de falência, sustentamos que, quando do requerimento, devem os herdeiros, além do inventariante, ser pessoalmente citados, dado o notório interesse patrimonial de que desfrutam[5 e 6]. Se é verdade que os efeitos da falência, por princípio, não os atingirão, não menos verdade é que a partilha dos bens componentes do espólio entre eles restará frustrada, em virtude da arrecadação que será realizada com vistas a colocá-los à disposição dos credores. Daí a Lei de Falência e Recuperação determinar a suspensão do processo de inventário a partir da declaração da falência do espólio, cabendo ao administrador judicial a realização de atos pendentes em relação aos direitos e obrigações da massa falida (art. 125). Por outro lado, a citação dos herdeiros deverá sempre se impor quando a iniciativa do requerimento for do inventariante, pois, tecnicamente, não é hipótese de confissão de falência.

A falência do espólio, dispõe o § 1º do art. 96 da Lei n. 11.101/2005, não será decretada depois de um ano da morte do devedor. Contudo, a locução "decretada" merece interpretação lógica e racional, sob pena de, interpretada literalmente, conduzir à absurda conclusão.

A exegese que defendemos para o preceito é a de que o prazo legal de um ano deve ser para que o legitimado possa requerer a falência. A declaração, em si, não depende exclusivamente de sua iniciativa, mas sim da observância de um devido processo legal que, a final, deixará a cargo do Estado-Juiz proferir a decisão. A eventual demora na prolação da sentença não deve, de certo, obstar a tutela jurisdicional pretendida pelo requerente, que exercitou tempestivamente o seu direito subjetivo[7].

---

5   Nesse sentido, tem-se decisão do Supremo Tribunal Federal: cf. *Rev. Forense* n. 129/443.

6   Embasando o afirmado, cf. art. 1.791, *caput* e parágrafo único, do Código Civil: "Art. 1.791. A herança defere-se como um todo unitário, ainda que vários sejam os herdeiros. Parágrafo único. Até a partilha, o direito dos coerdeiros, quanto à propriedade e posse da herança, será indivisível, e regular-se-á pelas normas relativas ao condomínio".

7   Em complementação ao que aqui foi abordado, fazemos remissão ao item 2.2 do Capítulo 18, no qual também foi o tema desenvolvido sob o ângulo da iniciativa do requerimento de falência do espólio.

6. O MENOR EMPRESÁRIO

O empresário individual, para assim juridicamente qualificar-se, deve ser capaz e exercer atividade própria de empresário, tal qual definida no art. 966 do Código Civil.

O incapaz, portanto, não pode realizar atividade empresarial, não se permitindo seja enquadrado como empresário (Código Civil, art. 972).

Aos dezoito anos completos cessa a incapacidade, ficando a pessoa natural habilitada à prática de todos os atos da vida civil, viabilizando-se, desse modo, o exercício da profissão de empresário.

Segundo o regime de capacidade do Código Civil, os menores de dezesseis anos são reputados absolutamente incapazes e os maiores de dezesseis e menores de dezoito anos relativamente incapazes (arts. 3º e 4º). O menor relativamente incapaz pode prematuramente obter a plena capacidade, encontrando-se as hipóteses autorizadoras devidamente alinhadas no parágrafo único do art. 5º do mencionado diploma legal. Cessa a incapacidade por concessão dos pais, ou de um deles na falta do outro, mediante instrumento público; por sentença após a oitiva do tutor; pelo casamento; pelo exercício de emprego público efetivo; pela colação de grau em curso de ensino superior; e pelo estabelecimento civil ou comercial, ou ainda pela existência de relação de emprego, desde que, em função deles, o menor tenha economia própria.

Encontrando-se emancipado o menor, desfrutando de plena capacidade, pode ser juridicamente qualificado como empresário, ante o exercício profissional de atividade econômica organizada para a produção ou a circulação de bens ou de serviços e, como tal, estará sujeito à falência.

A Lei n. 11.101/2005 não aborda, de modo expresso, a questão do menor que se emancipa pelo estabelecimento com economia própria, estando sua submissão ao procedimento falimentar arrimada na regra geral de sujeição passiva insculpida no art. 1º, na medida em que passa a qualificar-se como empresário.

O eventual argumento de que o menor emancipado empresário, porque não passível de responder por crime falimentar, não estaria sujeito à falência, não nos parece sustentável. A inimputabilidade penal não é capaz de influenciar na matéria. As órbitas jurídicas são distintas, cada qual com um escopo regulatório específico. A falência, como se disse alhures[8], visa a realizar uma liquidação mais racional e eficiente do patrimônio do empresário insolvente, promovendo o afastamento do devedor de sua atividade, assegurando a *par conditio creditorum*, funcionando, destarte, como importante instrumento de proteção do crédito.

---

[8]   Cf. item 2 do Capítulo 1.

SUJEITOS DA FALÊNCIA, DA RECUPERAÇÃO JUDICIAL E DA RECUPERAÇÃO EXTRAJUDICIAL   21

O menor emancipado empresário, na verdade, é inimputável criminalmente. Não só deixará de responder por crime falimentar, mas também por outros crimes incorridos no exercício de sua atividade profissional, tais como os crimes de emissão de duplicata fria, contra a economia popular, contra as relações de consumo, de estelionato etc. Com efeito, a inimputabilidade penal do menor relativamente incapaz não impediu que o Código Civil possibilitasse o seu estabelecimento como empresário, justamente porque as órbitas são diversas. Se o menor emancipado pode qualificar-se juridicamente como empresário, deve ficar jungido a seu estatuto jurídico, passível, portanto, de falência, ainda que não se submeta a responder por crime falimentar.

No que pertine à recuperação, entretanto, a ela não faz jus o menor emancipado. Não em razão da circunstância ligada diretamente à sua condição. A vedação resulta de requisito genericamente estabelecido em lei: exigência de exercício regular da atividade empresarial há mais de dois anos (art. 48). Por questões concretas, não terá o menor emancipado empresário condições de atender à exigência legal. Isto se verifica não só na recuperação judicial, como também na extrajudicial, a qual obedece às mesmas condições preliminares daquela (art. 161).

7. A SOCIEDADE EMPRESÁRIA

A sociedade empresária, como se viu, é a pessoa jurídica que exerce profissionalmente atividade econômica organizada para a circulação ou a produção de bens ou de serviços.

Tais sociedades englobam as clássicas sociedades comerciais e inúmeras das antigas sociedades civis com fim econômico. São sociedades empresárias, por exemplo, as agências de viagem, os hospitais, as casas de saúde, as administradoras de imóveis e condomínios, as denominadas "empresas de trabalho temporário"[9] e as incorporadoras de imóvel[10], que no direito anterior eram enquadráveis como sociedades civis.

Convivem com elas as sociedades simples, as quais, como sociedades que são, também desempenham atividade econômica e os seus sócios partilham os respectivos resultados auferidos. Contudo, segundo o perfil legislativo que lhes foi conferido, empreende atividades econômicas específicas; o seu objeto vem reservado pelo ordenamento jurídico positivo. No seu gênero encontram-se albergadas algumas das antigas sociedades civis com fim lucrativo. Em linhas gerais, simples são as sociedades que adotem

---

9   As "empresas de trabalho temporário", apesar de qualificadas como sociedades civis no direito anterior, já incorriam em falência por força do estatuído no art. 16 da Lei n. 6.019/74.

10   O incorporador imobiliário, embora exercente de atividade civil no regime antecedente ao do Código Civil de 2002, já se mostrava passível de falência, conforme disposto no art. 43, III, da Lei n. 4.591/64.

forma de cooperativa, ou que exerçam objeto atinente à atividade própria de empresário rural, sem registro na Junta Comercial, ou que desempenham atividades definidas
na lei como não empresariais, tais como aquelas situadas no parágrafo único do art. 966
do Código Civil, salvo se o exercício da profissão intelectual, de natureza científica, literária ou artística constituir elemento de empresa[11].

A sociedade simples, subordinada ao estatuto civil, não se submete ao procedimento falencial nem recuperatório. A empresária é que se submete a tais procedimentos.

Sendo ela uma sociedade empresária irregular ou de fato, que o Código Civil de
2002 veio a denominar sociedade em comum, compreendida como aquela cujos atos
constitutivos não se encontram inscritos na Junta Comercial e desprovida, por isso, de
personalidade jurídica, estará sujeita à falência (arts. 1º e 105, IV, da Lei n. 11.101/2005),
mas não poderá requerer a recuperação judicial ou extrajudicial (arts. 48 e 161 da Lei
n. 11.101/2005).

8. A SOCIEDADE ANÔNIMA

A sociedade anônima será sempre qualificada como sociedade empresária. É
sociedade empresária pela forma, independentemente do seu objeto (Código Civil,
parágrafo único do art. 982 e Lei n. 6.404/76, § 1º do art. 2º). Dessa sorte, como
regra geral, pode-se afirmar que a sociedade anônima é sujeito passivo de falência e
ativo de recuperação judicial e extrajudicial. Somente não o será quando, pelo objeto desempenhado, lei a excluir e a submeter a outro procedimento, nas condições
que especificar.

A Lei n. 14.112/2020 exigiu, em se tratando de companhia aberta, que o funcionamento do conselho fiscal seja permanente enquanto durar a "fase da recuperação
judicial", incluído o período de cumprimento das obrigações assumidas no plano de
recuperação judicial (art. 48-A).

Por "fase da recuperação judicial", deve-se entender, em boa exegese sistemática,
o interregno compreendido entre o ato judicial que determina o processamento da
recuperação judicial, passando por sua concessão, até o encerramento do respectivo
processo (arts. 52, 58, 61 e 63).

De todo modo, não nos pareceu razoável a exigência formulada no bojo da lei
reformadora, porquanto o conselho fiscal é órgão adjuvante da assembleia geral dos

---

[11] No Capítulo 3, item 3.3, de nossa obra *Curso de direito comercial*: direito de empresa,
procuramos aprofundar o tema, criando exemplos para demonstrar a exata distinção entre
as duas espécies de sociedades contempladas no Código Civil.

acionistas no cumprimento do desiderato de fiscalização dos atos dos administradores da companhia, tendo por consideração os interesses dos sócios e não de terceiros. Por isso, a iniciativa de sua instalação não deveria ser deslocada da órbita da conveniência dos acionistas para se tornar obrigatória, com maior ônus para a companhia em processo de recuperação judicial.

9. A SOCIEDADE DE ECONOMIA MISTA E A EMPRESA PÚBLICA

A sociedade de economia mista, na versão original do art. 242 da Lei das S/A, estaria imune ao procedimento falimentar, apesar de seus bens serem passíveis de penhora. A regra era a da responsabilidade subsidiária da pessoa jurídica que a controlasse pelas dívidas da sociedade.

Contudo, o preceito veio a ser revogado com o advento da Lei n. 10.303 de 2001, razão pela qual as companhias de economia mista passaram a ser sujeito passivo de falência.

Não nos soou feliz a iniciativa. Conforme já sustentava Rubens Requião[12], é inconcebível que uma sociedade formada com a mescla de capitais público e privado estivesse sujeita à falência, porquanto a obrigação do Estado seria, necessariamente, a de provocar sua dissolução, em face de sua insolvência.

A Lei n. 11.101/2005, em seu art. 2º, exclui, explicitamente, a sociedade de economia mista e a empresa pública de sua incidência, retornando, em relação à primeira, ao conceito central traduzido na versão original da Lei n. 6.404/76 (Lei das S/A). Assim, não estão submetidas à falência, à recuperação judicial e à recuperação extrajudicial ditas pessoas jurídicas. No caso de estarem insolventes, cabe ao Estado a iniciativa de dissolvê-las, arcando com os valores necessários à integral satisfação dos credores, sob pena de não se poder realizar uma dissolução regular, a que está obrigado, em obediência aos princípios da legalidade e da moralidade, inscritos no art. 37 da Constituição Federal de 1988[13].

---

[12] Ob. cit., vol. I, p. 62.

[13] O particular, para implementar a dissolução regular de uma sociedade de que faça parte, deverá promover apuração do ativo e do passivo societário, aplicando o primeiro para satisfação do segundo. Na impotência daquele, caberia aos sócios ingressarem com recursos pessoais para integral satisfação das dívidas societárias, ou indicar quem assumiria o passivo (inciso X do art. 53 do Decreto n. 1.800/96), sendo certo que, no que tange às obrigações tributárias e previdenciárias, haverá responsabilidade solidária entre os sócios e os administradores (art. 9º, da Lei Complementar n. 123/2006), ou, ainda, haver a confissão da falência pelo liquidante. Somente assim estar-se-ia assegurando uma dissolução regular, que resultaria na baixa dos atos constitutivos no registro competente. Como na empresa pública e na sociedade de economia mista não há a opção de falência, a dissolução regular só estaria assegurada se o Estado suplementasse ou se obrigasse a suplementar numerário suficiente à quitação dos créditos ante a inexistência de ativo social capaz de suportar o seu pagamento. Cf., ainda, os arts. 51 e seus parágrafos; 1.102; 1.103, inciso V; e 1.109, todos do Código Civil.

10. A INSTITUIÇÃO FINANCEIRA

As instituições financeiras, gênero no qual se inserem os bancos comerciais e de investimentos, as sociedades de financiamento, as sociedades de *leasing*[14] e as administradoras de consórcio[15], por exemplo, encontram-se subordinadas a um regime especial, prescrito pela Lei n. 6.024/74. Não estão, pois, submetidas à Lei n. 11.101/2005, consoante expressa previsão do inciso II de seu art. 2º.

Numa primeira fase, far-se-á a intervenção na instituição, decretada *ex officio* pelo Banco Central ou a requerimento dos administradores da instituição que, estatutariamente, desfrutarem dessa competência (art. 3º da Lei n. 6.024/74). Seu prazo de duração não excederá seis meses, podendo, por decisão do Banco Central, ser prorrogado, uma única vez, até o máximo de outros seis meses (art. 4º da Lei n. 6.024/74).

O interventor, dentro de sessenta dias de sua posse, prazo que pode sofrer dilação, apresentará ao Banco Central relatório em que proceda: (a) o exame da escrituração, da aplicação dos fundos e da disponibilidade, e da situação econômico-financeira da instituição; (b) a indicação, com a devida comprovação, dos eventuais atos e omissões danosos que tenha verificado; e (c) sugestão de adoção das providências que lhe pareçam convenientes à instituição (art. 11 da Lei n. 6.024/74).

À vista do relatório, faculta-se ao Banco Central, nos termos do art. 12 da referida lei especial, as seguintes providências: (a) determinar a cessação da intervenção; (b) manter a instituição sob o regime de intervenção, até serem eliminadas as irregularidades que a motivaram, mas nunca superior ao prazo de seis meses, prorrogáveis por mais seis; (c) decretar a liquidação extrajudicial da entidade; (d) autorizar o interventor a

---

[14] Cf. os seguintes entendimentos do Superior Tribunal de Justiça – STJ: "As empresas que realizam arrendamento mercantil são equiparadas às instituições financeiras... Consoante assentado em precedentes, o *leasing* é considerado uma operação financeira, porquanto encerra financiamento da arrendadora ao arrendatário. Em consequência, a operação é incluída entre as operações bancárias. Deveras, no Brasil as empresas de arrendamento mercantil são controladas e fiscalizadas pelo Banco Central (Lei n. 6.099, de 1974, art. 7º)" (REsp n. 512.251/PR, 1ª Turma, Rel. Min. Luiz Fux, publ. *DJU* em 9-2-2004, p. 130); "As sociedades de arrendamento mercantil, que são equiparadas às instituições financeiras, podem, nos contratos de 'leasing' financeiro, estabelecer juros contratuais sem adstrição aos termos do Decreto n. 22.626/33 (limitação percentual de 12% a.a.). Inteligência da Súmula n. 596/STF" (REsp n. 255.999/RS, 3ª Turma, Rel. Min. Nancy Andrighi, publ. *DJU* em 7-5-2001, p. 138).

[15] Cf. o seguinte aresto do Superior Tribunal de Justiça – STJ: "Tendo administradora de consórcio por objetivo angariar dinheiro de terceiros para a aquisição de determinados bens, recebendo esses valores, mantendo-os em seu nome e podendo inclusive aplicá-los, caracteriza-se ela como instituição financeira, sujeitando-se, consequentemente, a liquidação extrajudicial nos termos da Lei 6.024/74" (REsp n. 92.805/MG, 4ª Turma, Min. Rel. Sálvio de Figueiredo Teixeira, publ. *DJU* em 25-5-98, p. 121).

requerer a falência da entidade quando o seu ativo não for suficiente para cobrir sequer metade do valor dos créditos quirografários, ou quando julgada inconveniente a liquidação no plano extrajudicial, ou, ainda, quando a complexidade dos negócios da instituição ou a gravidade dos fatos apurados aconselharem a medida.

Mesmo que se tenha a liquidação extrajudicial diretamente decretada, sem passar por processo de prévia intervenção, tal qual é permitido pelo art. 15 da Lei n. 6.024/74[16], competirá ao Banco Central do Brasil autorizar o liquidante a requerer a falência da entidade, quando o seu ativo não for suficiente para cobrir sequer metade do passivo quirografário, ou quando houver fundados indícios de crimes falimentares (art. 21, *b*, da Lei n. 6.024/74).

Vê-se, pois, que nas condições previstas na Lei n. 6.024/74, as instituições financeiras poderão ser sujeito passivo de falência, posto tratar-se de lei especial, gerando, assim, a aplicação da Lei n. 11.101/2005 a estas pessoas jurídicas em caráter de excepcionalidade e supletividade, para disciplinar a situação extraordinária contemplada na prefalada lei especial e naquilo que não a contrariar.

No que tange aos institutos da recuperação judicial ou extrajudicial, não se pode hesitar em afirmar que os mesmos não se aplicam às instituições financeiras. Não há na lei especial qualquer situação de excepcionalidade que dê suporte à hipótese. Ao revés, além da previsão genérica do inciso II do art. 2º da Lei de Recuperação e Falência (Lei n. 11.101/2005), a própria Lei n. 6.024/74, em seu art. 53, obsta que uma instituição financeira impetre concordata e a Lei n. 11.101/2005, em seu art. 198, dispõe que os devedores proibidos de requerer concordata nos termos da legislação específica em vigor, na data de sua publicação, ficam proibidos de requerer recuperação judicial ou extrajudicial.

---

[16] Art. 15: "Decretar-se-á a liquidação extrajudicial da instituição financeira: I – *ex officio*: *a*) em razão de ocorrências que comprometam sua situação econômica ou financeira, especialmente quando deixar de satisfazer, com pontualidade, seus compromissos ou quando se caracterizar qualquer dos motivos que autorizem a declaração de falência; *b*) quando a administração violar gravemente as normas legais e estatutárias que disciplinam a atividade da instituição, bem como as determinações do Conselho Monetário Nacional ou do Banco Central do Brasil, no uso de suas atribuições legais; *c*) quando a instituição sofrer prejuízo que sujeite a risco anormal seus credores quirografários; *d*) quando, cassada a autorização para funcionar, a instituição não iniciar, nos 90 (noventa) dias seguintes, sua liquidação ordinária, ou quando, iniciada esta, verificar o Banco Central do Brasil que a morosidade de sua administração pode acarretar prejuízo para os credores; II – a requerimento dos administradores da instituição – se o respectivo estatuto social lhes conferir esta competência – ou por proposta do interventor, expostos circunstanciadamente os motivos justificadores da medida".

O regime jurídico das instituições financeiras, acima abordado, também é aplicável às cooperativas de crédito (art. 1º da Lei n. 6.024/74 c/c inciso II do art. 2º da Lei n. 11.101/2005) e às sociedades que integram o sistema de distribuição de títulos ou valores mobiliários no mercado de capitais, assim como as corretoras de câmbio (arts. 52 e 53 da Lei n. 6.024/74 c/c art. 2º, II, *in fine*, e 198 da Lei n. 11.101/2005).

11. A SOCIEDADE SEGURADORA

As sociedades seguradoras encontram-se sujeitas a semelhante procedimento dispensado às instituições financeiras, não se lhes aplicando, como regra de princípio, a Lei n. 11.101/2005 (art. 2º, II).

Nas hipóteses de má situação econômico-financeira ou de insuficiência de cobertura das reservas técnicas, é facultado à Superintendência de Seguros Privados – SUSEP promover a intervenção na companhia seguradora ou adotar medidas especiais de fiscalização de suas operações. Não surtindo efeito a providência implementada, a SUSEP encaminhará ao Conselho Nacional de Seguros Privados – CNSP proposta de cassação da autorização para o seu funcionamento (Decreto-Lei n. 73/66, arts. 89 e 90).

Cassada a autorização para funcionar, haverá a cessação imediata das operações. Essa cessação também poderá advir de iniciativa voluntária da sociedade seguradora, por deliberação de seus sócios em assembleia geral. Neste último caso, os diretores deverão requerer ao Poder Executivo Federal o cancelamento da autorização de funcionamento (Decreto-Lei n. 73/66, arts. 94 e 95).

Em qualquer situação, sendo cassada a autorização de funcionamento, competirá à SUSEP proceder à liquidação extrajudicial (Decreto-Lei n. 73/66, arts. 36, *i*, e 97).

Contudo, pela regra do art. 26 do Decreto-Lei n. 73, de 1966, com a redação que lhe foi dada pela Lei n. 10.190/2001, as companhias de seguro estarão sujeitas à falência quando, em liquidação extrajudicial, for apurado que o seu ativo não é suficiente para pagar, no mínimo, cinquenta por cento do valor dos créditos quirografários, ou quando houver fundado indício da prática de crime falimentar.

Assim, nesse caso específico, incorrerão em falência, aplicando-se a Lei n. 11.101/2005 para discipliná-la, em caráter supletivo, respeitados os limites da lei especial.

Todavia, em nenhuma hipótese se lhes aplicam as figuras da recuperação judicial ou extrajudicial, seja não só em razão da regra genérica do inciso II do art. 2º da Lei n. 11.101/2005, mas, principalmente, por força do antes citado art. 198 da mesma lei, vez que estariam ditas sociedades obstadas de requerer concordata, conforme previa o prefalado art. 26 do Decreto-Lei n. 73, de 1966, com a redação que lhe foi dada pela Lei n. 10.190/2001.

12. A SOCIEDADE OPERADORA DE PLANO DE ASSISTÊNCIA À SAÚDE

As sociedades operadoras de planos privados de assistência à saúde não se encontram sob a incidência da Lei n. 11.101/2005, conforme se infere do inciso II do seu art. 2º. A disposição referenda o que já vinha disposto no art. 23 da Lei n. 9.656/98, que preconiza não poderem requerer concordata e não estarem submetidas à falência ditas sociedades, mas, tão somente, ao regime de liquidação extrajudicial, semelhante ao das sociedades seguradoras e ao das instituições financeiras[17]. Atualizando e compatibilizando a norma do mencionado art. 23 com as novas figuras jurídicas da recuperação judicial e extrajudicial, temos que não poderão delas fazer uso (art. 198 da Lei n. 11.101/2005).

13. A ENTIDADE DE PREVIDÊNCIA COMPLEMENTAR

As entidades de previdência complementar igualmente se encontram fora do âmbito de incidência da Lei n. 11.101/2005 (art. 2º, II). Submetem-se, nos termos da Lei Complementar n. 109/2001, a procedimentos especiais de intervenção e de liquidação extrajudicial, de competência do seu órgão fiscalizador (arts. 47-62).

As entidades abertas de previdência complementar poderão, entretanto, no curso da liquidação, incorrer em falência, em idêntica situação a das sociedades seguradoras, vistas no item 11 do Capítulo 2 (Lei Complementar n. 109/2001, art. 73). Já as entidades fechadas, somente estarão submetidas à liquidação extrajudicial (Lei Complementar n. 109/2001, art. 47), ficando, assim, expressamente excluídas da falência.

14. O TRANSPORTADOR AÉREO

Aquelas sociedades que têm por objeto a exploração de serviços aéreos de qualquer natureza ou de infraestrutura aeronáutica encontram-se sob a disciplina da Lei n. 11.101/2005, por serem sociedades empresárias e não estarem expressamente excluídas de sua aplicação.

---

[17] Os §§ 1º e 3º do art. 23 da Lei n. 9.656/98 preveem, à semelhança do que ocorre com as instituições financeiras e com as sociedades seguradoras, as situações em que, no curso da liquidação, pode ser a falência requerida pelo liquidante, mediante autorização da Agência Nacional de Saúde Suplementar – ANS. Assim ocorrendo, ter-se-á a aplicação da Lei n. 11.101/2005 para, em caráter supletivo, discipliná-la.

Submetem-se, pois, ao regime falimentar da Lei n. 11.101/2005 em todas as suas dimensões, sem prejuízo, entretanto, da intervenção, de competência do Poder Executivo, da sua liquidação extrajudicial ou da hipótese especial de requerimento de sua falência, previstos no art. 188[18] da legislação específica, qual seja a Lei n. 7.565/86.

Nos termos do art. 187 da citada Lei n. 7.565/86, não poderiam impetrar concordata. Contudo, não ficarão impedidas de requerer recuperação judicial ou extrajudicial, porquanto o art. 199[19] da Lei n. 11.101/2005 as alforria da vedação prevista no art. 198 do mesmo diploma legal, o qual, como já se falou alhures, obsta os indigitados requerimentos àqueles devedores proibidos de requerer concordata por lei especial vigente na data de publicação da Lei de Recuperação e Falência.

Por dedução lógica, determinando o juiz se processe a recuperação judicial, não poderá haver nem intervenção, nem liquidação extrajudicial, nem a modalidade de falência previstas no art. 188 da lei especial (Lei n. 7.565/86).

15. A SOCIEDADE COOPERATIVA E A SOCIEDADE COOPERATIVA MÉDICA OPERADORA DE PLANO DE ASSISTÊNCIA À SAÚDE

As sociedades cooperativas, apesar de inscritas na Junta Comercial, não são sujeito passivo de falência, nem podem ser sujeito ativo de recuperação judicial ou de recuperação extrajudicial. Isto decorre da sua natureza civil atribuída pela Lei n. 5.764/71 (art. 4º), confirmada pelo parágrafo único do art. 982 do Código Civil que, dentro da nova divisão societária, as qualificou como sociedade simples.

O § 13 do art. 6º, introduzido pela reforma da Lei n. 14.112/2020, em sua primeira parte, veio dispor acerca dos efeitos da recuperação judicial sobre os contratos e obrigações

---

[18] Art. 188: "O Poder Executivo poderá intervir nas empresas concessionárias ou autorizadas, cuja situação operacional, financeira ou econômica ameace a continuidade dos serviços, a eficiência ou a segurança do transporte aéreo. § 1º A intervenção visará ao restabelecimento da normalidade dos serviços e durará enquanto necessária à consecução do objetivo. § 2º Na hipótese de ser apurada, por perícia técnica, antes ou depois da intervenção, a impossibilidade do restabelecimento da normalidade dos serviços: I – será determinada a liquidação extrajudicial, quando, com a realização do ativo puder ser atendida pelo menos a metade dos créditos; II – será requerida a falência, quando o ativo não for suficiente para atender pelo menos a metade dos créditos, ou quando houver fundados indícios de crimes falenciais".

[19] Art. 199: "Não se aplica o disposto no art. 198 desta Lei às sociedades a que se refere o art. 187 da Lei 7.565, de 19 de dezembro de 1986. Parágrafo único. Na recuperação judicial e na falência das sociedades de que trata o *caput* deste artigo, em nenhuma hipótese ficará suspenso o exercício de direitos derivados de contratos de arrendamento mercantil de aeronaves ou de suas partes".

derivados de *atos cooperativos* praticados pelas sociedades cooperativas e seus cooperados. Em sua segunda parte, cuidou especificamente das cooperativas médicas, suprimindo a vedação contida no inciso II do art. 2º da Lei n. 11.101/2005 quando a sociedade operadora de plano de assistência à saúde for cooperativa constituída por médicos.

O preceito apresenta confusa redação, porquanto a sua segunda parte foi fruto de aprovação de subemenda de redação no Senado Federal para nele incluir o texto seguinte: "consequentemente, não se aplicando a vedação contida no inciso II do art. 2º quando a sociedade operadora de plano de assistência à saúde for cooperativa médica".

Da sua primeira parte, pode-se entender que, na recuperação judicial de cooperado[20], as obrigações que se classifiquem como *atos cooperativos* – assim entendidos como aqueles praticados entre as cooperativas e seus cooperativados, entre estes e aquelas e pelas cooperativas entre si quando associadas, visando à consecução dos objetivos sociais – não ficam sujeitas aos efeitos da recuperação judicial. Somente estarão submetidos a tais efeitos aqueles créditos detidos em face do associado não enquadráveis como *ato cooperativo*, pois exorbitam dos objetivos sociais.

Da segunda parte, pode-se inferir que, ao se remover a vedação constante do inciso II do art. 2º em relação às sociedades cooperativas formadas por profissionais da medicina, estas passam a estar legitimadas a requerer recuperação judicial, por exemplo, quando atuarem como operadoras de planos de assistência à saúde. Em outros termos, o dispositivo veiculado pela lei reformadora visou a conferir à cooperativa médica que tenha por escopo a atividade de operadora de plano de assistência à saúde o acesso à recuperação judicial, à recuperação extrajudicial e ao regime falimentar disposto na Lei n. 11.101/2005[21]. Apesar da confusa redação e do abandono da melhor técnica, esse é o explícito propósito da regra.

O § 13 em questão foi objeto de veto presidencial, o qual, entretanto, restou superado pelo Congresso Nacional, expediente que acabou por confirmar a disposição em sua integralidade.

Cumpre enfatizar que a medida legislativa adotada com a inserção da subemenda de redação ao § 13 é passível de críticas, porquanto não se trata, verdadeiramente, de uma simples emenda redacional. A sua constitucionalidade é duvidosa, eis que o texto aposto pelo Senado Federal não corresponde à emenda meramente de redação, o que impunha o retorno da proposição legislativa para a Câmara dos Deputados – casa de origem ou iniciadora – para confirmação (Constituição Federal, parágrafo único do art.

---

[20] Não se pode olvidar que, ao contrário das sociedades cooperativas, os cooperados podem ser empresários.

[21] As sociedades operadoras de planos de assistência à saúde encontram-se pré-excluídas da falência e não têm acesso à recuperação judicial e à recuperação extrajudicial. Estão submetidas a um regime especial de liquidação extrajudicial (art. 23 da Lei n. 9.656/98 e art. 198 da Lei n. 11.101/2005). Sobre o tema, confira-se o item 12 do Capítulo 2.

65). A providência se justificaria para assegurar o devido processo legislativo, como um dos pressupostos do funcionamento da democracia[22].

No regramento em questão, a emenda não visou a sanar vícios de linguagem, incorreção de técnica legislativa ou erro manifesto. A emenda produziu proposição jurídica diversa daquela emendada. Não cuidou de simples alteração de enunciado, sem promover mutação substancial na proposta originária. Contudo, fato interessante ocorreu: o preceito em questão foi afirmado em sua totalidade pelo Congresso Nacional com a derrubada do veto presidencial. Resta concluir se esta afirmação, em outro estágio do processo legislativo, seria capaz de sanar o defeito anterior[23].

Afora esta questão, não se pode deixar de também consignar que a segunda parte do dispositivo é casuística, apresentando uma solução inadequada e paliativa para a posição jurídica das cooperativas médicas. Não se deve apoiar um direito para cada grupamento econômico ou social, cumprindo sejam alteradas as regras vistas como obsoletas ou nocivas de modo isonômico, segundo princípios de caráter geral que impliquem a ordenação lógica para a compreensão unitária das regras em vigor.

O legislador perdeu, portanto, a oportunidade de pôr um fim no clássico e hoje ultrapassado sistema restritivo da falência, da recuperação judicial e da recuperação extrajudicial, a fim de dirigir os institutos para tratar da crise dos agentes econômicos em geral e, assim, preservar as atividades econômicas propulsoras de riquezas derivadas das atividades de produção ou circulação de bens ou serviços que executam – economicidade –, consoante defendido no item 1 do Capítulo 2. Nesse diapasão, da regra geral apenas deveriam escapar aquelas atividades econômicas cujas crises se submetem a um tratamento específico definido em lei especial, por clara e insofismável opção do legislador, considerado o interesse público que reveste os respectivos objetos.

16. A SOCIEDADE QUE EXERCE ATIVIDADE RURAL

As sociedades que executam atividade própria de empresário rural são, em princípio, sociedades simples e, como tal, não incorrem em falência. Contudo, se constituídas, ou transformadas, de acordo com um dos tipos de sociedade empresária, podem requerer a inscrição no Registro Público de Empresas Mercantis e, a partir de então, ficarão equiparadas, para todos os efeitos, à sociedade empresária, quando passam a estar sub-

---

[22]   Medida Cautelar em Mandado de Segurança n. 34.907/DF, decisão monocrática, Rel. Min. Luís Roberto Barroso, publicada no *DJe* n. 207, divulgado em 12-9-2017.

[23]   Contemporaneamente ao fechamento desta edição, foi ultimado, em 24-10-2024, o julgamento da ADI n. 7.442, pelo Plenário do Supremo Tribunal Federal, por apertada maioria, validando a regra legal constante da segunda parte do § 13 do art. 6º da Lei n. 11.101/2005, incluído pela Lei n. 14.112/2020. O correspondente acórdão, ainda não publicado, será objeto de nossa análise na próxima edição.

metidas aos procedimentos falimentar e recuperatório. A adoção da forma de S/A, relembre-se, já impõe a condição de empresária à sociedade, obrigando-a a se registrar na Junta Comercial.

As sociedades que se dediquem à atividade de agroindústria não poderão ser qualificadas como simples, porquanto a atividade industrial, que pressupõe a produção ou transformação de bens ou produtos, lhes confere a feição de sociedade empresária.

As usinas de açúcar, como sociedades empresárias que são, podem ter suas falências decretadas. Ademais, essa providência já vinha autorizada pelo Decreto-Lei n. 3.855/41 que, em seu art. 28, contemplava a previsão.

Sobre a recuperação judicial do produtor rural, veja-se, em aprofundamento, o item 3 do Capítulo 10.

17. AS CONCESSIONÁRIAS DE SERVIÇOS PÚBLICOS DE ENERGIA ELÉTRICA

As concessionárias de serviços públicos encontram-se, salvo disposição em contrário de lei especial, submetidas aos regimes da recuperação judicial e da recuperação extrajudicial.

A Lei n. 12.767/2012, que dispõe sobre a extinção das concessões de serviço público de energia elétrica e a prestação temporária do serviço e, ainda, sobre a intervenção para adequação do serviço, em seu art.18, estabelece não se aplicar às concessionárias de serviços públicos de energia elétrica os regimes da recuperação judicial e extrajudicial previstos na Lei n. 11.101/2005, salvo posteriormente à extinção da concessão.

Tem-se, aí, uma opção específica do legislador para não sujeitar as prefaladas concessionárias de serviços públicos à recuperação judicial e à recuperação extrajudicial.

18. OS CLUBES DE FUTEBOL

A Lei n. 14.193/2021, ao instituir a sociedade anônima do futebol (SAF), também disciplinou o tratamento dos passivos das entidades de fomento e desenvolvimento das atividades relacionadas à prática do futebol.

O fomento e a prática do futebol podem realizar-se através de modelos jurídicos distintos: o *clube*, a *pessoa jurídica original* e a SAF (art. 1º da Lei n. 14.193/2021). Para os fins da aludida lei especial, (i) o *clube* consiste na associação, e, portanto, com natureza civil, que se dedica àquelas atividades; (ii) a *pessoa jurídica original* revela-se na sociedade empresária, revestida de qualquer um dos tipos disponibilizados pelo direito positivo, e vem assim intitulada nos termos da Lei n. 14.193/2021 para diferenciá-la do esquema associativo clubístico de exercício das referenciadas atividades; e (iii) a SAF, que também se apresenta como sociedade empresária, porém exclusivamente sob a forma de sociedade anônima, tem por atividade principal a prática do futebol profissional, obrigatoriamente nas suas modalidades feminino e masculino, à qual a Lei n. 14.193/2021 confere uma disciplina específica[24].

Em seu art. 13, a Lei n. 14.193/2021 contempla o modo de quitação das obrigações para o *clube* (modelo associativo) e para a *pessoa jurídica original* (sociedade empresária submetida ao regime jurídico geral dos empresários), mediante o pagamento das dívidas efetuado diretamente aos seus credores, ou, a seu exclusivo critério, através (i) do concurso de credores, por intermédio do Regime Centralizado de Execuções previsto nos arts. 14 a 24 do citado diploma legal; ou (ii) dos institutos da recuperação judicial ou da recuperação extrajudicial, nos termos da Lei n. 11.101/2005, como explicitado pelo inciso II do prefalado art. 13. Fica expressamente legitimada a associação clubística a requerer recuperação judicial ou recuperação extrajudicial, submetendo-se à disciplina da Lei n. 11.101/2005 (art. 25 da Lei n. 14.193/2001), o que, por outro lado, torna possível que, nas condições do art. 73 da Lei n. 11.101/2005, o pedido de recuperação judicial ou a própria recuperação judicial deferida desague em falência. Passam a ser os *clubes*, dessarte, preexcluídos da falência, na medida em que, por exemplo, nenhum credor poderá requerê-la diretamente, com apoio no art. 94 da Lei n. 11.101/2005. De todo modo, poderá vir a falência a ser decretada diante do malogro do requerimento de recuperação judicial ou da recuperação judicial concedida. A SAF e a *pessoa jurídica original*, como sociedades empresárias, se submetem plenamente aos regimes da falência, da recuperação judicial e da recuperação extrajudicial.

---

[24] A SAF poderá ter sua constituição originária ou derivada. No primeiro caso, sua formação se realiza pela iniciativa de pessoa natural ou jurídica ou de fundo de investimento. No segundo, a sua constituição resulta (i) da alteração do regime jurídico associativo de *clube* de fomento e prática futebolística para SAF ou da migração do regime jurídico geral de sociedade empresária (*pessoa jurídica original*) para o especial de SAF; ou (ii) da cisão do departamento de futebol do *clube* (associação) ou da *pessoa jurídica original* (sociedade empresária) e transferência de seu patrimônio relacionado à atividade futebolística para a SAF (art. 2º da Lei n. 14.193/2021). Ainda no plano da constituição derivada, o art. 3º da Lei n. 14.193/2021 prevê que se possa realizar pela técnica do *drop down*, que traduz meio de formação da SAF privativo do clube ou da pessoa *jurídica original*, por meio da qual essas entidades podem subscrever ações da SAF e integralizá-las mediante a transferência de seus ativos materiais e imateriais. Nessas condições, o *clube* ou a pessoa *jurídica original* participarão do capital da SAF após a sua constituição. A SAF, cabe ressaltar, caracteriza-se como subtipo societário, sendo uma sociedade anônima sujeita a um microssistema normativo particular, complementado, no mais, pelo macrossistema da Lei n. 6.404/76, do qual, assim, tem disciplina dependente. Não se trata, portanto, de um tipo societário autônomo.

CAPÍTULO 3

JUÍZO COMPETENTE

1. CONCEITO DE PRINCIPAL ESTABELECIMENTO

O art. 3º da Lei n. 11.101/2005 mantém a tradição consagrada no Direito brasileiro, ao eleger o juízo do local do principal estabelecimento do devedor como o competente para homologar o plano de recuperação extrajudicial, deferir a recuperação judicial ou decretar a falência.

A matéria ganha relevância quando, efetivamente, o empresário individual ou a sociedade empresária exercer sua empresa em mais de um estabelecimento físico, isto é, em mais de um ponto, local ou casa de negócio. Assim não o sendo, a sede social e o estabelecimento principal não se distinguem.

Contudo, realizando-se a exploração da empresa em mais de um estabelecimento físico, emerge a diferenciação dos estabelecimentos em sede e em filiais, sucursais ou agências. Cumpre, dentre eles, identificar qual seria o estabelecimento principal para fixar a competência em matéria falimentar ou de recuperação. Diversamente do processo civil comum, no qual se estabelece a regra de competência territorial segundo a qual o réu deve ser demandado no foro de seu domicílio (Código de Processo Civil de 2015, art. 46) e, em se tratando de pessoa jurídica, deve ela ser demandada no foro do lugar de sua sede ou onde se achar a agência ou sucursal, quanto às obrigações que ela contraiu (Código de Processo Civil de 2015, art. 53, III, *a* e *b*), para a falência ou para a recuperação a visão do domicílio convencional, contratual ou estatutário[1] cede em favor da do domicílio real.

---

[1] Tanto o empresário individual (Código Civil, art. 968, IV) quanto as sociedades empresárias (Código Civil, art. 997, inciso II c/c arts. 1.040, 1.046 e 1.054 do mesmo Código e art. 83 da Lei n. 6.404/76) devem declarar, em seus atos constitutivos levados a registro, o local de sua sede.

Com efeito, se assim não o fosse, não precisaria a lei fazer uso da expressão "principal estabelecimento", bastando referir-se à sede do negócio.

O conceito de principal estabelecimento não se confunde, pois, com o de sede, que é o domicílio do empresário individual eleito e declarado perante o Registro Público de Empresas Mercantis no ato do requerimento de sua inscrição ou o da sociedade empresária, declinado em seu contrato social ou estatuto no mesmo Registro arquivado. Consiste ele no ponto central de negócios do empresário, no qual são realizadas as operações comerciais e financeiras de maior vulto ou intensidade, traduzindo o centro nervoso de suas principais atividades. Revela-se, portanto, por sua expressão econômica[2]. Nas palavras de Amaury Campinho, consiste no "lugar onde o empresário centraliza todas as suas atividades, irradia todas as ordens, onde mantém a organização e administração da empresa. Não é necessário que seja o de melhor ornamentação, o de maior luxo, ou o local onde o empresário faça maior propaganda. O que importa, em última análise, é ser o local de onde governa sua empresa".

Ao contrário da sede social, não decorre de estipulação no ato constitutivo levado a registro, mas sim de uma aferição da exteriorização de atos concretos, constituindo-se, pois, em uma questão de fato, a ser apreciada à luz do caso concreto pelo juiz ao aceitar sua competência.

2. PREVENÇÃO

Fixada a comarca do local do principal estabelecimento, na qual correrão os processos de recuperação judicial, pré-falimentar e, consequentemente, o falimentar propriamente dito, e na qual também será homologado o plano de recuperação extrajudicial, cumpre enfrentar a hipótese da existência de diversos juízes com a mesma competência para o conhecimento dos respectivos pedidos. Na comarca da capital do Estado do Rio de Janeiro, por exemplo, existem as Varas Empresariais, em número atual de sete, todas elas especializadas e com competência para os feitos, conforme organização judiciária local.

A solução preconizada pela Lei n. 11.101/2005 assenta-se no critério da prevenção, ao estabelecer, no § 8º do art. 6º, com redação conferida pela Lei n. 14.112/2020, que "a distribuição do pedido de falência ou de recuperação judicial ou a homologação de

---

[2]   Nas palavras de Amaury Campinho, consiste no "lugar onde o empresário centraliza todas as suas atividades, irradia todas as ordens, onde mantém a organização e administração da empresa. Não é necessário que seja o de melhor ornamentação, o de maior luxo, ou o local onde o empresário faça maior propaganda. O que importa, em última análise, é ser o local de onde governa sua empresa" (*Manual de falência e concordata*. 8. ed. Rio de Janeiro: Lumen Juris, 2002, p. 14).

recuperação extrajudicial previne a jurisdição para qualquer outro pedido de falência, de recuperação judicial ou de homologação de recuperação extrajudicial relativo ao mesmo devedor".

A regra da prevenção é relevante, por ser corrente existir diversos pedidos de falência dirigidos em face do devedor comum, além de poder ele requerer, no prazo de contestação (art. 95), ou em processo autônomo, enquanto não decretada a falência (art. 48, I)[3], sua recuperação judicial. Assim, a distribuição do primeiro de um destes pedidos previne a jurisdição para qualquer outro de uma dessas naturezas. Seria a hipótese, pois, da distribuição de um requerimento de falência, que tornaria prevento o juízo para o qual foi o pedido distribuído para conhecer de outros requerimentos contra o mesmo devedor, bem como para conhecer de eventual pedido de recuperação judicial por ele formulado. Idêntica situação seria verificada, por exemplo, quando da distribuição do pedido de recuperação judicial, o qual tornaria prevento o juízo para conhecer dos eventuais pedidos de falência que fossem ajuizados em face do mesmo devedor.

3. NATUREZA DA COMPETÊNCIA

Diversos são os critérios de determinação da competência, movidos, inclusive, segundo o curso de diversas fontes, variando ao sabor da natureza dos interesses tuteláveis. Havendo a tutela de um interesse puramente privado, a hipótese será de competência relativa; sendo o interesse tutelado de ordem pública, a competência será absoluta. Em conclusão à questão, atesta Luiz Fux[4]: "[...]quando a regra de competência protege 'interesse particular', ela é 'disponível' e encerra caso de 'competência relativa', ao passo que, ao regular interesse público, engendra a 'competência absoluta'. Como consequência, a transgressão a essas regras pode encerrar dois graus distintos de defeitos processuais: a 'incompetência absoluta' e a 'incompetência relativa'".

Na falência e na recuperação os interesses envolvidos não são meramente privados. Suas regras se dirigem ao interesse público. Destarte, a competência traduzida no art. 3º da lei é absoluta. A respeito já assim se posicionou o Supremo Tribunal Federal – STF[5], enquanto competente para as matérias de direito infraconstitucional, e, poste-

---

[3] O devedor, enquanto não decretada a sua falência, poderá pleitear a sua recuperação judicial, consoante deflui do inciso I do art. 48. Sendo deferido o processamento da recuperação judicial, o juiz, na mesma decisão, ordenará a suspensão, por cento e oitenta dias, de todas as ações, dos credores sujeitos a seus efeitos, contra o devedor, inclusive dos eventuais requerimentos de falência contra ele lançados. É a inteligência que resulta do inciso III do art. 52.

[4] *Curso de direito processual civil*. Rio de Janeiro: Forense, 2001, p. 103.

[5] STF: "Falência. Competência absoluta. Lugar do principal estabelecimento. O juízo da falência somente pode ser instaurado, nos termos da lei específica, no foro do estabeleci-

riormente, o Superior Tribunal de Justiça – STJ[6], tendo como referência o art. 7º do Decreto-Lei n. 7.661/45, fonte inspiradora do atual art. 3º da Lei n. 11.101/2005, que o observa em seu conceito central.

Não prejudica a conclusão o fato de ser a competência falimentar ou da recuperação determinada em razão do foro ou território que, em regra, indica casos de competência relativa. Como anota Luiz Fux[7], há exceção a esse princípio no próprio Código de Processo Civil, no qual se verificam "casos de competência territorial absoluta, como nas hipóteses em que o elemento funcional ou *ratione personae* é considerado, como ocorre com o foro fazendário (art. 99 do CPC), e com o da situação da coisa (art. 95 do CPC) etc.".

Sendo caso de competência absoluta, o desvio implicará a incompetência absoluta do juízo e, dado a sua gravidade, deve ser declarada de ofício, independendo, assim, de provocação da parte, podendo, no entanto, ser alegada em preliminar de defesa e em qualquer tempo e grau de jurisdição, antes de transitar em julgado a decisão (art. 64 do Código de Processo Civil de 2015)[8].

4. ENCERRAMENTO DAS ATIVIDADES

Interessante questão se afigura na análise de situação em que o requerimento da falência se dirige em face de empresário individual ou sociedade empresária cujas atividades encontram-se definitivamente encerradas.

Sustentamos que nessas situações o requerimento deva ser formulado perante o juízo do foro em que se tenha declarado como sede do negócio do empresário no Registro Público de Empresas Mercantis. É uma situação de excepcionalidade, não expressamente contemplada pela Lei de Recuperação e Falência. Não se tem, aí, como fixar o conceito do estabelecimento principal, porquanto deriva de uma situação fática: centro

---

mento principal do falido, sendo, pois, absolutamente incompetente para declarar o estado do falido o juízo do estabelecimento subsidiário" (RE n. 98.928/RJ, 1ª Turma, decisão unânime, Rel. Min. Rafael Mayer, publicada no *DJU*, Seção I, em 12-8-83, p. 11.766).

[6]   STJ: "A competência do juízo falimentar é absoluta" (CC n. 37.736, 2ª Seção, Rela. Mina. Nancy Andrighi, publicada no *DJU*, Seção I, em 16-8-2004, p. 130).

[7]   Ob. cit., p. 103.

[8]   "Civil/Processual. Incompetência absoluta. Sua arguição depois do trânsito em julgado da sentença. Meio adequado. 1. Depois do trânsito em julgado da sentença, a arguição de incompetência absoluta do juiz somente pode ser conduzida em ação rescisória, nos termos do art. 485, II, do CPC, não em preliminar de apelação de sentença homologatória de cálculo de liquidação" (AgRg no REsp n. 6176, 3ª Turma, decisão unânime, Rel. Min. Dias Trindade, publicada no *DJU*, Seção I, em 8-4-91, p. 3384). "Processual Civil. Incompetência absoluta. Arguição na fase executória, em preliminar de apelação de sentença homologatória de cálculo de liquidação. Hipótese de Ação Rescisória. Inexistência de violação ao art. 113 do CPC" (REsp n. 28.832-4/SP, 2ª Turma, decisão unânime, Rel. Min. Américo Luz, *RSTJ* 63/303).

vital das atividades do empresário, concentrando os atos de administração e governo de seu negócio. Diante da paralisação definitiva das atividades não há como fixá-lo, emergindo o critério da sede do negócio como fonte segura para arrimar a competência.

A jurisprudência do Superior Tribunal de Justiça parece apontar para semelhante solução.

No conflito de competência n. 22.147/PR, a Segunda Seção, por unanimidade de votos, assim se manifestou: "Cessadas por completo as atividades comerciais da devedora, a competência para processar e julgar o pedido de falência contra ela ajuizado é do foro onde a mesma mantinha a sua sede, pouco relevando que um de seus representantes legais tenha sido encontrado em outra localidade, onde simplesmente possui residência"[9].

Em sentido idêntico decidiu a Seção no conflito de competência n. 29.712/SP, também à unanimidade de votos: "Se a empresa cuja falência foi requerida encerrou suas atividades tanto na sede quanto na filial, nada se sabendo a respeito da localização dos respectivos bens e sócios, prevalece o foro do local em que, de acordo com o contrato, mantinha o seu estabelecimento principal"[10]. A menção na ementa a "estabelecimento principal" quer traduzir a sede social, em contraposição ao estabelecimento secundário, que seria a filial, não guardando, assim, relação direta com o conceito de principal estabelecimento extraído do art. 3º da Lei n. 11.101/2005. Isto pode ser perfeitamente verificado no corpo do acórdão, no qual se tem: "Nesse contexto, prevalece o contrato social que indica como sede da empresa o município de Ipatinga/MG".

5. ALTERAÇÃO DE ESTABELECIMENTO

Outra relevante questão que merece ser enfrentada é a da mudança do devedor durante o curso de sua insolvabilidade, de um local para outro. Com efeito, entre a verificação de um dos fatos reveladores da insolvência (art. 94) e o efetivo requerimento de sua declaração pode decorrer considerável espaço de tempo, mudando-se o devedor para outra Comarca, na qual dê sequência ao exercício de sua empresa.

Nessas condições, ressalvada a intenção do devedor em fraudar credores ou obter qualquer vantagem ilícita, a competência deve ser a do juízo no qual ficou estabelecida a nova sede administrativa. Esta também é a opinião de Bento de Faria[11], referendada por Requião[12].

---

[9]   Publicada no *DJU*, Seção I, de 17-5-1999, p. 119 e na *RSTJ*, v. 121, p. 232, Rel. Min. Barros Monteiro.

[10]   Publicada no *DJU*, Seção I, de 25-9-2000, p. 62, Rel. Min. Ari Pargendler.

[11]   *Direito comercial – falências e concordatas*, vol. I, 1ª Parte. Rio de Janeiro: A. Coelho Branco Fº, 1948, n. 52.

[12]   Ob. cit., p. 94.

Mas deve-se atentar para a ressalva formulada: a intenção de fraudar ou de obtenção de vantagens indevidas pelo devedor. Nesses casos, evidenciada a hipótese, impende permaneça a competência com o juízo da Comarca do anterior domicílio real – sede administrativa.

Igual é a conclusão de Bento de Faria[13], para quem "quando a mudança for feita com o propósito de subtrair ao conhecimento do respectivo juízo o mau estado dos seus negócios, dificultando assim o conhecimento das causas da falência" deve "continuar competente o juiz do anterior domicílio".

> O Superior Tribunal de Justiça, em interessante *leading case*, acolheu o entendimento, consoante se infere do seguinte aresto: A transferência da sede da empresa do Rio de Janeiro, RJ, onde manteve seus negócios por muitos anos, para Caucaia, CE, depois de mais de trezentos títulos protestados e seis pedidos de falência distribuídos na Comarca fluminense, e o subsequente pedido de autofalência no domicílio cearense, evidenciam a pretensão de fraudar credores e garantir o deferimento da continuidade dos negócios em antecipação a qualquer credor ou interessado[14].

A simulação de transferência do estabelecimento principal, com o fito de prejudicar credor, inclusive, passou a ser capitulada como ato de falência (art. 94, III, *d*).

6. FILIAL DE MATRIZ SITUADA NO EXTERIOR

Complementa-se a regra de competência traduzida no art. 3º com a determinação de ser competente o foro da situação da "filial de empresa que tenha sede fora do Brasil" para conhecer do pedido de falência, deferir a recuperação judicial ou homologar o plano de recuperação extrajudicial.

Primeiramente, há que se notar o mau emprego do vocábulo "empresa" no texto legal. Conforme visão científica atestada pelo Código Civil, empresa é a atividade econômica organizada, exercida pelo empresário, através de seu estabelecimento[15] ou fundo de empresa. A palavra no texto quer traduzir, em verdade, a ideia do empresário individual ou da sociedade empresária com sede ou matriz no exterior.

Deflui do preceito o "sistema da territorialidade" como critério ou princípio para inspirar a regra de competência. Limitam-se os efeitos da falência ou da recuperação ao

---

[13] Ob. cit., n. 52.

[14] Conflito de competência n. 32.988/RJ, 2ª Seção, decisão unânime, Rel. Min. Sálvio de Figueiredo, publicada no *DJU*, Seção I, de 4-2-2, p. 269.

[15] Estabelecimento, aqui, não se confunde com a casa ou o ponto físico onde o empresário encontra-se situado. Traduz-se no complexo de bens organizado para o exercício da empresa (Código Civil, art. 1.142).

próprio país, reconhecendo-se a supremacia da Justiça Nacional para conhecer das matérias. A filial, agência ou sucursal da matriz estrangeira[16], situada no Brasil, fica considerada como um estabelecimento físico autônomo, com administração própria[17]. Os efeitos da declaração da falência, por exemplo, serão produzidos tão somente em relação aos bens do empresário alienígena situados no Brasil, não envolvendo a matriz situada no exterior.

Consoante anotava Nelson Abrão[18], a matéria deve ser enfocada no âmbito do direito internacional privado, posto tratar-se de empresários que desenvolvem atividades em vários países – as denominadas empresas transnacionais. Mas, enquanto não vigorar

---

[16] Conforme expusemos em nosso livro *Curso de direito comercial*: direito de empresa, o conceito de sociedade nacional vem estampado no art. 1.126 do Código Civil, chegando--se ao de sociedade estrangeira por exclusão. Vale reproduzir o que escrevemos acerca do tema: O Código Civil, no seu art. 1.126, propõe o conceito de sociedade nacional, nos mesmos moldes do Dec.-Lei n. 2.627/40 (antiga Lei das Sociedades Anônimas), que ainda vigorava no seu Capítulo VIII, que cuidava, justamente, das sociedades cujo funcionamento depende de autorização do Governo, das sociedades anônimas nacionais e das companhias estrangeiras, matéria agora integralmente disciplinada pelo novo Código, e de forma mais extensa, imprimindo, portanto, a revogação dos preceitos legais constantes do indigitado Capítulo. Segundo a definição codificada, "é nacional a sociedade organizada de conformidade com a lei brasileira e que tenha no País a sede de sua administração". Muito embora o domicílio da pessoa jurídica se estabeleça em razão do funcionamento de sua administração, o certo é que pode a sociedade firmar domicílio especial no seu estatuto ou contrato social (art. 75 do novo Código). Portanto, nada impede que a sociedade apresente sua sede social (domicílio eleito no ato constitutivo) em local diverso do de sua sede administrativa (principal estabelecimento, ambiente onde se situa a sua administração, onde reside o ponto central de seus negócios). Desse modo, o conceito não foi de formulação das mais felizes, porquanto não se pode dele excluir a necessidade de a sociedade brasileira manter a sua sede social, quando distinta de seu principal estabelecimento, situada também no País. A Constituição Federal de 1988 foi mais precisa na definição, embora se referisse à empresa brasileira e não à sociedade brasileira, como a melhor técnica reclamava. Na redação originária de seu art. 171, a Lei Maior a definia, no inciso I, como aquela "constituída sob as leis brasileiras e que tenha sua sede e administração no País". Embora todo o artigo tenha sido revogado pela Emenda Constitucional n. 6, de 15-8-95, o conceito ainda se faz presente no seu texto, consoante se infere do § 1º do art. 176, que teve redação determinada pela própria Emenda. À luz do que foi exposto, propomos, com arrimo nos princípios que emergem do direito positivo constitucional e infraconstitucional, o conceito de sociedade nacional como aquela constituída nos termos da lei brasileira, que mantenha sua sede e administração no País. Dessa feita, três são as suas notas essenciais: constituição regulada pela lei brasileira, sede social e administração situadas no País. Faltando qualquer desses elementos, a sociedade seria considerada estrangeira. A sociedade nacional poderá alterar sua nacionalidade, mas a mudança depende de consentimento unânime dos sócios (ob. cit., p. 270-271).

[17] VALVERDE, Trajano de Miranda. *Comentários à Lei de Falências*, vol. I. Rio de Janeiro: Forense, 1948, p. 85.

[18] *Curso de direito falimentar*. São Paulo: Saraiva, 1978, p. 36.

convenção internacional a respeito, continuam a prevalecer as soluções locais, como se verifica no art. 3º em questão.

Por derradeiro, cumpre enfrentar a hipótese de existirem diversas casas filiais sob jurisdições diferentes no País. Qual será o juízo competente? Dois sistemas se apresentam como resposta: o da prevenção e o da filial principal. Pelo primeiro, estaria prevento o juízo no qual primeiro se ingressou com o pedido; pelo segundo, prevaleceria a jurisdição do local de situação da filial principal da matriz estrangeira.

Conforme já atestamos em nosso livro *Curso de direito comercial*: direito de empresa, preferimos este último critério, por ser aquele que melhor se amolda à regra de competência traçada pela lei. Não se pode perder de vista o fato de que a sociedade estrangeira deverá manter representante no Brasil, responsável por todos os seus atos (Código Civil, art. 1.138). Assim, existindo mais de um estabelecimento filial, haverá aquele no qual o representante concentrará os atos de administração e, por tal, seria tido como a principal filial.

SEÇÃO II

Órgãos da Recuperação Judicial e da Falência e Acertamento do Passivo do Devedor

CAPÍTULO 4
O JUIZ E O MINISTÉRIO PÚBLICO

1. VISÃO GERAL E PRELIMINAR

A complexidade e multiplicidade dos interesses e relações jurídicas envolvidos nos processos de recuperação judicial e de falência requerem a realização de uma série de atos judiciais e administrativos, capazes de garantir o proficiente atingimento de suas finalidades.

Por isso, os respectivos procedimentos demandam a atuação e intervenção de uma pluralidade de pessoas[1] e figuras juridicamente definidas, com o escopo de orientar, dirigir e provocar inúmeras ações e operações voltadas à composição e à ordenação das situações patrimoniais e pessoais envolvidas.

Como bem aponta Renzo Provinciali[2], a ideia de "órgãos" é feita em oposição à de "parte", porquanto quer traduzir aqueles que constituem os instrumentos pelos quais o processo opera e se desenvolve. Nesse contexto, pois, surgem os órgãos da administração da falência e da recuperação judicial, limitando-nos, nesta obra, por ora, à abordagem dos seus principais atores: o juiz, o representante do Ministério Público, o administrador judicial, a assembleia geral de credores e o comitê de credores[3].

2. A ATIVIDADE DO MAGISTRADO

O juiz, cuja competência vem determinada em função da localização do principal estabelecimento do devedor, tema já estudado no Capítulo 3, encontra-se investido

---

[1]   Nelson Abrão, ob. cit., p. 95.
[2]   *Manuali di diritto fallimentare.* 5. ed. Milão: Casa Editrice Dott. A. Giuffrè Editore, 1969, p. 196.
[3]   Além das figuras nomeadas teríamos, também, como órgãos dos processos de recuperação judicial e falência: o gestor judicial, o escrivão, contadores, depositários etc.

44 CURSO DE DIREITO COMERCIAL – FALÊNCIA E RECUPERAÇÃO DE EMPRESA

do poder de decretar a falência ou conceder a recuperação judicial. É quem preside o respectivo processo, dirigindo e superintendendo os trabalhos de administração.

Vislumbram-se, portanto, funções judicantes e administrativas a cargo do magistrado. Como oportunamente anotava Rubens Requião[4], "as primeiras, realiza quando decide, aplicando a lei, na sua natural função jurisdicional; as segundas são realizadas quando superintende a atividade do síndico", leia-se, hodiernamente, do administrador judicial, bem como quando determina a execução de medidas acautelatórias de cunho patrimonial[5]. Dentre estas últimas funções, as de cunho administrativo, verificam-se: (a) fixação das remunerações dos auxiliares do administrador judicial (§ 1º do art. 22); (b) autorização, na falência, para que o administrador judicial possa transigir sobre obrigações e direitos da massa falida e conceder abatimento de dívidas (§ 3º do art. 22); (c) autorização para venda antecipada de bens (art. 113); (d) deferimento da continuação provisória das atividades do falido com o administrador judicial (inciso XI do art. 99); (e) autorização para o devedor, após a distribuição do pedido de recuperação judicial, alienar ou onerar bens ou direitos de seu ativo permanente (art. 66); (f) destituição do administrador judicial (art. 31) e tomada de suas contas (art. 154) etc.

3. A ATUAÇÃO DO MINISTÉRIO PÚBLICO

O Ministério Público funciona nos processos de falência e de recuperação judicial cumprindo o papel de fiscal da lei. Impõe-se seja intimado do ato do juiz que deferir o processamento da recuperação judicial (art. 52, V) e do de sua final concessão (*caput* do art. 187), bem como da sentença que decretar a falência (art. 99, XIII), a fim de que tome conhecimento do feito.

Não deve intervir, assim, como regra, no processo pré-falencial e no de recuperação judicial até o despacho de processamento do pedido. Sua participação só se fará, pelo sistema da lei, após a sentença que decretar a falência ou após o ato do juiz que mandar processar a recuperação judicial, pois é aí que a lei determina a sua intimação[6].

---

[4] Ob. cit., vol. I, p. 243.

[5] Nelson Abrão, ob. cit., p. 96.

[6] A respeito, tem-se o seguinte acórdão do Superior Tribunal de Justiça, assim ementado: "Falência. Ministério Público. Fase pré-falimentar. Desnecessidade de intervenção. Lei n. 11.101/05. Nulidade inexistente. I. A nova lei de falências e de recuperação de empresas (Lei n. 11.101/05) não exige a atuação geral e obrigatória do Ministério Público na fase pré-falimentar, determinando a sua intervenção, apenas nas hipóteses que enumera, a partir da sentença que decreta a quebra (art. 99, XIII). II. O veto ao art. 4º daquele diploma, que previa a intervenção do Ministério Público no processo falimentar de forma genérica, indica o sentido legal de reservar a atuação da Instituição apenas para momento posterior ao decreto de falência. III. Ressalva-se, porém, a incidência da regra geral de

A sua atuação, com efeito, far-se-á por intermédio de audiência, iniciativa de determinado procedimento ou pela ciência de certos fatos para proposição de adequadas medidas. Mas a sua atividade deve circunscrever-se às situações que a lei expressamente prevê ou determina, delas não podendo extrapolar, sob pena de impor morosidade indesejável aos atos processuais, desnaturando a essencialidade e utilidade de sua intervenção[7].

Tomando a iniciativa de determinado procedimento, evidenciam-se: (a) impugnação da relação de credores apresentada pelo administrador judicial (art. 8º); (b) requerimento para a exclusão, alteração de classificação ou retificação de crédito constante do quadro-geral de credores (art. 19); (c) requerimento para substituição do administrador judicial ou dos membros do comitê de credores nomeados ao arrepio das prescrições legais (§ 2º do art. 30); (d) interposição de recurso contra a decisão que conceder a recuperação judicial (§ 2º do art. 59), bem como contra a que decretar ou denegar a falência (art. 100 c/c *caput* do art. 996 e inciso II do art. 179 do Código de Processo Civil de 2015); (e) requerimento de informações do falido sobre circunstâncias e fatos que interessem à falência (art. 104, VI); (f) propositura de ação revocatória (art. 132); (g) impugnação da modalidade de liquidação do ativo determinada pelo juiz (art. 143); (h) oferecimento de denúncia por crime tipificado na Lei de Recuperação e Falência (art. 184), a ser dirigida ao juízo criminal competente[8], o qual será o

---

necessidade de intervenção do Ministério Público antes da decretação da quebra, mediante vista que o Juízo determinará, se porventura configurada alguma das hipóteses dos incisos do art. 82 do Código de Processo Civil, não se inferindo, contudo, a necessidade de intervenção 'pela natureza da lide ou qualidade da parte' (art. 82, inciso III, parte final) do só fato de se tratar de pedido de falência" (REsp n. 996.264/DF, 3ª Turma, decisão por maioria, Rel. Min. Sidnei Beneti, *DJe* de 3-12-2010).

[7] Não há na atual lei dispositivo de largo alcance, tal qual se via no art. 210 daquela revogada (Decreto-Lei n. 7.661/45), legitimando a intervenção do Ministério Público, sob forma de dever, em qualquer fase do processo de falência ou concordata, a bem do "que for necessário aos interesses da justiça". Foi vetado o *caput* do art. 4º que previa imperativamente a sua intervenção nos processos de recuperação judicial e falência: "Art. 4º. O representante do Ministério Público intervirá nos processos de recuperação judicial e falência". É importante registrar que o Ministério Público do Estado do Rio de Janeiro expediu a Recomendação n. 1, em 7 de junho de 2005, no sentido de recomendar aos seus membros, com atribuição para a matéria de insolvência empresarial, "que continuem a oficiar em todas as fases do processo de falência, nos pedidos de recuperação judicial ou extrajudicial e nas ações em que sejam partes ou interessados empresários ou sociedades empresárias em recuperação ou falidas, bem como participar dos leilões realizados, requerendo vista dos autos e intimação para todos os atos do processo ou procedimento, manifestando-se fundamentadamente em defesa do crédito e da justa preocupação com a recuperação de empresas em dificuldades, propondo, sempre que houver desvirtuamento da função social da empresa, medidas que evitem prejuízos à circulação de riquezas, ao crédito popular, ao pleno emprego e à comunidade".

[8] No sistema atual, a denúncia ou a ação penal privada subsidiária da pública, de iniciativa de qualquer credor habilitado ou do administrador judicial, na hipótese de não oferecer o

da jurisdição onde tenha sido decretada a falência, concedida a recuperação judicial ou homologado o plano de recuperação extrajudicial (art. 183), sendo certo que a sentença que decretar a falência ou conceder a recuperação judicial ou, ainda, homologar o plano de recuperação extrajudicial se apresenta como condição objetiva da punibilidade (art. 180).

São circunstâncias que implicam a cientificação obrigatória do representante do Ministério Público, a fim de que possa providenciar as medidas adequadas ao caso: (a) indicação de fatos caracterizadores de crime no relatório apresentado, em juízo, pelo administrador judicial sobre as causas da falência (§ 4º do art. 22); (b) alienação, por qualquer modalidade, dos bens que integram a massa falida (§ 7º do art. 142), sendo assegurado ao órgão apresentar impugnações (art. 143); (c) declaração da falência ou concessão da recuperação judicial, ocasião em que, verificada a ocorrência de qualquer crime previsto na lei respectiva, promoverá a competente ação penal, sendo-lhe, ainda, facultado, se entender necessário, requisitar a abertura de inquérito policial (art. 187)[9]; (d) verificação, pelo magistrado, em qualquer fase processual, de indícios da prática de crimes previstos na Lei de Recuperação e Falência (§ 2º do art. 187).

A audiência do *Parquet* se impõe: (a) na prestação de contas do administrador judicial (§ 3º do art. 154); (b) nas ações propostas pela massa falida ou contra ela ajuizadas. Nestes casos, a intervenção não é obrigatória, porquanto foi vetado preceito que assim impunha (parágrafo único do art. 4º), ao expressar: "Além das disposições previstas nesta Lei, o representante do Ministério Público intervirá em toda ação proposta pela massa falida ou contra esta". Com o veto objetivou-se evitar a intervenção obrigatória, justamente porque diversas ações não a justificam, por não envolverem interesses que devam pelo órgão ser velados. Mas naquelas ações propostas pela massa, bem como naquelas contra ela propostas, quando emergirem interesses de incapazes ou

---

representante do Ministério Público a denúncia, são dirigidas diretamente ao juízo criminal competente. Altera-se, assim, o curso do direito anterior (Decreto-Lei n. 7.661/45), no qual o juízo da falência era o competente para receber a denúncia ou a queixa, determinando, então, a remessa dos autos ao juízo criminal competente para prosseguimento da ação (§ 2º do art. 109).

9   A Lei n. 11.101/2005 aboliu a figura do inquérito judicial – instaurado a pedido do síndico da falência, ante a ocorrência de fatos que configurassem crime falimentar – presente no Decreto-Lei n. 7.661/45 (arts. 103 a 113). Volta-se, assim, ao regime das leis anteriores (Lei n. 2.024, de 1908, e Decreto n. 5.746, de 1929), nas quais a fase inquisitória era procedida pela autoridade policial. Com efeito, não reunindo o representante do Ministério Público elementos suficientes ao oferecimento da denúncia, no sistema atual faculta-se-lhe requisitar a abertura de inquérito policial. Desafoga-se, assim, o juízo da falência, que não mais tem que processar atividade jurisdicional preparatória para instrução da denúncia.

interesse público ou social (Código de Processo Civil de 2015, art. 178, I e II) competirá ao Ministério Público intervir como *custos legis*, tendo vista dos autos após as partes, sendo intimado dos atos do processo, podendo produzir provas, requerer providências ou medidas processuais pertinentes e recorrer (Código de Processo Civil de 2015, art. 179, I e II).

Cumpre, ainda, neste capítulo, analisar a validade do ato processual quando realizado sem a audiência do representante do Ministério Público.

Na hipótese do § 7º do art. 142, a nulidade da alienação, por qualquer de suas modalidades permitidas em lei, se afigura impositiva quando verificada a ausência de intimação pessoal do *Parquet*. A pena vem no dispositivo cominada, sendo, pois, o vício insanável. Verificada a ocorrência da nulidade absoluta, deve o ato ser invalidado, por iniciativa do próprio juiz, sem necessidade de provocação de qualquer interessado.

Nos demais casos, nos quais a lei não impõe semelhante sanção, em atenção ao princípio da instrumentalidade das formas e dos atos processuais, não se deve decretar a nulidade, por ausência de oitiva ou intervenção do Ministério Público, quando dito defeito não resultar em real, efetivo e injusto prejuízo para a massa falida, para os credores, devedores ou para a administração da justiça. Sendo a finalidade do ato alcançada, sem qualquer prejuízo às partes interessadas, não vemos razão de ordem jurídica, lógica, ética ou moral para decretar-lhe a nulidade. Igual solução deverá ser observada quando verificada sua ausência em certos atos, sanada por intervenções posteriores.

Como se pode constatar, em síntese, o Ministério Público não é parte nos processos de falência ou de recuperação, mas, parafraseando Rubens Requião[10], possui um direito de intervenção e controle cuja finalidade apresenta duplo aspecto: assegurar a repressão aos crimes que venham a emergir da falência ou da recuperação e defender, através de sua ação disciplinar, o interesse público e o crédito comercial.

4. REQUERIMENTO DE FALÊNCIA PELO MINISTÉRIO PÚBLICO

Não se tem dúvida que o órgão ministerial, atuando através da Curadoria de Massas Falidas[11], na qualidade de *custos legis*, não está legitimado a requerer a falência. Mas, dadas as novas prerrogativas do Ministério Público, notadamente no âmbito da ação civil pública, intricada questão se põe à análise dos estudiosos: pode ele, como legitima-

---

[10] Ob. cit., vol. I, p. 245.

[11] Terminologia igualmente empregada para designar o representante do Ministério Público nos processos de falência e recuperação a qual, entretanto, tem sido objeto de inúmeras críticas na doutrina, dentre as quais se destaca a formulada por Carvalho de Mendonça (ob. cit., vol. VIII, n. 622), para quem a imperfeição da designação assenta-se no fato de que os bens do devedor não se acham sob sua guarda ou administração.

do a propô-la e executar eventual crédito que nela for apurado, requerer, aí como credor, ainda que credor impróprio, a falência do devedor empresário?

Analisando o sistema vigente, somos inclinados a responder afirmativamente. Com efeito, emerge do quadro normativo constitucional e legal que a tutela de determinados bens e interesses se fará por atuação do Ministério Público, através da ação civil pública[12]. A ele, por delegação constitucional, incumbe a defesa dos interesses sociais e individuais indisponíveis (Constituição Federal, art. 127). Em linhas gerais, toca ao *Parquet* a tutela dos interesses coletivos e difusos, isto é, aqueles que não levam em consideração o indivíduo em si, mas, ao revés, consideram o grupo de indivíduos num todo, fato que os caracteriza como interesses transindividuais e, como tais, revelam-se sociais e indisponíveis[13]. A esses se juntam os interesses individuais homogêneos quando se traduzirem igualmente indisponíveis. Como instrumento efetivo dessa atuação, legitima-se o Ministério Público a promover o inquérito civil e a ação civil pública (Constituição Federal, art. 129, III).

O inquérito civil consiste em um procedimento administrativo de colheita de elementos probatórios necessários à propositura da ação civil pública[14]. É um procedimento, pois, investigatório, tendente a coligir provas dos fatos ofensivos ao interesse indisponível sob tutela, cujo êxito conduzirá ou não à propositura da ação civil.

A ação civil pública, por seu turno, poderá ter por objeto a condenação em dinheiro ou o cumprimento de obrigação de fazer ou não fazer (Lei n. 7.347/85, art. 3º). Portanto, admite-se o pedido com conteúdo simplesmente indenizatório. Mas a indenização não é a única forma de condenação do réu ao pagamento em dinheiro. Poderá o juiz cominar-lhe pena de multa diária para o caso de descumprimento da obrigação de fazer ou não fazer, sendo essa imposição prevista na sentença ou em decisão liminar (Lei n. 7.347/85, arts. 11 e 12)[15]. Esses valores reverterão para fundos públicos, com a

---

[12] Assim dispõe o art. 1º da Lei n. 7.347/85: "Regem-se pelas disposições desta Lei, sem prejuízo da ação popular, as ações de responsabilidade por danos morais e patrimoniais causados: I – ao meio ambiente; II – ao consumidor; III – a bens e direitos de valor artístico, estético, histórico, turístico e paisagístico; IV – a qualquer outro interesse difuso ou coletivo; V – por infração da ordem econômica e da economia popular; VI – à ordem urbanística".

[13] CARVALHO FILHO, José dos Santos. *Ação civil pública*. 4. ed. Rio de Janeiro: Lumen Juris, 2004, p. 112.

[14] José dos Santos Carvalho Filho, ob. cit., p. 242.

[15] A multa diária consiste em uma sanção imposta com caráter cominatório para aquele que não venha a cumprir, no prazo, a obrigação fixada pelo juiz. As *astreintes*, assim, têm natureza sancionatória e não o caráter de indenização. É meio coativo para o cumprimento da decisão judicial. É, desse modo, instituto de direito processual, do qual sobressai o nítido intento de garantir a efetividade do processo.

finalidade específica de viabilizar a reconstituição dos bens lesados (Lei n. 7.347/85, art. 13). O Ministério Público, como autor da ação civil, estará, naturalmente, legitimado a executar o julgado. Mas, ainda que não tenha como parte funcionado, para ele nascerá legitimação especial quando decorridos sessenta dias do trânsito em julgado da sentença condenatória sem que a associação autora da ação, legitimada nos termos do art. 5º da Lei n. 7.347/85[16] à sua propositura, lhe promova a execução (Lei n. 7.347/85, art. 15).

A execução por quantia certa, todavia, não se verifica apenas nessas situações.

É possível que ocorra, tanto no âmbito do inquérito civil, quanto no bojo da própria ação, a celebração de um Termo de Compromisso de Ajuste de Conduta, conceituado pela doutrina[17] como o ato jurídico pelo qual a pessoa, reconhecendo implicitamente a ofensa a interesse difuso ou coletivo em decorrência de sua conduta, assume o compromisso de eliminar a ofensa através da adequação de seu comportamento às exigências legais.

Percebe-se, claramente, que o conteúdo do aludido compromisso é o de ajustar a conduta aos reclamos legais. Retratará, assim, obrigação de fazer ou de não fazer e não de indenizar como obrigação autônoma. Entretanto, como bem adverte José dos Santos Carvalho Filho[18], "é possível que a obrigação de fazer ou de não fazer venha acompanhada de cominação pecuniária, ou seja, a fixação de certa penalidade se, no prazo estabelecido, não for cumprida a obrigação".

Havendo, pois, título a embasar execução por quantia certa, o *Parquet* irá promovê-la, nos moldes da legislação processual civil comum. Contudo, não se deve desconsiderar que o devedor poderá encontrar-se insolvente, reunindo, por outro lado, a condição jurídica de empresário. Igualmente não se pode descartar que a lei não impõe restrições em função da espécie de execução. A sua legitimação, portanto, é para promover a execução, seja ela singular ou concursal. Sendo o devedor empresário, o concurso de credores se realiza por meio da falência. A falência, em outras palavras, é um processo de execução concursal ou coletiva, instituída por lei em favor dos credores.

---

[16] Art. 5º "A ação principal e a cautelar poderão ser propostas pelo Ministério Público, pela União, pelos Estados e Municípios. Poderão também ser propostas por autarquia, empresa pública, fundação, sociedade de economia mista ou por associação que: I – esteja constituída há pelo menos um ano, nos termos da lei civil; II – inclua entre suas finalidades institucionais a proteção ao meio ambiente, ao consumidor, à ordem econômica, à livre concorrência, ou ao patrimônio artístico, estético, histórico, turístico e paisagístico".

[17] José dos Santos Carvalho Filho, ob. cit., p. 202.

[18] Ob. cit., p. 211.

Nessas condições, não se tem como negar a plausibilidade do requerimento de falência pelo Ministério Público, vez que estaria atuando na tutela de interesse de credor e, como tal, arrimado na legitimação genérica do art. 97, IV, da Lei n. 11.101/2005.

Dessa feita, por exemplo, citada uma sociedade empresária na execução por quantia certa promovida pelo Ministério Público sem que no prazo legal promova o pagamento e, diligenciando o *Parquet*, não se descobre bens livres e desembaraçados a garantir a execução, não lhe restará outra providência senão, comprovando o fato, requerer a falência da sociedade devedora, nos moldes do art. 94, II, da Lei n. 11.101/2005[19]. O que não se lhe permite, em razão de sua missão institucional, é fazer uso do pedido de falência como ação de cobrança. Aliás, como defendemos, a ninguém é dado manejá-lo dessa forma, posto não ser o meio ordinário de obtenção pelo credor do adimplemento de uma obrigação[20].

---

[19] Sobre a execução sem pagamento ou garantia, remetemo-nos ao item 3.1 do Capítulo 17.
[20] Sobre o tema discorreremos no item 2.6 do Capítulo 17.

CAPÍTULO 5

O ADMINISTRADOR JUDICIAL

1. POSIÇÃO JURÍDICA

Inúmeras foram as teorias formuladas com o escopo de fixar a natureza jurídica da função do síndico. Trajano de Miranda Valverde[1] as reunia em dois grandes grupos: a teoria da representação e a teoria do ofício ou da função judiciária.

A teoria da representação, sem embargo da reputação de seus formuladores, não se apresentava com sustentação.

Não era o síndico um representante legal do devedor falido. Inexistia representação por força de lei. Ademais, a representação legal não compreende, como bem indicava Miranda Valverde[2], a possibilidade de ação do representante senão em favor, em benefício, da pessoa e dos interesses do representado. Nela encontra-se ínsita a perspectiva de proteção que a lei julga necessária à determinada pessoa. Ora, o síndico, não raras vezes, agia contra a pessoa do falido e contra os interesses deste, na realização do mister que a lei lhe impunha.

Também não era um simples representante ou órgão da massa de credores. Não comparecia em juízo com tal qualidade, mas sim como administrador da massa falida. Na dicção de Valverde[3] "as ações não eram, como não são, propostas pela massa de credores, nem contra ela são intentadas, mas pelo síndico ou pelo liquidatário, ou contra eles, na qualidade de administradores legais do patrimônio falido, no qual se encontram interesses diversos, muitas vezes antagônicos, do devedor e dos credores".

Outrossim, espúrio seria considerar o síndico um representante legal da massa falida, vez que não tem ela personalidade jurídica, mas se constitui em uma universa-

---

[1] Ob. cit., vol. I, p. 395.
[2] Ob. cit., vol. I, p. 397.
[3] Ob. cit., vol. I, p. 398-399.

lidade de direito, decompondo-se em massa objetiva ou ativa, na qual se encontram o complexo de bens do falido, e em massa subjetiva ou passiva, que configura a coletividade de credores.

Desse modo, preferimos a posição sustentada por Trajano de Miranda Valverde[4], que nele via um órgão ou agente auxiliar da justiça, criado a bem do interesse público e para a consecução dos fins do processo falimentar. Agia por direito próprio e em seu próprio nome, visando sempre a cumprir os deveres que a lei lhe impunha.

Essa posição jurídica pode, e deve, ser perfeitamente amoldada ao administrador judicial, cargo especialmente criado por lei, para auxiliar na organização dos processos de recuperação judicial e falência. Naquela, funciona como um verdadeiro fiscal do devedor empresário na execução de suas atividades, podendo, até mesmo, vir pessoalmente dirigi-las, nas situações em que seja delas afastado e até que se nomeie um gestor judicial; nesta, funciona como administrador da massa falida, agindo na defesa dos interesses que a compõem, sendo, ainda, o seu liquidatário. Seu ofício mostra-se, pois, indispensável à administração dos respectivos processos e surge como fonte segura para o atingimento de suas finalidades.

2. NOMEAÇÃO E INVESTIDURA

O administrador judicial é nomeado pelo juiz. Na recuperação judicial sua nomeação se perfaz no ato em que defere seu processamento (art. 52, I); na falência, realiza-se por ocasião da sentença que a decretar (art. 99, IX).

A escolha deve recair sobre "profissional idôneo, preferencialmente advogado, economista, administrador de empresas ou contador, ou pessoa jurídica especializada", diz a lei em seu art. 21.

A condição legal estampada no preceito e, portanto, de observância necessária pelo magistrado ao realizar a nomeação, é de que seja o administrador judicial "profissional idôneo".

A idoneidade aqui, quer nos parecer, deva ser moral e financeira, tal qual assim exigia o art. 60 do Decreto-Lei n. 7.661/45, ao disciplinar a escolha do síndico. A idoneidade moral encontra justificativa no óbvio fato de que, como administrador de patrimônio e interesses de terceiros, não pode ocupar a função o moralmente inidôneo. A financeira deve estar revelada por uma organização do sujeito em seus negócios financeiros privados, tradutora de uma regularidade no cumprimento de suas obrigações, que se exterioriza na sua capacidade de suportar o dever de indenizar a que se encontra

---

[4]   Ob. cit., vol. I, p. 400.

submetido o administrador, sempre que, por dolo ou culpa, causar prejuízo à massa, ao devedor ou aos credores. Sem ela, a efetividade da disposição restaria frustrada.

Preenchida a condição, pode o juiz nomear para o cargo pessoas naturais ou jurídicas. A locução "preferencialmente", empregada no texto legal, denota, com incensurável clareza, que a sua escolha, como pessoa natural, não estará restrita a advogados, economistas, contadores ou administradores de empresa. Mas, nessa determinação, deve o magistrado agir com prudência, abstendo-se de nomear profissionais inaptos ou sem qualquer experiência ou vocação para o desempenho do mister. A razoabilidade, diante da flacidez legal, sempre deve inspirar a escolha. Não temos dúvida de que os liquidantes judiciais permanecerão como opção para os magistrados.

No caso de pessoas jurídicas, a alusão contida no texto legal a que seja "especializada" funciona como elemento de restrição à sua eleição. Assim, não pode uma sociedade, cujo objeto consista na prestação de serviços médicos, por exemplo, ser indicada para a função. São consideradas "especializadas", dentre outras, aquelas pessoas jurídicas cujos respectivos objetos se voltem para realização de auditorias, administração de patrimônio de terceiros e consultorias econômica e financeira.

O administrador judicial, tão logo nomeado, será intimado, pessoalmente, para, em quarenta e oito horas, assinar, na sede do juízo, o termo de compromisso de bem e fielmente desempenhar o cargo e assumir todas as responsabilidades e deveres a ele inerentes. Sendo pessoa jurídica, deverá ser declarado, no respectivo termo, o nome do profissional responsável pela condução do processo de falência ou de recuperação judicial, o qual não poderá ser substituído por outro sem expressa autorização judicial.

Não sendo o termo de compromisso assinado no respectivo prazo, caberá ao juiz nomear outro administrador judicial, conforme estabelece o art. 34. Pensamos, no entanto, possa a regra, avaliadas as circunstâncias especiais que envolvam o caso concreto, ser temperada. Ocorrendo justo impedimento, noticiado tempestivamente ao juízo, pode ele relevar o atraso, desde que o nomeado possa, ainda que fora do prazo de quarenta e oito horas, prontamente atender a nomeação, sem que isto cause, portanto, embaraço ao curso processual. Deve ser outorgada ao juiz prudente margem de discricionariedade, não se tornando irracionalmente peremptório o prazo da lei. Bem retrata a ideia ora defendida a hipótese de ser um advogado escolhido para o trabalho, o qual se vê, entretanto, impedido de atender o prazo legal, para assinatura do termo, por ter que comparecer a julgamento ou audiência em comarca fora daquela cujo respectivo juízo o nomeou e onde mantém seu endereço profissional, encargo este que lhe custará tempo capaz de obstar sua presença na serventia na qual deverá subscrever o termo de compromisso. Comunicado o fato ao juiz, pode ele relevar o atraso, se isso for a bem da administração da Justiça.

Investido em sua função, o administrador nela permanecerá até que o juiz decrete, por sentença, o encerramento da recuperação judicial ou da falência (arts. 63, IV, e 156), salvo se for, durante o curso do processo, destituído, substituído ou renunciar.

3. IMPEDIMENTOS

Em decorrência da natureza das funções inerentes ao cargo de administrador judicial, razões de ordem econômica, jurídica, ética e moral geram incompatibilidades ou inabilitações para que certas pessoas possam ser escolhidas a exercê-las.

Não poderá desempenhar a função de administração judicial quem, nos derradeiros cinco anos, no exercício de idêntico cargo ou como membro do comitê de credores em falência ou recuperação judicial anterior, tenha sido destituído, deixado de prestar contas dentro dos prazos legais ou tiver desaprovadas as que houver prestado (art. 30, *caput*).

Igualmente incorre no impedimento aquele que tiver relação de parentesco ou afinidade até o terceiro grau com o devedor e, sendo ele sociedade empresária, com seus administradores, controladores ou representantes legais ou deles for amigo, inimigo ou dependente (§ 1º do art. 30).

Na situação da pessoa jurídica nomeada administradora judicial, aqueles impedimentos de ordem pessoal, referidos no parágrafo anterior, serão aferidos em relação a seus administradores, controladores ou representantes legais, além do profissional declarado no termo de compromisso como responsável pela condução do processo. Apesar de a lei silenciar-se sobre esta última hipótese, vemos a situação como corolário lógico das disposições dos art. 30, *caput* e § 1º, e parágrafo único do art. 21.

Podem requerer ao juiz a substituição do administrador judicial, nomeado em contrariedade das disposições legais, o devedor, qualquer credor, independentemente do valor de seu crédito ou da classificação que por direito lhe caiba, e o representante do Ministério Público. Ao juiz caberá decidir a questão no prazo de vinte e quatro horas (§§ 2º e 3º do art. 30).

Professamos ser possível ao próprio juiz rever seu ato de nomeação, agindo, assim, de ofício, quando ele próprio constatar que a nomeação não obedeceu aos preceitos legais pertinentes. Isto porque, sendo o administrador judicial um agente auxiliar da justiça, criado a bem do interesse público, de forma a realizar os fins do processo de falência ou de recuperação, as regras jurídicas acerca de sua nomeação são de ordem pública e, portanto, sua violação gera nulidade, não podendo ser convalidada.

Os atos eventualmente realizados pelo administrador, nessas condições, permanecem, em princípio, válidos e eficazes. A nulidade que atinge sua nomeação não induz, por si só, a dos atos por ele praticados. Só serão os mesmos anulados se deles tiver resultado indevido prejuízo para a massa falida, devedor ou credores, havendo-se por prejudicado o interesse tutelado. A nulidade, portanto, é relativa à sua nomeação, vigorando, assim, os princípios da instrumentalidade dos atos processuais e da economia processual.

4. DEVERES E ATRIBUIÇÕES

O administrador judicial, em auxílio ao juiz na ordenação dos processos de recuperação judicial e de falência, terá que realizar uma pluralidade de atos, de natureza judicial ou administrativa, para que o escopo seja logrado. Suas funções variam, assim, entre funções judiciárias e funções administrativas.

A lei discrimina e ordena essas funções, as quais, em verdade, encontram-se espalhadas em diversos preceitos, embora procure, no art. 22, apresentar um rol mais concentrado.

Portanto, na análise do tema, vamos nos deparar com os deveres e as atribuições legais do administrador judicial. Embora se reconheça uma certa sinonímia entre os termos, o certo é que, no âmbito legal, querem sutilmente traduzir ações diferenciadas por parte de seu agente. Como convenientemente já explicitou Nelson Abrão[5], no primeiro caso – deveres – há uma imposição legal categórica para a prática do ato, ao passo que no segundo – atribuições – ressalva-se um certo arbítrio pessoal do administrador judicial.

De forma conjunta, enunciaremos os seus principais deveres e atribuições:

I – Na falência e na recuperação judicial: (a) enviar correspondências aos credores constantes da relação apresentada pelo devedor por ocasião de seu pedido de recuperação judicial ou confissão da falência, bem como daquela que vier a ser exibida pelo falido em atendimento à determinação do juízo da falência, nos requerimentos formulados por credores ou sócios, quando já não se encontrar nos autos, comunicando a data do pedido de recuperação judicial ou da decretação da falência, conforme o caso, e a natureza, o valor e a classificação dada ao crédito que titulariza o credor comunicado; (b) fornecer, com presteza, todas as informações solicitadas pelos credores interessados; (c) dar extratos dos livros do devedor, que merecerão fé de ofício, a fim de servirem de fundamento nas habilitações e impugnações de créditos; (d) exigir dos credores, do devedor ou seus administradores quaisquer informações e, havendo por parte destes recusa, deverá requerer ao juiz suas respectivas intimações para que compareçam em juízo, a fim de serem interrogados pelo magistrado, em sua

---

[5] Ob. cit., p. 100.

presença; (e) preparar a verificação dos créditos, elaborando relação inicial de credores e consolidando, a final, o quadro-geral de credores; (f) requerer ao juiz convocação da assembleia geral de credores nos casos previstos em lei ou quando entender necessária sua oitiva para a tomada de decisões; (g) presidir as assembleias gerais de credores; (h) contratar, mediante autorização judicial, profissionais ou sociedades especializadas para, quando necessário, auxiliá-lo no exercício de suas funções, sendo os respectivos honorários fixados pelo juiz, que deverá considerar a complexidade dos trabalhos a serem executados e os valores praticados no mercado; (i) estimular a conciliação, a mediação e outros métodos alternativos de solução de conflitos relacionados à recuperação judicial e à falência, respeitados os direitos de terceiros; (j) manter endereço eletrônico na internet, com informações atualizadas sobre os processos de falência e de recuperação judicial, com a opção de consulta às peças principais do processo, salvo decisão judicial em sentido contrário; (k) manter endereço eletrônico específico para o recebimento de pedidos de habilitação ou a apresentação de divergências, ambos em âmbito administrativo, com modelos que poderão ser utilizados pelos credores, salvo decisão judicial em sentido contrário; (l) providenciar, sem necessidade de prévia decisão judicial e no prazo máximo de quinze dias, as respostas aos ofícios e às solicitações enviadas por outros juízos e órgãos públicos;

II – Na recuperação judicial: (a) fiscalizar as atividades do devedor e o cumprimento do plano de recuperação judicial; (b) exercer as funções de gestor judicial quando o devedor for afastado de seus negócios e até que a assembleia geral de credores delibere sobre o nome daquele que irá exercê-las; (c) requerer a falência no caso de descumprimento de obrigação assumida no plano de recuperação; (d) apresentar ao juiz, para juntada aos autos, relatório mensal das atividades do devedor, fiscalizando a veracidade e a conformidade das informações prestadas pelo devedor; (e) apresentar relatório sobre a execução do plano de recuperação quando do encerramento da recuperação judicial; (f) fiscalizar o decurso das tratativas e a regularidade das negociações entre devedor e credores; (g) assegurar que devedor e credores não adotem expedientes protelatórios, inúteis ou, de qualquer modo, prejudiciais ao regular andamento das negociações; (h) assegurar que as negociações realizadas entre devedor e credores sejam regidas pelos termos convencionados entre os interessados ou, na falta de acordo, pelas regras propostas pelo administrador judicial e homologadas pelo juiz, observado o princípio da boa-fé para solução construtiva de consensos, que acarretem maior efetividade econômico-financeira e proveito social para os agentes econômicos envolvidos; (i) apresentar, para juntada aos autos, e publicar, no endereço eletrônico específico, relatório mensal das atividades do devedor e relatório sobre o plano de recuperação judicial, no prazo de até quinze dias contado da apresentação do plano, fiscalizando a veracidade e a conformidade das informações prestadas pelo devedor, além de informar eventual ocorrência das condutas previstas no art. 64;

III – Na falência: (a) avisar, pelo órgão oficial, o lugar e hora em que, diariamente, os credores terão à sua disposição os livros e documentos do falido; (b) examinar a escrituração do devedor; (c) relacionar os processos e assumir a representação judicial e extrajudicial da massa falida, incluindo os procedimentos arbitrais; (d) receber e abrir a correspondência dirigida ao devedor, entregando a ele o que não for assunto de interesse da massa[6]; (e) apresentar, no prazo de quarenta dias, contado da assinatura do termo de compromisso, prorrogável por igual período, relatório sobre as causas e circunstâncias que conduziram à situação de falência, no qual apontará a responsabilidade civil e penal dos envolvidos; (f) arrecadar, lavrando o respectivo auto de arrecadação, os bens e documentos do devedor, mantendo-os sob sua custódia; (g) avaliar os bens arrecadados; (h) contratar avaliadores, de preferência oficiais, mediante autorização judicial, para a avaliação dos bens caso entenda não ter condições técnicas para a tarefa; (i) praticar os atos necessários à realização do ativo e ao pagamento dos credores; (j) proceder à venda de todos os bens integrantes da massa falida no prazo máximo de cento e oitenta dias, contado da data da juntada do auto de arrecadação, sob pena de destituição, salvo por impossibilidade fundamentada, reconhecida por decisão judicial; (k) praticar todos os atos conservatórios de direitos e ações, diligenciar a cobrança de dívidas e dar a respectiva quitação; (l) remir, em benefício da massa e mediante autorização judicial, bens apenhados, penhorados ou legalmente retidos; (m) representar a massa falida em juízo, contratando, se necessário, advogado, cujos honorários serão previamente ajustados e aprovados pelo comitê de credores; (n) requerer todas as medidas e diligências que forem necessárias para o cumprimento da lei, a proteção da massa ou a eficiência da administração; (o) apresentar ao juiz para juntada aos autos, até o décimo dia do mês seguinte ao vencido, conta demonstrativa da administração, que especifique com clareza a receita e a despesa; (p) transigir sobre obrigações e direitos da massa falida e conceder abatimento de dívidas, mediante autorização judicial específica, após ouvidos o devedor e o comitê de credores, se houver, no prazo comum de dois dias; (q) entregar ao seu substituto todos os bens e documentos da massa em seu poder, sob pena de responsabilidade; (r) arrecadar os valores dos depósitos realizados em processos administrativos ou judiciais nos quais o falido figure como parte, oriundos de penhoras, de bloqueios, de apreensões, de leilões, de alienação judicial e de outras hipóteses de constrição judicial, ressalvado o disposto nas Leis n. 9.703/98, 12.099/2009 e na Lei Complementar n. 151/2015; (s) prestar contas ao final do processo, quando for substituído, destituído

---

[6]   Sobre o tema voltaremos, com abordagem mais aprofundada, no item 6 do Capítulo 19.

ou renunciar ao cargo; (t) dar prosseguimento às atividades do falido, quando autorizada pelo juiz a continuação provisória.

5. DESTITUIÇÃO

Como vimos, ao administrador judicial a lei reserva uma série de atribuições e deveres inerentes à função de auxiliar do juiz, com participação ativa no ordenamento dos processos e, no caso da falência, administrando um patrimônio especial submetido a controle judicial e afetado ao pagamento do passivo do devedor. Portanto, o desempenho a contento de tais encargos legais afigura-se elemento imprescindível ao bom desenvolvimento dos respectivos feitos em que atua.

Dentro desse cenário, a lei municia o juiz de poderes para sua destituição, sempre que tais objetivos restarem frustrados. Assim é que emergem como causa de sua destituição: desobediência a preceitos da lei, descumprimento de seus deveres, omissão, negligência ou prática de ato lesivo às atividades do devedor ou a terceiros, inclusive credores.

A destituição pode ocorrer de ofício ou a requerimento, devidamente fundamentado, apontando o fato infracional ensejador do afastamento do administrador de suas funções, de qualquer interessado, como o devedor, o sócio de responsabilidade ilimitada da sociedade falida – que também é atingido pelos efeitos jurídicos produzidos em relação à pessoa jurídica –, ou o credor.

No ato em que decretar a destituição, o juiz nomeará novo administrador judicial.

6. SUBSTITUIÇÃO

Figura distinta da destituição é a da substituição do administrador judicial, muito embora os seus efeitos práticos em pouco se diferenciem dos da destituição, pois, em qualquer dos casos, haverá, pelo juiz, nomeação de outro administrador judicial. Doutrinariamente, contudo, é válida a diferenciação, a fim de classificar as causas ensejadoras da troca, as quais, inclusive, podem influir no seu direito à remuneração.

A destituição, como se viu, tem conotação punitiva, reclamando a desobediência a preceitos legais, descumprimento de deveres, omissão, negligência ou prática de ato lesivo às atividades do devedor ou a terceiros (art. 31). Já as hipóteses de substituição seriam aquelas em que não se avalia a conduta desidiosa, culposa ou dolosa do administrador. Decorrem de outros fatores que não uma ação ou omissão do administrador judicial ligada ao exercício de suas funções. São os casos, por exemplo, de sua nomeação em desobediência aos preceitos legais (§ 2º do art. 30), de sua renúncia, morte, interdição, ou, sendo ele pessoa jurídica, a sua dissolução[7]. Nesses casos, nomeará o juiz um substituto.

Previa, ainda, a lei, em seu texto originariamente aprovado no Congresso Nacional, um caso especial de substituição: era a substituição do administrador por indicação da assembleia geral de credores (art. 35, I, *c*, e II, *a*). Ocorre que os indicados preceitos foram objeto de veto presidencial, por alegada contrariedade ao interesse público, nos termos do § 1º do art. 66 da Constituição Federal. Na mensagem enviada ao Presidente do Senado Federal, número 59, de 9 de fevereiro de 2005, publicada no *Diário Oficial da União* da mesma data, encontra-se a seguinte fundamentação das razões de veto:

> As alíneas *a* e *c* atribuem à assembleia geral de credores, dentre outras competências, a de deliberar sobre a substituição do administrador judicial e a indicação do seu substituto. Todavia tais disposições conflitam com o art. 52, que estabelece: "Art. 52. Estando em termos a documentação exigida no art. 51 desta Lei, o juiz deferirá o processamento da recuperação judicial e, no mesmo ato: I – nomeará o administrador judicial, observado o disposto no art. 21 desta Lei". Verifica-se o conflito, também, no confronto entre esses dispositivos e o parágrafo único do art. 23, que dispõe: "Parágrafo único. Decorrido o prazo do *caput* deste artigo, o juiz destituirá o administrador judicial e nomeará substituto para elaborar relatórios ou organizar as contas, explicitando as responsabilidades de seu antecessor." Ao que parece, houve um equívoco do legislador ao mencionar o "administrador judicial", parecendo que pretendeu se referir ao "gestor judicial", uma vez que, ao prever a convocação da assembleia geral de credores para deliberar sobre nomes, o projeto refere-se a este último, como se atesta da leitura do art. 65, *verbis*: "Art. 65. Quando do afastamento do devedor, nas hipóteses previstas no art. 64 desta Lei, o juiz convocará a assembleia geral de credores para deliberar sobre o nome do gestor judicial que assumirá a administração das atividades do devedor, aplicando-se-lhe, no que couber, todas as normas sobre deveres, impedimentos e remuneração do administrador judicial." Há, portanto, no texto legal, um equívoco que merece ser sanado, elidindo-se a possibilidade de a lei vir a atribuir competências idênticas à assembleia geral de credores e ao juiz da recuperação judicial ou da falência, o que ensejaria a inaplicabilidade do dispositivo, com inequívocos prejuízos para a sociedade, que almeja a celeridade do processo, e para o próprio Governo Federal, que tem adotado ações que possibilitem alcançar esse desiderato. Finalmente, impõe-se registrar que o veto afastará, de plano, a possibilidade de que seja nomeada para o encargo pessoa que não seja da confiança do juízo.

Contudo, não nos parece seja essa a melhor visão do tema.

---

[7] Não se contempla aqui a situação de nomeação de novo administrador judicial quando não assinado pelo escolhido o respectivo termo de compromisso, porquanto, nesta situação, sequer houve investidura, não se podendo, assim, falar em substituição.

Primeiramente, cumpre apontar deficiência na fundamentação das razões de veto, ao buscar retratar equivocada a menção feita a "administrador judicial" no texto das alíneas *c* do inciso I e *a* do inciso II, todas do art. 35, sustentando parecer que o legislador queria se referir ao "gestor judicial". A uma, porque o gestor judicial já vem contemplado em alínea própria no inciso I do mencionado artigo, especificamente na alínea *e*. A duas, porque a figura do gestor judicial somente poderá ser vislumbrada no processo de recuperação judicial e não no de falência. Assim, não haveria equívoco do legislador ao mencionar nas referidas alíneas vetadas a possibilidade de a assembleia geral de credores, tanto na recuperação judicial, quanto na falência deliberar sobre "substituição do administrador judicial e a indicação do substituto".

Com relação ao eventual conflito resultante do exercício dessa faculdade com os poderes do juiz, obtemperamos não haver possibilidade de nomeação de pessoa para o cargo que não seja da confiança do magistrado.

O poder originário para nomeação, substituição e destituição do administrador judicial toca ao magistrado. Mas nada impede possa a lei estabelecer um poder secundário em favor da assembleia geral de credores para deliberar sobre a sua substituição e a indicação de substituto. Garante-se, assim, o interesse dos credores em avaliar a proficiência do trabalho do administrador judicial e, sendo ela negativa, poderem eles, por deliberação assemblear, propor a sua substituição, indicando substituto, justamente naquelas situações em que não ocorram os motivos legalmente previstos para sua destituição ou substituição, pois para tais hipóteses a lei já determina o procedimento a ser observado.

Mas esse poder da assembleia de credores, como se afirmou, não seria soberano, mas sim secundário. A substituição decidida na assembleia, para implementar-se, necessitaria ser encampada pelo juiz. Seus efeitos não se operariam automaticamente. Seriam sempre dependentes da aprovação judicial. Ao magistrado sempre tocaria a avaliação final dos motivos que ensejaram a decisão dos credores. Seria ele quem iria decidir, em último turno, pela substituição ou não do administrador judicial e pelo acolhimento ou não do substituto pela assembleia de credores indicado.

Não vemos como se ter outra interpretação do estatuído nas vetadas alíneas *c* e *a* dos incisos I e II, respectivamente, do art. 35. Assim estaria garantida a sua razoabilidade e racionalidade diante do sistema legislativo, donde se extrai ser o administrador judicial um órgão, um agente auxiliar da Justiça, criado a bem do interesse público, não sendo ele um agente ou representante da massa de credores, como se viu no item 1 do

Capítulo 5, pois, em diversos episódios, em razão de sua função legal, terá que agir contra eles. Não teria lógica a lei outorgar o poder de nomeação do administrador judicial ao juiz na sentença em que decrete a falência ou no ato em que defira o processamento de recuperação judicial, concentrando-o com o poder de decidir pela sua destituição e nomeação de novo administrador se pudesse a assembleia de credores, livremente, "reformar" tal decisão, fazendo substituir aquele pelo Estado-Juiz nomeado por outro de sua conveniência. Inefável perigo sofreria a administração da Justiça com esse procedimento, capaz de infirmar a isenção que deve inspirar a atuação do administrador judicial.

A própria literalidade da norma vetada conspirava a favor do entendimento. Se fosse à assembleia outorgado esse poder absoluto, não deliberaria ela sobre "a substituição do administrador judicial e a indicação do substituto", mas sim deliberaria pela substituição do administrador judicial, nomeando o seu substituto. O emprego dos termos deveria, como se vê, ser mais incisivo e direto para amparar conclusão gramatical diversa.

Objuramos, em conclusão, qualquer ideia no sentido de frustrar o poder supremo do Estado-Juiz na nomeação, destituição ou substituição do administrador judicial, mas não era esse efeito que resultava do sistema estabelecido no Projeto de Lei n. 4.376, de 1993 (n. 71/03 no Senado Federal).

Poder-se-ia ter a regra como inconveniente. Mas as razões para seu veto, a nosso ver, não se sustentam.

7. REMUNERAÇÃO

Como curial, o desempenho de relevante atividade por parte do administrador judicial não pode ser gracioso. Faz, assim, jus a uma remuneração. A fixação de seu valor e o modo de seu pagamento serão determinados pelo juiz, que deverá para tal observar a capacidade de pagamento do devedor, na hipótese de recuperação judicial, ou a da massa falida, na situação de falência, o grau de complexidade do trabalho e os valores praticados no mercado para remunerar atividades semelhantes. Mas o montante dessa remuneração não poderá exceder de cinco por cento do valor devido aos credores submetidos à recuperação judicial ou do valor de venda dos bens na falência, conforme o caso. Esse percentual, em se tratando de recuperação judicial ou de falência de microempresa ou de empresa de pequeno porte, bem como de produtor rural pessoa natural fica reduzido ao limite de dois por cento, independentemente de se adotar ou não, na hipótese de recuperação judicial, o plano especial (arts. 70 a 72).

No processo de falência, deverá ser reservado quarenta por cento do total devido ao administrador judicial para pagamento após a prestação de suas contas e a apresentação do relatório final da falência, o qual enseja que o juiz a encerre por sentença[8].

Haverá remuneração, proporcional ao trabalho realizado, do administrador que tenha sido substituído, como nas hipóteses, por exemplo, de morte[9], interdição, dissolução da pessoa jurídica, nomeação contrária aos ditames legais[10], ou renúncia motivada. Apenas a renúncia imotivada, ou seja, a que não vem arrimada em relevante razão, a ser verificada e julgada pelo juiz, fazendo uso de seu livre convencimento motivado, é a que não enseja qualquer tipo de remuneração[11].

Descabe a remuneração, também, se o administrador judicial foi destituído ou se tiver suas contas desaprovadas. No caso de destituição, parece-nos ter a lei se utilizado de expressões despiciendas para qualificá-la. Preconiza, no § 3º do art. 24, como não ensejadora do direito à remuneração, a figura da destituição "por desídia, culpa, dolo ou descumprimento das obrigações fixadas nesta Lei". Ora, por qual motivação que não esta poderá haver destituição? Segundo definição do art. 31, tem-se para ela uma feição punitiva, engendrada sempre que o administrador judicial agir em desrespeito da lei, descumprir deveres, for omisso, negligente ou praticar ato lesivo às atividades do devedor ou a terceiros. Bastaria, assim, ter se limitado a enunciar descaber remuneração em caso de destituição, ou, no contexto da regra, usar a expressão "for destituído" tão somente.

Em quaisquer dos casos de descabimento da remuneração deverá o administrador judicial restituir o que já recebera e, na hipótese de remuneração proporcional, decorrente de substituição, restituir o excesso que for constatado.

---

[8] Confira-se nesse sentido o Recurso Especial n. 1.700.700/SP.

[9] Nesse caso, o valor devido reverteria para o espólio.

[10] No direito anterior, não cabia remuneração alguma ao síndico nessas condições (§ 4º do art. 67 do Decreto-Lei n. 7.661/45), situação que sempre se nos afigurou injusta. Embora invalidada assim se apresente a nomeação, sua atuação exteriormente perdura até que o juiz, reconhecendo o defeito, a invalide e o substitua. Os atos por ele praticados, em princípio, são válidos e eficazes, como já se discorreu a respeito no item 3 do Capítulo 5, a cujos termos nos remetemos, para evitar repetições desnecessárias. Assim o sendo, não devem passar em vão os serviços prestados. A remuneração, a nosso ver, só não será devida, se forem por ele praticado atos contrários à boa administração que se lhe impõe, causando prejuízo ao devedor, aos credores, à massa falida, ou a terceiros.

[11] Aqui também se vê evolução em relação ao direito anterior no qual não se concebia possibilidade de se remunerar o síndico no caso de renúncia (cf. § 4º do art. 67 do Decreto-Lei n. 7.661/45).

Na recuperação judicial toca ao devedor arcar com os dispêndios relativos à remuneração do administrador judicial e com aqueles dos que eventualmente venham ser contratados para seu auxílio. Na falência, os encargos serão suportados pela massa falida, constituindo-se, os respectivos valores, créditos extraconcursais, pagos, pois, precedentemente aos créditos que nela concorrem, sendo permitidas, inclusive, antecipações de pagamento, a fim de não imobilizar o curso processual adequado.

Na fixação da remuneração dos auxiliares, o juiz deverá levar em conta a complexidade dos respectivos trabalhos e os seus valores de mercado.

8. RESPONSABILIDADE DO ADMINISTRADOR JUDICIAL

O administrador judicial, ao firmar o termo de compromisso de bem e fielmente desempenhar o cargo, assume todas as responsabilidades civis e penais que lhe são inerentes.

Assim é que deverá ressarcir a massa falida, o devedor, ou os credores pelos prejuízos a eles causados por ação ou omissão dolosa ou culposa.

Enquanto estiver em curso o processo de falência ou o processo de recuperação judicial, a legitimação para a propositura da ação de responsabilidade, em princípio, é do novo administrador judicial que venha ser nomeado em seu lugar, após sua destituição ou substituição, sobretudo na falência, por ser o administrador da massa falida.

Contudo, não vemos como negar legitimidade ao próprio devedor e aos credores para dirigirem pessoalmente suas pretensões em face do administrador judicial faltoso, quando prejudicados diretamente pelo ato ilícito (Código Civil, art. 927). Findo o processo, inclusive, a legitimação ativa só a eles ou a seus sucessores[12] tocará.

Não visualizamos compreender a responsabilidade civil do administrador judicial uma consequência exclusiva de sua destituição. Cabe, também, ser verificada em episódios de substituição, porquanto, após sua renúncia, por exemplo, podem ser apurados atos pretéritos reveladores dessa responsabilidade.

---

[12]   Na falência, o direito deve igualmente ser assegurado aos sócios de responsabilidade ilimitada, sujeitos aos mesmos efeitos jurídicos produzidos pela sentença em relação à sociedade falida (art. 81 c/c art. 190). Ao final do processo falimentar, pensamos, fica o direito estendido a qualquer sócio, quando o produto da liquidação do ativo, após o pagamento dos credores, for a eles distribuído, face à dissolução da sociedade levada a cabo no bojo do processo de falência, provocando efetivamente a sua extinção. Assim, têm eles interesse na propositura da ação de responsabilidade, pois qualquer prejuízo decorrente da má administração refletirá em seus patrimônios pessoais.

Ainda que sancionadas suas contas pelo juiz, é possível vir a ser responsabilizado. O fato, com efeito, não tem o condão de exonerá-lo da responsabilidade. Podem, por exemplo, se apresentar formal e materialmente perfeitas ditas contas, mas revelar a prática de atos que, pelo seu retardamento culposo, sejam fonte de prejuízo[13].

De certo, igualmente não lhe serve de escusa a autorização judicial obtida para praticar o ato quando tiver a consciência do prejuízo de que possa resultar. O dolo, portanto, sempre integrará sua responsabilidade, não sendo causa de isenção o fato de ter procedido mediante prévia autorização judicial. Seria o caso de concessão de abatimento no recebimento de dívidas da massa falida, autorizado pelo juiz, a devedor por ele sabidamente capaz de arcar com a totalidade do pagamento, induzindo, assim, a erro o magistrado em sua autorização, a fim de beneficiar esse terceiro.

As duas situações acima abordadas encontravam-se expressamente previstas no Decreto-Lei n. 7.661/45, no parágrafo único do art. 68. A sua não reedição no diploma vigente não tira a força da argumentação produzida, até porque a apuração da responsabilidade civil deve ser ampla, a fim de garantir a integral e satisfatória reparação do dano, sem qualquer obstáculo formal.

Sendo o administrador judicial pessoa jurídica, sobressai a sua responsabilidade objetiva por atos dolosos ou culposos que seus representantes ou prepostos, nessa qualidade, venham a praticar no exercício do mister, ou em razão dele (Código Civil, arts. 932, III, e 933).

9. PRESTAÇÃO DE CONTAS

Tal qual todo aquele que administra interesses e patrimônio alheio, o administrador judicial está obrigado a dar contas de sua atividade.

Trataremos da questão separadamente em relação à falência e à recuperação, a fim de primar por sua melhor compreensão.

No processo de falência, tem-se a regra da alínea *r* do inciso III do art. 22 a qual o obriga a prestar contas não só ao final do respectivo processo, mas também quando for substituído, destituído ou renunciar ao cargo[14].

---

[13] Nelson Abrão, ob. cit., p. 103.

[14] A renúncia ao cargo, como visto, implica a sua substituição. Contudo, quis a lei, neste ponto, nominalmente destacá-la, porque sua obrigação se impõe, com observância do respectivo prazo, mesmo que não se tenha ainda nomeado seu substituto. A prestação de contas decorre não dessa nomeação, mas sim do ato de renúncia, manifestação unilateral de vontade do renunciante. Daí se justificar o destaque, até mesmo porque o prazo para sua prestação terá início em momento diverso do que nos demais casos de substituição.

O ADMINISTRADOR JUDICIAL

Concluída a realização do ativo e distribuído o respectivo produto, em pagamento, entre os credores, deverá o administrador, em um prazo de trinta dias, prestar suas contas ao juiz, segundo procedimento previsto nos §§ 1º a 6º do art. 154.

A prestação de contas far-se-á em autos apartados que, ao final, serão apensados aos autos do processo falimentar. As contas deverão estar acompanhadas dos documentos que as comprovem.

Recebidas pelo juiz da falência, este ordenará publicação de aviso[15] de que foram entregues pelo administrador judicial e que se encontram à disposição dos interessados para análise, os quais, dentro do prazo de dez dias, poderão impugná-las. Dentre os interessados destacamos os credores, o próprio devedor falido, os sócios de responsabilidade ilimitada – também sujeitos aos efeitos jurídicos da sentença que decretar a quebra da sociedade –, e o Ministério Público. A impugnação pelo *Parquet*, no entanto, segue rito próprio, decorrendo de parecer contrário às contas, quando de sua oitiva a respeito.

De acordo com o teor das impugnações formuladas pelos interessados, procedimentos indispensáveis à apuração dos fatos podem se fazer necessários, como a realização de prova pericial contábil. Nestes casos, convencido o juiz da necessidade de produção de provas, deferirá as diligências que entender convenientes ao esclarecimento das dúvidas.

Ao término desta fase de instrução, ou decorrido o prazo para as impugnações, quando nenhuma diligência se apresentar útil, será o Ministério Público intimado para das contas se manifestar, no prazo de cinco dias. O parecer contrário equivalerá à impugnação, como já se registrou acima.

Havendo impugnação, deverá o administrador ser ouvido, em atenção lógica aos princípios constitucionais da ampla defesa e do contraditório.

Ao final do procedimento, o juiz julgará as contas prestadas, por sentença, da qual caberá recurso de apelação.

A sentença que rejeitar as contas fixará as responsabilidades do administrador judicial, podendo determinar a indisponibilidade ou sequestro de bens, servindo como título executivo judicial para indenização da massa falida.

A prestação de contas nas hipóteses de destituição, renúncia ou substituição, conforme o estatuído no § 2º do art. 31[16], deve obedecer ao mesmo procedimento acima

---

[15] A publicação do aviso deve obedecer ao disposto no art. 191.

[16] Apesar de o preceito enunciar gramaticalmente que "o administrador judicial substituído prestará contas", a regra, logicamente, não é só para os casos de substituição propriamente ditos, mas também guarda pertinência com a destituição, até porque encontra-se o

verificado. O prazo para sua realização pelo administrador judicial será, entretanto, o de dez dias, que se deve contar, em nosso entendimento, a partir de sua intimação da decisão que o destituiu ou determinou a substituição. No caso de renúncia, o prefalado prazo se inicia, sustentamos, da data em que foi o juízo do ato por ele cientificado.

Nos termos do art. 23, de redação pouco clara e elucidativa e que, por isso, reclama interpretação lógica e racional para adaptá-lo às diversas situações que regula, colhe-se mandamento segundo o qual, não apresentando o administrador judicial as suas contas no prazo legal, deva ser ele pessoalmente intimado a fazê-lo, no prazo de cinco dias, sob pena de incorrer em crime de desobediência. Decorrido, entretanto, o indigitado prazo, sem que o administrador judicial o tenha atendido, o juiz o "destituirá" e "nomeará substituto" para elaborá-las, explicitando as responsabilidades do faltoso, nos termos do que dispõe o parágrafo único do preceito legal em tela. A "destituição" do administrador judicial, com a nomeação de "substituto" para organizar as contas, somente terá vez quando da ausência de sua apresentação ao final do procedimento falimentar. Ao "substituto", por dedução lógica, também caberá fazer o relatório final. Nos demais casos, isto é, destituição no curso do processo, substituição ou renúncia, as contas não prestadas serão organizadas pelo novo administrador judicial nomeado, que prosseguirá nas funções, esvaziando-se, aqui, a "destituição" anunciada no texto legal, por incompatível com as hipóteses tratadas.

Nesses mesmos termos deve se enquadrar o dever do administrador judicial de apresentação de contas periódicas demonstrativas de sua administração (alínea *p* do inciso III do art. 22). Não o fazendo até o décimo dia útil do mês seguinte ao vencido, deve ser intimado pessoalmente a fazê-lo, no prazo de cinco dias mais, e o não atendimento, além de configurar crime de desobediência, renderá ensejo à sua destituição.

No processo de recuperação judicial não há, como regra, procedimento de prestação de contas propriamente dito pelo administrador, mas sim a apresentação de relatório mensal das atividades do devedor (art. 22, II, *c*) e relatório sobre a execução do plano de recuperação, quando de seu encerramento (art. 22, II, *d*). Isto porque o seu papel consiste na fiscalização das atividades do devedor e do cumprimento do plano de recuperação judicial (art. 22, II, *a*).

Não apresentando os relatórios a que está obrigado nos respectivos prazos previstos em lei, será intimado pessoalmente pelo juiz a cumprir o seu dever, no prazo de cinco

---

dispositivo engastado no art. 31, que cuida da figura da destituição. A boa exegese nos conduz a generalizar a regra para os casos de destituição e substituição, sem o que uma dessas figuras não teria procedimento prescrito acerca da prestação de contas, obrigação que dos atos naturalmente decorre.

dias, sob pena de desobediência. Uma vez decorrido o interregno sem o respectivo cumprimento, o juiz o destituirá, nomeando outro administrador para seguir na função e elaborar os relatórios em atraso. No caso, entretanto, de deixar de apresentar o relatório de execução do plano de recuperação, ao final do respectivo processo, após, portanto, a sentença de seu encerramento, será ele destituído, mas o substituto será apenas encarregado dessa elaboração. Aplica-se, aqui também, a inteligência do art. 23.

O administrador judicial, também na recuperação judicial, poderá contratar, autorizado pelo juiz, serviços profissionais de terceiros para auxiliá-lo em suas funções (art. 22, inciso I, alínea *h*) e, nesse caso, deve dar conta dos respectivos pagamentos, que se fazem à custa do devedor (art. 25). Mas a lei, para isto, não impõe procedimento próprio à respectiva prestação, sendo ela informalmente realizada nos autos do processo.

Excepcionalmente, quando assumir a função de gestor judicial, em virtude do afastamento do devedor (§ 1º do art. 65), ficará obrigado a apresentar contas de sua gestão provisória. Sustentamos, nessa situação, a aplicação analógica do § 2º do art. 31, incumbindo-lhe prestar as contas no prazo de dez dias da cessão de sua extraordinária função.

CAPÍTULO 6

ASSEMBLEIA GERAL DE CREDORES

1. NOÇÃO

A assembleia geral de credores consiste na reunião dos credores sujeitos aos efeitos da falência ou da recuperação judicial, ordenados em categorias derivadas da natureza de seus respectivos créditos, com o fim de deliberar sobre as matérias que a lei venha exigir sua manifestação, ou sobre aquelas que possam lhes interessar. Revela um foro facultativo e não permanente de decisões dos credores, instalado e operado em estrita obediência das prescrições legais, para decidir situação específica eventualmente surgida no curso do processo.

A concepção originária da Lei n. 11.101/2005 foi a de um foro de deliberação presencial dos credores. Com a reforma da Lei n. 14.112/2020, qualquer deliberação assemblear poderá ser substituída por termo de adesão dos credores, por votação realizada através de sistema eletrônico ou por qualquer outro mecanismo considerado seguro pelo juiz. A questão será aprofundada no item 7 deste Capítulo 6.

2. COMPETÊNCIAS

Na fluência dos processos de recuperação judicial ou falência podem emergir matérias que demandem a deliberação dos credores neles envolvidos. Essas matérias que reclamam decisão podem ser simplesmente acidentais ou decorrerem de uma situação processual específica. No primeiro caso, a instalação da assembleia geral de credores será facultativa, motivada, assim, por interesse momentaneamente verificado, de cunho geral ou particular a uma categoria de credores. No segundo caso, a instalação do conclave deliberativo se mostra obrigatória, funcionando como condição necessária e indispensável à solução de uma questão do processo.

Na recuperação judicial será a assembleia de credores necessariamente instalada para deliberar sobre: (a) aprovação, rejeição ou modificação do plano de recuperação judicial apresentado pelo devedor, quando for objetado por qualquer credor; (b) pedido de desistência do devedor de seu requerimento de recuperação judicial, formulado após o ato judicial que deferir o seu processamento; (c) escolha do gestor judicial, quando do afastamento do devedor da condução de seus negócios; (d) alienação de bens ou direitos do ativo não circulante, quando não prevista no plano de recuperação judicial. A instalação facultativa se verifica para decidir acerca: (a) da constituição do comitê de credores, a escolha de seus membros e sua substituição; (b) de qualquer matéria que possa afetar os interesses dos credores.

Na falência não há hipótese de instalação obrigatória. Será sempre facultativamente instalada para deliberar sobre: (a) adoção de outras modalidades de realização do ativo que não as ordinariamente previstas em lei (leilão por lances orais, propostas fechadas ou pregão); (b) constituição do comitê de credores, a escolha de seus membros e sua substituição; (c) qualquer matéria de interesse dos credores.

3. CONVOCAÇÃO

A assembleia geral de credores será convocada pelo juiz que presidir o respectivo processo. Agirá ele de ofício ou por provocação dos credores e, até mesmo, do próprio devedor ou do administrador judicial.

A convocação de ofício poderá ser visualizada nas seguintes situações: (a) no processo recuperatório, para decidir sobre a aprovação, rejeição ou modificação do plano apresentado, havendo contra ele objeção formulada por qualquer credor (art. 56), ou, ainda, para a escolha do gestor judicial na hipótese de afastamento do devedor (art. 65); (b) no processo falimentar, por ocasião da prolação da sentença de decretação da falência do devedor, sempre que entender conveniente a reunião dos credores em assembleia para que seja constituído o comitê de credores (art. 99, XII).

Por iniciativa do devedor, será convocada a assembleia geral para apreciar a desistência por ele formulada do pedido de recuperação judicial, uma vez já deferido o seu processamento pelo juiz (§ 4º do art. 52).

O mais comum, porém, é que a convocação decorra da provocação dos credores, como os principais interessados na decisão de questões de seu interesse. Faculta-se, assim, aos credores que representem, no mínimo, vinte e cinco por cento do valor total dos créditos de uma determinada classe ou categoria, requerer ao juiz, em qualquer processo falimentar ou de recuperação judicial, a convocação da assembleia geral para apreciar e decidir acerca de qualquer matéria que lhes interessar[1], mormente para a constituição do comitê de credores, de modo a atuarem, por seus representantes eleitos, mais próxi-

---

[1]   Como a escolha de outra modalidade de realização do ativo na falência (art. 145).

mos dos atos e incidentes dos processos respectivos. Nos domínios do processo recuperatório, manifesta-se dispositivo de reforço a essa regra geral do § 2º do art. 36, localizada no § 2º do art. 52, do qual resulta poderem os credores, a qualquer tempo, deferido o processamento da recuperação judicial, requerer a convocação da assembleia geral para a constituição do comitê ou a substituição de seus membros, caso já constituído. Mas sempre com a observância do *quorum* acima retratado, isto é, requerimento formulado por credor ou credores que representem, ao menos, vinte e cinco por cento do valor total dos créditos integrantes de uma certa classe. As classes aqui contempladas são aquelas que compõem a assembleia geral (arts. 41 e 26)[2].

Uma vez constituído o comitê de credores, a ele também tocará a faculdade de, tanto na recuperação quanto na falência, requerer ao juiz a convocação da assembleia geral sempre que julgar conveniente (art. 27, I, *e*). Não sendo ele formado, suas atribuições, como a de requerer a prefalada convocação, poderão ser exercidas pelo administrador judicial (art. 28). Em verdade, o administrador judicial tem atribuição, conforme a alínea *g* do inciso I do art. 22 de requerer ao juiz convocação da assembleia geral de credores nos casos previstos em lei – quando caberia a sua convocação de ofício, com a ressalva daquela prevista no inciso XII do art. 99 –, ou quando entender necessária a sua oitiva para tomada de decisões.

Por intermédio de edital publicado no diário oficial eletrônico é que a convocação da assembleia geral de credores será anunciada. Cumpre ser observada antecedência mínima de quinze dias entre a data da publicação e a sua realização, devendo o edital, que sempre espelhará, como em qualquer publicação ordenada pela lei, a epígrafe "recuperação judicial de" ou "falência de", conter: (a) local, data e hora da assembleia em primeira e em segunda convocação, não podendo esta ser realizada em menos de cinco dias depois da primeira; (b) a ordem do dia; (c) local onde os credores poderão, se for o caso, obter cópia do plano de recuperação judicial a ser submetido à deliberação da assembleia. O referido edital deverá, adicionalmente, ser disponibilizado no sítio eletrônico mantido pelo administrador judicial, com a mesma antecedência mínima de quinze dias.

Cópia do aviso de convocação deverá ser afixada, de forma ostensiva, no estabelecimento sede do devedor e nos estabelecimentos filiais, tantos quanto existir.

Quando a convocação da assembleia geral for determinada de ofício pelo juiz ou se fizer em atendimento de pleito do devedor, as despesas incorridas, inclusive as de sua

---

[2]   O art. 41 cuida da composição comum ou ordinária; já o art. 26 se refere à composição especial, que somente será considerada caso a ordem do dia indique a constituição do comitê, ficando a ela limitada.

realização, serão, na recuperação judicial, pelo devedor suportadas e, na falência, pela massa falida. Portanto, sempre que convocada em virtude de ato do credor ou do comitê de credores, caberá à massa de credores suportar o seu custo. Se a iniciativa resultar do administrador judicial, naqueles casos previstos em lei, a conta deverá ser suportada pelo devedor ou pela massa falida, conforme o caso; se, entretanto, for por ele requerida para tomada de decisões sobre matérias de interesse dos credores, caberá à respectiva massa suportar os encargos decorrentes. É a inteligência que se extrai do § 3º do art. 36[3].

4. INSTALAÇÃO

A assembleia instalar-se-á, em primeira convocação, com a presença de credor ou credores titulares de mais da metade do valor total dos créditos de cada classe e, em segunda convocação, com qualquer número.

Veda a lei seja deferido provimento liminar, de caráter cautelar ou antecipatório da tutela, para suspender ou adiar a realização da assembleia geral de credores, em função de pendência de discussão acerca da existência, da quantificação ou da classificação de créditos, até porque, as respectivas deliberações não serão, em razão de decisão judicial posterior, invalidadas por uma dessas causas. Mas isso, a nosso ver, não impede deferimento de providência cautelar para impedir o voto do credor cujo respectivo crédito esteja sendo objeto de um desses questionamentos (legitimidade, valor e classificação), na medida em que o ponto controvertido puder influenciar no resultado da deliberação[4]. A uma, porque a norma do art. 40 em questão é uma regra de exceção e, como tal, deve ser restritivamente interpretada. A duas, porque o bem jurídico por lei tutelado é a garantia do curso contínuo e célere dos processos de recuperação judicial e falência, os quais não poderiam ficar paralisados na espera da deliberação dos credores[5] ou reféns de repetições de atos, decorrentes da invalidação das decisões assembleares por um dos motivos destacados. A três, porque

---

3   O preceito não menciona explicitamente a situação contemplada no § 2º do art. 52, mas sendo ela uma regra especialmente dirigida aos processos de recuperação judicial que se encontra, entretanto, albergada na regra geral do § 2º do art. 36, não há como dele ficar de fora. Seu real intento é o de traduzir que, na recuperação, o comitê somente pode ser constituído após o deferimento de seu processamento.

4   Não seria o caso de obstar o voto, por exemplo, quando o questionamento se limitar à classificação e a deliberação for em relação à matéria que não se fará dentro da classe objeto do conflito, mas tendo em conta o universo total dos credores, como na situação da realização do ativo por modalidade extraordinária (arts. 46 e 145).

5   Como na hipótese de manifestação, que se faz obrigatória, quanto ao plano de recuperação judicial que sofra objeção de credor.

o voto indevidamente proferido poderá influenciar diretamente no resultado da tomada de decisão[6].

O credor, obstado de votar, que sair, ao final, vitorioso no feito em que se questiona sua legitimidade, o valor de seu crédito ou a classificação que por direito lhe cabe, poderá postular o ressarcimento dos prejuízos suportados contra o requerente da medida, nos termos do art. 302 do Código de Processo Civil de 2015[7].

5. DIREÇÃO DOS TRABALHOS

A presidência do conclave cabe ao administrador judicial que designará, dentre os credores presentes, um secretário. Todavia, quando a deliberação versar sobre qualquer matéria da qual se evidencie conflito de interesse, gerador de incompatibilidade com o mister, a assembleia será presidida pelo credor presente que titularize o maior crédito, independentemente de classe[8].

Ao secretário incumbirá lavrar a respectiva ata, que poderá ser de forma sumária e conterá o nome dos presentes, credores ou não[9], e as assinaturas do presidente, do devedor, se a ela comparecer, e de dois membros de cada uma das classes votantes, para ser entregue ao juiz, juntamente com a lista de presença dos credores, no prazo de quarenta e oito horas de sua realização.

6. COMPOSIÇÃO

A assembleia geral será composta, na literal dicção do art. 41, pelas seguintes classes de credores: (a) titulares de créditos derivados da legislação do trabalho ou decorrentes de acidentes de trabalho (classe I); (b) titulares de créditos com garantia real (classe II);

---

[6]   *Vide*, em reforço e aprofundamento do tema, o item 8 do Capítulo 6.

[7]   Art. 302: "Independentemente da reparação por dano processual, a parte responde pelo prejuízo que a efetivação da tutela de urgência causar à parte adversa, se: I – a sentença lhe for desfavorável; II – obtida liminarmente a tutela em caráter antecedente, não fornecer os meios necessários para a citação do requerido no prazo de 5 (cinco) dias; III – ocorrer a cessação da eficácia da medida em qualquer hipótese legal; IV – o juiz acolher a alegação de decadência ou prescrição da pretensão do autor. Parágrafo único. A indenização será liquidada nos autos em que a medida tiver sido concedida, sempre que possível".

[8]   O § 1º do art. 37, além de genericamente se referir a matérias que gerem incompatibilidades, menciona, especificamente, a deliberação sobre o afastamento do administrador judicial. Contudo, a regra, nesse ponto, se mostra vazia, diante dos vetos da alínea *c* do inciso I e da alínea *a* do inciso II do art. 35. Não cabe à assembleia geral deliberar sobre a substituição do administrador judicial.

[9]   Seria a hipótese, por exemplo, da presença de sócios da sociedade devedora (art. 43), que poderão da assembleia participar.

(c) titulares de créditos quirografários, com privilégio especial, com privilégio geral ou subordinados (classe III); (d) titulares de créditos enquadrados como microempresa[10] ou empresa de pequeno porte (classe IV).

O § 6º do art. 83, concebido pela reforma da Lei n. 14.112/2020, dispõe que os créditos com privilégios especial ou geral passam a integrar o rol dos créditos quirografários. Assim, na leitura atualizada do art. 41, basta apropriar na classe III os titulares de créditos quirografários e os titulares de créditos subordinados. Essa questão, em termos práticos, não impactou na divisão das classes da assembleia geral de credores, mas interferiu na do comitê de credores, o que será enfrentado no campo próprio (cf. item 1 do Capítulo 7).

Como se verá adiante, os créditos derivados da legislação do trabalho, juntamente com os decorrentes de acidente no trabalho, terão prioridade absoluta no concurso de credores falimentar, mas essa preferência, para os primeiros, somente se verifica até o limite de cento e cinquenta salários mínimos por credor. Pelos saldos respectivos, quando houver, concorrerão os correspondentes titulares na categoria dos quirografários. Mas na assembleia geral de credores votam eles com o total de seus créditos, independente, assim, do valor. Assegura-se, desse modo, a participação de todos os credores que titularizam créditos decorrentes de acidente de trabalho ou derivados da legislação trabalhista nessa única classe, de forma proporcional ao valor total de seus créditos.

O art. 41 da Lei n. 11.101/2005 foi alterado pela Lei Complementar n. 147/2014 para ser acrescido de um inciso IV, em que se previu a classe dos credores titulares de créditos enquadrados como microempresa ou empresa de pequeno porte. Para fins de composição da assembleia geral, eles se destacam para ter assento próprio, categorizando uma classe autônoma.

Mas a Lei Complementar n. 147/2014 foi lacunosa no que se refere ao momento em que se irá aferir o enquadramento do credor como microempresa ou empresa de pequeno porte para sua integração na correspondente classe.

Afastamos a ideia de se fazer essa verificação em momento contemporâneo à realização de cada assembleia geral de credores, a bem da racionalização e da celeridade do processo, que como consagrado em nosso sistema jurídico deve ter razoável duração.

Assim é que propomos se faça essa aferição em momento único, estabilizando-se o processo para esse fim. Nesse passo, a constatação do enquadramento do credor como microempresa ou empresa de pequeno porte se fará tendo por base a data da decretação

---

[10] Aqui incluídos os microempreendedores individuais (MEI), porquanto constituem modalidade de microempresa (§ 3º do art. 18-E da Lei Complementar n. 123/2006, incluído pela Lei Complementar n. 147/2014).

da falência ou do ato judicial que mandar processar a recuperação judicial, conforme o caso, pois daí é que se dá início ao procedimento de verificação dos créditos, para que no passivo do falido ou do devedor em recuperação figurem os créditos legítimos, pelos valores exatos e segundo a classificação que por direito lhes caiba.

Outra indagação pertinente, à luz da alteração legislativa, consiste em enfrentar a questão de como votam os credores enquadrados como microempresa ou empresa de pequeno porte, mas que desfrutem de garantia real. Pensamos que votarão na classe dos créditos com garantia real. A atração para esta classe se justifica em função da identidade de interesses e da própria especialização da preferência creditória.

Para participar do conclave, cada credor deverá subscrever a lista de presença, a qual será encerrada no momento da instalação da assembleia.

Poderá o credor ser no ato representado por procurador ou representante legal, desde que seja exibido ao administrador judicial, até vinte e quatro horas antes da data prevista para sua realização, o documento hábil comprobatório dos poderes (procuração, contrato social, ata de eleição de diretoria etc.) ou, em se tratando de mandato judicial, a indicação da folha dos autos do processo em que se encontre o respectivo instrumento. Mas é sempre necessário que a procuração contenha poderes especiais para a representação do credor na assembleia geral.

Os titulares de créditos derivados da legislação trabalhista ou decorrentes de acidente de trabalho que não comparecerem pessoalmente à assembleia ou não se fizerem representar por procurador poderão ser representados pelo sindicato a que forem associados. Para exercer esta prerrogativa, deverá o sindicato apresentar ao administrador judicial, até dez dias antes da assembleia, a relação dos associados que pretende representar, e o trabalhador que conste da relação de mais de um sindicato deverá esclarecer, até vinte e quatro horas antes da assembleia, qual sindicato o representa, sob pena de não ser representado em assembleia por nenhum deles.

Por derradeiro, cumpre frisar haver uma hipótese de exceção ao modo de composição da assembleia antes visto. Para fins de formação do comitê de credores, há, de modo infundado, uma variação na composição da classe III, que não contempla os credores subordinados. A questão será abordada, como antes se registrou, no item 1 do Capítulo 7, inclusive à luz da reforma resultante da Lei n. 14.112/2020, que impôs a releitura do art. 26.

7. DELIBERAÇÕES, TERMO DE ADESÃO E OUTROS MECANISMOS DE TOMADA DE VOTO

As deliberações dos credores reunidos em assembleia geral serão tomadas segundo a maioria de votos dos presentes ao evento. O voto de cada credor será proporcional ao valor de seu crédito. Temos, assim, sistema e *quorum* ordinários de deliberação e o método comum de valoração do peso do voto.

Na recuperação judicial, para fins exclusivos de valoração do peso do voto, o crédito em moeda estrangeira será convertido para moeda nacional pelo câmbio da véspera da data de realização da assembleia (parágrafo único do art. 38). Na falência, entretanto, o fato não se verifica, porquanto nela se convertem todos os créditos dessa natureza para Real, pelo câmbio do dia da decisão que a decretou (art. 77).

Escapam ao sistema ordinário (que leva em conta o universo de credores e não suas classes) as deliberações que versarem sobre a constituição e composição do comitê de credores e a concernente à aprovação, rejeição ou modificação do plano de recuperação judicial apresentado pelo devedor, a qual, inclusive, não se submete exclusivamente ao método comum de valoração do peso do voto. Foge ao *quorum* ordinário a deliberação acerca da forma alternativa de realização do ativo na falência.

Na escolha dos representantes de cada classe no comitê, somente os respectivos integrantes poderão votar. Haverá, assim, votação à parte, realizada entre os titulares de créditos integrantes de cada uma das categorias. Considerar-se-á aprovada a proposta que obtiver votos favoráveis de credores que representem mais da metade do valor total dos créditos presentes à votação que se realiza dentro de cada uma das classes[11]. A própria votação sobre a constituição do comitê observará essa sistemática, porquanto, para que se verifique, basta seja deliberado por qualquer das classes (*vide*, a respeito, o item 1 do Capítulo 7).

A aprovação de forma alternativa de realização do ativo na falência prevista no art. 145 dependerá do voto favorável de credores que representem dois terços dos créditos presentes à assembleia geral.

Nas deliberações sobre o plano de recuperação judicial, todas as classes que integram a assembleia geral (art. 41) deverão aprovar a proposta. A votação terá um curso especial, sendo realizada dentro de cada classe em particular. A classe I é formada pelos titulares de créditos derivados da legislação do trabalho ou decorrentes de acidentes de trabalho. A classe II, pelos titulares de créditos com garantia real. A classe III, pelos titulares de créditos quirografários e subordinados, na medida em que os créditos com privilégio especial ou geral passaram a integral o rol dos quirografários (§ 6º do art. 83). E, por fim, a classe IV, pelos titulares de créditos que se enquadrem como microempresa ou empresa de pequeno porte.

Na categoria pertinente aos titulares de créditos derivados da legislação do trabalho ou decorrentes de acidentes de trabalho, a proposta deverá ser aprovada pela maioria simples dos credores presentes, independentemente dos valores de seus créditos. A vo-

---

[11] Ressalte-se que a composição da assembleia para a formação do comitê será especial, diferente daquela comum prevista no art. 41 da Lei n. 11.101/2005.

tação se faz, nesse particular, por cabeça. O mesmo método se observa em relação aos titulares de créditos enquadrados como microempresa e empresa de pequeno porte.

Em cada uma das demais classes, ou seja, a dos titulares de créditos com garantia real e a dos titulares de créditos quirografários e subordinados, a proposta deverá ser aprovada, em cada uma das categorias respectivas, por credores que representem mais da metade do valor total dos créditos presentes à votação e, cumulativamente, pela maioria simples desses credores, tomados os votos, assim, por cabeça. Verifica-se, pois, que nessas classes a aprovação dependerá da obediência de dois requisitos, não alternativos: (a) aprovação pela maioria dos presentes à votação, tomada segundo o critério geral ou comum do peso do voto proporcional ao valor do crédito; e (b) aprovação pela maioria dos presentes à votação, tirada por cabeça, independentemente do valor do crédito.

Faculta a lei, entretanto, em favor do ideário da recuperação judicial da empresa que pretende consagrar, a possibilidade de o juiz concedê-la, desde que, na mesma assembleia reunida para apreciar e deliberar sobre o plano sejam atingidas, de forma cumulativa, as seguintes condições: (a) voto favorável de credores que representem mais da metade do valor de todos os créditos presentes à assembleia, independentemente de classes; (b) aprovação de três das classes de credores nos termos indicados nos dois parágrafos acima, ou, caso haja somente três classes com credores votantes, a aprovação de duas delas nessas mesmas condições ou, ainda, caso se tenham apenas duas classes com credores votantes, a aprovação de pelo menos uma, sempre observadas aquelas condições indicadas nos dois parágrafos antecedentes; e (c) voto favorável de mais de um terço de credores, computados, igualmente, segundo os critérios retratados nos dois parágrafos acima, aferível dentro da classe que o houver rejeitado. Mas, nesse caso, para que seja a recuperação judicial concedida, o plano não poderá implicar tratamento diferenciado entre os credores da classe que o houver rejeitado.

Verificadas todas essas condições, a recuperação deverá ser concedida pelo magistrado. O vocábulo "poderá" empregado no texto legal (§1º do art. 58) não quer traduzir uma faculdade do juiz, mas sim um poder-dever. O dispositivo oferece um *quorum* alternativo para se alcançar a aprovação do plano, ao qual não só o devedor e seus credores estão vinculados, mas também o Estado-Juiz. Somente não irá concedê-la caso verifique, no exercício do controle judicial, a ocorrência de ilegalidade no conteúdo do plano ou nas precondições para o devedor entrar em recuperação, ou, ainda, o abuso do direito na votação do plano. A ideia do poder-dever, que sempre sustentamos, veio reforçada pela reforma implementada pela Lei n. 14.112/2020, consoante se pode inferir do disposto no art. 58-A e no inciso I, do §6º, do art. 56.

Ainda em relação à deliberação do plano de recuperação judicial, tem-se a regra segundo a qual o credor não terá direito a voto e não será considerado para fins de verificação de *quorum* de deliberação se o plano de recuperação judicial não alterar o valor ou as condições originais de pagamento de seu crédito.

Considerando o consumo de tempo e os custos financeiros a serem despendidos para a concretização do conclave dos credores, a Lei n. 14.112/2020, com inspiração no direito societário, disciplinou a dispensa da assembleia geral de credores, ou ao menos da sua realização de modo presencial, não só para a deliberação do plano de recuperação judicial, mas também para qualquer outra matéria, reforçando o seu caráter de foro facultativo de deliberação. Assim é que qualquer deliberação na assembleia geral de credores pode ser substituída, com os idênticos efeitos, por: (a) termo de adesão firmado por tantos credores quantos satisfaçam o *quorum* de aprovação específico; (b) votação realizada por meio de sistema eletrônico que reproduza as condições de tomada de voto da assembleia geral de credores [12]; ou (c) outro mecanismo reputado suficientemente seguro pelo juiz. As decisões, nesse formato alternativo, devem ser fiscalizadas pelo administrador judicial, a quem cabe, previamente à homologação judicial, emitir parecer sobre sua regularidade (§§4º e 5º do art. 39). Na modalidade deliberativa refletida no termo de adesão, impõe-se, ainda, a oitiva do Ministério Público antes da conclusão dos autos para o pronunciamento judicial (§ 4º do art. 45-A).

A utilização da ferramenta do termo de adesão dos credores deverá obedecer a um *quorum* próprio, consoante acima se anotou. Como *quorum* geral em substituição ao previsto no art. 42, foi adotado o de credores que representem mais da metade do valor dos créditos sujeitos à recuperação judicial. A referência vem alterada para o universo dos credores sujeitos, ante a impossibilidade de se adotar o universo dos credores presentes ao conclave, apropriado no art. 42. O *quorum*, desse modo, fica mais agudo (*caput* do art. 45-A).

Aquelas situações de excepcionalidade permanecem preservadas, mas também tendo por norte o universo dos credores sujeitos à recuperação judicial. Assim é que as deliberações acerca da constituição do comitê de credores podem ser substituídas por documento que comprove adesão da maioria dos créditos de cada classe ou conjunto de credores contemplados no art. 26 (segundo sua nova concepção, à luz do disposto no § 6º do art. 83, conforme anotado no item 1 do Capítulo 7). As que versem sobre a forma alternativa de realização do ativo na falência, nos termos do art. 145, poderão ser substituídas por instrumento escrito que comprove a adesão de credores que representem dois terços dos créditos. As relativas ao plano de recuperação judicial poderão

---

[12] Nesta hipótese, não se tem propriamente a substituição da assembleia geral de credores, mas sim a sua realização pelo meio exclusivamente digital ou híbrido, isto é, com a conjugação da votação presencial e por sistema eletrônico.

ser substituídas por termo que satisfaça o seguinte *quorum*: (a) em relação aos credores das classes I e IV, a proposição deverá ser aprovada pela maioria simples dos credores sujeitos à recuperação judicial, independentemente do valor do crédito (votação por cabeça); e (b) no que tange aos credores das classes II e III, a proposta deverá ser aprovada por credores que representem mais da metade do valor total dos créditos sujeitos e, cumulativamente, pela maioria simples dos credores sujeitos, ou seja, tirada por cabeça (§§ 1º, 2º e 3º do art. 45-A).

A lei traça procedimento especial para a adoção do termo de adesão em substituição à assembleia geral de credores convocada para deliberar sobre o plano de recuperação judicial. Desse modo, dispõe que em até cinco dias que antecederem a data de realização do conclave dos credores, faculta-se ao devedor comprovar a aprovação dos credores por intermédio do prefalado instrumento, observado o *quorum* acima destacado, requerendo a sua homologação judicial (*caput* do art. 56-A).

O prazo legal referido não deve ser tomado como preclusivo, mas sim como de ordenação do procedimento. Se alcançado o *quorum* para a aprovação do plano pela ferramenta do termo de adesão, que é, em tese, mais elevado que o da assembleia geral de credores, pois leva em conta não os votos presentes à reunião de credores, mas o universo dos próprios credores sujeitos à recuperação judicial, não há por que se realizar o conclave ainda não instalado. Vem a providência em socorro à agilização e à simplificação do procedimento decisório.

Dispensada a realização da assembleia geral de credores diante da aprovação do plano de recuperação judicial por meio do termo de adesão firmado por credores que satisfaçam o *quorum* respectivo, o juiz, recebido o pedido de homologação formulado pelo devedor, determinará a intimação dos credores sujeitos à recuperação judicial para apresentarem eventuais oposições, no prazo de dez dias, o qual, nos termos do § 1º do art. 56-A, "substituirá o prazo inicialmente estipulado nos termos do *caput* do art. 55". A referência parece ser imprópria, pois as eventuais oposições neste momento oportunizadas são em relação à aprovação do plano por meio do termo de adesão. O art. 55 cuida de objeção diversa, porquanto relativa ao plano apresentado pelo devedor, a qual, uma vez formulada, desencadeará a convocação da assembleia geral de credores. A inexistência de objeção, por seu turno, implica aprovação tácita do plano apresentado (art. 58). Para que ocorra, portanto, a hipótese de aprovação do plano de recuperação judicial através do termo de adesão, é mister que tenha havido oposição de qualquer credor ao plano oferecido pelo devedor. O termo de adesão substitui a deliberação acerca do plano de recuperação judicial em assembleia geral de credores.

Prevê o § 3º do art. 56-A que, na hipótese de aprovação do plano com dispensa da realização da assembleia geral de credores ou de sua aprovação no aludido conclave de credores, as oposições apenas poderão versar sobre: (a) não preenchimento do *quorum* legal de aprovação; (b) descumprimento do procedimento disciplinado na Lei n. 11.101/2005; (c) irregularidades do termo de adesão ao plano de recuperação; e (d) irregularidades e ilegalidades do plano de recuperação.

Duas questões afloram acerca da reflexão que o texto normativo desafia. A primeira concerne ao seu caráter amplo, cuidando não só da dispensa da assembleia geral de credores, mas também da aprovação do plano de recuperação judicial em assembleia geral de credores. A segunda diz respeito ao esquema das objeções: revelam conteúdo *numerus clausus* ou *numerus quasi clausus*?

Em relação ao primeiro ponto, seria preferível que viessem as hipóteses, à luz da boa técnica legislativa, em dispositivos autônomos e não reunidas em um parágrafo do artigo dedicado a cuidar especificamente da dispensa da assembleia.

No que concerne ao segundo ponto, impende a conclusão de que a listagem não pode ser tida como verdadeiramente fechada. Isto porque quando a lei se refere a preenchimento do *quorum* legal de aprovação como matéria de objeção, não está ela a se referir apenas ao seu aspecto formal, mas também à sua verificação substancial ou material, para permitir que do cômputo formal sejam segregados os votos inválidos (como, por exemplo, aqueles prolatados nas situações constantes do § 3º do art. 45 e do § 6º do art. 39) ou proferidos com abuso do direito em seu exercício (art. 187 do Código Civil). Do mesmo modo, quando aduz a irregularidades e ilegalidades do plano de recuperação judicial, deve ter por supedâneo o amplo controle de legalidade realizado pelo juiz, no qual também se amolda, por certo, o da legitimidade das vontades expressadas.

Oferecida a oposição por dispensa de assembleia geral de credores, serão ouvidos, em sequência, o devedor no prazo de dez dias e o administrador judicial no prazo de cinco dias, findos os quais os autos serão conclusos para decisão judicial (§ 2º do art. 56-A).

Como o procedimento previsto no *caput* e nos §§ 1º e 2º do art. 56-A refere-se apenas à aprovação do plano por meio do termo de adesão dos credores, deve-se entender que as oposições decorrentes da aprovação do plano em assembleia geral de credores podem ser espontaneamente articuladas até a conclusão dos autos para homologação do plano de recuperação judicial.

Aprovado o plano de recuperação judicial de modo tácito ou expresso, com ou sem dispensa da assembleia geral de credores, o juiz, após o controle de legalidade realizado, concederá a recuperação judicial, homologando o plano por sentença. Contra a referida decisão caberá o recurso de agravo de instrumento (art. 58 e §§1º e 2º do art. 59). Rejeitado o plano, e não havendo plano alternativo dos credores, o juiz convolará, por sentença, o pedido de recuperação judicial em falência. Da decisão também caberá agravo de instrumento (art. 58-A).

Havendo plano alternativo oferecido pelos credores, este também será posto em votação, a qual, igualmente, se fará dentro de cada classe (art. 41) e deverá observar, para sua aprovação, o *quorum* do art. 45 e, subsidiariamente, o *quorum* alternativo do § 1º do art. 58. Rejeitado, entretanto, o plano, o juiz convolará o pedido de recuperação judicial em falência, desafiando a correspondente decisão o recurso de agravo de instrumento (art. 73, III, § 8º do art. 56 e art. 58-A)[13].

8. DIREITO DE VOTO E SEU EXERCÍCIO ABUSIVO

A assembleia geral de credores pode realizar-se em diversas fases dos processos falimentar e recuperatório, inclusive em seus momentos iniciais, sem que ainda se tenha um quadro-geral dos credores homologado pelo juízo. Seria o caso, por exemplo, de o juiz, na decisão de decretação da falência, determinar sua convocação para constituição do comitê de credores (art. 99, XII).

Por isso é que o art. 39 prevê que terão direito a voto na assembleia geral as pessoas arroladas no quadro-geral de credores – seja na sua consolidação provisória (§ 7º do art. 10), seja na sua consolidação definitiva (art. 18) – ou, na sua falta, quando realizado, portanto, o conclave sem que tenha ainda sido aprovado, na relação de credores apresentada pelo administrador judicial (§ 2º do art. 7º), ou mesmo, na ausência desta, votarão aqueles constantes, conforme as peculiaridades próprias, da relação de credores apresentada pelo devedor quando da confissão de sua falência (art. 105, II) ou daquela por ele apresentada em atendimento à determinação do juiz por ocasião da declaração da falência requerida por credor ou outro legitimado (art. 99, III), ou, ainda, no caso de recuperação judicial, da por ele apresentada quando do ajuizamento de sua petição inicial (art. 51, III e IV).

Os credores, embora não constantes das relações acima referidas, mas que estejam habilitados por ocasião da realização da assembleia geral, também poderão votar. Contudo, sofrerão restrição a esse direito aqueles cujas respectivas habilitações sejam recebidas como retardatárias, por não terem observado o prazo legal do § 1º do art. 7º, que será objeto de análise no Capítulo 8.

Nessas condições, preveem os §§ 1º e 2º do art. 10: "§ 1º Na recuperação judicial, os titulares de créditos retardatários, excetuados os titulares de créditos derivados da relação de trabalho, não terão direito a voto nas deliberações da assembleia geral de credores". "§ 2º Aplica-se o disposto no § 1º deste artigo ao processo de falência, salvo se, na data da realização da assembleia geral, já houver sido homologado o quadro-geral de credores contendo o crédito retardatário".

---

[13] Sobre o plano alternativo dos credores, confira-se o item 8 do Capítulo 13.

Percebe-se incoerência injustificável entre os preceitos: na falência, o crédito retardatário incluído no quadro-geral de credores por ocasião da realização da assembleia poderá render ensejo a voto de seu titular; na recuperação não. Qual a lógica da distinção? Nenhuma, em nossa visão.

Afora essa falta de sustentação lógica e racional para amparar o tratamento diferenciado, a análise sistemática das regras recomenda uma exegese diversa da versão gramatical.

O art. 39, em sua parte inicial, garante o direito de voto àqueles que figurarem no quadro-geral de credores, fiança essa repetida na sua parte final ao estabelecer que, em qualquer caso, terão idêntico direito os credores "que tenham créditos admitidos ou alterados[14] por decisão judicial".

Em face dos métodos de interpretação lógico, racional e sistemático, além do tratamento isonômico que se impõe, extraímos a seguinte inteligência dos dispositivos em apreço: tanto na falência, como na recuperação, os credores retardatários, deles excetuados tão somente os titulares de créditos derivados da relação de trabalho, não terão direito de voto na assembleia geral de credores, salvo se, na data de sua realização, já houver sido homologado o quadro-geral de credores, contendo o crédito retardatário. Não é razoável impor ao credor retardatário uma pena desproporcional na recuperação judicial, pelo fato de sua habilitação a destempo, privando-o do direito de votar quando já admitido no quadro-geral de credores, ao passo que no processo de falência igual providência não é observada. Não há, pela diversidade dos procedimentos falimentar e recuperatório, neste particular, nada que justifique o tratamento discriminatório e não proporcional.

Dispõe o § 1º do art. 39 que: "Não terão direito a voto e não serão considerados para fins de verificação do *quorum* de instalação e de deliberação os titulares de créditos excetuados na forma dos §§ 3º e 4º do art. 49 desta Lei".

A disposição se nos afigura totalmente despicienda. Os parágrafos em alusão na norma sob comento[15] cuidam de créditos ou direitos que não se submetem aos efeitos

---

[14]   A alteração do valor do crédito se dá quando do acolhimento, por sentença, de sua impugnação.

[15]   Art. 49: § 3º "Tratando-se de credor titular da posição de proprietário fiduciário de bens móveis ou imóveis, de arrendador mercantil, de proprietário ou promitente vendedor de imóvel cujos respectivos contratos contenham cláusula de irrevogabilidade ou irretratabilidade, inclusive em incorporações imobiliárias, ou de proprietário em contrato de venda com reserva de domínio, seu crédito não se submeterá aos efeitos da recuperação judicial e prevalecerão os direitos de propriedade sobre a coisa e as condições contratuais, observada a legislação respectiva, não se permitindo, contudo, durante o prazo de suspensão a que se refere o § 4º do art. 6º desta Lei, a venda ou a retirada do estabelecimento do

da recuperação judicial e, por dedução lógica e inarredável, não podem seus titulares participar de qualquer votação na assembleia geral de credores.

A presença do preceito indicado, ao revés, poderia gerar dúvida quanto ao direito de voto, no âmbito do processo de falência, por fazerem referência, os §§ 3º e 4º do art. 49, àqueles que sejam titulares de valores objeto de restituição (art. 86). Mas de logo deve essa eventual dúvida surgida ser espancada. Os mencionados valores não são propriamente créditos, não participando o respectivo titular do concurso falimentar, não vindo a integrar, assim, o quadro-geral de credores. São importâncias classificadas como créditos extraconcursais.

Em razão da instabilidade verificada, até que se atinja uma relação definitiva dos credores que participarão da falência ou da recuperação judicial, passando-se por um prévio e necessário período de verificação dos créditos, é que a lei, no § 2º do art. 39, sufraga regra garantidora de uma estabilidade das deliberações dos credores, ao instituir que não serão elas invalidadas em razão de posterior decisão judicial acerca da existência, quantificação ou classificação dos créditos. O que se leva em consideração é a posição do credor à época da realização e do conclave a qual, admite a lei, possa sofrer alterações sem que esse fato, todavia, seja capaz de invalidar a deliberação tomada.

O escopo legal é garantir o curso contínuo e célere do processo, não permitindo fique paralisado na espera de uma decisão dos credores e, muito menos, que se repitam atos pela invalidação da assembleia e da decisão nela tomada, por força de um desses motivos.

Mas esse ponto não pode isentar aquele que dolosamente venha a exercer o seu voto, apresentando um crédito inflado, a fim de aumentar seu peso na votação, ou forjando documentos para ostentar a qualidade de credor, por exemplo. Não se admite exegese dos preceitos que conduza a inocentá-lo desses procedimentos. A circunstância de não haver invalidação da decisão assemblear não implica a isenção daquele que dolosamente, de má-fé procedeu ao criar situação artificial, com fito de obter posição vantajosa na deliberação. Ficará sempre vinculado à obrigação de reparar os danos causados em decorrência de sua conduta maliciosa, caso seu voto venha prevalecer.

A conclusão, todavia, não impõe aos interessados um imobilismo, tendo que aguardar impávidos a ocorrência do dano para só aí ter a reparação do direito malferido. Não se pode deles retirar o direito a medidas preventivas, para evitar, justamente, que sofram o dano, porquanto constitucionalmente lhes é assegurado se proteger contra ameaça a direito (Constituição Federal, art. 5º, XXXV).

---

devedor dos bens de capital essenciais a sua atividade empresarial". § 4º "Não se sujeitará aos efeitos da recuperação judicial a importância a que se refere o inciso II do art. 86 desta Lei".

Desse modo, pendendo impugnação ao crédito quanto à sua existência, valor ou classificação, é permitido aos impugnantes requerer tutela cautelar para obstar que o credor profira seu voto na assembleia geral, sempre que houver fundado receio de dano ou o risco ao resultado útil do julgamento definitivo da impugnação, competindo ao juiz avaliar a presença dos pressupostos autorizativos da medida (*fumus boni juris* e *periculum in mora*). Reforça o argumento a regra prevista no parágrafo único do art. 17, de nítido caráter acautelatório de direito, ao facultar ao relator do agravo de instrumento, interposto contra decisão proferida sobre a impugnação do crédito, conceder efeito suspensivo à decisão que reconhece o crédito ou determinar a inscrição ou modificação do seu valor ou classificação no quadro-geral de credores, para fins de exercício de direito de voto em assembleia geral.

Assim estará equilibrada a regra do art. 40, que veda a concessão de provimento liminar para suspender ou adiar a realização da assembleia geral de credores em razão de pendência de discussão acerca da existência, quantificação e classificação de crédito com o princípio constitucional que garante o livre acesso à Justiça[16].

Prevê, ainda, o § 3º do art. 39, que sendo a deliberação tomada na assembleia invalidada, por qualquer dos motivos capazes de conduzir a essa invalidação do ato, ficam resguardados os direitos de terceiros de boa-fé, respondendo os credores que aprovarem a deliberação pelos prejuízos causados por dolo ou culpa.

Por derradeiro, é oportuno sublinhar que o voto deve ser proferido de maneira livre e isenta, refletindo, desse modo, o legítimo interesse do credor que o manifesta. Cumpre esteja perfeitamente conformado com a lei, a moral, os bons costumes, a ordem pública e que guarde a boa-fé objetiva.

O controle judicial das deliberações assembleares se impõe quando presentes vícios ou defeitos capazes de macular o seu resultado. E esse controle não se limita à verificação de sua legalidade formal; igualmente se espraia à aferição de sua legalidade material ou substancial. Dessa feita, o poder de veto do magistrado pode e deve interditar aquelas deliberações havidas em conclave no qual foram preteridas formalidades essenciais à sua realização (veto formal), bem como aquelas tomadas em decorrência de voto ou votos tradutores de fraude ou de violação de lei ou, ainda, derivados de manifesto abuso do direito (veto material).

Ao juiz que preside o processo de recuperação judicial ou de falência fica reservado o poder de desconsiderar, para fins de formação da vontade coletiva dos credores, aqueles votos ilegais, abusivos ou conflitantes, caracterizadores, em última análise, de uma ilicitude *lato sensu*.

---

[16] *Vide*, em complemento ao tema, o item 4 do Capítulo 6.

O credor, como se afirmou, votará na defesa e na proteção de seu legítimo interesse, o qual, entretanto, na recuperação judicial, não deve estar divorciado do desiderato da preservação da empresa, de sua função social e do estímulo à atividade econômica. Já na falência, por seu turno, impende esteja conciliado com o escopo de preservar e otimizar a utilização produtiva de bens, ativos e recursos produtivos, aí também incluídos os intangíveis do estabelecimento do devedor falido. Em outros termos, o direito de voto será exercido de forma a não colidir com os interesses gerais da recuperação e da falência. Assim é que, por exemplo, deve ser repelida a conduta do credor reveladora de uma intenção de frustrar, por simples capricho, a possibilidade de conservação da empresa desenvolvida pelo seu devedor. Tem-se, nessa hipótese, como abusivo o voto de rejeição do plano emanado por esse credor, porquanto traduz o exercício de um direito por parte de seu titular que, manifestamente, excede os limites impostos pelo seu fim econômico e social e pela própria boa-fé a que deve estar jungido. Da mesma forma, deve ser vetado pelo magistrado aquele voto que seguramente desvela a pretensão do credor de ver decretada a quebra do devedor, seja para eliminá-lo da concorrência no mercado, seja para, em situação vantajosa, adquirir o seu negócio.

A Lei n. 14.112/2020 introduziu § 6º ao art. 39, o qual merece ser bem compreendido. O apego à sua literalidade para sugerir visão restrita ao voto abusivo não pode se sustentar à luz dos métodos sistemático e teleológico de exegese da lei. Dispõe o indigitado preceito, em sua segunda parte, que o voto "poderá ser declarado nulo por abusividade somente quando manifestamente exercido para obter vantagem ilícita para si ou para outrem".

A hipótese normativa em questão não deve inibir o exame do abuso do exercício do direito de voto à luz da regra geral do art. 187 do Código Civil, porquanto esta é capaz de contemplar e solucionar inúmeras outras situações que o caso concreto pode apresentar. Não cabe aprisionar o voto abusivo apenas naquela circunstância do § 6º do art. 39, fato que contribuiria para o empobrecimento do instituto do abuso do direito. Os múltiplos interesses e cenários envolvidos em um processo de recuperação judicial de empresas apresentam um sem-fim de possibilidades de se deparar com condutas abusivas manifestadas por meio do voto. O cotejo amplo do dispositivo com os termos do art. 187 do Código Civil é medida necessária para se assegurarem os fins do instituto da recuperação judicial explicitados no art. 47 da Lei n. 11.101/2005. Cuida-se de interpretação harmônica com o sistema jurídico em seu todo considerado.

Dessarte, a melhor interpretação é aquela que conduz para a declaração de nulidade do voto quando exarado com escopo inconteste de obtenção de vantagem ilícita, tipificando expressamente a nulidade para os fins da primeira parte do inciso VII do art. 166 do Código Civil, sem, todavia, inibir o reconhecimento do exercício abusivo do direito de voto em outros casos, a fim de invalidar as deliberações tomadas a partir do prevalecimento do voto assim proferido para afastá-lo, desconsiderá-lo face à sua antijuridicidade.

Em suma, faz parte do controle judicial expurgar os votos proferidos em evidente abuso do direito, fraude ou violação da lei, da moral, dos bons costumes, da ordem pública e da boa-fé objetiva, porquanto reveladores de uma ilicitude *lato sensu*, no exato sentido da configuração de contrariedade ao direito em seu todo considerado.

9. SUPRESSÃO DO DIREITO DE VOTO

A Lei n. 11.101/2005 suprime o direito de voto do credor em algumas situações específicas. Essas situações, enunciadas em *numerus clausus*, decorrem da condição pessoal do credor ou do tratamento dado pelo plano de recuperação judicial ao pagamento do seu crédito.

No primeiro caso, traduzido no art. 43[17] da Lei n. 11.101/2005, a interdição do voto, em qualquer assembleia geral de credores, justifica-se em razão do conflito formal de interesse identificado pela lei para aquelas pessoas que ostentam, simultaneamente, a posição de credor e de investidor do devedor ou de pessoa a ele ligada na forma preconizada no preceito.

No segundo caso, não se confere o direito de voto ao credor, especificamente – e apenas –, em relação às deliberações sobre o plano de recuperação judicial, quando este – o plano – não alterar o valor ou as condições originais de pagamento de seu crédito (§ 3º do art. 45[18] da Lei n. 11.101/2005).

Mas, em ambas as situações (proibição absoluta do voto – art. 43 – e proibição relativa ou eventual do voto – § 3º do art. 45), o credor terá o direito de voz, podendo requerer e prestar esclarecimentos, formular sugestões, discutir, enfim, a matéria objeto da ordem do dia em toda a sua extensão, influindo, desse modo, no curso da vo-

---

[17] "Art. 43. Os sócios do devedor, bem como as sociedades coligadas, controladoras, controladas ou as que tenham sócio ou acionista com participação superior a 10% (dez por cento) do capital social do devedor ou em que o devedor ou algum de seus sócios detenham participação superior a 10% (dez por cento) do capital social, poderão participar da assembleia geral de credores, sem ter direito a voto e não serão considerados para fins de verificação do *quorum* de instalação e de deliberação. Parágrafo único. O disposto neste artigo também se aplica ao cônjuge ou parente, consanguíneo ou afim, colateral até o 2º (segundo) grau, ascendente ou descendente do devedor, de administrador, do sócio controlador, de membro dos conselhos consultivo, fiscal ou semelhantes da sociedade devedora e à sociedade em que quaisquer dessas pessoas exerçam essas funções."

[18] § 3º do art. 45: "O credor não terá direito a voto e não será considerado para fins de verificação de *quorum* de deliberação se o plano de recuperação judicial não alterar o valor ou as condições originais de pagamento de seu crédito".

tação. Apenas não será considerado para fins de verificação do *quorum* de instalação e de deliberação.

A hipótese de supressão relativa do voto vem fundamentada na falta de interesse do credor ou de utilidade do voto, na medida em que permanecem inalterados o valor e as condições de pagamento do crédito.

Fábio Ulhoa Coelho, ao comentar o preceito normativo em tela, questiona a opção legislativa, sem, entretanto, propor o seu afastamento, ou, sequer, a sua mitigação. Senão vejamos[19]:

> Não participa da votação do Plano de Recuperação Judicial – e não integra, por isso, o quórum de deliberação – o credor cujo direito não for por ele afetado. Se houver mais de um plano em votação, e apenas um deles alterar o direito de determinado credor, ele participa apenas da votação deste e não do outro. Essa exclusão da base de cálculo do quórum de deliberação do Plano justifica-se no pressuposto da lei de que o credor não atingido pela proposta de reorganização da empresa não teria nenhum interesse no resultado da votação. Tal pressuposto é questionável porque, mesmo não sendo atingido diretamente pela proposta em votação, é claro que o credor pode ter seu direito ameaçado na hipótese de aprovação de um plano inconsistente, que não leve à efetiva recuperação do devedor.

Entretanto, são identificadas vozes na doutrina pugnando pela sua flexibilização. Nesse sentido flui a opinião de Adalberto Simão Filho[20]:

> Mesmo se se entendesse que o valor de crédito e as condições originais de pagamento fossem mantidas pelo plano, ainda assim, em muitos casos, assistiria um direito ao credor de qualquer classe, principalmente quando o mesmo possuísse garantia real sob determinado bem, afetada de alguma maneira pelo plano apresentado.
>
> Os comentaristas da lei já detectaram os problemas interpretativos desta delicada situação. Erasmo Valladão A. e N. França, ao avaliar que a hipótese do § 3º do artigo 45 gera tão só a apuração do crédito apenas para fins de *quorum* de instalação de assembleia e não de deliberação, afirma que o legislador partiu do discutível pressuposto de que ao credor faltaria interesse na deliberação sobre o plano.
>
> Nesta mesma esteira de raciocínio, Ronaldo Alves de Andrade afirma que vislumbra interesse do credor quirografário ou privilegiado, que não tendo afetadas as condições de seu crédito de longo prazo, participar das votações, pois poderão vir a sofrer prejuízos em razão do não cumprimento do plano de recuperação judicial, que poderia não ter sido aprovado se estes credores tivessem votado.
>
> Portanto, parece-nos que a melhor interpretação que se faz ao dispositivo em comento se dá em caráter restritivo, de modo a possibilitar a votação a todos os credores que demons-

---

[19] COELHO, Fábio Ulhoa. *Comentários à nova Lei de Falências e de Recuperação de Empresas (Lei n. 11.101, de 9-2-2005).* 4. ed. São Paulo: Saraiva, 2007, p. 111.

[20] Interesses transindividuais dos credores nas assembleias gerais e sistemas de aprovação do plano de recuperação judicial, *in Direito recuperacional*: aspectos teóricos e práticos (coords. Newton De Lucca e Alessandra de Azevedo Domingues). São Paulo: Quartier Latin, 2009, p. 42-43.

trem de alguma forma o seu interesse, mesmo não tendo havido modificação no valor de seu crédito ou nas condições de pagamento.

No mesmo sentido se expressam Luiz Roberto Ayoub e Cássio Cavalli, que transcrevem, para subscrever, o posicionamento do autor acima destacado[21].

Em sentido diverso, são encontradas posições doutrinárias orientadas para a aplicação do preceito tal como posto na legislação, enxergando que o credor despido do voto estaria garantido contra a eventual inconsistência do plano pela apresentação de objeção, na forma do art. 55 da Lei de Recuperação e Falências.

Assim, por exemplo, flui o escólio de Jorge Lobo[22]:

> Estão impedidos de votar os credores não atingidos diretamente pelo plano de recuperação, o que pode abarcar classes inteiras, não obstante o plano, embora sem "alterar o valor ou as condições originais de pagamento" de seus créditos, conforme dispõe o art. 45, § 3º, possa afetar ou pôr em risco os direitos e interesses do credor, quando, por exemplo, estabelecer a alienação de estabelecimento e a venda parcial de bens (art. 50, VII e XI).
>
> O credor, que se sentir prejudicado, por considerar que a diminuição de bens do ativo do devedor desfalca as garantias gerais, embora não possa votar na assembleia geral, está legitimado a "manifestar ao juiz sua objeção ao plano" (art. 55, *caput*).

Apesar do bom e proficiente debate que o tema é capaz de gerar, temos que a *lex voluit* não ampara a orientação que pretende a flexibilização do preceito normativo. O sistema que o legislador elegeu para dar tratamento à matéria é bem claro: não irão votar nas deliberações sobre o plano de recuperação judicial aqueles credores cujos direitos de crédito não foram afetados pelo plano, sem embargo, em legítima defesa do seu crédito, de poderem objetar o plano de recuperação apresentado (art. 55 da Lei n. 11.101/2005), diante de sua fundamentada inconsistência. E mais: essa oposição também poderá se realizar no âmbito da própria assembleia geral de credores que irá analisar e deliberar sobre o plano, mediante o exercício de seu direito de voz. Abre-se aí mais uma oportunidade de convencimento da massa de credores habilitada a votar acerca da eventual inconsistência do plano apresentado.

10. ÓRGÃO NÃO OBRIGATÓRIO

O juiz, o Ministério Público e o administrador judicial, como se viu, são órgãos sempre presentes nos processos de falência e de recuperação judicial, sem os quais tais processos não se desenvolvem. São, pois, órgãos obrigatórios ou necessários.

---

[21] *A construção jurisprudencial da recuperação judicial de empresas*. Rio de Janeiro: Forense, 2013, p. 278-279.

[22] *In Comentários à Lei de Recuperação de Empresas e Falência* (coords. Paulo Fernando Campos Salles de Toledo e Carlos Henrique Abrão). 3. ed. São Paulo: Saraiva, 2009, p. 121.

Mas a assembleia geral de credores não o é. Podem os aludidos processos validamente se desenvolver sem que venha a ser instalada.

Mesmo no processo de recuperação judicial a assertiva não sofre exceção. É fato ser de competência privativa da assembleia a aprovação, rejeição ou modificação do plano apresentado pelo devedor. Mas sua convocação só se realiza para este fim quando houver objeção de credor ou credores ao plano. Inexistindo esta, o juiz, após cumpridas as exigências legais pertinentes, concederá a recuperação judicial (art. 58), não sendo, pois, necessária a convocação de assembleia de credores para deliberar.

O seu caráter de foro facultativo de deliberação vem reforçado na dispensa de sua realização promovida pela lei reformadora n. 14.112/2020 (§§ 4º e 5º do art. 39).

É, em conclusão, um órgão não obrigatório, mas que, em nosso sentir, na prática se fará correntemente presente nos processos falimentar e recuperatório, por representar efetivo poder de interferência e influência disposto a favor dos credores.

CAPÍTULO 7

COMITÊ DE CREDORES

1. CONSTITUIÇÃO E COMPOSIÇÃO

O comitê de credores será constituído por deliberação de qualquer das classes de credores na assembleia geral e, nos termos literais do art. 26, terá a seguinte composição: (a) um representante indicado pela classe de credores trabalhistas[1], com dois suplentes; (b) um representante indicado pela classe de credores com direitos reais de garantia ou privilégios especiais, com dois suplentes; (c) um representante indicado pela classe de credores quirografários e com privilégios gerais, com dois suplentes; (d) um representante indicado pela classe de credores representantes de microempresas[2] e empresas de pequeno porte, com dois suplentes.

O § 6º introduzido ao art. 83 pela reforma implementada pela Lei n. 14.112/2020 veio expressamente estatuir que "para os fins do disposto nesta Lei, os créditos que disponham de privilégio especial ou geral em outras normas integrarão a classe dos créditos quirografários". A citada lei reformadora também cuidou de revogar os incisos IV e V do prefalado preceito, que cuidavam dos créditos com privilégio especial e com privilégio geral, respectivamente, os quais passam a estar albergados no rol dos créditos quirografários, consoante o estabelecido no inciso VI.

Com essa nova moldura, impõe-se uma leitura sistemática do art. 26, que não foi tocado diretamente pela reforma.

A regra segundo a qual os créditos que detenham privilégios especial ou geral atribuídos por outras leis integram a classe dos quirografários encontra-se prevista em

---

[1] Entendidos aí os titulares de créditos derivados da legislação trabalhista e decorrentes de acidentes de trabalho. A menção feita a "credores trabalhistas" no art. 26 deve ser vista como abrangente dessas duas titularidades de crédito, tal qual explicitado no inciso I do art. 41 e no inciso I do art. 83, em indispensável interpretação sistemática.

[2] Aqui incluídos os microempreendedores individuais (MEI), porquanto constituem modalidade de microempresa (§ 3º do art. 18-E da Lei Complementar n. 123/2006, incluído pela Lei Complementar n. 147/2014).

um parágrafo do art. 83, que cuida da classificação dos créditos na falência. No entanto, parece tratar-se de regra geral para os institutos contemplados na Lei n. 11.101/2005. Apesar da ausência da boa técnica legislativa, tem-se que o seu comando, a teor de sua parte inicial, dirige-se indistintamente a tudo o que for disciplinado pela indigitada lei. O § 6º do art. 83 traz, assim, uma regra autônoma.

Diante dessa visão, impende reestruturar a composição do comitê que apresentará a seguinte formação: na classe I, o representante da classe de credores trabalhistas; na classe II, o representante dos credores com garantia real; na classe III, o representante dos credores quirografários; e, na classe IV, o representante dos credores enquadrados como microempresas ou empresas de pequeno porte.

Tem-se, ainda, como já se assinalou no item 6 do Capítulo 6, por decorrência lógica da composição do comitê determinada por lei, uma categorização diferente daquela comum prevista no art. 41 para a assembleia geral que for sobre ele deliberar, pois não considera os titulares dos créditos subordinados. Essa composição especial, como norma extraordinária, somente deverá ser considerada para as hipóteses de deliberação de constituição do comitê, nomeação de representantes e dos respectivos suplentes e suas substituições. Na escolha ou substituição dos representantes de cada classe no comitê somente os respectivos membros poderão votar na assembleia. Nas demais situações em que seja instada a convocação e instalação da assembleia geral de credores, sua composição obedecerá a regra geral ou ordinária mencionada no art. 41.

Não nos agradou desde a origem a exceção criada e não corrigida pela reforma. Não vemos lógica em composições diversas para a assembleia de credores, variando conforme a natureza do assunto tratado. O fato que continua a incomodar é a ausência dos titulares de créditos subordinados na composição das castas que integrarão o comitê e, consequentemente, a assembleia realizada para fins de sua constituição, eleição e substituição de seus membros. Assim, por exemplo, o agente fiduciário não representará os debenturistas titulares de debêntures subordinadas, o que não se justifica à luz da boa construção jurídica.

Cumpre anotar que a indicação do representante da classe das microempresas e empresas de pequeno porte não constava do texto original da Lei n. 11.101/2005, vindo a ser acrescido o art. 26 de mais um inciso (inciso IV) pela Lei Complementar n. 147/2014, para prevê-la. Para fins de composição do comitê, eles se destacam para ter representação em classe própria.

Não prejudica a constituição do comitê a falta de indicação de representante por quaisquer das classes que o compõem. Poderá, assim, funcionar com número inferior ao previsto, inclusive com um só membro.

Não sendo o comitê formado pelos seus quatro membros previstos, faculta-se aos credores que traduzam a maioria dos créditos de classe ainda não representada, por simples requerimento por eles subscrito, independentemente da realização de assembleia, pleitear ao juiz a nomeação do respectivo representante e de seus suplentes.

A substituição do representante ou dos suplentes da respectiva classe já representada também se permite fazer por idêntico procedimento.

Com isso, pretende a lei evitar custos com a realização de novo conclave dos credores e agilizar os procedimentos, até porque a vontade de constituição do comitê já foi precedentemente manifestada, podendo ser complementada ou alterada a sua composição, por meio de um sistema mais informal.

Logo que nomeados, os membros do comitê de credores serão intimados pessoalmente para, em quarenta e oito horas, assinar, na sede do juízo, o termo de compromisso de bem e fielmente desempenhar o cargo e assumir todas as responsabilidades a ele inerentes.

Permanecerá o comitê em funcionamento até o encerramento da recuperação judicial ou da falência, por sentença.

Aos membros do comitê caberá indicar, dentre eles, o seu presidente.

2. IMPEDIMENTOS

Os impedimentos capitulados em lei para o administrador judicial são igualmente estendidos àqueles que vão integrar o comitê. Assim é que dele não fará parte quem, nos últimos cinco anos, no exercício do cargo de administrador judicial ou de membro do comitê em falência ou recuperação judicial anterior, foi destituído e, sendo o caso, deixou de prestar contas dentro dos prazos legais ou teve a prestação de contas desaprovada. Ficará também impedido quem tiver relação de parentesco ou afinidade até o terceiro grau com o devedor, e, caso seja ele pessoa jurídica, com seus administradores, controladores ou representantes legais ou deles for amigo, inimigo ou dependente.

Contra a nomeação realizada com inobservância das prescrições legais, é facultado ao devedor, qualquer credor ou ao Ministério Público requerer ao juiz a substituição do membro do comitê em situação irregular, o qual também poderá, como deverá, agir de ofício na verificação do fato. Havendo a impugnação, decidirá no prazo de vinte e quatro horas.

3. ATRIBUIÇÕES E COMPETÊNCIAS

O comitê de credores desempenhará suas funções segundo atribuições legalmente estabelecidas, as quais não se realizam, como à primeira vista possa aparecer, no interesse exclusivo da massa de credores. Sua atuação, em diversas vezes, beneficia o próprio devedor, e, em última análise, funcionará como um agente auxiliar do juiz, velando pela consecução dos fins dos processos de falência e de recuperação judicial.

Constituem suas principais atribuições:

I – na recuperação judicial e na falência: (a) fiscalizar as atividades e examinar as contas do administrador judicial; (b) zelar pelo bom andamento do processo e pelo cumprimento da lei; (c) comunicar ao juiz, caso detecte violação dos direitos ou prejuízo aos interesses dos credores; (d) apurar e emitir parecer sobre quaisquer reclamações dos interessados; (e) requerer ao juiz a convocação da assembleia geral de credores; (f) impugnar créditos constantes da relação de credores apresentada pelo administrador judicial; (g) manifestar-se sobre as impugnações de crédito, quando não for o impugnante.

II – na recuperação judicial: (a) fiscalizar a administração das atividades do devedor, apresentando, a cada trinta dias, relatório de sua situação; (b) fiscalizar a execução do plano de recuperação judicial; (c) submeter à autorização do juiz, quando ocorrer o afastamento do devedor de sua atividade, a alienação de bens do ativo não circulante[3], a constituição de ônus reais e outras garantias, bem como atos de endividamento necessários à continuação da atividade empresarial durante o período que antecede a aprovação do plano de recuperação judicial; (d) opinar sobre a alienação ou oneração de bens ou direitos do ativo permanente do devedor, quando não previstas ditas operações no plano de recuperação judicial, e quando reconhecida pelo juiz evidente utilidade na sua realização.

III – na falência: (a) opinar acerca da transação sobre obrigações e direitos da massa falida, bem como sobre a concessão do abatimento de dívidas; (b) autorizar o administrador judicial a alugar ou celebrar contrato referente aos bens arrecadados e que compõem a massa falida; (c) autorizar o administrador judicial a dar cumprimento a contrato bilateral ou unilateral.

4. DELIBERAÇÕES

As deliberações do comitê serão tomadas por maioria de votos.

Não sendo possível a obtenção da maioria para a decisão, o impasse será resolvido pelo administrador judicial ou, na sua incompatibilidade, por envolver conflito de interesse, como na hipótese de parecer sobre suas contas, pelo juiz.

---

[3] Com o advento da Medida Provisória n. 449/2008, posteriormente convertida na Lei n. 11.941/2009, o ativo passou a contar com apenas dois grupos de contas: o ativo circulante e o ativo não circulante, composto por ativo realizável a longo prazo, investimentos, imobilizado e intangível. Assim, atualizando-se a expressão legal, deve a referência a "ativo permanente" ser tida como ativo não circulante.

As deliberações serão consignadas em livro de atas, rubricado pelo juiz, ficando, em cartório, à disposição do administrador judicial, dos credores e do devedor.

5. REMUNERAÇÃO

Ao contrário do administrador judicial, os membros do comitê não terão suas remunerações custeadas na recuperação pelo devedor ou na falência pela massa falida. Seus honorários poderão ser suportados diretamente pelos credores, como, também, poderão as funções ser exercidas graciosamente, porquanto a lei não impõe sejam elas remuneradas.

Já no que toca às despesas incorridas na realização de ato que a lei imponha a sua prática pelo comitê, serão elas ressarcidas. Para tal, deverão encontrar-se devidamente comprovadas e contar com autorização judicial, sujeitando-se, entretanto, o reembolso, às disponibilidades de caixa.

6. DESTITUIÇÃO

A destituição dos membros do comitê se opera em idênticas situações daquelas previstas para o administrador judicial, já abordadas no item 5 do Capítulo 5. Assim é que o juiz, de ofício ou a requerimento fundamentado de qualquer interessado, poderá determinar a destituição de quaisquer de seus membros, quando verificar atuação em desobediência aos preceitos da lei, descumprimento de deveres, omissão, negligência ou prática de ato lesivo às atividades do devedor ou a terceiros. No ato de destituição, o juiz convocará suplentes para recompor o comitê. A previsão de suplentes se faz, justamente, para obstar que o juiz indique pessoas que não foram previamente qualificadas pela classe de credores pertinente.

7. RESPONSABILIDADE CIVIL

Do mesmo modo que o administrador judicial, os membros do comitê responderão pelos prejuízos causados à massa falida, ao devedor ou aos credores por ação ou omissão motivadas por dolo ou culpa.

A fim de eximir-se da responsabilidade, caberá ao dissidente, em deliberação do comitê, consignar sua discordância na respectiva ata, zelando para que chegue ao conhecimento do juiz. Sendo ele obstruído de assim proceder, deverá, por escrito, comunicar ao magistrado que preside o respectivo processo de falência ou de recuperação judicial a sua divergência com a decisão havida no seio do comitê. Igualmente deverá proceder naquelas situações em que o dano possa ser provocado em decorrência da omissão do órgão em tomar as providências a que está obrigado.

8. ÓRGÃO NÃO OBRIGATÓRIO

À semelhança da assembleia geral de credores, o comitê de credores é um órgão de presença não obrigatória nos processos de falência e de recuperação judicial. Quando constituído, porém, atuará de forma permanente até o encerramento dos mencionados processos. Nisso se difere da assembleia geral de credores, que será instalada para decidir sobre o assunto que motivou a sua convocação, dissolvendo-se em seguida.

Não havendo o comitê, prevê o art. 28 que suas atribuições devam ser, quando obviamente for pertinente a hipótese, exercidas pelo administrador judicial ou, na incompatibilidade deste, pelo juiz.

CAPÍTULO 8

VERIFICAÇÃO E HABILITAÇÃO DE CRÉDITOS

1. NATUREZA DA VERIFICAÇÃO DE CRÉDITOS

Decretada a falência ou determinado o processamento da recuperação judicial, os credores sujeitos a seus efeitos[1], na falência denominados de concursais em oposição aos extraconcursais, estarão submetidos a um processo judicial de verificação de créditos, realizado pelo juízo da recuperação ou da falência, a fim de que adquiram o direito de receber as importâncias por eles pugnadas. Com o procedimento se pretende assegurar o acertamento do passivo do devedor, para nele efetivamente figurarem os créditos legítimos, pelos valores exatos, e segundo a classificação que por direito lhes caiba. Nas palavras de Rubens Requião[2], seria "o meio processual que proporciona a todos os credores a apresentação de suas pretensões, a fim de serem examinadas e admitidas não só para efeito de pagamento, como também para sua classificação, assegurando-se-lhe a prelação a que tenham porventura direito".

Segundo a feição que lhe conferiu a Lei n. 11.101/2005, a verificação dos créditos aflora com duas fases bem distintas: uma administrativa e outra contenciosa. A primeira se verifica em seu inicial estágio, enquanto estão sendo reunidos os credores participantes da recuperação ou da falência. A segunda se instaura a partir do surgimento das contestações quanto à legitimidade, ao valor e à classificação do crédito apresentado.

No estágio administrativo, será realizada sob o comando do administrador judicial – o qual poderá contar com o auxílio de profissional ou pessoa jurídica especializada –, com base na relação de credores apresentada pelo devedor, seus livros e documentos, bem como estribado nas declarações de crédito exibidas pelos credores ou nas divergên-

---

[1]   Sobre o tema nos debruçaremos em capítulos próprios na recuperação judicial (item 1 do Capítulo 11) e na falência (item 2 do Capítulo 21).

[2]   Ob. cit., vol. I, p. 299.

cias pelos mesmos oferecidas quanto aos créditos relacionados. A partir das informações e documentos colhidos, elaborará a relação de credores (art. 7º, *caput* e parágrafos).

Confeccionada a mencionada relação, serão os interessados instados a se manifestar, podendo, então, surgir as contestações ou impugnações (art. 8º).

Não havendo impugnação, o juiz homologará, como quadro-geral de credores, a indigitada relação de credores, sendo certo que na falência a relação deve ser acrescida das definições ocorridas nos *incidentes de classificação de crédito público* (art. 14).

Como se pode perceber, inexistindo contestações, o procedimento se assenta como mera providência administrativa, traduzindo um procedimento de jurisdição voluntária, o qual constitui a coordenação formal de atos não processuais[3], inexistindo o exercício de função jurisdicional pelo juiz, mas somente administrativa, ao homologar a relação de credores não impugnada como quadro-geral de credores (art. 14), bem como ao determinar a inclusão de créditos, nesse mesmo quadro-geral, cujas habilitações não sofram impugnações (art. 15, I), separando-as das impugnadas, que observarão ritualística própria. A participação do órgão judicial se mostra necessária ao aperfeiçoamento e eficácia do procedimento, mas não desempenha qualquer função jurisdicional.

Ocorrendo impugnações, desencadeia-se um caráter contencioso ou litigioso, levando a que cada impugnação seja processada de modo próprio, a fim de que seu conteúdo seja apreciado e decidido. Surge aí uma lide, a ser composta por decisão judicial (arts. 11, 12, 13 e 15).

2. HABILITAÇÃO DE CRÉDITO

O devedor, ao requerer recuperação judicial, deverá instruir a petição inicial com a relação nominal dos credores, indicando a natureza, a classificação e o valor atualizado do crédito (art. 51, III e IV).

Na falência, ao confessá-la, o devedor estará obrigado a instruir seu pedido com a mesma relação (art. 105, II) e, quando for por outra pessoa requerida, como o credor, o juiz, ao decretá-la, ordenará que a exiba em um prazo de cinco dias, se já não se encontrar nos autos, sob pena de desobediência (art. 99, III)[4].

---

[3]   MARQUES, José Frederico. *Manual de direito processual civil*, vol. I. São Paulo: Saraiva, 1974, n. 309, p. 362.

[4]   Embora os incisos II do art. 105 e III do art. 99 não façam expressa menção à atualização do valor do crédito, tal qual o faz o inciso III do art. 51, esta sempre se impõe, devendo, pois, o falido, ao confeccionar sua listagem, contemplá-la. As omissões verificadas são acidentais. O art. 9º, em seu inciso II, ao cuidar da habilitação de crédito, explicitamente

O credor que figurar na listagem, com a exatidão do valor do crédito e da classificação a que faz jus, já estará automaticamente habilitado, não tendo que tomar qualquer outra iniciativa, senão aguardar sua inclusão, por sentença, no quadro-geral de credores.

Aquele que não constar da listagem apresentada ou dela fizer parte, mas com inexatidão do valor do crédito ou de sua classificação, deverá apresentar ao administrador judicial, conforme o caso, sua habilitação ou divergência quanto ao crédito relacionado (§ 1º do art. 7º). Terá o prazo de quinze dias para fazê-lo, contado da publicação do edital contendo a íntegra da sentença que decretar a falência e a relação dos credores apresentada pelo devedor (§ 1º do art. 99), se se tratar de processo falimentar; ou da publicação de edital, no órgão oficial, da relação nominal de credores, que conterá também advertência acerca do prazo de habilitação, determinada pelo juiz ao deferir o processamento da recuperação judicial (§ 1º do art. 52), se for esse o processo correspondente.

Será computado o prazo com a exclusão do dia da publicação do edital – data de início – e com a inclusão do dia do vencimento (Código de Processo Civil de 2015, art. 224, aplicável por força do art. 189 da Lei n. 11.101/2005).

No processo de recuperação judicial, a publicação do edital se realiza no órgão oficial, consoante expressamente previsto. Na falência, se fará por meio eletrônico (edital eletrônico).

A habilitação não se faz em forma de petição e, por isso, não está obrigada a obedecer aos requisitos da petição inicial, inscritos no art. 319 do Código de Processo Civil de 2015. Sua forma é livre e não necessita ser subscrita por advogado, porquanto o procedimento é administrativo e se opera perante o administrador judicial. Havendo impugnação, dado o seu caráter de litigiosidade, é que se exige a representação do impugnante e do titular do crédito impugnado por advogado habilitado.

A declaração de crédito deve conter: (a) o nome, o endereço do credor e o endereço em que receberá comunicação de qualquer ato do processo; (b) o valor do crédito, atualizado até a data da decretação da falência ou do ingresso do pedido de recuperação judicial, sua origem e classificação; (c) os documentos comprobatórios do crédito e a indicação das demais provas a serem produzidas; (d) a indicação da garantia prestada pelo devedor, se houver, e o respectivo instrumento; (e) a especificação do objeto da garantia que estiver na posse do credor.

---

aponta como conteúdo indispensável da respectiva declaração a indicação do valor do crédito atualizado até a data da decretação da falência ou do pedido de recuperação judicial. A omissão do devedor ensejará apresentação de divergência pelo credor, pois não se pode admitir crédito que não esteja atualizado. A atualização obedecerá o critério previsto no contrato ou, em sua falta, se fará pelos índices de correção monetária dos débitos judiciais.

Ainda que o crédito habilitado esteja assentado em um título de crédito abstrato, como a letra de câmbio, a nota promissória ou o cheque, está o declarante obrigado a declinar-lhe a origem. É uma exigência especial da lei nos processos de recuperação judicial e falência, que tem por escopo aferir a higidez de sua causa, que não pode ser ilícita, nem retratar, por exemplo, uma obrigação a título gratuito, a qual não é exigível nem na recuperação judicial, nem na falência (art. 5º, I). Contudo, o credor não está obrigado, no ato da habilitação, a comprová-la, mas tão somente a declará-la, porquanto constante de títulos capazes de, por si só, representar a dívida e a obrigação do devedor, dotados, assim, de liquidez. Havendo impugnação quanto à juridicidade da causa declarada, aí sim, abrir-se-á a fase instrutória, ocasião em que a licitude da origem poderá ser comprovada ou derrubada.

Os títulos e documentos que legitimam o crédito devem ser exibidos no original, sendo admitida cópia autenticada se estiverem instruindo outro processo.

Não havendo título propriamente dito, dispondo o credor apenas de um início de prova escrita, pode, anexando-a, protestar pela produção da sua comprovação definitiva, mediante exame dos livros empresariais do devedor.

A declaração será sempre individual, formulada por cada credor, embora possa se referir a mais de um crédito que titularize, mesmo que de diversas naturezas.

No caso dos credores debenturistas, prevê o art. 68 da Lei n. 6.404/76 que o agente fiduciário dos debenturistas os representará perante a companhia emissora dos títulos. O § 3º do citado artigo a ele confere o direito de utilizar qualquer ação para proteger direitos ou defender interesses dos representados, sendo-lhe especialmente facultado representá-los nos processos de "falência, concordata, intervenção ou liquidação extrajudicial da companhia emissora, salvo deliberação em contrário da assembleia dos debenturistas", bem como "tomar qualquer providência necessária para que os debenturistas realizem os seus créditos". Portanto, procedendo as adaptações devidas, podemos asseverar que a ele é dado declarar conjuntamente o crédito oriundo da emissão das debêntures na falência ou na recuperação judicial da companhia, agindo, assim, no interesse da comunhão dos debenturistas, sempre que não figurarem por completo ditos créditos na relação exibida pelo devedor.

O § 3º do art. 82 do Decreto-Lei n. 7.661/45 dispensava o agente fiduciário dos debenturistas da exibição de todos os títulos no original, quando fizesse declaração coletiva de crédito. Muito embora a regra não venha reproduzida na lei atual, pensamos que a alforria deva ser sustentada. A conclusão vem apoiada na economia processual e na necessidade de se imprimir celeridade ao feito, exigências expressamente previstas no § 1º do art. 75 da Lei n. 11.101/2005 para o processo falimentar, dispensando-se providências formais inúteis. Os títulos já constam da escrituração da sociedade falida ou em recuperação, não precisando, assim, ser necessariamente exibidos.

Na falência, cuidando-se de crédito em moeda estrangeira, seu valor será convertido para a moeda nacional pelo câmbio do dia da decisão que a decretar (art. 77). Na recuperação judicial, o crédito em moeda estrangeira terá a variação cambial conservada como parâmetro de indexação da correspondente obrigação, a qual só se pode afastar caso o credor venha, expressamente, aprovar disposição diversa no plano de recuperação (§ 2º do art. 50).

Sendo a recuperação judicial convolada em falência, serão considerados habilitados os créditos dela remanescentes, quando definitivamente, por sentença passada em julgado, incluídos no quadro-geral de credores, tendo prosseguimento as habilitações que se encontrem em curso (art. 80).

Não há na lei dispositivo disciplinando o método de oferecimento de divergência do credor quanto ao crédito relacionado em lista pelo devedor. O procedimento deve, a nosso sentir, obedecer aos mesmos princípios da habilitação de crédito.

Por derradeiro, cumpre anotar que qualquer cessão ou promessa de cessão de crédito habilitado deve ser imediatamente comunicada ao juízo da recuperação judicial (§ 7º do art. 39, introduzido pela Lei n. 14.112/2020).

3. IMPUGNAÇÃO DE CRÉDITOS

Como anteriormente foi estudado, o administrador judicial elaborará a relação dos credores que participarão dos processos de falência ou de recuperação judicial, declinando o valor do crédito e sua classificação. Fá-lo-á a partir da listagem nominal apresentada pelo devedor (arts. 99, III; 105, II; 51, III e IV) e, ainda, com base nas informações e comprovações colhidas nos livros contábeis e documentos comerciais e fiscais do devedor, além daqueles que lhe forem exibidos pelos credores por ocasião de suas habilitações ou manifestações de divergência quanto aos créditos relacionados. Desfrutará o administrador judicial do prazo de quarenta e cinco dias para realização do mister, contado do término do prazo para que os credores se habilitem, ocasião em que fará publicar edital contendo a prefalada relação de credores, no qual deve indicar, ainda, o local, o horário e o prazo comum em que os interessados terão acesso aos documentos que fundamentaram a sua elaboração (art. 7º, *caput*, §§ 1º e 2º).

Estão legitimados a apresentar ao juiz impugnação contra a relação de credores: o comitê, se houver; qualquer credor; o devedor e, sendo ele pessoa jurídica, seus sócios; ou o Ministério Público. O prazo para iniciativa será de dez dias.

A impugnação pode ter como conteúdo a legitimidade, a importância ou a classificação do crédito relacionado, além de arrimar-se, também, na ausência do crédito. Com base neste último fundamento, parece-nos haver restrição para sua formulação. Para invocá-la, há necessidade de o crédito omitido, originariamente, haver constado da listagem exibida pelo devedor, em fase inicial do processo, ou ser objeto de habilitação. Com efeito, a impugnação da relação de credores não pode substituir o procedimento de habilitação, por ausência da indicação do crédito na listagem do devedor. A lei prevê, caso expirado o prazo para procedê-la, a habilitação retardatária, a qual, muito embora siga procedimento semelhante ao da impugnação, quando realizada anteriormente à homologação do quadro-geral de credores, com ela não se confunde. Porém, em apreço ao princípio da instrumentalidade das formas, ocorrendo o fato, deve o juiz receber a impugnação como habilitação retardatária.

A impugnação será dirigida ao juiz por meio de petição, instruída com os documentos que tiver o impugnante, o qual poderá, ainda, indicar as provas consideradas de produção necessária para o reconhecimento de seu direito.

Cada impugnação será autuada em separado, com os documentos a ela relativos. Terão, entretanto, uma só autuação as diversas impugnações versando sobre o mesmo crédito.

Os credores cujos créditos forem impugnados serão intimados para contestar a impugnação, no prazo de cinco dias, juntando os documentos que tiverem e indicando outras provas que reputem necessárias.

Transcorrido esse prazo, o comitê, se houver, e o devedor, se não impugnantes, serão intimados para se manifestar sobre a defesa no prazo comum de cinco dias. Findo o prazo, o administrador judicial será igualmente intimado para emitir parecer em idêntico prazo de cinco dias, devendo juntar à sua manifestação o laudo elaborado pelo profissional ou sociedade especializada, caso tenha se valido desses serviços, e todas as informações existentes nos livros fiscais e demais documentos do devedor acerca do crédito objeto da impugnação.

Cabe anotar que, com a nova redação do art. 191, conferida pela Lei n. 14.112/2020, ressalvadas as disposições específicas, como se tem, por exemplo, no § 1º do art. 52, as publicações ordenadas serão feitas em sítio eletrônico próprio, na internet, dedicado à recuperação judicial e à falência, e as intimações serão realizadas por notificação direta por meio de dispositivos móveis previamente cadastrados e autorizados pelo interessado.

4. JULGAMENTO NA VERIFICAÇÃO DE CRÉDITOS

Não havendo impugnação, o juiz homologará, como quadro-geral de credores, a relação dos credores elaborada pelo administrador judicial e publicada por edital. Nesse caso, em razão da publicidade prévia, fica dispensada uma nova publicação dessa relação, mesmo que agora como quadro-geral de credores.

Ocorrendo impugnação ou impugnações de crédito, após o vencimento do prazo para que o administrador judicial se manifeste sobre cada uma delas, os autos respectivos serão conclusos ao juiz, que tomará as seguintes medidas: (a) determinará a inclusão no quadro-geral de credores das habilitações de créditos não impugnadas, no valor e classificação constante da relação elaborada pelo administrador judicial; (b) julgará as impugnações que entender suficientemente esclarecidas pelas alegações e provas apresentadas, mencionando, em relação a cada crédito, o seu valor e a classificação que por direito lhe caiba; (c) naquelas ainda não maduras para julgamento, fixará os aspectos controvertidos e decidirá as questões processuais pendentes, determinando as provas a serem produzidas e designando, se necessário, audiência de instrução e julgamento.

Para fins de rateio na falência, o art. 16, com a redação que lhe foi conferida pela Lei n. 14.112/2020, prevê a consolidação provisória do quadro-geral de credores, o qual, assim, será formado pelos créditos não impugnados, pelo julgamento de todas as impugnações tempestivas e pelo julgamento das habilitações e impugnações retardatárias ocorridas até o momento da consolidação (*caput* do art. 16 e § 7º do art. 10). A consolidação é provisória, porquanto poderá sofrer alterações decorrentes de julgamentos de habilitações e impugnações retardatárias ainda não concluídos. E, mesmo antes dessa formação provisória, é possível promover-se o pagamento em rateio para uma determinada classe de credores, contanto que as impugnações tempestivas daquela classe já tenham sido julgadas, ressalvada a reserva dos créditos controvertidos em razão das habilitações retardatárias ainda não julgadas (§ 2º do art. 16).

Por fim, cumpre anotar que as habilitações retardatárias não julgadas acarretarão a reserva do valor controvertido, mas não impedirão o pagamento da parcela incontroversa (§ 1º do art. 16).

5. RECURSO DA SENTENÇA DE IMPUGNAÇÃO

Tanto os créditos não impugnados quanto os impugnados serão objeto de sentença para que possam vir a ser incluídos no quadro-geral de credores. Daí resultar uma prévia indagação: é recorrível a sentença que determinar a inclusão, no prefalado quadro-geral, de crédito não impugnado? Sustentamos que não. O momento para a contrariedade do crédito é o da impugnação, com obediência dos respectivos prazo e procedimento. Não deve o recurso servir de sucedâneo, funcionando como um instrumento tardiamente manejado pelo interessado.

104   CURSO DE DIREITO COMERCIAL – FALÊNCIA E RECUPERAÇÃO DE EMPRESA

Da decisão sobre a impugnação de crédito formulada poderão as partes interpor agravo de instrumento (art. 17)[5]. O recurso obedecerá, quanto ao prazo de interposição e rito de processamento, o disposto no Código de Processo Civil, mas o prazo será contado em dias corridos, tudo consoante mandamento do art. 189. Deve-se, ainda, observar a regra especialmente contemplada no parágrafo único do art. 17, segundo a qual, recebido o agravo, ao relator é possível conceder efeito suspensivo à decisão que reconhece o crédito ou determinar a inscrição ou modificação do seu valor ou classificação no quadro-geral de credores, para fins de exercício de direito de voto em assembleia geral.

É de ser observada, outrossim, nos processos de falência e seus incidentes, a preferência proclamada no art. 79 em relação à ordem dos feitos, em todas as instâncias, o que garante o julgamento do agravo de instrumento preferentemente a qualquer outro recurso.

6. CONDENAÇÃO EM HONORÁRIOS ADVOCATÍCIOS

Não são exigíveis do devedor, na recuperação judicial, ou da massa falida, na falência, as despesas que os credores individualmente fizerem para tomar parte nos respectivos processos, ressalvadas, tão somente, as custas judiciais decorrentes de litígio autônomo com o devedor ou com a massa, conforme o caso (arts. 5º, II, e 84, IV).

Deste modo, por exemplo, não é lícito aos credores exigir as custas de habilitação, nem as despesas que incorrerem, como as com contratação de advogado para representá-los. Mas a restrição é exclusiva em relação aos gastos para tomarem parte nos feitos, em seu conceito não estando incluído os honorários advocatícios de natureza sucumbencial.

Sendo o Código de Processo Civil de aplicação subsidiária aos respectivos processos, presente se faz a regra insculpida em seu art. 85[6], sempre que houver uma lide. O fundamento da condenação é o fato objetivo da derrota.

Como já se sustentou no item 3 do Capítulo 8, a impugnação de crédito tem natureza litigiosa, havendo, em consequência, o exercício da função jurisdicional, com obrigatoriedade, inclusive, da presença de advogado. Daí não ser possível não condenar o vencido nos honorários de sucumbência. Nesse sentido se construiu a jurisprudência

---

[5]   No sistema do Decreto-Lei n. 7.661/45, o recurso contemplado era o de apelação (art. 97). A previsão de agravo de instrumento rompe, em nossa visão, imotivadamente, com o sistema comum recursal, pois a decisão acerca da impugnação de crédito não tem caráter interlocutório. Há de ser sublinhado que o incidente vem autuado em separado (parágrafo único do art. 13), fato esse que impede qualquer eventual entrave ao curso do processo falimentar, derivado do recurso a ser manejado pelo recorrente. Em relação aos efeitos, seria possível prever o recurso de apelação sem eficácia suspensiva.

[6]   *Caput* do art. 85: "A sentença condenará o vencido a pagar honorários ao advogado do vencedor".

do Superior Tribunal de Justiça[7], tendo por pano de fundo o revogado Decreto-Lei n. 7.661/45, posicionamento que se manteve no âmbito da Lei n. 11.101/2005[8].

7. QUADRO-GERAL DE CREDORES

O administrador judicial será responsável pela consolidação do quadro-geral de credores, a ser homologado pelo juiz, com base na relação dos credores por aquele apresentada e nas decisões proferidas nas impugnações tempestivas e nas habilitações e impugnações retardatárias. Na falência, a relação deve ainda ser acrescida das definições havidas no *incidente de classificação de crédito público*.

O quadro-geral de credores será assinado pelo juiz e pelo administrador judicial e mencionará a importância e a classificação de cada crédito na data do ingresso em juízo do requerimento da recuperação judicial ou da decretação da falência. Será juntado aos autos e publicado no órgão oficial, no prazo de cinco dias, contado da data da última sentença que julgar as impugnações, ultimando, assim, a verificação dos créditos.

Ainda que não tenha ocorrido a consolidação definitiva do quadro-geral de credores, a recuperação judicial não só pode, como deve, ser encerrada. Nesse caso, as ações incidentais de habilitação e de impugnação retardatárias serão redistribuídas ao juízo da recuperação judicial como ações autônomas e observarão o rito comum (§ 9º do art. 10 e parágrafo único do art. 63).

A lei permite uma consolidação provisória do quadro-geral de credores. Para tal, deverá ser considerado, com vistas à sua formação, o julgamento das impugnações tempestivas e as habilitações e impugnações retardatárias decididas até o momento de sua formação (§ 7º do art. 10). Na recuperação judicial, a medida é relevante para a votação do plano (art. 39). Na falência, sua importância relaciona-se com a realização de rateio (art. 16)[9].

---

[7]   "São devidos honorários advocatícios em habilitação de crédito em processo de falência, desde que instaurada a litigiosidade, por meio de impugnação à habilitação" (REsp n. 172.973/MG, 4ª Turma, decisão unânime, Rel. Min. Sálvio de Figueiredo Teixeira, publicada no *DJU*, Seção I, em 25-9-2000, p. 104). "Havendo contenciosidade em face da impugnação apresentada, são devidos honorários advocatícios pela parte que restar vencida" (REsp n. 188.759/MG, 4ª Turma, decisão por maioria, Rel. Min. Barros Monteiro, publicada no *DJU*, Seção I, em 14-2-2000, p. 37).

[8]   "São devidos honorários advocatícios nas hipóteses em que o pedido de habilitação de crédito em recuperação judicial for impugnado, conferindo litigiosidade ao processo. Precedentes" (REsp n. 1.197.177/RJ, 3ª Turma, decisão unânime, Rela. Mina. Nancy Andrighi).

[9]   Embora o art. 16 não se refira a impugnações retardatárias, elas devem ser contempladas para fins de realização de rateio, diante da sua conjugação com a regra do § 7º do art. 10. Essa interpretação combinada confere racionalidade à conclusão.

8. CRÉDITOS FAZENDÁRIOS

Os créditos titularizados pela União, Estados, Distrito Federal e Municípios (créditos fazendários) são tratados de modo diverso no âmbito da Lei n. 11.101/2005.

Os créditos detidos pelas aludidas pessoas jurídicas de direito público interno não participam do processo de recuperação judicial. Não são, assim, incluídos no quadro-geral de credores, pois escapam ao rol dos créditos sujeitos a seus efeitos. A concessão da recuperação judicial, em princípio, depende de prova da quitação dos tributos ou de que sua exigibilidade esteja suspensa ou, ainda, que sua cobrança executiva encontre-se por penhora garantida (Código Tributário Nacional, art. 191-A, com redação dada pela Lei Complementar n. 118/2005). Assegura-se, porém, ao devedor nessa situação, o parcelamento dos débitos fiscais em condições que a lei específica venha a dispor e, na sua falta, conforme as leis gerais de parcelamento do ente da Federação (§§ 3º e 4º do art. 155-A do Código Tributário Nacional, com redação conferida pela citada Lei Complementar), situação jurídica caracterizadora de causa de suspensão da exigibilidade do crédito tributário (sobre o tema voltaremos com maior profundidade no item 6 do Capítulo 13).

Na falência, os créditos fazendários integram o quadro-geral de credores, sujeitando-se a uma ordem de classificação dentre os créditos que participam do concurso falimentar. A Lei n. 14.112/2020 concebeu o mecanismo do *incidente de classificação de crédito público* (art. 7º-A) para disciplinar o procedimento de verificação desses créditos no concurso de credores, que é instaurado de ofício para cada Fazenda Pública credora, que será intimada eletronicamente para que, no prazo de trinta dias, apresente ao administrador judicial, caso já esteja nomeado e se encontre no exercício de suas funções, ou em juízo, a relação completa de seus créditos inscritos em dívida ativa, acompanhada da memória dos cálculos, da classificação e das informações sobre a situação atual em que se encontram. A memória de cálculo deverá segregar os juros, considerando as fluências anteriores e posteriores à decretação da falência, e as multas, porquanto receberão tratamento e classificação distintos no passivo falimentar. Caso a Fazenda Pública credora não informe os seus créditos, o incidente será arquivado, possibilitando-se, no entanto, que requeira o seu desarquivamento e, nesse caso, tramitará nos moldes de uma habilitação retardatária.

O aludido incidente deve ser instaurado após a realização das intimações eletrônicas das Fazendas Públicas para que tomem conhecimento da falência (art. 99, XIII) e a publicação do edital eletrônico com a íntegra da sentença de quebra e a relação de credores apresentada pelo falido (§ 1º do art. 99). Assim é que será considerada Fazenda Pública credora aquela que constar da mencionada relação de credores, ou que, após a intimação para que tome conhecimento da falência, alegue, no prazo de quinze dias, deter crédito contra o falido. Em outros termos, Fazendas Públicas credoras serão aquelas Fazendas Públicas que constarem da aludida relação e aquelas que promoverem a comunicação do montante de seus créditos por esse método especial, que se pode nominar de *participação fazendária na falência* ou, simplesmente, de *habilitação fazendária*, assim entendida como o ato ou o efeito de participar do processo falimentar.

Os créditos ainda não definitivamente constituídos, não inscritos em dívida ativa ou com exigibilidade suspensa poderão ser informados em momento ulterior, sem prejuízo de se proceder às respectivas reservas para pagamento futuro.

O *incidente de classificação de crédito público* suspende a execução fiscal, a qual, como regra de princípio, não se suspende com o advento da falência. A suspensão do executivo fiscal, portanto, não decorre automaticamente da sentença que decreta a falência, mas da instauração do indigitado incidente, e perdurará até o encerramento do processo falimentar, sem prejuízo, entretanto, de prosseguir em face dos eventuais corresponsáveis tributários.

O procedimento do incidente em questão vem devidamente detalhado no § 3º do art. 7º-A. Assim é que, vencido o prazo de trinta dias para que cada Fazenda Pública credora apresente a relação completa dos seus créditos inscritos, o falido, os demais credores e o administrador judicial disporão do prazo de quinze dias para apresentar objeções, limitadas, contudo, à memória de cálculo e à classificação a que por direito façam jus os respectivos créditos. Ultrapassado o aludido prazo, será a Fazenda Pública intimada para, em dez dias, prestar eventuais esclarecimentos sobre a matéria contida nas objeções formuladas. Uma vez vencido este prazo, os créditos incontroversos serão incluídos no quadro-geral de credores. Os créditos objetados, com resistência da Fazenda Pública à objeção, contrariando, desse modo, os argumentos apresentados pelo falido, pelo administrador judicial ou pelos demais credores, serão objeto de reserva integral, até o julgamento definitivo. O juiz, antes de homologar o quadro-geral de credores, procederá à oitiva, no prazo comum de dez dias, do administrador judicial e da Fazenda Pública titular do crédito reservado sobre a sua situação atual, decidindo, em sequência, acerca da necessidade de manter a reserva realizada.

No que pertine, pois, à competência do juízo falimentar, caberá a este decidir sobre os cálculos e a classificação dos créditos, ficando reservada ao juízo da execução fiscal a competência para julgar a existência, a exigibilidade e o valor do crédito, além do prosseguimento da cobrança contra os corresponsáveis. Cumpre esclarecer que todas as decisões acerca da arrecadação dos bens, a realização do ativo e o pagamento do passivo permanecem sob o domínio da competência do juízo da falência. Este, com efeito, deverá respeitar a presunção de liquidez e certeza de que goza a dívida ativa regularmente inscrita, conduta que, por evidente, também se impõe ao administrador judicial.

O regramento do art. 7º-A em comento aplica-se, no que couber, às execuções fiscais relativas às penalidades administrativas impostas aos empregadores pelos órgãos de fiscalização das relações de trabalho e às execuções de ofício das contribuições sociais previstas no art. 195, I, *a* e II da Constituição Federal, decorrentes das sentenças proferidas no âmbito da Justiça do Trabalho (Constituição Federal, incisos VII e VIII do art. 114), bem assim os créditos do Fundo de Garantia do Tempo de Serviço (FGTS).

Cumpre anotar que no *incidente de classificação de crédito público* (art. 7º-A) não haverá condenação em honorários de sucumbência, o que se justifica no fato de ser o mesmo resultado de uma atuação de ofício do juízo da falência.

Dúvidas podem surgir em relação à compatibilidade dessa nova figura incorporada pelo art. 7º-A com o disposto no art. 187 do Código Tributário Nacional, segundo o qual a cobrança judicial do crédito tributário não é sujeita à habilitação em falência. Mas elas improcedem. Sempre defendemos nas edições anteriores[10], com base no que de fato ocorria na prática do processo de falência, ser possível à Fazenda Pública Federal, Estadual, Distrital ou Municipal comunicar ao juízo da falência o montante de seu crédito para ser o pagamento atendido pelo administrador judicial. Eventual dúvida ou questionamento que viesse a surgir sobre a existência, a exigibilidade e o exato valor do crédito deveria ser dirimido pelo juízo competente para a sua cobrança. A Lei n. 14.112/2020 veio ordenar essa participação da Fazenda Pública no processo falimentar, tanto que reserva ao juízo fazendário competente as decisões sobre a existência, a exigibilidade e o valor do crédito tributário (inciso II do § 4º do art. 7º-A), como já acima anotado. As regras, portanto, não se chocam. O art. 187 do Código Tributário Nacional e o art. 29 da Lei n. 6.830/80 não traduzem vedação para a habilitação do crédito tributário na falência, mas conferem uma faculdade para o Fisco: optar pelo pagamento do crédito por meio da execução fiscal ou através da habilitação.

A jurisprudência do Superior Tribunal de Justiça já vinha agasalhando essa linha de entendimento, sendo bastante didática a decisão proferida no Recurso Especial n. 1.831.186/SP, julgado pela Primeira Turma, por maioria, em 26-5-2020, tendo por Relatora a Ministra Regina Helena Costa, no qual ficou assentado (i) que a execução fiscal não representa, por si só, uma garantia para o credor, eis que a salvaguarda por ela veiculada somente se concretiza com a realização da penhora ou com a determinação da indisponibilidade dos bens; e (ii) que revela-se cabível a coexistência da habilitação de crédito no juízo falimentar com a execução fiscal desprovida de garantia, desde que o credor exequente se abstenha de proceder à constrição de bens em face do executado que também figure no polo passivo do

---

[10] Cf., exemplificativamente, itens 67 do Capítulo 8 e 250 do Capítulo 25 da 11ª edição, Saraiva, 2020 do *Curso de Direito Comercial: Falência e Recuperação de Empresa*.

processo de falência, como falido[11]. E isto porque, na perspectiva do art. 187 do Código Tributário Nacional e do art. 29 da Lei n. 6.830/80, os créditos tributários não se sujeitam ao concurso formal ou processual que se instaura a partir da decretação da falência, mas ficam submetidos ao concurso material ou obrigacional que dela resulta, pois impende sejam observados e respeitados as preferências creditórias (art. 83 da Lei n. 11.101/2005) e os pagamentos prioritários relativos aos créditos de natureza extraconcursal (art. 149 da Lei n. 11.101/2005). A despeito, pois, da prerrogativa de que desfrutam os créditos fazendários de serem cobrados através da ação de execução fiscal, nada obsta, em juízo de simples conveniência e oportunidade, que optem pela habilitação no juízo da falência.

9. CRÉDITOS DECORRENTES DA RELAÇÃO DE TRABALHO

No direito anterior à Lei n. 11.101/2005, identificava-se como ponto polêmico a habilitação dos créditos de natureza trabalhista na falência. Tal posicionamento era sustentado no sentido de que não só a fase cognitiva da ação destinada a reconhecer e apurar o crédito devido ao empregado, mas também a execução do julgado deveria realizar-se perante a Justiça Especializada Trabalhista.

Contudo, o entendimento que prevaleceu foi o de que a reclamatória correria perante a Justiça do Trabalho, mas a execução far-se-ia no âmbito do juízo falimentar.

A Segunda Seção do Superior Tribunal de Justiça, no Conflito de Competência n. 14.559/SP[12] asseverava: "Conflito de Competência. Execução trabalhista e falência. É do juízo falimentar a competência, face eventual concorrência com outros créditos de igual privilégio". No julgamento do Conflito de Competência n. 34.635/GO[13], no mesmo sentido proclamou:

> Competência. Conflito positivo. Juízo falimentar e justiça do trabalho. Execução trabalhista. Precedentes. Decretada a falência, a execução dos julgados, mesmo trabalhistas, terá início ou prosseguimento no juízo falimentar, mesmo que já se tenha efetuado a penhora em data anterior. Caso efetuada a alienação no juízo trabalhista, o seu produto será incorporado à massa, a fim de processar-se o concurso no juízo falimentar. Estando o arrematante no Juízo trabalhista já com a carta de arrematação registrada, deixa-se de declarar a nulidade do ato.

Com o profícuo entendimento garantia-se a *par conditio creditorum*, porquanto o tratamento igualitário aos credores de uma mesma categoria somente poderia ser efetivado perante um único juízo, evitando recebimentos desproporcionais entre os inte-

---

[11]   No mesmo sentido, confiram-se os Recursos Especiais n. 1.597.023/SP e n. 1.872.715/SP.

[12]   Rel. Min. Cláudio Santos, decisão unânime, publicada no *DJU*, Seção I, em 22-4-96, p. 12.509.

[13]   Rel. Min. Sálvio de Figueiredo Teixeira, decisão unânime, publicada no *DJU*, Seção I, em 1-3-2004, p. 119.

grantes da classe dos credores trabalhistas, pois, conforme consta do voto proferido no Conflito de Competência n. 14.559/SP acima aludido, "embora se trate de crédito preferencial, eventualmente ele terá que concorrer com outros créditos da mesma natureza, o que só poderá ser feito no juízo da Falência".

A lei atual observa a orientação tanto na falência como na recuperação judicial, respeitadas as especificidades de cada uma[14]. Como a verificação dos créditos apresenta uma fase administrativa, é permitido pleitear, perante o administrador judicial, habilitação, exclusão, ou modificação dos créditos derivados da relação de trabalho. Não se exige do credor trabalhista que promova uma ação para a apuração de seu crédito. Não constando ele da relação do devedor, faculta-se-lhe promover sua habilitação perante o administrador judicial; ou, ainda que conste, mas por valor inferior ao devido, poderá obter sua correção mediante o oferecimento de sua divergência ao montante do crédito relacionado. Porém, qualquer dúvida quanto à legitimidade do crédito ou de seu valor que não fique esclarecida na apuração administrativa pelo administrador judicial, deverá ser dirimida em ação própria, com curso perante a Justiça do Trabalho, inclusive no que diz respeito à impugnação do crédito formulada por qualquer dos legitimados (§ 2º do art. 6º). É que o juízo da falência ou o da recuperação não tem competência para processar e julgar as controvérsias oriundas da relação de trabalho, sendo a competência absoluta da Justiça do Trabalho, consoante os precisos termos do art. 114[15] da Constituição Federal, com a redação que lhe resultou da Emenda Constitucional n. 45, de

---

[14] Em julgados após o advento da novel legislação, o Superior Tribunal de Justiça tem reafirmado o entendimento de que os atos de execução dos créditos individuais promovidos contra devedores falidos ou em recuperação judicial, sob a égide do Decreto-Lei n. 7.661/45 ou da Lei n. 11.101/2005, devem ser realizados pelos respectivos juízos da falência ou da recuperação. Cf. os seguintes precedentes: Conflito de Competência n. 109.485/DF, julgado em 9-3-2010, decisão monocrática, Rel. Min. Fernando Gonçalves; Conflito de Competência n. 90.504/SP, julgado pela Segunda Seção em 25-6-2008, Rel. Min. Fernando Gonçalves; e Conflito de Competência n. 73.380/SP, julgado pela Segunda Seção em 28-11-2007, Rel. Min. Hélio Quaglia Barbosa.

[15] Art. 114: "Compete à Justiça do Trabalho processar e julgar: I – as ações oriundas da relação de trabalho, abrangidos os entes de direito público externo e da administração pública direta e indireta da União, dos Estados, do Distrito Federal e dos Municípios; II – as ações que envolvam exercício do direito de greve; III – as ações sobre representação sindical, entre sindicatos, entre sindicatos e trabalhadores, e entre sindicatos e empregadores; IV – os mandados de segurança, *habeas corpus* e *habeas data*, quando o ato questionado envolver matéria sujeita à sua jurisdição; V – os conflitos de competência entre órgãos com jurisdição trabalhista, ressalvado o disposto no art. 102, I, *o*; VI – as ações de indenização por dano moral ou patrimonial, decorrentes da relação de trabalho; VII – as ações relativas às penalidades administrativas impostas aos empregadores pelos órgãos de fiscalização das relações de trabalho; VIII – a execução, de ofício, das contribuições sociais previstas no art. 195, I, *a*, e II, e seus acréscimos legais, decorrentes das sentenças que proferir; IX – outras controvérsias decorrentes da relação de trabalho, na forma da lei".

2004. A competência da Justiça Especializada cessa, apenas, para os atos de execução e pagamento, que se realizam, pois, nos juízos da falência ou da recuperação, conforme o procedimento legalmente estabelecido.

Apurado o respectivo crédito, será ele inscrito no quadro-geral de credores pelo valor determinado na sentença transitada em julgado. Durante o processamento da ação, o juízo trabalhista poderá determinar a reserva da importância que estimar como devida na recuperação ou na falência, comunicando o juízo da falência (§ 3º do art. 6º). A iniciativa pode ser *ex officio* ou derivada de provocação do interessado.

Nesses créditos se incluem os apurados em ações de indenização por acidentes de trabalho, quando incorrer o empregador em dolo ou culpa (Constituição Federal, art. 7º, XXVIII)[16].

10. CRÉDITOS ILÍQUIDOS

A decretação da falência ou o deferimento do processamento da recuperação judicial, como regra, provoca a suspensão das execuções em face da massa falida ou do devedor, conforme o caso (arts. 6º, II, 99, V, e 52, III). Contudo, as ações em que se demandam quantia ilíquida não ficam sujeitas a essa suspensão, prosseguindo, assim, em seu curso, no juízo no qual estejam sendo processadas, até que se apure o montante devido. Da mesma forma do que se viu em relação ao crédito trabalhista, faculta-se ao juízo de seu processamento determinar a reserva da importância que estimar devida e, uma vez tornado líquido o crédito, será ele comunicado ao juízo da falência ou da recuperação para inclusão, na classe própria, no quadro-geral de credores.

11. HABILITAÇÃO RETARDATÁRIA

O credor que não promover sua habilitação ou oferecer divergência quanto ao crédito ou créditos relacionados pelo devedor no prazo legal não fica por isso impedido de, mesmo a destempo, fazê-lo. Não decai do direito, nem se opera a preclusão. Mas, nesse caso, a habilitação ou a apresentação de divergência será recebida como retardatária, sofrendo certas restrições legais.

---

[16] É de competência da Justiça do Trabalho processar e julgar essas ações, a partir da Emenda Constitucional n. 45/2004, consoante o inciso VI do art. 114 da Constituição Federal, na sua nova redação. Confira-se a abordagem realizada no item 12 do Capítulo 18, sendo de se ressaltar a Súmula Vinculante 22 do Supremo Tribunal Federal, cujo verbete enuncia: "A Justiça do Trabalho é competente para processar e julgar as ações de indenização por danos morais e patrimoniais decorrentes de acidente de trabalho propostas por empregado contra empregador, inclusive aquelas que ainda não possuíam sentença de mérito em primeiro grau quando da promulgação da Emenda Constitucional n. 45/04".

A lei somente disciplina a habilitação retardatária. Contudo, vemos como acidental a falta de referência expressa à divergência quanto ao crédito relacionado. Nada impede seja também ofertada da mesma forma, seguindo, via de regra, idêntico procedimento da habilitação serôdia.

Como se viu no item 8 do Capítulo 6, após várias reflexões tecidas para se alcançar a real inteligência dos §§ 1º e 2º do art. 10, tanto no âmbito falimentar, quanto no recuperatório, os credores retardatários, deles excetuados os titulares de créditos decorrentes da relação de trabalho, não terão direito de voto na assembleia geral dos credores, salvo se, na data de sua realização, já houver sido homologado o quadro-geral de credores, contemplando os créditos habilitados tardiamente. Enquanto processando estiver a habilitação, não votam.

No que tange ao credor divergente em relação a seu crédito, quanto ao conteúdo da listagem apresentada pelo devedor, se manifestada também extemporaneamente sua contrariedade – divergência retardatária – não sofrerá ele idêntico efeito vislumbrado para as habilitações retardatárias, pois não é um credor retardatário propriamente dito. Nesse caso, é o que sustentamos, poderá ele votar com o valor e a classificação do crédito espelhado na listagem, até que seja ela corrigida, no particular, por decisão judicial, quando, então, seu voto poderá espelhar o novo quadro desenhado.

No cenário exclusivo da falência, na qual se realiza o concurso de credores, os titulares de créditos retardatariamente habilitados não terão direito aos rateios eventualmente distribuídos (§ 3º do art. 10), mas terão direito à reserva de valores necessários à satisfação dos créditos em cujos rateios vierem a concorrer, condicionado o recebimento, entretanto, à procedência do pedido habilitatório serodiamente formulado. Tem-se, dessarte, a clássica figura da reserva de cota.

A reserva de cota passou a ser, a partir da reforma implementada pela Lei n. 14.112/2020, efetivada de forma automática (§ 8º do art. 10 e § 1º do art. 16), não mais se fazendo necessário o requerimento expresso pelo credor para a sua realização. Contudo, olvidou-se o legislador de expressamente revogar o § 4º do mesmo art. 10. No entanto, este encontra-se revogado por incompatibilidade, a teor do disposto no § 1º do art. 2º da Lei de Introdução às Normas do Direito Brasileiro – LINDB. A reserva é decorrência necessária da habilitação retardatária nos moldes preconizados pela lei reformadora de 2020.

Suportarão, ainda na falência, os credores retardatários, o pagamento das custas resultantes da habilitação e ficarão privados dos "acessórios" de seus créditos, diz o § 3º do art. 10, durante o interregno compreendido entre o término do prazo e a data do pedido de habilitação. Por acessórios, devem-se entender os juros[17] e não a simples atualização mo-

---

[17] Os juros na falência obedecem a um regramento próprio previsto no art. 124, a saber:

netária, porquanto esta não representa um plus sobre o principal, mas tão somente reposição do poder de compra da moeda desgastada pelo impacto inflacionário.

Embora o § 3º em questão seja enunciado no âmbito do processo de falência, deve a sua disposição sobre a obrigação de o credor arcar com as despesas da habilitação tardia também se fazer presente no processo de recuperação judicial, por aplicação analógica. A incompatibilidade de suas disposições só se verifica no processo recuperatório quando se dirige ao rateio e à forma de computar os "acessórios". No primeiro caso, porque na recuperação judicial não há a figura do rateio, por não haver concurso de credores; no segundo, porque o sistema de contagem de juros não é por lei regulado, mas fica ao alvedrio do que vier a ser definido no plano de recuperação.

As divergências, formuladas pelos credores retardatariamente, também se submetem aos mesmos princípios, sendo certo que os efeitos são limitados ao objeto da controvérsia. Assim é que se um credor, cujo valor do crédito estiver declarado na listagem apresentada pelo devedor em cem mil reais, promover sua impugnação pretendendo seja reconhecido o crédito de cento e vinte mil reais, participará ele, por exemplo, dos rateios na falência distribuídos anteriormente ao julgamento de sua pretensão, na proporção incidente sobre os cem mil reais. Para garantir seja o excedente contemplado, proceder-se-á à reserva de cota. É, também, sobre essa parcela objeto da controvérsia que ficará privado dos acessórios.

A habilitação de crédito retardatária, se apresentada antes da homologação do quadro-geral de credores, será recebida, na dicção do § 5º do art. 10, como impugnação de crédito e processada "na forma dos arts. 13 a 15 desta Lei". Desse modo, serão dirigidas ao juiz por meio de petição, com as declarações, entretanto, do art. 9º, e autuadas em separado. Recebida a petição pelo juiz, abrir-se-á oportunidade para os legitimados, no prazo de dez dias, impugnarem a pretensão, publicando-se edital para as respectivas ciências, à custa do credor habilitante, da qual se conta o respectivo prazo. Não fica, assim, imune ao procedimento de verificação, posto não poder gozar de vantagem em relação àqueles credores tempestivamente habilitados, cumprindo adaptar as regras dos arts. 8º e seguintes para a situação em questão. Impugnado o crédito, poderá o credor retardatário contestar a impugnação formulada, num prazo de cinco dias de sua intimação. Havendo mais de uma impugnação, serão elas autuadas conjuntamente, já que versam sobre o mesmo crédito. Consumado o prazo da

---

"Art. 124. Contra a massa falida não são exigíveis juros vencidos após a decretação da falência, previstos em lei ou em contrato, se o ativo apurado não bastar para o pagamento dos credores subordinados. Parágrafo único. Excetuam-se desta disposição os juros das debêntures e dos créditos com garantia real, mas por eles responde, exclusivamente, o produto dos bens que constituem a garantia".

contestação, o devedor, se não for o impugnante, e o comitê, se houver e também não for o impugnante, serão intimados a se manifestar no prazo comum de cinco dias, findo o qual o administrador será intimado para, em outros cinco dias, emitir parecer. Transcorrido o mencionado prazo, serão os autos da habilitação retardatária conclusos ao juiz que determinará a inclusão do crédito no quadro-geral de credores se não houver impugnação, no valor e na classificação pretendidos, ou, sendo ela impugnada, apreciará e julgará as impugnações.

Após a homologação do quadro-geral de credores, não será mais admitida a habilitação retardatária como um incidente ao processo de recuperação ou de falência (§ 6º do art. 10). Mas ao credor é assegurado o direito de, por ação própria, obedecido, no que couber, o procedimento comum previsto na legislação processual civil, requerer ao juízo a retificação do quadro-geral de credores para a inclusão do respectivo crédito. Deverá, neste caso, ter ciência do feito, para que possam oferecer suas impugnações, os credores, o comitê de credores, se houver, o devedor e, sendo ele sociedade empresária, os seus sócios e o representante do Ministério Público.

Aos credores que tardiamente oferecerem suas divergências ao enquadramento para eles dispensado na listagem do devedor, por analogia, devem-se estender os mesmos direitos e procedimentos, como já se asseverou no início desse tópico.

As habilitações retardatárias terão prazo decadencial de três anos, contado a partir da data da publicação da sentença que decretar a falência (§ 10 do art. 10). Parece ser excessivo o prazo introduzido pela Lei n. 14.112/2020, mas, de todo modo, está em consonância com aquele estabelecido no inciso V do art. 158 para a extinção das obrigações do falido.

12. IMPUGNAÇÃO RETARDATÁRIA

A impugnação retardatária é aquela oferecida quando já esgotado o prazo previsto no *caput* do art. 8º para os credores contraditarem a relação do administrador judicial. Trata-se de uma novidade carreada pela Lei reformadora n. 14.112/2020, pois a hipótese não era admitida no direito a ela anterior, na medida em que prevalecia o entendimento de ser peremptório o prazo de dez dias previsto no prefalado dispositivo normativo[18].

Os §§ 7º, 8º e 9º do art. 10 introduzidos pela Lei n. 14.112/2020 fazem expressa referência a essa nova figura legal.

---

[18] Confira-se o AgInt no AREsp n. 1.433.517/SP.

As impugnações retardatárias, como as habilitações retardatárias, acarretam automaticamente a reserva do valor para a satisfação do crédito controvertido.

13. EXCLUSÃO, RECLASSIFICAÇÃO OU RETIFICAÇÃO DE CRÉDITOS

Garante a lei o exercício pelo administrador judicial, pelo comitê, se houver, por qualquer credor ou pelo representante do Ministério Público, do direito de ação objetivando pedir a exclusão, outra classificação ou a retificação de qualquer crédito, nos casos de descoberta de falsidade, dolo, simulação, fraude, erro essencial ou, ainda, documentos ignorados na época do julgamento do crédito ou da inclusão no quadro-geral de credores, mesmo que transitada em julgado a decisão que o tiver acolhido. Conforme elucidava Nelson Abrão[19], tem dita ação "a conotação de revisional creditícia ou rescisória falencial, fundada exclusivamente em matéria de direito substantivo e não adjetivo".

Pode ser proposta até que se verifique o encerramento da recuperação judicial ou da falência, observado, para o feito, o procedimento comum previsto no Código de Processo Civil. Será competente para conhecê-la o juízo da falência ou da recuperação judicial que determinou a inclusão do crédito no quadro-geral de credores. Escapam a essa regra de competência os créditos derivados da relação de trabalho (§ 2º do art. 6º) e aqueles ilíquidos quando da decretação da falência ou do ato judicial que determinou o processamento da recuperação, apurados, por isso, em ação própria (§ 1º do art. 6º). Nesses casos, será a ação revisional creditícia proposta perante o juízo que tenha originariamente reconhecido o crédito.

Ajuizada a ação, o pagamento ao titular do crédito por ela atingido somente poderá ser realizado mediante a prestação de caução, real ou fidejussória, no mesmo valor do crédito questionado e efetivada nos mesmos autos.

---

[19] Ob. cit., p. 128.

SEÇÃO III
RECUPERAÇÃO JUDICIAL

CAPÍTULO 9

FUNDAMENTOS DO INSTITUTO

1. A CRISE ECONÔMICO-FINANCEIRA

Não raras são as situações nas quais, no exercício de sua empresa, o empresário, pessoa natural ou jurídica, depara com dificuldades em realizar pontualmente os pagamentos de suas obrigações. As causas do inadimplemento podem ser episódicas ou não; podem ser voluntárias ou involuntárias. Episódicas são aquelas geralmente motivadas por falta de liquidez momentânea, mas de fácil solução. Muitas vezes, nessas circunstâncias, a cessação do pagamento é voluntária, fazendo parte de uma estratégia financeira do empresário que prefere atrasar o cumprimento de certas obrigações para evitar um endividamento motivado pela busca de recursos a um custo de financiamento pouco razoável. Ao lado dessa modalidade de crise, convivem aquelas mais agudas, nas quais o empresário depara com a carência de recursos pela impossibilidade de seu ativo gerar rendimentos tendentes a possibilitar o pagamento de suas dívidas; e a ausência do pagamento, nessas condições, é involuntária. Ele não paga porque não tem condições de fazê-lo e não desfruta mais de crédito no mercado. A impotência de seu ativo e a falta de crédito revelam um estado de crise mais crítico no qual se vê mergulhado: a insolvência.

Em todos esses cenários, pode-se dizer que o devedor empresário se encontra submerso em uma situação de crise econômico-financeira. Seu conteúdo varia desde o atraso no pagamento das dívidas, motivado por uma constante falta de caixa ou de liquidez para pontualmente realizá-lo, à caracterização da insolvência, reveladora da falta de forças do ativo, que não é capaz de gerar recursos, ainda que tardiamente, para fazer face aos pagamentos, e da ausência de crédito. Em última análise, a crise econômico-financeira constitui-se em um fenômeno tradutor de um desequilíbrio entre os valores realizáveis pelo devedor e as prestações que lhe são exigidas pelos credores. Espelha, assim, sob o ponto de vista econômico, um efeito patológico do funcionamento do crédito.

O instituto da recuperação judicial, nos moldes da Lei n. 11.101/2005, vem concebido com o objetivo de promover a viabilização da superação desse estado de crise, motivado por um interesse na preservação da empresa desenvolvida pelo devedor. Enfatiza a empresa como centro de equilíbrio econômico-social, pois é fonte produtora de bens, serviços, empregos e tributos. A sua manutenção consiste em conservar o "ativo social" por ela gerado. A empresa não interessa apenas a seu titular – o empresário –, mas a diversos outros atores do palco econômico, como aos trabalhadores, aos investidores, aos fornecedores, às instituições de crédito, ao Estado, e, em suma, aos agentes econômicos em geral que com ela interagem. Por isso é que a solução para a crise da empresa deve passar por um estágio de equilíbrio dos interesses públicos, coletivos e privados que nela convivem.

A superação do estado de crise econômico-financeira, segundo a Lei n. 11.101/2005, vai depender, ao final, da vontade legítima dos credores. Não se alcançando a aprovação de um plano de recuperação judicial, qualifica-se a crise como insuperável, partindo-se para a eliminação da empresa pela falência de seu titular, que resultará na liquidação do ativo para ser repartido entre seus credores, segundo um critério legal de preferências.

A visão, encampada pela legislação atual, mostra-se satisfatória. É uma resposta às críticas tecidas ao instituto da concordata tal qual concebido em nossa legislação pretérita, sempre se mostrando tímido a realizar a vocação recuperatória. Propõe-se uma recuperação como meta. A filosofia é preservar a empresa viável por todos os meios disponíveis. A empresa inviável, por seu turno, deve ser liquidada imediatamente, para que o ativo do seu titular sirva de modo eficiente para o pagamento do seu passivo.

O primado, por óbvio, não vai, no mundo concreto, traduzir e, muito menos, assegurar um número de recuperações maior do que de falências. A recuperação vai sempre pressupor, como se disse, a empresa viável, que passa por um estado de crise temporária e superável pela vontade dos credores. Um dos requisitos para se preferir a recuperação judicial à falência é justamente a confiança dos credores na demonstração de que a empresa se afigura ativa, produzindo meios capazes de superar a sua debilidade financeira. Haverá uma natural seleção entre aqueles agentes econômicos viáveis e capazes, que merecem apoio, e aqueles que devem ser alijados do convívio no mercado. Nessa ordem de fatores é que na prática, acreditamos, ter-se-á mais processos de falência do que de recuperação[1]; mas a vocação da lei deve repousar, sempre, na prevalência

---

[1] No Direito português, idêntico fenômeno foi verificado, conforme testemunho de Henrique Vaz Duarte: "Todavia, se se proceder a uma análise profunda e séria de ambos os processos, desde 1986 até a data, e se se verificar as respectivas conclusões, haverá naturalmente uma disparidade enorme nos resultados finais. Ou, por outras palavras, na hipótese de uma contagem de empresas que se apresentaram a juízo solicitando a recuperação, o saldo final não será o de sucesso. O número de empresas declaradas falidas é francamente maior" (ob. cit., p. 21-22).

do conceito recuperatório sobre o liquidatório. Conceitualmente, a recuperação é a regra e a falência a exceção. Esse é o espírito a conduzir a exegese dos preceitos da Lei n. 11.101/2005.

2. O SISTEMA BIFÁSICO DE FORMAÇÃO E APROVAÇÃO DO PLANO DE RECUPERAÇÃO JUDICIAL

A concordata, em nosso Direito, tradicionalmente se apresentou com feição contratual, embora sob as vestes de um contrato anômalo ou *sui generis*, como o denominava Carvalho de Mendonça[2], sob o pálio de encontrar-se impossibilitado o devedor de pagar e, portanto, "já inábil para contratar sobre seus bens, interesses e direitos da massa", sendo-lhe, entretanto, "conferida a extraordinária faculdade de, antes ou durante a sua falência: celebrar com os credores os acordos que entender". Classificava-o, também, como um "contrato original", em virtude da exceção do princípio da liberdade de contratar, isto é, da preponderância que a maioria dos credores exercia sobre a minoria, forçando-a a aceitar a sua vontade, pois, homologada, a concordata passava a adquirir "eficácia vinculativa relativa a todos". Inserido nesse cenário que imperava no âmbito da Lei n. 2.024/1908, o citado comercialista a definia diante de sua ampla acepção, como um "contrato especial entre o devedor e seus credores quirografários, unânimes, ou representados por certa maioria, tendo por fim evitar a declaração da falência, ou fazer cessar os efeitos da que já existe declarada"[3].

Bonelli[4] a conceituava sob as mesmas vestes de um acordo entre o devedor insolvente e seus credores sobre as respectivas relações de crédito e débito, tendo por fim e por efeito evitar a falência, ou fazê-la cessar se já declarada.

Com a vigência do Decreto-Lei n. 7.661/45, a natureza jurídica da concordata alterou-se profundamente, vindo a desembocar em um favor legal, concedido aos devedores de boa-fé.

No Brasil, o quadro se agrava pela opção legislativa de se manter o pedido de falência como forma coativa de cobrança de créditos materializados em títulos executivos (art. 94, inciso I), fator que serve de estímulo aos credores para ajuizarem requerimentos de falência, pautados na impontualidade do devedor – cf. crítica ao sistema que formulamos no item 2.6 do Capítulo 17. Ademais, como em nossa lei apenas o devedor tem a iniciativa do pedido recuperatório, e não os credores, por exemplo, decorrerá naturalmente do sistema adotado o resultado de um menor número de requerimentos. Vislumbra-se, em muitos empresários ou sociedades empresárias, a cultura de, por ações pessoais, buscar superar a crise. Haveria, por isso, também, pensamos, uma resistência natural ao pleito de recuperação judicial.

[2]   Ob. cit., vol. VIII, p. 331-332.
[3]   Ob. cit., vol. VIII, p. 330.
[4]   *Del fallimento*, vol. III. Milão: Casa Editrice Dott. Francesco Vallardi, 1923, p. 21.

Ruben Ramalho[5] registra a mudança conferida ao termo concordata: "[...] notadamente após o advento do Decreto-Lei n. 7.661/45, adquiriu um sentido bem peculiar. Não é acordo. Ideia totalmente superada. É uma forma legal de prorrogação de prazo ou de redução da dívida, com o objetivo de superar o estado de pré-insolvência do devedor [...]".

Waldemar Ferreira[6] criticava severamente a alteração de rumo verificada, afirmando haver o suprimento do próprio instituto da concordata, transformando-a em "um favor concedido pelo juiz, cuja sentença substitui a manifestação da vontade dos credores na formação do contrato". Por isso, conclui: "concordata, em que os credores, nem majoritária, nem minoritariamente, concordam, concordata não pode ser", por restarem alterados seus fundamentos.

Miranda Valverde[7] realçava o caráter nitidamente processual que o instituto passou a ter:

> A lei vigente deu à concordata estrutura integralmente processual. A demanda de concordata inicia-se, como nos processos contenciosos, com o pedido do devedor, e, queiram ou não os credores citados para dizer sobre o pedido, o juiz dele toma conhecimento e decide de sua procedência, segundo as regras prescritas em lei. Aos credores fica reservado o direito de se oporem ao pedido, porém não mais dependerá de vontade deles a terminação do processo de falência pela concordata suspensiva, quando cumprida, nem a concessão da concordata preventiva.

A perspectiva do acordo foi resgatada pela Lei n. 11.101/2005, restabelecendo a tradição do Direito brasileiro, consentânea, de resto, com todo o Direito contemporâneo, mas sob a nova denominação de recuperação judicial.

Quando escrevemos sobre a natureza jurídica da recuperação judicial, no item 8 do Capítulo 1, a cujos termos remetemos o leitor, a definimos, em sua fase primária, como um contrato judicial, com feição novativa. Para o devedor estar apto a celebrar em juízo o acordo de sua recuperação com os credores, terá ele que, preliminarmente, preencher determinadas condições pessoais definidas em lei, bem como observar certos requisitos para a admissão de seu pleito pelo juiz. O Estado-Juiz, como se disse alhures, não interfere no conteúdo do plano de recuperação a ser debatido entre os diretamente interessados: devedor e credores. Sua atuação é a de guardião de sua legalidade, agindo na verificação do atendimento pelo devedor das condições subjetivas e formais prévias que o qualifica a contratar sua recuperação com seus credores, bem como na exclusão

---

[5] *Curso teórico e prático de falência e concordatas*. 3. ed. São Paulo: Saraiva, 1993, p. 267.

[6] *Instituições de direito comercial – a falência*, vol. IV. São Paulo: Livraria Editora Freitas Bastos, 1946, p. 319.

[7] Ob. cit., vol. II, p. 219-220.

de eventuais objeções quanto à sua validade, impedindo que o acordo desrespeite ou ultrapasse as fronteiras da lei. Em sua primeira fase, tem-se, pois, um sistema estritamente negocial.

Já em sua segunda fase, que pode ser deflagrada diante do malogro da fase negociada, a recuperação judicial passa a apresentar um viés impositivo, pois a vontade coletiva dos credores se sobrepõe à vontade individual do devedor, legitimando-se a imposição de um plano de recuperação judicial oferecido pelos credores. Neste ambiente, resta suprimida a sua natureza contratual.

Mas a recuperação será sempre uma forma de evitar a falência, não podendo ser realizada para suspendê-la, sendo, pois, um procedimento prévio.

CAPÍTULO 10

INSTAURAÇÃO DO PROCESSO DE RECUPERAÇÃO JUDICIAL

1. LEGITIMAÇÃO ATIVA

No sistema instituído pela Lei n. 11.101/2005, a legitimação ativa para o pedido de recuperação judicial, diferentemente de outras legislações[1], compete ao devedor empresário (art. 48). Não se admite, assim, sua implementação pelos credores, administrador judicial, Ministério Público, ou de ofício pelo juiz. A racionalidade na escolha feita pelo legislador assenta-se na própria estrutura do procedimento, que se amolda, apenas, ao pedido formulado pelo devedor[2].

A recuperação judicial, em situações especiais, pode também ser requerida pelo cônjuge sobrevivente, herdeiros do devedor, ou pelo inventariante, no caso do espólio do empresário individual. Está legitimado, outrossim, o sócio remanescente[3], nos termos da parte final do § 1º do art. 48. Esse ponto merece reflexão.

---

[1] No Direito francês, a abertura do processo de recuperação judicial pode ser feita por iniciativa do próprio devedor, por um de seus credores, ou pelo Procurador da República (Ministério Público). O Tribunal de Comércio, competente para processar o feito, ainda pode fazê-lo de ofício, nos termos dos arts. L.631-1 e L.631-5 do Código Comercial Francês, com redação dada pela Lei n. 2005-845, de 26 de julho de 2005 – *sur le droit des entreprises en difficulté*. Cf. Corinne Saint-Alary-Houin, *Droit des Entreprises en Difficulté*, 6ª ed., 2009, p. 614 e Cf. Françoise Pérochon e Régine Bonhomme, *Entreprises en Difficulté/Instruments de crédit et de Paiement*, 7. ed., Paris: Librairie Générale de Droit et de Jurisprudence, 2006, p. 144). Em Portugal, os sujeitos com legitimidade processual ativa são o devedor, os sócios de responsabilidade ilimitada, qualquer credor e o Ministério Público (arts. 18, 19 e 20 do Decreto-Lei n. 53/2004, de 18 de março. Cf. Catarina Serra, ob. cit., p. 15).

[2] Luiz Roberto Ayoub; Cássio Cavalli. *A construção jurisprudencial da recuperação judicial de empresas*. Rio de Janeiro: Forense, 2013, p. 22.

[3] Há quem sustente que a expressão "sócio remanescente" deva ser interpretada como "sócio minoritário". Contudo, não nos parece acertada a ótica defendida. A uma, porque a figura do "sócio remanescente" é dotada de conceito jurídico próprio, diverso, como curial, daquele relativo ao "sócio minoritário"; a duas, porque se o legislador objetivasse contemplar a legitimação do sócio minoritário teria o dito expressamente e não empregaria qualificação jurídica com perfil distinto e independente daquele (ao se referir a

Na verdade, em se tratando de sociedade empresária, quem requer a recuperação judicial é a própria pessoa jurídica, por intermédio do seu órgão de administração. Portanto, a regra, ao referir-se a sócio remanescente deve ser entendida em um contexto peculiar. Parece-nos que o objetivo foi o de contemplar aquelas situações da unipessoalidade temporária das sociedades contratuais, previstas no inciso IV do art. 1.033 do Código Civil, preceito que restou revogado pela Lei n. 14.195/2021.

No caso da sociedade limitada unipessoal de constituição derivada, ou seja, daquela em que se adotou a unipessoalidade quando da saída do outro ou dos outros sócios, por motivo de retirada, exclusão ou falecimento, o requerimento também será feito pela própria sociedade.

2. REQUERIMENTO CONJUNTO (GRUPO DE SOCIEDADES)

A nossa lei concebeu, originariamente, a recuperação judicial a partir do requerimento de um único devedor empresário, pessoa natural ou jurídica, não se ocupando com a possibilidade, que a *praxis* tem demonstrado ser frequente, da formulação conjunta por um grupo de devedores.

Olvidou-se a Lei n. 11.101/2005, portanto, de um traço marcante em nosso mercado societário: a existência dos grupos de sociedades – grupos de fato e de direito – em que as atividades de uma sociedade são dependentes de outra ou de outras sociedades, ou, ainda, em que a existência de obrigações cruzadas – quando as sociedades são garantidoras umas das outras em operações de crédito – demandam uma reestruturação conjunta do passivo das integrantes do grupo em dificuldade.

Em um cenário de concentração econômica, tem-se a aglutinação ou a integração de diversas empresas isoladamente exploradas por cada sociedade componente do grupo econômico. Desse entrelaçamento estratégico, pode ser visualizada uma única empresa, realizada a partir da instrumentalização da atividade econômica fragmentada em distintas sociedades. Vê-se aflorar, pois, um conceito ampliado de empresa, que se tem assentado na esteira do capitalismo contemporâneo, no qual proliferam os grupos econômicos, constituídos para lograr maior eficiência empresarial, a partir da racionalização de meios e processos de produção e gestão. As sociedades que os integram têm, assim, uma função instrumental, consistente no estabelecimento de uma estrutura jurídica que define e resguarda os direitos de propriedade compreendidos na criação e no funcionamento de empresa única, explorada de forma plurissocietária.

"sócio remanescente" propositalmente visou o legislador a legitimar essa figura jurídica, cabendo lembrar que a lei não se vale de palavras vãs); a três, porque a recuperação judicial tem natureza contratual e, por certo, a manifestação de vontade da sociedade deve se realizar nos termos estabelecidos para a validade das deliberações dos sócios, sendo, assim,

Diante dessa realidade que o Direito não pode desconsiderar, a crise da empresa, na perspectiva de grupo, desafia respostas efetivas e criativas para que possa ser convenientemente equacionada. As providências irão variar segundo a realidade do grupo econômico, desafiando medidas individuais e particulares para cada sociedade ou soluções gerais e uniformes para todas aquelas que o integram, sob pena de, ao se fragmentar o grupo, inviabilizar o soerguimento de sua atividade econômica coletivamente explorada.

O silêncio inicial da lei, por não poder significar a impossibilidade do requerimento conjunto da recuperação judicial pelas sociedades – todas ou algumas delas – integrantes de um mesmo grupo econômico, foi suprido e contornado pela construção pretoriana que teve que enfrentar relevantes questões, como: (i) a competência do juízo da recuperação judicial; (ii) a formação do litisconsórcio ativo facultativo; e (iii) o plano unitário de recuperação judicial.

A reforma, viabilizada por intermédio da Lei n. 14.112/2020 não deixou a questão da crise grupal passar em branco. Cumpre, a seguir, analisar e bem avaliar as suas disposições (arts. 69-G a 69-L).

2.1. *JUÍZO COMPETENTE*

O art. 3º da Lei n. 11.101/2005, mantendo o curso da tradição consagrada no direito falimentar brasileiro, elege o juízo do local do principal estabelecimento do devedor como o competente para homologar o plano de recuperação extrajudicial, deferir a recuperação judicial ou decretar a falência.

Exercendo o devedor a atividade em mais de um estabelecimento físico (assim entendido como o local onde se exerce a atividade empresarial), urge aferir, portanto, qual seria o seu principal estabelecimento, a fim de fixar a competência. Para os direitos falimentar e recuperacional, a visão de domicílio convencional, contratual ou estatutário cede em favor da do domicílio real do devedor empresário, erigido como aquele de maior importância para orientar a competência jurisdicional em matéria de crise da empresa.

O principal estabelecimento não se confunde, pois, com a sede social – domicílio convencional –, nutrindo um conceito próprio. Consiste no ponto central de negócios

---

oportuno expressamente legitimar aquele sócio que remanesceu no quadro social; a quatro, porque, no caso específico da sociedade limitada, a recuperação judicial vem decidida em assembleia ou reunião de sócios, restando a minoria vencida submetida à vontade da maioria, nos precisos termos do § 5º do art. 1.072 do Código Civil. Esse mesmo princípio se aplica às demais sociedades empresárias de natureza contratual, por aplicação da inteligência que se extrai do art. 1.010 do Código Civil; e, a cinco, em razão da evidente insegurança desse requerimento de recuperação judicial, formulado pelo sócio minoritário, para a empresa desenvolvida pela sociedade, porquanto, após o deferimento do processamento, há o potencial risco de decretação da falência da sociedade, conforme se verifica nas hipóteses concentradas no art. 73 da Lei n. 11.101/2005.

do empresário; no local onde são realizadas as operações de maior vulto, traduzindo o centro nervoso de condução de suas principais atividades. A sua aferição constitui matéria de fato, devendo ser objeto de exame em cada caso concreto.

Como originariamente a Lei n. 11.101/2005 não cuidou do pedido conjunto de recuperação judicial, surgiu naturalmente a questão da fixação da competência do juízo, quando os principais estabelecimentos de cada sociedade individualmente considerada estivessem situados em comarcas distintas.

O critério de competência para orientar o pedido individual de sociedade com pluralidade de estabelecimentos também serviu de norte para a definição da competência na hipótese de pedido conjunto, apresentado pelas sociedades integrantes de um mesmo grupamento econômico.

A Lei n. 14.112/2020, seguindo os passos delineados pela construção doutrinária e jurisprudencial para a matéria, adotou explicitamente o critério do juízo do local do principal estabelecimento entre as sociedades integrantes do grupo para definir a competência para processar a recuperação judicial sob consolidação processual. Será ele, assim, o competente para deferir a recuperação judicial, bem como para decretar a falência de uma, algumas ou de todas as litisconsortes, em caso de malogro da iniciativa.

No pedido formulado com vistas a viabilizar a superação da crise da empresa plurissocietária, o local do principal, do mais relevante estabelecimento em termos de expressão econômica, conduz a lógica a ser seguida para a definição da competência. Assim, será competente o juízo do ponto central, do ponto principal de negócios do grupo econômico, a ser conferido em cada caso concreto.

2.2. *LITISCONSÓRCIO ATIVO (CONSOLIDAÇÃO PROCESSUAL)*

A dimensão da crise econômico-financeira do grupo econômico é que vai orientar o alcance da medida conjunta a ser implementada para a sua reestruturação. A solução conjunta é, em diversos casos, não apenas uma questão de conveniência, mas também um imperativo para se superar a crise grupal.

Em função da estruturação do grupo, os expedientes para ultrapassar as suas dificuldades econômico-financeiras poderão variar de soluções individualizadas para cada sociedade integrante do grupo econômico à solução unitária para todas elas. A unificação do procedimento de recuperação judicial de cada sociedade, através da formação do litisconsórcio ativo facultativo[4], permite a viabilização tanto de uma quanto de outra. A opção

---

[4]   O litisconsórcio ativo é sempre facultativo, não admitindo o ordenamento jurídico o litisconsórcio ativo necessário, porquanto o direito abstrato de requerer a tutela jurisdicional constitui direito subjetivo. Confiram-se, nesse sentido, por exemplo, Alexandre Freitas

pelo método do tratamento da crise irá ser orientada, portanto, em razão das circunstâncias de cada caso concreto. Em diversos deles, considerando o grau de interdependência entre as sociedades, tem-se a real necessidade de adoção de estratégias gerais e comuns para lidar com a crise, as quais irão, muitas vezes, demandar um expediente uniforme e concentrado para todo o grupo, sem exceção, com uma união de ativos e passivos (consolidação substancial), sem o que o projeto de reestruturação sucumbirá.

O requerimento de recuperação judicial, sob o regime de consolidação processual, pressupõe que todos os litisconsortes atendam aos requisitos de ordem subjetiva e objetiva exigidos pela Lei n. 11.101/2005. Cada sociedade deverá individualmente apresentar a documentação necessária ao processamento da recuperação judicial (*caput* e §1º do art. 69-G e art. 51), providência que garante segurança ao procedimento, na medida em que poderá o juiz excluir do feito uma ou mais sociedades que não atendam aos requisitos, por exemplo, de legitimação ativa (art. 48), sem falar no fato de que a consolidação processual não obsta que apenas algumas sociedades obtenham a recuperação judicial e outras tenham a falência decretada, o que ocasiona o desmembramento dos respectivos processos. Por isso, impõe-se que a análise da documentação seja realizada individualizadamente, pois os efeitos são, em princípio, individuais. Além do aspecto processual, o encaminhamento da individualização é relevantíssimo para a efetividade material da recuperação judicial, como se pode facilmente verificar em relação à particularização das listagens dos credores sujeitos e não sujeitos aos efeitos da recuperação (incisos III e IV do art. 51), que viabilizam a identificação do passivo de cada integrante do grupo, útil não apenas para a aferição dos votos dos correspondentes credores nas assembleias gerais, mas também para se ter a adequada visão de conjunto da crise enfrentada pelo grupamento, a partir da ótica relativa ao endividamento de cada litisconsorte.

Estando a petição inicial adequadamente instruída, o juiz, ao deferir o processamento da recuperação judicial, determinará uma série de providências indispensáveis à formação e ao desenvolvimento regular do processo. Dentre elas, nomeará o administrador judicial, que será único para todas as sociedades integrantes do grupo.

A consolidação processual tem por escopo deflagrar no processo de recuperação judicial a coordenação de atos processuais para todas as sociedades nele envolvidas. O processo uno atende aos princípios da economia processual e da duração razoável do processo, além de evitar decisões contraditórias. Evidente é a utilidade da atuação de um só administrador judicial, da reunião conjunta de comitês de credores, da simplifi-

---

Câmara. *O novo processo civil brasileiro*. 3. ed. São Paulo: Atlas, 2017, p. 83 e Humberto Theodoro Júnior. *Curso de direito processual civil*. 59ª ed. Rio de Janeiro: Forense, 2018, v. I, p. 355.

cação da verificação dos créditos, da unificação dos prazos para a apresentação da relação de credores e do plano de recuperação judicial, bem como para a realização da assembleia ou das assembleias gerais de credores[5].

A linha de princípio da consolidação processual repousa na garantia de independência das sociedades, dos seus ativos e dos seus passivos. Assim é que cada litisconsorte deverá propor os meios de recuperação próprios e apartados para a composição particularizada de seus débitos. Respeita-se, com a providência, a autonomia da personalidade jurídica de cada sociedade integrante do grupo, colhendo-se a individualização da extensão e dos efeitos do plano de recuperação judicial.

Com a adoção do litisconsórcio ativo facultativo, surgem em relação à apresentação do plano três situações a serem consideradas: (i) planos isolados; (ii) plano único; e (iii) plano unitário. Este último, por traduzir a consolidação substancial, será examinado no item seguinte.

No esquema dos planos isolados, cada sociedade apresentará aos seus respectivos credores o seu correspondente plano instrumentalizado em documento autônomo. Em outros termos, cada uma delas irá propor os meios de recuperação que lhe são particulares e específicos em instrumento próprio.

O plano único, que a lei expressamente admite, apenas traduz a apresentação dos meios de recuperação independentes e específicos para a composição do passivo de cada sociedade sob consolidação processual em um singular instrumento. A instrumentalização em um único documento respeita, portanto, a especialização das proposições de cada sociedade litisconsorte em relação a cada universo particular de credores, já que inexiste um passivo comum às sociedades integrantes do grupo. O plano único traz consigo a evidente vantagem de propiciar aos credores a visão global da crise do grupo, melhor orientando as correspondentes deliberações.

Adote-se o modelo do plano único ou o figurino dos planos isolados, os credores de cada sociedade "deliberarão em assembleias gerais de credores independentes" (§ 2º do art. 69-I).

É possível inferir-se do preceito, em boa exegese, que a votação do plano único de recuperação, quando apresentado, far-se-á sob o sistema da votação em separado pelo universo de credores de cada sociedade, ainda que em uma só assembleia geral. Com o emprego do método fica assegurada a preservação da autonomia patrimonial de cada

---

[5]   Sheila C. Neder Cerezetti. Grupos de Sociedades e Recuperação Judicial: O Indispensável Encontro entre Direitos Societário, Processual e Concursal. In: Flávio Luiz Yarshell; Guilherme Setoguti J. Pereira (Coord.). *Processo Societário*. São Paulo: Quartier Latin, 2015, v. II, pp. 751/752.

pessoa jurídica agrupada. O que verdadeiramente se deve garantir é que a deliberação do plano único, com disposições distintas para cada sociedade e seus credores, seja restrita a cada um desses conjuntos isoladamente considerados.

A realização de diversas assembleias somente se justifica na apresentação de planos isolados. Nesse regime, ter-se-á a votação de cada plano em assembleias distintas. A providência não é, no entanto, a que melhor se alinha com a racionalidade que deve inspirar os processos recuperacionais, nos quais cumpre sempre prestigiar a economia processual, a duração razoável do processo e a redução de custos, a fim de que realmente se atinja o tão almejado prêmio de eficiência. Para melhorar esse quadro, é recomendável que todas as assembleias se realizem no mesmo local e em horários sequenciais.

É no sistema de votação em separado, que perfeitamente se amolda à realização de um único conclave dos credores, que se obtém proveito, sem, por outro lado, desrespeitar ou comprometer os efeitos e as consequências individuais da aprovação ou rejeição do plano, pois a consolidação processual não impede que algumas sociedades logrem obter a concessão da recuperação judicial e outras tenham a falência decretada, com o desmembramento, neste caso, em tantos processos quanto forem necessários para processar a quebra.

Os quóruns de instalação e de deliberação serão verificados no âmbito dos blocos de credores de cada sociedade componente do grupo.

A teor do que dispõe o § 3º do art. 69-G, é possível, no regime da consolidação processual, ocorrer a dispensa ou a realização por meio diverso da assembleia geral de credores (§ 4º do art. 39 e art. 45-A), bem assim haver o oferecimento de plano pelos credores (§§ 4º a 8º do art. 56 e § 4º-A do art. 6º).

Por derradeiro, ainda no âmbito da formação do litisconsórcio ativo, cumpre enfrentar o que dispõe o *caput* do art. 69-G, o qual, em princípio, permite o requerimento de recuperação judicial sob consolidação processual aos devedores que "integrem grupo sob controle societário comum". O texto normativo não se refere, pois, ao grupo resultante de coligação.

Nos grupos de fato, as ligações intersocietárias formam-se a partir de uma relação de controle ou de coligação, inexistindo uma convenção formalmente estabelecida e registrada no Registro Público de Empresas. Os conceitos jurídicos de sociedades coligadas e de sociedades controladora e controlada são estabelecidos a partir da existência ou não de controle. Havendo relação de controle entre uma e outra sociedade, têm-se as sociedades ditas controladora e controlada. Inexistindo subordinação de comando, estabelecendo-se o relacionamento em um plano de horizontalidade e não de verticalidade, caracteriza-se a coligação de sociedades. Entre elas não há comando, mas sim um vínculo de coordenação. A sociedade investidora vai desfrutar de influência significati-

132   CURSO DE DIREITO COMERCIAL – FALÊNCIA E RECUPERAÇÃO DE EMPRESA

va na investida, quando caracterizado o efetivo exercício do poder de participação nas decisões das políticas financeira ou operacional desta última, ou, ainda, pela presunção decorrente do nível de participação em seu capital votante, sem, contudo, controlá-la[6]. Da participação resulta interferência na sociedade coligada, ainda que em menor grau de intensidade de dominação, próprio à configuração do controle.

O controle, seguramente, é visto como a ferramenta de maior realce para a formação dos grupos econômicos. Mas sempre vai pressupor a utilização concreta e determinante desse poder para imprimir ao grupamento uma direção unitária. Havendo a unificação de direção por outros mecanismos que não a relação de controle de uma sociedade sobre outras, ter-se-á, do mesmo modo, a formação do grupo. Existirá uma empresa comum. Em quaisquer das hipóteses, haverá, em maior ou menor grau, a perda da independência econômica entre as sociedades que o compõem. A diferença é que, nas relações grupais derivadas do controle, essa perda é mais aguda.

O fator determinante para a caracterização da empresa plurissocietária é, pois, o elemento de direção única. Mesmo nos grupos em que inexiste controle, deverá existir uma certa hierarquia identificável entre a direção unitária que se estabelece para o grupamento e a direção individual de cada sociedade que o integra, apesar de o poder empresarial não ser concentrado e gravado por verticalização das relações intersocietárias.

A interpretação literal do *caput* do artigo sob comento para limitar o pedido conjunto de recuperação judicial apenas às sociedades integrantes de um "grupo sob controle societário comum" constitui retrocesso. Deve-se elastecer o entendimento, à luz de uma visão racional, teleológica e sistemática, para também abarcar as sociedades que integrem grupo societário resultante de relação de coligação diante da identificação da influência significativa. Apesar de revelar, de um lado, arranjo societário de menor intensidade que a ordenação derivada do controle, traduz, por outro, posição consideravelmente superior à de mera participação societária. Surgindo da relação intersocietária a figura da influência significativa, não se deve, com efeito, diante da presença da direção unitária, obstar a consolidação processual para tais sociedades componentes do grupo, ainda que inexista controle.

2.3. *PLANO UNITÁRIO DE RECUPERAÇÃO JUDICIAL (CONSOLIDAÇÃO SUBSTANCIAL)*

O plano de recuperação judicial, consoante impositiva disposição do art. 53 da Lei n. 11.101/2005, deverá conter a discriminação pormenorizada dos meios de recupera-

---

6   Sérgio Campinho. *Curso de Direito Comercial: Sociedade Anônima.* 5ª ed. São Paulo: Saraiva, 2020, pp. 424/425.

ção a serem empregados para a superação da crise econômico-financeira, bem como a demonstração de sua viabilidade e consistência econômica. É a partir dessa proposta apresentada pelo devedor que os credores poderão inferir a sua higidez quanto aos meios e efetivos propósitos para a revitalização da empresa em dificuldade.

A crise da empresa, em sua essência, não é jurídica, muito embora medidas dessa natureza devam ser tomadas para subjugá-la. A crise é fundamentalmente econômica e, sob essa ótica, deve ser encarada. A partir dessa percepção é que o sistema jurídico brasileiro atual preconiza, prioritariamente, um modelo negociado para solucioná-la, amparado na prevalência da vontade dos credores, tendo por fundamento o princípio majoritário. O princípio inspirador é o da menor intervenção do Estado-Juiz, que atuará, apenas, na garantia da legalidade e da legitimidade do que se processa perante o Tribunal. O juízo de conveniência acerca dos métodos a serem implementados para a superação da crise é soberanamente feito pela assembleia geral de credores.

Desse modo, pela sistemática da nossa lei, existem duas órbitas de exame a serem feitas: uma de legalidade, privativa do órgão jurisdicional, e outra atinente às questões econômico-financeiras consubstanciadas no plano, exclusiva da assembleia geral de credores.

O cabimento do litisconsórcio ativo e a competência do juízo para processar o pedido de recuperação judicial formulado por diversas sociedades de um grupo econômico são matérias afetas à legalidade e, portanto, de avaliação exclusiva do Poder Judiciário.

Mas, uma vez admitida a sua formação e definida a competência para processá-lo, a análise acerca do cabimento do plano unitário também será de alçada do Estado-Juiz ou ficará na exclusiva esfera de deliberação da assembleia geral de credores? Sobre ele deve ser feito um juízo de legalidade – ainda que prévio – ou esse juízo é de simples conveniência, a partir da análise de viabilidade e consistência econômico-financeira do próprio plano?

O plano unitário – que vem sendo nominado de consolidação substancial, material ou substantiva – afigura-se como um instrumento para a superação da crise. Consiste, portanto, em um meio de recuperação proposto pelas sociedades litisconsortes aos seus credores. Representa formulação em que ocorrerá a união de ativos e passivos, em expediente concentrado, visando ao soerguimento da empresa plurissocietária.

A consolidação material, consoante o tratamento que lhe foi dispensado pela Lei n. 14.112/2020, apresenta-se como medida excepcional para as sociedades que estejam sob consolidação processual. Não traduz um fenômeno natural decorrente da formação do litisconsórcio.

Diante do texto normativo insculpido no art. 69-J, o magistrado está autorizado, agindo de ofício ou mediante provocação dos interessados, a permitir, independentemente de prévia manifestação da assembleia geral de credores, a consolidação substancial, com a apresentação de plano unitário pelas sociedades do grupo econômico. Mas a ele não cabe a decisão final sobre a sua efetiva adoção como ferramenta de recuperação judicial para a empresa plurissocietária. Esta permanece privativa do juízo de conveniência e oportunidade a ser realizado por meio da deliberação do conclave de credores. O Estado-Juiz apenas emite um juízo prévio sobre o seu cabimento no caso concreto. Quando por ele admitida a consolidação substancial, o plano unitário será submetido ao crivo soberano da assembleia geral de credores (art. 69-L).

Considerado o preceito legal em sua estrita literalidade, o juiz somente poderá autorizar a consolidação substantiva quando constatar a interconexão e a confusão de ativos ou passivos das sociedades grupadas, de maneira a não ser possível identificar as respectivas titularidades sem excessivo dispêndio de tempo ou de recursos – realização de perícias, por exemplo –, mas desde que, cumulativamente, verifique a ocorrência de, no mínimo, duas das seguintes hipóteses dentre apenas quatro conjuntos eleitos: (a) existência de garantias cruzadas; (b) relação de controle ou de dependência; (c) identidade total ou parcial do quadro societário; e (d) atuação conjunta no mercado entre os postulantes.

Dessa feita, ter-se-á imposta ao magistrado a conjugação de condicionantes: uma condição de ocorrência indispensável – confusão patrimonial, reveladora de desvio ou de anomalia da personalidade jurídica das sociedades – e duas outras que a ela necessariamente devem se juntar, indicadas em lista fechada.

O aprisionamento da utilização do recurso jurídico da consolidação substancial como remédio para a crise da empresa plurissocietária às condições estritas estampadas no art. 69-J não parece ser a melhor resposta à tribulação empresarial suportada em conjunto.

A natureza econômica que assinala a crise da empresa exige soluções de mercado, orientadas pela flexibilidade de meios, sem o que não será eficaz para responder à variedade de situações da dinâmica da realidade econômica contemporânea e, assim, propiciar a superação de crises empresariais, pródigas em singularidades e especificidades.

Na realidade dos grupos econômicos, o grau de interdependência entre as diversas sociedades que o compõem influenciará na proposição da solução para a crise, de modo que uma condução conjunta da recuperação judicial, por meio de um plano consolidado, apresenta-se como medida não apenas útil, mas muitas vezes indispensável à efetividade de todo o processo de reestruturação das atividades do grupo.

Nesta perspectiva, não se pode ou se deve abrir mão, *a priori*, do possível emprego do expediente do plano unitário, pois a superação das adversidades econômico-financeiras pode depender de providências simetricamente coordenadas para todo o grupo.

A independência patrimonial de cada sociedade litisconsorte deve ser prestigiada como linha de princípio, diante dos cânones da pessoa jurídica. Mas a visão dessa autonomia não pode ser construída de modo radical e inelástico para desconsiderar a multiplicidade de fórmulas ou meios de recuperação da empresa que se pode adotar no regime do grupo de sociedades, consideradas as peculiaridades de cada formação.

A consolidação substancial pode aflorar como ferramenta útil e, até mesmo, essencial para tratar da crise empresarial e, por isso, não deve ser encarcerada em modelo inflexível e deficiente. Encerrar as situações que a autorizam em um dispositivo legal é desconsiderar a inventividade própria às relações empresariais e o dinamismo do mercado, que não comungam com aprisionamentos em fórmulas herméticas.

O caráter negocial que grifa a recuperação judicial não se conforma com a limitação imposta à utilização do instituto da consolidação substancial como veículo para promover a superação da crise empresarial coletivamente experimentada. A avaliação de conveniência e oportunidade de sua adoção deve ficar a cargo exclusivo e definitivo da assembleia geral de credores. A ela compete privativamente realizar esse juízo. A sua adoção como meio alternativo para solução de crises encontra-se em franca sintonia com os princípios e finalidades declarados pelo art. 47 da Lei n. 11.101/2005.

O grau de dificuldade em separar ativo e passivo pode ser um dos elementos a justificar a consolidação substancial. A ele apegar-se como uma necessária condição é, contudo, ficar atrelado às já superadas origens do instituto, quando as cortes norte-americanas adotavam como guia para a sua aplicação a legislação relativa à desconsideração da personalidade jurídica (*veil-piercing law*)[7]. A utilização do plano unitário pode ser mais equitativa para todas as partes envolvidas na recuperação judicial diante de certas circunstâncias. Não se pode soterrar o interesse dos credores na avaliação das vantagens de sua adoção. Assim, não se deve confundir a consolidação substancial – instrumento utilizável para solucionar a crise empresarial suportada em conjunto e realizável exclusivamente no ambiente da recuperação judicial, através do método de união de ativos e passivos das sociedades integrantes de um grupo econômico – com o instituto da desconsideração da personalidade jurídica. Este é destinado a estender os efeitos de certas e determinadas obrigações sociais a sócios e/ou administradores, em razão do abuso da personalidade jurídica, caracterizado pelo desvio de finalidade ou pela confusão patrimonial (art. 50 do Código Civil). Os propósitos são claramente diversos.

O apego à literalidade do art. 69-J traduz involução para a matéria. Não há qualquer comprometimento – pelo contrário – para o ideário da promoção da preservação da empresa, sua função social e o estímulo à atividade econômica (art. 47), nem para o

---

[7] Judith Elkin. Lifting the Veil and Finding the Pot of Gold: Piercing the Corporate Veil and Substantive Consolidation in the United States *in Texas Journal of Business Law*. Texas, v. 45, nº. 3, Fall 2013, pp. 246/247.

processo de recuperação judicial, em se permitir que a assembleia geral de credores defina pela adoção ou não do plano unitário, ainda que fora das hipóteses constantes do aludido preceito em comento.

A consolidação substancial poderá ser utilizada sempre que a solução para a crise da empresa plurissocietária exigir providência uniforme, com tratamento unitário do passivo e do ativo do grupo. A racionalidade econômica para a superação da crise é que deve orientar a medida mais eficiente para a realização das finalidades da recuperação judicial. Por se tratar de questão econômica, sua avaliação e decisão são privativas dos credores. Por isso, mesmo após a reforma sofrida, parece permanecer lacunosa a Lei n. 11.101/2005 em matéria de crise da empresa plurissocietária, cumprindo ao intérprete racionalmente suprir as lacunas na lei verificadas.

É necessário, ainda, aferir os efeitos da consolidação substancial sobre as garantias.

A aprovação pela assembleia geral de credores de plano unitário, com efeito, acarreta a imediata extinção das garantias pessoais e de créditos detidos por uma sociedade em face de outras sociedades integrantes do grupo econômico (art. 69-K). Desse modo, as fianças, os avais e as cauções prestadas, por exemplo, por uma componente do grupo a obrigações de outras restarão encerradas com a adoção da consolidação substancial. Como se procederá à reunião de ativos e passivos do grupo, a consequência lógica e natural é a eliminação de todas as dívidas solidárias assumidas dentro do grupo em relações cruzadas entre seus partícipes.

Cumpre com nitidez atestar que as garantias fidejussórias referidas são aquelas exclusivamente verificadas nas relações internas do grupo, ou seja, no relacionamento de garantias intersocietárias verificadas no grupamento econômico. As garantias pessoais prestadas e as obrigações solidárias assumidas por terceiros permanecem incólumes à consolidação de ativos e passivos. Para a sua extinção, é indispensável a renúncia do credor beneficiário, o que é possível em se tratando de direito patrimonial e disponível.

No que se refere às garantias reais, acertadamente, a lei as preserva em favor do credor da obrigação. Isto porque o vínculo não é pessoal, mas real, isto é, recai sobre o bem objeto da garantia. Na garantia real, o titular do crédito tem a garantia do seu recebimento atrelada a um ou mais bens específicos do devedor que, assim, ficam vinculados ao cumprimento da obrigação contraída. Na garantia pessoal, é o patrimônio do devedor – enquanto universalidade – que responde. Por isso mesmo, para que ocorra a supressão da garantia real, é indispensável que o credor por ela beneficiado expressamente a aprove.

Mantém-se, com as prescrições, o sistema nutrido pela Lei n. 11.101/2005 desde a sua edição (cf. §§ 1º e 2º do art. 49 e § 1º do art. 50).

INSTAURAÇÃO DO PROCESSO DE RECUPERAÇÃO JUDICIAL

O plano unitário deverá pormenorizadamente discriminar os meios de recuperação a serem adotados e será submetido à apreciação e à deliberação da assembleia geral de credores, que reunirá todos os credores das sociedades litisconsortes integrantes do grupo econômico (*caput* do art. 69-L). Esse é o percurso natural após o juízo prévio de admissão de seu processamento exercido pelo magistrado, porquanto a aprovação ou rejeição do plano unitário é de competência exclusiva e soberana da assembleia geral de credores.

Aprovado o plano pelo conclave dos credores, a recuperação judicial será deferida, mediante a sua homologação judicial, após a realização do controle de legalidade pelo juiz. O plano submetido à avaliação dos credores, por certo, pode sofrer alterações na assembleia ou antes mesmo de sua realização. A medida faz parte do processo negocial. Assim, pode ser modificado pelo próprio devedor e pelos credores, que poderão proceder a ajustes pontuais ou apresentar planos alternativos.

Logicamente, o plano somente seguirá para deliberação em assembleia geral de credores se houver objeção oferecida por qualquer credor. Inexistindo, deverá ser tido como tacitamente aprovado – situação difícil de na prática se presenciar. Será sempre possível ocorrer a dispensa ou a realização por meio diverso do conclave de credores, nos exatos termos preconizados no § 4º do art. 39 e no art. 45-A da Lei de Recuperação e Falência. Não há alteração em relação ao regramento legal disposto para a deliberação dos credores e para a homologação judicial do plano. A consolidação substancial não o impacta; não altera ou afasta a sua incidência.

A rejeição do plano unitário pela assembleia geral de credores deságua na convolação do pedido de recuperação judicial em falência. A consequência é uniforme para todas as sociedades litisconsortes sob consolidação substancial (§ 2º do art. 69-L). Sem exceção. A homogeneidade no resultado é um imperativo para todo o grupo.

A decretação da falência apresenta-se como a consequência natural da reprovação. Mas, com efeito, não estão excluídas outras providências ou alternativas à quebra.

Nesse diapasão, é perfeitamente factível que a assembleia geral de credores rejeite o plano unitário para determinar o seu desdobramento, com vistas a adotar o tratamento individualizado de ativos e passivos de cada sociedade integrante do grupo. A medida integra o exercício do juízo de conveniência e oportunidade que a ela cabe soberanamente realizar, inserindo-se na avaliação econômico-financeira do plano, no bojo do processamento de sua negociação. Sendo a determinação acatada pelos devedores, prossegue-se com o processamento da recuperação judicial.

Possível, ainda, em face da não aprovação do plano e como meio de se evitar a falência, que os credores exerçam a faculdade de apresentarem plano de recuperação judicial próprio, nos moldes previstos nos §§ 4º a 8º do art. 56, diante dos induvidosos termos constantes do § 3º do art. 69-G e do § 1º do art. 69-L.

As providências acima referidas melhor asseguram a realização do ideário da preservação da empresa plurissocietária.

3. CONDIÇÕES PARA A RECUPERAÇÃO JUDICIAL

Para que possa o devedor veicular o seu pedido de recuperação judicial e, assim, venha ele a ser processado, de modo a assegurar-lhe o oferecimento de um plano de recuperação a ser submetido ao crivo de seus credores, precisa atender, cumulativamente, algumas condições de ordem pessoal ou subjetiva relacionadas em lei. O art. 48 se ocupa em exteriorizá-las.

Passamos à sua análise individualizada:

I – Exercício regular da atividade há mais de dois anos. No momento do ajuizamento de seu pedido, necessita o devedor empresário demonstrar que exerce de forma regular a sua atividade em prazo maior que dois anos. A prova *prima facie* a ser produzida resulta na exibição, pelo empresário individual, de certidão passada pela Junta Comercial de sua inscrição e, pela sociedade empresária, de igual certidão de registro de seu contrato social ou estatuto, conforme o caso.

Em face dessa exigência legal, estão proibidos de requerer recuperação judicial os denominados empresários de fato ou irregulares, expressão consagrada para aqueles que exercem a atividade sem registro, muito embora passíveis de falência.

A regularidade do exercício não resulta apenas do registro inicialmente realizado, mas pressupõe o exercício legal da atividade[8], reclamando, por exemplo, que o empresário, pessoa natural ou jurídica, encontre-se com a escrituração regular de seus livros, devidamente autenticados no Registro Público de Empresas Mercantis, obrigação da qual só pode ser isentada por disposição de lei especial (Código Civil, art. 1.181).

Eventual alteração do ramo de atividade há menos de dois anos não prejudica o preenchimento da condição. Como regra restritiva de direito, não se pode lhe emprestar visão ampliativa. A exigência é o exercício regular da atividade própria de empresário há mais de dois anos, independentemente, pois, do ramo explorado.

---

[8]   O Tribunal de Justiça do Estado de São Paulo, por meio da Câmara Especial de Falências e Recuperações Judiciais de Direito Privado, fazendo referência expressa ao entendimento por nós aqui articulado nas razões de decidir, assim já entendeu: "simples registro na Junta Comercial não é suficiente para o reconhecimento de exercício regular da atividade empresarial, quando há elementos robustos de práticas de graves irregularidades, inclusive com instauração de inquérito policial para apuração de infrações penais de grande potencial de lesividade. A recuperação judicial é instituto criado para ensejar a preservação de empresas dirigidas sob os princípios da boa-fé e da moral" (Apelação Cível n. 501.317.4/4-00, da Comarca de São Paulo, julgamento em 28-5-2008, Rel. Des. Pereira Calças, votação unânime).

Situação relevante resulta da introdução pela Lei Complementar n. 128/2008 de um § 3º ao art. 968 do Código Civil, que merece destaque neste tópico, em função da nova figura criada: a transformação registral[9].

A hipótese se verifica, na direção legal, quando o empresário individual resolve admitir sócio ou sócios, passando, desse modo, o exercício da empresa, até então por ele desenvolvido de forma individual, a ser realizado por sociedade empresária. Faculta-se-lhe, pois, requerer ao Registro Público de Empresas Mercantis a transformação de seu registro de empresário para o de sociedade empresária que, assim, venha ele constituir.

A transformação registral garante, dessa forma, a permanência da regularidade do exercício da atividade empresária, que não sofre solução de continuidade diante da alteração do titular da empresa. Em sendo assim, haverá o cômputo do exercício anterior para que se possa atingir o prazo de mais de dois anos do exercício regular da atividade por lei exigido. Em outros termos, a sociedade empresária requerente da recuperação judicial poderá legitimamente aproveitar o período de exercício regular anterior à implementação da transformação registral, para somá-lo àquele realizado após o evento.

Diante da figura da sociedade limitada unipessoal, consagrada pela Lei n. 13.874/2019, ao introduzir os §§ 1º e 2º ao art. 1.052 do Código Civil, duas reflexões afiguram-se relevantes.

A primeira delas é a de que a unipessoalidade resultante da falta de pluralidade de sócios é automática, o que se confirma pela revogação do inciso IV (e também do parágrafo único) do art. 1.033 do Código Civil, pela Lei n. 14.195/2021.

A segunda decorre da projeção da sociedade limitada unipessoal no regramento do citado § 3º do art. 968 do Código Civil. Parece-nos possível, e recomendável, uma interpretação extensiva para também permitir a transformação registral do empresário individual em sociedade limitada unipessoal. Isto porque deve-se levar em consideração a *occasio legis*[10],

---

[9]   Temos denominado essa novel figura jurídica transformação anômala ou imprópria, a fim de distingui-la daquela própria ao tipo societário (cf. abordagem em nossa obra *Curso de direito comercial*: direito de empresa, item 14.1 do Capítulo 14).

[10]   Nas palavras de Carlos Maximiliano, a *occasio legis* caracteriza-se como um "complexo de circunstâncias específicas atinentes ao objeto da norma, que constituíram o impulso exterior à emanação do texto; causas mediatas e imediatas, razão política e jurídica, fundamento dos dispositivos, necessidades que levaram a promulgá-los; fastos contemporâneos da elaboração; momento histórico, ambiente social, condições culturais e psicológicas sob as quais a lei surgiu e que diretamente contribuíram para a promulgação; conjunto de motivos ocasionais que serviram de justificação ou pretexto para regular a hipótese; enfim o mal que se pretendeu corrigir e o modo pelo qual se projetou remediá-lo, ou, melhor, as relações de fato que o legislador quis organizar juridicamente". E assim prossegue: "Nenhum acontecimento surge isolado; com explicar a sua origem, razão de ser, ligação

ferramenta exegética para se descobrir o real espírito da lei, conferindo-se à norma um alcance maior do que o que fora colimado pelo legislador da época e progredindo-se, assim, para atender as demandas econômicas e sociais, sempre em evolução, sem a necessária alteração de seu texto. O legislador do período em que o aludido § 3º foi introduzido no art. 968 não conhecia, porque não existia, a sociedade limitada unipessoal. O verdadeiro sentido da norma consiste em possibilitar a transformação do registro do empresário individual em sociedade empresária. Como, àquela época, as sociedades disciplinadas no Código Civil eram pluripessoais, a regra foi escrita daquela forma, prevendo que, caso o empresário individual venha a admitir sócios, poderá operar a transformação de seu registro para o de sociedade. Diante do novo sistema normativo, com a marcante presença da sociedade limitada unipessoal, deve-se interpretar o mencionado § 3º como viabilizador, também, da transformação do registro do empresário individual em sociedade limitada unipessoal, pois o que em essência se pretendeu foi positivar a possibilidade de transformação do registro de empresário individual em sociedade. Desse modo, poder-se-ão somar os dois períodos de exercício regular da atividade – como empresário individual e como sociedade empresária –, a fim de atender ao prazo legal do art. 48 da Lei n. 11.101/2005 em questão.

Antes de encerrar este tópico, impende abordar questão que já se colocava no direito anterior, espelhada na formulação de Trajano de Miranda Valverde[11]:

> Se de menos tempo datar o exercício legal do comércio, poderá o devedor requerer concordata preventiva? Parece-nos que sim, pois o fim do preceito é afastar do benefício o comerciante que, tendo exercido irregularmente a profissão, procurou legalizar a sua situação com o objetivo de pedir a concordata. Provado, portanto, que já antes da legalização vinha o devedor comerciando, é claro que se não datar aquela de mais de dois anos, estará ele impedido de pedir concordata preventiva.

Carvalho de Mendonça[12] expressava a mesma opinião, ao perfilhar as condições de ordem moral para fazer jus o devedor à concordata: "1ª – Que o devedor tenha a firma inscrita no registro do comércio desde dois anos antes, ou há menos tempo, se não data de dois anos o exercício do comércio".

Todavia, nunca nos pareceu, como na lei atual também não nos parece, acertada a conclusão. Do preceito se extrai, como antes igualmente se extraía, não só a

---

com os outros, resulta o compreender melhor a ele próprio. Precisa, pois, o aplicador do Direito transportar-se, em espírito, ao *momento* e ao *meio* em que surgiu a lei, e aprender a relação entre as circunstâncias ambientes, entre outros fatos sociais e a norma; a localização desta na série dos fenômenos sociológicos, todos em evolução constante" (*Hermenêutica e aplicação do direito*. 19ª ed. Rio de Janeiro: Forense, 2007. p. 121-122).

[11] Ob. cit., 2º vol., p. 290.

[12] Ob. cit., vol. VIII, p. 511.

necessidade do exercício legal da atividade, mas também que assim o proceda por mais de dois anos o empresário. Fixa-se um período mínimo de execução regular da empresa para que possa fazer jus ao processo de sua recuperação. Irrelevante o fato de encontrar-se o empresário exercendo regularmente a atividade desde a origem de seu exercício ou não. Num ou noutro caso deverá estar por mais de dois anos realizando regularmente a sua empresa. Assim, têm-se presentes duas condições distintas: (1ª) o exercício regular da atividade e (2ª) pelo prazo superior a dois anos[13].

Da conclusão insta, contudo, salientar a situação especial do empresário rural. Consoante os arts. 971 e 984 do Código Civil, é a ele facultado, seja pessoa natural ou jurídica, requerer a sua inscrição no Registro Público de Empresas da sua sede, caso em que, depois de inscrito, ficará equiparado ao empresário sujeito a registro, para todos os efeitos legais. Assim, mesmo que há mais de dois anos viesse de fato exercendo sua atividade econômica em moldes empresariais, entendíamos que somente poderia fazer uso do pedido de recuperação judicial se o seu registro na Junta Comercial distasse de mais de dois anos, sem o que não estaria atendida a condição legal do exercício regular da atividade.

A Lei n. 12.873/2013, entretanto, alterou o art. 48 para nele incluir um § 2º, com a seguinte redação: "Tratando-se de exercício de atividade rural por pessoa jurídica, admite-se a comprovação do prazo estabelecido no *caput* deste artigo por meio da Declaração de Informações Econômico-fiscais da Pessoa Jurídica – DIPJ que tenha sido entregue tempestivamente".

A inserção do referido § 2º suscitou nova reflexão acerca da questão da comprovação da regularidade do exercício há mais de dois anos da atividade de empresário rural, por colocá-lo em situação singular. Com a aludida regra, pareceu haver uma expressa intenção do legislador em conferir tratamento especial à matéria, fato este que não pôde ser desprezado pelo intérprete.

Frente a esse dispositivo, a anterior interpretação mereceu ser afastada, na medida em que o § 2º em questão conduziu para a aceitação da regularidade da atividade antes mesmo do ato de registro do empresário rural na Junta Comercial. O prazo de dois anos de regularidade de exercício da atividade poderia, como pode, ser admitido independentemente de registro, o qual, entretanto, continua a ser exigido, mas não com a antecedência de mais de dois anos. Passou a ser suficiente, assim, a prova do exercício da atividade rural por mais de dois anos e de registro no

---

[13] O menor emancipado empresário não poderá valer-se do instituto da recuperação, porquanto não conseguirá preencher justamente este requisito de exercer regularmente a atividade há mais de dois anos (cf. item 6 do Capítulo 2, no qual o tema foi abordado).

Registro Público de Empresas Mercantis anteriormente ao requerimento da recuperação judicial. Embora o dispositivo em apreço referisse à pessoa jurídica, não havia como deixar de também estendê-lo à pessoa natural. Consagrou-se, pois, um especial e particular tratamento ao produtor rural, fosse ele pessoa jurídica ou pessoa natural.

A Lei reformadora n. 14.112/2020 vem a confirmar o entendimento. Manteve a comprovação do prazo para a pessoa jurídica por outro meio que não o registro na Junta Comercial, consistente na Escrituração Contábil Fiscal (ECF) ou através de obrigação legal de registros contábeis que venha a substituir a ECF, entregue tempestivamente (§ 2º do art. 48, em sua nova redação). Já para as pessoas naturais, a comprovação do prazo de dois anos é feita com base no Livro Caixa Digital do Produtor Rural (LCDPR), ou por obrigação legal de registros contábeis que o substitua, e pela Declaração do Imposto sobre a Renda da Pessoa Física (DIRPF) e balanço patrimonial, desde que todos sejam entregues no prazo. Para esses fins, no que concerne ao período no qual não foi exigível a entrega do LCDPR, admite-se a entrega do livro caixa utilizado para a elaboração da DIRPF (§§ 3º e 4º do art. 48). Todas "as informações contábeis relativas a receitas, a bens, a despesas, a custos e a dívidas deverão estar organizadas de acordo com a legislação e com o padrão contábil da legislação correlata vigente, bem como guardar obediência ao regime de competência e de elaboração de balanço patrimonial por contador habilitado" (§ 5º do art. 48).

Em síntese, a prova de regularidade do exercício da atividade do produtor rural, pessoa jurídica ou pessoa natural, por mais de dois anos, pode fazer-se por outros meios legalmente admitidos, sendo dispensável, para esse exclusivo fim, a certidão expedida pela Junta Comercial. Contudo, essa certidão deve necessariamente complementar a prova da regularidade, pois ao requerer a recuperação judicial deve estar devidamente registrado no Registro Público de Empresas Mercantis à luz do que dispõe o art. 971 do Código Civil, ainda que há menos de dois anos[14].

Cumpre ressaltar que somente estarão sujeitos à recuperação judicial os créditos que decorram exclusivamente da atividade rural e estejam discriminados nos documentos acima referidos, mesmo que a vencer (§ 6º do art. 49, introduzido pela Lei n. 14.112/2020)[15].

---

[14] Para fins repetitivos, o Superior Tribunal de Justiça, por meio de sua 2ª Seção, à unanimidade, por ocasião do julgamento do Recurso Especial n. 1.905.573/MT, sob a relatoria do Min. Luis Felipe Salomão, firmou a seguinte tese no Tema 1.145: "Ao produtor rural que exerça sua atividade de forma empresarial há mais de dois anos é facultado requerer a recuperação judicial, desde que esteja inscrito na Junta Comercial no momento em que formalizar o pedido recuperacional, independentemente do tempo de seu registro".

[15] Sobre a sujeição dos créditos à recuperação judicial, confira-se o item 1 do Capítulo 11, no qual voltaremos à questão do crédito rural e de sua submissão à recuperação judicial.

Diante do novo quadro legislativo posto, não mais deverá haver hesitação para que os créditos originados anteriormente ao registro na Junta Comercial restem incluídos na recuperação judicial. Essa é a melhor exegese à luz do sistema que se forma com a conjugação do art. 971 do Código Civil e dos §§ 2º, 3º, 4º e 5º do art. 48 e § 6º do art. 49 da Lei n. 11.101/2005.

A exigência do exercício regular há mais de dois anos no âmbito da consolidação processual parece-nos poder – e dever – ser mitigada, uma vez consideradas certas especificidades que venham a permear a realidade do grupo econômico. Se a empresa plurissocietária já dista de mais de dois anos, não se deve excluir a sociedade integrante do grupo, por simplesmente não preencher isoladamente este requisito temporal, quando a sua constituição tiver sido estratégica para a permanência do grupo ou o resultado de uma reorganização de sociedades que já o compunham, como, por exemplo, na hipótese da operação de cisão parcial. Não se pode olvidar que o que se tem em vista é a recuperação da empresa – no caso, a empresa única exercida por diversas sociedades, isto é, a empresa plurissocietária – e não a de seus titulares, considerados em conjunto ou isoladamente.

II – Não ser falido e, se o foi, estejam declaradas extintas, por sentença transitada em julgado, as suas responsabilidades. A exigência de não ser o pretendente à recuperação judicial falido mostra-se óbvia, vez que a medida tem por escopo evitar seja decretada a falência. Caso tenha o devedor desfrutado, anteriormente, do estado de falido, o fato, por si só, não impede possa ele, voltando a exercer a atividade empresarial, postular recuperação judicial. O evento não lhe resulta em vitalício impedimento à obtenção da medida. Mas reclama encontrem-se extintas, de forma definitiva, as responsabilidades decorrentes daquele estado.

A falência impõe ao devedor a pena de inabilitação para o exercício de qualquer atividade empresarial, limitação essa que perdura desde a decretação até o trânsito em julgado da sentença que venha a extinguir suas obrigações. Só aí estará apto a retomar suas atividades, mas, mesmo assim, se, sendo empresário individual, não tiver sofrido condenação por crime preconizado na Lei de Recuperação e Falência.

Ainda após a cessação da inabilitação deverá, no seu retorno à atividade empresarial, observar o prazo de exercício regular por mais de dois anos, a fim de atender a condição anteriormente explanada, porquanto o tempo de exercício interrompido pela falência não pode ser levado em conta[16].

III – Não ter, há menos de cinco anos, obtido concessão de recuperação judicial. Como escrevia adequadamente Rubens Requião[17] em relação à concordata, o instituto não poderia ser visto como "uma panaceia da qual a todo o momento se possa

---

[16]   Nelson Abrão, ob. cit., p. 192.

[17]   Ob. cit., vol. II, p. 31.

lançar mão". A lição vem albergada na nova lei, que mantém a ideia de um interstício mínimo entre o requerimento da recuperação judicial e a obtenção de recuperação judicial anterior.

Na hipótese do plano especial para microempresas e empresas de pequeno porte, o prazo legal originário, previsto em oito anos, sofreu redução para ficar também em cinco anos (nova redação do inciso III do art. 48, dada pela Lei Complementar n. 147/2014). Corrige-se, pois, o equívoco inicial, objeto de nossas críticas desde a primeira edição desta obra. Com efeito, a opção legal de origem jamais nos pareceu coerente. O art. 179 da Constituição Federal determina seja dispensado às microempresas e às empresas de pequeno porte tratamento diferenciado, compreendido, assim, como favorecido, eis que o objetivo da norma é o de incentivá-las. Nesse cenário é que emerge o plano especial de recuperação disciplinado na Seção V do Capítulo III da Lei n. 11.101/2005. Portanto, não fazia sentido a previsão de um intervalo maior para se poder requerer nova recuperação judicial por aqueles que tivessem feito uso, anteriormente, do plano especial. O seu manejo, desse modo, vinha desestimulado, porquanto poderia, em caso de novo pedido, servir de entrave à sua obtenção[18].

IV – Não ter sido condenado ou não ter, como administrador ou sócio controlador, pessoa condenada, por sentença passada em julgado, por qualquer dos crimes previstos na Lei de Recuperação e Falência. Conforme já apregoava Miranda Valverde[19], a vida pregressa do requerente da recuperação judicial há de apresentar-se isenta de mácula de certos crimes que, na visão da lei, o tornam indigno de obter a sua recuperação. Equiparados ao devedor, na medida de sua culpabilidade, para todos os efeitos penais, se acham, dentre outros, os administradores e os sócios da sociedade empresária (art. 179). Por isso, a restrição não se limita ao devedor empresário individual, mas também se estende ao fato de a sociedade contar com administrador (diretores e membros do conselho de administração, se houver) ou sócio controlador condenado, com sentença definitiva, por qualquer dos crimes previstos em lei, a saber: (a) fraude a credores (art. 168, *caput*); contabilidade paralela (§ 2º do art. 168); violação de sigilo empresarial (art. 169); divulgação de informações falsas (art. 170); indução a erro (art. 171); favorecimento de credores (art. 172); desvio, ocultação ou apropriação de bens (art. 173); aquisição, recebimento ou uso ilegal de bens (art. 174); habilitação ilegal de crédito (art. 175); exercício ilegal de atividade (art. 176); violação de impedimento (art. 177); omissão dos documentos contábeis obrigatórios (art. 178).

---

[18] O disposto na Seção V do Capítulo III acima referida passou a ser também aplicado ao produtor rural, desde que o valor da causa não ultrapasse o limite estabelecido pelo art. 70-A.

[19] Ob. cit., 2º vol., p. 224.

A opção do legislador, quanto à extensão dos efeitos da condenação criminal definitiva anterior de administrador ou sócio controlador, de modo a impedir a pessoa jurídica de obter recuperação, não nos agradou. Comungamos com a posição defendida por Jorge Lobo[20]: "[...] o moderno Direito Concursal, ao separar a sorte da pessoa dos sócios, acionistas ou dirigentes da empresa, não admite a extensão dos efeitos da condenação criminal de qualquer daqueles à sociedade, de molde a paralisar suas atividades".

Os indivíduos sem idoneidade para continuar no controle ou na administração da sociedade devem ser afastados, mas a empresa por eles desenvolvida deve prosseguir enquanto viável, visto que os interesses nela envolvidos superam a condição pessoal de sócio ou administrador. A liberdade na confecção do plano de recuperação permite esse afastamento (arts. 50, III e IV, e 64, VI), razão pela qual vimos como uma involução à regra legal.

4. REQUISITOS FORMAIS DO PEDIDO E REPRESENTAÇÃO

A petição inicial do pedido de recuperação judicial, que deverá estar conformada, no que for pertinente, aos termos do art. 319 do Código de Processo Civil de 2015, apresentará a exposição das causas concretas da situação patrimonial do devedor e das razões da crise econômico-financeira e será instruída com: (a) as demonstrações contábeis relativas aos três últimos exercícios sociais e as levantadas especialmente para instruir o pedido, confeccionadas com estrita observância da legislação societária aplicável e compostas obrigatoriamente de: (i) balanço patrimonial; (ii) demonstração de resultados acumulados; (iii) demonstração do resultado desde o último exercício social; (iv) relatório gerencial de fluxo de caixa e de sua projeção; (v) descrição das sociedades integrantes de grupo de fato ou de direito, quando for o caso, ainda que não ocorra na hipótese concreta a situação de consolidação processual; (b) a relação nominal completa dos credores, sujeitos ou não à recuperação judicial, inclusive aqueles por obrigação de fazer ou de dar, com a indicação do endereço físico e eletrônico de cada um, a natureza, a classificação e o valor atualizado do crédito, discriminando sua origem e o regime dos respectivos vencimentos; (c) a relação integral dos empregados, em que constem as respectivas funções, salários, indenizações e outras parcelas a que têm direito, com o correspondente mês de competência, e a discriminação dos valores pendentes de pagamento; (d) certidão de regularidade do devedor no Registro Público de Empresas, o ato

---

[20] *Direito concursal.* 2. ed. Rio de Janeiro: Forense, 1998, p. 59.

constitutivo atualizado[21] e as atas de nomeação dos atuais administradores; (e) a relação dos bens particulares dos sócios controladores e dos administradores do devedor; (f) os extratos atualizados das contas bancárias do devedor e de suas eventuais aplicações financeiras de qualquer modalidade, inclusive em fundos de investimento ou em bolsas de valores, emitidos pelas respectivas instituições financeiras; (g) certidões dos cartórios de protestos situados na comarca do domicílio ou sede do devedor e naquelas onde possui filial; (h) a relação, subscrita pelo devedor, de todas as ações judiciais e procedimentos arbitrais em que este figure como parte, inclusive as de natureza trabalhista, com a estimativa dos respectivos valores demandados; (i) relatório detalhado do passivo fiscal; (j) relação de bens e direitos integrantes do ativo não circulante, incluídos aqueles não sujeitos à recuperação judicial, acompanhada dos negócios jurídicos celebrados com os credores indicados no § 3º do art. 49.

Os documentos de escrituração contábil e demais relatórios auxiliares, na forma e no suporte previstos em lei, permanecerão à disposição do juízo, do administrador judicial e, mediante autorização judicial, de qualquer interessado, facultando-se ao juiz determinar o depósito em cartório, em original ou cópia.

Na hipótese de o ajuizamento da recuperação judicial ocorrer antes da data final de entrega do balanço correspondente ao exercício anterior, o devedor apresentará balanço prévio e juntará o balanço definitivo no prazo determinado pela lei societária.

No que pertine às demonstrações contábeis que devem instruir o pedido, as microempresas e empresas de pequeno porte, assim definidas pela Lei Complementar n. 123/2006, poderão apresentar livros e escrituração contábil simplificados.

A relação de credores, como se disse, espelhará o valor atualizado do crédito. Essa atualização obedecerá ao critério previsto no contrato ou, em sua falta, se fará pelos índices de correção monetária dos débitos judiciais, é o que sustentamos.

O valor da causa deverá corresponder ao montante dos créditos sujeitos aos efeitos da recuperação judicial, devidamente atualizados.

No que se refere especialmente ao pedido formulado pelo empresário rural e ao período de mais de dois anos de exercício regular da atividade exigido no *caput* do art.

---

[21] A menção legal a "ato constitutivo atualizado" deve ser entendida não apenas como tradutora daquele que se encontre em vigor, mas também daquele que esteja conformado com as exigências da legislação vigente. Este é um ponto de aferição da regularidade da pessoa jurídica requerente. Portanto, após vencido o prazo para as sociedades empresárias adaptarem seus atos constitutivos às disposições do Código Civil de 2002 (*caput* do art. 2.031, com redação dada pela Lei n. 11.127/2005), sem que tenha assim procedido a requerente, estará ela a inobservar um requisito formal do pedido, o qual deve ser suprido, sob pena de seu indeferimento.

48, em harmonia com o estabelecido nos §§ 2º a 5º do aludido preceito, o § 6º do art. 51 exige que, na exposição das causas da crise e da situação patrimonial, a insolvência seja comprovada através da insuficiência de recursos financeiros ou patrimoniais com liquidez suficiente para saldar suas dívidas, além de ser o pedido instruído pelos documentos constantes dos indigitados parágrafos do art. 48, os quais substituirão as demonstrações contábeis exigidas pelo inciso II do art. 51 dos devedores em geral.

Faltando qualquer desses documentos necessários à instrução do pedido, não deverá o juiz indeferir a petição, mas sim determinar que o requerente a complete no prazo de quinze dias, individualizando os elementos faltantes. Aplica-se, assim o estatuído no art. 321 do Código de Processo Civil de 2015, por força do que dispõe o art. 189 da Lei n. 11.101/2005. A jurisprudência consolidada no Superior Tribunal de Justiça é clara a respeito: "Em obséquio ao princípio da instrumentalidade do processo, não estando a inicial acompanhada dos documentos indispensáveis, deve o juiz determinar o suprimento e, não, indeferir de plano a inicial"[22].

Outrossim, não se pode olvidar que a orientação pretoriana do mesmo Tribunal Superior agasalha a tese de que esse prazo de emenda ou de complementação do art. 321 do Código de Processo Civil de 2015 é, a critério do juiz, prorrogável, não sendo ele peremptório, mas dilatório, dando margem de arbítrio ao julgador. Dessa maneira se pronunciou a sua Primeira Turma: "A prorrogação de prazo para emendar a inicial não causa ofensa à regra do art. 284 do CPC"[23]. No mesmo sentido, a sua Terceira Turma: "Como já pacificou a Corte, não é peremptório o prazo previsto no art. 284 do CPC, podendo o magistrado prorrogá-lo a seu critério"[24]. Embora as decisões tenham se referido ao art. 284 do Código de Processo Civil de 1973, são elas perfeitamente compatíveis com art. 321 do Código de Processo Civil de 2015.

Completando o requerente a instrução da petição inicial, ainda que após o prazo de quinze dias para isso concedido, impõe-se ao juiz recebê-la, consoante entendeu a Sexta Turma do Superior Tribunal de Justiça, proclamando ser "injustificável o indeferimento da exordial pelo simples fato da emenda tardia"[25].

---

[22] REsp n. 83.751/SP, 4ª Turma, decisão unânime, Rel. Min. Sálvio de Figueiredo Teixeira, *RSTJ* 100/197.

[23] AgReg. no REsp n. 273.289/MG, decisão unânime, Rel. Min. Francisco Falcão, *RSTJ* 147/77.

[24] REsp n. 118.141/PR, decisão unânime, Rel. Min. Carlos Alberto Menezes Direito, publicada no *DJU*, Seção I, em 25-5-1998, p. 102.

[25] REsp n. 38.812/BA, decisão unânime, Rel. Min. Pedro Acioli, publicada no *DJU*, Seção I, em 10-10-1994, p. 27.191.

Sendo o devedor requerente sociedade empresária, será ele formulado pela iniciativa de seu órgão de administração, a quem incumbe fazer presente a vontade da pessoa jurídica no mundo exterior. É por seu intermédio que exterioriza a sua personalidade jurídica. O dirigente com os correspondentes poderes irá nomear advogado para veicular a pretensão.

Mas o órgão de administração deverá agir pautado na decisão dos sócios, tirada em conformidade com a disciplina própria da lei societária de regência do tipo pertinente.

Na sociedade anônima e na sociedade em comandita por ações (Lei n. 6.404/76, art. 280 e Código Civil, art. 1.090), a matéria vem regulada no art. 122 da respectiva lei (Lei n. 6.404/76). É de competência privativa da assembleia geral autorizar os administradores a confessar falência e pedir recuperação judicial (inciso IX). Em caso de urgência, entretanto, permite-se que o pedido seja aforado pelos administradores, com a anuência do acionista controlador, se houver, convocando-se imediatamente o órgão de deliberação máximo da companhia para manifestar-se sobre a matéria (parágrafo único). Seria a hipótese, por exemplo, de um requerimento de quebra formulado por credor, em valor elevadíssimo, apoiado na impontualidade do cumprimento de uma obrigação líquida (art. 94, I), situação provocadora do pleito recuperatório no prazo de contestação do pedido (art. 95), ante a ausência de recursos para pagar esta e outras que poderiam, em cascata, desaguar no mesmo curso. O *quorum* para deliberação será o ordinário, prescrito no art. 129 da Lei n. 6.404/76, ou seja, o da maioria absoluta dos votos de acionistas presentes à assembleia, não se computando os votos em branco.

Na sociedade limitada a questão também será de deliberação dos sócios reunidos em assembleia ou reunião (Código Civil, inciso VIII do art. 1.071 e art. 1.072). Igualmente ao que se viu na Lei das S/A, o inciso referenciado apropria-se da concordata. Para se cumprir o conceito teleológico da lei, não há como deixar de incluir, em leitura moderna da norma, com os olhos da atualidade, a recuperação judicial em substituição ao velho instituto concordatário. Nunca se pode olvidar que a ideia central da concordata se faz presente como um dos meios de recuperação, consistente na "concessão de prazos e condições especiais para pagamento das obrigações vencidas e vincendas" (inciso I do art. 50). O *quorum* de deliberação será o correspondente a mais da metade do capital social (Código Civil de 2002, inciso II do art. 1.076). No âmbito das sociedades em nome coletivo e em comandita simples, a matéria será decidida por maioria absoluta de votos, contados segundo o valor das cotas de cada sócio (Código Civil, arts. 1.010, 1.040 e 1.046).

5. CONSTATAÇÃO PRÉVIA

A Lei n. 14.112/2020 incorporou na Lei n. 11.101/2005 o instituto da constatação prévia, através da concepção do art. 51-A. A figura, agora com assento legal, já se vinha desenhando na prática do judiciário, sob o rótulo de "perícia prévia", chegando a constar da Recomendação n. 57, de 22-10-2019, do Conselho Nacional de Justiça – CNJ. A práxis, antes de sua adoção pelo art. 51-A, era objeto de questionamento por duvidosa legalidade. Entretanto, sempre nos posicionamos por sua juridicidade, porquanto o juiz, como guardião da legalidade do plano de recuperação judicial, atua na realização desse objetivo não apenas no momento em que o plano aprovado chega para sua homologação. O controle de legalidade e de legitimidade faz-se durante todo o processo de recuperação judicial, o qual visa a assegurar um ambiente juridicamente seguro e eficaz para que se possa lograr a aprovação de um plano de recuperação judicial, com o final deferimento da medida pelo Estado-Juiz, a fim de evitar a quebra das empresas viáveis, porém em crise. Com efeito, o direito da insolvência visa a justamente atingir essa meta: promover a reestruturação das empresas viáveis, de modo a propiciar que continuem a produzir riquezas, e liquidar as inviáveis, que prejudicam o mercado e a sociedade como um todo, sem embargo de a liquidação ser orientada para preservar e otimizar a utilização produtiva do ativo, com a realocação eficiente de recursos na economia. A questão, portanto, girava em torno, como ainda gira, da conveniência da adoção da constatação prévia no processo de recuperação judicial.

A medida afigura-se como excepcional providência, com o escopo de impedir o deferimento do processamento da recuperação judicial em favor de devedores com empresas patentemente inviáveis ou que as realizem de maneira irregular, situações de fato que logo podem ser na origem detectadas e, com isso, evitar o curso de processos inúteis, morosos e dispendiosos, como nas hipóteses de empresas já desativadas pelos seus titulares ou manifestamente irrecuperáveis.

Na moldura legal, após a distribuição do pedido, faculta-se ao juiz, quando reputar verdadeiramente necessária, a nomeação de profissional de sua confiança, com capacidade técnica e idoneidade, para promover a constatação prévia. Esta deve ater-se à verificação objetiva e exclusiva das reais condições de funcionamento da requerente e da regularidade e completude da documentação apresentada com a petição inicial. Caso nela se ateste que o principal estabelecimento do devedor não se situa na comarca em que o pedido foi ajuizado, caberá ao juiz determinar a imediata remessa dos autos ao juízo competente (*caput* e § 7º do art. 51-A).

A faculdade somente deverá ser exercida, reitere-se, em caráter extraordinário pelo magistrado, diante de certas e fundadas evidências, não havendo qualquer motivação para o seu uso rotineiro e sem critério, porquanto eleva a duração da fase processual compreendida entre o ajuizamento do pedido e o despacho de processamento da recuperação judicial, além de gerar maiores custos para o devedor postulante, que experimenta o estado de crise, eis que, logicamente, será arbitrada remuneração em favor do profissional que atuará como auxiliar do juiz (§ 1º do art. 51-A).

Uma vez decidida a sua realização, preocupou-se a lei com a celeridade, ao prever que seja determinada *inaudita altera parte* e sem oferecimento de quesitos (§ 3º do art. 51-A). Fixou, ademais, o prazo máximo de cinco dias para apresentação do laudo de constatação (§ 2º do art. 51-A). A regra do § 3º destacada é de redação pouco feliz, tecnicamente falando, ao prever que não "seja ouvida a outra parte". Provavelmente, quis se referir aos credores. Estes, entretanto, não são partes do processo, que se desenvolve sem a figura do réu. Na realidade, nessa primeira fase, sequer os credores participam ou são chamados a participar. A melhor compreensão é a de que a medida deve, quando pertinente, ser implementada sem a oitiva do devedor requerente e, muito menos, dos seus credores, que não serão intimados para esse fim. Inclusive, pode a diligência ser realizada sem a prévia ciência do devedor, quando se entender que a sua cientificação pode frustrar os objetivos da constatação.

O devedor será intimado do resultado da constatação prévia concomitantemente à sua intimação da decisão que deferir ou indeferir o processamento da recuperação judicial, ou que determinar a emenda da petição, podendo impugná-la mediante a interposição do recurso cabível (§ 4º do art. 51-A).

Se na constatação prévia forem detectados indícios contundentes da utilização fraudulenta do pedido de recuperação judicial, o juiz poderá indeferir a petição inicial, sem prejuízo de oficiar ao Ministério Público para que tome as eventuais providências criminais cabíveis (§ 6º do art. 51-A). Mas é mister que fique claro ser vedado o indeferimento do processamento da recuperação judicial baseado em análise de viabilidade econômica do devedor (§ 5º do art. 51-A), a qual é da alçada exclusiva da assembleia geral de credores e não pode ser objeto da constatação prévia. O instituto não deve desbordar da objetiva e exclusiva verificação das reais condições de funcionamento da empresa e da higidez da documentação apresentada pelo devedor que a realiza, diante de fundada dúvida incutida no magistrado, o qual, enfatize-se, somente dela deverá lançar mão em caráter excepcional e a partir de concretos indícios ou evidências.

Determinada a constatação prévia, cabe consignar, pode o devedor postular lhe seja deferida a tutela de urgência para antecipar, total ou parcialmente, os efeitos do processamento da recuperação judicial, com o fim de, desde então, obter a proteção judicial dela resultante, enquanto se realiza o procedimento prévio (§ 12 do art. 6º).

6. DEFERIMENTO DO PROCESSAMENTO DA RECUPERAÇÃO JUDICIAL

Encontrando-se a petição inicial instruída nos termos das exigências do art. 51, verificados no item 4 deste Capítulo 10, o juiz deferirá o pedido do devedor e mandará processar a recuperação judicial. Cumpre frisar que este ato inicial do juiz não é o de concessão da recuperação judicial, mas simples determinação de seu processamento. A sua concessão demandará a realização de uma série de atos processuais, sendo os de maior relevo a apresentação do plano de recuperação pelo devedor e sua submissão à manifestação dos credores, momentos esses necessários à conclusão do acordo processual a ser levado à confirmação judicial.

Ao deferir o processamento, no mesmo ato o juiz determinará certas providências indispensáveis à formação e desenvolvimento regular do processo de recuperação judicial. Deste modo: (a) nomeará o administrador judicial; (b) determinará a dispensa da apresentação de certidões negativas para que o devedor exerça suas atividades, observado, todavia, o disposto no § 3º do art. 195 da Constituição Federal, o qual preconiza que a pessoa jurídica em débito com o sistema da seguridade social, como estabelecido em lei, não poderá contratar com o Poder Público nem dele receber benefícios ou incentivos fiscais ou creditícios; (c) ordenará a suspensão das ações e execuções relativas a créditos sujeitos a seus efeitos promovidas em face do devedor, permanecendo os respectivos autos no juízo onde se processam; (d) determinará ao devedor a apresentação de contas demonstrativas mensais enquanto perdurar a recuperação judicial, sob pena de destituição de seus administradores; (e) ordenará a intimação eletrônica do Ministério Público e das Fazendas Públicas Federal e de todos os Estados, Distrito Federal e Municípios em que o devedor tiver estabelecimento, a fim de que tomem conhecimento da recuperação judicial e informem eventuais créditos. O juiz mandará, ainda, expedir edital, para publicação no órgão oficial, que conterá: (i) o resumo do pedido do devedor e da decisão que defere o processamento da recuperação judicial; (ii) a relação nominal de credores, em que se discrimine o valor atualizado e a classificação de cada crédito; (iii) a advertência acerca dos prazos para habilitação dos créditos não relacionados na lista apresentada pelo devedor[26] e para que os credores ofereçam objeção ao plano de recuperação judicial a ser apresentado pelo devedor[27].

A partir desse momento, o devedor, para conferir exato conhecimento àqueles com quem negociar sua situação, empregará, em todos os atos, contratos e docu-

---

[26] *Vide* item 2 do Capítulo 8.
[27] *Vide* itens 3 e 4 do Capítulo 13.

mentos firmados, após o seu nome empresarial, a expressão "em Recuperação Judicial" (art. 69, *caput*)[28].

O juiz determinará ao Registro Público de Empresas e à Secretaria Especial da Receita Federal a anotação do deferimento do processamento da recuperação judicial nos registros correspondentes, a fim de dar a publicidade necessária (parágrafo único do art. 69). Quando da concessão propriamente da recuperação deverá expedir novo ofício dando conhecimento da decisão. Sendo ela denegada, declarando-se a falência, a comunicação se fará nesse sentido (art. 99, VIII).

A reforma implementada pela Lei n. 14.112/2020, visando a resolver polêmica anterior, veio dispor que o processamento da recuperação judicial não autoriza o administrador judicial a recusar a eficácia da convenção de arbitragem (cláusula compromissória e compromisso arbitral). Dessa forma, não se poderá impedir ou suspender a instauração de procedimento arbitral (§ 9º do art. 6º) entre devedor e credor. Admite-se, portanto, a harmônica convivência das jurisdições arbitral e estatal, contanto que respeitadas as respectivas competências.

Outra novidade carreada pela lei reformadora de 2020 consiste na expressa previsão no corpo da Lei n. 11.101/2005 de que o juiz poderá deferir tutela de urgência para antecipar, total ou parcialmente, os efeitos do processamento da recuperação judicial. A providência se mostra bastante útil, por exemplo, para o fim de suspender o andamento das execuções contra o devedor, antes de obter o deferimento do processamento, já lhe protegendo, desde então, dos efeitos que podem decorrer do trâmite dos aludidos feitos (§ 12 do art. 6º).

7. NATUREZA JURÍDICA DO ATO JUDICIAL

O Decreto-Lei n. 7.661/45 adotava semelhante disciplina para o processo preliminar da concordata. Assim é que o § 1º do art. 161 dispunha que, estando em termos o pedido, o juiz ordenaria o seu processamento, "proferindo despacho" em que determinava uma série de providências, dentre as quais a nomeação do comissário – que fazia as vezes do administrador judicial –, a marcação de prazo para habilitação e a suspensão das ações e execuções por créditos sujeitos a seus efeitos.

---

[28] Sustentamos deva o emprego da expressão realizar-se desde o momento em que se defere o processamento da recuperação judicial. Não só pela necessidade de sua publicidade, mas também porque o texto legal se utiliza, propositalmente, do vocábulo "procedimento", o que denota que é a sujeição ao procedimento de recuperação judicial e não a sua concessão propriamente dita que impõe na indicação do nome empresarial a expressão "em recuperação judicial".

Vê-se que o conteúdo do ato judicial a que o art. 52 da Lei n. 11.101/2005 se refere é bastante parecido e visa à semelhante objetivo. Embora o texto atual não se utilize da palavra "despacho", cremos ser essa a natureza jurídica que melhor se alinha com o ato que, em si, defere o processamento da recuperação judicial. Ainda que esse despacho tenha um viés decisório, o seu conteúdo vem definido e limitado em lei, dele não se podendo fugir ou inovar.

8. RECURSO DO DESPACHO DO PROCESSAMENTO

A questão de se saber se o despacho de processamento da concordata, no âmbito do Decreto-Lei n. 7.661/45, era ou não passível de recurso, desafiou e aguçou interessantes estudos e opiniões.

Miranda Valverde[29] sempre o viu sob as vestes de "um despacho decisório de conteúdo determinado, do qual não cabe recurso algum", por marcar o início da concordata.

Nelson Abrão[30] também abraçava igual conclusão: "Do despacho que manda processar a concordata não cabe recurso algum".

José da Silva Pacheco[31] aumentava o coro: "Se manda processar a concordara, recurso não há".

Jorge Lobo[32], entretanto, de forma diversa formulava seu pensamento:

> Ousamos discordar, porque a decisão, que manda processar a concordata, tem caráter constitutivo, produzindo seríssimos efeitos, tanto para o concordatário, quanto para os seus credores quirografários: para aquele porque passa a ter a sua administração fiscalizada (arts. 149 e 167); para estes porque têm suspensas as ações e execuções (inciso II do art. 161), não se podendo negar aos credores o recurso de agravo de instrumento à superior instância, pleiteando o reexame da questão. Anote-se, ademais, que, com a nova redação do art. 161, o escrivão, cumpridas as formalidades do art. 160, fará, imediatamente, os autos conclusos ao juiz, que, se o pedido não estiver formulado nos termos da lei, não vier devidamente instruído ou quando estiver inequivocamente caracterizada a fraude, declarará, dento de 24 (vinte e quatro) horas, aberta a falência, observando o disposto no parágrafo único do art. 14, não podendo haver dúvidas de que as irregularidades ou omissões da inicial, a má instrução do pedido e a denúncia de fraude poderão ser apontadas por qualquer credor desde o momento inicial do processo. Ora, se o credor pode, desde logo, intervir nos autos e chamar a atenção do juízo para esses relevantes fatos, parece curial que possa também recorrer do despacho que

---

[29]   Ob. cit., 2º. vol., p. 300.
[30]   Ob. cit., p. 196.
[31]   *Processo de falência e concordata*. 12. ed. Rio de Janeiro: Forense, 2001, p. 655.
[32]   Ob. cit., p. 85.

nega o seu pedido, o mesmo podendo dizer-se da legitimidade do Ministério Público, sobretudo após a edição da Lei n. 8.131, de 1990, que deu nova redação ao art. 210 da Lei de Falências. Contra a sentença que decreta a falência, cabe recurso de agravo de instrumento.

O Superior Tribunal de Justiça, no enfrentamento do tema, fixou pacífica orientação da sua irrecorribilidade. A respeito, colhe-se o enunciado da Súmula 264: "É irrecorrível o ato judicial que apenas manda processar a concordata preventiva".

Parece-nos que, em princípio, a mesma conclusão deveria ser confirmada para o ato do juiz que determina o processamento da recuperação judicial, porque, como sustentamos no item anterior, sua natureza, em essência, é a de despacho, cujo conteúdo é por lei definido, funcionando apenas como medida necessária a assegurar o movimento regular do processo.

A jurisprudência tem se orientado para o entendimento de que a regra é a da irrecorribilidade. Contudo, admite que possa ser o prefalado ato judicial objeto de agravo de instrumento, se o recorrente ataca a ausência de condição da ação, a falta de pressuposto processual ou qualquer outra matéria que deveria ser de ofício conhecida pelo juiz[33].

A flexibilização da irrecorribilidade também vem se justificando em razão de questões novas que acabam sendo apresentadas no pedido de recuperação judicial e em conjunto enfrentadas no ato judicial que defere o seu processamento. É o caso como da manifestação acerca do cabimento ou não da consolidação processual e/ou da consolidação material[34]. Antes da reforma da Lei n. 14.112/2020, também se tinha a hipótese da aplicação do regime de contagem dos prazos processuais em dias úteis[35]. Após tal reforma, aflora ainda a questão relativa ao resultado da aplicação do instituto da constatação prévia. Essa realidade que se vem apresentando – possibilitada pela própria natureza da recuperação judicial, que bem se afasta da antiga concordata – acaba, assim, diante do caso concreto, por desnaturar a feição originária do despacho de processamento como um ato de conteúdo definido e limitado em lei. Diante desse diagnóstico, impõe-se a revisão do posicionamento rígido acerca de sua irrecorribilidade, que deve ser vista como regra, mas não como um valor jurídico absoluto.

---

[33] Nesse sentido, confira-se o Agravo de Instrumento n. 0005418-65.2013.8.26.0000, julgado à unanimidade pela 1ª Câmara Reservada de Direito Empresarial do Tribunal de Justiça do Estado de São Paulo, em 21.5.2013, Rel. Des. Teixeira Leite.

[34] Sobre o tema, confiram-se itens 2, 2.2 e 2.3 do Capítulo 10.

[35] Acerca da matéria, confira-se item 2 do Capítulo 29. O inciso I do § 1º do art. 189 passou a prever que todos os prazos da Lei n. 11.101/2005 ou que dela decorram são contados em dias corridos.

INSTAURAÇÃO DO PROCESSO DE RECUPERAÇÃO JUDICIAL

Diferentemente será aquele ato do juiz que denegar o processamento da recuperação, indeferindo o pedido do devedor, seja porque não é legitimado para fazê-lo, seja porque não atende às condições do art. 48, ou, ainda, por apresentar seu requerimento com instrução deficiente, após instado a corrigi-lo pelo juiz, desatendendo o comando do art. 51. Nas hipóteses, o magistrado extinguirá o processo sem a análise de seu mérito. Da decisão caberá apelação do devedor. O cenário construído vem arrimado no mandamento do art. 189, que garante a aplicação supletiva do Código de Processo Civil aos procedimentos previstos na Lei n. 11.101/2005.

Sustentamos, nas condições apresentadas, não poder o juiz, ao indeferir o processamento da recuperação judicial, decretar a falência, ante a inexistência de previsão legal. A decretação da falência e a convolação da recuperação judicial em falência têm natureza sancionatória e, destarte, não se pode admiti-las senão nas situações expressamente cominadas em lei. São as hipóteses de não apresentação do plano de recuperação pelo devedor no prazo legal (arts. 53 e 73, II), de rejeição definitiva do plano de recuperação pela assembleia geral de credores (§ 4º do art. 56 e art. 73, III), de identificação do esvaziamento patrimonial da devedora que implique liquidação substancial da empresa, em prejuízo de credores não sujeitos à recuperação judicial, inclusive as Fazendas Públicas (art. 73, VI) – que ensejam a decretação da falência – e do não cumprimento, pelo devedor em recuperação judicial, das obrigações assumidas no plano de recuperação respectivo ou dos parcelamentos e transações tributárias – que implicam a convolação da recuperação judicial em falência (§ 1º do art. 61 e art. 73, IV e V).

9. DESISTÊNCIA DO PEDIDO

Terá o devedor plena liberdade de formular desistência de seu pedido até que sobrevenha o despacho de processamento da recuperação judicial. Após o deferimento de seu processamento, somente poderá fazê-lo se contar com a aprovação da assembleia geral de credores (§ 4º do art. 52). Manifestado o pleito nessas condições, haverá a convocação da assembleia geral para dele conhecer e se pronunciar. Não se chegando à obtenção do *quorum* legal para a deliberação da aprovação do pedido de desistência (art. 42), ter-se-á a matéria por rejeitada. Nesse caso, prosseguirá o processo de recuperação nos termos da lei.

Mas a desistência, em aplicação das regras e dos princípios gerais que norteiam o Processo Civil comum, só deverá ser admitida até o final da fase de processamento da recuperação. Concedida por sentença, não há mais espaço para a iniciativa, porquanto a decisão, ainda que com perfil homologatório, representa resolução de mérito. O § 5º do art. 485 do Código de Processo Civil de 2015 veio positivar o entendimento, consagrado pela doutrina e pela jurisprudência na vigência do Código de

Processo Civil de 1973, de que a desistência da ação somente pode ser apresentada até a sentença. Após sua prolação, apenas caberá desistência ou renúncia ao recurso eventualmente interposto[36].

---

[36] Sobre o tema, anteriormente ao Código de Processo Civil de 2015, já elucidava Humberto Theodoro Júnior, "O limite temporal do direito de desistir da ação é a sentença, de sorte que não é concebível desistência da causa em grau de apelação ou outro recurso posterior, como os embargos infringentes e o recurso extraordinário. Como ensina José Alberto dos Reis, se a causa está pendente de recurso interposto pelo autor, pode este desistir do recurso, mas não pode desistir da ação. Com a desistência do recurso opera-se o trânsito em julgado da decisão recorrida: com a desistência da ação far-se-ia cair a decisão de mérito, 'e não é admissível que o autor, mesmo com a aquiescência do réu, inutilize uma verdadeira sentença que tem o alcance de pôr termo ao litígio' (*Comentários ao Código de Processo Civil*, ed. 1946, vol. III, p. 476)" (ob. cit., vol. I, p. 284). Nessa mesma ordem de ideias, já se pronunciou o Superior Tribunal de Justiça: "PROCESSO CIVIL – DESISTÊNCIA DA AÇÃO – HONORÁRIOS ADVOCATÍCIOS. 1. A desistência da ação é instituto de natureza eminentemente processual, que possibilita a extinção do processo, sem julgamento do mérito, até a prolação da sentença. Após a citação, o pedido somente pode ser deferido com a anuência do réu ou, a critério do magistrado, se a parte contrária deixar de anuir sem motivo justificado. Antes da citação, o autor somente responde pelas despesas processuais e, tendo sido a mesma efetuada, deve arcar com os honorários do advogado do réu. 2. Hipótese dos autos em que a empresa desistiu da ação depois de ter ocorrido a citação da Fazenda. 3. Recurso especial provido" (REsp n. 435.688/RJ, 2ª Turma, Rela. Mina. Eliana Calmon, decisão unânime, publicada no *DJU*, Seção I, em 29-11-2004, p. 274).

CAPÍTULO 11

EFEITOS EM RELAÇÃO AOS CREDORES

1. CRÉDITOS SUJEITOS À RECUPERAÇÃO

Não são todos os credores que ficarão sujeitos ao pagamento a ser acordado na recuperação judicial, os quais, consequentemente, não integrarão a assembleia geral que venha a ser instalada para dele deliberar ou decidir qualquer outro incidente que se manifeste no respectivo processo.

Escapam à recuperação judicial os créditos tributários[1], de que os impostos, as taxas e as contribuições são espécies (Código Tributário Nacional, art. 191-A, com redação dada pela Lei Complementar n. 118/2005; Lei n. 11.101/2005, art. 57 e § 7º-B do art. 6º). A estes créditos voltaremos no item 6 do Capítulo 13.

Não se sujeitam igualmente a seus efeitos as importâncias entregues ao devedor decorrentes de adiantamento a contrato de câmbio para exportação (§ 4º do art. 49) e aqueles créditos titularizados pelo proprietário fiduciário de bens móveis ou imóveis, por arrendador mercantil, pelo proprietário ou promitente vendedor de imóvel cujos respectivos contratos contenham cláusula de irrevogabilidade ou irretratabilidade, inclusive em incorporações imobiliárias, ou de proprietário em contrato de venda com reserva de domínio, para os quais prevalecerão os direitos de propriedade sobre a coisa e as condições contratuais, observando-se a tutela a eles garantida na legislação específica (§ 3º do art. 49), e, ainda, os créditos por obrigações a título gratuito (art. 5º, I), estes por não serem do devedor exigíveis.

A Lei n. 14.112/2020 carreou outras hipóteses. Uma delas diz respeito aos direitos de vencimento antecipado e de compensação no âmbito das operações compromissadas de derivativos (art. 193-A). As outras são especificamente dispostas em relação à recuperação judicial do produtor rural. Assim é que não estão sujeitos a seus efeitos (i) o crédito rural institucionalizado na forma da Lei n. 4.829/65 que tenha sido renego-

---

[1] Cf. a abordagem feita no item 5 deste Capítulo 11 quanto ao prosseguimento das execuções fiscais, em que se sustenta estarem abrangidos nesse contexto tanto os créditos de natureza tributária, como aqueles de natureza não tributária. Em conclusão, tem-se que o crédito fiscal não tributário também não se submete aos efeitos da recuperação judicial.

ciado (§§ 7º e 8º do art. 49); (ii) o crédito derivado de financiamento de aquisição de imóvel rural, concedido nos três últimos anos anteriores ao pedido de recuperação judicial (§ 9º do art. 49); e (iii) o crédito documentado em CPR – cédula de produtor rural – com liquidação física, bem como suas garantias cedulares, em caso de antecipação total ou parcial do preço, ou, ainda, quando houver permuta do produto com insumos (art. 11 da Lei n. 8.929/94, com redação dada pela citada Lei n. 14.112/2020).

Ainda no âmbito da recuperação judicial do produtor rural, insta anotar que apenas estarão sujeitos a seus efeitos os créditos que decorram exclusivamente da atividade rural e que se encontrem discriminados nos documentos contábeis e fiscais aludidos nos §§ 2º e 3º do art. 48, mesmo que não vencidos (§ 6º do art. 49).

Resta verificar se as disposições concernentes à não submissão de substancial parcela de créditos vinculados ao produtor rural não irão, na prática, inviabilizar a sua recuperação judicial.

Afora as exclusões legais, que lamentavelmente se avolumam, encontram-se sujeitos à recuperação judicial todos os demais créditos existentes na data do pedido, assim compreendidos aqueles cujos fatos geradores correspondentes são a ele anteriores[2], vencidos e vincendos, aos quais são asseguradas todas as condições originalmente contratadas ou por lei definidas, inclusive no que pertine a encargos, salvo se de modo diverso ficar estabelecido no plano de recuperação judicial.

É o caso, por exemplo, dos créditos expressados em moeda estrangeira, nos quais a variação cambial será conservada como parâmetro de indexação da correspondente obrigação, só se admitindo seja afastada se o seu titular aprovar, expressamente, previsão diversa do plano de recuperação.

No mesmo curso de ideias, na alienação de bem objeto de garantia real, a supressão da garantia ou sua substituição, se prevista a venda parcial de bens no plano de recuperação, dependem de expressa aprovação do credor, titular da respectiva garantia.

Não se pode subordinar à recuperação judicial meras expectativas de créditos, assim entendidas como as que não se tem como asseverar não apenas o momento em que surgirá o crédito exigível, mas, fundamentalmente, se ele – o momento – efetivamente chegará. É o que se verifica, por exemplo, com as obrigações condicionais, nas quais a constituição do crédito depende da ocorrência de um evento futuro e incerto[3].

---

[2] A jurisprudência do Superior Tribunal de Justiça flui no sentido de que, se o evento ensejador do crédito (*e.g.*, dano moral ou material) ocorreu em momento que precede o pedido de recuperação judicial, estará o correspondente crédito submetido aos efeitos recuperacionais, mesmo que superveniente a sentença que o reconheça e o quantifique. Nesse sentido, vale conferir, exemplificativamente, para se ter uma visão evolutiva da matéria, os Recursos Especiais n. 1.634.046/RS e n. 1.727.771/RS. O entendimento acabou por ser consolidado com o julgamento do tema repetitivo n. 1.051, com a seguinte tese firmada: "Para o fim de submissão aos efeitos da recuperação judicial, considera-se que a existência do crédito é determinada pela data em que ocorreu o seu fato gerador".

[3] Acerca do tema, confira-se o nosso parecer Recuperação extrajudicial. Créditos sujeitos e o controle judicial. In: *Estudos e pareceres*. Rio de Janeiro: Processo, 2021, p. 489-509.

EFEITOS EM RELAÇÃO AOS CREDORES   159

Importante que se diga que os créditos sujeitos aos efeitos da recuperação judicial ficarão submetidos à novação recuperacional[4] e, desse modo, serão pagos nos termos assinalados no plano de recuperação judicial homologado, ainda que não tenham sido objeto de habilitação e mesmo que a recuperação judicial já tenha sido encerrada.

A recuperação judicial não afeta os direitos creditórios detidos em face de coobrigados, fiadores, e obrigados de regresso em geral, podendo o respectivo titular exercê-los em sua plenitude, sem qualquer limitação acarretada pelo estado[5]. Dessa sorte, não pode, por exemplo, o avalista do emitente de uma nota promissória opor como defesa o estado de recuperação judicial do sacador devedor. A autonomia das obrigações cambiais permanece preservada. Cabe apenas ao credor avisar dos recebimentos totais ou parciais recebidos de qualquer dos codevedores, sob pena de responder pelo ilícito locupletamento, nos termos do art. 940 do Código Civil[6].

Relativamente à cessão fiduciária de direitos creditórios, a jurisprudência tem divergido quanto à sua sujeição ou não aos efeitos da recuperação judicial.

O Tribunal de Justiça do Estado do Espírito Santo, por meio da sua 3ª Câmara Cível, assim decidiu[7]:

> Propriedade fiduciária de títulos de crédito. Sujeição aos efeitos da recuperação judicial. Não incidência da exceção prevista na legislação falimentar. 1. A redação do art. 49, § 3º, da Lei n. 11.101/2005 estatui, claramente, que os créditos daqueles em posição de proprietário fiduciário de bem móvel e imóvel não se submetem aos efeitos da recuperação judicial. 2. Assim como o próprio agravante insiste em afirmar em suas razões recursais, o mesmo se revela como proprietário fiduciário de títulos de crédito que, por óbvio, não se confundem com a classificação de bens móveis ou imóveis. 3. Se a legislação admite a cessão fiduciária tanto de coisa móvel quanto, como no caso em apreço, de títulos de crédito, deveria esta última hipótese também estar prevista, de modo expresso pela lei específica, como excluída dos efeitos da recuperação judicial, o que não é o caso.

O Tribunal de Justiça do Estado de São Paulo, por meio da Câmara Especial de Falências e Recuperações Judiciais de Direito Privado, contrariamente, decidiu pela não sujeição aos efeitos da recuperação judicial, mas ora entendendo pela aplicação pura e

---

4   Sobre a novação recuperacional confira-se o item 6 deste Capítulo 11.
5   Nesse sentido, tem-se a construção do verbete 581 da súmula de jurisprudência do Superior Tribunal de Justiça, assim enunciado: "A recuperação judicial do devedor principal não impede o prosseguimento das ações e execuções ajuizadas contra terceiros devedores solidários ou coobrigados em geral, por garantia cambial, real ou fidejussória".
6   Art. 940: "Aquele que demandar por dívida já paga, no todo ou em parte, sem ressalvar as quantias recebidas ou pedir mais do que for devido, ficará obrigado a pagar ao devedor, no primeiro caso, o dobro do que houver cobrado e, no segundo, o equivalente do que dele exigir, salvo se houver prescrição".
7   Agravo de Instrumento n. 30089000142, julgado à unanimidade em 24-6-2008, Rel. Des. Jorge Góes Coutinho.

simples do § 3º do art. 49 da Lei n. 11.101/2005, ora entendendo pela aplicação conjunta do indigitado preceito com a regra do § 5º deste mesmo artigo, relativa a crédito garantido por penhor sobre títulos de crédito e direitos creditórios.

Naquele primeiro sentido, cabe exemplificar com a seguinte decisão[8]: "Recuperação judicial. Decisão que, ao determinar o processamento do pedido da devedora, determinou o depósito em conta vinculada dos valores de títulos cedidos fiduciariamente ao credor. Inadmissibilidade. Aplicação do § 3º do art. 49 da Lei n. 11.101/2005. Recurso provido".

No segundo, com a decisão seguinte[9]:

> Recuperação judicial – Despacho judicial que deferiu o desbloqueio de bens por parte do agravante, liberando-os para a agravada e recuperanda – Inadmissibilidade – Cédula de crédito bancário com contrato de constituição de alienação fiduciária em garantia (cessão fiduciária de direitos de crédito) – Os direitos de créditos são bens móveis para os efeitos legais (art. 83, III, do CC) e se incluem no § 3º do art. 49 da Lei n. 11.101/2005 – Propriedade fiduciária constituída com o registro do contrato – Aplicação do disposto no art. 49, §§ 3º e 5º, da Lei n. 11.101/2005 – Recurso interposto tempestivamente, ou seja, dentro do prazo legal, contado a partir do dia em que o agravante teve efetivamente vista dos autos – Agravo de Instrumento conhecido e provido.

O Superior Tribunal de Justiça, por sua vez, entendeu, no julgamento do Recurso Especial n. 1.263.500/ES[10], que "em face da regra do art. 49, § 3º, da Lei n. 11.101/2005, não se submetem aos efeitos da recuperação judicial os créditos garantidos por cessão fiduciária". A jurisprudência da referida Corte vem reiterando a tese em ulteriores julgados[11].

O nosso entendimento, entretanto, é o de que a cessão fiduciária de direitos creditórios se submete aos efeitos da recuperação por não estar prevista dentre as exceções

---

[8] Agravo de Instrumento n. 547.893-4/8-00, julgado à unanimidade em 27-8-2008, Rel. Des. Boris Kauffmann.

[9] Agravo de Instrumento n. 585.273-4/7-00, julgado à unanimidade em 19-11-2008, Rel. Des. Romeu Ricupero.

[10] Acórdão da 4ª Turma, tendo por Relatora a Ministra Maria Isabel Gallotti, julgado à unanimidade, com ressalvas do Ministro Luis Felipe Salomão, o qual reconheceu "que o crédito garantido por cessão fiduciária de título não faz parte do Plano de Recuperação Judicial, mas sua liquidação deverá ser sindicada pelo Juízo da recuperação, a partir da seguinte solução: i) os valores deverão ser depositados em conta vinculada ao Juízo da recuperação, os quais não serão rateados para o pagamento dos demais credores submetidos ao Plano; ii) o credor fiduciário deverá pleitear ao Juízo o levantamento dos valores, ocasião em que será decidida, de forma fundamentada, sua essencialidade ou não – no todo ou em parte – ao funcionamento da empresa; iii) no caso de os valores depositados não se mostrarem essenciais ao funcionamento da empresa, deverá ser deferido o levantamento em benefício do credor fiduciário".

[11] Confiram-se o Agravo Interno no Agravo em Recurso Especial n. 884.153/SP e o Agravo Interno no Agravo em Recurso Especial n. 1.119.131/RJ.

capituladas no § 3º do art. 49, seguindo, por isso, o mesmo curso dos créditos em geral, nos termos do *caput* do indigitado preceito.

Isso porque o § 3º aponta como exceção o credor titular da posição de proprietário fiduciário de bens móveis ou imóveis. Apesar de os títulos de crédito, em gênero, poderem ser enquadrados na categoria dos bens móveis, o certo é que o legislador, que não se vale de palavras vãs, contemplou a posição de proprietário, que traduz, portanto, a existência de um direito real sobre a coisa. Ora, na cessão fiduciária de direitos creditórios, a posição do credor é a de titular de um direito pessoal e não real. Assim, como a regra do § 3º é de exceção, deve ser interpretada de forma restrita.

Por fim, não se pode deixar de consignar a obrigação de comunicação imediata ao juízo da recuperação judicial da ocorrência de qualquer cessão ou promessa de cessão de crédito habilitado (§ 7º do art. 39, introduzido pela Lei n. 14.112/2020).

2. CRÉDITOS TITULARIZADOS POR REPRESENTANTES COMERCIAIS AUTÔNOMOS

A Lei n. 14.195/2021 atribuiu nova redação ao art. 44 da Lei n. 4.886/65, o qual vem assim estruturado:

> Art. 44. No caso de falência ou de recuperação judicial do representado, as importâncias por ele devidas ao representante comercial, relacionadas com a representação, inclusive comissões vencidas e vincendas, indenização e aviso prévio, e qualquer outra verba devida ao representante oriunda da relação estabelecida com base nesta Lei, serão consideradas créditos da mesma natureza dos créditos trabalhistas para fins de inclusão no pedido de falência ou plano de recuperação judicial.
>
> Parágrafo único. Os créditos devidos ao representante comercial reconhecidos em título executivo judicial transitado em julgado após o deferimento do processamento da recuperação judicial, e a sua respectiva execução, inclusive quanto aos honorários advocatícios, não se sujeitarão à recuperação judicial, aos seus efeitos e à competência do juízo da recuperação, ainda que existentes na data do pedido, e prescreverá em 5 (cinco) anos a ação do representante comercial para pleitear a retribuição que lhe é devida e os demais direitos garantidos por esta Lei.

A equiparação presente no *caput* do citado preceito normativo reitera, de certo modo, a redação anterior, que também a realizava, mas no âmbito exclusivamente falimentar. A questão vem por nós tratada, tanto no plano da constitucionalidade quanto no plano da conveniência, no item 5 do Capítulo 25, a cujos termos nos remetemos, em relação à ótica da falência.

Na seara recuperacional, detecta-se, também, flagrante inconveniência da equiparação, porquanto despida de qualquer motivação jurídica, econômica, social, ética ou moral a ampará-la, na medida em que os representantes comerciais autônomos são

162   CURSO DE DIREITO COMERCIAL – FALÊNCIA E RECUPERAÇÃO DE EMPRESA

empresários e não trabalhadores, estando, por isso, fora do regime da proteção da legislação trabalhista.

O indigitado *caput* se afigura, por outro lado, de constitucionalidade no mínimo duvidosa ao estabelecer, indistintamente, a equiparação de créditos detidos pelos representantes comerciais aos créditos trabalhistas. Essa generalidade induz a percepção de que tais créditos titularizados por representantes comerciais pessoas jurídicas tenham o mesmo tratamento das verbas laborais, apesar de inexistir qualquer natureza alimentar, fato que, a nosso ver, afronta o princípio constitucional da isonomia, prescrito no *caput* do art. 5º da Constituição Federal.

Com relação ao parágrafo único, a violação por quebra da isonomia parece mais forte quando dispensa tratamento discriminatório e privilegiado a uma única categoria de credores – representantes comerciais autônomos – em detrimento dos demais credores trabalhistas, apesar de estarem a eles equiparados, por força de previsão estampada no *caput*. Gera uma distorção incompreensível, que enseja, com a não sujeição à recuperação judicial preconizada, em última análise, a possibilidade de tal grupamento de credores receber antes mesmo dos credores trabalhistas, a quem a Lei n. 11.101/2005, desde sua origem, pretendeu assegurar tratamento especial no direito recuperacional (cf. arts. 47 e 54), em intencional concretização dos princípios da dignidade da pessoa humana e da valorização do trabalho, fundamentos da República Federativa do Brasil (Constituição Federal, incisos III e IV do art. 1º e *caput* do art. 170).

3. TRATAMENTO ISONÔMICO DOS CREDORES

A isonomia é um princípio geral do direito que desfruta de assento constitucional, inscrito no título destinado aos direitos e às garantias fundamentais (Constituição da República, art. 5º).

Como curial, desse princípio resulta a necessidade de se conferir igual tratamento aos iguais e tratamento diferenciado aos desiguais, na exata medida de sua desigualdade.

No direito falimentar, a isonomia vem revelada no princípio da *par conditio creditorum*, que assegura a igualdade de tratamento entre os credores de uma mesma classe. E isto porque, na falência, enquanto concurso de credores, estes – os credores – são agrupados em classes segundo um critério legal de preferência, que vai orientar a ordem de recebimento dos respectivos créditos, de modo a evitar tratamentos injustos, abusivos e tradutores de fraudes.

Na recuperação judicial, embora não se possa vislumbrar tecnicamente um concurso de credores, a sua estruturação jurídica na Lei n. 11.101/2005, a partir da repartição dos credores em classes para realizar a votação do plano, acaba por sugerir a necessidade de tratamento isonômico dentro dessas classes, como cláusula geral do direito da empresa em crise. E o respeito a essa igualdade vem sendo consagrado pela doutrina e pela jurisprudência.

Desse modo, parece-nos que o melhor entendimento a ser dispensado à matéria é o de que o plano de recuperação judicial deve assegurar tratamento isonômico aos credores de uma mesma classe que possuam interesses homogêneos, seja por critério resultante da natureza do crédito, do valor do crédito, das ações de cooperação com a empresa em crise (credor parceiro ou colaborativo), ou qualquer outro de similitude justificada sob o ponto de vista jurídico, econômico ou social. Mas sempre observando os princípios da razoabilidade, da racionalidade e da boa-fé objetiva.

O certo, portanto, é que não se deve admitir tratamento individualizado a credores integrantes de uma mesma classe. O que se deve permitir é o tratamento diferenciado entre um conjunto de credores de uma mesma classe[12], porém sempre justificado por um critério de similitude e de modo a não atribuir tratamento discriminatório ou oportunista. Pensamos que é com essa medida e com esse parâmetro que se deva examinar se o plano de recuperação judicial respeita ou rompe com a isonomia exigida pelo ordenamento jurídico nacional[13].

A Lei n. 14.112/2020 conferiu nova redação ao parágrafo único do art. 67, para dispor que "o plano de recuperação judicial poderá prever tratamento diferenciado aos créditos sujeitos à recuperação judicial pertencentes a fornecedores de bens ou serviços que continuarem a provê-los normalmente após o pedido de recuperação judicial, desde que tais bens ou serviços sejam necessários para a manutenção das atividades e que o tratamento diferenciado seja adequado e razoável no que concerne à relação comercial futura".

A nova disposição desafia três comentários. O primeiro concerne à visão de que o preceito referenda o tratamento diferenciado por critério de similitude para o credor parceiro ou colaborativo, consoante já admitido pela construção pretoriana. O segundo vincula-se à definição do critério a justificar a formação de uma subclasse para receber tratamento diferenciado: que o tratamento seja adequado e razoável e que os produtos ou serviços providos após o ajuizamento do pedido de recuperação judicial se mostrem

---

[12]   AYOUB, Luiz Roberto; CAVALLI, Cássio. *A construção jurisprudencial da recuperação judicial de empresas.* Rio de Janeiro: Forense, 2013, p. 241.

[13]   Confira-se o Recurso Especial n. 1.634.844/SP, julgado à unanimidade pela 3ª Turma, tendo por Relator o Ministro Ricardo Villas Bôas Cueva, no qual se assentou que "a Lei de Recuperação de Empresas e Falências consagra o princípio da paridade entre credores. Apesar de se tratar de um princípio norteador da falência, seus reflexos se irradiam na recuperação judicial, permitindo o controle de legalidade do plano de recuperação sob essa perspectiva".

necessários à manutenção da atividade empresarial. O terceiro, por seu turno, é o de que a hipótese contemplada não inibe ou exclui outras situações de "tratamento diferenciado" a serem analisadas diante de cada caso concreto.

A Lei n. 11.101/2005 adotou a técnica da separação dos credores sujeitos aos efeitos da recuperação judicial em classes para a deliberação sobre o plano de recuperação judicial (arts. 41 e 45). As decisões tomadas no âmbito de cada classe possibilitarão – ou não – que o plano seja aprovado.

O método legal, portanto, foi o de promover a composição dos interesses dos credores em classes, muito embora se admita formação de subclasses. Mas estas – as subclasses – se prestam a garantir a equidade no tratamento dos credores, a partir da homogeneidade de posições jurídicas e de interesses econômicos e sociais. Jamais se prestam para a votação do plano, a qual se realiza dentro da classe. A maioria se estabelece dentro de cada uma das classes votantes. E essa maioria pode restar viciada, apartando-se dos interesses de grupo e comuns, para desbordar em decisões não equânimes, propulsoras de favorecimentos indevidos e propósitos egoísticos, divorciados, portanto, do processo de sacrifício e solidário em que se traduz o processo de recuperação judicial.

Diante da formação da maioria dentro de classes e da consequente impotência de se evitar o eventual abuso dessa maioria com a simples criação de subclasses visando a melhor distribuir os resultados da crise sobre os credores, o controle judicial se apresenta como peça fundamental para a garantia do verdadeiro tratamento isonômico e equitativo na composição dos interesses da massa de credores. O magistrado, como já dito alhures, atua como um guardião da legalidade do plano. O controle judicial permite, assim, se possam excluir eventuais defeitos quanto à sua validade e eficácia e se realiza tanto em relação à sua legalidade formal, bem como em relação à sua legalidade material ou substancial, podendo desembocar, dependendo do caso concreto, em um controle de mérito da vontade dos credores (decisão da assembleia geral de credores), de maneira a garantir a sua legitimidade e desejada higidez, notadamente na formação das maiorias em cada classe de votação do plano.

4. OBRIGAÇÕES E VALORES INEXIGÍVEIS

A lei contempla a existência de certos valores e obrigações que não podem ser exigidos do devedor na recuperação judicial. São as hipóteses das obrigações a título gratuito e das despesas que os credores fizerem para tomar parte no respectivo processo (art. 5º, I e II).

Cessado o período no qual o devedor permanece em recuperação judicial, a inexigibilidade da obrigação a título gratuito desaparece. A *mens legis* repousa na ideia de desonerar o empresário desse tipo de obrigação, de modo a facilitar sua recuperação. Desaparecendo a causa que a motivou, não vemos razão para condenar o credor da obrigação a título gratuito a seu não recebimento.

Diversa é a situação das despesas de participação no processo, as quais deverão ser suportadas pelos credores, sem qualquer condicionante. Nunca é demais realçar que dessa inexigibilidade encontram-se excluídas as "custas judiciais decorrentes de litígio com o devedor". Embora a lei mencione a expressão "custas judiciais", sustentamos que sua interpretação deva se fazer à luz do conceito geral estabelecido pelo Código de Processo Civil para despesas judiciais que abrangem não só as custas dos atos do processo, como também indenização de viagem, diária de testemunha e remuneração do assistente técnico (art. 84 do Código de Processo Civil de 2015). Não haveria sentido se tratar desigualmente rubricas que constituem o conceito de despesas relativas a atos judiciais, as quais são imputadas ao perdedor da demanda, a título de verba sucumbencial.

5. SUSPENSÃO DAS EXECUÇÕES, DO CURSO DA PRESCRIÇÃO E PROIBIÇÃO DA CONSTRIÇÃO DE BENS

No despacho do juiz que defere o processamento da recuperação judicial vem ordenada a suspensão das execuções contra o devedor, por créditos sujeitos a seus efeitos (arts. 6º, II e 52, III), o que se vem chamando de *stay period*, com inspiração no direito norte-americano. Desse mesmo ato, decorre a automática proibição de qualquer forma de retenção, arresto, penhora, sequestro, busca e apreensão e constrição judicial ou extrajudicial sobre os bens do devedor, oriunda de demandas judiciais ou extrajudiciais cujos créditos ou obrigações sujeitem-se à recuperação judicial (art. 6º, III).

Essa consequência decorrente da admissão inicial de seu pedido permite-lhe lidar de forma mais aliviada com o estado de crise econômico-financeira em que se vê inserido, pois estará, ainda que momentaneamente, livre de novas penhoras de seus bens e de qualquer outro ato de apreensão ou constrição judicial ou extrajudicial, além do fantasma da falência. Nenhuma execução dos credores sujeitos aos efeitos da recuperação judicial poderá tramitar, estando suspenso o curso das já propostas. Terá o devedor um período de tranquilidade no qual buscará reestruturar suas dívidas, recompor sua atividade e recuperar, assim, a sua empresa.

Caberá a ele comunicar aos respectivos juízos, nos quais tramitam as ações e execuções atingidas pela suspensão, do deferimento do processamento de sua recuperação judicial (§ 3º do art. 52).

O deferimento do processamento da recuperação judicial também implica a suspensão do curso dos prazos de prescrição das obrigações do devedor sujeitas aos seus efeitos (art. 6º, I).

As suspensões e proibições acima referidas se realizam pelo prazo de cento e oitenta dias, que deve ser contado da publicação do edital anunciando o deferimento do processamento da recuperação (§ 4º do art. 6º c/c § 1º do art. 52)[14]. É possível, com a nova redação do § 4º do art. 6º dada pela Lei n. 14.112/2020, a prorrogação do aludido prazo por igual período de cento e oitenta dias, em caráter excepcional e por uma única vez, sempre por decisão judicial e desde que o devedor não tenha concorrido para a superação do lapso temporal[15]. Automaticamente, ante sua consumação, fica restabelecido o direito dos credores de prosseguir em suas ações e execuções, independentemente, portanto, de qualquer pronunciamento judicial a respeito.

O escopo da previsão, ao limitar o tempo de sustação do curso de execuções contra o devedor, do prazo de prescrição e da proibição de constrição de seus bens, é o de aliviar o sacrifício dos credores, sob a crença de que o prazo previsto mostra-se suficiente à confecção do plano de recuperação e à sua sujeição à deliberação da assembleia geral de credores. No acordo judicial, acredita o legislador, a situação das ações com andamento suspenso estaria com solução preconizada, porquanto o que ficar decidido acerca do crédito nela perseguido influirá em seu curso definitivo, implicando a sua extinção.

O decurso do prazo de suspensões e proibições em questão, sem a deliberação acerca do plano de recuperação judicial apresentado pelo devedor, abre ensejo aos credores de exercerem a faculdade de apresentação de plano alternativo próprio, tema ao qual

---

[14] A despeito da literalidade do preceito, que faz menção ao prazo de cento e oitenta dias "contado do processamento da recuperação", sustentamos que o início de sua contagem se realiza não da data da decisão, mas sim daquela em que ganhou publicidade, o que se verifica com o edital de sua publicação no órgão oficial. Interpretação contrária viria a vulnerar o sistema da própria legislação, porquanto o prazo de habilitação dos credores se conta desta publicação (§ 1º do art. 7º), a qual servirá, de forma indireta, para o cômputo do prazo para que o administrador judicial anuncie, por edital, a relação de credores elaborada (§ 2º do art. 7º), do qual se conta o prazo para os credores objetarem o plano de recuperação apresentado (art. 55), cuja ocorrência enseja a convocação da assembleia geral de credores para sobre ele deliberar (art. 56). Outrossim, é a partir dela que também flui o prazo para o devedor apresentar seu plano de recuperação em juízo. Ora, como adiante se demonstrará, o prazo de suspensão das ações encontra-se intimamente ligado com o procedimento de apresentação do plano e sua análise pela assembleia geral de credores, caso sofra impugnação. Portanto, o interregno de cento e oitenta dias não pode ter como termo *a quo* senão o da publicação da decisão de processamento da recuperação, sob pena de se romper com o sistema.

[15] O Superior Tribunal de Justiça, anteriormente à reforma da Lei n. 14.112/2020, já vinha orientando seu entendimento para permitir, em situações de excepcionalidade, a prorrogação desse prazo de cento e oitenta dias, desde que não se pudesse imputar ao devedor a demora na aprovação do plano de recuperação apresentado. Esta exegese, mais flexível, considerando a excepcionalidade da situação, sempre nos pareceu razoável e correta. Neste sentido, também sustentávamos desde a primeira edição desta obra.

nos dedicamos no item 8 do Capítulo 13, a cujos termos nos remetemos, mas neste momento anotando que, em relação ao *stay period*, ocorrerá a sua prorrogação adicional por mais cento e oitenta dias, caso algum credor efetivamente apresente o plano nos trinta dias seguintes (i) ao término daquele prazo originário de suspensão de cento e oitenta/trezentos e sessenta dias sem deliberação da assembleia geral de credores sobre o plano de recuperação judicial apresentado pelo devedor ou (ii) à assembleia geral de credores, na qual o plano do devedor foi rejeitado, mas com a aprovação pela maioria dos credores legalmente estabelecida de concessão de prazo para a apresentação de plano alternativo (§ 4º-A do art. 6º). A prorrogação adicional em questão dar-se-á de maneira automática, independendo, pois, de pronunciamento judicial, caso atendido o pressuposto legal que a autoriza.

Contudo, a recuperação, como já visto, não é oponível a todos os credores, existindo, pois, certos titulares de créditos detidos contra o devedor que escapam a seus efeitos. Esses credores poderão livremente fazer uso de suas ações e execuções para os recebimentos que lhes são devidos.

As execuções de natureza fiscal não são suspensas pelo deferimento do processamento da recuperação judicial. Têm, portanto, trâmite garantido durante todo o processo de recuperação judicial. A elas não se aplicam as disposições constantes dos incisos I, II e III do *caput* do art. 6º. Contudo, o § 7º-B do mesmo preceito, introduzido pela Lei n. 14.112/2020, confere competência ao juízo recuperacional para determinar a substituição dos atos de constrição que recaiam sobre bens de capital essenciais à manutenção da atividade empresarial, proteção que irá perdurar até o encerramento da recuperação judicial. Com a providência, que deverá ser implementada mediante cooperação jurisdicional, assegura-se o prosseguimento da execução fiscal, com a constrição recaindo sobre outros bens não essenciais, sem que o fato, portanto, inviabilize a recuperação judicial, o que se realiza em prestígio ao princípio da preservação da empresa, da sua função social e ao estímulo à atividade econômica (art. 47), evitando-se que atos expropriatórios comprometam o cumprimento do plano de reorganização, mediante a técnica de extensão da competência do juízo da recuperação.

As execuções fiscais, com efeito, podem abranger os créditos de natureza tributária, bem assim os de natureza não tributária, como multas, indenizações, entre outros. O prosseguimento das execuções fiscais, portanto, diz respeito tanto aos créditos tributários como aos demais créditos titularizados pelo Poder Público que estejam inscritos em dívida ativa e encontrem-se em fase de cobrança executiva. O objetivo é, pois, o de manter os créditos fazendários afastados dos efeitos da recuperação judicial independentemente de sua natureza tributária ou não tributária[16].

---

[16] Nesse sentido, confira-se o decidido no Recurso Especial n. 1.931.633/GO, pela 3ª Turma do Superior Tribunal de Justiça, em decisão unânime, sob a relatoria da Min. Nancy Andrighi.

Essa mesma sistemática prevista no § 7º-B do art. 6º se verifica em relação às ações relativas às penalidades administrativas impostas aos empregadores pelos órgãos de fiscalização das relações de trabalho e às execuções de ofício das contribuições sociais e seus acréscimos legais constantes do art. 195, I, *a* e II da Constituição Federal. Importante ressaltar que, nestas hipóteses, veda-se a expedição de certidão de crédito e o arquivamento das execuções para efeitos de habilitação tanto na recuperação judicial, quanto na falência (§ 11 do art. 6º).

Tratando-se de credor titular da posição de proprietário fiduciário de bens móveis ou imóveis, de arrendador mercantil, de proprietário ou promitente vendedor de imóvel cujos respectivos contratos contenham cláusula de irrevogabilidade ou irretratabilidade, inclusive em incorporações imobiliárias, ou de proprietário em contrato de venda com reserva de domínio, seu crédito, como verificado no item 1 do Capítulo 11, também não fica submetido aos efeitos da recuperação judicial, prevalecendo os direitos de propriedade sobre a coisa e as condições contratuais, sempre com observância da correspondente legislação especial. Contudo, não será permitido, durante o prazo de suspensão das execuções dos credores sujeitos a seus efeitos, a venda ou a retirada do estabelecimento do devedor dos bens de capital essenciais à sua atividade empresarial (§ 3º do art. 49). Seriam os casos, por exemplo, do credor e proprietário fiduciário ou do arrendador mercantil que não estariam proibidos de ajuizar ou prosseguir em suas ações de busca e apreensão do bem ou reintegração na sua posse, respectivamente, mas, durante o interstício, não poderiam executar a medida de sua retomada, mesmo que já deferida por decisão judicial em caráter liminar ou definitivo. No interregno, garante-se ao devedor permanecer com todos os bens indispensáveis ao exercício de sua empresa, de modo a continuar sua operação e facilitar a apresentação do plano de recuperação e sua obtenção junto aos credores, fato este, inclusive, que poderá render ensejo, também, à negociação à parte com os credores a ela não sujeitos, de modo a não haver retirada do bem (art. 167).

Adicionalmente, previu a reforma da Lei n. 14.112/2020 que, embora as suspensões e proibições constantes dos incisos I, II e III do *caput* do art. 6º não se apliquem aos referidos credores, fica admitida a competência do juízo da recuperação judicial para determinar a suspensão dos atos de constrição que também recaiam sobre bens de capital essenciais à manutenção da atividade durante o prazo do *stay period*, o que se implementará pelo instrumento da cooperação jurisdicional (§ 7º-A do art. 6º).

As hipóteses presentes nos citados § 3º do art. 49 e § 7º-A do art. 6º são complementares e, portanto, não se confundem. A primeira se opera de modo automático e se refere à (não) retirada do estabelecimento ou venda, ao passo que a segunda depende de iniciativa do juízo no qual se processa a recuperação judicial e é alusiva a atos de constrição.

A disposição do § 7º-A aludida, do mesmo modo, vai se aplicar aos créditos decorrentes de adiantamento de contrato de câmbio à exportação.

Por bem de capital essencial, parece-nos que deva ser entendido todo aquele que serve a mais de um ciclo produtivo ou operacional do devedor, não acompanhando o produto final, mas permanecendo na posse do devedor e encontrando-se apto a ingressar em um novo ciclo econômico, sendo, desse modo, necessário à manutenção da atividade produtiva. É um bem corpóreo, móvel ou imóvel, não consumível ou perecível. A sua necessidade e, às vezes, indispensabilidade, com aptidão de servir a mais de um processo produtivo ou operacional para o devedor, é o que grifa a sua essencialidade, atributo esse que se deve avaliar diante da especificidade de cada caso concreto, competindo, em qualquer hipótese, à correspondente comprovação ao próprio devedor. Valores em dinheiro, com efeito, não integram o conceito de bem de capital.

Cumpre aqui enfrentar a inclusão do art. 6º-A pela Lei n. 13.043/2014 no Decreto-Lei n. 911/69 que textualmente dispõe: "O pedido de recuperação judicial ou extrajudicial pelo devedor nos termos da Lei n. 11.101, de 9 de fevereiro de 2005, não impede a distribuição e a busca e apreensão do bem". Diante deste texto normativo, poder-se-ia deduzir que a parte final do § 3º do art. 49 da Lei n. 11.101/2005 estaria derrogada em relação à alienação fiduciária em garantia de bem móvel? Em outros termos, passou a ser possível realizar a busca e apreensão da coisa durante o período de suspensão das ações?

Cremos que o art. 6º-A referenciado não entra em conflito real com a parte final do § 3º do art. 49 da Lei n. 11.101/2005. As disposições devem ser interpretadas harmonicamente, sempre se tendo em vista o desiderato de se preservar a empresa, cuja recuperação convém não só ao devedor, mas também a todos que nela têm interesse, como o Estado, os trabalhadores, os consumidores, os investidores e os agentes econômicos em geral, como as instituições de crédito.

Com efeito, a disposição do § 3º do art. 49 em questão é tradutora de regra especialíssima, que não fica derrogada pela regra de cunho geral traduzida no art. 6º-A do Decreto-Lei n. 911/69, relativa à alienação fiduciária em garantia de coisa móvel. O art. 6º-A se basta em ditar preceito geral e ordinário: o pleito de recuperação formulado pelo devedor não impede a distribuição e a busca e apreensão do bem. Mas, em se tratando de bem de capital essencial à atividade empresarial do devedor, este não poderá ser retirado, e muito menos vendido, durante o prazo de suspensão das ações a que se refere o § 4º do art. 6º da Lei n. 11.101/2005. Este bem em especial (bem de capital essencial à atividade empresarial) é que mereceu, e ainda continua a merecer, mesmo após o advento do art. 6º-A do Decreto-Lei n. 911/69 pela Lei n. 13.043/2014, a proteção específica da Lei n. 11.101/2005, que não restou suprimida.

Não vemos, assim, incompatibilidade entre o disposto no art. 6º-A do Decreto-Lei n. 911/69 e o disposto no § 3º do art. 49 da Lei n. 11.101/2005. As normas coexistem, cuidando o preceito da Lei de Recuperação e Falência de situação especial. O indigitado art. 6º-A veio deixar claro que a busca e apreensão pode realizar-se em relação a bens em geral que não gozem da tutela específica de que trata o aludido § 3º do art. 49.

Não é crível, diante da técnica legislativa exigida, que uma alteração no diploma geral em que se constitui o Decreto-Lei n. 911/69, realizada no bojo da Lei n. 13.043/2014, fruto da conversão da Medida Provisória no 651/2014, que trata de assuntos dos mais diversificados[17], possa revogar regra especial da Lei n. 11.101/2005.

Permitindo a recuperação judicial a continuação da empresa explorada pelo devedor, poderá ele, como naturalmente ocorrerá, contrair novas obrigações e adquirir, por isso, novos credores. Estes não ficarão, por certo, subordinados aos efeitos da recuperação judicial, os quais serão apenas para os credores antigos, isto é, para aqueles cujos créditos se encontrem constituídos na data do ajuizamento do pedido, ainda que não vencidos (art. 49).

Como regra geral, não há qualquer restrição em relação aos credores não sujeitos aos efeitos da recuperação judicial, os quais poderão promover as ações decorrentes de seus direitos, inclusive sendo-lhes facultado requerer a falência do devedor, consoante assegurado no § 1º do art. 73[18]. Mas neste último caso, deverão fazê-lo perante o juízo em que se processa a recuperação judicial, em função da prevenção (§ 8º do art. 6º).

Todas as ações que venham a ser propostas contra o devedor em processo de recuperação judicial deverão ser comunicadas ao respectivo juízo pelo juiz competente, quando do recebimento da petição inicial, ou pelo devedor, imediatamente após a citação, para que se possa claramente ter uma visão de sua situação (§ 6º do art. 6º).

Hipóteses especiais de credores sujeitos aos efeitos da recuperação judicial, entretanto, merecem ser analisadas. As ações que demandarem quantia ilíquida não serão suspensas e prosseguirão, no juízo de seu processamento, até que as importâncias perseguidas se tornem líquidas, ocasião em que os respectivos créditos serão incluídos no quadro-geral de credores, nas classes que lhes forem próprias. As ações de natureza trabalhista também não serão alcançadas pela suspensão. Continuarão a ser processadas perante a Justiça do Trabalho até a apuração dos créditos correspondentes, os quais serão, a final, inscritos no quadro-geral de credores pelos valores determinados nas

---

[17] A Lei n. 13.043/2014 dispõe sobre fundos de índice de renda fixa, sobre a responsabilidade tributária na integralização de cotas de fundos ou clubes de investimento por meio da entrega de ativos financeiros, sobre a tributação das operações de empréstimos de ativos financeiros e sobre a isenção de imposto sobre a renda na alienação de ações de "empresas pequenas e médias", sobre Fundo de Garantia do Tempo de Serviço – FGTS, sobre contribuição previdenciária sobre folha de pagamento, sobre legislação aduaneira, sobre a Casa da Moeda do Brasil, sobre o BNDES, sobre a legislação tributária e financeira aplicável aos contratos de concessão de serviços públicos, sobre o imposto sobre a propriedade territorial rural, sobre a Vigilância Sanitária, sobre a Advocacia Geral da União, dentre outros assuntos.

[18] Com exceção da Fazenda Pública, por falta de interesse de agir. Sobre o tema, remetemo-nos ao item 2.5 do Capítulo 18.

correspondentes sentenças transitadas em julgado. Durante o período de suspensão das execuções, as de natureza trabalhista também ficarão paralisadas. No interregno, não prosseguirão as execuções trabalhistas para que se possa ordenar um sistema de pagamento dos créditos dessa natureza no plano, além de se ter um panorama completo dos credores sujeitos à recuperação, até porque eventual pagamento havido por força da execução judicial alteraria a composição do quadro-geral de credores.

Com a nova redação do § 5º do art. 6º atribuída pela Lei n. 14.112/2020, resta induvidoso que as execuções trabalhistas estão sustadas, na medida em que os créditos nela perseguidos serão novados pela aprovação do plano ou, na hipótese de sua rejeição, deverão os respectivos credores garantir suas habilitações no concurso falimentar. Excluiu-se a parte final do antigo § 5º que previa a estranha possibilidade de prosseguimento de tais execuções após o fim do prazo de suspensão, ainda que o crédito fosse incluído no quadro-geral de credores da recuperação judicial.

Os créditos garantidos por penhor sobre títulos de crédito, direitos creditórios, aplicações financeiras ou valores mobiliários poderão ter substituídas ou renovadas as garantias liquidadas ou vencidas no curso da recuperação judicial, conforme fica ao devedor facultado pelo § 5º do art. 49. Enquanto não implementada a substituição ou renovação, os valores eventualmente recebidos em pagamento dessas garantias durante o período de suspensão das ações ficarão depositados em conta vinculada à disposição do juízo.

6. NOVAÇÃO RECUPERACIONAL E O PERÍODO DE SUPERVISÃO JUDICIAL

A novação é a modalidade de extinção de uma antiga obrigação sem o seu direto pagamento, formando-se outra obrigação para substituí-la. Pode ser de duas espécies: objetiva e subjetiva. A novação objetiva se dá quando o devedor contrai com o credor nova dívida para extinguir e substituir a anterior (Código Civil, art. 360, I); a novação subjetiva é verificada quando novo devedor sucede ao antigo, ficando este quite com o credor, ou quando, em virtude de obrigação nova, outro credor é substituído ao antigo, ficando o devedor quite com este (Código Civil, art. 360, II e III).

Diferentemente do que se via em relação à concordata, para a qual o art. 148 do Decreto-Lei n. 7.661/45 rezava não produzir novação, a recuperação judicial, segundo os claros e precisos termos do art. 59 da Lei n. 11.101/2005, tem diversa disciplina. O plano de recuperação judicial, enuncia o preceito, "implica novação dos créditos anteriores ao pedido, e obriga o devedor e todos os credores a ele sujeitos". Pela nítida redação do dispositivo, tem-se que os créditos sujeitos à recuperação judicial serão novados e pagos na moeda da recuperação judicial, isto é, nos termos do plano de recuperação judicial homologado, ainda que não habilitados e mesmo que já tenha sido encerrada a recuperação judicial.

Mas o preceito legal em análise manda preservar as garantias do crédito, que, desse modo, não ficam alteradas pela novação operada. Por isso é que não desonera os coobrigados com o devedor, nem os fiadores e os responsáveis pela via de regresso (§ 1º do art. 49), salvo se o credor beneficiário da garantia fidejussória concordar com a sua supressão, por se tratar de direito patrimonial e, assim, disponível[19]. Da mesma forma, condiciona à expressa aprovação do credor a alienação de bem objeto de garantia real ou a substituição da garantia (§ 1º do art. 50)[20].

O Superior Tribunal de Justiça entendeu tratar-se de novação *sui generis*, porquanto se submete a uma condição resolutiva. A conclusão se fazia a partir do disposto no art. 61, o qual, na sua versão originária, preceituava que o descumprimento de qualquer obrigação prevista no plano, durante o interregno de dois anos que se seguissem à concessão da recuperação judicial, acarretava a sua convolação em falência com a restaura-

---

[19] Nesse sentido, tem-se a construção do verbete 581 da súmula de jurisprudência do Superior Tribunal de Justiça, assim enunciado: "A recuperação judicial do devedor principal não impede o prosseguimento das ações e execuções ajuizadas contra terceiros devedores solidários ou coobrigados em geral, por garantia cambial, real ou fidejussória".

[20] Confira-se o nosso parecer Recuperação judicial. Garantias reais e pessoais: Substituição, redução e supressão. In: *Estudos e pareceres*. Rio de Janeiro: Processo, 2021, p. 187-222 e, no mesmo sentido, decisão proferida pela 2ª Seção do Superior Tribunal de Justiça, por maioria, em 12.05.2021, no REsp n. 1.794.209/SP, com a relatoria do Min. Ricardo Villas Bôas Cueva, assim ementada: "Recurso Especial. Direito empresarial. Recuperação judicial. Plano de recuperação. Novação. Extensão. Coobrigados. Impossibilidade. Garantias. Supressão ou substituição. Consentimento. Credor titular. Necessidade. 1. Recurso especial interposto contra acórdão publicado na vigência do Código de Processo Civil de 2015 (Enunciados Administrativos nos. 2 e 3/STJ). 2. Cinge-se a controvérsia a definir se a cláusula do plano de recuperação judicial que prevê a supressão das garantias reais e fidejussórias pode atingir os credores que não manifestaram sua expressa concordância com a aprovação do plano. 3. A cláusula que estende a novação aos coobrigados é legítima e oponível apenas aos credores que aprovaram o plano de recuperação sem nenhuma ressalva, não sendo eficaz em relação aos credores ausentes da assembleia geral, aos que abstiveram-se de votar ou se posicionaram contra tal disposição. 4. A anuência do titular da garantia real é indispensável na hipótese em que o plano de recuperação judicial prevê a sua supressão ou substituição. 5. Recurso especial interposto Tonon Bionergia S.A., Tonon Holding S.A. e Tonon Luxemborg S.A. não provido. Agravo em recurso especial interposto por CCB Brasil – China Construction Bank (Brasil) Banco Múltiplo não conhecido". Nessa mesma linha, tem-se, ainda, o AgInt nos EDcl no Conflito de Competência n. 172.379/PE, relatado pelo Min. Ricardo Villas Bôas Cueva e julgado à unanimidade pelos integrantes da Segunda Seção em 05.03.2024. Nessa mesma linha, tem-se, ainda, o AgInt nos EDcl no Conflito de Competência n. 172.379/PE, relatado pelo Min. Ricardo Villas Bôas Cueva e julgado à unanimidade pelos integrantes da Segunda Seção em 05.03.2024.

ção dos direitos e garantias dos credores nas condições originalmente contratadas, deduzidos os valores eventualmente pagos[21]. A Lei n. 14.112/2020 alterou substancialmente a redação do *caput* do citado artigo[22], a fim de conferir ao juiz a faculdade de fixar ou não o prazo de dois anos para que o devedor fique no estado de recuperação judicial e, assim, jungido a uma supervisão judicial. Dessa forma, o legislador veio permitir que o juiz estabeleça ou não o período de supervisão judicial. Resolvendo assinalá-lo, impõe-se respeitar o limite temporal legal de dois anos, sendo possível, portanto, consolidá-lo em prazo inferior. É uma decisão que deve levar em conta as peculiaridades de cada recuperação judicial.

O texto normativo do art. 61 da Lei n. 11.101/2005, com efeito, tanto em sua redação antecedente, como em sua atual, introduz uma condição resolutiva à novação dos créditos anteriores ao pedido de recuperação judicial. A diferença é que, precedentemente, o biênio legal era consequência lógica e inarredável da concessão de recuperação judicial, ao passo que, atualmente, ele poderá ou não ser determinado pelo juiz na sentença de concessão da recuperação judicial. O magistrado, portanto, poderá não fixar prazo algum para que fique o devedor sob supervisão judicial ou poderá fixá-lo e, neste caso, deverá observar o teto legal de dois anos. Em termos mais diretos, a novação recuperacional, à luz do novo texto normativo, pode ser condicional ou não. Estabelecido na sentença de concessão da recuperação judicial o prazo de supervisão judicial, mantendo-se o devedor sob os efeitos daquele estado, a novação estará submetida a uma condição resolutiva. Do contrário, não sendo assinado pelo juiz qualquer prazo, os efeitos da novação serão imediatamente operados.

Fixado, portanto, na sentença algum prazo para que o devedor permaneça sob supervisão judicial, inexistirá posição creditícia definitiva durante o interregno. Convolada a recuperação em falência, no período, retornam os credores, na participação no processo falimentar, à situação na qual se encontravam anteriormente, realizados os acertos por pagamentos eventualmente materializados.

Decorrido, quando fixado na sentença, o lapso temporal em que se estabelece o estado de recuperação judicial, ainda que não encerrado por sentença o processo de recuperação judicial, a novação dos créditos anteriores passa a produzir plenos e irretroativos efeitos, não mais sendo possível se resolver pelo descumprimento do plano. A posição creditícia detida por cada credor já se torna perfectibilizada e definitiva e, assim, deve orientar as suas ações e tomadas de posição perante o devedor.

---

[21]   Cf. AgRg no REsp n. 1.374.877/SP e REsp n. 1.260.301/DF.

[22]   *Caput* do art. 61: "Proferida a decisão prevista no art. 58 desta Lei, o juiz poderá determinar a manutenção do devedor em recuperação judicial até que sejam cumpridas todas as obrigações previstas no plano que vencerem até, no máximo, 2 (dois) anos depois da concessão da recuperação judicial, independentemente do eventual período de carência".

174 CURSO DE DIREITO COMERCIAL – FALÊNCIA E RECUPERAÇÃO DE EMPRESA

Em suma, não havendo prazo assinado para a supervisão judicial, ou vencido este, quando estabelecido na sentença, e ocorrendo o descumprimento de qualquer obrigação prevista no plano de recuperação judicial, faculta-se ao credor prejudicado requerer a execução específica da obrigação inadimplida – pois a sentença que o homologou constitui título executivo judicial – ou a falência do devedor – mas com apoio em uma das situações previstas no art. 94, notadamente as dos incisos I, II e III, alínea g[23] (art. 62). Cumpre reafirmar que à decretação de falência, nesses termos, não se aplicará a regra do § 2º do art. 61, a qual determina tenham os credores reconstituídos seus direitos e garantias nas condições originalmente contratadas, visto que ela apenas integra a estrutura normativa do art. 61 e não a do art. 62 e, assim, limita-se à hipótese do § 1º do art. 61, que contempla a figura da convolação da recuperação em falência, decorrente do descumprimento de qualquer obrigação prevista no plano durante o período no qual o devedor permanece em recuperação judicial.

Sobre o tema nos debruçaremos no item 10 do Capítulo 13.

---

[23] Art. 94: "Será decretada a falência do devedor que: I – sem relevante razão de direito, não paga, no vencimento, obrigação líquida materializada em título ou títulos executivos protestados cuja soma ultrapasse o equivalente a 40 (quarenta) salários-mínimos na data do pedido de falência; II – executado por qualquer quantia líquida, não paga, não deposita e não nomeia à penhora bens suficientes dentro do prazo legal; III – pratica qualquer dos seguintes atos, exceto se fizer parte de plano de recuperação judicial: [...] g) deixa de cumprir, no prazo estabelecido, obrigação assumida no plano de recuperação judicial".

CAPÍTULO 12

EFEITOS EM RELAÇÃO AOS BENS E À PESSOA DO DEVEDOR

1. RESTRIÇÃO À LIVRE DISPOSIÇÃO DOS BENS

A recuperação, é sempre bom enfatizar, é da empresa e não de seu titular – o empresário individual ou a sociedade empresária –, mas não se pode desconsiderar que o devedor tem por objetivo, como regra de princípio, superar a crise e continuar no exercício de sua atividade empresarial, embora diversos meios de recuperação previstos exemplificativamente na própria lei preconizem a alteração da titularidade da empresa.

Na recuperação judicial, o devedor não sofre as mesmas restrições que se manifestam sobre o falido. Permanece na condução de seu negócio, garantindo-se-lhe, por tal razão, a administração e o direito de dispor de seus bens, sem o que, diga-se de passagem, não poderia prosseguir no exercício de sua empresa e viabilizar a sua salvação.

Contudo, nos termos do art. 66, após a distribuição do pedido de recuperação judicial não poderá ele alienar ou onerar bens ou direitos de seu ativo não circulante, senão mediante autorização do juiz. O comitê de credores, se houver, será ouvido acerca da pretensão[1]. O ativo não circulante é composto por ativo realizável a longo prazo, investimentos, imobilizado e intangível (inciso II, do § 1º, do art. 178, da Lei n. 6.404/76).

Ficam excepcionados da restrição, todavia, aqueles bens que se encontrarem previamente indicados no plano de recuperação judicial, porquanto a sua alienação ou oneração faz parte do planejamento de saneamento da atividade e da preservação da empresa. Com a aprovação judicial do plano de recuperação, a alienação ou oneração, portanto, far-se-ão em seu cumprimento. Antes, porém, tais atos somente serão válida e eficazmente realizados se autorizados pelo juiz.

---

[1]   Inexistindo o comitê, será ouvido o administrador judicial, nos termos da regra geral do art. 28.

A nova redação dada pela Lei n. 14.112/2020 retirou do texto normativo do *caput* do art. 66 a referência à "evidente utilidade" a embasar a mencionada decisão judicial. Mas nem por isso a utilidade deve deixar de ser perquirida e considerada na autorização judicial para a alienação ou a oneração pleiteada pelo devedor. A lógica da decisão orienta-se pelos princípios e fins estabelecidos no art. 47 da Lei n. 11.101/2005. Assim é que os atos em questão devem ser úteis para a recuperação judicial, ou seja, para a manutenção da empresa em funcionamento. Esse é o racional que se deve exigir da autorização do juiz.

O § 1º do art. 66 em questão, introduzido pela Lei n. 14.112/2020, possibilita a intervenção dos credores no procedimento de alienação – e não no de oneração – desses bens componentes do ativo não circulante. Autorizada pelo juiz a alienação, impõe-se observar a seguinte dinâmica antes de poder-se implementá-la: (i) nos cinco dias subsequentes à data da publicação da referida decisão, o que se fará nos termos do art. 191, credores que correspondam a mais de quinze por cento do valor total dos créditos sujeitos à recuperação judicial poderão manifestar ao administrador judicial, fundamentadamente, o interesse na realização de assembleia geral de credores para deliberar sobre a efetivação da venda, mediante a comprovação de prestação de caução equivalente ao valor total da alienação – o qual, em princípio, vem informado pelo devedor em seu pedido; (ii) nas quarenta e oito horas seguintes ao término daquele prazo, o administrador judicial apresentará ao juiz relatório das manifestações recebidas e, uma vez cumpridos os aludidos requisitos (de percentual e de prestação de caução), requererá a convocação de assembleia geral de credores, que se realizará do modo mais célere e menos oneroso possível, preferencialmente, diz a lei, pela substituição por termo de adesão firmado pelos credores que satisfaçam o *quorum* de aprovação específico do art. 45-A[2], por meio de sistema eletrônico que reproduza as condições de tomada de voto

---

[2] Art. 45-A: "As deliberações da assembleia-geral de credores previstas nesta Lei poderão ser substituídas pela comprovação da adesão de credores que representem mais da metade do valor dos créditos sujeitos à recuperação judicial, observadas as exceções previstas nesta Lei.
§ 1º Nos termos do art. 56-A desta Lei, as deliberações sobre o plano de recuperação judicial poderão ser substituídas por documento que comprove o cumprimento do disposto no art. 45 desta Lei.
§ 2º As deliberações sobre a constituição do Comitê de Credores poderão ser substituídas por documento que comprove a adesão da maioria dos créditos de cada conjunto de credores previsto no art. 26 desta Lei.
§ 3º As deliberações sobre forma alternativa de realização do ativo na falência, nos termos do art. 145 desta Lei, poderão ser substituídas por documento que comprove a adesão de credores que representem 2/3 (dois terços) dos créditos.
§ 4º As deliberações no formato previsto neste artigo serão fiscalizadas pelo administrador judicial, que emitirá parecer sobre sua regularidade, com oitiva do Ministério Público,

da assembleia geral de credores ou por qualquer outro mecanismo que o juiz repute suficientemente seguro (§ 4º do art. 39).

Procura-se assegurar, com a providência, o direito dos credores de se oporem aos termos em que a alienação foi autorizada.

O *quorum* de deliberação, ressalvada a hipótese do termo de adesão firmado pelos credores acima referida, que exige o *quorum* específico do art. 45-A, deve seguir o do art. 42, que considera aprovada a proposta que obtiver voto favorável de credores que representem mais da metade do valor total dos créditos presentes.

O objetivo do preceito introduzido, como se pode facilmente perceber, consiste em deslocar a deliberação acerca da realização da alienação para a assembleia geral de credores. A sua decisão sobre a autorização ou não da venda é a que, em princípio, prevalece. Isto porque, necessariamente, passará pelo controle de legalidade do juiz, o que se estabelece tanto em termos formais – de não preenchimento das condições –, como materiais – revelação do abuso do direito, nos termos do art. 187 do Código Civil.

As despesas com a realização da assembleia geral de credores correm por conta dos credores que manifestarem ao administrador judicial o interesse na sua realização (aqueles que representem mais de quinze por cento do valor total dos créditos sujeitos aos efeitos da recuperação judicial). Tais despesas são rateadas proporcionalmente ao valor total de seus respectivos créditos (§ 2º do art. 66).

Contanto que a alienação se realize com a observância do estatuído no § 1º do art. 141[3] e no art. 142[4], o seu objeto encontra-se livre de qualquer ônus e não haverá sucessão

---

previamente à sua homologação judicial, independentemente da concessão ou não da recuperação judicial".

[3] Art. 141: "Na alienação conjunta ou separada de ativos, inclusive da empresa ou de suas filiais, promovida sob qualquer das modalidades de que trata o art. 142:

I – todos os credores, observada a ordem de preferência definida no art. 83 desta Lei, sub-rogam-se no produto da realização do ativo;

II – o objeto da alienação estará livre de qualquer ônus e não haverá sucessão do arrematante nas obrigações do devedor, inclusive as de natureza tributária, as derivadas da legislação do trabalho e as decorrentes de acidentes de trabalho.

§ 1º O disposto no inciso II do *caput* deste artigo não se aplica quando o arrematante for:

I – sócio da sociedade falida, ou sociedade controlada pelo falido;

II – parente, em linha reta ou colateral até o 4º (quarto) grau, consanguíneo ou afim, do falido ou de sócio da sociedade falida; ou

III – identificado como agente do falido com o objetivo de fraudar a sucessão".

[...]

[4] Art. 142: "A alienação de bens dar-se-á por uma das seguintes modalidades:

I – leilão eletrônico, presencial ou híbrido;

II – (revogado);

do adquirente nas obrigações do devedor, incluídas, mas não exclusivamente, as de natureza ambiental, regulatória, administrativa, penal, anticorrupção, tributária e trabalhista (§ 3º do art. 66). A disposição, que fora vetada, mas teve o veto derrubado pelo Congresso Nacional, está plenamente harmonizada com a orientação do parágrafo único do art. 60[5], que também havia sido vetado pelo Chefe do Executivo e igualmente desafiou a sua rejeição – do veto – pelo Parlamento. A isenção da sucessão, consagrada desde a origem da Lei n. 11.101/2005, mostra-se fundamental para conferir segurança jurídica ao interessado na aquisição e para a valoração adequada do preço a ser pago pelo bem ou direito.

A venda de que trata o *caput* do art. 66 não tem o condão de impedir a incidência do disposto no inciso VI do *caput* e no § 2º do art. 73. Assim, na hipótese de identificação de esvaziamento patrimonial do devedor que implique liquidação substancial de seu ativo e resulte em prejuízo para os credores não sujeitos à recuperação judicial, esta deverá ser convolada em falência. No entanto, o fato não implicará a invalidade ou ineficácia dos atos, competindo ao juiz determinar o bloqueio do produto de eventuais alienações e a devolução ao devedor dos valores já distribuídos, os quais ficarão à disposição do juízo universal da falência (§ 4º do art. 66).

Estabelece o art. 66-A, também incluído pela reforma da Lei n. 14.112/2020, que a alienação de bens ou a concessão de garantias, com expressa autorização judicial ou previsão em plano de recuperação judicial ou de recuperação extrajudicial aprovado, em favor de adquirente ou financiador de boa-fé, não estará sujeita à anulação ou à declaração de ineficácia após a consumação do negócio jurídico e o recebimento do respectivo preço ou recursos correspondentes pelo devedor. O preceito vem na mesma linha do § 2º do art. 73 acima referido, com o claro propósito de conferir segurança jurídica àqueles que adquiram bens na recuperação judicial ou financiem o devedor em recuperação judicial, conferindo a estabilização necessária ao ato.

2. PROIBIÇÃO DE DISTRIBUIÇÃO DE LUCROS

A Lei n. 14.112/2020 introduziu o art. 6º-A à Lei n. 11.101/2005 para prever que "é vedado ao devedor, até a aprovação do plano de recuperação judicial, distribuir lucros

---

III – (revogado);

IV – processo competitivo organizado promovido por agente especializado e de reputação ilibada, cujo procedimento deverá ser detalhado em relatório anexo ao plano de realização do ativo ou ao plano de recuperação judicial, conforme o caso;

V – qualquer outra modalidade, desde que aprovada nos termos desta Lei".

[...]

5   Confira-se, em aprofundamento da questão, o item 9 do Capítulo 13.

ou dividendos a sócios e acionistas, sujeitando-se o infrator ao disposto no art. 168 desta Lei".

A recuperação judicial, enquanto ferramenta idealizada para a solução de crises empresariais, tem como ponto de equilíbrio, indispensável à sua efetividade, a adequada composição dos diversos interesses envolvidos no respectivo processo, preferencialmente de forma negociada.

É um processo de sacrifício[6], no qual os correspondentes ônus da reestruturação da atividade empresarial combalida devem ser distribuídos e compartilhados de modo justo. Vem pautado, por isso mesmo, na ética da solidariedade[7] e na distribuição equitativa dessas perdas, apoiado, ainda, nos fundamentos da boa-fé e da confiança, sem os quais não se tem como falar em legítima e verdadeira solução acordada para a superação da crise. Esses mesmos paradigmas são de observância necessária no plano apresentado pelos credores, ainda que com o seu viés impositivo.

A quota de sacrifício é exigida não apenas dos credores, mas também do devedor e de seus sócios. Daí nos parecer adequada a nova previsão legal, que não só preserva as forças do ativo do devedor para a satisfação de suas obrigações, como incentiva seus sócios a promoverem o rápido desfecho da etapa de processamento da recuperação judicial.

O dispositivo normativo destacado enseja algumas reflexões.

A primeira delas diz respeito ao que se deve entender por "até a aprovação do plano de recuperação judicial", para que se levante a interdição de distribuição dos resultados sociais. Seria a mera aprovação do plano de recuperação judicial pela assembleia geral de credores, ou a intenção que do texto se deve inferir consistiria na concessão da recuperação judicial pelo juiz, isto é, a aprovação do plano com a devida chancela judicial? Parece ser a melhor exegese aquela que aponta para a liberação da restrição tão somente após ser a recuperação judicial concedida por sentença, pois até então a aprovação

---

[6] Nos "procedimentos de sacrifício" ocorre, consoante lição de Yves Guyon, uma limitação dos poderes do devedor e uma restrição aos direitos dos credores. Eis suas palavras: "Les procédures collectives sont des *procédures de sacrifice* qui limitent les pouvoirs du débiteur et qui restreignent les droits des créanciers. Aussi ne peuvent-elles s'ouvrir que si des conditions strictes sont remplies tant du point de vue du fond (Chapitre I) que de la forme (Chapitre II)" (*Droit des affaires*. 9. ed. Paris: Economica, 2003, tome 2, p. 105).

[7] Jorge Lobo, *In*: Paulo Fernando Campos Salles de Toledo; Carlos Henrique Abrão (coords.). *Comentários à lei de recuperação de empresas e falência*, 3. ed., São Paulo, Saraiva, 2009, p. 131. A solidariedade, entre nós de assento constitucional (CRFB, art. 3º, inciso I), descreve práticas de ajuda mútua, observada, sobretudo, em grupos relativamente definidos e de coesão de interesses. Cria um vínculo recíproco, formador de uma espécie de todo que se defende e protege (cf., Ana Paula de Barcellos, *Curso de direito constitucional*, Rio de Janeiro, Forense, 2018, p. 143).

pela assembleia geral de credores não se mostra definitiva, podendo vir a ser desconstituída no controle de legalidade do plano e da legitimidade das vontades para a sua conclusão. A aprovação do plano referida no preceito melhor se traduz, a bem da segurança jurídica, no provimento da recuperação judicial, que comporta dois atos sequenciais: a aprovação do plano de recuperação judicial pela assembleia geral de credores e a homologação judicial por sentença. O racional que resulta da disposição legal é a proibição de distribuir lucros ou dividendos durante o *processamento* da recuperação judicial, que vai desde o ato do juiz que o defere até a concessão da recuperação judicial por sentença.

A segunda reflexão consiste em inferir se a vedação legal alcança o pagamento de dividendos ao acionista ou de participação nos lucros ao sócio no curso do processamento da recuperação judicial, mas já com declaração anterior ao seu ajuizamento. Quer nos parecer que a expressão "distribuir lucros ou dividendos" se refere não só à declaração, mas também ao pagamento. O que o preceito visa a coibir é a saída de recursos da sociedade para os sócios, a título de participação nos resultados sociais, durante o período de processamento da recuperação judicial.

Por fim, cumpre ressaltar que a regra em apreço não é capaz de impedir o pagamento de pró-labore aos sócios administradores ou de remunerações derivadas do trabalho prestado pelo sócio à sociedade, desde que, evidentemente, não consistam em distribuição disfarçada de lucro.

3. AFASTAMENTO DO DEVEDOR OU DE SEUS ADMINISTRADORES

Conforme já se registrou em diversos episódios, durante o processamento da recuperação judicial o devedor, pessoa física ou jurídica, permanece na condução do seu negócio. O exercício da empresa é por ele realizado. Se o devedor for sociedade empresária, igualmente continuam seus administradores a desempenhar as funções inerentes aos órgãos que integram.

A atuação, no entanto, se fará sob fiscalização do administrador judicial e do comitê de credores, este se houver.

Todavia, o plano de recuperação judicial poderá prever o afastamento do devedor ou, se pessoa jurídica, a substituição total ou parcial de seus administradores ou, ainda, alteração de seus órgãos de administração.

Mas o afastamento do devedor ou de seus administradores poderá compulsoriamente ser verificado em função de certas situações definidas em lei (art. 64). Caracterizam falta grave a ensejar a medida: (a) condenação, com sentença transitada em julgado, por crime cometido em recuperação judicial ou falência anteriores ou por crime contra o patrimônio, a economia popular ou a ordem econômica previstos na legislação vigente; (b) indícios veementes da prática de crimes previstos nos arts. 168 a 178 da Lei n. 11.101/2005; (c) ação dolosa, simulada ou mediante fraude contra os interesses dos credores; (d) negativa em prestar informações solicitadas pelo administrador judicial ou pelos membros do comitê de credores, caso exista; (e) gastos pessoais manifestamente excessivos em relação à sua situação patrimonial; (f) despesas injustificáveis por sua natureza ou vulto, em relação ao capital ou gênero do negócio, ao movimento das operações e a outras circunstâncias análogas; (g) descapitalização injustificada ou realização de operações prejudiciais ao funcionamento regular do negócio; (h) simulação ou omissão de créditos ao apresentar a relação de credores em seu pedido inicial.

Na omissão de créditos ficarão isentos o devedor ou seus administradores da sanção, se amparada em relevante razão de direito – verificada quando questionada, por exemplo, a sua legitimidade –, ou alicerçada em decisão judicial, conforme ressoa da alínea *d* do inciso IV do art. 64. Mas quer nos parecer que, sempre quando a omissão se der sem que ocorra má-fé, a pena deve ser relevada pelo julgador. Isto pode ser constatado, por exemplo, quando o próprio devedor venha expressamente reconhecer o crédito omitido como bom. A omissão punível, a nosso ver, é a dolosa.

Na condenação por crime cometido em recuperação judicial ou falência anterior, há que se observar que a hipótese se manifesta quando a sentença condenatória transitar em julgado no curso do processo recuperatório, porquanto, se antes da sua instauração se materializou o fato, estariam o empresário individual ou a sociedade empresária impedidos de formular o requerimento, nos termos do inciso IV do art. 48 (sobre o tema discorremos no item 3 do Capítulo 10).

Verificada, após o devido contraditório e o exercício da ampla defesa, constitucionalmente garantidos, qualquer situação elencada como motivadora do afastamento em relação ao administrador da sociedade devedora, o juiz o destituirá, procedendo-se a sua substituição, conforme regra contida no ato constitutivo e, se omisso, consoante as regras legais pertinentes.

Entretanto, poderá surgir situação singular, na qual a substituição na forma do ato constitutivo ou da lei não se venha mostrar factível, aflorando como solução o alijamento do próprio devedor pessoa jurídica. Seria o caso de uma sociedade empresária, sob forma de sociedade limitada, formada por dois sócios, cabendo a ambos a administração e não estando permitida no contrato social a designação de administrador estranho ao corpo social. Incursos ambos os sócios-administradores em previsões legais ensejadoras da destituição, não havendo como proceder a substituição, o resultado será que a sanção recaia sobre a própria sociedade.

Quando a motivação do afastamento de administrador decorrer de previsão do plano de recuperação, sua disciplina obedecerá o que nele estiver estipulado.

Apartado o devedor, pessoa natural ou jurídica, do exercício de sua empresa, o juiz convocará a assembleia geral de credores para deliberar sobre a escolha do gestor judicial a quem caberá assumir a administração das atividades. Não ocorrerá dita nomeação, no entanto, se o plano de recuperação contemplar o afastamento e regular os seus efeitos, como na hipótese de usufruto da empresa (art. 50, XIII).

Fique claro, em reforço ao que dissemos, que o gestor judicial só atuará quando o devedor for alijado da condução do seu negócio, seja ele empresário individual ou sociedade empresária. Havendo substituição de administradores na pessoa jurídica, a solução será diversa. No caso serão nomeados substitutos. A sociedade permanece no exercício da atividade, mas com o seu órgão de administração modificado.

Ao gestor judicial serão aplicáveis, no que couber, as normas relativas a deveres, inclusive de prestar contas de sua gestão, impedimentos e remuneração do administrador judicial, vistas no Capítulo 5. Este, ademais, exercerá as funções do gestor enquanto a assembleia geral não deliberar sobre seu nome.

Encontrando-se o gestor judicial impedido de aceitar o encargo ou recusando a nomeação, o juiz convocará nova assembleia geral, num prazo de setenta e duas horas, contado da recusa ou da declaração do impedimento nos autos, para decidir sobre um novo nome, permanecendo o administrador judicial no desempenho da correspondente função.

CAPÍTULO 13

A REORGANIZAÇÃO DA EMPRESA

1. MEIOS DE RECUPERAÇÃO

O art. 50 cuida dos meios de recuperação judicial apresentando uma listagem exemplificativa das diversas medidas que podem do plano de recuperação fazer parte. Inúmeras delas, inclusive, somente se justificam se conjugadas a outras, como são os casos da substituição total ou parcial dos administradores ou a modificação dos órgãos da administração. O que pretendeu o legislador foi conferir plena liberdade à sua confecção, de modo a possibilitar ao devedor elaborá-lo segundo as reais necessidades e peculiaridades de sua empresa, nunca perdendo de vista que deve ser ele atrativo a seus credores, a quem cabe, em última *ratio*, aprová-lo. Constituem, destarte, meios de recuperação segundo a receita legal: (a) concessão de prazos e condições especiais para pagamento das obrigações vencidas ou vincendas; (b) cisão, incorporação, fusão ou transformação de sociedade, constituição de subsidiária integral, ou cessão de cotas ou ações, respeitados os direitos dos sócios, nos termos da legislação vigente; (c) alteração do controle societário; (d) substituição total ou parcial dos administradores do devedor ou modificação de seus órgãos administrativos; (e) concessão aos credores de direito de eleição em separado de administradores e de poder de veto em relação às matérias que o plano especificar; (f) aumento de capital social; (g) trespasse ou arrendamento de estabelecimento, inclusive à sociedade constituída pelos próprios empregados; (h) redução salarial, compensação de horários e redução da jornada, mediante acordo ou convenção coletiva; (i) dação em pagamento ou novação de dívidas do passivo, com ou sem constituição de garantia própria ou de terceiro; (j) constituição de sociedade de credores; (k) venda parcial dos bens; (l) equalização de encargos financeiros relativos a débitos de qualquer natureza, tendo como termo inicial a data da distribuição do pedido de recuperação judicial, aplicando-se inclusive aos contratos de crédito rural, sem prejuízo do disposto em legislação específica; (m) usufruto da empresa; (n) administração compartilhada; (o) emissão de valores mobiliários; (p) constituição de sociedade de propósito específico para adjudicar, em pagamento dos créditos, os ativos do devedor; (q) conversão de dívida em capital social; (r) liquidação da sociedade devedora – o que impropriamente a lei denomina de "venda integral da devedora" –, mediante a liquidação do ativo e o pagamento do passivo, desde que este seja inferior àquele, pois devem-se garantir aos credores não submetidos à recuperação judicial ou não aderentes à forma de sua implementação condições no mínimo equivalentes às que teriam na liquidação falimentar, hipótese em que será, para todos os efeitos legais, considerada unidade produtiva isolada, ficando assegurada a ausência de sucessão pelas dívidas anteriores.

No plano alternativo oferecido pelos credores, concebido pela reforma da Lei n. 14.112/2020, é expressamente autorizada a capitalização dos créditos, inclusive com a consequente alteração de controle da sociedade devedora, permitindo-se, neste caso, o exercício do direito de recesso pelos anteriores sócios (§ 7º do art. 56).

Essa opção da lei brasileira pela atipicidade dos instrumentos de recuperação judicial também veio espelhada no Código de Insolvência e da Recuperação de Empresas (CIRE) do Direito português, aprovado pelo Decreto-Lei n. 53/2004, de 18 de março, de edição contemporânea ao advento da lei brasileira. Sobre o tema, assim se manifestou Catarina Serra[1]:

> Existe atipicidade quanto às concretas medidas de recuperação. Em todo o caso, não deixam de se indicar algumas das medidas que o plano pode adoptar, designadamente, algumas providências com incidência no passivo (por exemplo, o perdão e a redução dos créditos, a modificação dos prazos de vencimento dos créditos, a constituição de garantias, a cessão de bens aos credores) (cfr. art. 196º), algumas providências específicas das sociedades comerciais, como, por exemplo, a redução do capital social para cobertura de prejuízos (incluindo o *azzeramento*, no caso de a redução ser no âmbito da chamada "operação-acordeão"), o aumento do capital social, a alteração do título constitutivo da sociedade, a transformação do tipo social, a alteração dos órgãos sociais, a exclusão de todos ou alguns sócios (cfr. art. 198º) e o saneamento por transmissão, ou seja, a constituição de uma ou mais sociedades destinadas à exploração do(s) estabelecimento(s) adquirido(s) à massa insolvente (cfr. art. 199º).

Relevante é chamar atenção para a ressalva legal no sentido de que cada medida que vier a ser no plano adotada como forma de recuperação deverá observar as condições materiais de sua validade e os procedimentos previstos na legislação correspondente. Com isso, a Lei de Recuperação e Falência não cria novo ambiente a sustentar a implementação de operações em desrespeito ao previsto na legislação própria. Não constitui, portanto, a recuperação uma situação de excepcionalidade de tal extensão a amparar

---

[1]   Ob. cit., p. 65.

seja a operação realizada em descompasso com sua regulação legal, a qual seguirá igual curso para as sociedades empresárias e empresários individuais solventes ou insolventes.

É exemplo do que acabamos de falar a cessão de cotas, que deve respeitar "os direitos de sócios, nos termos da legislação vigente" (inciso II do art. 50). Isso quer dizer que, no âmbito das sociedades limitadas, a operação seguirá as diretrizes do art. 1.057 do Código Civil. Portanto, será regulada nos termos do contrato social e, sendo ele omisso, o sócio poderá ceder as suas cotas a quem seja sócio, independentemente da audiência dos demais, ou a estranho, se não houver oposição de titulares de mais de um quarto do capital.

Também pode ser tomado como exemplo o aumento do capital social (inciso VI do art. 50). Se o devedor for uma sociedade anônima, deverá a sua implementação se realizar nos moldes dos arts. 166 a 172 da Lei n. 6.404/76, com a garantia do direito de preferência, na proporção do número de ações que possuírem, para os acionistas o subscreverem, e deliberado pela assembleia geral dos acionistas ou, ainda, pelo conselho de administração, observado o que dispuser o estatuto, no caso de emissão dentro do limite autorizado no ato constitutivo (capital autorizado).

A Lei n. 14.112/2020 introduziu um § 3º do art. 50 visando a incentivar credores, investidores e novos administradores do devedor que colaborem com a reestruturação da empresa. Fica assegurado, pois, que não haverá sucessão ou responsabilidade por dívidas de qualquer natureza a terceiro credor, investidor ou novo administrador em decorrência, respectivamente, da mera conversão de dívida em capital, de aporte de novos recursos na devedora ou de substituição dos administradores desta.

2. FINANCIAMENTO DO DEVEDOR

Um ponto de grande convergência ao longo da experiência na aplicação da Lei n. 11.101/2005 foi o de que sem dinheiro novo é utópico falar-se em recuperação de empresa em crise. Mas o grande desafio consistiu em como atrair esse dinheiro novo. A Lei n. 14.112/2020 pretendeu, na seção IV-A do capítulo III, compreendida pelos arts. 69-A a 69-F, oferecer o instrumento para o fluxo de financiamento do devedor, mediante o incentivo de certas garantias ao financiador. Passou-se, com a providência, a expressamente disciplinar o denominado financiamento DIP (*Debtor-in-possession Financing*), com inspiração no direito norte-americano. Constitui, desse modo, um financiamento especial para o devedor em processo de recuperação judicial, o qual, por certo, não obsta outras modalidades comuns de financiamento existentes e disponíveis no mercado.

O art. 69-A apresenta as notas essenciais desse especial financiamento: deve ser concedido, (a) diz a lei, "durante a recuperação judicial"; (b) mediante autorização judicial, com a oitiva do comitê, caso existente; (c) com garantia do credor por meio de oneração ou alienação fiduciária de bens e direitos, prestada por terceiros ou pelo próprio devedor, sendo que, neste último caso, os bens ou direitos devem integrar o seu ativo não circulante; e (d) para subsidiar as atividades do devedor e as despesas de reestruturação da sua empresa, aí incluídas aquelas realizadas no âmbito do processo de recuperação judicial, ou de preservação do valor dos ativos.

Por "durante a recuperação judicial" deve-se compreender, à luz da interpretação teleológica que se impõe, diante da deficiência do texto legal, o período que se inicia com o processamento da recuperação judicial, acrescido por aquele que se segue à sua concessão por sentença, perdurando enquanto vigorar o estado de recuperação judicial (art. 61), até o seu encerramento (art. 63). Em outros termos, estende-se desde o ato judicial que manda processar a recuperação judicial, até o encerramento da recuperação judicial deferida.

A autorização judicial se impõe nos casos em que se conferirem ao credor garantias reais ou alienação fiduciária de bens e direitos de terceiros ou do devedor, mas nesta última situação, repita-se, desde que integrantes do seu ativo não circulante, entendido como aquele composto por ativo realizável a longo prazo, investimentos, imobilizado e intangível (inciso II do § 1º do art. 178 da Lei n. 6.404/76). Desse modo, *a contrario sensu*, não haverá necessidade de autorização judicial para contratar financiamento cuja garantia real ou alienação fiduciária em garantia não recaia sobre o ativo não circulante do devedor.

O art. 69-A manda, ainda, que se observem, na hipótese, os comandos dos arts. 66 e 67 da lei. Contudo, a incidência do art. 66 somente se fará quando as garantias recaírem sobre bens integrantes do ativo não circulante do devedor, e não na situação de garantias prestadas por terceiros, porquanto o indigitado preceito ao devedor se refere, e não a terceiros. Uma vez aplicável o art. 66, abre-se a possibilidade de os credores interferirem na autorização judicial, a fim de que se submeta a questão à deliberação da assembleia geral de credores. Sobre a matéria, remetemo-nos ao que foi tratado no item 1 do Capítulo 12.

A autorização do juiz para financiamentos com garantias reais ou alienação fiduciária em garantia de bens e direitos integrantes do ativo não circulante somente se deve considerar, enfatize-se, se o prestador da garantia for o próprio devedor ou outra sociedade integrante de seu grupo econômico que com ele igualmente esteja em processo de recuperação judicial, pois estará também, neste caso, compreendida no conceito de devedor, à luz da combinação que se impõe fazer com a regra do art. 66. A terceiros garantidores não há lógica em se impor essa limitação quanto ao ativo objeto da garantia. O financiamento, portanto, garantido por terceiros, terá sempre que contar com a autorização judicial, integre ou não o bem o seu ativo não circulante. É o que parece resultar da interpretação conjunta dos arts. 69-A, 66 e 69-F.

O mencionado art. 69-F explicitamente prevê que o financiamento especial aqui tratado possa ser garantido mediante garantia real ou alienação fiduciária em garantia por qualquer pessoa que se disponha a ser garantidora da operação do devedor em processo de recuperação judicial, inclusive pelos integrantes de seu grupo econômico, estejam ou não em processo de recuperação judicial – neste último caso, serão tratados como terceiros, pois não estarão compreendidos no conceito de devedor. E o art. 69-E reforça a regra de que o financiamento pode ser concedido por qualquer pessoa, inclusive ligada ao devedor, como familiares e sócios, além dos já aludidos integrantes do mesmo grupo econômico. Sendo realizado por credor, caso esteja ele sujeito aos efeitos da recuperação judicial, será enquadrado, para todos os efeitos legais, como *credor parceiro* ou *colaborativo*[2].

Com o intuito de conferir segurança jurídica ao financiamento especial, preconiza o art. 69-B limites bem objetivos à revisão da decisão que autorizou a contratação do financiamento em grau de recurso: não pode alterar a sua natureza extraconcursal, nos termos do art. 84 da lei, nem invalidar as garantias prestadas, que permanecerão hígidas. Mas, para que se confira essa força à decisão do juízo recuperacional, é mister que o financiador esteja de boa-fé e que tenha ocorrido o desembolso dos recursos de modo integral.

Assegurar a extraconcursalidade é relevante, pois somente precederão a tais créditos, no caso de ser decretada a falência do devedor, as quantias relativas a despesas cujo pagamento antecipado seja indispensável à administração da falência, inclusive na hipótese de continuação provisória das atividades do devedor falido, e aquelas concernentes aos créditos trabalhistas de natureza estritamente salarial vencidos nos três meses anteriores à decretação da quebra, até o limite de cinco salários-mínimos por trabalhador (art. 84).

Caso o devedor venha a ter a sua falência decretada antes que esteja completa a liberação integral dos recursos aprovados pelo financiador, mas já tendo sido disponibilizada pelo menos uma tranche desses recursos, o contrato de financiamento será automaticamente extinto. Desse modo, na entrega do produto do financiamento em parcelas, as garantias constituídas e a preferência de crédito extraconcursal serão mantidas, mas até o limite dos valores efetivamente entregues, ficando o financiador liberado da obrigação de transferir o restante que faltava (art. 69-D). E a lógica dessa solução reside no fato de ser o contrato de financiamento um contrato real, que se aperfeiçoa median-

---

[2]   *Vide*, por exemplo, o parágrafo único do art. 67.

188   CURSO DE DIREITO COMERCIAL – FALÊNCIA E RECUPERAÇÃO DE EMPRESA

te a entrega da coisa – no caso os valores – ao devedor, sendo factível uma entrega em parcelas do valor total do financiamento contratado.

O juiz da recuperação judicial pode, ainda, autorizar a constituição de garantia subordinada, nos termos do art. 69-C, sobre um ou mais bens do devedor, em favor do financiador, sendo dispensada a anuência do beneficiário da garantia original. A garantia subordinada é, portanto, uma segunda garantia, a qual, dessarte, fica limitada ao excedente da alienação do bem dado em garantia, ou seja, o produto da alienação se destina primeiro à satisfação do titular da garantia originária, revertendo-se o saldo, se houver, ao titular da garantia subordinada.

No entanto, a garantia subordinada não se aplica a bens ou direitos do devedor que tiverem sido objeto de alienação fiduciária ou cessão fiduciária, porquanto o bem não mais integra o patrimônio do devedor, e assim permanecerá até que se resolva a titularidade fiduciária. As garantias subordinadas limitam-se, portanto, aos direitos reais de garantia, incidentes sobre os bens do próprio devedor, não sendo admitidas, nos termos do preceito, em relação a bens de terceiros garantidores.

3. PLANO DE RECUPERAÇÃO: PRAZO DE APRESENTAÇÃO, CONTEÚDO E TRATAMENTO DO CRÉDITO DE NATUREZA TRABALHISTA

Deferido o pedido do devedor e determinado o processamento da recuperação judicial, o juiz ordenará a publicação de edital, no órgão oficial, o qual, dentre outras informações, dará publicidade da prefalada decisão (§ 1º do art. 52). A partir dessa publicação fica o devedor obrigado, no prazo de sessenta dias, a apresentar o plano de recuperação em juízo, sob pena de convolação do seu pedido em falência. Segundo os termos do art. 53, esse prazo é peremptório, não se conferindo ao magistrado qualquer margem de arbítrio para elastecê-lo. É ele improrrogável.

O plano de recuperação judicial deve conter: (a) discriminação pormenorizada dos meios de recuperação a serem empregados, bem como um resumo de cada ato que o compõe; (b) demonstração analítica de sua viabilidade econômica; (c) laudo econômico-financeiro e de avaliação dos ativos do devedor, subscrito por profissional habilitado ou por sociedade especializada.

Recebido o plano, o juiz ordenará a publicação de novo edital contendo aviso aos credores de seu recebimento e fixando o prazo para a manifestação de eventuais objeções, conforme o estatuído no art. 55, que será objeto de análise no próximo item. Como a lei não dispõe especificamente acerca da forma de publicação deste edital, deverá se realizar na forma do art. 191.

É condição de validade do plano, estando a questão afeta ao controle judicial de sua legalidade, o respeito ao limite temporal, estabelecido no *caput* do art. 54, para que se paguem os créditos de natureza trabalhista. Dispõe o mencionado preceito que não poderá ser, em princípio, contemplado "prazo superior a 1 (um) ano para pagamento dos créditos derivados da legislação do trabalho ou decorrentes de acidentes de trabalho vencidos até a data do pedido de recuperação judicial". Não é permitido, ainda, prever prazo superior a trinta dias para a quitação, até o limite de cinco salários-mínimos por empregado, dos créditos com natureza estritamente salarial, vencidos nos três meses anteriores ao ajuizamento do pedido de recuperação judicial (§ 1º do art. 54) Sustentamos que os referidos prazos são contados da data da decisão de concessão da recuperação judicial (art. 58), em harmonia com o prazo de cumprimento das demais obrigações previstas no plano, genericamente contemplado no art. 61[3].

A Lei n. 14.112/2020, no entanto, introduziu um § 2º no art. 54, possibilitando a extensão do prazo ânuo acima referenciado em até dois anos, podendo totalizar três anos, desde que o plano de recuperação judicial atenda, cumulativamente, os seguintes requisitos: (i) apresentação de garantias julgadas suficientes pelo juiz; (ii) aprovação pelos credores titulares de créditos derivados da legislação trabalhista ou decorrentes de acidentes de trabalho, na forma do § 2º do art. 45, ou seja, pela maioria simples dos presentes ao conclave de credores, independentemente do valor de seus respectivos créditos; e (iii) garantia da integralidade do pagamento dos créditos trabalhistas. Caberá ao juiz, ao realizar o controle de legalidade do plano, verificar o atendimento dos aludidos pressupostos.

A menção legal a pagamento dos créditos decorrentes de acidente de trabalho vencidos até a data do pedido, entenda-se, até a data de ingresso em juízo do pedido de recuperação judicial, merece reflexão, a fim de se atender ao real alcance da norma.

O art. 7º da Constituição Federal assegura aos trabalhadores, urbanos e rurais, seguro contra acidentes de trabalho, a cargo do empregador, sem excluir a indenização de direito comum a que está obrigado, quando incorrer em dolo ou culpa (inciso XXVIII). A Lei Maior referenda o que já havia se configurado desde a Lei n. 5.316/67, passando

---

[3] Confere força ao nosso convencimento o fato de que quando a lei pretende que a obrigação seja cumprida a partir da distribuição do pedido assim o declara expressamente, como na hipótese do inciso III do art. 71, referente ao plano especial de recuperação judicial. Não nos sensibiliza o eventual argumento construído no sentido de que o art. 54 faz alusão a créditos vencidos até a data do pedido de recuperação judicial e, a partir de então, passaria a fluir o prazo para pagamento das obrigações nele referenciadas. Com efeito, não poderia a lei fazer previsão diversa, porquanto não lhe cabe dispor, no particular da questão, sobre o pagamento de obrigações ainda não vencidas, ou sequer existentes, na data do pedido. Por isso é que se tem no preceito citado tal ponto de referência. Por outro lado, se está falando de termo *ad quem* e não de termo *a quo*. O prazo final, repetimos, deve ser contado da decisão de concessão da recuperação, em harmonia com o art. 61. A respeito do início da contagem do prazo a partir da decisão de deferimento da recuperação, e não de sua publicação, nos ocuparemos no item 10 do Capítulo 13, a cujos termos invocamos.

o acidente de trabalho a constituir objeto de seguro social obrigatório, não sendo mais cogitável efetivarem-se as respectivas indenizações na esfera privada.

A contribuição a cargo do empregador, destinada à seguridade social, encontra-se disciplinada no art. 22, II, da Lei n. 8.212/91 e o auxílio-doença, aí compreendido o decorrente de acidente do trabalho, definido no art. 61 da Lei n. 8.213/91.

Portanto, a referência legal, que produzirá efeitos no campo recuperatório, deve ser entendida como aquela relativa à indenização de direito comum a que está submetido o empregador, quando incorrer em dolo ou culpa. O plano, dessa feita, não poderá prever o pagamento em prazo superior a um ano dos créditos decorrentes dessas indenizações, vencidos, isto é, já apurados e tornados líquidos por sentença transitada em julgado, até a data do ingresso do pedido em juízo.

4. MANIFESTAÇÃO DOS CREDORES

A qualquer credor sujeito aos efeitos da recuperação e independentemente do valor do crédito e da sua classificação, esteja ele vencido ou não, é assegurado o direito de manifestar ao juiz sua objeção ao plano de recuperação judicial apresentado pelo devedor.

O prazo de trinta dias, que é comum, será contado da publicação do edital contendo a relação de credores elaborada pelo administrador judicial, nos termos do § 2º do art. 7º[4], objeto de nossa análise no item 3 do Capítulo 8, a cujos termos nos remetemos.

A publicação do edital, da qual se conta o trintídio, será realizada com a observância do disposto no art. 191.

Poderá, na prática, acontecer que, na data de publicação do edital acima referido, não tenha ainda sido publicado o aviso aos credores sobre o recebimento do plano de recuperação. Nesses casos, prescreve o parágrafo único do art. 55, o prazo de trinta dias será computado da publicação deste aviso.

Existindo objeção formulada por qualquer credor ao plano de recuperação judicial, o juiz convocará a assembleia geral de credores para sobre ele deliberar. Nada impede possa o credor desistir da objeção apresentada. Mas o requerimento de desistência deve ser formulado até a convocação da assembleia geral de credores[5].

---

[4]   Publicado no órgão oficial edital dando conta, dentre outras providências, do despacho do processamento de recuperação judicial (§ 1º do art. 52), os credores que não figurarem na listagem do devedor, apresentada com seu pedido e publicada no mesmo edital, disporão de quinze dias para procederem suas respectivas habilitações. Igual prazo desfrutarão os credores para apresentarem suas divergências, quanto aos créditos relacionados, ao administrador judicial. Este, consumado o mencionado prazo, terá quarenta e cinco dias para publicar edital contendo a relação de credores por ele elaborada, após proceder administrativamente a verificação dos créditos.

[5]   Nesse sentido já se posicionou o Superior Tribunal de Justiça: "Recurso Especial. Pedido de recuperação judicial. Impugnação de credor. Desistência antes de convocada a assem-

Integrarão a assembleia geral quatro classes de credores, como se estudou no item 6 do Capítulo 6: (a) titulares de créditos derivados da legislação do trabalho ou decorrentes de acidentes de trabalho; (b) titulares de créditos com garantia real; (c) titulares de créditos quirografários; (d) titulares de créditos enquadrados como microempresa e empresa de pequeno porte.

Dentre os credores titulares de créditos oriundos da legislação do trabalho figurarão não só os atuais empregados, como os ex-empregados.

A data a ser pelo juiz designada para a realização da assembleia não poderá exceder de cento e cinquenta dias, contado o referido prazo da publicação do edital de deferimento do processamento da recuperação judicial (§ 1º do art. 56 c/c § 1º do art. 52)[6]. Cremos que no interregno devam estar compreendidas as datas para primeira e segunda convocação (art. 36).

Permite a lei possa o plano de recuperação apresentado sofrer alterações pela assembleia geral de credores, a qual, inclusive, poderá apreciar e aprovar plano alternativo ofertado. Entretanto, qualquer mudança deverá contar com a expressa concordância do devedor. O texto realça o caráter de acordo judicial como natureza da recuperação, encontrando-se suas partes aptas a manifestarem suas vontades em pleno foro de negociação. Por isso, é utilíssima a presença do devedor no conclave, a fim de ajustar as eventuais alterações necessárias à sua aprovação. Contudo, não se permite que as modificações impliquem diminuição dos direitos exclusivamente dos credores ausentes.

À assembleia geral que venha a aprovar o plano de recuperação é facultado constituir e indicar os membros do comitê de credores, se este já não estiver formado.

5. PRAZO DE REALIZAÇÃO DA ASSEMBLEIA GERAL DE CREDORES E PRAZO DE SUSPENSÃO DAS EXECUÇÕES

Consoante mencionado no item anterior, a data para designação de realização da assembleia geral de credores não pode suplantar o prazo de cento e cinquenta dias, computado da publicação do edital de deferimento do processamento da recuperação judicial.

---

bleia geral de credores. Possibilidade. O credor pode desistir da objeção ao plano de recuperação judicial se o pedido de desistência tiver sido apresentado antes de convocada a assembleia geral de credores. Recurso especial provido" (REsp n. 1.014.153/RN, decisão unânime, 4ª Turma, Rel. Min. João Otávio de Noronha, julgado em 4-8-2011).

[6] Sustentamos, que o prazo deva fluir da publicação do edital e não da data indicada no despacho de deferimento do processamento. Não se pode olvidar que os efeitos decorrentes do fato são de índole processual e a publicação, como termo *a quo*, é necessária a evitar o rompimento do sistema instrumental.

Dito prazo guarda visceral relação com o de suspensão das execuções, o qual é fixado inicialmente em cento e oitenta dias contados da mesma referência acima aduzida.

A ideia que desse sistema resulta é a de que ocorra a manifestação e a deliberação dos credores, reunidos em assembleia, acerca do plano de recuperação que tenha sofrido restrição, antes da consumação do prazo de suspensão das ações.

Não se pode desconsiderar, entretanto, que no dia a dia do funcionamento da Justiça situações de excepcionalidade poderão se apresentar, comprometendo o sistema acima desenhado, sem que se possa imputar qualquer grau de culpa ao devedor.

Formulemos um exemplo: conforme fora visto em passagens pretéritas, os credores não constantes da listagem do devedor deverão se habilitar, ou, quando constantes e insatisfeitos, manifestarem suas discordâncias ao administrador judicial, no interstício de quinze dias contados da publicação no *Diário Oficial* do edital da decisão que defere o processamento da recuperação judicial; do final do interregno, tem curso o prazo de quarenta e cinco dias para que o administrador judicial faça publicar edital, na forma do art. 191, contendo a relação de credores por ele elaborada, o que acaba somando um período de tempo no total de sessenta dias (§§ 1º e 2º do art. 7º). O devedor dispõe do prazo máximo de sessenta dias para apresentar em juízo o seu plano de recuperação, prazo esse contado, também, da publicação da decisão que deferir o processamento da recuperação judicial. Ocorrendo a publicação da listagem elaborada pelo administrador judicial no último dia do prazo e, também, procedendo o devedor no último dia à apresentação do seu plano de recuperação, o prazo para o credor poder objetá-lo não poderá fluir, conforme comando prioritário do *caput* do art. 55, da publicação da relação de credores promovida pelo administrador judicial, porquanto não houve, pelo juiz, a ordem de publicação de edital contendo aviso aos credores sobre o seu recebimento, isto é, do plano (parágrafo único do art. 53). Destarte, o prazo de trinta dias para os credores se manifestarem sobre o plano deverá ser computado da publicação deste último edital, aplicando-se a regra secundária do parágrafo único do art. 55. Caso o referido edital demore sessenta dias para ser publicado, por falha do mecanismo judiciário, somando-se o prazo de trinta dias de que dispõem os credores, ter-se-á por consumido os cento e cinquenta dias marcados para que o juiz designasse a realização da assembleia geral de credores. Havendo objeção ao plano, será ela convocada em período ulterior. Nesse quadro desenhado, poderá resultar que o vencimento do prazo de cento e oitenta dias de suspensão das ações se verifique em data anterior a da de deliberação da assembleia geral.

Assim ocorrendo, deve o magistrado prorrogar o prazo de suspensão das execuções até que se ultime a deliberação assemblear dos credores sobre o plano, desde que não haja contribuição do devedor para o atraso (§ 4º do art. 6º).

Só assim se estará respeitando o sistema da lei, que objetiva a solução final sobre o pedido de recuperação antes do retorno da fluência do curso das execuções: ou se concede a recuperação, ingressando o devedor nesse estado, encontrando-se não só ele mas seus credores vinculados à forma de quitação das obrigações segundo os termos do acordo judicial, ou será decretada a sua falência, em caso de rejeição do plano.

O § 9º do art. 56, incluído pela reforma da Lei n. 14.112/2020, prevê que, na hipótese de suspensão da assembleia geral de credores convocada para fins de votação do plano de recuperação judicial, esta deve ser encerrada no prazo de até noventa dias, o qual se conta a partir da data de sua instalação. O escopo é o de evitar o demasiado alongamento da decisão assemblear sobre o plano de recuperação judicial em virtude de sucessivas suspensões. A assembleia geral de credores suspensa, prosseguindo ou não, encerra-se por força de lei. Como consequência prática vislumbrada em decorrência do dispositivo, tem-se que, após o referido prazo, deverá haver uma nova assembleia. Um distinto universo de credores, diverso, portanto, do daquela que foi suspensa e não prosseguiu ou não foi ultimada no prazo legal, poderá integrar a novel assembleia geral de credores, que, por sua vez, poderá, ou não, ratificar as deliberações já tomadas e proceder a outras que se apresentarem.

6. APRESENTAÇÃO DE CERTIDÕES NEGATIVAS DE DÉBITO FISCAL

Juntado aos autos do processo de recuperação judicial o plano de recuperação aprovado pela assembleia geral de credores ou decorrido o prazo para que eles formalizassem suas eventuais objeções sem que, entretanto, tenha ocorrido qualquer contrariedade, prevê o art. 57 que o devedor deva apresentar, antes da apreciação judicial, as certidões negativas de débitos tributários, sempre com a observância dos arts. 151, 205 e 206 do Código Tributário Nacional. Dessa feita, a certidão negativa será expedida à vista de requerimento do devedor, contendo todas as informações necessárias à sua identificação, apontando, ainda, o seu domicílio fiscal e ramo de negócio ou atividade, com a indicação do correspondente período a que se refere o pedido. O prazo para sua expedição é de dez dias contado da data de protocolo do requerimento na repartição competente. É facultado ao devedor atender à exigência exibindo o que na prática veio a se denominar "certidão positiva com efeito negativo", isto é, a certidão em que conste a existência de débitos tributários ainda não vencidos, em curso de cobrança executiva em que tenha sido efetivada a penhora, ou cuja exigibilidade do crédito tributário encontre-se suspensa. Esta certidão tem os mesmos efeitos da denominada certidão negativa, na clara dicção do mencionado art. 206 do Código Tributário Nacional, seja porque ou o juízo da execução fiscal estará assegurado com a penhora aceita, ou por não poder o ente credor exigir o pagamento do seu crédito por estar suspensa a sua exigibilidade ou por restar ainda não vencido.

Nos termos do art. 151 do Código Tributário Nacional, são causas de suspensão de exigibilidade do crédito tributário: (a) a moratória; (b) o depósito do seu montante integral; (c) as reclamações e os recursos, nos termos das leis reguladoras do processo tributário administrativo; (d) a concessão de medida liminar em mandado de segurança, medida cautelar ou antecipação de tutela; (e) o parcelamento. O crédito com exigibilidade suspensa, entretanto, não tem o condão de exonerar o devedor do cumprimento das obrigações acessórias.

No âmbito da recuperação judicial, o parcelamento, como forma de suspensão da exigibilidade do crédito, ganha um papel de particular importância. A Lei Complementar n. 118, de 9 de fevereiro de 2005, acresce o Código Tributário Nacional de um art. 191-A, que referenda a regra do art. 57 da Lei n. 11.101/2005, ao dispor que "a concessão de recuperação judicial depende da apresentação da prova da quitação de todos os tributos, observado o disposto nos arts. 151, 205 e 206, desta Lei". Mas a própria Lei Complementar introduz no art. 155-A, do mesmo Código, um § 3º, de caráter mandamental, assim estabelecendo: "Lei específica disporá sobre as condições de parcelamento dos créditos tributários do devedor em recuperação".

Esse caráter mandatório sustentado se evidencia pelo sistema criado. O *caput* do art. 155-A já traz a previsão de que "o parcelamento será concedido na forma e condição estabelecidas em lei específica". Quando o § 3º que lhe acresce determina que lei específica disporá sobre as condições de parcelamento, naquela situação especialmente tratada, há que se extrair o seguinte efeito: o parcelamento já se encontra assegurado ao devedor em recuperação judicial, cabendo à lei específica, pelo preceito ordenada, apenas disciplinar as respectivas condições. Do contrário, seria inócua a previsão, pois sua enunciação legal já se encontraria no *caput*.

Reforça o argumento o § 4º do mesmo art. 155-A do Código Tributário Nacional, igualmente introduzido pela Lei Complementar n. 118/2005, ao prescrever: "A inexistência da lei específica a que se refere o § 3º deste artigo importa na aplicação das leis gerais de parcelamento do ente da Federação ao devedor em recuperação judicial, não podendo, neste caso, ser o prazo de parcelamento inferior ao concedido pela lei federal específica".

A inexistência, assim, de legislação específica, não prejudica o parcelamento que já se encontra garantido, eis que a ele serão aplicáveis as leis gerais de parcelamento de cada ente da Federação, com apenas o limitador de que o prazo não poderá ser inferior ao da lei específica editada pela União.

As microempresas e empresas de pequeno porte farão jus a prazos vinte por cento superiores àqueles regularmente concedidos aos demais empresários e sociedades empresárias (parágrafo único do art. 68 da Lei n. 11.101/2005, com a redação conferida pela Lei n. 14.112/2020).

Sustentamos, portanto, que em favor do devedor contribuinte na recuperação judicial há um direito subjetivo ao parcelamento, porquanto cabe à lei especial apenas dispor sobre suas condições, ordenada essa conduta pelo § 3º do art. 155-A.

Mais de nove anos após a edição da Lei n. 11.101/2005 foi, finalmente, estabelecido o parcelamento especial para os débitos fiscais com a União. As regras encontram-se previstas no art. 10-A, introduzido pelo art. 43 da Lei n. 13.043/2014 à Lei n. 10.522/2002, fruto da conversão da Medida Provisória n. 651/2014.

A Lei n. 14.112/2020, por seu art. 3º, alterou a Lei n. 10.522/2002, para dar nova redação ao art. 10-A e incluir os arts. 10-B e 10-C. Os novos textos tiveram por escopo elevar o prazo de parcelamento dos créditos tributários, permitir o parcelamento especial de tributos retidos e, alternativamente aos mecanismos de parcelamento, disponibilizar ao devedor em recuperação judicial a possibilidade de propor uma transação à Fazenda Nacional em condições especiais.

A falta de lei específica prevendo o parcelamento de débitos fiscais em sede de recuperação judicial, cumpre registrar, vinha ensejando o entendimento jurisprudencial de não ser possível exigir a apresentação de certidão negativa de débitos tributários para a concessão da recuperação judicial[7], argumento este que agora fica fragilizado[8].

---

[7]   A exemplo, confira-se a decisão proferida no Recurso Especial n. 1.187.404/MT, decidido por unanimidade pela Corte Especial do Superior Tribunal de Justiça, tendo por Relator o Ministro Luis Felipe Salomão. Da ementa do referido acórdão destaca-se: "O parcelamento tributário é direito da empresa em recuperação judicial que conduz a situação de regularidade fiscal, de modo que eventual descumprimento do que dispõe o art. 57 da LRF só pode ser atribuído, ao menos imediatamente e por ora, à ausência de legislação específica que discipline o parcelamento em sede de recuperação judicial, não constituindo ônus do contribuinte, enquanto se fizer inerte o legislador, a apresentação da certidões de regularidade fiscal para que lhe seja concedida a recuperação".

[8]   O entendimento da dispensa de apresentação da CND foi alterado pelo Superior Tribunal de Justiça após o advento da Lei n. 14.112/2020. A respeito, tem-se o julgado assim ementado: "Recurso Especial. Empresarial. Recuperação judicial. Certidões negativas de débito fiscal. Apresentação. Necessidade. Preclusão. Coisa julgada. Afastamento. Intimação. Fazendas Públicas. Ausência. Julgamento *extra petita*. Decisão surpresa. Não ocorrência. 1. A questão controvertida resume-se a definir (i) se houve violação à coisa julgada, decisão *extra petita* e desrespeito ao contraditório e à ampla defesa com a prolação de decisão surpresa e (ii) se pode ser concedida a recuperação judicial sem a apresentação de certidão negativa de débitos tributários. 2. Após a entrada em vigor da Lei n. 14.112/2020 e a implementação de um programa legal de parcelamento factível, é indispensável que as sociedades em recuperação judicial apresentem as certidões negativas de débito tributário (ou positivas com efeitos de negativas) sob pena de ser indeferida a recuperação judicial, diante da violação do artigo 57 da LREF. Precedente. 3. A não apresentação das certidões não enseja o decreto de falência, pois não há previsão legal específica nesse sentido, implicando somente a suspensão da recuperação judicial. 4. Na hipótese, as Fazendas Públicas não foram intimadas da decisão que concedeu a recuperação judicial, de forma que não haveria como dela recorrerem. 5. Nos termos da jurisprudência desta Corte a nulidade decorrente de decisão que viola norma cogente pode ser declarada de ofício, sem que

De se observar que os arts. 57 e 58 da Lei n. 11.101/2005, ao condicionarem o deferimento da recuperação judicial à apresentação das certidões negativas de débito fiscal, não cominam a falência como pena da sua falta. O texto aprovado na Câmara dos Deputados alterou fundamentalmente a orientação daquele que retornou do Senado no exercício de sua função revisora (PLC n. 71/2003)[9], o qual, no *caput* de seu art. 57, fixava um prazo de cinco dias para que o devedor apresentasse as prefaladas certidões negativas e, no parágrafo único, dispunha que decorrido o prazo sem a apresentação das certidões, o juiz decretaria a falência.

A decretação da falência não vem mais prevista para a falta de exibição das certidões. Não quer a lei que a ausência de apresentação gere pena tão grave ao devedor, muito embora preveja que a concessão da recuperação judicial dependa de sua apresentação. Equilibra-se a exigência com a garantia assegurada ao devedor ao parcelamento dos débitos, o que implica automaticamente a inexigibilidade do crédito tributário. Não sendo o mesmo concedido pela Fazenda, embora preenchidas as condições para sua obtenção, estará o devedor impossibilitado de cumprir a exigência legal, não por ato seu, não por sua responsabilidade, mas por ato ilegal da administração.

Não se deve perder de vista o interesse na preservação da empresa, o qual não é exclusivo do devedor empresário, seu titular. O direito contemporâneo assenta-se no conceito de que o risco da empresa deve ser distribuído por todos os sujeitos que nela tenham interesse. Assim é que sua recuperação interessa aos trabalhadores, investidores, às instituições de crédito, aos consumidores, aos agentes da economia em geral e ao Estado. A solução para sua crise implica uma ponderação lúcida e equilibrada dos interesses públicos, coletivos e privados que nela confluem[10]. O princípio da preservação da empresa, ainda que

---

isso implique julgamento *extra petita*. 6. A exigência de regularidade fiscal está inserta no âmbito de desdobramento causal, possível e natural da controvérsia, obtido a partir de um juízo de ponderação do magistrado à luz do ordenamento jurídico vigente, o que não caracteriza decisão surpresa. 7. Recurso especial não provido" (REsp n. 2.082.781/SP, relatado pelo Ministro Ricardo Villas Bôas Cueva e julgado à unanimidade pelos integrantes da Terceira Turma em 28-11-2023). Confiram-se, ainda, nesse mesmo sentido, os acórdãos proferidos no REsp n. 2.053.240/SP, relatado pelo Ministro Marco Aurélio Bellizze e julgado à unanimidade pelos integrantes da Terceira Turma em 17-10-2023 e no REsp n. 1.955.325/PE, relatado pelo Ministro Antonio Carlos Ferreira e julgado à unanimidade pelos integrantes da Quarta Turma em 12-3-2024.

9   Art. 57: "Após a juntada aos autos do plano aprovado pela assembleia geral de credores ou decorrido o prazo previsto no art. 55 sem objeção de credores, o devedor apresentará, em 5 (cinco) dias, certidões negativas de débitos tributários nos termos dos arts. 151, 205, 206 da Lei n. 5.172, de 25 de outubro de 1966 (Código Tributário Nacional)". Parágrafo único – "Decorrido o prazo sem a apresentação das certidões, o juiz decretará a falência".

10   Catarina Serra, ob. cit., p. 7.

de forma indireta, encontra assento constitucional. Os valores sociais do trabalho e a livre iniciativa, princípios fundamentais da República (art. 1º, IV), só se alcançam com um sólido e estimulado exercício da empresa, porque é fonte de trabalho, de produção de bens e serviços para o mercado, de desenvolvimento de novas tecnologias e de geração de tributos. A preservação da empresa é condição preponderante para que se realizem os princípios informadores da ordem econômica, notadamente a propriedade privada, a sua função social, a livre concorrência, a defesa do consumidor, a redução das desigualdades regionais e sociais e a busca do pleno emprego.

A empresa revela-se como um "ativo social", na medida em que nela convivem múltiplos interesses da coletividade que sobre ela gravitam. Não tem sentido eliminar-se empresa viável, cuja aferição resulta da aprovação do plano de recuperação formulado pelo devedor e aceito por seus credores, pela simples ausência da apresentação de certidões negativas. É dever do Estado evitar o fim da atividade economicamente capaz de produzir dividendos sociais. Mais do que isso: é seu dever contribuir para a preservação dos agentes econômicos capazes e viáveis. A eliminação é para aqueles incapazes econômica e financeiramente ou desonestos. É para essa situação que se destina a falência, como forma de saneamento do mercado.

Vislumbramos a exibição das certidões em apreço como uma exigência formal que deve ser equilibrada em face de interesses maiores a serem protegidos. Ao próprio Estado, em sua visão arrecadatória, desconsiderando o desiderato de guardião e protetor do bem comum, interessa a recuperação, pois arrecadará novos tributos gerados a partir do exercício da empresa recuperada. É dinheiro novo em seu caixa. Novo e imediato.

Lamentável que nosso ordenamento jurídico não imponha ao Estado uma dose ponderada de sacrifício na recuperação, ficando ele incólume aos efeitos do plano de recuperação judicial, albergado pela máxima da indisponibilidade do crédito público. Seu crédito permanece a gozar de um superprivilégio. O art. 187 do Código Tributário Nacional, com redação dada pela Lei Complementar n. 118, afasta a cobrança do crédito tributário da habilitação em recuperação judicial, permanecendo a ser exigido em ação própria, o executivo fiscal, o qual, quando já ajuizado, não fica suspenso pelo deferimento da recuperação judicial (§ 7º-B do art. 6º). Além de não participar da recuperação, permanecendo intocáveis os meios de cobrança de seus créditos, exige-se que o devedor, para obter a recuperação, esteja quite com o Fisco ou obtenha os efeitos de uma certidão negativa de débitos pela garantia do juízo através da penhora no executivo fiscal ou pela suspensão da exigibilidade do crédito, como já se registrou. A exigência não é proporcional, pois, além de não se revelar necessária para que o Fisco realize o seu direito, interdita a possibilidade de soerguimento da empresa em crise.

Mas esse superprivilégio, embora indesejável, porém real, não pode ser irascível, impondo-se seja temperado com valores sociais maiores do qual o Estado, no seu dever de promoção, não pode se afastar.

Ao juiz, portanto, caberá no caso concreto avaliar a situação, deferindo a recuperação sempre que o devedor se encontre impedido de apresentar as certidões exigidas por ato invencível, motivado, por exemplo, pela recusa das Fazendas Federal, Estadual ou Municipal em conceder-lhe parcelamento ensejador da suspensão da exigibilidade do crédito tributário, embora preencha as condições para tanto, ou quando for verificada demora nessa concessão ou expedição da certidão com efeito positivo. A urgência do deferimento da recuperação judicial não pode sofrer prejuízo pela inação ou demora da máquina administrativa. A lei fixa o prazo máximo de realização da assembleia geral de credores para se manifestar sobre o plano em cento e cinquenta dias da publicação do edital do deferimento do processamento da recuperação, justamente para que dela se decida anteriormente à consumação do prazo inicial de cento e oitenta dias de suspensão das ações dos credores sujeitos a seus efeitos. A demora do juiz na apreciação do plano aprovado e na concessão da recuperação, no aguardo da vinda das certidões, gerará inefável prejuízo ao devedor, porque a assembleia geral de credores, em reunião posterior, poderá, ante o retardo na implementação das medidas de saneamento, deliberar pela decretação da falência (art. 73, I).

Também nos parece deva ser a recuperação judicial deferida quando a exigência formal de apresentação das certidões for um óbice intransponível à recuperação e preservação da empresa viável, em indispensável exercício de ponderação racional e proporcional dos valores envolvidos.

Diante do que ficou exposto, tem-se em conclusão do nosso entendimento: (a) o parcelamento dos créditos tributários, suspendendo a sua exigibilidade, propicia que o devedor atenda às exigências dos arts. 191-A do Código Tributário Nacional e 57 e 58 da Lei n. 11.101/2005, apresentando certidão positiva com efeitos de certidão negativa; (b) o direito a esse parcelamento é um direito subjetivo do devedor no processo de recuperação judicial, pois a regra do § 3º do art. 155-A do Código Tributário Nacional, de caráter mandatório, assegura-lhe esse direito, cabendo à lei específica dispor apenas sobre as condições do parcelamento, o que vem atendido, no plano da União, pelos arts. 10-A e 10-B da Lei n. 10.522/2002, o primeiro com redação determinada pela Lei n. 14.112/2020 e o segundo por ela incluído; (c) a ausência de edição da lei especial não prejudica o direito garantido ao devedor, sendo o parcelamento disciplinado por leis gerais dos entes da Federação, não podendo ser o prazo de parcelamento inferior ao da lei federal específica; (d) provado pelo devedor ao juízo da recuperação que requereu o parcelamento e está enquadrado nas condições da lei especial ou geral – se inexistente aquela –, a demora na sua concessão ou a sua negativa não impede que o juiz defira a recuperação; (e) a apresentação das certidões é uma exigência formal, que não obsta a concessão da recuperação, provado pelo devedor que a sua ausência decorre de fato alheio à sua vontade; (f) a ausência da exibição não tem o condão de implicar a decretação da falência, por expressa falta de previsão legal para a hipótese, a qual só poderá vir a ser decretada caso a assembleia geral de credores, nos termos do inciso I do art. 73, nesse sentido deliberar; (g) a recuperação judicial concedida não impede que a Fazenda titular do crédito tributário promova a sua respectiva cobrança, no juízo competente, através da denominada execução fiscal; (h) o direito do Estado de exigir os seus créditos deve ser conjugado e alinhado com o seu dever constitucional de promover o desenvolvimento econômico e social do país; (i) a exigência de certidões negativas de débito fiscal prevista pelo art. 57 (e chancelada pelo art. 191-A do Código Tributário Nacional) deve ser ponderada, tanto no plano do sistema infraconstitucional constante da Lei n. 11.101/2005, especificamente em confronto com seu art. 47, quanto no plano dos princípios constitucionais da preservação da empresa e de sua função social.

7. JULGAMENTO

Apresentadas as certidões negativas dos débitos tributários ou, superada a questão nos termos acima deduzidos, o juiz concederá a recuperação judicial do devedor cujo plano não tenha sofrido restrições de credor ou, caso objetado, que tenha logrado aprovação na deliberação realizada pela assembleia geral de credores. Sobre a decisão assemblear, o respectivo *quorum* (art. 45), inclusive àquela situação especial de sua concessão pelo juiz diante do *quorum* alternativo, o que na prática se vem chamando de *cram down* brasileiro (§§ 1º e 2º do art. 58), e o exercício do voto, já nos ocupamos nos itens 7 e 8 do Capítulo 6, a cujos termos ora se remete.

Rejeitado, entretanto, o plano de recuperação pela assembleia geral de credores, e não tendo como o juiz aplicar o *quorum* alternativo do § 1º do art. 58, será a falência por ele decretada, caso não tenha havido a apresentação de plano alternativo pelos credores. Essa possibilidade, trazida pela Lei n. 14.112/2020, como forma de se evitar a falência diante da rejeição pela assembleia geral de credores do plano proposto pelo devedor, vem tratada no item seguinte. Sendo o plano oferecido pelos credores também rejeitado pela assembleia geral, ter-se-á a decretação da falência (art. 73, III; § 8º do art. 56; e art. 58-A).

Pelo novo sistema que se apresenta na Lei n. 11.101/2005, após as alterações introduzidas pela reforma de 2020, a decretação da falência deve observar a seguinte e necessária sequência: (i) não aprovação pela assembleia geral de credores, segundo o *quorum* de votação do art. 45, do plano apresentado pelo devedor; (ii) impossibilidade de se aplicar o *quorum* alternativo do § 1º do art. 58; (iii) não aprovação, pela mesma assembleia geral de credores, de proposta formulada pelo administrador judicial de apresentação de plano alternativo pelos credores; (iv) aprovação da proposta menciona-da no item anterior, mas não apresentação ou colocação em votação do corresponden-te plano alternativo dos credores. Uma vez oferecido o indigitado plano alternativo, a decretação da falência se dará em caso de sua rejeição pela assembleia geral, segundo a votação realizada na forma do art. 45, também cabendo ao juiz aplicar, subsidiariamen-te, caso factível, o *quorum* alternativo do § 1º do art. 58 nesta nova votação (art. 58-A; art. 56, § 6º, I e § 8º; § 1º do art. 58; e art. 73, III).

A decisão judicial que conceder a recuperação constituirá título executivo judicial, nos termos do art. 515, II, do Código de Processo Civil de 2015 (§ 1º do art. 59[11]), o que nos leva a sustentar o seu caráter homologatório, muito embora a lei evite usá-lo em várias passagens. Na verdade, após verificada a sua legalidade e legitimidade, limita-se o juiz a chancelar o plano de recuperação, que tem natureza, como sustentado, de um contrato judicial.

Contra a sentença que conceder a recuperação judicial caberá agravo de instrumen-to, que poderá ser interposto por qualquer credor e pelo Ministério Público (§ 2º do art. 59); quanto à que denegá-la, decretando a falência, será ela igualmente agravável de instrumento pelo devedor (parágrafo único do art. 58-A). Sustentamos que este recur-so também poderá ser interposto pelo representante do Ministério Público, à luz do que dispõem o inciso II do art. 179 e o *caput* do art. 996, ambos do Código de Processo Civil de 2015, aplicáveis ao processo de recuperação judicial por força do estatuído no *caput* do art. 189 da Lei de Recuperação e Falência[12].

Da decisão que conceder a recuperação judicial serão intimados eletronicamente o Ministério Público e as Fazendas Públicas federal e de todos os Estados, Distrito Federal e Municípios em que o devedor tiver estabelecimento (§ 3º do art. 58 e § 3º do art. 59).

---

[11] O § 1º do art. 59 da Lei n. 11.101/2005 faz menção ao art. 584, III, do Código de Processo Civil de 1973. Contudo, foi o preceito revogado pela Lei n. 11.232/2005, que redefiniu os títulos executivos judiciais no art. 475-N, por ela introduzido. Com a apro-vação e vigência do Código de Processo Civil de 2015, os títulos judiciais foram agrupa-dos no art. 515, que, no inciso II, se refere à decisão homologatória de autocomposição judicial. O termo autocomposição vem empregado para traduzir todas as formas de acor-dos homologados judicialmente. Assim, este último preceito é que deve ser visto como a nova referência efetivada pela regra destacada da Lei n. 11.101/2005.

[12] A respeito, é lícito relembrar o verbete da Súmula 99 do Superior Tribunal de Justiça: "O Ministério Público tem legitimidade para recorrer no processo em que oficiou como fiscal da lei, ainda que não haja recurso da parte".

8. PLANO OFERECIDO PELOS CREDORES

Na primeira fase do procedimento do processo recuperacional, os correspondentes atos são orientados para estimular e promover uma solução de consenso para a crise empresarial enfrentada pelo devedor, prestigiando-se a autonomia privada da vontade das partes envolvidas. O caráter negocial do instituto prevalece como o seu principal vetor. Instrumentalmente, cria-se um ambiente apropriado para a realização desse propósito.

Reunindo o devedor as condições objetivas e subjetivas para propor, em juízo, a recuperação de sua empresa[13], e estando em ordem o pedido formulado (arts. 48 e 51), o juiz deferirá o processamento da recuperação judicial (art. 52). O devedor terá o prazo de sessenta dias para apresentar o seu plano de recuperação judicial, prazo esse improrrogável e contado da publicação do referido ato judicial de processamento, sob pena de convolação do pedido em falência (arts. 53 e 73, inciso II).

Recebido o plano apresentado pelo devedor, o juiz determinará a publicação de edital contendo aviso aos credores para apresentarem as suas objeções no prazo legal de trinta dias. Qualquer credor sujeito aos efeitos da recuperação judicial poderá manifestar objeção ao plano apresentado (art. 55). Na ausência de objeções, ter-se-á a aprovação tácita do plano de recuperação judicial pelos credores. Oferecida objeção, ainda que uma única, o juiz convocará a assembleia geral de credores para deliberar sobre o plano de recuperação judicial. Nesse caso, permite a lei possa o plano do devedor sofrer alterações pela assembleia geral de credores, a qual poderá apreciar e aprovar não só alterações pontuais ao plano apresentado, mas também plano alternativo oferecido por credores. Entretanto, qualquer alteração, independentemente de sua extensão, deverá contar com o assentimento expresso do devedor (arts. 58 e 56). Fica nesse ponto ressaltado e insofismavelmente claro o caráter de acordo judicial como a natureza da recuperação, encontrando-se as partes aptas a manifestarem suas vontades em pleno foro de negociação – e até mesmo antes dele, durante o curso do procedimento. Os credores expressarão as suas vontades através do órgão deliberante: a assembleia geral de credores. Aprovada a saída acordada para a crise, segundo o *quorum* legal, será o acordo instrumentalizado no plano de recuperação judicial que, uma vez homologado, perfectibilizará o contrato judicial.

A deliberação em assembleia geral de credores pode ser substituída por outro meio idôneo de manifestação volitiva, com idênticos efeitos, notadamente por termo de

---

[13] A recuperação é preconizada em favor da empresa em crise e não de seu titular. É a atividade econômica organizada, quando viável, que se visa a reestruturar.

adesão dos credores ao plano apresentado pelo devedor (§4º do art. 39, arts. 45-A e 56-A, introduzidos pela Lei n. 14.112/2020).

Rejeitado, todavia, o plano de recuperação judicial, abre-se a possibilidade, como forma de se evitar a falência, de apresentação de plano de recuperação judicial pelos credores.

O plano dos credores veio concebido na Lei reformadora n. 14.112/2020, como alternativa ao malogro da aprovação de um plano negociado, obtido através de um consenso entre o devedor e a coletividade de seus credores sujeitos à recuperação judicial.

Faculta-se aos credores concretizá-lo em duas oportunidades: (a) rejeição do plano de recuperação judicial pela assembleia geral de credores[14] (§§ 4º a 8º do art. 56); e (b) retardamento injustificável da deliberação dos credores a respeito do plano de recuperação judicial apresentado pelo devedor (§ 4º-A do art. 6º). A ocorrência de qualquer uma das hipóteses oportuniza o ingresso em outra fase do processo de recuperação judicial, na qual a sua natureza negocial cede espaço ao viés impositivo ou imperativo.

Verificada a reprovação do plano de recuperação judicial pela assembleia geral de credores, o administrador judicial, ato contínuo, submeterá ao mesmo conclave a alternativa de concessão do prazo de trinta dias para que os credores apresentem um ou mais planos de recuperação. A proposta deverá ser aprovada por credores que representem mais da metade dos créditos presentes. A sua não aprovação implica a decretação da falência (art. 73, inciso III e § 8º do art. 56).

O eventual plano que venha a ser proposto pelos credores, para ser posto em votação em nova assembleia geral de credores, deve, cumulativamente, satisfazer os seguintes requisitos objetivos: (a) não preenchimento das condições previstas no § 1º do art. 58, ou seja, não configuração do *quorum* alternativo para a aprovação do plano ofertado pelo devedor, fato que só ressalta, nessas condições, a natureza de poder-dever contida no aludido preceito; (b) observância do mesmo conteúdo mínimo exigido para o plano do devedor, isto é, discriminação pormenorizada e em resumo dos meios de recuperação adotados, demonstração da viabilidade econômica e apresentação de laudo econômico-financeiro e de avaliação dos bens e ativos do devedor (art. 53); (c) apoio prévio manifestado por escrito por credores que representem, alternativamente, mais de vinte e cinco por cento dos créditos sujeitos à recuperação judicial ou mais de trinta e cinco por cento dos créditos dos credores presentes à assembleia geral de credores que autorizou a apresentação do plano pelos credores; (d) não imputação de obrigações novas, não previstas em lei ou em contratos anteriormente celebrados, aos sócios do devedor; (e) previsão de isenção das garantias pessoais prestadas por pessoas naturais em

---

[14] Realizada pelo modo presencial, híbrido ou exclusivamente digital.

relação aos créditos a serem novados e que sejam de titularidade dos credores mencionados na alínea *c* acima ou daqueles que votarem favoravelmente ao plano de recuperação judicial apresentado pelos credores, não permitidas ressalvas de voto; e (f) não imposição ao devedor ou aos seus sócios de sacrifício maior do que aquele que decorreria da liquidação na falência. O não cumprimento de tais condições implica a convolação do pedido de recuperação judicial em falência (art. 73, III, e § 8º do art. 56).

A previsão do não sacrifício maior que na falência deve ser vista como um limite à proposição dos credores e não como referência ordinária da estruturação econômico--financeira do plano. Não se deve conceber que se possa impor ao devedor sacrifício que não seja indispensável à recuperação da empresa viável, sob pena de configuração de abuso do direito dos credores.

Colocado o plano proposto pelos credores em votação, esta também se fará dentro de cada classe (art. 41) e deverá observar, para sua aprovação, o *quorum* do art. 45 e, subsidiariamente, o *quorum* alternativo do § 1º do art. 58. Rejeitado, entretanto, o plano, o juiz convolará o pedido de recuperação judicial em falência (art. 73, III; § 8º do art. 56; e art. 58-A).

Na situação de suspensão da assembleia geral de credores convocada para votação do plano de recuperação judicial, esta deve ser encerrada no prazo de até noventa dias, o qual se conta da data de sua instalação (§ 9º do art. 56).

A outra hipótese a permitir apresentação do plano de recuperação judicial pelos credores resulta do decurso do prazo do *stay period*, computado na forma do § 4º-A do art. 6º da Lei de Recuperação e Falência[15].

O período de suspensão do curso do prazo de prescrição das obrigações do devedor e das execuções relativas a credores sujeitos à recuperação judicial, assim como a vedação da retenção, arresto, penhora, sequestro, busca e apreensão e constrição judicial ou extrajudicial sobre os bens do devedor derivados de demandas por credores sujeitos à

---

[15] § 4º-A do art. 6º: "O decurso do prazo previsto no § 4º deste artigo sem a deliberação a respeito do plano de recuperação judicial proposto pelo devedor faculta aos credores a propositura de plano alternativo, na forma dos §§ 4º, 5º, 6º e 7º do art. 56 desta Lei, observado o seguinte: I – as suspensões e a proibição de que tratam os incisos I, II e III do *caput* deste artigo não serão aplicáveis caso os credores não apresentem plano alternativo no prazo de 30 (trinta) dias, contado do final do prazo referido no § 4º deste artigo ou no § 4º do art. 56 desta Lei; II – as suspensões e a proibição de que tratam os incisos I, II e III do *caput* deste artigo perdurarão por 180 (cento e oitenta) dias contados do final do prazo referido no § 4º deste artigo, ou da realização da assembleia-geral de credores referida no § 4º do art. 56 desta Lei, caso os credores apresentem plano alternativo no prazo referido no inciso I deste parágrafo ou no prazo referido no § 4º do art. 56 desta Lei".

recuperação judicial (incisos I, II e III do art. 6º), que se convencionou chamar, com inspiração no direito norte-americano, de *stay period*, consiste em relevante instrumento de auxílio para a viabilização do soerguimento da empresa em crise, propiciando a sua recolocação no mercado. Jamais deve servir de ardil para eternizar privações aos credores. Todo o procedimento da recuperação judicial deve pautar-se na mais estrita boa-fé e no escopo de cooperação para a superação da crise, na convicção de que a recuperação da empresa traduz legítimo interesse daqueles que com ela interagem e da comunidade em que atua. O *stay* é ferramenta para a superação da crise e não deve servir de báculo para o devedor.

Desse modo, o decurso do prazo do *stay period*, sem a deliberação sobre o plano de recuperação judicial apresentado pelo devedor, abre a faculdade para os credores de proposição de plano próprio. Mas é relevante atentar que essa alternativa disposta em favor dos credores, em última análise, é feita em prol do ideal da recuperação judicial da empresa, que em princípio se visa a alcançar de forma negocial, razão pela qual somente pode ser implementada se a mora na deliberação do plano de recuperação judicial do devedor não puder ser imputada aos próprios credores. Deve-se, em boa exegese, conceber a materialização dessa faculdade conferida pelo §4º-A do art. 6º com mais rigor ainda: é exercitável desde que a mora seja imputável ao devedor, porquanto o atraso pode decorrer não necessariamente de ação ou de omissão do devedor ou dos credores, mas da própria máquina judiciária.

A hipótese, com efeito, surge como um meio alternativo em favor dos credores, os quais, diante de reprovável postura leniente do devedor, só tinham a seu dispor a deliberação, em assembleia geral de credores, da decretação da falência (art. 73, I), caminho que não vinha sendo posto em prática, diante do receio das consequências mais gravosas que da quebra poderiam resultar. A medida parece vir assim imposta pela Lei n. 14.112/2020 para reprimir eventual abuso do devedor.

Em síntese, o plano dos credores deve ser entendido como meio excepcional para viabilizar a recuperação judicial da empresa que se mostre viável aos olhos dos credores. É um recurso que a eles se disponibiliza como caminho alternativo à falência do devedor. A regra a inspirar o procedimento, no entanto, é o alcance de soluções negociadas entre o devedor e seus credores.

9. ALIENAÇÃO DE FILIAIS OU UPIs

Possibilita-se que o plano de recuperação judicial tenha por previsão a alienação judicial de filiais ou de unidades produtivas isoladas (UPIs) do devedor. Uma vez aprovado, o juiz ordenará a sua realização, após a oitiva do administrador judicial e atendida a orientação a respeito do comitê, caso exista, segundo uma das seguintes modalidades: (a) leilão eletrônico, presencial ou híbrido; (b) processo competitivo organizado promovido por agente especializado e de reputação ilibada, cujo procedimento deverá ser detalhado em relatório anexo ao plano de recuperação judicial; (c) qualquer outra modalidade, desde que aprovada nos termos da Lei n. 11.101/2005. Esses meios de alienação judicial encontram-se abordados no item 5 do Capítulo 26, ao qual fazemos remessa, cabendo também aqui ressaltar que todas as formas de alienação de bens realizadas de acordo com a Lei de Recuperação e Falência serão consideradas, para todos os efeitos, alienações judiciais.

Acerca da alienação, o Ministério Público e as Fazendas Públicas serão intimados por meio eletrônico, sob pena de nulidade (art. 60 e § 7º do art. 142).

Estabelece o parágrafo único do art. 60, com a nova redação que lhe foi conferida pela Lei n. 14.112/2020, que o objeto da alienação estará livre de qualquer ônus e não haverá sucessão do arrematante nas obrigações do devedor, de qualquer natureza, incluídas, mas não exclusivamente, as de natureza ambiental, regulatória, administrativa, penal, anticorrupção, tributária e trabalhista. A regra apenas não se verifica quando o arrematante for: (a) sócio da sociedade devedora; (b) sociedade controlada pelo devedor; (c) parente, em linha reta ou colateral até o quarto grau, consanguíneo ou afim, do devedor ou de sócio da sociedade devedora; (d) identificado como agente do devedor com o objetivo de fraudar a sucessão.

O regramento, no plano tributário, vem referendado pelos §§ 1º e 2º do art. 133 do Código Tributário Nacional, introduzidos pela Lei Complementar n. 118, de 9 de fevereiro de 2005, ao neutralizar a sucessão tributária preconizada no *caput* do artigo[16], assim dispondo:

> § 1º O disposto no *caput* deste artigo não se aplica na hipótese de alienação judicial: I – em processo de falência; II – de filial ou unidade produtiva isolada, em processo de recuperação judicial. § 2º Não se aplica o disposto no § 1º deste artigo quando o adquirente for: I – sócio da sociedade falida ou em recuperação judicial, ou sociedade controlada pelo devedor falido ou em recuperação judicial; II – parente, em linha reta ou colateral até o 4º (quarto) grau, consanguíneo ou afim, do devedor falido ou em recuperação judicial ou de qualquer de seus sócios; ou III – identificado como agente do falido ou do devedor em recuperação judicial com o objetivo de fraudar a sucessão tributária.

---

[16] Art. 133: "A pessoa natural ou jurídica de direito privado que adquirir de outra, por qualquer título, fundo de comércio ou estabelecimento comercial, industrial ou profissional, e continuar a respectiva exploração, sob a mesma ou outra razão social ou sob firma ou nome individual, responde pelos tributos, relativos ao fundo ou estabelecimento adquirido, devidos até a data do ato".

A nova redação dada ao parágrafo único do art. 60 pela Lei n. 14.112/2020 foi objeto de veto presidencial, que restou derrubado pelo Congresso Nacional. Com efeito, a nova redação, bem como a anterior, traduz técnica jurídica de redação da lei com cláusula aberta, de modo que as menções a certas obrigações são meramente exemplificativas. Anteriormente à reforma, o dispositivo enumerava somente as obrigações de natureza tributária do devedor; com a nova redação, listam-se outras obrigações a mais. Porém, a inexistência de sucessão se tem não somente em relação às elencadas no preceito, mas também em relação a qualquer outra obrigação do devedor, seja de que natureza for.

O art. 60 cuida, pois, da alienação segregada do estabelecimento empresarial do devedor, ou seja, do estabelecimento separado, desmembrado em filiais ou unidades produtivas isoladas. Mas, para que sobre o objeto dessa venda não incida a sucessão, é indispensável que ela se realize judicialmente, isto é, sob supervisão judicial, incondicionalmente.

A alienação de unidade produtiva isolada, compreendida pelo isolamento de bens e direitos de qualquer natureza, tangíveis ou intangíveis, que compõem o estabelecimento do devedor (*caput* do art. 60-A), não pode traduzir-se em esvaziamento patrimonial, que implique a liquidação substancial do seu ativo, deixando à deriva os credores, notadamente aqueles não sujeitos à recuperação judicial, como, na prática, se presenciou em diversos episódios em função da então flacidez normativa. Daí a lei reformadora, visando a coibir os abusos, dispor, no parágrafo único do art. 66-A, que a venda de unidade produtiva isolada não afasta a incidência do inciso VI do *caput* e do § 2º do art. 73. Sujeita-se a hipótese, assim, uma vez verificado o esvaziamento patrimonial substancial na venda, à decretação da falência do devedor. No entanto, o fato não redundará na invalidade ou ineficácia do ato, cumprindo ao juiz determinar o bloqueio do produto respectivo da alienação e a devolução ao devedor dos valores que já tenham sido distribuídos aos seus credores, os quais serão dirigidos à sua massa falida, e ficarão à disposição do juízo universal da falência[17].

Vale o registro histórico de interessante questão que surgiu na exegese desse parágrafo único do art. 60 em sua redação anterior, consistente em saber se haveria ou não sucessão do arrematante nas obrigações de natureza trabalhista. Em preceito correspondente no âmbito da falência (inciso II do art. 141), havia, como há, menção expressa de exclusão da sucessão quanto às obrigações derivadas da legislação do trabalho e às decorrentes de acidente de trabalho, ao lado das de cunho tributário, o que não ocorria no preceito em tela.

---

[17] Em complementação, cf. item 1 do Capítulo 14.

Pois bem. Apesar da omissão, sustentávamos que a isenção quanto à sucessão do arrematante era ampla e atingia todas as obrigações, inclusive aquelas de feição trabalhista. O texto, ao se referir tão somente às de natureza tributária, traduzia, como na versão atual traduz, uma oração explicativa, por se tratar, como se enfatizou, de uma listagem exemplificativa. Qualquer limitação de obrigação deveria, pois, ser expressa. Por outro lado, a forma de quitação dos créditos trabalhistas deve ser objeto de disposição no plano de recuperação, não havendo qualquer sentido lógico em se conceber a sucessão do arrematante. A alienação judicial em tela tem por escopo justamente a obtenção de recursos para cumprimento das obrigações contidas no plano, frustrando-se o intento caso o arrematante herdasse os débitos trabalhistas do devedor ou outros de qualquer natureza, porquanto o bem alienado perderia atrativo e sofreria desvalorização. A explicitação em relação àquelas de origem tributária, de outra feita, decorria do fato de que os créditos tributários não se submetem ao processo de recuperação.

A linha de entendimento defendida foi abonada pelo Supremo Tribunal Federal no julgamento da Ação Direta de Inconstitucionalidade – ADI n. 3.934-2/DF, em que se confirmou a constitucionalidade das referenciadas disposições da Lei n. 11.101/2005. O Relator, Ministro Ricardo Lewandowski, em seu voto, assim atestou:

> Por essas razões, entendo que os arts. 60, parágrafo único, e 141, II, do texto legal em comento mostram-se constitucionalmente hígidos no aspecto em que estabelecem a inocorrência de sucessão dos créditos trabalhistas, particularmente porque o legislador ordinário, ao concebê-los, optou por dar concreção a determinados valores constitucionais, a saber, a livre iniciativa e a função social da propriedade – de cujas manifestações a empresa é uma das mais conspícuas – em detrimento de outros, com igual densidade axiológica, eis que os reputou mais adequados ao tratamento da matéria.

10. ESTADO DE RECUPERAÇÃO E SEU ENCERRAMENTO

Concedida a recuperação judicial por sentença, instaura-se o efetivo estado de recuperação judicial do devedor, determinando o juiz ao Registro Público de Empresas Mercantis a sua anotação no registro correspondente, a cargo das Juntas Comerciais, sem prejuízo da anotação já realizada quando do deferimento do seu processamento (cf. item 6 do Capítulo 10), as quais manterão banco de dados de acesso público e gratuito, disponível na rede mundial de computadores, contendo a relação de todos os devedores nesse estado ou em procedimento prévio de recuperação (do deferimento do processamento até a decisão de sua concessão).

Faculta-se ao juiz, nesta mesma sentença, determinar – ou não – que o devedor permaneça sob supervisão judicial. Optando por decidir fique o devedor em estado de recuperação judicial, deverá fixar o correspondente prazo, que não poderá ultrapassar dois anos. Parece possível, inclusive, assinalar um prazo inicial e, posteriormente, prorrogá-lo até o limite da consumação do biênio, tudo a depender de avaliação realizada durante esse intervalo no qual o devedor fica submetido ao período de supervisão judicial (*caput* do art. 61, com a nova redação conferida pela Lei n. 14.112/2020).

Consumado o correspondente prazo com o adimplemento de todas as obrigações previstas no plano e nele vencidas, cabe ao juiz decretar, por sentença, o encerramento da recuperação judicial (art. 63), pois o estado de recuperação finda ao término do interregno, ainda que existam obrigações com vencimentos previstos para período ulterior.

Enquanto vigente o referido prazo, prosseguem os órgãos da recuperação judicial em pleno ou potencial funcionamento (o juiz, o Ministério Público, o administrador judicial, a assembleia geral de credores – quando instalada – e o comitê de credores – se constituído –, por exemplo), e o devedor sob o risco de convolação da recuperação judicial em falência, diante do não cumprimento das obrigações nele vencidas, com a consequente revogação da novação operada.

Uma vez ultimado o período de supervisão, não se justifica manter o processo em curso, pois se tem por terminado o estado jurídico de recuperação judicial. A regra é a de que o respectivo processo deva ser encerrado, se não foi convolada a recuperação judicial em falência, cabendo ao juiz, por sentença, assim proceder e, adicionalmente, determinar certas medidas meramente complementares, como o pagamento do saldo dos honorários do administrador judicial, do eventual saldo de custas judiciais, a comunicação ao Registro Público de Empresas, dentre outras de importância secundária (art. 63).

Contudo, a prática judiciária demonstrou que, a despeito do escoamento do prazo do art. 61, em muitos casos, o juiz não encerrava o processo por sentença, aguardando o desfecho de algumas questões processuais. Umas desnecessárias ao encerramento, como a existência de habilitações/impugnações de crédito sem trânsito em julgado[18]; outras que poderiam até, excepcionalmente, justificar o não encerramento previsto no art. 63, como a necessidade de o processo permanecer aberto para, exclusivamente, se assegurar a inexistência da sucessão quando a alienação do estabelecimento empresarial prevista no plano não se implementou dentro do período em que o devedor permaneceu no estado de recuperação judicial[19].

---

[18] Situação que ficou agora inquestionável com a previsão constante do parágrafo único do art. 63 acrescentado pela Lei n. 14.112/2020, que assim dispõe: "O encerramento da recuperação judicial não dependerá da consolidação do quadro geral de credores".

[19] Confira-se, também, Fábio Ulhoa Coelho, *Comentários à lei de falências e de recuperação*

Mas uma coisa deve ficar bem clara: o teto legal de dois anos do art. 61 é de ordem pública e, por isso, não pode ser elastecido, independentemente de eventual período de carência previsto para o início do cumprimento das obrigações contidas no plano. O encerramento do estado jurídico de recuperação no preceito preconizado tem consequências concretas: impossibilidade de convolação da recuperação judicial em falência e irrevogabilidade da novação. O eventual descumprimento de obrigação vencida para além do interstício terá outra consequência jurídica: a execução específica da obrigação inadimplida ou o requerimento autônomo de falência com apoio no art. 94 (art. 62). Alongar o estado de recuperação judicial não é, assim, possível, pois vulnera irremediavelmente o sistema estabelecido pela própria lei para o passo subsequente de execução da recuperação judicial.

O estado jurídico de recuperação judicial – período em que o devedor permanece em recuperação judicial e sob supervisão judicial – inexoravelmente termina com o encerramento do prazo assinado, ainda que o respectivo processo não se encerre por sentença, como, em princípio, vem expressamente determinado no art. 63. O fato de o processo permanecer, ainda que justificadamente, em aberto, não tem o condão de estender o estado de recuperação judicial. O final do estado de recuperação judicial é providência automática e com consequências materiais nas esferas jurídicas do devedor e de seus credores, que não podem ser afetadas pela eventual permanência do processo. Uma coisa é o estado de recuperação judicial; outra coisa é o processo de recuperação judicial.

Todavia, caso o juiz, na sentença que concede a recuperação judicial, não venha fixar prazo para que o devedor permaneça em supervisão judicial, por entendê-lo desnecessário no caso concreto, deverá também encerrar o processo e determinar aquelas providências complementares que o caso comportar. Isto porque todos os objetivos do correspondente processo foram alcançados. É a inteligência que resulta da combinação dos arts. 61 e 63 da Lei n. 11.101/2005.

O juiz, ao decretar por sentença o encerramento da recuperação judicial, no mesmo ato, determinará: (a) a apuração do saldo das custas judiciais a serem recolhidas; (b) a apresentação de relatório circunstanciado do administrador judicial, no prazo máximo de quinze dias, sobre a execução do plano de recuperação; (c) o pagamento do saldo de honorários do administrador judicial (art. 24), o que, entretanto, somente poderá se realizar mediante a prestação de contas dos recebimentos havidos, no prazo de trinta dias, e a aprovação do relatório indicado na alínea *b* acima; (d) a dissolução do comitê de credores e a exoneração do administrador judicial; (e) a comunicação ao Registro Público de Empresas Mercantis e à Secretaria Especial da Receita Federal do Brasil do Ministério da Economia para as anotações de estilo.

---

de empresas, 13. ed. São Paulo, Revista dos Tribunais, 2018, p. 256.

Na hipótese de o devedor ter sido afastado da condução de seu negócio, com a nomeação do gestor judicial, impende igualmente preveja a decisão a sua exoneração, embora seja omisso o art. 63 a respeito.

Não se ocupa a lei de um recurso específico para a sentença de encerramento do processo. Mas, por certo, decisão dessa relevância não pode ter a conotação de irrecorrível. Sustentávamos que contra tal decisão era possível interpor o interessado o recurso de apelação, fosse por aplicação analógica do disposto no parágrafo único do art. 156, que prevê idêntico recurso contra a sentença de encerramento da falência, fosse por aplicação subsidiária do art. 1.009 do Código de Processo Civil de 2015, conforme autorizado pelo art. 189, em sua redação anterior à reforma da Lei n. 14.112/2020. À luz do que veio a dispor o inciso II do § 1º do art. 189, introduzido pela citada lei reformadora, parece-nos, atualmente, desafiar a decisão o recurso do agravo de instrumento.

A decisão deverá ser publicada na forma do art. 191.

Retornando ao tema concernente ao estado de recuperação judicial, cabe ressaltar que a sentença que concede a recuperação irradia seus efeitos materiais desde o momento de sua assinatura pelo juiz. A publicação, na forma do art. 191, destina-se à produção de outros efeitos, como a contagem do prazo do recurso contra ela cabível. Por tal razão é que, nesse ponto, professamos o entendimento de que o prazo de até dois anos do art. 61 deva se contar da data do *decisum* e não de sua publicação.

Durante o período de supervisão judicial, como já se consignou, o descumprimento de qualquer obrigação prevista no correspondente plano acarretará a convolação da recuperação judicial em falência. A respectiva decisão resultará da atuação de ofício do juiz ou de requerimento de qualquer interessado, como o formulado pelo credor, pelo comitê, se houver, pelo administrador judicial ou pelo representante do Ministério Público.

Decretada a falência, nessas condições, os credores terão reconstituídos seus direitos e garantias nas condições originalmente contratadas, operando-se, entretanto, a dedução de valores eventualmente pagos. Ficam, outrossim, ressalvados os atos validamente praticados no âmbito da recuperação judicial.

O texto normativo, traduzido no § 2º do art. 61, ao preconizar o restabelecimento dos direitos e garantias originariamente contratados, a favor dos credores, em virtude da decretação da falência por descumprimento de obrigação assumida no plano, poderia sugerir eventual conflito com a regra que emana de outro dispositivo normativo, o art. 59, segundo o qual o plano de recuperação judicial implica novação dos créditos anteriores ao respectivo pedido, obrigando o devedor e todos os credores a ele sujeitos. Entretanto, conflito real inexiste. A novação é regra que emerge do texto, e sobre ela não se pode ter dúvida. A lei não se vale de palavras vãs. Nenhum credor poderá postular qualquer direito em sua original formação, quando as obrigações previstas no plano forem cumpridas no interregno de até dois anos, preconizado no *caput* do art. 61

A REORGANIZAÇÃO DA EMPRESA

– estado de recuperação; nem poderá assim postular em relação àquelas que se vencerem após o citado período, embora não cumpridas, pois o que lhe cabe é requerer a execução específica da obrigação ou a falência do devedor, em ação própria, com apoio no art. 94, consoante dispõe o art. 62. Portanto, há novação, ainda que se queira chamá-la de *sui generis*. O que se deve enxergar, em verdade, na regra do § 2º do art. 61, é o estabelecimento de uma sanção. Uma pena, com finalidade marcantemente coercitiva, de modo a estimular o devedor a apresentar a seus credores um plano verdadeiramente viável, com obrigações que possa realmente honrar no período de até dois anos seguintes à concessão da recuperação. Se assim não proceder, presume a lei que não tinha condições de aprovar com seus credores as obrigações contidas no plano, induzindo-os a celebrar o contrato judicial sem que, efetivamente, pudesse cumpri-lo. Vem aqui prestigiada a boa-fé objetiva que todos os contratantes devem guardar ao celebrarem um contrato (Código Civil, art. 422). Desse modo, o descumprimento de qualquer obrigação prevista no plano, durante o estado de recuperação judicial do devedor, acarretará a convolação da recuperação em falência, sendo o devedor sancionado com o restabelecimento dos direitos e garantias nas condições originariamente contratadas. Sobre a novação recuperacional, em adição, remetemo-nos ao que foi dito no item 6 do Capítulo 11.

Da decisão que decretar a quebra caberá agravo de instrumento, por aplicação analógica do art. 100[20]. Caso o juiz venha julgar improcedente o pedido formulado por quaisquer dos interessados na convolação em falência por descumprimento de obrigação do plano, pensamos ser a hipótese igualmente de agravo de instrumento, não só por se tratar de um incidente, a desafiar decisão interlocutória, mas também por força do que vem estabelecido no inciso II do § 1º do art. 189, incluído pela lei reformadora de 2020.

Nada obsta, como já se adiantou acima, sejam previstas no plano de recuperação judicial obrigações com vencimento para período ulterior ao prazo máximo de dois anos, ao longo dos quais o devedor poderá permanecer em recuperação judicial. Nesse caso, reitere-se, ocorrendo o descumprimento de qualquer uma delas, faculta-se ao credor prejudicado requerer a execução específica da obrigação inadimplida, pois a sentença que o homologou constitui título executivo judicial, ou a falência do devedor, mas com apoio em uma das situações previstas no art. 94, notadamente as dos incisos I, II e III, alínea *g*[21]. Cumpre reafirmar, pois, que à decretação de falência, nesses termos,

---

[20] Cf. item 167 *infra*.

[21] Art. 94: "Será decretada a falência do devedor que: I – sem relevante razão de direito, não paga, no vencimento, obrigação líquida materializada em título ou títulos executivos protestados cuja soma ultrapasse o equivalente a 40 (quarenta) salários mínimos na data do pedido de falência; II – executado por qualquer quantia líquida, não paga, não deposita e não nomeia à penhora bens suficientes dentro do prazo legal; III – pratica qualquer dos seguintes atos, exceto se fizer parte de plano de recuperação judicial: [...] g) deixa de cumprir, no prazo estabelecido, obrigação assumida no plano de recuperação judicial".

não se aplicará a regra do § 2º do art. 61, a qual determina tenham os credores reconstituídos seus direitos e garantias nas condições originalmente contratadas, visto que ela se limita à hipótese do § 1º do mesmo artigo, que contempla a figura da convolação da recuperação em falência, decorrente do descumprimento de qualquer obrigação prevista no plano durante o período no qual o devedor permanece em recuperação judicial (*caput* do art. 61).

11. REVISÃO DO PLANO DE RECUPERAÇÃO JUDICIAL: PRESSUPOSTOS, CONDIÇÕES E EFEITOS

Uma das questões mais tormentosas que têm desafiado os estudiosos e operadores da recuperação judicial de empresas assenta-se na possibilidade de alteração do plano de recuperação judicial originalmente aprovado entre o devedor e seus credores e devidamente homologado pelo Estado-Juiz enquanto não encerrada a recuperação judicial por sentença. E, com a edição da Lei reformadora n. 14.112/2020, surge adicionalmente a provocação de se avaliar essa viabilidade em relação ao plano apresentado pelos credores.

A questão, longe de estar consumada em função de uma primeira manifestação do Superior Tribunal de Justiça[22] e da aprovação do Enunciado n. 77 da II Jornada de

---

[22] RECURSO ESPECIAL. RECUPERAÇÃO JUDICIAL. MODIFICAÇÃO DO PLANO DE RECUPERAÇÃO APÓS O BIÊNIO DE SUPERVISÃO JUDICIAL. POSSIBILIDADE, DESDE QUE NÃO TENHA OCORRIDO O ENCERRAMENTO DAQUELA. PRINCÍPIO DA PRESERVAÇÃO DA EMPRESA. ALTERAÇÃO SUBMETIDA À ASSEMBLEIA GERAL DE CREDORES. SOBERANIA DO ÓRGÃO. DEVEDOR DISSIDENTE QUE DEVE SE SUBMETER AOS NOVOS DITAMES DO PLANO. PRINCÍPIOS DA RELEVÂNCIA DOS INTERESSES DOS CREDORES E DA *PAR CONDITIO CREDITORUM*. 1. O legislador brasileiro, ao elaborar o diploma recuperacional, traçou alguns princípios, de caráter axiológico-programático, com o intuito de manter a solidez das diversas normas que compõem a referida legislação. Dentre todos, destacam-se os princípios da relevância dos interesses dos credores; *par conditio creditorum*; e da preservação da empresa, os quais são encontrados no artigo 47 da Lei 11.101/2005. 2. Essa base principiológica serve de alicerce para a constituição da Assembleia Geral de Credores, a qual possui a atribuição de aprovar ou rejeitar o plano de recuperação judicial, nos moldes apresentados pelo Administrador Judicial da empresa recuperanda. 3. Outrossim, por meio da "Teoria dos Jogos", percebe-se uma interação estratégica entre o devedor e os credores, capaz de pressupor um consenso mínimo de ambos a respeito dos termos delineados no plano de recuperação judicial. Essas negociações demonstram o abandono de um olhar individualizado de cada crédito e um apego maior à interação coletiva e organizada. 4. Discute-se, na espécie, sobre a modificação do plano originalmente proposto, após o biênio de supervisão judicial – constante do artigo 61 da Lei de Falências –, sem que houvesse o encerramento da recuperação judicial da empresa recuperanda. Ainda que transcorrido o prazo de até 2 anos de supervisão judicial, não houve, como ato subsequente, o encerramento da recuperação, e, por isso, os efeitos da recuperação judicial ainda perduram, mantendo assim a vinculação de todos os credores à deliberação da Assembleia. 5. Recurso especial provido.

Direito Comercial[23], merece profunda reflexão quanto aos seus pressupostos, condições e efeitos, prestigiando o diálogo das fontes normativas constitucional e infraconstitucional, para que se garantam a segurança jurídica, o ato jurídico perfeito, a efetividade do direito, o tratamento isonômico dos credores e a boa-fé objetiva.

A abordagem tópica e superficial da hipótese ou a apressada resposta a um determinado caso concreto são capazes de deformar e desvirtuar a solução legal preconizada para a crise da empresa e maltratar os direitos dos credores nela envolvidos. A indispensável reflexão e o ideário da distribuição da Justiça, no laboratório das diversidades dos casos concretos, tendem a afastar fórmulas herméticas que se vêm apresentando para cuidar da questão.

A Lei n. 11.101/2005, em sua atual versão, estrutura e divide o processo de recuperação judicial em duas fases distintas: (a) negociação e aprovação – ou não – pelos credores, sob a chancela judicial, do plano de recuperação judicial ofertado pelo devedor; e (b) apresentação – ou não – de plano pelos credores, no caso de malogro na aprovação do plano negociado. Na sequência, sendo exitosa a aprovação de um plano de recuperação judicial em qualquer uma das fases, com a derradeira homologação judicial, passa-se à execução e ao cumprimento do plano. Do contrário, decreta-se a falência.

Concedida por sentença a recuperação judicial e seguindo-se no passo do cumprimento das obrigações no plano definidas, há que inicialmente verificar se foi ou não fixado o interstício de supervisão judicial. Ocorrendo o seu estabelecimento na sentença, permanece o devedor em estado de recuperação judicial durante o prazo assinado, que não pode ser superior a dois anos. O não cumprimento de qualquer obrigação assumida no plano de recuperação judicial no interregno tem como resultado a convolação da recuperação em falência (§ 1º do art. 61 e inciso IV do art. 73) e, nesse caso, os credores têm reconstituídos seus direitos e garantias nas condições originalmente contratadas, deduzidos os valores eventualmente pagos e ressalvados os atos validamente praticados no âmbito da recuperação judicial (§ 2º do art. 61). Após o aludido lapso temporal, o descumprimento de qualquer obrigação do plano enseja a sua execução específica ou a falência por meio de requerimento autônomo do credor (arts. 62 e 94). Isto porque a decisão judicial que concede a recuperação judicial constitui título executivo judicial e a novação dos créditos anteriores ao pedido de recuperação judicial definitivamente se aperfeiçoa

---

(REsp n. 1.302.735/SP, rel. Min. Luís Felipe Salomão e julgado à unanimidade de votos pelos Ministros integrantes da 4ª Turma do STJ em 17-3-2016).

23 Enunciado n. 77: "As alterações do plano de recuperação judicial devem ser submetidas à assembleia geral de credores, e a aprovação obedecerá ao quorum previsto no art. 45 da Lei n. 11.101/05, tendo caráter vinculante a todos os credores submetidos à recuperação judicial, observada a ressalva do art. 50, §1º, da Lei n. 11.101/05, ainda que propostas as alterações após dois anos da concessão da recuperação judicial e desde que ainda não encerrada por sentença".

(art. 59, *caput* e § 1º). Não estabelecida a supervisão judicial, a consequência do não cumprimento de qualquer obrigação é a possibilidade de sua execução específica ou o requerimento de falência (art. 62), tudo consoante já anotado no item 10 do Capítulo 13 e no item 6 do Capítulo 11.

No corpo normativo da Lei n. 11.101/2005 não se concebeu a revisão e alteração do plano de recuperação judicial aprovado com a chancela judicial. A regra do § 3º do art. 56 – por vezes invocada para legitimá-las[24] – vincula-se à primeira fase do processo, ou seja, à negociação e à aprovação do plano de recuperação judicial entre o devedor e seus credores. A Lei n. 14.112/2020 também não a disciplinou. A única referência que fez à alteração superveniente do plano foi para fins de parcelamento do imposto sobre a renda e da contribuição social sobre o lucro líquido incidentes sobre o ganho de capital resultante da alienação de bens ou direitos pela pessoa jurídica em recuperação judicial (§ 5º do art. 50).

Nessa fase inicial, devido à feição negocial do plano de recuperação judicial, legitima-se a sua alteração pelo próprio devedor que o apresentou e pelos seus credores, os quais podem, inclusive, apresentar planos alternativos a serem submetidos à assembleia geral de credores. Em quaisquer dos casos, não se permite a diminuição dos direitos dos credores ausentes ao conclave.

Na alteração do plano por credor, realizada ainda nessa primeira fase, exige-se a anuência do devedor – viés contratual da recuperação judicial – a qual, entretanto, pode ser judicialmente superada quando constatado o abuso no exercício do direito de veto, tal qual também se tem para as disposições abusivamente impostas pelos credores ao devedor ou a uma minoria de credores vencida, as quais podem ser afastadas por ocasião do exercício do controle judicial do plano de recuperação judicial e de suas disposições. O plano e suas eventuais alterações fazem parte de um processo negocial que confere aos interessados a possibilidade de influenciarem nas decisões a serem tomadas, mas sempre sob supervisão judicial, para que se assegure a observância dos limites impostos pelo ordenamento jurídico.

Contudo, ainda que no regime legal anterior à alteração introduzida pela Lei n. 14.112/2020, inúmeros foram os casos em que o Poder Judiciário permitiu a modificação do plano originário aprovado e homologado, enquanto não encerrada a recuperação judicial por sentença. Portanto, já não se pode ter mais dúvida acerca dessa possibilidade, que vem, assim, referendada pela doutrina e pela jurisprudência, com a invocação constante do caráter contratual do instituto da recuperação judicial e dos princípios da preser-

---

[24] Julio Kahan Mandel. Da alteração do plano de recuperação judicial aprovado pelos credores. *In*: Paulo Fernando Campos Salles de Toledo; Francisco Satiro (Coord.), *Direito das empresas em crise: Problemas e soluções*, São Paulo, Quartier Latin, 2012, p. 198-199.

vação da empresa e da sua função social. Mas não se pode descurar de outros princípios e finalidades da recuperação judicial para avaliar os pressupostos, as condições e a extensão dos efeitos para que a alteração apresentada possa ser, na realidade do caso concreto, analisada e judicialmente afirmada. Nesse cenário, destacam-se os princípios da segurança jurídica e da efetividade do direito, e a finalidade da satisfação e preservação dos direitos e interesses dos credores (fim imediato da recuperação judicial), sem o que não há estímulo à atividade econômica e à economia creditícia (fins mediatos do instituto).

A admissão da modificação do plano de recuperação judicial aprovado deve ter por pressuposto fundamental o dinamismo do mercado, quando revelador de um novo ambiente que exija adaptações e ajustes para que se possa prosseguir com a almejada reestruturação da empresa preconizada no plano. A causa a ensejar a alteração deve decorrer de fatores exógenos, imprevisíveis e insuperáveis diante da estruturação do plano originário.

As condições para que o aditamento ou os aditamentos se realizem devem guardar estrita observância com as regras, os princípios e valores garantidos e tutelados pela Lei n. 11.101/2005 e pelo ordenamento jurídico em geral, sobressaindo, no estágio de revisão ulterior, a observância da mais estrita boa-fé objetiva pelos atores envolvidos e a garantia do tratamento isonômico dos credores, que, nesse momento de revisão pós--pacto homologado, ganham contornos de inefável relevância.

Assim é que não se deve permitir a modificação do plano nas hipóteses em que o devedor se encontrar em mora no cumprimento de suas obrigações ou em posição de já confessado intento de não cumprir o plano originário. É mister que o plano esteja sendo cumprido e que a alteração projetada decorra de causa externa, invencível e superveniente à aprovação originária.

Do mesmo modo, não se deve permitir que a modificação traduza um novo plano de recuperação judicial, ao alterar por completo ou em parte essencial o plano original, com o efeito de descaracterizá-lo. Nessas hipóteses, restaria violada a proibição de não ter o devedor, há menos de cinco anos, obtido a concessão de recuperação judicial (art. 48, incisos II e III), regra que quer evitar a utilização contumaz do instituto[25].

Igualmente, não pode propiciar que o devedor experimente vantagem econômica sobre os credores ou – como o aditamento decorre da necessária aprovação por certa maioria de credores – sobre determinada categoria minoritária de credores, que passe, desse modo, a suportar, exclusiva ou substancialmente, os ônus decorrentes da operação, porquanto deverá haver a repartição equitativa, razoável e racional dos reflexos da readequação.

---

[25] Consoante lição de Rubens Requião, formulada ainda no âmbito da concordata, que contava com semelhante regra, a lei não deseja que o instituto seja visto como "uma panaceia da qual a todo o momento se possa lançar mão" (*Curso de direito falimentar*, 16. ed., São Paulo, Saraiva, 1998, v. II, p. 31).

A mensuração da extensão dos efeitos da modificação é também de enorme relevância, mormente diante da consideração da eventual não fixação do período de supervisão judicial e, se fixado, do elemento temporal, quando os efeitos da novação já se tenham por definitivamente produzidos e reste garantida a execução específica da obrigação para o credor.

No plano oferecido pelos credores, também se deve permitir a sua revisão. Embora já não mais se tenha presente a sua natureza contratual, permanecem os princípios da preservação da empresa e sua função social a orientar a solução, agregados ao dinamismo do mercado que perdura como mecanismo influenciador. A causa a embasar o aditamento também deve originar-se de fatores externos, imprevisíveis e insuperáveis, impondo-se, incondicionalmente, a rigorosa observância da boa-fé objetiva e do tratamento isonômico dos credores.

Em quaisquer das situações cogitadas, impende que se observe no aditamento do plano de recuperação judicial o mesmo regime legal para a sua aprovação original, procedendo-se, tão somente, a pequenas adaptações que se fizerem necessárias ao modelo modificativo, que se realizará em data ulterior à aprovação primeira.

12. PLANO ESPECIAL DE RECUPERAÇÃO JUDICIAL

Reconhecendo a situação peculiar das microempresas e empresas de pequeno porte na economia nacional, em consonância com o art. 179 da Constituição Federal, reserva a lei para elas um sistema especial de recuperação judicial mais simplificado.

Este sistema abrangerá todos os créditos existentes na data do pedido, vencidos e vincendos, excetuados os decorrentes de repasse de recursos oficiais, os fiscais e os previstos nos §§ 3º e 4º do art. 49 da Lei n. 11.101/2005[26]. Na versão original da lei, cabe registrar, o plano especial vinculava apenas uma única categoria de credores: a dos quirografários. Mas a nova redação dada ao inciso I do art. 71 da Lei n. 11.101/2005, pela Lei Complementar n. 147/2014, ampliou o âmbito de sujeição dos créditos a essa modalidade específica de recuperação judicial.

A Lei n. 11.101/2005 não define, para os fins nela colimados, microempresa e empresa de pequeno porte. Adota o conceito da lei geral. Portanto, seus beneficiários são os empresários individuais ou as sociedades empresárias, devidamente registrados no Registro Público de Empresas Mercantis, que se incluam nos limites do art. 3º da Lei Complementar n. 123/2006, e que não se encontrem excluídos do regime, nos termos do § 4º do mesmo preceito[27]. É necessário, também, o enquadramento na Junta Comercial do empresário em uma das categorias citadas anteriormente.

---

[26] *Vide*, em complementação, os comentários lançados no item 1 do Capítulo 11, inclusive no que se refere à cessão fiduciária de direitos creditórios.

[27] Art. 3º: "Para os efeitos desta Lei Complementar, consideram-se microempresas ou empresas de pequeno porte a sociedade empresária, a sociedade simples, a empresa in-

A adoção do procedimento especial não é automática. Não decorre, assim, da simples condição do requerente. Há necessidade de expresso pedido formulado na petição inicial para sua implementação. Não havendo requerimento nesse sentido, o curso da recuperação judicial será o ordinário, o normal.

Os credores não submetidos ao plano especial não terão seus créditos incluídos na recuperação judicial, permanecendo, pois, alijados de seu regime. Suas ações e execuções ficam incólumes ao efeito da suspensão, que se limita às dos credores abrangidos pelo plano. Continua, ainda, intacto o curso do prazo prescricional. Nada impede façam o uso do requerimento de falência contra o devedor, por interpretação extensiva do parágrafo único do art. 73.

O plano especial de recuperação judicial, de conteúdo muito semelhante à extinta concordata preventiva, limitar-se-á às seguintes condições: (a) abrangerá todos os créditos existentes na data do pedido, ainda que não vencidos, excetuados os decorrentes de repasse de recursos oficiais, os fiscais e os previstos nos §§ 3º e 4º do art. 49; (b)

---

dividual de responsabilidade limitada e o empresário a que se refere o art. 966 da Lei n. 10.406, de 10 de janeiro de 2002 (Código Civil), devidamente registrados no Registro de Empresas Mercantis ou no Registro Civil de Pessoas Jurídicas, conforme o caso, desde que: I – no caso da microempresa, aufira, em cada ano-calendário, receita bruta igual ou inferior a R$360.000,00 (trezentos e sessenta mil reais); e II – no caso da empresa de pequeno porte, aufira, em cada ano-calendário, receita bruta superior a R$ 360.000,00 (trezentos e sessenta mil reais) e igual ou inferior a R$ 4.800.000,00 (quatro milhões e oitocentos mil reais). [...] § 4º Não poderá se beneficiar do tratamento jurídico diferenciado previsto nesta Lei Complementar, incluindo o regime de que trata o art. 12 desta Lei Complementar, para nenhum efeito legal, a pessoa jurídica: I – de cujo capital participe outra pessoa jurídica; II – que seja filial, sucursal, agência ou representação, no País, de pessoa jurídica com sede no exterior; III – de cujo capital participe pessoa física que seja inscrita como empresário ou seja sócia de outra empresa que receba tratamento jurídico diferenciado nos termos desta Lei Complementar, desde que a receita bruta global ultrapasse o limite de que trata o inciso II do *caput* deste artigo; IV – cujo titular ou sócio participe com mais de 10% (dez por cento) do capital de outra empresa não beneficiada por esta Lei Complementar, desde que a receita bruta global ultrapasse o limite de que trata o inciso II do *caput* deste artigo; V – cujo sócio ou titular seja administrador ou equiparado de outra pessoa jurídica com fins lucrativos, desde que a receita bruta global ultrapasse o limite de que trata o inciso II do *caput* deste artigo; VI – constituída sob a forma de cooperativas, salvo as de consumo; VII – que participe do capital de outra pessoa jurídica; VIII – que exerça atividade de banco comercial, de investimentos e de desenvolvimento, de caixa econômica, de sociedade de crédito, financiamento e investimento ou de crédito imobiliário, de corretora ou de distribuidora de títulos, valores mobiliários e câmbio, de empresa de arrendamento mercantil, de seguros privados e de capitalização ou de previdência complementar; IX – resultante ou remanescente de cisão ou qualquer outra forma de desmembramento de pessoa jurídica que tenha ocorrido em um dos 5 (cinco) anos-calendário anteriores; X – constituída sob a forma de sociedade por ações; XI – cujos titulares ou sócios guardem, cumulativamente, com o contratante do serviço, relação de pessoalidade, subordinação e habitualidade".

preverá parcelamento em até trinta e seis parcelas mensais, iguais e sucessivas, acrescidas de juros equivalentes à taxa Sistema Especial de Liquidação e de Custódia – SELIC, podendo conter ainda a proposta de abatimento do valor das dívidas; (c) preverá o pagamento da primeira parcela no prazo máximo de cento e oitenta dias, contado da distribuição do pedido de recuperação judicial; (d) estabelecerá a necessidade de autorização do juiz, após ouvido o administrador judicial e o comitê de credores, se houver, para o devedor elevar despesas ou contratar empregados.

Com o intuito de desonerar o devedor, prevê a lei que não haverá convocação de assembleia geral de credores para deliberar sobre o plano de recuperação. Este será considerado aprovado se não houver objeções de credores titulares de mais da metade de qualquer uma das classes dos créditos previstos no art. 83 e computados na forma do art. 45, quando instados, nos termos do art. 55, a se manifestar. Ocorrendo objeção, segundo o *quorum* aludido, o juiz, em princípio, julgará improcedente o pedido de recuperação judicial e decretará a falência. Mas, essa objeção, embora a lei não o fale expressamente, deve vir fundamentada por parte daquele ou daqueles que a formularem. A situação aqui é singular, porquanto não haverá, como se disse, a realização do conclave dos credores para debate e decisão sobre o plano, nem a possibilidade de proposição de plano alternativo. A ausência de fundamentação ou a sua manifesta deficiência caracterizam abuso do direito por parte do credor ou credores opositores, comportamento que vem repelido pelo nosso ordenamento. Assim, essa regra, consubstanciada no parágrafo único do art. 72 da Lei de Recuperação e Falência, deve ser interpretada no horizonte do art. 187 do Código Civil, porquanto também configura prática ilícita o exercício de um direito por parte de seu titular quando, manifestamente, exceder os limites impostos pelo seu fim econômico ou social, pela boa-fé ou pelos bons costumes. O abuso de direito, com efeito, independe de culpa, fundamentando-se, tão somente, no critério objetivo-finalístico[28]. Há que ser, portanto, repelida qualquer conduta de credor ou credores reveladora de uma intenção de frustrar, ainda que por simples capricho, a possibilidade de preservação da empresa desenvolvida pelo seu devedor. Não se deve perder de vista que, em certos episódios, poderá nutrir o credor interesse direto na

---

[28] Sobre o tema, rica é a lição de Gustavo Tepedino, Heloisa Helena Barboza, Maria Celina Bodin de Moraes: "A categoria do abuso do direito surgiu justamente no intuito de reprimir os atos que, embora praticados com estrita observância da lei, violavam o seu espírito. (...) Não obstante, sustenta-se na atualidade a noção de abuso como uma conduta que, embora lícita, mostra-se desconforme com a finalidade que o ordenamento pretende naquela circunstância fática alcançar e promover. Almeja-se com a disciplina do abuso de direito uma valoração axiológica do exercício de determinada situação jurídica subjetiva – não apenas dos direitos subjetivos, mas também dos interesses potestativos, dos poderes jurídicos etc. – à luz dos valores consagrados no ordenamento civil-constitucional" (*Código Civil interpretado conforme a Constituição da República*, vol. I. Rio de Janeiro: Renovar, 2004, p. 341).

quebra do seu devedor, seja por pretender eliminá-lo da concorrência no mercado, seja para, em situação vantajosa, adquirir o seu negócio. Ressalte-se que o credor não está impedido de licitar nas modalidades de alienação do ativo previstas em lei, cuja preferência é que se realize com a venda do estabelecimento em bloco (art. 140, I). Encontra-se, outrossim, o objeto da alienação livre de qualquer ônus, não havendo, pois, sucessão do arrematante nas obrigações do devedor (art. 141, II), realizando-se a alienação pelo maior valor oferecido, ainda que inferior ao valor de avaliação (§ 2º do art. 142). Nessa perspectiva, estamos convencidos de que ao juiz é dada a faculdade, verificado o caso concreto, de repelir as objeções que não se apresentarem devidamente fundamentadas, reveladoras, assim, de uma ilicitude *lato sensu*[29], para deferir a recuperação judicial, atendidas as demais exigências legais.

A Lei reformadora n. 14.112/2020 introduziu um art. 70-A na Lei n. 11.101/2005 para permitir que o produtor rural pessoa natural opte pela apresentação do plano de recuperação judicial sob o mesmo regime especial inicialmente reservado às microempresas e empresas de pequeno porte, contanto que o valor da causa não exceda a quatro milhões e oitocentos mil reais. Nos termos do § 5º do art. 51, também introduzido pela reforma de 2020, o valor da causa deve corresponder ao montante total dos créditos sujeitos à recuperação judicial. Pela conjugação dos preceitos, tem-se que o produtor rural em questão pode escolher o regime especial se o seu passivo que será objeto da novação recuperacional não exceder aquele limite legal.

---

[29] Cf. Gustavo Tepedino, Heloisa Helena Barboza, Maria Celina Bodin de Moraes, ob. cit., p. 342: "Não foi feliz, todavia, o legislador de 2002, ao definir o abuso de direito como espécie de ato ilícito. A opção legislativa contraria a doutrina mais moderna do abuso de direito, que procura conferir-lhe papel autônomo na ciência jurídica (Cunha de Sá, Abuso, p. 121). A ultrapassada concepção do abuso de direito como forma de ato ilícito, na prática, condicionava sua repressão à prova de culpa, noção quase inerente ao conceito tradicional de ilicitude. No direito civil contemporâneo, ao contrário, a aferição de abusividade no exercício de um direito deve ser exclusivamente objetiva, ou seja, deve depender tão somente da verificação de desconformidade concreta entre o exercício da situação jurídica e os valores tutelados pelo ordenamento civil-constitucional. Além disso, a associação do abuso com o ilícito restringe as hipóteses de controle do ato abusivo à caracterização do ato ilícito, deixando escapar um sem-número de situações jurídicas em que, justamente por serem lícitas, exigem uma valoração funcional quanto ao seu exercício. Assim sendo, o art. 187 do CC, que define o abuso de direito como ato ilícito, deve ser interpretado como uma referência a uma ilicitude lato sensu, no sentido de contrariedade ao direito como um todo, e não como uma identificação entre a etiologia do ato ilícito e a do ato abusivo, que são claramente diversas".

CAPÍTULO 14

CONVOLAÇÃO DA RECUPERAÇÃO JUDICIAL EM FALÊNCIA

1. HIPÓTESES

No curso do processamento da recuperação judicial, hipóteses poderão ensejar a convolação do pedido respectivo em falência ou, quando já deferida a recuperação por sentença, a sua própria convolação. Encontram-se elas dispersamente referidas em diversos dispositivos, porém sistematizadas no art. 73 da Lei de Recuperação e Falência, a nosso ver fixadas em listagem taxativa.

O juiz decretará a falência nos seguintes casos: (a) em função da não apresentação, pelo devedor, do plano de recuperação no prazo legal (art. 53); (b) quando houver sido rejeitado definitivamente o plano de recuperação pelos credores (§§ 4º, 5º, 6º e 8º do art. 56 e art. 58-A, na situação da recuperação ordinária, e parágrafo único do art. 72, na circunstância da recuperação pautada em plano especial); (c) pelo descumprimento de qualquer obrigação assumida no plano de recuperação durante o período no qual o devedor encontrar-se no estado de recuperação judicial (§ 1º do art. 61); (d) por descumprimento dos parcelamentos especiais de débitos fazendários ou da eventual transação sobre esses débitos (embora esses créditos não se sujeitem à recuperação judicial, a Lei n. 14.112/2020 incluiu a hipótese em proteção ao crédito fazendário, permitindo, desse modo, que um fator externo à recuperação judicial venha a ensejar a sua convolação em falência); (e) quando identificado o esvaziamento patrimonial do devedor que implique liquidação substancial do seu ativo, em prejuízo dos credores não sujeitos à recuperação judicial, inclusive as Fazendas Públicas (hipótese também incluída pela reforma de 2020); (f) por deliberação da assembleia geral de credores, observado o *quorum normal* de deliberação, consistente em credores que representem mais da metade do valor total dos créditos presentes à assembleia geral (art. 42).

A situação retratada na alínea *b supra* foi significativamente modificada pela Lei n. 14.112/2020 no que se refere à recuperação ordinária. Para haver a decretação da falência é indispensável, como se disse, que se verifique uma rejeição definitiva do plano de recuperação judicial pela assembleia geral de credores. Assim é que sendo pelo conclave de credores rejeitado o plano apresentado pelo devedor, a decretação da falência pressupõe que não tenha havido a autorização e a efetiva apresentação de plano alternativo concebido pelos credores. Havendo plano proposto pelos credores, em qualquer das situações legalmente autorizadas de sua apresentação, a decretação da falência ocorrerá diante de sua rejeição pela assembleia geral de credores[1].

No caso da alínea *e* seguinte, considera-se, na dicção legal, substancial a liquidação quando não forem reservados bens, direitos ou projeção de fluxo de caixa futuro suficientes à manutenção da atividade econômica do devedor, necessários ao cumprimento de suas obrigações (§ 3º do art. 73). Mas essa análise deve ser feita com bastante rigor e certeza. O esvaziamento patrimonial em questão deve restar evidente, não se podendo jamais presumi-lo, sendo, por isso, facultada a realização de perícia para tal fim. A hipótese foi concebida pela reforma da Lei n. 14.112/2020 para coibir abusos que se vinham presenciando em algumas recuperações judiciais por ocasião da alienação de unidades produtivas isoladas (art. 60)[2]. O que se deve obstar é o mau uso do pedido de recuperação judicial, ou seja, aquele que não se destine a proceder à efetiva reabilitação da empresa em crise, na perspectiva do art. 47 da Lei, mas que se faça com distinto objetivo, de servir de veículo de esvaziamento patrimonial, com a liquidação mais vantajosa do ativo e da própria empresa, em prejuízo dos credores, notadamente daqueles que não ficam sujeitos à recuperação judicial.

Nessa perspectiva é que deve ser a hipótese legal interpretada e aplicada diante da verificação do caso concreto, não se admitindo a sua banalização para impedir a concessão ou o prosseguimento da recuperação judicial, para determinar a convolação em falência. Uma vez, no entanto, decretada a falência com fundamento nesse pressuposto, o fato não implica a invalidade ou a ineficácia dos atos já praticados, competindo ao juiz determinar as providências e medidas necessárias ao bloqueio do produto de eventuais alienações já realizadas e a recuperação dos valores já distribuídos aos credores, que ficam obrigados a restituí-los, a fim de que sejam arrecadados e integrem a massa falida, assegurando-se, em última *ratio*, a ordem de pagamento na falência.

A última situação, constante da alínea *f* acima, demanda reflexão mais apurada. Parece-nos que a assembleia geral será dotada desse poder somente até o momento

---

[1] Sobre o tema, com mais detalhe, cf. o item 8 do Capítulo 13.
[2] Cf. item 9 do Capítulo 13.

no qual venha a recuperação ser abonada pelos credores, mediante a aprovação do plano pela assembleia geral ou pela ausência de objeção (art. 58). Note-se que o *quorum* para a deliberação, como se falou, é o comum do art. 42, ao passo que o para a aprovação do plano objetado é especial (art. 45). Não se admite possa a assembleia geral, com aquele *quorum* comum de deliberação, revogar decisão anterior, com *quorum* mais elevado e votação especial em todas as classes que compõem o foro de deliberação. A única situação que se nos afiguraria plausível, após a aprovação do plano – pois antes dela não há empeço –, mas anteriormente à sentença concessiva da recuperação, seria aquela já retratada no item 6 do Capítulo 13, em que o devedor se omite injustificadamente na apresentação das certidões negativas de débito fiscal, não tendo sido a exigência do art. 57 judicialmente afastada, impedindo que o juiz profira sua decisão, porque dos credores não se pode exigir fiquem indefinidamente no aguardo da providência, cuja demora já prejudicaria a viabilidade do próprio plano de recuperação. Surge aí um fato novo após a aprovação do plano que pode ensejar deliberação da assembleia geral. Mas, uma vez proferida sentença concedendo a recuperação, ainda que com a superação da exigência de apresentação das certidões negativas, nossa visão é de que somente pelo descumprimento da obrigação prevista no plano haverá convolação da recuperação em falência. Não é razoável conferir-se um poder de vida e morte à assembleia geral de credores durante todo o processo de recuperação, notadamente após a sua obtenção pelo devedor. O ideal da lei é a recuperação, não se admitindo possa ficar prejudicada por simples capricho da assembleia. Após aprovar o plano e admitida sua legalidade pelo magistrado ao conceder a recuperação, não há como se legitimar sua "rescisão" por simples decisão assemblear, até porque o plano homologado constitui-se título executivo judicial (§ 1º do art. 59). O mesmo raciocínio se estabelece para a circunstância de inexistência de objeção ao plano.

A assembleia geral, para este fim, será convocada por credores que representem, no mínimo, vinte e cinco por cento do valor total dos créditos de uma determinada classe (§ 2º do art. 36) ou pelo comitê, caso tenha sido instalado (art. 27, I, *e*).

Aos credores por créditos não sujeitos à recuperação, entretanto, fica assegurado o direito de requerer a falência, com base em seus respectivos títulos, nos termos dos incisos I ou II do *caput* do art. 94. Não prejudica, por outro lado, a decretação da falência o estado de recuperação no qual se encontra o devedor se qualquer credor, sujeito ou não aos seus efeitos, promover o requerimento da falência tendo por causa comprovada uma das hipóteses do inciso III do art. 94, revelador de atos de falência, gerando a presunção da insolvabilidade do devedor. Ao tema voltaremos no item 3.2 do Capítulo 17, com maior profundidade.

2. EFICÁCIA DOS ATOS

Os atos de administração, endividamento, oneração ou alienação realizados durante o processo de recuperação judicial, em princípio, não ficam prejudicados em virtude da convolação em falência. Presumir-se-ão válidos e eficazes desde que realizados em estrita observância dos preceitos legais.

Mas a presunção, contudo, é relativa. Apesar da obediência à forma legal na prática do ato, este, em seu conteúdo, poderá revelar-se viciado, fruto, por exemplo, de fraude. Provado o vício, não há como se deixar de operar o seu desfazimento.

SEÇÃO IV

FALÊNCIA

CAPÍTULO 15

ESTADO DE FALÊNCIA

1. PRESSUPOSTOS

Para instaurar-se o estado de falência, que é um estado de direito, a legislação brasileira reclama a concorrência de três pressupostos: a qualidade de empresário do devedor, o estado de insolvência do empresário – ou o estado de crise econômico-financeira aguda[1] – e a decretação judicial da falência.

Registra-se na doutrina nacional corrente sustentando a ocorrência de mais um elemento ao lado daqueles enunciados: a pluralidade de credores. Para essa vertente, não estará caracterizado o estado de falência ante a verificação da existência de um único credor.

2. QUALIDADE DE EMPRESÁRIO

Resulta insofismavelmente do art. 1º da Lei n. 11.101/2005 o sujeito passivo da falência: o empresário. Daí nascer a afirmativa de a falência no Direito brasileiro ser um instituto marcadamente empresarial, diante da adoção de um sistema restritivo.

Empresário, à luz do art. 966 do Código Civil, é a pessoa física ou jurídica que exerce profissionalmente – com habitualidade e escopo de lucro – atividade econômica organizada para a produção ou a circulação de bens ou de serviços no mercado.

O tema já foi estudado, de forma geral, no Capítulo 2 e a ele se retornará em complementação no Capítulo 16, focado especificamente na falência.

3. INSOLVÊNCIA DO EMPRESÁRIO

Existem diversos critérios, adotados por variados sistemas, para determinar o estado de insolvência. Dentre os de maior relevo podemos enunciar: (a) o do estado patrimonial

---

[1] Cf. item 11 do Capítulo 15 (conceito de insolvência).

deficitário; (b) o da incapacidade de pagar; (c) o da cessação de pagamentos; (d) o da impontualidade; (e) o da enumeração ou indicação de fatos concretos, precisados em lei.

4. SISTEMA DO PATRIMÔNIO DEFICITÁRIO

O sistema em apreço propõe uma investigação da condição econômica deficitária do patrimônio do devedor. Traduz-se pela insuficiência patrimonial do empresário, ou seja, o seu patrimônio apresenta-se insuficiente para satisfazer as suas dívidas.

Sampaio de Lacerda[2] demonstrava a efetiva dificuldade na sua adoção, porquanto para que se possa apurar a existência do déficit patrimonial necessário seria, inicialmente, desapossar o devedor, pelo menos, de seus livros empresariais. Igual sentimento exteriorizava nutrir Rubens Requião[3], para quem é evidente a dificuldade de comprovação, pelo credor, de tal situação deficitária, tendo ele que, nas palavras do mencionado autor, "ingressar no âmago dos negócios do devedor, inquisitorialmente, para avaliar sua insolvabilidade, comprovando preliminarmente o fato de ser o seu patrimônio, isto é, o seu ativo, insuficiente para cobrir suas dívidas, ou seja, o passivo".

Na insolvência civil, regulada pelo Código de Processo Civil de 1973 sob a rubrica da "execução por quantia certa contra devedor insolvente", ainda em vigor por força do estatuído no art. 1.052 do Código de Processo Civil de 2015, verificamos regra consagradora do sistema, fazendo presumir *iuris et de iure* a insolvência quando "as dívidas excederem à importância dos bens do devedor" (art. 748), isto é, quando se verifica o déficit patrimonial[4].

5. SISTEMA DA INCAPACIDADE DE PAGAR

Esse sistema é bastante semelhante ao da cessação de pagamentos. Parte da verificação de um ou alguns fatos que indiquem a incapacidade do devedor de pagar as suas dívidas. Foi adotado na Alemanha[5] e na Áustria[6], onde a lei declarava como presunção de incapacidade de pagar o fato de o devedor promover a suspensão dos pagamentos.

---

[2]   Ob. cit., p. 44.

[3]   Ob. cit., vol. I, p. 65.

[4]   Na insolvência civil adota-se, ainda, o critério da presunção *iuris tantum*, traduzido no art. 750 do Código de Processo Civil de 1973, segundo o qual se presume a insolvência quando o devedor não possuir bens livres e desembaraçados para nomear à penhora, ou quando forem arrestados bens do devedor com fundamento no art. 813, I, II e III, do mesmo diploma processual.

[5]   Parágrafo 102 da Ordenação de 10 de fevereiro de 1877.

[6]   Parágrafo 68 da Ordenação de 10 de fevereiro de 1914.

6. SISTEMA DA CESSAÇÃO DE PAGAMENTOS

Por intermédio desse sistema, o devedor que faz cessar os pagamentos de suas dívidas demonstra-se insolvente.

Foi agasalhado pelo Código Comercial francês, inspirando a legislação brasileira de 1850. O Código Comercial de 1850, em seu art. 797, declarava que todo o comerciante que fizesse cessar os seus pagamentos entendia-se falido.

O sistema, por traduzir uma questão de fato, é naturalmente gerador de incertezas, ficando ao sabor das decisões judiciais a sua definição.

Conforme registrava Sampaio de Lacerda[7], a busca, no Direito francês, do verdadeiro sentido do conceito de cessação de pagamentos "trouxe tantas dúvidas que PARDESSUS julgava mais seguro obter a confissão do comerciante para se conhecer o estado de falência, acreditando PIPIA ser um estado de fato complexo, cuja apreciação deve ser deixada ao prudente exame do juiz".

No Brasil, enquanto vigente a Parte Terceira de nosso velho Código Comercial, onde se situava o indigitado art. 797, não menos tormentoso foi o enfrentamento da questão. A jurisprudência, a final, vinha trilhando o entendimento de que não era suficiente para a decretação da falência a falta de pagamento de uma ou mais obrigações, sendo necessário demonstrar a insolvabilidade do devedor, apreciando-se a situação de seu ativo e passivo. A cessação de pagamento, assim, deveria vir motivada pela insolvabilidade. Mostrava-se como um indício revelador da insolvência, conduzindo, entretanto, à pesquisa da causa que levara o devedor a deixar de pagar.

Abandonou-se, entre nós, esse impreciso sistema o qual, entretanto, ainda se faz presente na legislação de alguns países europeus.

7. SISTEMA DA IMPONTUALIDADE

Pelo sistema da impontualidade tem-se a caracterização da insolvência como decorrência do não pagamento de uma dívida líquida, isto é, certa quanto à existência e determinada quanto ao objeto, no respectivo vencimento. Exige-se que o empresário pague pontualmente as suas obrigações. O não pagamento, a fim de afastar o devedor do estado de insolvência, impõe-se seja motivado; deve estar fundado em uma razão juridicamente suficiente que, oposta ao credor, demonstra não haver insolvabilidade.

---

[7] Ob. cit., p. 44.

230   CURSO DE DIREITO COMERCIAL – FALÊNCIA E RECUPERAÇÃO DE EMPRESA

8. SISTEMA DA ENUMERAÇÃO OU INDICAÇÃO DE FATOS CONCRETOS, PRECISADOS EM LEI

O sistema em questão, conduz a uma indicação, pela lei, de determinadas situações nas quais se encontra o devedor, tradutoras de sua insolvabilidade. A indicação ou enumeração legal, como sustenta Renzo Provinciali[8], traduz manifestações diretas, tácitas e indiretas da insolvência.

A crítica que se apresenta ao sistema arrima-se no fato de que a enumeração, tendo que ser limitativa, pode não ser completa e, por via de consequência, defeituosa.

9. SISTEMA ADOTADO PELO DIREITO POSITIVO BRASILEIRO

A impontualidade foi adotada como critério para determinar o estado de insolvência, em substituição ao da cessação de pagamento consagrado pelo art. 797 do Código Comercial de 1850, por meio do Decreto n. 917, de 24 de outubro de 1890, que revogou a Parte Terceira do mencionado Código.

A enumeração ou indicação legal dos atos falimentares veio a se unir à impontualidade a partir do mesmo Decreto n. 917, recebendo original feição pela Lei n. 2.024, de 17 de dezembro de 1908, que o reformou. Carvalho de Mendonça[9], autor do substitutivo que nela resultou, ressaltava ser preferível uma lei que determine os casos especiais de manifestação da falência, afastando o arbítrio judicial, sempre presente no sistema da cessação de pagamentos, evitando "incertezas e surpresas em matéria importante onde os interesses de muitos se acham comprometidos". Sustenta deva se optar por "uma legislação de fórmulas à outra de equidade". Consiste em fazer emergir atos ou fatos certos, pelos quais o procedimento do devedor traduz a sua intenção de prejudicar os credores ou, até mesmo, a par desta ação intencional, revela-se, de forma translúcida, o seu estado ruinoso e a iminente impossibilidade de cumprir as suas obrigações.

O Decreto-Lei n. 7.661/1945 enveredava pela mesma opção dogmática feita pelo Decreto n. 917, de 1890, pela Lei n. 2.024, de 1908, e pelo Decreto n. 5.746, de 9 de dezembro de 1929, que a revogou. O conceito vem também consagrado na atual Lei n. 11.101/2005.

A nossa Lei de Recuperação e Falência preferiu adotar um sistema misto: a presunção da insolvência derivada da impontualidade do devedor no pagamento de obrigação líquida, devidamente comprovada pelo protesto do título executivo que a corporifica

---

8   Ob. cit., 5. ed., vol. I, p. 278.
9   Ob. cit., vol. VII, p. 198 e 199.

(art. 94, I), e, a seu lado, o elenco de atos legalmente enumerados, capazes de exteriorizar a impossibilidade do devedor em cumprir as suas obrigações, sem a verificação, necessariamente, da falta de pagamento (art. 94, II e III)[10].

Esses sistemas da impontualidade e da indicação ou enumeração legal, tal qual apropriados pela legislação brasileira, serão objeto de análise em capítulo específico.

10. INSOLVÊNCIA PRESUMIDA OU CONFESSADA

O estado de insolvência se manifesta pela sua confissão por parte do devedor impontual – insolvência confessada –, nos termos do art. 105 da Lei de Recuperação e Falência, ou pela sua presunção – insolvência presumida –, decorrente da impontualidade, caracterizada nos termos do art. 94, I, ou da exteriorização dos atos legalmente enumerados no art. 94, II e III, todos do mesmo diploma, sem que tenha havido elisão pelo devedor.

Com efeito, a legislação possibilita que o devedor promova a elisão da presunção de insolvência de que se valha o credor para requerer a sua falência. Deixando de fazê-lo, ou malogrando no seu intento, o juiz terá por caracterizado o estado de fato da insolvência, atuando para transformá-lo em estado de direito, a partir da declaração da falência, quando serão extraídos os correspondentes efeitos deste novo *status*.

A lei brasileira, de certo modo, manteve-se inspirada na orientação adotada pela Lei Federal norte-americana de 1898 ("acts of bankruptcy") que permite a elisão da falência ante a alegação provada de não se encontrar o devedor insolvente ao tempo em que a ela foi requerida.

11. CONCEITO DE INSOLVÊNCIA

Conforme se pode com acuidade aferir do direito positivo vigente, a insolvência não é revelada pelo simples fato de o ativo ser inferior ao passivo. Ao revés, pode o ativo ser superior ao passivo e a insolvência encontrar-se caracterizada, fazendo eclodir a decretação da falência. Tanto isso é verdade que a lei contempla a possibilidade de o devedor falido conseguir, pela liquidação de seu patrimônio na falência, promover o pagamento de seus credores, obtendo, assim, a extinção de suas obrigações por sentença, efeito que, inclusive, propicia o seu retorno à atividade empresarial (arts. 158, I, e 102).

---

[10] A falta de pagamento, em verdade, só irá, necessariamente, se apresentar na hipótese do inciso II do art. 94. Mas a figura legal não se confunde com a impontualidade, revelando a execução sem garantia como sua causa fundamental (cf. itens 3 e 3.1 do Capítulo 17).

A decantada impotência do ativo para solver o passivo não exige que matematicamente este seja maior que aquele. Pode resultar de circunstâncias nas quais o devedor não tenha como dispor de valores realizáveis, suficientes à solução pontual de suas obrigações.

A situação ou estado de insolvência revela-se por carência de meios próprios e por falta de crédito, de sorte que o empresário se encontre impossibilitado de cumprir pontualmente as suas obrigações. O seu ativo não é capaz de lhe gerar recursos necessários a prontamente solver o seu passivo exigível, muito embora possa ser a este superior.

Dessa forma, podemos dizer que a insolvência, à luz do tratamento que lhe dispensou a lei brasileira, é o estado de fato revelador da incapacidade do ativo do empresário de propiciar-lhe recursos suficientes a pontualmente cumprir as suas obrigações, quer por carência de meios próprios, quer por falta de crédito. Manifesta-se pela efetiva impossibilidade de pagamento pontual de suas dívidas, por ausência de valores prontos e imediatamente realizáveis para esse fim. Seria, para usar a linguagem da legislação, a crise econômico-financeira aguda que, não superada pela vontade dos credores, resultará, inarredavelmente, na decretação da falência.

12. DECRETAÇÃO JUDICIAL DA FALÊNCIA

Como já se afirmou, a falência vem a ser um estado de direito. Um estado de direito, porém, que deriva da verificação e reconhecimento de um estado de fato: a insolvência. Ao declarar-se, pela sentença, o preexistente estado de insolvência, passa ele a ser judicialmente qualificado como falência. Pela sentença é que se imprime ao estado de insolvência a sua qualificação de falência, deixando de ser um estado de fato para constituir-se em um estado de direito. Anteriormente à sentença que reconhece e declara a insolvência não existe estado de falência. Esse não se forma senão após a declaração judicial. Com esta, revela-se a crise econômico-financeira não ultrapassada pela recuperação, judicial ou extrajudicial, impossibilitando o empresário de prosseguir em suas atividades.

Sobre o tema, voltaremos à sua abordagem, de modo minucioso, em capítulo próprio.

13. PLURALIDADE DE CREDORES

Questão intrigante, a qual tem desafiado debates entre os estudiosos que se debruçaram sobre o tema, reside em saber se a pluralidade de credores constitui pressuposto para a configuração do estado de falência. Interessante se mostra a exposição das diversas opiniões abalizadas que se encontram dispostas na doutrina nacional.

Waldemar Ferreira, em suas *Instituições de direito comercial*[11], ao perfilhar os pressupostos do estado de falência, alinhava, entre eles, a existência de "credores, como sujeitos ativos, a serem pagos pelos bens do devedor". Reafirmava o entendimento em seu *Tratado de direito comercial*[12], aduzindo não poder se conceber a falência sem a existência de mais de um credor, ante a sua feição de concurso creditório.

Contrária à ideia da pluralidade como pressuposto para a abertura do concurso creditório falencial, ou mesmo para a sua continuação, chegando a reputar a discussão como perda de tempo, tem-se a posição de Pontes de Miranda[13], a qual vale aqui transcrever:

> Não se pode dizer que a execução forçada coletiva só se inicie com a pluralidade de credores admitidos, nem só, sequer, com a pluralidade de credores declarantes: ela se inicia com a decretação do devedor insolvente ou de cuja insolvência, pelos fatos, se suspeita. De qualquer modo, há título executivo, tanto para execução forçada singular como para a execução forçada coletiva. A esse título podem juntar-se outros. Se, com a plena cognição, do título único, ou de todos os títulos executivos, se vem afastar a executividade do único ou de todos, então falta qualquer elemento para se prosseguir na execução forçada. Mas já se está em momento posterior àquele em que se esgotou o prazo para as declarações, as impugnações e o relatório do síndico, com o parecer do órgão do Ministério Público. Assim, é perder-se tempo discutir-se se o pressuposto da pluralidade de títulos, ou de declarantes, é ou não é pressuposto necessário para a abertura do concurso de credores falencial, ou para a continuação do processo concursal.

Carvalho de Mendonça[14] também expunha doutrina favorável à instauração da falência com um só credor, enunciando, assim, sua lição:

> Tem-se, porém, sujeitado a essa execução o devedor com um só credor, sob o fundamento de que o estado de falência resulta não do número dos credores, porém, do fato da impossibilidade de pagar. Ao credor não satisfeito pode ser indispensável à falência para revogar atos praticados em seu prejuízo. Negar-lhe este direito, diz-se, é privá-lo da garantia com que contava ao tratar com o devedor. E se o devedor satisfizer todos os seus pequenos credores, deixando sem pagamento o mais importante?

Rubens Requião[15] partilhava do mesmo entendimento. Eis seu raciocínio:

> Sustentamos que a pluralidade de credores não constitui pressuposto necessário para a declaração da falência. Ao receber o juiz o pedido de falência do devedor, apresentado pelo credor, não lhe é dado indagar, no processo pré-falencial que se instaura, o número de cre-

---

[11]   Ob. cit., p. 61.
[12]   Vol. XV, 1965, p. 207.
[13]   *Tratado de direito privado*, vol. XXIX. Rio de Janeiro: Editora Borsoi, 1960, n. 3.393.2.
[14]   Ob. cit., vol. VII, p. 163-164.
[15]   Ob. cit., vol. I, p. 43.

dores existentes. Por outro lado, não é conclusiva a verificação da existência de vários credores por ocasião do encerramento do prazo das declarações de créditos fixado na sentença pelo juiz, pois a Lei de Falências admite a apresentação de credores retardatários até o encerramento da falência. Constitui, reconhecemos, uma anomalia um concurso coletivo com um só credor [...] Mas o único credor que se apresente tem o direito subjetivo de defender seu crédito e seus direitos, usando, por exemplo, de ações revocatórias, cuja extensão, veremos, é muito maior do que as ações civis; tem o direito de investigar a existência de crime falimentar, que sem a instauração do estado de falência ser-lhe-ia impossível.

Comungamos dos mesmos argumentos trazidos à baila por aqueles que repelem a pluralidade de credores como pressuposto para o estado de falência. Temos que seria ela uma característica, uma particularidade deste estado, mas não um pressuposto para sua configuração, pois não se perfaz em circunstância ou fato tido por lei como antecedente a ele necessário. A lei não autoriza conclusão diversa. O concurso de credores é, portanto, consequência da decretação da falência e não sua causa.

Professamos a orientação de que o fim maior e imediato do instituto falimentar é o de propor providência judicialmente realizável para resolver a situação jurídica de insolvência do devedor empresário. Está vocacionado, na nova lei, a promover a liquidação do patrimônio insolvente, saneando o mercado e assegurando a proteção do crédito. Esse escopo deve ser perseguido e para sua realização se faz desinfluente a verificação da existência de um ou mais credores, seja para a instauração da falência, seja para o seu prosseguimento, a qual, por certo, adotará, na existência de credor único, rito simplificado, com a superação de diversos atos processuais.

CAPÍTULO 16

DEVEDOR EMPRESÁRIO

1. EMPRESÁRIO INDIVIDUAL

No Capítulo 2 tratamos da sujeição passiva de forma geral para os institutos da falência, da recuperação judicial e da extrajudicial. Retornamos ao tema numa abordagem específica, analisando os efeitos da decretação de falência em relação ao empresário individual e às sociedades empresárias, complementando o estudo do tema.

Como visto, o empresário individual é pessoa física ou natural que exerce a empresa sob uma firma.

Responderá, na falência, com todas as forças de seu patrimônio capaz de execução, excluídos, tão somente, os bens impenhoráveis. Isto quer dizer que o empresário individual compromete, no desempenho de sua atividade, não só aqueles bens que integram o seu estabelecimento empresarial, mas também os que se qualificam como "não empresariais", por não estarem ligados à exploração da empresa. O Direito brasileiro ainda não reconhece a figura do empresário individual de responsabilidade limitada que pressupõe a distinção entre o patrimônio empresarial, isto é, o conjunto de bens de sua titularidade afetado ao exercício da sua empresa, que responderia pelas dívidas dele decorrentes, e o seu patrimônio particular[1].

---

[1] Algumas legislações europeias já têm por consagrado o princípio da separação entre o "patrimônio do negócio" do empresário e o seu "patrimônio particular". Aquele constitui-se em um bem especial, com afetação específica e vai servir de garantia aos credores por dívidas decorrentes da atividade empresarial. A Lei Portuguesa – Decreto-Lei n. 248, de 25 de agosto de 1986 – concebe o instituo do "Estabelecimento Individual de Responsabilidade Limitada", declarando que "pelas dívidas resultantes de atividades compreendidas no objeto do estabelecimento individual de responsabilidade limitada respondem apenas os bens a este afetados", ressalvando, entretanto, que "em caso de falência do titular por causa relacionada com a atividade exercida naquele estabelecimento, o falido responde com todo o seu patrimônio pelas dívidas contraídas nesse exercício, contanto que se prove que o princípio da separação patrimonial não

2. FALÊNCIA DOS LEGALMENTE IMPEDIDOS DE EXERCER A ATIVIDADE DE EMPRESÁRIO

Razões de ordem pública ou administrativa justificam a incompatibilidade de certas pessoas com o exercício de atividade própria de empresário. Nessa situação encontram-se, por exemplo, os funcionários públicos, os magistrados, os militares, os corretores, os leiloeiros, os cônsules, os Governadores de Estado e o falido.

O legalmente impedido de exercer atividade empresarial, no entanto, não é incapaz. A hipótese é de incompatibilidade e não de incapacidade. Portanto, se vier o agente a exercê-la, embora ao arrepio da proibição legal, responderá pelas obrigações contraídas (Código Civil, art. 973), o que garante a validade e a eficácia dos atos praticados, os quais não são, desse modo, inválidos, muito embora fique o infrator sujeito a sanções penais e administrativas, conforme o caso.

Sendo válidos os atos, o agente se qualifica como empresário, porém como empresário irregular, sendo sujeito passivo de falência, nos termos do art. 1º, da respectiva lei de regência. Nesse caso, incorrerá em crime falimentar ante a falta de escrituração legal, a teor do que dispõe o art. 178 da mesma Lei de Recuperação e Falência. Não se perca de vista que o empresário irregular se encontra obstado de autenticar na Junta Comercial os documentos de escrituração contábil obrigatórios, consoante os termos do parágrafo único do art. 1.181 do Código Civil.

Poder-se-ia deparar com fraudulento procedimento, empregado pelo impedido de exercer atividade de empresário, ao omitir e mascarar o fato constitutivo de seu impedimento, quando do requerimento de sua inscrição no Registro Público de Empresas Mercantis, executado pela Junta Comercial, obtendo, desse modo, o seu deferimento e autenticando, também, seus livros obrigatórios. A situação, para nós, não muda de conclusão, na medida em que dito registro será nulo de pleno direito, bem como os atos registrais que lhe sucedem, por preterimento de condição essencial necessária ao exercício regular da profissão: não estar legalmente impedido de exercer atividade de empresário. Verifica-se, assim, o intento de fraudar lei imperativa. O fato só agrava as responsabilidades civis e criminais do agente.

---

foi devidamente observado na gestão do estabelecimento" (art. 11), recaindo sobre os credores o ônus dessa prova (art. 342, I, do Código Civil Português). Na Alemanha, preferiu-se, por questões de praticidade, adotar a figura da sociedade unipessoal de responsabilidade limitada (Lei de 4 de julho de 1980), prescrevendo a admissão da sociedade de responsabilidade limitada (*Gesellschaft mit beschränkter Haftung*) instituída por uma só pessoa, favorável, assim, à pretensão do empresário individual de afetar ao giro mercantil unicamente uma parte de seu patrimônio. Na França, por intermédio da Lei n. 85.697, de 11 de julho de 1985, permitiu-se, igualmente, a instituição de sociedade limitada por ato de vontade de uma só pessoa.

3. SOCIEDADE EMPRESÁRIA

A sociedade empresária, como foi visto, é a pessoa jurídica que exerce profissionalmente atividade econômica organizada para a produção ou a circulação de bens ou serviços.

Como pessoa jurídica que é, tem a sociedade existência distinta da de seus integrantes, cujo efeito principal é a autonomia patrimonial. Na falência, a sociedade empresária responderá com a totalidade de seu patrimônio, podendo o patrimônio individual de cada sócio ser atingido ou não, dependendo do tipo societário e da natureza da responsabilidade de cada membro, bem como ser também o próprio sócio declarado falido em razão desses fatores.

As sociedades falidas serão representadas na falência por seus administradores ou liquidantes, os quais terão os mesmos direitos e, sob as mesmas penas, ficarão sujeitos às obrigações que cabem ao falido.

4. SÓCIO DE RESPONSABILIDADE SOLIDÁRIA E ILIMITADA

Firme no posicionamento de que os sócios, ainda que solidária e ilimitadamente responsáveis pelas dívidas sociais, não reúnem a condição jurídica de empresário – na época comerciante –, estabelecia o art. 5º do Decreto-Lei n. 7.661/45 que não seriam eles atingidos pela falência da sociedade, mas ficariam sujeitos aos demais efeitos jurídicos que a sentença da quebra produzisse em relação à sociedade empresária falida. Complementava seu enunciado, dispondo que a esses sócios, na ausência de disposição especial, seriam extensivos todos os direitos e, sob as mesmas penas, todas as obrigações que coubessem à sociedade falida[2].

A norma em questão sofreu algumas impugnações doutrinárias, desejosas em ver restabelecida a regra dos diplomas anteriores (Lei n. 2.024/1908 e Decreto n. 5.746/29) que afirmavam acarretar a falência da sociedade a falência dos sócios de responsabilidade solidária e ilimitada. Nessa esteira de objeções, sobressaía o entendimento de Waldemar Ferreira[3], que vale aqui transcrever:

> Na tradição do direito brasileiro, a falência da sociedade acarretava a dos sócios solidária e ilimitadamente responsáveis. Princípio salutar foi esse, que emprestou às sociedades mercantis em que existissem sócios dessa natureza maior crédito que às de outras

---

[2] Respondem solidária e ilimitadamente pelas dívidas sociais: (a) na sociedade em nome coletivo, todos os sócios; (b) na sociedade em comandita simples, os sócios comanditados; (c) na sociedade em comandita por ações, os acionistas diretores.

[3] Ob. cit., vol. IV, p. 138-139.

naturezas dispensado [...] No intuito de fortalecer o crédito comercial e de assegurá-lo convenientemente, a lei brasileira, tradicionalmente, envolveu os sócios de responsabilidade solidária e ilimitada na falência social. Desde que eles não providenciem por evitar a quebra, são atingidos por ela. Pensou-se, todavia, em mudar de diretrizes, não declarando a falência dos sócios de tal natureza, mas sujeitando-os aos preceitos e rigores da lei falimentar, como se falidos fossem. Suprimindo-se o qualificativo, nem por isso se mudaria a essência das coisas. Mais valeria, dessarte, conservar o que o passado já consolidara, em prol do comércio.

O argumento não nos convencia, nem, diante da nova realidade legal (art. 81), nos convence. O fato de os sócios, com esse tipo de responsabilidade, ficarem sujeitos à eficácia resultante da decretação da falência da pessoa jurídica não pode alargar conceitos, para despersonalizar a sociedade, a fim de formalmente declará-los falidos de direito. Uma coisa é ser falido, outra é ficar sujeito aos efeitos da falência. Essa sujeição, inclusive, não é privilégio dos sócios de responsabilidade solidária e ilimitada. A falência irromperá uma nova ordem nas relações jurídicas da sociedade falida, atingindo seus credores, contratos e bens.

Precisa era a lição de Miranda Valverde[4] que punha, em nossa visão, termo à discussão, necessitando, tão somente, ser adaptada ao novo regime do Código Civil de 2002, vez que enunciada quando a figura central ainda era a do comerciante e das sociedades mercantis. Ei-la, em suas palavras:

> A lei revogada, contra *rationem juris*, mandava estender a falência da sociedade aos sócios solidária e ilimitadamente responsáveis pelas obrigações sociais. No entanto, já era ponto assentado na doutrina e jurisprudência nacional que tais sócios não eram, como não são, só por terem essa qualidade, comerciantes. Com efeito, eles não exercem o comércio em seu próprio nome; participam de uma pessoa jurídica, que tem existência distinta da dos seus membros, com patrimônio separado, responsável, em primeiro grau, pelas obrigações por ela assumidas no exercício do comércio para que foi especialmente constituída. Os membros que formam a entidade jurídica, embora solidária e ilimitadamente obrigados pelas dívidas sociais por efeito de disposições expressas da lei, que regula os diferentes tipos de sociedades mercantis, não agem em nome individual, porém como administradores ou gerentes de uma organização ou entidade com prática de atos, de que se originam direitos e obrigações, que entram na composição de seu patrimônio.

Decretada a falência, no regime do direito anterior, procedia-se à arrecadação dos bens sociais e daqueles pertinentes aos sócios responsáveis solidária e ilimitadamente pelas obrigações da sociedade. A arrecadação era simultânea, conforme determinava o art. 71 da lei revogada. Entretanto, era levantado inventário especial de cada uma das

---

[4] Ob. cit., vol. I, p. 66-67.

massas. Existia, portanto, a massa social e, a seu lado, as massas daqueles vários sócios com esse tipo de responsabilidade, tantas quantos fossem eles.

Não descurava o Decreto-Lei n. 7.661/45 da garantia que os bens de cada um desses sócios representavam para seus credores particulares; igualmente, não se descuidava do caráter subsidiário da responsabilidade de tais sócios pelas dívidas sociais. Por isso é que se estabelecia a arrecadação simultânea, mas de forma separada, não se confundindo os bens da sociedade com os dos sócios pela sua falência atingidos. Em razão disto, também, é que se enunciava a regra segundo a qual, concorrendo credores sociais e credores particulares dos sócios, aqueles seriam pagos pelo produto dos bens da sociedade; na insuficiência desse produto para a completa satisfação dos credores da pessoa jurídica, estes concorreriam, pelos saldos de seus créditos, em cada uma das massas particulares dos sócios, nas quais entrariam em rateio com os respectivos credores particulares (art. 128, I e III, do Decreto-Lei n. 7.661/45).

Contudo, injustificada mudança de rumo vem estampada no art. 81 da Lei n. 11.101/2005, ao estabelecer que: "A decisão que decreta a falência da sociedade com sócios ilimitadamente responsáveis também acarreta a falência destes, que ficam sujeitos aos mesmos efeitos jurídicos produzidos em relação à sociedade falida e, por isso, deverão ser citados para apresentar contestação, se assim o desejarem".

Nutrimos simpatia pela visão de limitar a decretação da falência aos sócios que encarnarem a qualidade de empresário. Para os demais, não haveria propriamente a decretação de suas falências pessoais, mas tão somente a sujeição, fundamentalmente no âmbito patrimonial, aos mesmos efeitos jurídicos produzidos pela sentença em relação à sociedade. Essa interpretação encontra-se em plena sintonia com a regra do art. 1º da Lei de Recuperação e Falência, que adota o sistema restritivo do instituto, erigindo como sujeitos passivos o empresário individual e a sociedade empresária. Igualmente, mantém o padrão de consonância com o regramento do Código Civil de 2002, que preconiza não apenas formal, mas também substancialmente, a distinção entre empresário e não empresário e, no campo societário, entre sociedade empresária e sociedade simples. Não sendo os sócios empresários, não podem ser declarados falidos, quer por obrigações pessoais, de sua direta responsabilidade, ou por obrigações da sociedade de que participam. A exegese sustentada afastaria a impropriedade maior do preceito.

Questão que desafia investigação repousa em saber se a falência do sócio empresário de responsabilidade ilimitada, provocada pela falência da sociedade da qual participa, acarretaria também a de outra sociedade por ele integrada, com o mesmo tipo de responsabilidade.

Carvalho de Mendonça[5], comentando o art. 6º da Lei n. 2.024, de 1908, que traduzia semelhante preceito àquele ora enfrentado, assim se posicionava: "Ao contrário, se o sócio exerce também o comércio individual, ou pessoalmente, ou se faz parte de outra sociedade na qualidade de sócio de responsabilidade ilimitada, a sua falência direta ou ocasionada pela falência social, não produz *ipso facto* a da sociedade *in bonis*. Esta apenas se dissolve *pleno jure*, para entrar em liquidação".

No regime da lei atual, não vemos motivo para discordar da conclusão, a não ser quanto à dissolução da sociedade. Com efeito, não se encontra no Direito positivo vigente a falência do sócio por causa direta ou decorrente da falência social erigida como hipótese de dissolução da sociedade (arts. 1.044, 1.046 e 1.087 do Código Civil c/c art. 206 da Lei n. 6.404/76).

Por outro lado, não se pode vislumbrar ao inverso a regra do art. 81 da Lei n. 11.101/2005. A falência da sociedade acarreta a do sócio ilimitadamente responsável com a qualidade de empresário, mas a falência deste não resulta na daquela.

Não nos sensibiliza o eventual argumento construído no sentido de que o art. 123, ao declarar que se o falido fizer parte de alguma sociedade, para a massa falida entrarão somente os haveres que nela possuir, sendo ele sócio comanditário ou cotista. Para nós, há uma omissão acidental. O comando da regra tem que atingir todos os tipos de sócio de sociedade empresária que não as sob a forma de sociedades por ação[6], e não apenas os cotistas e comanditários, pois a falência do sócio não acarreta a falência da sociedade, nem a sua dissolução de pleno direito. Esta poderá ocorrer se for expressamente prevista no ato constitutivo, ou se ficar a sociedade com um único sócio, à exceção da sociedade limitada, na qual a unipessoalidade é automática (§§ 1º e 2º do art. 1.052 do Código Civil, acrescentados pela Lei n. 13.874/2019, c/c alínea *d* do inciso XXIX do art. 57 da Lei n. 14.195/2021, que revogou o inciso IV do *caput* e o parágrafo único do art. 1.033 do Código Civil). O fato enseja apenas a resolução da sociedade em relação a ele, falido, procedendo-se à liquidação de sua quota. O falido é de pleno direito excluído da sociedade, seja ela de que tipo for, consoante estabelecido no parágrafo único do art. 1.030, do Código Civil, que não vem modificado, muito menos revogado, pelo art. 123 da Lei de Recuperação e Falência[7].

---

[5] Ob. cit., vol. VII, p. 186.

[6] Nunca é demais deixar claro que no caso das sociedades por ações inexistirá apuração de haveres, eis que as ações de propriedade do falido é que serão arrecadadas. A regra do art. 123, portanto, se dirige às formas de sociedade contratual, disciplinadas no Código Civil: sociedades limitada, em comandita simples e em nome coletivo.

[7] O tema em questão será analisado, com maior profundidade, no item 18 do Capítulo 22.

Sendo apurada, em favor do sócio falido, a parte líquida no levantamento de seus haveres, esta será arrecadada. Se, entretanto, na liquidação de sua quota ficar ele devendo à sociedade ou aos demais sócios, todos eles podem, na qualidade de credores, requerer sua admissão na falência para serem pagos em rateio.

Os credores particulares dos sócios ilimitadamente responsáveis promoverão suas habilitações segundo o disposto na Seção II do Capítulo II da Lei n. 11.101/2005 (art. 20), já estudada no Capítulo 8. Embora a atual lei não reedite preceito correspondente aos aludidos incisos I e III do art. 128 do Decreto-Lei n. 7.661/45, não vemos como se deixar de aplicar o mesmo princípio neles contido, a fim de garantir o caráter subsidiário da responsabilidade dos sócios (Código Civil, art. 1.024). Portanto, concorrendo credores particulares dos sócios e credores da pessoa jurídica, estes serão pagos pelo produto dos bens sociais; na insuficiência, concorrerão, pelos respectivos saldos, em cada uma das massas particulares dos sócios.

Preceitua o § 1º do art. 81 que a regra do *caput* "aplica-se ao sócio que tenha se retirado voluntariamente ou que tenha sido excluído da sociedade, há menos de 2 (dois) anos, quanto às dívidas existentes na data do arquivamento da alteração do contrato, no caso de não terem sido solvidas até a data da decretação da falência".

O princípio flui na mesma vertente do conceito consagrado no art. 1.032 do Código Civil, dispondo que a retirada ou exclusão do sócio não o exime da responsabilidade pelas obrigações anteriores, até dois anos após averbada a resolução da sociedade. Mas deve ser harmonizado com a sua segunda parte, que estabelece permanecer a responsabilidade pelas dívidas posteriores, e em igual prazo, enquanto não se requerer a averbação.

Por derradeiro, há que se registrar que o art. 190 determina que todas as vezes em que a lei se referir a devedor ou a falido, compreender-se-á que a disposição também se aplica aos sócios ilimitadamente responsáveis.

5. SÓCIO DE RESPONSABILIDADE LIMITADA

Os sócios que assumem, no contexto societário, responsabilidade limitada à sua contribuição para o capital, ou à soma do próprio capital, não têm afetadas, como regra de princípio, as suas responsabilidades na falência da sociedade.

Na sociedade limitada pluripessoal, a responsabilidade de cada sócio é restrita ao valor de suas quotas, mas todos os sócios respondem, solidariamente, pela integralização do capital social; na unipessoal, o sócio único responde até o limite do capital social que tem a obrigação de integralizar (Código Civil, art. 1.052). O limite da responsabilidade dos sócios-cotistas perante os credores sociais é, portanto, o valor do capital social declarado da sociedade. Uma vez integralizado o capital social, ficam eles liberados de qualquer responsabilidade, não podendo ser compelidos a realizar qualquer outra prestação. Se, na sociedade limitada pluripessoal, um cotista, cujas cotas já se encontram integralizadas, for demandado a integralizar as de outro, terá contra ele ação regressiva, a fim de reembolsar-se, vez que, na relação interna entre os sócios, a responsabilidade é restrita às suas quotas. Perante a sociedade, cada sócio também responderá somente pela integralização do valor de suas quotas.

Na sociedade anônima, a responsabilidade de cada sócio ou acionista é limitada ao preço de emissão de suas ações subscritas ou adquiridas (Lei n. 6.404/76, art. 1º, e Código Civil, art. 1.088).

Na sociedade em comandita por ações, os sócios ou acionistas, à exceção dos diretores, também respondem de forma limitada ao preço de emissão das ações que subscreveram ou adquiriram (Código Civil, arts. 1.090 e 1.091).

Na sociedade em comandita simples, os sócios comanditários se obrigam somente pelo valor da sua quota de capital subscrita (Código Civil, art. 1.045).

Sendo decretada a falência, previa o art. 50 do Decreto-Lei n. 7.661/45 que os acionistas, os sócios cotistas e os sócios comanditários seriam obrigados a integralizar, respectivamente, o preço de emissão de suas ações e as cotas que subscreveram para o capital, não obstante quaisquer restrições, limitações ou condições estabelecidas nos estatutos ou contrato social.

A Lei n. 11.101/2005 não reedita regra semelhante. Apesar da omissão, pensamos que o curso a ser seguido para a solução da questão deva ser o mesmo. A contribuição do sócio para a formação do capital social visa a capacitar a sociedade à realização de sua atividade econômica. Segundo doutrina majoritária, constitui a principal obrigação decorrente do *status* de sócio a contribuição para a formação do capital social. Além desse escopo de tornar apta a sociedade a desenvolver seu objeto, serve também o capital social de garantia para os credores sociais.

Como já observamos em nosso trabalho *Curso de direito comercial*: direito de empresa[8], o capital social representa o núcleo inicial do patrimônio da sociedade. Este tem, portanto, formação preliminar resultante da contribuição do sócio. Afigura-se, em sua visão primitiva, como o somatório das contribuições que cada sócio realiza ou promete realizar. Não se confunde, em latitude, com o patrimônio da sociedade, mas é um elemento que integra o ativo.

Sendo, portanto, um elemento do ativo social, que será arrecadado e liquidado para o pagamento dos credores, não vemos como não se chegar à conclusão outra senão a de

---

[8]   Ob. cit., p. 74.

que com a falência ficam os sócios obrigados a integralizar as suas participações subscritas, para que os valores ingressem na massa falida e sirvam ao pagamento dos credores. Sendo a falência uma forma de dissolução judicial da sociedade, todos os créditos sociais devem ser apurados.

Dessa forma, vislumbramos no art. 82 a base da qual se irradiam as considerações tecidas, ao estabelecer, como regra geral e irrestrita: "a responsabilidade pessoal dos sócios de responsabilidade limitada [...] será apurada no próprio juízo da falência, independentemente da realização do ativo e da prova da sua insuficiência para cobrir o passivo, observado o procedimento ordinário previsto no Código de Processo Civil"[9]. A responsabilidade traduzida no texto legal não se limita àquelas decorrentes de ato ilícito propriamente dito. É, como se disse, ampla e geral, abrangendo todas as resultantes do *status* de sócio, na qual se destaca, como a principal, a de integralizar o capital social. Se a sociedade se mostrou insolvável foi porque os sócios não a capacitaram devidamente para explorar a atividade econômica objetivada. A forma de integralização parcelada se apresentou como um cálculo de risco empresarial equivocado. A partir da constatação do fato, não há como se amparar, dentro de uma lógica societária, possibilidade outra senão a de sustentar a obrigação dos sócios em integralizar suas cotas de capital, ante a decretação da falência social, não obstante quaisquer restrições ou condições estabelecidas no ato constitutivo.

Assim, por exemplo, caso se tenha no contrato social a pactuação de que o preço de subscrição das quotas será pago em doze prestações e, antes do vencimento da quarta ocorrer a decretação da falência, o sócio ficará obrigado aos pagamentos, já se tornando devedor de toda a soma, cabendo ao administrador judicial exigir-lhe o montante respectivo. A falência, destarte, impõe o vencimento das contribuições do sócio para a integralização do capital social, pois o capital que os sócios prometem realizar é a garantia originária oferecida a terceiros credores da sociedade.

Na hipótese, entretanto, de um sócio se comprometer a realizar a integralização de sua quota de capital com os lucros que venha a auferir na sociedade, havendo esse pacto no contrato social, entendia Miranda Valverde[10] não poder o síndico, agora o administrador judicial, exigir do sócio a imediata integralização de seu quinhão no capital em dinheiro, sob o pálio de que, nessas condições, os credores não poderiam alegar o desconhecimento de tal cláusula. Rubens Requião[11] opunha-se à conclusão, opinião

---

[9] A partir da vigência do Código de Processo Civil de 2015, a referência deve corresponder ao procedimento comum.

[10] Ob. cit., vol. I, p. 317.

[11] Ob. cit., vol. I, p. 220.

com a qual concordamos, fiel à exegese de que não se tem como permitir qualquer restrição, limitação ou condição à obrigação de integralização ante a decretação da falência da sociedade. Ademais, não há como se legitimar a distribuição pelos sócios de valores necessários a manter intangível esse fundo em que se constitui o capital social, segurança para os credores da sociedade.

Ao administrador judicial competirá promover a ação contra os acionistas e sócios de responsabilidade limitada, podendo ela compreender todos os devedores, que se tornarão litisconsortes, ou ser especial para cada devedor solvente. É ajuizável a qualquer tempo, no curso do processo falimentar, mesmo antes de vendidos os bens da sociedade e de apurado o ativo, sem necessidade de provar-se a insuficiência deste para o pagamento do passivo da sociedade falida[12].

No âmbito da sociedade limitada pluripessoal, não se pode deixar de ressaltar que os cotistas solventes ficarão obrigados ao pagamento do valor da quota do insolvente, porquanto são solidários pela integralização do capital social. A falência será uma situação de excepcionalidade, na qual se exige a integralização do capital social, firme na ideia de que o capital constitui a garantia inicial de todos os credores.

6. ADMINISTRADORES DAS SOCIEDADES ANÔNIMA E LIMITADA

É princípio assente em nosso direito positivo que os administradores das sociedades anônima e limitada[13] não respondem pessoalmente pelas obrigações contraídas em nome da pessoa jurídica, derivadas de ato regular de gestão (Código Civil, art. 1.022, e Lei n. 6.404/76, art. 158, *caput*). Respondem, todavia, civilmente, perante a sociedade e terceiros prejudicados, pelos prejuízos causados por culpa no desempenho de suas funções, desatendendo os seus deveres legais de diligência e lealdade. Ficam obrigados à reparação do dano quando verificado ato irregular de gestão ou procederem com violação da lei ou do ato constitutivo da sociedade (arts. 1.016 do Código Civil e 158, I e II, da Lei n. 6.404/76). Essas responsabilidades serão objeto de apuração, em ação própria, no juízo da falência. O art. 82 não as define, remetendo sua conceituação ao estabelecido nas respectivas leis de regência dos aludidos tipos societários.

Os administradores que forem responsabilizados não terão contra si a extensão da falência da sociedade. A procedência do pedido veiculado na ação de responsabiliza-

---

12   Cf. item 10 do Capítulo 16, onde a matéria vem aprofundada.

13   Os administradores das sociedades em nome coletivo (Código Civil, arts. 1.039 e 1.042) e em comandita simples (Código Civil, art. 1.045, parágrafo único do art. 1.046 e art. 1.047) já respondem, em função da qualidade de sócios de que desfrutam, pessoal, subsidiária, solidária e ilimitadamente. Da mesma forma responderão os administradores das sociedades em comandita por ações (Código Civil, art. 1.091).

ção não os tornam falidos, mas determina seja a massa indenizada dos prejuízos por eles causados.

De se destacar que a administração na sociedade limitada não é mais privativa de sócio (Código Civil, art. 1.061), facultando-se, assim, que o contrato social permita administradores não sócios. Outrossim, a expressão "gerentes", para designar tais gestores, não mais se apresenta apropriada, sendo reservada pelo novo Código Civil para designar espécie de preposto da sociedade (art. 1.172).

7. SÓCIO COMANDITÁRIO

Na sociedade em comandita simples coexistem duas categorias de sócios: os comanditados, necessariamente pessoas naturais, responsáveis solidária e ilimitadamente pelas obrigações sociais; e os comanditários, obrigados tão somente pelo valor de suas respectivas quotas de capital.

A administração da sociedade incumbe ao sócio ou sócios comanditados, e somente eles estão autorizados a emprestar seus nomes para a formação da firma social.

O comanditário, sem prejuízo da faculdade de participar das deliberações sociais e de fiscalizar as operações da sociedade, não pode praticar atos de gestão, nem ter o seu nome na composição da razão social, sob pena de ficar sujeito às responsabilidades de sócio comanditado. Permite-se-lhe, somente, ser constituído procurador da pessoa jurídica, mas para negócio determinado e com poderes especiais. É o que dispõe o art. 1.047 do Código Civil.

Essa responsabilidade do sócio comanditário constitui objeto de apuração e efetivação no juízo de falência, mas sempre através de ação própria (art. 82).

8. SÓCIO OCULTO

O art. 6º do Decreto-Lei n. 7.661/45 contemplava a figura do sócio oculto, fazendo remissão ao art. 305 do Código Comercial de 1850. Como lecionava Miranda Valverde[14], "sócios ocultos, no sentido do texto, são as pessoas que, deliberadamente, não figuram no contrato social, mas que, na realidade, participam da sociedade como qualquer outro sócio solidário. Não aparecem aos terceiros, não usam da firma social; gerem e administram a sociedade, e, quase sempre, por interposta pessoa, auferem os lucros ou sofrem os prejuízos consequentes à exploração do objeto da sociedade".

---

[14] Ob. cit., vol. I, p. 76-77.

Na visão de Waldemar Ferreira[15], os sócios ocultos "são os que, entrando com o seu capital, aquinhoam-se com os lucros, mas se colocam na penumbra, passivamente, em inatividade rendosa, justamente para forrarem-se, nos momentos difíceis, dos azares do empreendimento".

Com o advento do novo Código Civil, o art. 305 do Código Comercial restou revogado, como toda a sua Primeira Parte. Não se encontra regra correspondente no atual ordenamento trazido pelo Código de 2002. Surpreendentemente, o art. 82 da Lei n. 11.101/2005 não mais a ele faz menção, mandando apurar a sua responsabilidade. Contudo, a omissão legislativa não pode ser capaz de neutralizar a correspondente responsabilidade. A figura jurídica não deixa de existir pelo simples fato de o Código Civil e a Lei de Recuperação e Falência terem sobre ela silenciado. Pelas definições doutrinárias, acima reproduzidas, percebe-se que a existência do sócio oculto pode ser corrente no mundo empresarial e, uma vez detectada, não deve passar impune, cumprindo, na falência da sociedade, seja apurada, através de processo competente, a sua responsabilidade. O desaparecimento de sua definição legal, na qual se arrimava o art. 6º da Lei Falimentar de 1945, pode perfeitamente ser suprido pela conceituação doutrinária, que permanece eficiente e atual, tal qual antes exposta.

Nessas condições, verificada a existência do sócio oculto, deve sua responsabilidade tornar-se efetiva e ser qualificada como solidária e ilimitada, por aplicação dos mesmos princípios que regem a responsabilidade dos sócios na sociedade irregular ou de fato, denominada, pelo novo Código Civil, sociedade em comum (art. 990). É ele um sócio de fato e não de direito, não podendo se beneficiar da própria torpeza. Significativo sublinhar que, no plano penal, o art. 179 contempla a responsabilização dos sócios e administradores de fato, conceito no qual se enquadra o sócio oculto. Vem assim redigido o preceito: "Na falência, na recuperação judicial e na recuperação extrajudicial de sociedades, os seus sócios, diretores, gerentes, administradores e conselheiros, de fato ou de direito, bem como o administrador judicial, equiparam-se ao devedor ou falido para todos os efeitos penais decorrentes desta Lei, na medida de sua culpabilidade".

A responsabilização penal corrobora a responsabilização civil preconizada segundo a construção antes elaborada.

9. SÓCIO DA SOCIEDADE LIMITADA E CONTROLADOR DA SOCIEDADE ANÔNIMA

A eventual responsabilidade do sócio da limitada e do acionista controlador da sociedade anônima será também apurada e efetivada no juízo falimentar, porquanto

---

[15] *Tratado de direito comercial*, vol. XV. São Paulo: Livraria Editora Freitas Bastos, 1965, n. 3.476.

insere-se no escopo do art. 82 a indenização da massa pelos prejuízos que tiver a sociedade falida suportado.

Os sócios de uma sociedade limitada, na esteira do art. 1.080 do Código Civil de 2002, poderão perder a prerrogativa da limitação de responsabilidade. Dispõe o citado preceito que "as deliberações infringentes do contrato ou da lei tornam ilimitada a responsabilidade dos que expressamente as aprovaram".

Do mesmo modo, o controlador da sociedade anônima não fica imune à responsabilização por danos derivados de atos praticados com abuso de poder, no enfoque do art. 117 da Lei n. 6.404/76[16].

10. AÇÃO DE RESPONSABILIDADE

A iniciativa de propositura da ação de responsabilidade cabe ao administrador judicial, na qualidade de administrador e representante da massa falida (Código de Processo Civil de 2015, art. 75, V). Todavia, o Tribunal de Justiça do Estado do Rio de Janeiro[17], a nosso ver acertadamente, já decidiu que a ação para tornar efetiva a responsabilidade das

---

[16] Art. 117: "O acionista controlador responde pelos danos causados por atos praticados com abuso de poder. § 1º São modalidades de exercício abusivo de poder: *a*) orientar a companhia para fim estranho ao objeto social ou lesivo ao interesse nacional, ou levá-la a favorecer outra sociedade, brasileira ou estrangeira, em prejuízo da participação dos acionistas minoritários nos lucros ou no acervo da companhia, ou da economia nacional; *b*) promover a liquidação de companhia próspera, ou a transformação, incorporação, fusão ou cisão da companhia, com o fim de obter, para si ou para outrem, vantagem indevida, em prejuízo dos demais acionistas, dos que trabalham na empresa ou dos investidores em valores mobiliários emitidos pela companhia; *c*) promover alteração estatutária, emissão de valores mobiliários ou adoção de políticas ou decisões que não tenham por fim o interesse da companhia e visem a causar prejuízo a acionistas minoritários, aos que trabalham na empresa ou aos investidores em valores mobiliários emitidos pela companhia; *d*) eleger administrador ou fiscal que sabe inapto, moral ou tecnicamente; *e*) induzir, ou tentar induzir, administrador ou fiscal a praticar ato ilegal, ou, descumprindo seus deveres definidos nesta Lei e no estatuto, promover, contra o interesse da companhia, sua ratificação pela assembleia geral; *f*) contratar com a companhia, diretamente ou através de outrem, ou de sociedade na qual tenha interesse, em condições de favorecimento ou não equitativas; *g*) aprovar ou fazer aprovar contas irregulares de administradores, por favorecimento pessoal, ou deixar de apurar denúncia que saiba ou devesse saber procedente, ou que justifique fundada suspeita de irregularidade; *h*) subscrever ações, para os fins do disposto no art. 170, com a realização em bens estranhos ao objeto social da companhia. § 2º No caso da alínea *e* do § 1º, o administrador ou fiscal que praticar o ato ilegal responde solidariamente com o acionista controlador. § 3º O acionista controlador que exerce cargo de administrador ou fiscal tem também os deveres e responsabilidades próprios do cargo".

[17] 5ª Câmara Cível, Apelação n. 1.260, registrado em 19-4-76; *apud* Sérgio Campinho & Amaury Campinho, Jurisprudência Falimentar, Rio de Janeiro: Ed. Liber Juris, 1986, p. 187.

pessoas indicadas no antigo art. 6º do Decreto-Lei n. 7.661/45, hoje art. 82, pode ter como legitimado ativo *ad causam* o credor habilitado no passivo falimentar, na hipótese de omissão do síndico, leia-se, administrador judicial, hodiernamente. O interesse jurídico, inclusive, desse credor, parece-nos incontestável, na medida em que a ação tem por escopo imediato a indenização da massa pelos prejuízos experimentados pela sociedade, ou a apuração da responsabilidade patrimonial de algum ou alguns sócios, cujo valor ingressará como ativo social, servindo para o pagamento dos credores admitidos na falência.

Preceitua o § 1º do art. 82 que a pretensão à responsabilização prescreve em dois anos, prazo este contado a partir do trânsito em julgado da sentença de encerramento da falência. A regra merece esclarecimento. A ação será de iniciativa do administrador, no interesse da massa, até o encerramento da falência, por sentença passada em julgado, pois, com a verificação da hipótese, desaparece a figura da massa falida e fica exonerado de suas funções o administrador judicial. Após o aludido encerramento, a ação somente poderá ser proposta por credores, agindo, neste caso, *iure proprio*. O proveito econômico auferido não reverterá para a massa, pois já não mais existente, mas ficará em favor da satisfação do crédito do autor ou dos autores da ação. O efeito, assim, será diverso daquele verificado quando da sua propositura durante o processo de falência pelo administrador judicial ou, na sua omissão, pelo próprio credor, como antes sustentamos.

Deve a ação ser ajuizada perante o juízo onde se processa a falência. Possui natureza cognitiva, com a obediência do procedimento comum. Seu ingresso independe da prova de insuficiência do ativo para o pagamento do passivo falencial, admitindo-se, assim, seja proposta antes de vendidos os bens da sociedade falida e apurado o ativo.

É facultado ao juiz, de ofício ou mediante requerimento da parte interessada (administrador judicial ou credor promovente da ação), ordenar a indisponibilidade dos bens particulares dos réus, em proporção compatível com o dano cuja reparação é postulada, providência que se estende até o julgamento final da ação de responsabilização (§ 2º do art. 82). A medida será implementada nos próprios autos.

10.1. *OBJETO DO PEDIDO*

Consoante escólio de Miranda Valverde[18], se pela natureza da responsabilidade do réu a ser apurada, resultar a condenação em responsabilização ilimitada, como nos casos dos sócios ocultos e comanditários, "o montante do passivo da falência constituirá, no mínimo, o pedido" do administrador judicial. Em prosseguimento à sua

---

[18]   Ob. cit., vol. I, p. 79.

opinião, aduz o mencionado comercialista que, "se na data da proposição da ação já tiverem sido pagos alguns créditos, as respectivas importâncias deverão ser deduzidas daquele montante". Condenado o réu, proceder-se-á à arrecadação na falência de seus bens, com a formação de massa à parte, conforme, inclusive, já decidiu o Superior Tribunal de Justiça em caso análogo[19].

Na hipótese, entretanto, da responsabilidade dos administradores, dos sócios cotistas e dos controladores, o pedido deve moldar-se, em princípio, ao montante dos prejuízos decorrentes dos atos ilícitos praticados (Código Civil, art. 944). O objeto é o ressarcimento da massa dos prejuízos causados.

No entanto, em algumas situações, como a da dissolução irregular de uma sociedade limitada, isto é, sem a observância do devido processo legal, não se procedendo à devida baixa de seu contrato na Junta Comercial (violação da lei), a aplicação do art. 1.080 do Código Civil irá resultar na responsabilidade ilimitada dos sócios de forma geral e plena. Não se restringirá ao ato no qual a violação legal ou contratual tenha ocorrido, como de regra, justamente em razão da natureza ampla da violação e dos seus correspondentes efeitos. No caso, o montante do passivo falimentar constituirá, no mínimo, o pedido do administrador judicial e os bens dos sócios serão arrecadados, formando massas autônomas.

11. INCIDENTE DE DESCONSIDERAÇÃO DA PERSONALIDADE JURÍDICA

Anteriormente à vigência do Código de Processo Civil de 2015, sustentávamos que a desconsideração da personalidade jurídica deveria ser pleiteada na esteira da ação de responsabilidade preconizada no art. 82 da Lei n. 11.101/2005. Mas alertávamos para o fato de que a jurisprudência do Superior Tribunal de Justiça vinha sendo direcionada para dispensar ação própria (a ação do art. 82) e viabilizar a desconsideração da personalidade jurídica nos próprios autos do processo de quebra (cf. Recurso Especial n. 331.921/SP e Recurso Ordinário em Mandado de Segurança n. 12.872/SP). Entretanto, consoante vínhamos defendendo, deveria a questão, na dispensa da ação autônoma, ser tratada sob a forma de incidente processual, com autuação apartada, e sempre respeitar e garantir a ampla defesa e o contraditório prévio.

Com a vigência do Código de Processo Civil de 2015, a questão fica sob a disciplina dos seus arts. 133 a 137. Contudo, entendíamos incompatível com o processo de

---

[19] Agravo Regimental no Agravo de Instrumento n. 262.314/SP, 4ª Turma, decisão unânime, publicada no *DJU*, Seção I, de 28-10-2002, p. 322 e *IOB* RJ 3/19773, com a seguinte ementa: "Condenados solidariamente os administradores à reparação dos danos, proceder-se-á à arrecadação na falência, com a formação de massa à parte".

falência o estatuído no § 3º do art. 134, segundo o qual se estabelece a regra geral de que a instauração do incidente suspenderá o processo.

O art. 189 da Lei n. 11.101/2005 previa e prevê a aplicação do Código de Processo Civil, no que couber, isto quer dizer, no que for compatível. Com efeito, o processo de falência não pode parar, não admitindo suspensão ou interrupção. Vem ele grafado pela necessidade de se preservar e otimizar a utilização produtiva dos recursos e bens, inclusive os intangíveis, em um ágil sistema de liquidação de ativos. Portanto, deverá atender aos princípios da celeridade e da economia processual, sempre sem prejudicar o contraditório e a ampla defesa, sob pena de frustrar o desiderato da eficiente liquidação do ativo do devedor. Esse princípio inspirador do processo falimentar, insculpido no art. 75, vem reforçado pelo estatuído no art. 79, ao dispor que os processos de falência e seus incidentes preferem a todos os outros na ordem dos feitos, em qualquer instância. O sistema, como se pode facilmente perceber, afasta a regra de suspensão do processo contemplada no Código de Processo Civil de 2015.

Era ainda de se considerar em argumentação que, quando a Lei n. 11.101/2005 regula a ação de responsabilidade no art. 82, prevê que a mesma será processada independentemente de realização do ativo e da prova de sua insuficiência para cobrir o passivo, fluindo em paralelo ao processo de falência, não dependendo de uma verificação prévia ocorrida neste processo e, também, sem interferência em seu curso (e muito menos suspendendo-o). Isto porque o objeto, em princípio, é o ressarcimento da massa pelos prejuízos causados, podendo, em alguns casos (responsabilização do sócio oculto e dissolução irregular da sociedade, por exemplo), gerar uma responsabilização ilimitada, sendo que, nesses casos, o montante do passivo falimentar constituirá, no mínimo, o pedido nela formulado, consoante se aduziu no item 10.1 do Capítulo 16. Não se trata, portanto, de extensão dos efeitos da falência, como se tem preconizado no art. 81 para os sócios de responsabilidade solidária e ilimitada, que serão também decretados falidos. Não há necessidade, assim, de se redefinir o polo passivo da relação processual, pois falida continuará sendo apenas a sociedade. Daí porque não há na lei, como não poderia haver, qualquer previsão de suspensão do processo de falência para o processamento da ação de responsabilidade. Ora, sendo assim, não havia qualquer sentido lógico ou racional para se defender a suspensão do processo na hipótese do incidente de desconsideração da personalidade jurídica.

A reforma da Lei n. 14.112/2020 consagrou o entendimento, dispondo, de forma explícita, na parte final do parágrafo único do art. 82-A, não ser aplicável a suspensão de que trata o § 3º do art. 134 do Código de Processo Civil. Estabelece, pois, que se aplica a disciplina dos arts. 133 a 137 daquele código, à exceção do citado § 3º.

O aludido art. 82-A confirmou, por outro lado, o que sempre defendemos, como acima se pode constatar, ser vedada a extensão da falência ou de seus efeitos, no todo ou em parte, aos sócios de responsabilidade limitada, aos controladores e aos administradores de sociedade anônima ou limitada falida, sendo admitida, por certo, além do regime de imputação direta de responsabilidade (art. 82), a desconsideração da personalidade jurídica.

Com efeito, a extensão da falência a tais pessoas traduziria nefasta distorção dos institutos da falência, da limitação de responsabilidade e da teoria organicista (administradores como órgão da sociedade).

A desconsideração da personalidade jurídica da sociedade falida, para os fins de responsabilidade de terceiros, integrantes de grupo econômico, sócios ou administradores por obrigação da devedora, somente poderá ser decretada pelo juízo da falência e com fundamento no art. 50 do Código Civil.

12. SOCIEDADE EM CONTA DE PARTICIPAÇÃO

A sociedade em conta de participação, a despeito da denominação de sociedade, não é, na verdade, como temos sustentado, tecnicamente, uma sociedade, mas sim um contrato associativo ou de participação[20]. A conta de participação só produz efeitos entre os sócios, não extrapolando de suas relações. Por isso diz-se que somente existe perante os sócios ostensivo e oculto, e não perante terceiros.

O sócio ostensivo é aquele a quem incumbe explorar, em seu nome individual e sob própria e exclusiva responsabilidade, o objeto definido no contrato de participação; o sócio oculto ou participante, que não se confunde com o sócio oculto que abordamos no item 8 do Capítulo 16, tem por objetivo participar dos proveitos auferidos na exploração do objeto, segundo os termos do contrato, sem responder perante terceiros pelo malogro do empreendimento. Seu risco se limita à prestação contratual com que se obrigou junto ao sócio ostensivo.

Em virtude desta característica da sociedade em conta de participação, não está ela sujeita à falência. Somente o sócio ostensivo, empresário individual ou sociedade empresária, é quem fica sujeito ao procedimento falimentar, porquanto tão somente ele é quem se obriga perante terceiros, ainda que no interesse da realização do objeto do contrato de participação.

A falência do sócio ostensivo, prevê o § 2º do art. 994 do Código Civil, acarreta a "dissolução da sociedade em conta de participação". Resolvido o contrato, proceder-se-á à liquidação da respectiva conta e, apurado eventual saldo em favor do sócio oculto, este

---

[20] Ob. cit., p. 79.

constituirá crédito quirografário em seu proveito, habilitável no passivo da falência do sócio ostensivo.

Sendo o sócio oculto empresário, nada obsta seja sua falência requerida por quaisquer de seus credores particulares. O requerimento, em regra, não guarda fundamento com a sua condição de sócio oculto na conta de participação, pois não se obriga perante terceiros, tarefa reservada ao sócio ostensivo, mas não há impedimento que este, na condição de credor, articule o pedido. Uma vez decretada a falência, o contrato de participação, reza o § 3º do art. 994 do Código Civil, ficará sujeito às normas que regulam os efeitos da falência em relação aos contratos bilaterais do falido, não se resolvendo, assim, de pleno direito pela decretação da quebra. Esses efeitos serão abordados em tópico próprio desta obra (item 2 do Capítulo 22).

13. SOCIEDADE EM COMUM

A sociedade empresária em comum, nova denominação conferida pelo Código Civil de 2002 às sociedades empresárias irregulares ou de fato, é aquela, a teor do disposto no art. 986 do indigitado *Codex*, que não se apresenta com seus atos constitutivos inscritos no Registro Público de Empresas Mercantis.

São sociedades desprovidas de personalidade jurídica, mas que se encontram sujeitas à falência, conforme se pode inferir do inciso IV do art. 105 da Lei n. 11.101/2005. Os sócios respondem solidária e ilimitadamente pelas obrigações sociais, sendo, pois, a eles aplicável o disposto no art. 81 do mesmo diploma legal, ou seja, a decisão que decretar a quebra da sociedade também acarreta a falência de cada sócio, se igualmente forem empresários, os quais, sem exceção – empresários ou não –, ficam sujeitos aos efeitos jurídicos produzidos em relação à sociedade falida (cf. item 4 do Capítulo 16).

A falência será, certamente, enquadrada como fraudulenta, incorrendo seus sócios e eventuais administradores não sócios em crime falimentar (art. 179[21]), ante a inexistência de escrituração legal regular (art. 178 da Lei n. 11.101/2005 c/c art. 1.181, *caput* e parágrafo único, do Código Civil)[22].

---

[21]   Art. 179: "Na falência, na recuperação judicial e na recuperação extrajudicial de sociedades, os seus sócios, diretores, gerentes, administradores e conselheiros, de fato ou de direito, bem como o administrador judicial, equiparam-se ao devedor ou falido para todos os efeitos penais decorrentes desta Lei, na medida de sua culpabilidade".

[22]   Art. 178: "Deixar de elaborar, escriturar ou autenticar, antes ou depois da sentença que decretar a falência, conceder a recuperação judicial ou homologar o plano de recuperação extrajudicial, os documentos de escrituração contábil obrigatórios: Pena – detenção, de 1 (um) a 2 (dois) anos, e multa, se o fato não constitui crime mais grave". Art. 1.181: "Salvo disposição especial de lei, os livros obrigatórios e, se for o caso, as fichas, antes de

14. PROVA DA QUALIDADE DE EMPRESÁRIO

Insta saber se o credor, ao requerer a falência do devedor, tem o ônus de provar a qualidade de empresário do requerido ou da sociedade requerida.

Temos a convicção de que a lei não lhe impõe esta prova *initio litis*. O devedor, ou a sociedade devedora, em defesa, é quem deve opor, e provar, a falta da qualidade de empresário para se ver excluído do processo de falência. Neste sentido, tem-se firmado a construção pretoriana[23].

A prova deve fazer-se, em princípio, por certidão negativa de registro passada pela Junta Comercial. Assim ocorrendo, inverte-se o ônus probatório. Caberá ao credor requerente demonstrar a condição de empresário irregular ou de fato do requerido ou da sociedade requerida, visto que o registro não é constitutivo dessa qualidade, mas tão somente declaratório. Não é demais afirmar que a condição de empresário do devedor, no caso, deverá estar inequivocamente provada para justificar a decretação da quebra.

Da mesma forma, se o requerimento é formulado contra uma sociedade simples que contesta a condição de empresária, exibindo certidão passada pelo Registro Civil das Pessoas Jurídicas de seu contrato social, dando conta de seu objeto, caberá ao requerente comprovar que, apesar da declaração formal do objeto e do registro como sociedade simples, a devedora, na realidade, realiza, profissionalmente, atividade empresarial, tal qual definida no *caput* do art. 966 do Código Civil. Essa situação já vinha sendo enfrentada pelos Tribunais, no sistema do direito anterior ao novo Código Civil, quando as sociedades se dividiam em civis e mercantis. A respeito, tem-se importante

---

postos em uso, devem ser autenticados no Registro Público de Empresas Mercantis. Parágrafo único – A autenticação não se fará sem que esteja inscrito o empresário, ou a sociedade empresária, que poderá fazer autenticar livros não obrigatórios".

23 Confiram-se os seguintes acórdãos: I) "O credor, ao requerer a falência do devedor, não está obrigado a provar a qualidade de comerciante do requerido" (5ª Câmara Cível do Tribunal de Justiça do Estado do Rio de Janeiro, acórdão unânime, proferido no Agravo de Instrumento n. 4.884, registrado em 24-5-82 – *apud* Sérgio Campinho & Amaury Campinho, Jurisprudência Falimentar. Rio de Janeiro: Ed. Liber Juris, 1986, p. 230); II) "Ao receber o pedido de falência, não pode o juiz exigir que o requerente comprove a qualidade do requerido, juntando contrato social deste último, visto que tal exigência não se encontra inserida na lei – art. 11 da Lei de Falências" (1ª Câmara Cível do Tribunal de Justiça do Estado do Mato Grosso, decisão unânime no Agravo de Instrumento n. 2.858, em 11-6-84 – *apud* Sérgio Campinho & Amaury Campinho, ob. cit., p. 312). O último aresto faz referência ao art. 11 do Decreto-Lei n. 7.661/45. Este passa a ter como preceito correspondente o § 3º do art. 94, que também não legitima tal exigência, ocorrendo o mesmo com os §§ 4º e 5º, os quais igualmente cuidam da produção de prova nos requerimentos.

decisão do Tribunal de Justiça de São Paulo[24]: "Empresas civis destinadas a fins civis mostram-se insuscetíveis de sujeitar-se à falência. Todavia, desde que, embora civis as bases estatutárias, operem em âmbito comercial, naturalmente com habitualidade, passibilizam-se dos efeitos falimentares, visto que esse labor, genuinamente comercial, acaba inserindo-se na própria finalística daquela sociedade".

---

[24] 2ª Câmara Cível, decisão unânime no Agravo de Instrumento n. 46.886-1, de 11-09/84 – *apud* Sérgio Campinho & Amaury Campinho, ob. cit., p. 277.

CAPÍTULO 17

INSOLVÊNCIA DO DEVEDOR EMPRESÁRIO

1. VISÃO GERAL

Como tivemos oportunidade de registrar no item 4 do Capítulo 15, o sistema do patrimônio deficitário, revelado por um desequilíbrio entre ativo e passivo, sendo aquele insuficiente para cobrir as dívidas do empresário, vem perdendo, ao longo do tempo, espaço nas legislações para servir de base à configuração da insolvência do devedor.

A Lei n. 11.101/2005, tal qual já o fazia o Decreto-Lei n. 7.661/45, adotando um sistema misto, utiliza-se da impontualidade do devedor e da enumeração legal de atos para gerar a presunção de insolvência. Em nossa Lei de Recuperação e Falência, a insolvência ficta ou presumida estará, necessariamente, em um desses dois sistemas que passamos a abordar de forma específica.

A confissão da falência pelo devedor não tem sido vista pela doutrina[1] como um sistema, pois consistia em uma obrigação legal, um dever, nos termos do art. 8º da Lei Falimentar revogada. Estruturalmente, a condição de dever permanece na legislação atual (art. 105), apesar de não existir sanção, como se tinha, no Decreto-Lei n. 7.661/45. Neste, o devedor que não confessasse a sua falência no prazo do art. 8º ficava impedido de obter a concordata suspensiva (art. 140, II, e Súmula 190 do Supremo Tribunal Federal, a *contrario sensu*), muito embora a jurisprudência já viesse temperando a exigência.

2. SISTEMA DA IMPONTUALIDADE

Esse sistema encontra-se insculpido no inciso I do art. 94 da Lei n. 11.101/2005 que dispõe: "Art. 94 – Será decretada a falência do devedor que: I – sem relevante

---

[1] Cf. Rubens Requião, ob. cit., vol. I, p. 70.

razão de direito, não paga, no vencimento, obrigação líquida materializada em título ou títulos executivos protestados cuja soma ultrapasse o equivalente a 40 (quarenta) salários mínimos na data do pedido de falência"[2].

Conforme se percebe claramente do preceito reproduzido, a impontualidade, capaz de gerar a presunção de insolvência, amparando a pretensão de se requerer e ver decretada a falência do devedor empresário, não é a simples falta de pagamento de uma obrigação. A lei impõe, além do vencimento da obrigação, quando, então, passa a ser exigível, a concorrência de certas condições para restar caracterizada, a saber: (a) obrigação líquida; (b) materializada em título ou títulos executivos protestados; (c) soma que ultrapasse o equivalente a quarenta salários mínimos na data do ajuizamento do pedido; (d) inexistência de relevante razão de direito a amparar o não pagamento.

2.1. OBRIGAÇÃO LÍQUIDA

A liquidez da obrigação resulta da certeza quanto à sua existência e da determinação de seu objeto. Líquida é a obrigação que não gera dúvida a respeito da existência (*an debeatur*) e da quantia devida (*quantum debeatur*).

Quando se fala em determinação do valor da dívida, deve-se incluir aquelas situações nas quais a determinabilidade do *quantum debeatur* possa ser alcançada por simples operação aritmética. Foram as hipóteses, no passado registradas, de emissão de títulos de crédito em ORTNs, OTNs e BTNs, enquanto indexada a economia nacional. Tais obrigações não se faziam dependentes de fatos e condições sujeitos à prova para a determinação de seu objeto, sendo o seu respectivo montante verificável por simples cálculo aritmético.

A certeza da existência da obrigação reclama, como princípio geral, título escrito em que se tenha o reconhecimento expresso por parte do devedor, ou, ao menos, a sua assinatura, dispensando-se a concorrência de qualquer outro meio de prova necessário a demonstrá-la[3]. O conceito de certeza não cede diante da possibilidade de haver sobre a dívida eventual questionamento do devedor. Consoante esclarece Humberto Theodoro Júnior[4], não está a certeza "no plano de vontade ulterior das partes, mas na convicção que o órgão judicial tem de formar diante do documento que lhe é exibido pelo credor". Basta que, pela simples leitura do título, o juiz possa, *prima*

---

[2] Têm-se como antecedente histórico imediato o art. 1º do Decreto-Lei n. 7.661/45, *verbis*: "Considera-se falido o comerciante que, sem relevante razão de direito, não paga no vencimento obrigação líquida, constante de título que legitime a ação executiva".

[3] Miranda Valverde, ob. cit., vol. I, p. 28.

[4] *Curso de direito processual civil*, vol. II. 18. ed. Rio de Janeiro: Forense, 1997, p. 33.

facie, inferir quem são os seus credor e devedor, o montante da prestação e o momento de sua exigibilidade. A outra fórmula admissível de se aferir a existência da obrigação é a que resulta de seu reconhecimento judicial, sendo seu título uma sentença.

O objeto da obrigação líquida deve ser de natureza pecuniária. Contudo, Miranda Valverde[5], escorado na doutrina de Bonelli, sustentava que a impontualidade deve verificar-se no pagamento de uma obrigação de dar, "cujo objeto há de ser dinheiro ou mercadorias". Não nos parecia, segundo o regime do Decreto-Lei n. 7.661/45, nem nos parece no sistema atual, correta a afirmação. A obrigação de dar se limita ao objeto dinheiro, a teor do inciso I do art. 94 c/c o parágrafo único do art. 98. Este último preceito é expresso ao prescrever que o devedor poderá elidir a falência com o depósito do "valor correspondente ao total do crédito, acrescido de correção monetária, juros e honorários advocatícios". A elisão da falência só se dá mediante o depósito da importância reclamada pelo credor, porque a obrigação líquida a ensejar a impontualidade é a de caráter pecuniário. Se assim não o fosse, o preceito contemplaria a consignação da coisa, ou seja, no caso, a mercadoria. Mas essa previsão inexiste, justamente porque o objeto da obrigação de dar se limita à prestação em dinheiro.

2.1.1. *LETRA DE CÂMBIO NÃO ACEITA*

Diante dos princípios legais disciplinadores da impontualidade para fins falimentares, fica evidente não ser possível o requerimento de falência do sacado de uma letra de câmbio. Este é, no conceito do direito cambiário, simples pessoa indicada no título para pagá-lo. Seu vínculo cambial só tem início com o seu aceite, traduzindo o reconhecimento da ordem de pagamento que lhe é dirigida pelo emitente da cártula e a sua obrigação de cumpri-la (Decreto n. 57.663/66, art. 28). Não há, assim, obrigação líquida em face do sacado e, igualmente, inexiste título que contra ele legitime ação de execução.

2.1.2. *DUPLICATA NÃO ACEITA*

A rigidez do conceito de obrigação líquida, exigida para fins falimentares, ensejou, no âmbito do Decreto-Lei n. 7.661/45, acalorados debates na doutrina e no seio do próprio Supremo Tribunal Federal, na construção de sua orientação jurisprudencial, no que se refere à possibilidade de a duplicata não aceita constituir-se como título falencial, isto é, como título hábil a embasar pedido de falência contra o sacado.

Interessante se mostra registrar algumas das opiniões abalizadas que emergiram em função da controvérsia.

---

[5]   Ob. cit., vol. I, p. 28.

Hernani Estrella[6] optava pela inaptidão do título, nessas condições, para ensejar pedido de falência do sacado. Assim explanava sua convicção:

> A duplicata não assinada não tem, a respeito do sacado, a precisa liquidez, de que fala a Lei de Falências. Dessarte, a força executiva, que lhe confere o Decreto-Lei n. 436, de 27 de janeiro de 1969, não basta para torná-la obrigação líquida, a teor daquela lei. É aqui o momento de relembrar, segundo lição de Miranda Valverde transcrita acima, que não basta ter direito à ação executiva; é necessário que o título protegido por força de ação seja líquido. E líquido, na acepção do direito substantivo, notadamente para efeitos falimentares, somente pode ser a duplicata aceita pelo comprador, ou tornada líquida através da verificação judicial da respectiva conta. Temos, assim, por inaplicável à falência, no concernente ao sacado, a regra da predita lei de 1969, que outorga ação executiva à duplicata não assinada pelo comprador, nas condições nela mencionadas. Semelhante disposição é de incidência restrita à esfera processual ordinária, com o alcance algum tanto diverso, que nesta se dá às dívidas dotadas de ação executiva.

Rubens Requião[7] filiava-se à corrente oposta, fiel na convicção de que a duplicata, embora sem aceite, seria título hábil à declaração da falência, desde que protestada e acompanhada do documento comprobatório da entrega das mercadorias. A propósito escrevia:

> O protesto tirado nestas condições não só lhe dá executividade, mas constitui um suprimento do aceite, por força legal, como sustentamos em nosso Curso de Direito Comercial (n. 470). Ademais, a prova da tradição da mercadoria para as mãos do comprador demonstra a execução do contrato de compra e venda de mercadorias e, através da exibição dessa prova oficial pública do protesto, que a transcreve no instrumento público, supre o aceite, tornando-o um título executivo extrajudicial, ou seja, um título de dívida líquida capaz de fundamentar o procedimento executório e o pedido de falência, que, na realidade, como já estudamos, constitui também um processo de execução coletiva.

A excelência dos argumentos chegou ao Supremo Tribunal Federal, à época instância máxima também em matéria de direito infraconstitucional. No julgamento do Recurso Extraordinário n. 75.543/SP[8], pelo Tribunal Pleno, a Corte Suprema enunciou: "A duplicata não aceita, ainda que protestada e acompanhada do comprovante da entrega da mercadoria, não constitui título hábil para o requerimento de falência. Inexistência de obrigação líquida".

Posteriormente a posição foi revista, consoante se pode inferir do julgamento do Recurso Extraordinário n. 80.407/SP[9], no qual se declarou: "Duplicata sem aceite e

---

[6]   Duplicata não aceita é título inábil para decretação de falência, *Revista Forense* n. 237/14.

[7]   Ob. cit., vol. I, p. 74.

[8]   Julgamento em 21-11-1973, acórdão por maioria, Rel. Min. Bilac Pinto, vencidos os Min. Rodrigues Alckmin e Antônio Neder.

[9]   Julgamento em 9-3-1977, acórdão por maioria, Rel. Min. Cunha Peixoto, vencidos os Min. Leitão de Abreu, Xavier de Albuquerque, Bilac Pinto e Eloy da Rocha.

devidamente protestada, acompanhada de prova da entrega da mercadoria, é título hábil para a execução, como para o requerimento de falência".

Com o advento da Lei n. 6.458, de 1º de novembro de 1977, que acrescentou o § 3º ao art. 1º da Lei Falimentar de 1945, a controvérsia, ao menos quanto à duplicata de venda mercantil, teve seu termo. O preceito vinha assim redigido: "Para os efeitos desta Lei, considera-se obrigação líquida, legitimando o pedido de falência, a constante dos títulos executivos extrajudiciais mencionados no art. 15 da Lei n. 5.474, de 18 de julho de 1968".

Neste diapasão, pacificou-se a possibilidade de a duplicata ou a triplicata sem aceite servir de lastro ao requerimento de falência do sacado, desde que protestada, acompanhada da prova da entrega e recebimento da mercadoria e o sacado não tenha, comprovadamente, recusado o aceite, por escrito, em declaração que acompanhe o título restituído ao credor, dentro do prazo de dez dias de sua apresentação para o aceite; ou, ainda, no caso de não devolução do título, contanto que protestada por indicação do portador ou do seu apresentante, com a mesma prova da entrega da mercadoria (Lei n. 5.474/68, art. 15, II e § 2º).

Mas, em face da deficiência que se pôde verificar na redação da regra acima reproduzida, a dúvida permaneceu em relação à duplicata de prestação de serviços.

Algumas decisões negavam-lhe a condição de título apto a embasar pedido de quebra, sob o pálio de que o indigitado § 3º somente se referia à liquidez da duplicata comercial, por ser este o título referenciado no art. 15 da Lei n. 5.474/68.

Desse modo decidiu a 7ª Câmara Cível do Tribunal de Justiça do Estado do Rio de Janeiro[10]: "A duplicata para prestação de serviços não é título hábil para a decretação da falência. O art. 15 da Lei n. 5.474/68, só se refere às duplicatas de venda mercantil. As duplicatas de prestação de serviço só se acham previstas, na lei específica no art. 20, estando assim expressamente excluídas do efeito de fundamentar falência".

Diante da divergência jurisprudencial estabelecida, a questão acabou por chegar ao enfrentamento do Superior Tribunal de Justiça, que dirimiu a dúvida, editando a Súmula 248, assim enunciada: "Comprovada a prestação dos serviços, a duplicata não aceita, mas protestada, é título hábil para instruir pedido de falência".

A orientação é a que sempre nos pareceu adequada. De há muito sustentávamos não se poder emprestar à exegese do § 3º do art. 1º do Decreto-Lei n. 7.661/45 interpretação literal. A interpretação sistemática e racional é a que se impunha. Com efeito, o

---

10   Apelação Cível n. 4.745/88, julgamento em 26-9-89, decisão unânime.

260   CURSO DE DIREITO COMERCIAL – FALÊNCIA E RECUPERAÇÃO DE EMPRESA

§ 3º do art. 20 da Lei n. 5.474/68 manda aplicar à duplicata ou triplicata de serviços, com as devidas adaptações, as disposições referentes à duplicata ou triplicata de venda mercantil. Desse modo, aplica-se-lhe o art. 15, apenas com uma leitura adequada à natureza do título. Ao invés de se ter que exibir documento hábil comprobatório da entrega e recebimento da mercadoria, ter-se-á que apresentar o documento hábil a comprovar a efetiva prestação dos serviços. Dentro dessa visão, não se podia ter hesitação em afirmar constituir a duplicata de serviços não aceita título falencial, desde que protestada, acompanhada de documento comprobatório da prestação de serviços e do vínculo contratual que o autorizou e não tivesse o sacado, por razões escritas, em declaração que acompanhe o título devolvido ao credor no interregno de dez dias de sua apresentação ao aceite, comprovadamente o recusado. Na hipótese de não devolução do título pelo sacado, o protesto deveria, como deverá, ser feito por indicação do portador ou do apresentante e, neste caso, supre não só o aceite, mas também o próprio título (§ 2º do art. 15 da Lei das Duplicatas).

Faz-se mister não perder de vista a necessidade de serem exibidos pelo requerente não só o instrumento do protesto e o documento de prova da efetiva prestação de serviços, mas também a comprovação do vínculo contratual que a autorizou. Embora o enunciado da Súmula 248 a esta prova não faça referência, a mesma se impõe por exigência do § 3º do art. 20 da Lei das Duplicatas, sem o que a duplicata não terá liquidez e eficácia executiva.

Apesar de a Lei n. 11.101/2005 não reproduzir dispositivo semelhante ao do § 3º do art. 1º da lei revogada, não nos parece deva a controvérsia ressuscitar. Obedecidas às condições acima dispostas, tanto na duplicata de venda mercantil, quanto na de prestação de serviços, passam os títulos a ter liquidez necessária a embasar pedido de falência, reunindo todos os atributos de um título executivo.

2.1.3. *DUPLICATA VIRTUAL, ESCRITURAL OU ELETRÔNICA*

Inicialmente, cumpre asseverar que sempre fomos favoráveis à ideia do registro do crédito em meio magnético ou eletrônico, abrandando-se o princípio da cartularidade, um dos fundamentos erigidos por Vivante, ao lado da literalidade e da autonomia, para formular a sua conceituação sobre os títulos de crédito. É uma evolução natural ao mercado dos títulos cambiais e cambiariformes, a partir da apropriação de novas técnicas visando a promover, de maneira mais célere, a circulação de riquezas.

O registro do crédito em meio magnético ou eletrônico vem se fazendo frequente em substituição à cártula ou ao documento físico. A desmaterialização se mostra presente em nossa legislação e desafia uma nova conotação para o vocábulo "título", que pode ser compreendido tanto em sua representação documental quanto eletrônica.

Nessa esteira de raciocínio, por exemplo, foi editada a Lei n. 11.076, de 30 de dezembro de 2004, fruto de conversão da Medida Provisória n. 221, de 1º de outubro do mesmo ano, que permite o *warrant* agrário e o conhecimento de depósito agrário eletrônicos (art. 3º, II).

A desmaterialização da duplicata, no entanto, a nosso ver, sempre demandou uma revisão legislativa, necessária a disciplinar essa nova realidade que veio se impondo e, acreditamos, deva cada vez mais se afirmar em prestígio à agilização dos processos comerciais. Não se justificava tamanho atraso na modernização da lei das duplicatas, sempre registramos.

Sua lei de regência, Lei n. 5.474/68, não oferecia e não oferece base concreta à emissão virtual do título com a preservação de sua força executiva.

Sempre fomos firmes no convencimento de que, diante da estrutura do sistema jurídico da Lei n. 5.474/68, não havia como se chancelar a possibilidade de a denominada duplicata eletrônica ou virtual servir de estribo a pedido de falência, justamente por não ter ela a condição de título executivo. O inciso I do art. 94 é expresso em exigir que a obrigação líquida esteja materializada em título ou títulos executivos, requisito este que não cumpria a duplicata virtual.

Entretanto, em edições anteriores, após analisar a evolução do tema na jurisprudência do Superior Tribunal de Justiça, registramos a mudança de posicionamento ocorrida no seio daquele Tribunal Superior, tendo a Segunda Seção, no julgamento dos Embargos de Divergência em Recurso Especial n. 1.024.691/PR, adotado tese em sentido oposto, reconhecendo executividade da duplicada virtual[11].

---

[11] Confira-se a ementa: "Execução de título extrajudicial. Duplicata virtual. Protesto por indicação. Boleto bancário acompanhado do instrumento de protesto, das notas fiscais e respectivos comprovantes de entrega das mercadorias. Executividade reconhecida. 1. Os acórdãos confrontados, em face de mesma situação fática, apresentam solução jurídica diversa para a questão da exequibilidade da duplicata virtual, com base em boleto bancário, acompanhado do instrumento de protesto por indicação e das notas fiscais e respectivos comprovantes de entrega de mercadorias, o que enseja o conhecimento dos embargos de divergência. 2. Embora a norma do art. 13, § 1º, da Lei n. 5.474/68 permita o protesto por indicação nas hipóteses em que houver a retenção da duplicata enviada para aceite, o alcance desse dispositivo deve ser ampliado para harmonizar-se também com o instituto da duplicata virtual, conforme previsão constante dos arts. 8º e 22 da Lei n. 9.492/97. 3. A indicação a protesto das duplicatas mercantis por meio magnético ou de gravação eletrônica de dados encontra amparo no art. 8º, parágrafo único, da Lei n. 9.492/97. O art. 22 do mesmo Diploma Legal, a seu turno, dispensa a transcrição literal do título quando o Tabelião de Protesto mantém em arquivo gravação eletrônica da imagem, cópia reprográfica ou micrográfica do título ou documento da dívida. 4. Quanto à possibilidade de protesto por indicação da duplicata virtual, deve-se considerar que o que o art. 13, § 1º, da Lei n. 5.474/68 admite, essencialmente, é o

Atendendo aos reclamos do mercado, ainda que de forma tardia, foi editada a Lei n. 13.775/2018 que dispõe sobre a duplicata escritural (virtual ou eletrônica), preenchendo, afinal, efetiva lacuna em nosso direito positivo.

A emissão de duplicata escritural far-se-á por lançamento em sistema eletrônico de escrituração gerido por quaisquer das entidades que exerçam a atividade de escrituração de duplicatas escriturais, as quais deverão ser autorizadas por órgão ou entidade da administração federal direta ou indireta[12] a exercer a atividade de escrituração de dupli-

---

protesto da duplicata com dispensa de sua apresentação física, mediante simples indicação de seus elementos ao cartório de protesto. Daí, é possível chegar-se à conclusão de que é admissível não somente o protesto por indicação na hipótese de retenção do título pelo devedor, quando encaminhado para aceite, como expressamente previsto no referido artigo, mas também na de duplicata virtual amparada em documento suficiente. 5. Reforça o entendimento acima a norma do § 2º do art. 15 da Lei n. 5.474/68, que cuida de executividade da duplicata não aceita e não devolvida pelo devedor, isto é, ausente o documento físico, autorizando sua cobrança judicial pelo processo executivo quando esta haja sido protestada mediante indicação do credor, esteja acompanhada de documento hábil comprobatório da entrega e recebimento da mercadoria e o sacado não tenha recusado o aceite pelos motivos constantes dos arts. 7º e 8º da Lei. 6. No caso dos autos, foi efetuado o protesto por indicação, estando o instrumento acompanhado das notas fiscais referentes às mercadorias comercializadas e dos comprovantes de entrega e recebimento das mercadorias devidamente assinados, não havendo manifestação do devedor à vista do documento de cobrança, ficando atendidas, suficientemente, as exigências legais para se reconhecer a executividade das duplicatas protestadas por indicação. 7. O protesto de duplicata virtual por indicação apoiada em apresentação do boleto, das notas fiscais referentes às mercadorias comercializadas e dos comprovantes de entrega e recebimento das mercadorias devidamente assinados não descuida das garantias devidas ao sacado e ao sacador" (Rel. Min. Raul Araújo, decisão unânime, julgamento em 22-8-2012).

[12] O referido órgão ou entidade poderá regulamentar o disposto na lei, inclusive quanto à forma e à periodicidade do compartilhamento de registros, à fiscalização da atividade de escrituração de duplicatas escriturais, aos requisitos de funcionamento do sistema eletrônico de escrituração e às condições de emissão, de negociação, de liquidação e de escrituração da duplicata emitida sob a forma escritural. Comentando o preceito, aduz Luiz Emygdio F. da Rosa Jr.: "Apesar de o dispositivo precitado denotar caráter facultativo da necessidade de regulamentação da lei, entendemos que a regulamentação torna-se imperiosa porque deve: a) precisar o órgão da administração federal direta ou indireta que será competente para autorizar as entidades mencionadas no *caput* do art. 3º, da LDE a exercer a atividade de escrituração de duplicatas, conforme dispõe o art. 3º, § 1º, da mesma Lei; b) tanto é necessária a determinação do órgão antes mencionado que o § 2º do art. 3º prevê apenas a possibilidade de a escrituração ser feita por Central Nacional de Registro de Títulos e Documentos; c) o § 1º do art. 41-A da Lei n. 9.492/97, acrescentado pela LDE, deixa claro que a mencionada Central ainda não existe, pois: 'A partir da implementação da central de que trata o *caput* deste artigo, os tabelionatos de protesto disponibilizarão ao poder público, por meio eletrônico e sem ônus, o acesso às informações constantes dos seus bancos de dados'; d) a regulamentação deverá determinar os prazos para a apresentação da duplicata escritural ao sacado por meio eletrônico, para que, na ausência dessa determinação, o prazo seja de 2 (dois) dias úteis contados da sua emissão

catas. A escrituração poderá também ser feita por Central Nacional de Registro de Títulos e Documentos, após autorizada a exercer a atividade.

O sistema eletrônico deverá conter, no mínimo, os seguintes registros: (a) apresentação, aceite, devolução e formalização da prova do pagamento; (b) controle e transferência da titularidade; (c) prática de atos cambiais sob a forma escritural, tais como endosso e aval; (d) inclusão de indicações, informações ou de declarações referentes à operação com base na qual a duplicata foi emitida ou ao próprio título; e (e) inclusão de informações a respeito de ônus e gravames constituídos sobre as duplicatas.

Deverá, ainda, dispor de mecanismos que permitam ao sacador e ao sacado comprovarem, por quaisquer meios de prova admitidos em direito, a entrega e o recebimento das mercadorias ou a efetiva prestação do serviço, devendo a apresentação das provas ser efetuada em meio eletrônico.

Os gestores dos sistemas eletrônicos de escrituração ou os depositários centrais (no caso de ter sido o título depositado nos moldes da Lei n. 12.810/2013) expedirão, a pedido de qualquer solicitante, extrato do registro eletrônico da duplicata, o qual deverá, no mínimo, conter os seguintes elementos: (a) a data da emissão e as informações referentes ao sistema eletrônico de escrituração no âmbito do qual a duplicata foi emitida; (b) os dados necessários à identificação da duplicata, nos termos do art. 2º. da Lei n. 5.474/68; (c) a cláusula de inegociabilidade; e (d) as informações acerca dos ônus e gravames.

A duplicada escritural, eletrônica ou virtual e seu extrato têm força executiva expressamente prevista no art. 7º da Lei n. 13.775/2018. Assim é que são títulos executivos extrajudiciais, devendo a sua cobrança obedecer ao disposto no art. 15 da Lei n. 5.474/68.

Poderá a duplicata escritural ser recepcionada para protesto por extrato, desde que atestado pelo emitente que as informações conferem com o original. Também para fins de protesto, a praça de pagamento das duplicatas escriturais, de que trata o inciso VI, do § 1º, do art. 2º, da Lei n. 5.474/68, deverá coincidir com o domicílio do devedor, segundo a regra geral do § 1º do art. 75 e do art. 327 do Código Civil, salvo convenção expressa entre as partes que demonstre a concordância inequívoca do devedor.

A esses títulos virtuais se aplicam, de forma subsidiária, as disposições da Lei n. 5.474/68. Mas a apresentação da duplicata escritural será efetuada por meio eletrônico,

---

(art. 12, § 1º, da LDE); e) esclarecer se os lançamentos no sistema eletrônico de que trata o art. 3º da LDE substituem o Livro de Registro de Duplicatas, apenas quando emitida sob a forma escritural (art. 9º da LDE); f) sanar a aparente contradição entre a negociabilidade da duplicata, que pode ser objeto de endosso (art. 4º, III, da LDE), e a cláusula de inegociabilidade que deve constar do extrato (art. 6º, § 1º, III, da LDE)" (*Títulos de crédito*. 9. ed. Rio de Janeiro: Forense, 2019, p. 530-531).

observados os prazos determinados pelo órgão ou entidade antes aludidos, ou, na ausência dessa determinação, o prazo de dois dias úteis contados de sua emissão.

O devedor poderá, por meio eletrônico, recusar, no prazo, nas condições e pelos motivos previstos nos arts. 7º e 8º da Lei n. 5.474/68, a duplicata escritural apresentada ou, no mesmo prazo acrescido de sua metade, aceitá-la.

Desse modo, não mais se pode questionar a qualidade de título executivo falencial da duplicata virtual, ou seja, de título hábil a ensejar pedido de falência.

2.1.4. *CRÉDITOS LÍQUIDOS QUE NÃO ENSEJAM FALÊNCIA*

Existem certos créditos que, embora dotados de liquidez, não podem ser reclamados, isto é, habilitados na falência e, por conseguinte, não se mostram aptos a fundamentar o pedido de quebra (Lei n. 11.101/2005, § 2º do art. 94 c/c inciso I do art. 5º). Dessa ordem são as obrigações a título gratuito.

2.2. *TÍTULO EXECUTIVO*

Como já tivemos oportunidade de expor, a obrigação líquida, de natureza pecuniária, deve encontrar-se assentada em título ou títulos que legitimem ação de execução. Dessa conjugação resulta que o título falencial, o qual serve de fundamento ao pedido de falência, é aquele que reflete um título executivo que corporifica obrigação pecuniária líquida reclamável na falência.

Ao instruir pedido de falência, deve ser o título exibido no original ou por cópia autêntica se estiver juntado em outro processo (§ 3º do art. 94).

Os títulos executivos podem ser judiciais ou extrajudiciais. Aqueles encontram-se perfilhados no art. 515 do Código de Processo Civil de 2015; estes dispostos no art. 784 do mesmo Diploma Processual.

Diante da especificidade do título falencial, deduz-se que nem todo título executivo é capaz de arrimar pedido de falência, seja porque a obrigação não se reveste de liquidez, no conceito da lei falimentar, seja porque, embora líquida, não é reclamável na falência, ou, ainda, por não consistir a obrigação em prestação pecuniária. Deverá o credor ficar atento à distinção.

No universo dos títulos judiciais, não é toda sentença proferida no processo civil que reconheça exigibilidade de obrigação, por exemplo, que será título falencial, mas tão somente aquela que condenar o devedor a uma prestação pecuniária reclamável na falência.

O mesmo exercício deve ser realizado em relação aos títulos extrajudiciais. Quanto a eles, merecem destaque os créditos decorrentes de renda ou aluguel de imóvel e o encargo de condomínio que, embora passíveis de cobrança executiva, não legitimam pedido de falência, por faltar-lhes a liquidez exigida para este escopo. Rubens Requião[13], invocando doutrina de Valverde, assim anotava:

> Mas Miranda Valverde estabelece um critério restritivo na conceituação de liquidez, no Direito Falimentar. Existem, de fato, algumas obrigações que, embora tendo executividade, isto é, ensejem o procedimento executório, no entanto não constituem ou não são títulos líquidos. Nesse caso estão o crédito por aluguel de imóvel e o encargo de condomínio, que constam da enumeração do Código de Processo Civil entre os títulos executivos extrajudiciais. Em consequência, ensina aquele autor, que "não é, pois, a ação executiva, que a lei processual também estabelece para a cobrança de certas dívidas, que confere a estas, segundo a Lei de Falências, o requisito da liquidez. Não basta ter direito à ação executiva; é necessário que o título protegido por essa forma de ação seja líquido". E, salvo os títulos executivos judiciais, a liquidez do título se expressa pelo reconhecimento da obrigação do devedor, ou ao menos pela sua assinatura.

A jurisprudência tem agasalhado o entendimento. A respeito, confere-se decisão da 1ª Câmara Cível do Tribunal de Justiça do Estado de São Paulo[14]: "Pedido de falência com fundamento na falta de pagamento de alugueres. Improcedência. Não é a ação executiva que a lei estabelece para a cobrança de certas dívidas que confere a estas, segundo a Lei de Falências, o requisito da liquidez".

Outra questão que merece relevo diz respeito ao requerimento de falência com base em certidão de dívida ativa. Não por falta de liquidez do título. Embora não ocorra o seu reconhecimento pelo devedor, nem a sua assinatura no título, e também não se verifique uma aprovação judicial, a liquidez decorre de um ato prévio de controle administrativo da legalidade do crédito tributário, que se realiza por intermédio de inscrição, a cargo do órgão competente para apurar a liquidez (Lei n. 6.830/80, § 3º do art. 2º). O questionamento da Fazenda Pública como parte ativa do requerimento de falência será abordado no item 2.5 do Capítulo 18, o qual terá maior pertinência com a matéria tratada.

2.3. *A PROVA DA IMPONTUALIDADE: PROTESTO DO TÍTULO*

A impontualidade do devedor pressupõe, como visto, o não pagamento de obrigação pecuniária líquida reclamável na falência, constante de título executivo, vencida e exigível, sem que se verifique relevante razão de direito. Mas para que o credor esteja legitimado a requerer a falência do devedor, impõe a lei, em complementação conceitual ao sistema da impontualidade, a sua prova pública, oficial e solene que, a teor do direito positivado, só se faz pelo protesto do título falencial.

---

[13] Ob. cit., vol. I, p. 73.

[14] Agravo de Petição n. 191.638, decisão unânime, publicada em 22-9-70.

Exige-se uma interpelação prévia e formal do devedor, a fim de caracterizar o não pagamento da obrigação líquida, constituindo-o em mora, sem o que não restará caracterizada a sua impontualidade falimentar.

A legislação atual, contudo, altera o conceito da impontualidade. É ela verificável em relação a cada título executivo corporificador da obrigação pecuniária líquida.

No direito anterior, o protesto por falta de pagamento tinha efeitos amplos na comprovação da impontualidade do devedor. O credor, munido de um título falencial, não estava obrigado a promover o protesto de seu próprio título, facultando-se-lhe requerer a falência com base no protesto tirado em relação ao título de um terceiro credor do devedor comum, provando, a partir deste protesto, a impontualidade.

Dispunha o § 1º do art. 4º da lei revogada: "se requerida com fundamento em protesto levado a efeito por terceiro, a falência não será declarada, desde que o devedor prove que podia ser oposta ao requerimento do autor do protesto qualquer das defesas deste artigo", isto é, qualquer matéria relevante.

Rubens Requião[15] assim explicava a hipótese: "O credor se pode valer de protesto tirado por terceiro, não sendo essencial que o instrumento se refira ao seu próprio título. A impontualidade se determina pelo primeiro título protestado, por isso tem efeito amplo e aproveita a qualquer credor. O seu título deve, necessariamente, estar vencido".

Não se tem mais, assim, esse conceito amplo e geral da impontualidade. Fica limitado a cada título falencial de titularidade do requerente. O § 3º do art. 94 não deixa margens a dúvidas ao estabelecer que o pedido de falência deve ser instruído com os títulos falenciais acompanhados dos "respectivos instrumentos de protesto".

Portanto, se o credor instruir o seu pedido com cinco títulos, encontrando-se apenas um protestado, terá o devedor matéria relevante a apresentar em sua peça de bloqueio, relativamente aos quatro outros títulos. Todavia, se o único título protestado for superior a quarenta salários-mínimos, a defesa não será capaz de obstar a decretação da falência, se limitada ao ponto relativo à ausência de protesto dos demais títulos (§ 2º do art. 96).

2.3.1. *PROTESTO COMUM E PROTESTO ESPECIAL*

O § 3º do art. 94 mantém vivo no Direito positivo nacional a figura do "protesto para fim falimentar", isto é, o protesto especial[16].

---

[15]   Ob. cit., vol. I, p. 119.

[16]   § 3º: "Na hipótese do inciso I do *caput* deste artigo, o pedido de falência será instruído com os títulos executivos na forma do parágrafo único do art. 9º desta Lei, acompanhados, em qualquer caso, dos respectivos instrumentos de protesto para fim falimentar nos termos a legislação específica".

Este protesto especial deve se fazer em relação a qualquer título falencial: sentença, documento de confissão de dívida, contrato de hipoteca, títulos de crédito, tais como, letra de câmbio, nota promissória, cheque e duplicata etc.

Conquanto sujeitos a protesto especial, os títulos cambiais e cambiariformes são dele dispensados, se realizado o protesto que lhes é próprio. Essa era a exegese que se extraía do art. 10 do Decreto-Lei n. 7.661/45. A jurisprudência sempre amparou a conclusão[17].

Não vemos motivação lógica nem razoável traduzida na lei atual para alterar o entendimento. Muito embora nela não se reedite regra semelhante ao citado art. 10 da lei revogada, continuam em nosso sistema jurídico engastados os princípios que o inspiraram. Com efeito, o protesto cambial se mostra necessário para garantir ao portador o direito de cobrança em relação aos coobrigados de um título de crédito, sem o que decai desse direito, sendo, por isso, denominado, também, protesto conservatório ou acautelatório[18]; facultativo será, entretanto, quando o portador pretender exercer o seu direito de ação em face do obrigado ou dos obrigados principais ou diretos pelo pagamento do título. Mas, seja como for, a interpretação que se deve colher é a de que o protesto cambiário ou comum realizado por falta de pagamento, por ser mais amplo em suas finalidades, supre o protesto especial. A prova da impontualidade dele já resulta, não se justificando seja o ato repetido. Seria, como já asseverou Pontes de Miranda, "supérfluo o protesto especial"[19]. Entendimento contrário, apego à literalidade do § 3º do art. 94 destacado, traduziria numa involução ao tema, gerando dúvidas ao credor que não se justificam, quando, por exemplo, tiver direito de regresso a assegurar ou quando, em títulos como a duplicata sem aceite, o protesto se afigure necessário a con-

---

[17] "Protesto Cambial. Duplicata. Segundo pontifica a melhor doutrina nacional, os títulos de crédito, subordinados ao protesto comum, escapam à necessidade do protesto especial" (Superior Tribunal de Justiça, Recurso Especial n. 50.827/GO, 4ª Turma, unânime, publicada no *DJU,* Seção I, de 10-6-96, p. 20.334). "O cheque levado a protesto regular, na forma da legislação dos títulos de créditos, é título hábil para instruir o pedido de falência, suprindo a exigência do 'protesto especial' referido no art. 10 do Decreto-Lei 7.661/45" (Superior Tribunal de Justiça, Recurso Especial n. 203.791/MG, 4ª Turma, unânime, publicada no *DJU,* Seção I, de 28-6-99, p. 122). "No caso de falência, desnecessário se faz o protesto especial se tiver sido tirado o protesto comum, de vez que este produz os mesmos efeitos daquele, devendo o protesto falimentar ser reservado para os títulos não sujeitos ao protesto cambiário" (Tribunal de Justiça do Estado do Paraná, Apelação Cível n. 7.956, 2ª Câmara Cível, unânime de 15-5-91 – ADCOAS n. 135543). "Falência. Protesto Especial. Desnecessidade em se tratando de título cambial" (Tribunal de Justiça do Estado de Santa Catarina, Apelação Cível n. 96.008703-6, 1ª Câmara Cível, decisão unânime de 3-12-96 – *IOB* RJ 3/12905).

[18] Cf. Pedro Vieira Mota, *Sustação do Protesto Cambial.* 7. ed. São Paulo: Saraiva, 1990, p. 17 e Miranda Valverde, ob. cit., vol. I, p. 108.

[19] Ação de Decretação da Abertura da Falência, *RT* 446/37.

ferir força executiva na cobrança do sacado. A opção pelo protesto próprio a esses títulos não pode ter o condão de prejudicá-lo no seu direito de requerer a falência do devedor; nem tampouco se mostra razoável obrigá-lo a repetir o ato, como se disse, em total afronta à celeridade e à economia que devem inspirar os atos da vida empresarial contemporânea, livres, portanto, de formalidades inúteis. É princípio cediço que se o ato atingir o seu fim, não se deve impor a sua repetição.

A Câmara Especial de Falências e Recuperações Judiciais de Direito Privado do Tribunal de Justiça do Estado de São Paulo, em votação unânime, adotou o entendimento ora esposado: "Impontualidade comprovada por protesto cambial comum por falta de pagamento, que, realizado, dispensa o protesto especial para fins falimentares. Inteligência do art. 94, § 3º, da LRF. Instrumentos de protesto com certidão do tabelião, que tem fé pública, certificando a realização de intimação pessoal no ato do protesto" (Agravo de Instrumento n. 554.633.4/9-00, da Comarca de Ribeirão Preto, julgamento em 27.08.2008, Relator Desembargador Pereira Calças). Em seu voto, o Relator cita expressamente o posicionamento neste livro adotado.

A Lei n. 9.492/97, é bem verdade, alargou o campo de incidência do protesto comum, estendendo-o a outros títulos desprovidos de natureza cambial. Isto se constata da leitura de seu art. 1º: "Protesto é o ato formal e solene pelo qual se prova a inadimplência e o descumprimento de obrigação originada em títulos ou outros documentos de dívida"[20]. Mas não pode haver hesitação: o protesto que dispensa o especial é tão somente aquele que se tira em relação a um título de crédito pagável em dinheiro, isto é, o protesto cambiário, próprio destes títulos, que poderíamos qualificar de protesto comum em sentido estrito, com disciplina e finalidade estabelecidas nas legislações cambiais específicas. A própria Lei n. 9.492/97, no art. 23, preserva o protesto para fim especial – o falimentar –, embora o registro se faça em livro único, não havendo um livro especial para anotá-lo, e não interfere, por outro lado, no escopo das leis cambiais

---

[20] Foi com profunda consternação, senão indignação, que vimos publicar a Lei n. 9.492/97. Temos professado em nossas aulas o total desvirtuamento que se impõe ao instituto do protesto. Sua finalidade ontológica é a de servir de meio seguro de prova de que o título foi apresentado para aceite ou pagamento e que o seu portador não logrou êxito em obter este ou aquele efeito, para fins de se exercer certos direitos de natureza cambiária, como o direito de regresso em face dos coobrigados ou se obter o suprimento de aceite na duplicata. A tonalidade imposta pela malsinada legislação traduz o nítido intento de utilização deste ato como um meio coativo de cobrança. Qualquer documento de dívida, diz a lei, pode ser protestável. Ora, o protesto é capaz de produzir inúmeros efeitos em relação ao crédito, restringindo-o para o devedor inscrito nos assentamentos dos respectivos cartórios de Protesto de Títulos. Os abusos, que no sistema anterior vinham sendo detectados, tornam-se mais frequentes e extensos com a diretriz da nova legislação. Confere-se aos cartórios, ainda que indiretamente, a condição de "cobradores".

quando disciplinam o protesto próprio dos títulos de crédito. Suas regras – as da Lei n. 9.492/97 –, são procedimentais e administrativas. O seu caráter instrumental não interfere nos conceitos dos protestos cambiário e especial. Desse modo, reafirmamos o entendimento de que o protesto de títulos de crédito pagável em dinheiro, tirado em conformidade com a respectiva lei, isenta o credor de fazer o protesto falimentar.

Por derradeiro, somente se admite o protesto especial em face de quem for sujeito passivo de falência (Lei n. 9.492/97, parágrafo único do art. 23). A infração a este princípio implicará a configuração de abuso de direito do requerente, passível de indenização, ao menos moral, resultante do abalo do crédito por ele provocado, sem prejuízo de eventual responsabilização do Tabelionato (Lei n. 9.492/97, art. 38), quando evidente a falta de qualidade da pessoa sujeita às consequências da legislação falimentar (por exemplo, a forma de sociedade cooperativa), ou quando contestada tempestivamente pelo devedor, ocasião em que deverá o Tabelião de Protesto suscitar dúvida (Lei n. 9.492/97, art. 18), a ser dirimida pelo Poder Judiciário.

2.3.2. *PROTESTO DE SENTENÇA*

Consoante restou consignado no item anterior, o protesto especial deve se fazer em relação a qualquer título falencial, como é o caso da sentença que reconhece a exigibilidade da obrigação de pagar quantia certa, apenas sendo dispensável em relação aos títulos cambiais e cambiariformes, porquanto o protesto cambial supre o especial.

O Código de Processo Civil de 2015 veio, em boa hora, disciplinar o protesto de sentença em seu art. 517. Assim é que "a decisão judicial[21] transitada em julgado poderá ser levada a protesto, nos termos da lei, depois de transcorrido o prazo para pagamento voluntário previsto no art. 523".

Do texto normativo emergem dois requisitos indispensáveis à realização do protesto: o trânsito em julgado da decisão judicial e a inexistência de pagamento voluntário nos quinze dias da intimação do executado para fazê-lo, já se tendo, assim, por iniciada a fase de cumprimento definitivo da sentença.

Ademais, o protesto, diz o dispositivo transcrito, se fará na forma da lei. Refere-se, desse modo, tanto ao protesto genérico dos títulos ou outros documentos de dívidas,

---

[21] O texto normativo se refere à decisão judicial, tal como o faz no inciso I do art. 515, ao apresentar o rol dos títulos executivos judiciais. Portanto, as decisões, e não apenas as sentenças, proferidas no processo civil, são títulos executivos, desde que reconheçam a exigibilidade de uma obrigação. Resolve-se, assim, o problema da execução da tutela de urgência, que não constava, no direito anterior, do rol do art. 475-N e, desse modo, era vista e tratada como uma exceção ao princípio da *nulla executio sine titulo*.

como ao protesto especial ou falimentar. O fim do protesto de decisão judicial serve, pois, tanto para pressionar o devedor a pagar – protesto execução –, quanto como prova da impontualidade falimentar.

2.3.3. INTIMAÇÃO DO DEVEDOR

Tendo em vista o escopo do protesto no âmbito do Direito Falimentar, de fazer prova confiável da impontualidade do devedor, não se pode admitir sua eficácia sem que este seja efetivamente intimado ou cientificado do ato (inciso VI do art. 96). E daí aflora relevante questão a ser enfrentada na visão de que o protesto cambial supre o especial.

O protesto não se realiza em face de um devedor em particular. Protesta-se o título e não uma ou algumas pessoas. Nessas condições, somente o sacado ou aceitante de uma letra, o emitente de uma nota promissória, ou o sacado ou aceitante da duplicata, por exemplo, é que são intimados do protesto.

Prescreve a Lei Cambial (Decreto n. 2.044/1908, art. 29, III), não alterada pela Lei n. 9.492/97, a qual se mostra omissa a respeito[22], que apenas o sacado ou aceitante da letra de câmbio será intimado pelo Tabelião de Protesto. O sacador, os endossantes e os avalistas somente serão cientificados por avisos, na forma do art. 45[23] da Lei Uniforme de Genebra – LUG, promulgada pelo Decreto n. 57.663/66, cujas expedições não são da competência do Tabelionato, mas se devem fazer por iniciativa do portador e dos demais signatários do título quando da recepção do seu aviso[24].

---

[22] O mesmo entendimento é defendido por Luiz Emygdio F. da Rosa Júnior, *in Títulos de Crédito*, Rio de Janeiro: Renovar, 2000, nota 54, p. 410.

[23] Art. 45: "O portador deve avisar da falta de aceite ou de pagamento o seu endossante e o sacador dentro dos 4 (quatro) dias úteis que se seguirem ao dia do protesto ou da apresentação, no caso de a letra conter a cláusula 'sem despesas'. Cada um dos endossantes deve, por sua vez, dentro dos 2 (dois) dias úteis que se seguirem ao da recepção do aviso, informar o seu endossante do aviso que recebeu, indicando os nomes e endereços dos que enviaram os avisos precedentes, e assim sucessivamente até se chegar ao sacador. Os prazos acima indicados contam-se a partir da recepção do aviso precedente. Quando, em conformidade com o disposto na alínea anterior, se avisou um signatário da letra, deve avisar-se também o seu avalista dentro do mesmo prazo de tempo. No caso de um endossante não ter indicado o seu endereço, ou de o ter feito de maneira ilegível, basta que o aviso seja enviado ao endossante que o precede. A pessoa que tenha de enviar um aviso pode fazê-lo por qualquer forma, mesmo pela simples devolução da letra. Essa pessoa deverá provar que o aviso foi enviado dentro do prazo prescrito. O prazo considerar-se-á como tendo sido observado desde que a carta contendo o aviso tenha sido posta no Correio dentro dele. A pessoa que não der o aviso dentro do prazo acima indicado não perde os seus direitos; será responsável pelo prejuízo, se o houver, motivado pela sua negligência, sem que a responsabilidade possa exceder a importância da letra".

[24] Eunápio Borges, em artigo publicado na Revista *Forense* n. 124/605, sob o título Protesto Cambial – Abusos e Preconceitos, sustenta, à luz da lei cambial, que qualquer intimação

No cenário da nota promissória, impende seja observado o mesmo regramento, porquanto a ela, por determinação expressa do art. 77 da LUG, são aplicáveis as disposições concernentes à letra de câmbio, impondo-se, tão somente, processar as devidas adaptações. Portanto, apenas o emitente será intimado pelo Tabelião de Protesto, sendo os endossantes e avalistas cientificados pelo mesmo sistema de avisos instituído pelo art. 45 antes mencionado.

No caso da duplicata, o princípio igualmente se lhe estende, por força do estatuído no art. 25 da Lei n. 5.474/68, que manda aplicar à duplicata e à triplicata, no que couber, os dispositivos da legislação sobre emissão, circulação e pagamento das letras de câmbio. Nesses termos, apenas o sacado ou o aceitante será intimado do protesto, dando-se ciência aos endossantes e avalistas pelos avisos do art. 45 da LUG.

Em relação ao cheque, entretanto, a sua lei de regência – Lei n. 7.357/85 –, na alínea *b* do § 2º do art. 48, contempla a intimação não só do emitente, mas também a das "demais pessoas obrigadas no cheque". Deste modo, serão intimados pelo Tabelião de Protesto os endossantes e avalistas.

O credor requerente da falência deverá, sob pena de sua denegação, exibir o instrumento do protesto do qual conste a inequívoca intimação do devedor, ou, quando não sujeito a ela por força da lei cambial, a prova de que recebeu o competente aviso, expedido no prazo e nas condições do art. 45 da LUG, juntamente, é claro, com a certidão do protesto que, em qualquer caso, não se dispensa.

Muito embora o prefalado art. 45 não considere a ausência do aviso motivo capaz de sacrificar os direitos do credor, sancionando, apenas, o faltoso pelo prejuízo motivado por sua negligência, deve-se fazer uma distinção entre o protesto para fins de cobrança dos coobrigados e aquele para fins de pedido de falência. Para este último, a ciência dos coobrigados e dos demais obrigados diretos se faz imprescindível, sem o que não se atinge a função do protesto falimentar, que é a de demonstrar a impontualidade do devedor requerido. Nunca se pode perder de vista que o requerimento de falência não é sucedâneo da ação de cobrança. Sua finalidade é a de dar solução judicial à situação de insolvência do devedor, submetendo o patrimônio insolvente à liquidação, cujo produto será partilhado entre os credores, dispostos segundo as preferências de seus títulos. Não tendo o credor como fazer prova da ciência do devedor requerido do protesto, pelo aviso respectivo, não há como caracterizá-lo impontual. Nessas condições, impõe-se-lhe realizar o protesto especial, pelo qual o devedor será devidamente intimado, possibilitando o requerimento de sua falência com fulcro na impontualidade.

---

feita a quem não seja seu destinatário constitui ato abusivo, pelo qual o "oficial do protesto pode ser responsabilizado pelos danos a que der causa".

272   CURSO DE DIREITO COMERCIAL – FALÊNCIA E RECUPERAÇÃO DE EMPRESA

Em resumo, temos que a impontualidade comprova-se pelo protesto cambiário em relação aos obrigados do cheque (emitente, endossantes e avalistas), ao aceitante da letra de câmbio, ao sacador da nota promissória e ao aceitante ou ao sacado da duplicata, quando devidamente intimados do ato pelo Tabelião de Protesto. Em relação aos demais codevedores (endossantes e avalistas da duplicata, da nota promissória e da letra, sendo, nesta última, também incluído o emitente ou sacador), o protesto só servirá ao fim da Lei de Recuperação e Falência se o credor requerente exibir, além do respectivo instrumento com todas as formalidades observadas, prova de que o aviso chegou inequivocamente ao devedor, com envio no prazo e nas condições do art. 45 da LUG. Do contrário, o requerimento da falência depende da realização do protesto especial, com a efetivação da intimação do devedor, sem o que não haverá por comprovada a sua impontualidade.

2.3.4. *LOCAL DO PROTESTO*

O protesto especial, como medida preparatória ao pedido de falência, deve fazer-se no foro do principal estabelecimento do devedor, por ser o competente para a declaração da falência.

No entanto, servindo o protesto cambial para a comprovação da impontualidade, nas condições que analisamos no item antecedente, este deverá obedecer aos ditames da lei cambiária. Nestas condições, deve ser tirado no lugar indicado no título para pagamento (parágrafo único do art. 28 do Decreto n. 2.044/1908). Em se tratando de cheque, poderá o protesto ser lavrado no lugar do pagamento ou do domicílio do emitente (Lei n. 7.357/85, art. 48 e Lei n. 9.492, art. 6º).

Ainda que o foro competente para o protesto cambial não seja coincidente com o do local do principal estabelecimento do devedor, não está o credor obrigado a fazer o protesto especial. Esse sempre foi o entendimento da doutrina[25]. Se aquele tem forma própria ditada pela lei que o disciplina, a outra conclusão não se deve chegar.

2.3.5. *PROCESSAMENTO E FORMALIDADES DO PROTESTO*

O protesto especial e o comum devem ser registrados pelo Tabelião de Protesto de Títulos, dentro de três dias úteis contados da protocolização do título. No cômputo do prazo, exclui-se o dia da protocolização e inclui-se o do vencimento. Dia útil

---

[25]   Cf. Miranda Valverde, ob. cit., vol. I, p. 109; Pontes de Miranda, *Ação de Decretação da Abertura de Falência*, RT 446/37; Spencer Vampré, *Tratado elementar de direito comercial*, vol. III, Rio de Janeiro: F. Briguiet & Cia., 1925, p. 211; Rubens Requião, ob. cit., vol. I, p. 114.

para fins legais é aquele em que houver expediente bancário regular; não será considerado dia útil, portanto, aquele em que este não obedecer ao horário normal (Lei n. 9.492/97, art. 12).

Caso a intimação do ato se realize no último dia, ou, por motivo de força maior, se faça além desse prazo, o protesto será tirado no primeiro dia útil subsequente (Lei n. 9.492/97, art. 13), a fim de possibilitar ao devedor pagar o débito.

Portanto, uma vez protocolizado o título, o Tabelião de Protesto deverá, dando início ao processamento, promover a intimação do devedor. O ato poderá perfazer-se por portador do próprio Cartório, ou por qualquer outro meio, desde que o recebimento fique assegurado e comprovado através de protocolo, aviso de recepção (AR) ou documento equivalente (Lei n. 9.492/97, art. 14). Mas, em se tratando de protesto visando a comprovar a impontualidade do devedor, e aí, para essa finalidade, não se pode fazer distinção se o protesto foi especial ou cambiário, mister se faz a certeza de que a intimação chegou ao próprio devedor, a seu representante legal ou gerente (Código Civil, art. 1.172 e seguintes) ou a qualquer outro preposto autorizado (Código Civil, art. 1.171). Do contrário, não servirá para caracterizá-la, não podendo o juiz decretar a falência. Se recebida por um vigia, por exemplo, o ato é inválido e ineficaz. Na certidão da respectiva intimação deve constar quem a recebeu; a falta imprime irregularidade ao protesto, desabonando-o como pressuposto ao pedido de quebra (Lei n. 11.101/2005, inciso VI do art. 96).

A jurisprudência do Superior Tribunal de Justiça tem sido rigorosa na avaliação, obrando para coibir os abusos correntemente verificáveis em pedidos de falência que desnaturam o instituto. Como exemplo da caudalosa orientação, que resultou na edição do verbete 361 da Súmula de jurisprudência do referido Tribunal[26], tem-se a seguinte decisão da 4ª Turma, proferida, à unanimidade de votos, por ocasião do julgamento do Recurso Especial n. 157.637/SC[27]: "A falência, instituto que tem sido desvirtuado para servir de instrumento coativo à cobrança de dívidas, não pode ser deferida se não atendidas rigorosamente as exigências formais. Afirmada a irregularidade do protesto, ausente a identificação da pessoa que recebeu a intimação, descabe reapreciar o tema em recurso especial"[28].

---

[26] "A notificação do protesto, para requerimento de falência da empresa devedora, exige a identificação da pessoa que a recebeu."

[27] Rel. Min. Ruy Rosado de Aguiar, publicada no *DJU*, Seção I, de 13-10-98, p. 122.

[28] Cf. outras decisões do mesmo Tribunal: "Reconhecida no acórdão recorrido a inexistência de prova de que a comunicação do protesto tenha sido feita na pessoa de prepostos ou de representante legal da devedora, descabe reapreciar a matéria no recurso especial" (Recurso Especial n. 112.931/SC, 4ª Turma, Rel. Min. Ruy Rosado de Aguiar, unânime, publicada

274 CURSO DE DIREITO COMERCIAL – FALÊNCIA E RECUPERAÇÃO DE EMPRESA

Não sendo localizado o devedor, ou, ainda, se ninguém qualificado se dispuser a receber a intimação, esta deverá se fazer por edital, que será publicado pela imprensa local onde houver jornal de circulação diária e afixado no Tabelionato de Protesto (Lei n. 9.492/97, art. 15).

O protesto, para comprovar a impontualidade, seja especial ou cambiário, pode realizar-se a qualquer momento. O seu prazo, quando fixado na respectiva lei cambial, somente serve para assegurar o direito de ação em face dos coobrigados, e pode variar segundo a natureza do título.

O art. 22 da Lei n. 9.492/97 regula a forma do registro do protesto e seu instrumento, que deverá conter, conforme o caso: (a) data e número de protocolização; (b) nome do apresentante e endereço; (c) reprodução ou transcrição do documento ou das indicações feitas pelo apresentante e declarações nele inseridas; (d) certidão das intimações feitas e das respostas eventualmente oferecidas; (e) indicação dos intervenientes voluntários e das firmas por eles honradas; (f) a aquiescência do portador ao aceite por honra; (g) nome, número do documento de identificação do devedor e endereço; (h) data e assinatura do tabelião de protesto, de seus substitutos ou de escrevente autorizado.

Nada impede seja dispensada no instrumento do protesto a transcrição literal do título, bem como as demais declarações nele inseridas, quando o Tabelião de Protesto conservar em seus arquivos gravação eletrônica da imagem, cópia reprográfica, ou micrográfica do título (Lei n. 9.492/97, parágrafo único do art. 22).

Qualquer vício no instrumento constitui-se matéria de defesa e impede a declaração da falência (Lei n. 11.101/2005, inciso VI, art. 96).

2.4. *VALOR SUPERIOR A QUARENTA SALÁRIOS MÍNIMOS*

Inovando, ainda, na caracterização da impontualidade falimentar, o inciso I do art. 94, além de exigir o protesto do título ou de cada título falencial que embasa o

---

no *DJU,* Seção I, de 18-8-97, p. 37.875). "Sendo o protesto precedido de notificação, a regularidade dessa exige seja identificada a pessoa que a recebeu. A falta leva a que não se possa, com base naquele título, pedir-se a falência" (Recurso Especial n. 109.678/SC, 3ª Turma, Rel. Min. Eduardo Ribeiro, unânime, publicada no *DJU,* Seção I, de 23-8-99, p. 120). "A falta de prova da intimação da devedora desqualifica o ato de protesto como pressuposto do pedido de falência" (Recurso Especial n. 167.137/SC, 4ª Turma, Rel. Min. Ruy Rosado de Aguiar, unânime, publicada no *DJU,* Seção I, de 8-5-2000, p. 97). "O protesto irregular justifica o não seguimento da ação de falência, que não deve ser usada como instrumento coercitivo de pronto pagamento" (Recurso Especial n. 138.396/SC, 4ª Turma, Rel. Min. Cezar Asfor Rochosa, unânime, publicada no *DJU,* Seção I, de 20-5-2002, p. 143).

pedido, reclama, concorrentemente, que o valor do título ou o somatório de seus valores ultrapasse o equivalente a quarenta salários-mínimos, calculados na data do respectivo ajuizamento.

Permite-se, outrossim, que credores se reúnam em litisconsórcio, com o fim de perfazer o limite monetário mínimo para o requerimento da falência (§ 1º do art. 94). Nesse caso, o devedor poderá arguir e comprovar razão relevante em relação ao título ou títulos de cada litisconsorte. Desqualificando a exigibilidade de qualquer deles e, com isso, sendo o limite do valor relativo a mais de quarenta salários-mínimos, vigentes à época do ingresso do pedido em juízo, inatingido, será a falência denegada (§ 2º do art. 96, a contrário senso).

A previsão legal apenas coíbe requerimentos de falência em valores ínfimos ou de pouca expressão, mas não serve, efetivamente, para atender o ideal de, definitivamente, acabar-se com a obtusa possibilidade do manejo de ação de cobrança travestida de pedido de falência. Com a medida desafogam-se os juízos, que não mais terão que se ocupar com o processamento de inúmeros requerimentos, mas, conceitualmente, em nada se evoluiu.

2.5. *RELEVANTE RAZÃO DE DIREITO*

O devedor que tiver relevante razão de direito para não pagar poderá impedir a decretação de sua falência. A matéria relevante constitui defesa que fulmina o pressuposto da falência amparado na impontualidade. Para esta caracterizar-se faz-se necessário que a recusa do pagamento não esteja estribada em justo motivo, em exceções legítimas.

O art. 96 da Lei n. 11.101/2005 enumera as matérias de defesa que devem ser provadas pelo devedor que as invoque, para obstar a decretação de quebra. Eis a listagem: (a) falsidade de título – a falsidade invocável é tanto a material, ou seja, documental, bem como a ideológica, revelada por confissões ou declarações divorciadas da real vontade das partes ou da verdade dos fatos; (b) prescrição; (c) nulidade da obrigação – nulidade material – ou do título respectivo – nulidade formal; (d) pagamento da dívida – importante salientar que a doutrina sempre formou o entendimento de que a matéria relevante havia de consistir em atos ou fatos ocorridos anteriormente ao pedido de falência. Após ajuizado o requerimento somente o depósito da quantia correspondente ao crédito reclamado poderia elidir a quebra[29]. Inclusive, nessa linha se apresentava a redação do inciso IV do art. 4º do Decreto-Lei n. 7.661/45, que estabelecia como matéria relevante: "pagamento da dívida, embora depois do protesto do título, mas antes de requerida a falência". Contudo, é de técnica mais consen-

---

[29] Confira-se a respeito a lição de Miranda Valverde, ob. cit., vol. I, p. 58.

tânea com os princípios que inspiram o processo moderno, notadamente em atenção ao contraditório e à ampla defesa, que as matérias relevantes consistam em fatos ou atos verificados anteriormente à citação do devedor, porque esta constitui no chamamento para a integração da relação processual, e não do simples ajuizamento do pedido. A lei atual não mais estabelece o termo do pagamento. Mas nos parece que a exceção do pagamento será invocável quando realizado anteriormente à citação. Após o ato caberá ao devedor a elisão da falência pelo depósito (parágrafo único do art. 98). Dificilmente o credor receberá o pagamento posteriormente à citação sem que ocorra transação, pois, do contrário, poderia ficar sujeito a essa defesa por parte do devedor e, assim, sendo ela acatada, o juiz iria denegar o pedido, condenando o requerente nas penas da sucumbência; (e) vício no protesto ou em seu instrumento; (f) apresentação de pedido de recuperação judicial no prazo da contestação, formulado nos termos previstos no art. 51 – essa exceção reclama análise minuciosa, divorciada de sua estrita literalidade. Constitui relevante razão de direito, da mesma forma, o requerimento de recuperação já formulado anteriormente à fluência do prazo de defesa, bastando que dele se dê ciência na contestação. É defesa só oponível a requerimento de credores sujeitos à recuperação (parágrafo único do art. 73). Em nossa visão, a recuperação judicial requerida anteriormente ou no prazo de defesa, constitui-se exceção também arguível nas hipóteses do art. 94, II, desde que o requerente seja credor a ela sujeito, ainda que por aplicação subsidiária do art. 313, V, do Código de Processo Civil de 2015. Somente não serve de defesa nas hipóteses do III do art. 94 (parágrafo único do art. 73)[30]; (g) cessação do exercício da atividade empresarial há mais de dois anos antes do pedido de falência, comprovada por documento hábil do Registro Público de Empresas Mercantis, o qual, entretanto, não prevalecerá contra a prova de exercício efetivo posterior ao ato registrado[31] – a hipótese abrange a possibilidade de decretação da falência do ex-empresário individual e da sociedade empresária regularmente dissolvida que somente deixam de ser sujeitos passivos de falência após completado o interregno de dois anos da real cessação da atividade, regularmente implementada perante a Junta Comercial, ressalvada a situação da sociedade anônima, cuja falência não poderá ser decretada depois de liquidado e partilhado o seu ativo (§ 1º do art. 96); (h) qualquer fato que extinga ou suspenda o cumprimento da obrigação, ou não legitime a cobrança do título.

A enumeração da lei, como se pode perceber pela amplitude consagrada na hipótese retratada na alínea *h* acima é, tão somente, exemplificativa. Qualquer motivo capaz

---

[30] Remetemo-nos em complementação ao tema ora abordado ao que escrevemos no item 3 do Capítulo 18.

[31] Essa matéria de defesa é, para nós, invocável não só na hipótese de requerimento fundado na impontualidade (art. 94, I), pois se refere à falta de legitimação passiva. Estende-se, assim, como legítima exceção aos pedidos baseados nos incisos II e III do art. 94.

de configurar extinção ou suspensão da obrigação ou não amparar a cobrança do título, emerge como legítima exceção a ser oposta pelo devedor ao pedido de falência formulado pelo credor. Nessa ordem, a motivação pode ser tanto de índole substancial, como formal. Portanto, é facultado ao devedor alegar: decadência; novação; compensação; exceção do contrato não cumprido; depósito judicial oportunamente feito – o depósito oportuno é aquele realizado anteriormente à citação do devedor para o pedido de falência, tal como o realizado em ação de consignação em pagamento ou o efetivado em ação preparatória, como em medida cautelar de sustação ou suspensão dos efeitos do protesto; ausência de protesto de título etc.

De uma maneira geral, pode-se conceituar a "relevante razão de direito", aduzida no texto legal (art. 94, I), como o justo motivo que impede a decretação da falência do devedor, decorrente de verificação da inexistência, cumprimento, extinção ou de causa suspensiva da exigibilidade da obrigação.

No Direito anterior, erigia-se como matéria relevante qualquer motivo que excluísse o devedor do processo de falência (inciso VIII do art. 4º do Decreto-Lei n. 7.661/45). A hipótese não era propriamente enquadrável como matéria relevante, a qual traduz a não exigibilidade da obrigação e, por isso, não haveria título falencial para embasar o pedido. A falta da qualidade de empresário para submeter-se ao procedimento falimentar é matéria de defesa em qualquer tipo de requerimento. Não é exclusiva da impontualidade (art. 94, I). É uma questão de ilegitimidade passiva[32]. Da mesma ordem são as demais defesas processuais, como a falta de documentos indispensáveis à instrução do pedido; a incompetência do juízo, a litispendência; carecer o requerente de qualidade para estar em juízo ou de direito de requerer a falência (§§ 1º e 2º do art. 97) etc.

A defesa apresentada na forma do art. 96, entretanto, não irá obstar a decretação da falência se, ao final, restar ou restarem obrigações líquidas materializadas em título ou títulos executivos protestados não atingidos pelo bloqueio oferecido, em montante que supere os quarenta salários mínimos previstos no inciso I do art. 94 (§ 2º do art. 96).

2.6. CRÍTICA CONCEITUAL AO SISTEMA DA IMPONTUALIDADE

Não vemos com bons olhos a impontualidade como causa da falência. O fato de ser preferível ao sistema da cessação de pagamentos não lhe confere a qualidade de um adequado sistema.

Como conceito, a simples impontualidade, por si só, não deve caracterizar a insolvência, a qual se revela por causas mais drásticas, que demonstram a incapacidade do

---

[32] É o mesmo caso da matéria de defesa destacada no inciso VIII do art. 96, a qual, com rigor técnico, não se caracteriza como matéria relevante, por cuidar de sujeição passiva.

devedor em poder cumprir com suas obrigações e, portanto, legitimam a decretação do estado de falência.

A rigidez do procedimento desconsidera as dificuldades passageiras enfrentadas pelos empresários, a episódica falta de liquidez, as restrições a concessões de créditos, motivadas não pela posição do empresário, mas por circunstâncias de conjuntura econômica, alheias à sua condição pessoal e patrimonial.

Em um país de economia frágil, em constante comoção, fortemente influenciada por fatores conjunturais, não nos parece adequada a impontualidade como causa da falência. Ela pode ser vista como um sinal exterior da insolvência, mas que, conforme já apregoado por Nelson Abrão[33], há de "ser corroborada por outros sintomas".

Quando participamos da comissão revisora da Lei de Falências, integrando o Comitê constituído pelo Deputado Osvaldo Biolchi, relator do Substitutivo na Câmara dos Deputados que resultou na Lei n. 11.101/2005, sustentamos o banimento da impontualidade como causa de falência. Queríamos que as hipóteses de não pagamento da obrigação em seu vencimento ficassem restritas à previsão do agora inciso II do art. 94, isto é, da execução sem pagamento ou garantia.

Mas a ideia não logrou sucesso, preferindo a maioria manter a impontualidade, dado a sua presença tradicional no Direito brasileiro, limitando, porém, a legitimação do credor: só se admitiria pedido de falência, com esse fundamento, por credor titular de crédito ou conjunto de créditos igual ou superior a dez mil UFIRs. Embora a providência desafogue, como já se disse, as varas de primeira instância, impedindo os inúmeros requerimentos com base em créditos de valores diminutos, não é uma solução que enfrente a essência do problema.

Voltamos à carga no depoimento que fizemos na Comissão de Assuntos Econômicos – CAE do Senado Federal, realizada em 10-2-2004. Mas, apesar de ensejar manifestação de concordância de senadores presentes, o projeto que acabou aprovado na Casa Revisora (o Senado Federal), PLC n. 71/2003, manteve a impontualidade tal qual acabou por ficar desenhada no texto aprovado pela Câmara dos Deputados em seu retorno à Casa de origem para a apreciação, ou seja, com um balizamento em quarenta salários-mínimos.

Ao ser preservada a impontualidade, em apreço à tradição do Direito positivo nacional, dever-se-ia, ao menos, seguir o rumo da antiga Lei portuguesa de 1993 (Decreto-Lei n. 132, de 23 de abril) que apropriava, como fato revelador da insolvência do devedor, "a falta de cumprimento de uma ou mais obrigações que, pelo seu montante

---

[33] Ob. cit., p. 23.

ou pelas circunstâncias do incumprimento", revelasse "a impossibilidade de o devedor satisfazer pontualmente a generalidade de suas obrigações", autorizando o credor a requerer a falência do devedor, quando não o considerasse economicamente viável (art. 8º, n. 1, letra "a" e n. 2).

Contudo, o enfoque da impontualidade adotado pelo nosso Direito positivo tem revelado o manejo abusivo do pedido de falência como instrumento sucedâneo aos meios normais de cobrança de dívida. A repercussão negativa que o requerimento de uma falência provoca sobre o crédito, gerando incertezas no mercado, revela-o como forma coercitiva e indevida de se demandar o devedor pelo pagamento de uma obrigação. Sua formulação por um habilidoso advogado, acaba por, veladamente, tornar factível o intento. Se basta para ser deferida a petição inicial que o credor comprove a sua qualidade, exibindo o título falencial, e demonstre a impontualidade pelo protesto, viabilizado está pela lei, ainda que de forma não intencional, o mau uso do requerimento de quebra.

Por tais motivos é que se recomenda ao magistrado extrema cautela e severidade ao deferir a citação em um pedido de falência.

Caso o credor requeira a citação do devedor para pagar, deve a inicial ser indeferida, por inadequação do pedido e manifesto intuito de utilização da ação pré-falencial como cobrança. Não seria nem o caso de permitir a emenda da inicial, porquanto o intento real do credor já foi explicitado. O pedido deve ser de citação do devedor para apresentar defesa (art. 98). A ele se confere a faculdade de realizar o depósito elisivo da falência e apresentar sua defesa, ou mesmo promover o depósito em pagamento do crédito reclamado, até a sentença, situações que elidiriam a presunção de insolvência, afastando a declaração da falência. Mas não se pode, porque a lei não permite, citar o devedor para "pagar ou apresentar defesa no prazo legal".

O Supremo Tribunal Federal, em julgamento instrutivo, por sua Primeira Turma, na apreciação do Recurso Extraordinário n. 87.405/RJ[34], assim se manifestou: "Requerimento que empresta função de cobrança irregular ao instituto falimentar, desviando-o de sua função específica e constrangendo ilicitamente o devedor. Indeferimento da petição inicial que se restabelece. Recurso Extraordinário conhecido e provido".

O Ministro Xavier de Albuquerque, designado como relator do acórdão, ponderou em seu voto:

> A petição inicial pretendeu ser, admito, requerimento de falência. O pedido que substanciou, todavia, não foi de citação da devedora, para, dentro de 24 horas, apresentar defesa,

---

[34] No julgamento foram vencidos os Ministros Cunha Peixoto e Rafael Maya, que não conheciam do recurso. Feito julgado pela 1ª Turma em 11-3-80 – *RTJ* 93/1163.

como previsto no art. 11, § 1º, da Lei de Falências, mas de citação para, no mesmo prazo, pagar o débito, sob pena de ver decretada a sua falência [...] Isso redundaria naquilo que a parte profliga e que eu também censuro: a utilização do pedido de falência, como forma drástica de cobrança, transcendendo dos meios e modos que a lei dispõe para a execução do título extrajudicial. Este é que é o desvio de finalidade a que o juiz se referiu.

O Ministro Thompson Flores anotou em seu pronunciamento: "Desde a primeira hora convenci-me que a petição postulatória da falência, por suas contradições, era inepta, e o certo seria indeferi-la liminarmente".

O Tribunal de Justiça do Estado de São Paulo[35], enfrentando caso análogo, assim também decidiu, consoante sobressai da ementa do aresto: "O pedido de falência com fundamento no art. 1º do Decreto-Lei n. 7.661/45 deve requerer a citação do devedor para que este, dentro de 24 horas, apresente a defesa prevista no art. 11, § 1º, e deve estar instruído com as provas a que se refere o *caput* desse mesmo dispositivo legal. Assim, não é possível o requerimento da citação do devedor para que este pague naquele prazo a importância do débito sob pena de decretação da quebra. Inepto o pedido assim formulado".

Mas o rigor não deve se limitar ao deferimento da petição inicial. Em qualquer fase do processo pré-falimentar, detectando o juiz o real intento de cobrança no manejo do pedido, deverá ter por descaracterizado o estado de insolvência. Não admite o processo pré-falencial a suspensão da instância para que as partes tentem o acordo. Manifestada a intenção, há de ser denegada a falência. Muito menos é plausível a efetivação de transação nos respectivos autos, a ser homologada pelo juiz, por não ser o requerimento de falência instrumento de cobrança.

Exemplar é a decisão do Superior Tribunal de Justiça[36], em sua 4ª Turma, na qual ficou peremptoriamente estampada a incompatibilidade da ação pré-falimentar com a de cobrança:

> O processo de falência não deve ser desvirtuado para servir de instrumento de coação para a cobrança de dívidas. Considerando os graves resultados que decorrem da quebra da empresa, o seu requerimento merece ser examinado com rigor formal, e afastado sempre que a pretensão do credor seja tão somente a satisfação de seu crédito. Propósito que se caracterizou pelo requerimento de envio dos autos à Contadoria, para apurar o valor do débito, pelo posterior recebimento daquela quantia, acompanhado de pedido de desistência da ação.

---

[35] 1ª Câmara Civil, decisão unânime, Apelação Cível n. 130.126-1, Rel. Des. Luiz de Azevedo, julgamento em 13-12-90 – *RT* 667/91.

[36] Recurso Especial n. 136.565/RS, decisão unânime, Rel. Min. Ruy Rosado de Aguiar, publicada no *DJU*, Seção I, de 14-6-99, p. 198.

3. SISTEMA DE ENUMERAÇÃO LEGAL

Esse sistema passou a figurar na legislação brasileira com o advento do Decreto n. 917, de 1890, servindo, ao lado da impontualidade do devedor, para caracterizar os denominados "atos falimentares presumidos".

Consoante já explicitamos no item 8 do Capítulo 15, consiste na indicação legal de fatos ou atos que exteriorizam a insolvabilidade. A lei deles se apropria como sendo revelações externas da insolvência. Afora a hipótese do inciso II do art. 94, a presunção da insolvência se perfaz por fatores que independem do fato "pagamento". O enquadramento do devedor em uma das situações definidas no inciso III do art. 94 reflete um estado ruinoso, uma decadência patrimonial, e, por conseguinte, a iminente impossibilidade de pagar; daí porque diversos desses atos falimentares serão, decretada a falência, considerados ineficazes em relação à massa falida (art. 129). A constatação de uma dessas hipóteses faz emergir a aparência da insolvabilidade, porquanto são atos que, na definição legal, apresentam-se, como regra de princípio, incompatíveis com o estado de solvência. Daí a lei considerar, para presumi-la, não só o ato praticado, mas, em diversos episódios, também o ato tentado. No entanto, mesmo na predita situação do inciso II, apesar de se verificar como causa remota a mora no pagamento, na verdade o que se concretiza não é o simples fato de não se cumprir no prazo uma obrigação. Sua efetiva inspiração reside na existência regular de um processo de execução, no qual o devedor, citado, não paga, nem garante o juízo. A lei exige do devedor solvente um dos seguintes comportamentos: pagar se devido for ou, desejando discutir a legitimidade ou valor do crédito, oferecer a sua resistência por meio dos embargos à execução, os quais pressupõem a garantia do juízo pela indicação de bens à penhora no prazo legal. Essa é a conduta reclamada do devedor solvente. A sua inércia diante de um processo executivo judicial de cobrança de dívida é que se reputa como causa capaz de fazer presumir a insolvência, por refletir insuficiência patrimonial para atender ao passivo.

Dentre os sistemas reveladores da insolvência, este nos parece o mais adequado, embora se lhe possam atribuir imperfeições. Mas, por evidente, nenhum sistema conseguirá formulação perfeita. O próprio Carvalho de Mendonça trazia a lume crítica desferida por Vidari[37], para quem não se deve aprovar modelos que desçam a exemplificações, pois à lei não é dado, prossegue o jurista italiano, reunir um formulário de casos e indícios, mas fixar, com precisão, alguns critérios diretores gerais, à cuja luz o magistrado possa conhecer a verdade. Mas o próprio jurista brasileiro rebate a crítica, sob o argumento de que a melhor lei é aquela que não deixa margem ao arbítrio do juiz

---

[37] *Corso de diritto commerciale*, 5. ed., vol. 8, n. 7.406, *apud* Carvalho de Mendonça, ob. cit., vol. VII, p. 199.

(*optima lex quae minimum relinquit arbitrio judicis*), evitando-se incertezas e surpresas. A outra crítica que se pode tecer, consistente na eventual insuficiência legal nas enumerações de hipóteses, igualmente, nos parece superável. O legislador, partindo de uma segura experiência dos fatos conhecidos, pode, com proficiência, alinhá-los, sempre de forma taxativa, como reveladores de uma situação de insolvabilidade. Eventual defasagem corrige-se por meio de uma revisão legislativa, *opportuno tempore*. A segurança jurídica justifica a opção, ainda que os fatos possam se revelar mais ágeis do que a sua disciplina legal. Mas essa, inclusive, deve ser a conduta do processo legislativo, não se justificando o legislador se antecipe aos fatos sociais.

Como o sistema em apreço não se baseia na impontualidade, não é necessário para se requerer a falência, com amparo em um dos atos falimentares indicados nos incisos II e III do art. 94, a realização de protesto. Este só é exigido nas hipóteses do inciso I do mesmo artigo, conforme se confere pela sua clara leitura e pela do seu § 3º. O processamento da ação pré-falencial, fundamentada na enumeração legal, vem regrado em outros preceitos, os §§ 4º e 5º, os quais demandam faça o requerente a especificação, na petição inicial, dos fatos que caracterizam o estado, juntando, na hipótese do inciso II, certidão expedida pelo juízo da execução[38] e, no inciso III, as provas que tiver e indicando as que pretende produzir. Não se exigirá que o requerente demonstre a liquidez de seu título e que sequer esteja com o seu crédito vencido[39]. Também não se reclama título ou títulos cuja soma ultrapasse o equivalente a quarenta salários mínimos. As provas da existência da obrigação líquida ancorada em título executivo (título falencial), a de seu valor e a da impontualidade em seu pagamento pelo protesto só se tem como imprescindível no cenário do inciso I. Para os incisos II e III, as comprovações serão as da condição de credor e da verificação de um dos atos falimentares nele capitulados. Mas, em quaisquer das hipóteses, a insolvência é presumida, sendo permitido ao devedor elidi-la no curso do processo pré-falimentar.

---

[38] A certidão assim expedida já é suficiente para embasar o pedido de falência, que, também na hipótese, tem a insolvência como presumida. A respeito, cabe conferir o acórdão proferido por ocasião do julgamento do Agravo Interno no Agravo em Recurso Especial n. 1.681.533/GO, relatado pelo Ministro Antônio Carlos Ferreira e julgado por unanimidade pelos integrantes da 4ª Turma em 24-4-2023, assim ementado: "Processual civil. Agravo interno no agravo em recurso especial. Falência. Execução frustrada. LFRJ, art. 94, II. Insolvência presumida. Decisão mantida. 1. A jurisprudência do STJ orienta no sentido de que a certidão expedida na forma do art. 94, II, § 4º, da Lei Federal n. 11.101/2005 enseja a presunção legal da insolvência do devedor, sendo descabido exigir do credor a prova dessa circunstância fático-jurídica. 2. Agravo interno a que se nega provimento".

[39] Quando o requerente da falência, na hipótese do inciso II do art. 94, for o próprio credor que promove a execução, o seu título estará, necessariamente, vencido. É uma decorrência lógica da situação em que se encontra.

3.1. *EXECUÇÃO SEM PAGAMENTO OU GARANTIA*

No inciso II do art. 94, prevê a Lei n. 11.101/2005 caracterizar-se a falência se o empresário "executado por qualquer quantia líquida, não paga, não deposita e não nomeia à penhora bens suficientes dentro do prazo legal".

O preceito utiliza a expressão "quantia líquida", o que, em princípio, se mostra com imprecisão. O correto seria o termo "executado por quantia certa", porquanto obrigação por quantia certa é aquela que se satisfaz com a entrega de uma soma de dinheiro ao credor. No conceito do Código de Processo Civil toda execução deverá, sob pena de nulidade, basear-se em título de obrigação certa, líquida e exigível (arts. 783 e 803, I). A regra quer se referir, na realidade, à execução por quantia certa, afastando de sua incidência as outras espécies de execução, como, por exemplo, a de obrigação de fazer, não fazer, entregar coisa certa ou incerta. E o conceito de execução por quantia certa também se amolda ao regime do cumprimento de sentença, consoante se pode inferir da regra expressa do § 1º do art. 513 do Código de Processo Civil de 2015, que se dirige ao cumprimento da sentença que reconhece o dever de pagar quantia, cujo procedimento também irá consistir em uma atividade expropriatória para satisfação do crédito exequendo, sendo certo, ainda, que haverá a aplicação subsidiária das disposições traçadas para a execução fundada em título extrajudicial, aos atos executivos realizados no procedimento de cumprimento de sentença (art. 771 e *caput* do art. 513 do Código de Processo Civil de 2015).

Miranda Valverde[40], em comentário ao seu antecedente histórico, o inciso I do art. 2º do Decreto-Lei n. 7.661/45[41], anotava não dever o termo "importância", empregado no dispositivo, "ser tomado em sentido restrito, como a significar somente quantia ou soma de dinheiro". A prestação reclamada, prosseguia o renomado comentador da Lei de Falências, "pode ter por objeto coisa certa, ou em espécie, como nos bilhetes à ordem, pagáveis em mercadorias, nos conhecimentos de frete ou de transporte e nos conhecimentos de depósito"[42].

---

40 Ob. cit., vol. I, p. 39.
41 Art. 2º: "Caracteriza-se, também, a falência, se o comerciante: I – executado, não paga, não deposita a importância, ou não nomeia bens à penhora dentro do prazo legal".
42 Entretanto, não nos parecia que assim o fosse. O dispositivo dizia respeito, tão somente, à execução por quantia certa contra devedor solvente. Apenas nessa execução é que se realizava a citação do devedor para pagar ou nomear bens à penhora, no prazo de vinte e quatro horas (Código de Processo Civil, art. 652, em sua redação anterior à Lei n. 11.382/2006). Vislumbrava ser proposital o emprego do vocábulo "importância" no antigo texto legal, mormente se fôssemos analisar as opções conferidas pela lei ao executado para impedir o fato jurídico habilitado a fazer presumir sua insolvabilidade: não pagar, não depositar a importância, ou não indicar outros bens para serem penhorados. Tais fatos só se podiam verificar na execução singular por quantia certa.

Talvez para afastar de vez esse tipo de entendimento é que o legislador, embora com pouca técnica, tenha se referido a "quantia líquida".

A figura legal, portanto, é a da execução que se realiza no interesse particular do credor e tem por objeto a expropriação de bens do devedor, para judicialmente obter recursos, a fim de satisfazer o direito daquele. Essa execução pode ser baseada em um título executivo judicial (Código de Processo Civil de 2015, art. 515) ou um título executivo extrajudicial (Código de Processo Civil, art. 784); pode ser definitiva ou provisória (Código de Processo Civil, § 1º do art. 513 e inciso III do § 1º do art. 1.012[43]).

Quando da edição da Lei n. 11.101/2005 não estava em vigor a Lei n. 11.232/2005 que estabeleceu, no campo processual, uma nova dinâmica para o cumprimento da sentença no processo de conhecimento e revogou diversos dispositivos relativos à execução fundada em título judicial. Também não era vigente a Lei n. 11.382/2006, que alterou inúmeros dispositivos do Código de Processo Civil, relativos ao processo de execução, tendo como objetivo aprimorar a execução do título extrajudicial.

Diante dos termos decorrentes daquelas duas leis reformadoras da lei geral do processo civil, fez-se necessário enxergar, sob nova ótica, o disposto no inciso II do art. 94 da Lei de Recuperação e Falência, para dar-lhe sentido lógico. Esse mesmo exercício de exegese se deve realizar diante das disposições do Código de Processo Civil de 2015 que, embora tenha se orientado pelo conceito das duas leis acima aludidas, apresenta-se com algumas nuances específicas.

O diploma processual vigente ratificou a eliminação da sistemática de total separação entre o processo de conhecimento e o processo de execução, quando este se basear em decisão judicial. Prosseguiu com a eliminação da execução de sentença como processo autônomo, sendo seu lugar ocupado por um simples incidente do processo em que a condenação foi pronunciada. Mas o cumprimento da sentença, cujo objeto traduzir obrigação por quantia certa, far-se-á sempre sob a modalidade de execução, com rito próprio, consoante se infere dos arts. 513, 520 a 522 (cumprimento provisório da sentença), e 523 a 527 (cumprimento definitivo da sentença) do Código de Processo Civil de 2015, sendo que a ele se aplicam, subsidiariamente, as disposições do processo de execução fundada em título extrajudicial, conforme antes já se anotou. É, pois, forma especial de execução forçada.

---

[43] Isto só se realiza, por óbvio, no âmbito dos títulos extrajudiciais, se os embargos estiverem sendo processados com efeito suspensivo, o que não é a regra (Código de Processo Civil de 2015, art. 919), cumpre registrar.

Já se o titular da pretensão dispuser de um título executivo extrajudicial (Código de Processo Civil de 2015, art. 784), e diante do não cumprimento da obrigação nele materializada, fica-lhe facultado o ingresso em juízo diretamente com uma ação executiva autônoma. Assim, para a execução dos títulos extrajudiciais, se justifica a existência de um processo autônomo de execução frente à atividade cognitiva de jurisdição.

Desse modo, a regra do inciso II do art. 94 da Lei de Recuperação e Falência, antes explicitada, demanda exegese consentânea com o sistema processual vigente, de modo a conferir-lhe a exata extensão em relação à verificação da hipótese autorizadora da presunção da insolvência do devedor, a partir de seu comportamento na execução por quantia certa, tenha ela por base título judicial (cumprimento de sentença) ou extrajudicial (processo de execução).

Na execução fundada em título extrajudicial, o fato jurídico qualificador da presunção de insolvabilidade exige a citação do devedor em uma regular ação de execução e a sua inércia em promover o pagamento, restando, por outro lado, frustrada a efetivação da penhora de bens suficientes a garantir o juízo da execução, após esgotadas as medidas legais para a sua realização. Não se pode perder de vista que a hipótese do inciso II do art. 94 da Lei n. 11.101/2005, demanda, como nota essencial à sua configuração, que a execução permaneça sem pagamento ou garantia.

É verdade que o devedor não mais tem o ônus de indicar, quando citado, bens à penhora, em um certo prazo legal, como ainda consta da literalidade do texto normativo da Lei de Recuperação e Falência sob comento. A penhora, ante o não pagamento voluntário do devedor no prazo fixado em lei, vai se realizar independentemente de iniciativa do executado. A constrição, entretanto, continua a ser um dos cernes do processo de execução para, levada a efeito, promover a expropriação de bens do devedor, visando à satisfação do crédito exequendo. Não efetivada, fica prejudicado o escopo da execução forçada, sendo, pois, nessa perspectiva, que se deve promover a leitura do preceito falimentar, para aferir a situação de presunção de insolvência nele descrita. Esta revela-se, assim, pela impossibilidade patrimonial do devedor, ao menos aparente, traduzida por atos verificados em regular processo de execução, para satisfazer o seu passivo.

Com efeito, o ônus direto que passa a recair sobre o executado é o de, uma vez citado, promover o pagamento da dívida, no prazo de três dias (Código de Processo Civil de 2015, art. 829). Passado o interregno legal, reservado ao pagamento voluntário, sem que a quitação integral do débito tenha ocorrido, o oficial de justiça, munido da segunda via do mandado de citação, penhora e avaliação, procederá de imediato à penhora, lavrando-se o respectivo auto, com a subsequente intimação do devedor (Código de Processo Civil de 2015, § 1º do art. 829). Caso o credor tenha exercido a faculdade de indicar na petição inicial da execução bens a serem penhorados (Código de Processo Civil de 2015, art. 798,

II, *c* e § 2º do art. 829)[44], o oficial de justiça fará com que a constrição sobre tais bens recaia. Não havendo, entretanto, a indicação, penhorará os que encontrar, em montante suficiente para garantir a satisfação do crédito e seus acessórios, postos em execução.

Ocorrendo dificuldade na localização de bens penhoráveis do executado, o juiz, de ofício ou a requerimento do credor exequente, poderá determinar que o devedor seja intimado para indicar bens passíveis de execução (Código de Processo Civil de 2015, art. 774, V). A não indicação, sem justificativa, será considerada ato atentatório à dignidade da justiça, sujeito o executado às cominações pertinentes (Código de Processo Civil de 2015, parágrafo único do art. 774), porquanto as partes têm o dever de cooperar com a prestação jurisdicional.

Portanto, para que se verifique a hipótese do inciso II do art. 94 da Lei n. 11.101/2005, todo o ciclo inicial do processo de execução, com vistas a lograr o pagamento ou a garantia do juízo, deve estar completo, sem descurar para a possibilidade de o devedor, no prazo para embargos, reconhecendo o crédito e comprovando o depósito de trinta por cento do valor em execução, obter o parcelamento da dívida em até seis parcelas mensais (Código de Processo Civil, art. 916).

Em conclusão, a execução frustrada (sem pagamento ou garantia) estará efetivamente caracterizada quando: (a) o devedor não promover o pagamento voluntário ou não fizer uso da moratória legal – com a obtenção do parcelamento do crédito e seu integral cumprimento –, nos respectivos prazos de lei; e (b) restarem ultimadas, porém desprovidas de sucesso, todas as providências à efetivação da penhora, passando pela derradeira e necessária intimação do devedor, malogradas as diligências do oficial de justiça e do próprio exequente, para que ele executado indique os bens passíveis de constrição. Esta nos parece ser a norma que se deve extrair do texto normativo do inciso II do art. 94 em apreço, à luz do sistema do processo de execução dos títulos extrajudiciais, conferindo-lhe racionalidade e consequente aplicabilidade à situação jurídica de fundo por ele contemplada, segundo os regramentos procedimentais dispostos à época de sua edição.

Baseando-se, por sua vez, a execução em título judicial, sua disciplina vem traçada pelo art. 523 do Código de Processo Civil de 2015, segundo o qual o devedor, condenado em quantia certa, ou já fixada em liquidação, ou, ainda, no caso de decisão sobre parcela incontroversa, deverá, sendo intimado a requerimento do credor, efetuar o pagamento no prazo de quinze dias, sob pena de ficar o seu débito acrescido

---

[44] A denominada penhora *on-line* já pode, desde logo, ser requerida pelo credor na petição inicial, e será processada nos termos do art. 854 do Código de Processo Civil.

de multa no percentual de dez por cento e de honorários de advogado no mesmo percentual. Não efetuado o pagamento voluntário, será expedido mandado de penhora e avaliação, seguindo-se os atos de expropriação. Faculta-se ao exequente, no seu requerimento de cumprimento da sentença, indicar, desde logo, os bens a serem penhorados[45]. O preceito impõe um dever processual ao devedor: o de pagamento espontâneo do valor da condenação, ou do débito liquidado[46], ou da parcela incontroversa no prazo de quinze dias contado da respectiva intimação. Não o fazendo, caberá ao juiz, de ofício, dar prosseguimento à execução[47], com a expedição do mandado de penhora e avaliação. Não sendo encontrados bens do devedor passíveis de penhora, seja na diligência do oficial de justiça, seja na do credor para a indicação de bens para esse fim, observar-se-á a mesma ritualística apropriada para a execução de títulos extrajudicial, cujas disposições que regem o respectivo processo são aplicáveis, quando compatíveis, subsidiariamente ao cumprimento de sentença (Código de Processo Civil de 2015, art. 771 e *caput* do art. 513). Assim é que havendo dificuldade na localização de bens penhoráveis do devedor, o juiz, agindo de ofício ou a requerimento do credor, poderá determinar a intimação do devedor para indicar os bens passíveis de constrição (Código de Processo Civil de 2015, art. 774, V). Frustrada, entretanto, a realização da penhora, por não serem encontrados bens, após a última e indispensável tentativa realizada com a intimação do devedor, ou, caso encontrados, se revelarem insuficientes a garantir a execução, estará caracterizada a situação legal da execução sem pagamento ou garantia, ensejadora do pedido de quebra. É a conclusão, neste particular alcançada, para dar efetividade à figura jurídica, diante da ordem processual em vigor.

O pedido de falência, com o fundamento do inciso II do art. 94, pode ser formulado não apenas pelo credor promovente da execução, mas também por qualquer outro,

---

[45] Este poderá fazer uso da chamada penhora *on-line*, cujo procedimento deverá obedecer ao estatuído no art. 854 do Código de Processo Civil de 2015, aplicável ao cumprimento de sentença por força do disposto no art. 771 e no *caput* do art. 513 do mesmo diploma processual.

[46] A liquidação de sentença far-se-á nos moldes dos arts. 509 a 512 do Código de Processo Civil de 2015.

[47] Se for definitivo o cumprimento da sentença, é assegurado ao credor, nesse momento, em preferência à sequência da execução, com a expedição do mandado de penhora e avaliação, promover o requerimento de falência calcado na impontualidade (art. 94, inciso I, da Lei n. 11.101/2005), levando a respectiva sentença já transitada em julgado em que se assenta o seu crédito líquido a protesto para fim falimentar (§ 3º do art. 94 da Lei n. 11.101/2005 c/c art. 517 do Código de Processo Civil de 2015), desde que o valor a ele devido ultrapasse a quarenta salários mínimos na data do pedido de quebra.

ainda que o seu título não esteja vencido[48]. Neste caso, deverá exibi-lo, mesmo que ainda inexigível, para provar a sua qualidade, e comprovar, por certidão, a ocorrência da causa ensejadora do seu pedido (§ 4º do art. 94). Mas, na prática, não será comum a verificação do procedimento. Em geral, quem vai fazer uso do pedido é o próprio credor/autor da ação de execução. Ao terceiro credor abre-se sempre o risco, porque a execução não se suspende e nem pode ele sobre ela intervir, de ver malogrado o seu intento, quando o devedor, citado no processo pré-falimentar, no prazo de defesa, demonstrar o prosseguimento da execução, com a realização de penhora ulterior. Não se pode olvidar, por outro lado, que a defesa venha a ser arrimada na ocorrência de uma transação celebrada nos autos da execução com o exequente, ou, ainda, uma vez citado no pedido de falência, nada impede se dirija ao processo de execução e pague o que lhe é demandado, fazendo essa prova na apresentação da defesa. Nos exemplos concebidos, a presunção da insolvência se encontra elidida, seja porque o juízo da execução está garantido, seja porque a execução restou extinta, desaparecendo, assim, o fato jurídico que a motivou, ficando o devedor excluído do processo de falência. Não nos parece razoável sustentar, no âmbito da execução por título extrajudicial, entendimento pelo qual, após o transcurso do prazo de três dias da citação do devedor no feito, e sem que este tenha oportunamente obtido a moratória legal, o pagamento espontâneo realizado ao exequente ou a transação implementada não seriam oponíveis ao requerente da falência; nem mesmo que só o seriam se realizados tais atos anteriormente ao requerimento da falência ou da citação do requerido. A lei não apoia tal conclusão, nem a lógica o faz. Não mais existindo a causa geradora da presunção de insolvência, não há como declarar a falência; não pode o juiz reconhecer a insolvência, transformando-a, por sentença em falência, quando este estado de fato não estiver caracterizado, diante da elisão tempestiva de sua presunção. Somos até mais liberais: a elisão da presunção deve se ter por admitida quando realizado o pagamento, celebrada a transação, ou tenha a execução, independentemente da natureza judicial ou extrajudicial do título que a embasa, seguido seu curso regular, com o juízo garantido por penhora eficaz, fazendo-se a demonstração do fato anteriormente à declaração da falência, mesmo que após o prazo de defesa. O raciocínio vem inspirado pela mesma lógica que admite, na situação da impontualidade, o pagamento pelo devedor até a sentença de falência. Não se perca de vista que os sistemas são baseados em presunções elidíveis. A decretação somente se justifica quando não houver a elisão. A falência não pode ser instaurada por apegos a formalismos de natureza procedimental. Mas por equidade, nas situações sob comento,

---

[48] A presunção de insolvência, do fato decorrente, não só se perfaz em relação ao credor exequente. É fato geral que enseja o pedido de falência por qualquer credor. O seu conceito e extensão são diversos dos da impontualidade, na versão legal do inciso I do art. 94.

o requerido deve arcar com o ônus do pagamento das custas processuais e dos honorários advocatícios, quando da denegação da falência, por ter promovido a elisão após a sua citação ou depois do prazo de sua defesa.

Hipótese distinta já se vislumbra quando o requerente da falência for o credor promovente da execução. A ele não é permitido com ela prosseguir paulatinamente ao pedido de quebra. Verificado o fato jurídico ensejador da presunção da insolvência, deve o credor fazer uso de uma das duas opções: continuar com a execução ou requerer a falência do devedor. Mas não se lhe impõe a desistência da execução. A renúncia à ação executiva anteriormente ajuizada ou à execução de sentença, em favor do procedimento falencial, não quer, inexoravelmente, traduzir a necessidade de sua desistência, até porque desapareceria o processo no qual a causa do pedido de falência se fundamentará. O que se obsta é o prosseguimento simultâneo dos feitos, face à notória incompatibilidade[49]. Sustentamos ser a suspensão da execução a providência adequada, diante do estatuído no inciso III do art. 921 do Código de Processo Civil de 2015. Consistindo a suspensão numa situação jurídica provisória, durante a qual o processo não perde a sua existência, mas sofre uma paralisação em seu curso, não se permitindo a prática de qualquer novo ato enquanto dure a referida crise[50], o seu conceito se apresenta conformado com a inadmissão de que prossigam os dois processos. Por outro lado, sendo denegada a falência, como, por exemplo, em virtude do reconhecimento de uma nulidade de citação do executado no processo de execução por título extrajudicial, nada impede que o credor com ele prossiga, repetindo o ato e, dependendo das circunstâncias, leve a execução a seu termo. Ademais, reforça o argumento o fato de a falência ser causa de suspensão das ações de execução individuais dos credores (Lei n. 11.101/2005, art. 99, V) e que, encerrado o respectivo processo falimentar, sem o pagamento integral dos credores, a estes se garante o direito de, obtendo as certidões dos saldos de seus créditos, passadas pelo juízo da falência, promover suas execuções individuais em face do devedor que venha a titularizar novos bens, ou, nessas mesmas condições, dar prosseguimento àquelas que ficaram suspensas durante o processo, até que se extingam as obrigações do falido[51]. Ora, nessa ordem de ideias, não teria suporte lógico, nem razoável, exigir do credor, o qual requereu a falência, tivesse que, para cobrar o saldo de seu

---

[49] Na execução baseada em título extrajudicial, bem como na fundada em sentença, não é dado ao credor promover a ação de falência e, sobrevindo bens ao devedor, postular, em curso àquele requerimento, a realização de penhora sobre eles.

[50] THEODORO JÚNIOR, Humberto. *Curso de direito processual civil*, vol. III. 48. ed. Rio de Janeiro: Forense, 2016, p. 745.

[51] Note-se que, transitada em julgado a sentença de encerramento do processo falimentar, retorna o curso da prescrição das obrigações do falido (art. 157) e as suas obrigações só serão extintas com a verificação de uma das causas legais (arts. 157 e 158).

crédito, promover uma segunda ação de execução. Diante destas razões, estamos convencidos não estar o credor obrigado a desistir da execução. Basta requerer a sua suspensão e, diante de certidão passada pelo juízo (única exigência legal consubstanciada no § 4º do art. 94), dando conta de sua condição e explicitando a configuração da hipótese legal de execução sem pagamento ou garantia, estará formalmente apto a formular o pleito falimentar. Na situação de execução fundada em título extrajudicial, a prefalada certidão deverá confirmar a regular citação do devedor e que este não efetuou o pagamento espontâneo ou requereu e obteve a moratória legal[52], além de não ter havido a penhora de bens suficiente para garantir a execução legitimamente aforada[53], após o implemento das medidas legais dispostas para esse fim, retratando, sempre, a inércia do devedor em indicar bens passíveis de penhora, em seguida à sua regular intimação, por constituir o derradeiro esforço na procura por tais bens. No caso do cumprimento de sentença, a referida certidão atestará a falta do pagamento espontâneo, após regular intimação promovida a requerimento do credor dando início ao processamento de seu cumprimento, e a frustração da penhora, depois de ultimadas todas aquelas providências previstas em lei para sua realização e nos mesmos moldes da execução por título extrajudicial, que lhe serve de fonte supletiva.

Admite expressamente a lei (parágrafo único do art. 98) nesse procedimento possa o devedor fazer uso do depósito elisivo da falência. O legislador corretamente acabou por agasalhar o entendimento que vinha sendo abonado pelo Superior Tribunal de Justiça[54] no direito anterior, que já afirmou: "Falência. Requerida com base no art. 2º, inciso I, do Decreto-Lei n. 7.661/45. Depósito elisivo. É lícito ao devedor, também em caso desta espécie, depositar a quantia correspondente ao crédito reclamado, e elidir a falência".

Mas a hipótese somente se realiza quando o requerente da falência for o próprio promovente da execução, pois o valor do depósito diz respeito ao seu crédito que, sendo rejeitada a defesa apresentada, será por ele levantado em pagamento.

No mesmo sentido, nada obsta, até o advento da sentença de falência, que o devedor promova o depósito em pagamento do crédito, elidindo, dessa forma, a presunção da insolvência, suportando, por evidente, os ônus da sucumbência.

---

[52] Que deverá ser devidamente cumprida, quando deferida, sob pena de se caracterizar, também, a execução frustrada.

[53] Servirá sempre como defesa a elidir a presunção de insolvência a nulidade da execução oposta e demonstrada pelo requerido. Nessas condições, não se teria configurada a espécie legal a autorizar o pedido de falência, que sempre há de pressupor execução validamente ajuizada.

[54] Recurso Especial n. 51.855-5/SP, 3ª Turma, decisão unânime, Rel. Min. Nilson Naves, publicada no *DJU*, Seção I, de 13-2-95, p. 2.239, e na *RSTJ* 81/235.

Por fim, não é demais ressaltar que a figura legal aqui tratada não se encontra atrelada ao limite dos quarenta salários mínimos, o qual só se aplica nas hipóteses da impontualidade, capituladas no inciso I do art. 94. Consoante curial norma de exegese, onde o legislador não limita, não é dado ao intérprete limitar. Consistindo em regra restritiva, deve-se interpretá-la estritamente, não sendo razoável estendê-la para outras situações legais.

3.2. *ATOS RUINOSOS*

Os atos taxativamente capitulados no inciso III do art. 94 denotam a tendência clara, que se repete em nosso direito positivo, de não abandonar o foco da insolvência para a caracterização da falência. Os atos enumerados constituem um sinal exterior da insolvabilidade. Por isso é que mesmo encontrando-se o devedor em estado de recuperação judicial, caso venha a praticar um desses atos ruinosos, permite a lei que qualquer credor, ainda que sujeito aos efeitos recuperatórios, requeira a sua falência (parágrafo único do art. 73).

O preceito legal somente exonera da presunção da insolvência a prática de ato que faça "parte do plano de recuperação judicial". A regra não é suficientemente clara e precisa. Avaliando-se as situações que arrola, não se consegue enxergar, à exceção daquelas correspondentes às alíneas *c* e *e*, como possam tais situações integrar um plano de recuperação, eis que sempre estarão recheadas dos elementos fraude, liquidação desordenada de bens, simulação, ocultação etc. Essas condutas são incompatíveis, por evidente, com qualquer plano de recuperação.

As únicas ações, como se disse, que podem se amoldar à disposição seriam as de transferência de estabelecimento (alínea *c*) e a de reforço ou concessão de garantia (alínea *e*). Mas, mesmo assim, os enfoques não seriam os que as hipóteses efetivamente visam a coibir e incriminar.

3.2.1. *LIQUIDAÇÃO PRECIPITADA E USO DE MEIOS RUINOSOS OU FRAUDULENTOS PARA PAGAR*

A situação legal, como classicamente vem disposta no direito positivo nacional, revela condutas do empresário, pessoa natural ou jurídica, que transparecem a sua ruinosa situação econômico-financeira. Vale-se ele, a fim de conseguir recursos para pagamento de seus credores, pressionado e com receio de ter sua falência requerida, de meios anormais ou anômalos de geração de caixa.

A liquidação precipitada de ativos resulta da apressada venda dos bens que compõem o seu estabelecimento, sem atentar para a garantia que representam para seus credores. São vendas realizadas com enormes abatimentos, muitas vezes por preços inferiores ao próprio custo, sem que se possa, negocialmente, justificar a medida. A lei, como observava Miranda Valverde[55], vislumbra, nessa conduta, malícia do empresário.

Por tal razão é que não se enquadram como dessa natureza as liquidações, as "queimas de estoque" que as lojas comerciais costumam promover, com o intuito de renovar o estoque, de liquidar os artigos que se encontram fora de moda, incompatíveis com uma estação ou que não agradaram ao consumidor. Nessas ações não se vê maliciosa a liquidação de mercadorias ou produtos, mas como parte integrante de uma estratégia de venda e renovação.

Os meios ruinosos ou fraudulentos empregados para a obtenção de recursos evidenciam uma desordem administrativa no patrimônio do devedor, geradora de um progressivo empobrecimento. A lei não os enumera, ficando a cargo da experiência colhida no mundo empresarial a sua qualificação. Tradicional é a classificação de Miranda Valverde, repetida pela doutrina: "Os meios ruinosos consistem, geralmente, na realização de negócios arriscados ou de puro azar, no abuso de responsabilidades de mero favor, nos empréstimos a juros excessivos, na alienação de máquinas ou instrumentos indispensáveis ao exercício do comércio. Os meios fraudulentos revelam-se nos artifícios ou expedientes empregados pelo comerciante para conseguir dinheiro ou mercadorias, na apropriação indébita de valores confiados à sua guarda". A este rol de definições poderíamos acrescer, como meio fraudulento, o saque de "duplicatas frias", isto é, que não correspondem a uma efetiva venda de mercadoria ou a uma concreta prestação de serviços, lastimável ardil que se faz tão frequente no mercado.

3.2.2. *REALIZAÇÃO DE NEGÓCIO SIMULADO OU ALIENAÇÃO DE ATIVO*

A lei pune não só o ato consumado, mas também o ato tentado. Portanto, realizando o devedor ou, por atos inequívocos, tentando realizar negócio simulado ou alienação de parte ou da totalidade de seu ativo a terceiro, credor ou não, com o fito de retardar pagamentos ou fraudar credores, a sua insolvência estará presumida, sendo lícito a qualquer credor requerer-lhe a falência.

Mas os negócios simulados hão de ter por finalidade a distração de bens, a sua sonegação ou ocultação do alcance dos credores. É exemplo típico da conduta a criação artificial de dívidas para realizar pagamentos falsos a pessoas, agindo estas em conluio com o devedor.

---

[55] Ob. cit., vol. I, p. 40.

Diferentemente são os negócios fiduciários, como elucidava Valverde[56], apoiado nas lições de Carvalho de Mendonça e Ferrara, pois nestes não há o ânimo de prejudicar a terceiros ou violar a lei, mas seu fim é o "de conseguir determinado objetivo, que de outro modo não poderia ser facilmente alcançado".

A alienação de parte ou de todo o ativo, no enquadramento legal aqui estudado, é aquela que tem por escopo retardar pagamentos ou fraudar credores. Nestes atos se procura conferir aparência de realidade, mas o seu objetivo maior é o de subtrair a garantia dos credores refletida no ativo do devedor. O termo "alienação" empregado no texto legal reclama interpretação ampla, a compreender toda e qualquer transmissão de bens, a título oneroso ou gratuito. A venda, a cessão e a doação seriam atos dessa natureza[57].

Provado que o devedor realizou ou tentou realizar o negócio simulado ou a alienação de parte ou da totalidade de seu ativo, atuando com o desiderato de retardar pagamentos ou fraudar credores, não só a sua falência será decretada, mas também consumada a transferência simulada de bens, o ato poderá ser atacado pela ação revocatória, fazendo-os retornar à massa falida.

3.2.3. *TRASPASSE DO ESTABELECIMENTO*

Configura ato ruinoso a transferência do estabelecimento a terceiro, credor ou não, sem o consentimento de todos os credores e sem ficar o devedor com bens suficientes para solver o seu passivo.

Por estabelecimento se entende o complexo de bens organizado para o exercício da empresa (Código Civil, art. 1.142). É um conjunto de elementos, materiais ou imateriais, dispostos segundo a vontade de seu titular – o empresário –, que lhe serve de instrumento de realização de sua empresa.

O empresário individual ou a sociedade empresária, na condição de proprietários do fundo de empresa, podem aliená-lo ou transferi-lo. Entretanto, por funcionar como garantia a seus credores, o ato de transmissão deverá obedecer a certas condições estabelecidas em lei. Será eficaz o seu traspasse se o transmitente ficar com bens suficientes ao pagamento de seus credores à época existentes. Sê-lo-á, também, se houver o pagamento de todos estes credores ou o consentimento dos mesmos. O consentimento poderá ser expresso ou tácito. Tácito será aquele que resultar do silêncio dos mencionados credores após o vencimento do prazo de trinta dias, contado de suas respectivas

---

[56] Ob. cit., vol. I, p. 42.
[57] Miranda Valverde, ob. cit., vol. I, p. 41 e Nelson Abrão, ob. cit., p. 31.

interpelações, que podem se fazer por via judicial ou por intermédio do oficial do registro de títulos e documentos (Lei n. 11.101/2005, art. 94, III, *c* c/c art. 129, VI, e Código Civil, art. 1.145).

Decretada a falência por este motivo, a declaração da ineficácia do ato poderá, igualmente, ser obtida por meio da ação revocatória.

3.2.4. *TRANSFERÊNCIA SIMULADA DO ESTABELECIMENTO PRINCIPAL*

É também presumida a insolvabilidade do devedor quando "simula a transferência de seu principal estabelecimento com o objetivo de burlar a legislação ou fiscalização ou para prejudicar credores".

O principal estabelecimento, como se estudou no item 1 do Capítulo 3, perfaz o domicílio real do empresário individual ou da sociedade empresária. Reflete o seu ponto central de negócios, onde são realizadas as operações comerciais e financeiras de maior vulto, traduzindo o centro vital de suas atividades, a sua sede administrativa, portanto.

Desse modo, introduzindo profícua novidade, a Lei n. 11.101/2005 passou a alinhar a hipótese de simulação de sua transferência com o fim de fraudar credores, transgredir a lei ou frustrar a fiscalização como ato de falência.

A "transferência" utilizada na verba legal não significa traspasse do estabelecimento, mas a alteração de local daquele que reluz o seu domicílio real.

3.2.5. *OUTORGA OU REFORÇO DE GARANTIA*

Contempla a lei como ato ruinoso, notadamente por romper o princípio da igualdade dos credores, que têm no patrimônio devedor uma garantia comum, o fato de outorgar ou reforçar garantia a credor, por dívida anterior, sem ficar com bens livres e desembaraçados em montante suficiente para solver o passivo.

A ação punível não é a concessão de uma garantia a uma dívida contemporânea à sua instituição, fruto de uma operação comercial nova, mas sim a outorga ou o reforço a uma dívida contraída anteriormente. Atinge, assim, aquelas obrigações antigas, difíceis de se liquidar e que, com a recomposição, busca o devedor fugir da pressão estabelecida por seus credores nessa situação. Confere-se a garantia a um ou mais credores preexistentes, a quem se busca favorecer ou privilegiar, rompendo, portanto, a *par conditio creditorum*.

Mas, para que a hipótese se qualifique, mister se faz a constatação de que o devedor ficou sem bens livres e desembaraçados para o pagamento dos demais credores.

3.2.6. OCULTAÇÃO, FUGA OU ABANDONO DO ESTABELECIMENTO

A ausência, a fuga, a ocultação, o abandono do estabelecimento são atos falimentares clássicos, que fazem transparecer o efetivo estado de insolvência do devedor empresário.

Na Idade Média era o seu principal presságio, conforme registrava Umberto Santarelli[58]: "o mais importante dos sintomas da falência é seguramente a fuga do arruinado do lugar de sua habitual residência ou de seu exercício comercial: fato este do qual, mais do que qualquer outro, os nossos legisladores da época intermédia extraíram argumento para presumirem a falência de um indivíduo".

A hipótese da alínea *f* do inciso III do art. 94 vem assim enunciada: "ausenta-se sem deixar representante habilitado e com recursos suficientes para pagar os credores, abandona estabelecimento ou tenta ocultar-se de seu domicílio, do local de sua sede ou de seu principal estabelecimento".

A ausência deverá estar atrelada ao fato de não ter o devedor deixado representante habilitado a administrar o negócio, com recursos suficientes ao pagamento de suas dívidas. Equivalerá, assim, como anotava Valverde[59], ao abandono do estabelecimento, caracterizado comumente quando o empresário "fecha as portas", sem qualquer programação administrativa ou publicidade.

A ocultação traduz a alteração furtiva de seu domicílio real ou estatutário, realizada com o intento de fraudar credores. É um ato de clandestinidade, pressupondo que o empresário esteja esquivando-se de seus credores, fugindo, assim, de suas obrigações.

A decretação da quebra arrimada nessa hipótese exige a perfeita configuração do abandono do estabelecimento, da ocultação do devedor. Em interessante julgamento, a 8ª Câmara Cível do Tribunal de Justiça do Estado do Rio de Janeiro[60] entendeu necessária, como prova geradora de fé-pública do evento, a "apresentação da certidão do oficial de justiça encarregado da diligência de citação", dando conta de que "se verificam as circunstâncias ali versadas como caracterizadoras da falência".

3.2.7. DESCUMPRIMENTO DE OBRIGAÇÃO DO PLANO DE RECUPERAÇÃO

Na alínea *g* do inciso III do art. 94 tem-se indicado como ato falimentar aquele caracterizado pelo não cumprimento, no prazo estabelecido, de obrigação assumida pelo devedor no plano de recuperação judicial.

---

[58] *Per la storia del fallimento nelle legislezioni italiane dellEtá Intermédia*, Pádua, 1964, p. 47, *apud* Nelson Abrão, ob. cit., p. 32.

[59] Ob. cit., vol. I, p. 47.

[60] Agravo de Instrumento n. 8.930, decisão unânime, resultado em 2-7-85, *apud* Sérgio Campinho & Amaury Campinho, ob. cit., p. 194.

A circunstância reclama adequada verificação. Se o fato ocorrer durante o processo de recuperação judicial, o não cumprimento da obrigação prometida implica a convolação da recuperação judicial em falência (art. 73, IV). Dessa forma, não seria a hipótese pelo dispositivo contemplada aquela tradutora do descumprimento de obrigação vencida durante o estado de recuperação, ou seja, no período de até dois anos após a decisão da sua concessão. A regra quer se referir ao não cumprimento de obrigação constante do plano de recuperação judicial com vencimento projetado para além daquele interregno, quando fixado pelo juiz (arts. 61 e 62). Esse é o sentido, para nós, do dispositivo, pois na circunstância não mais haverá a possibilidade de convolação, mas o requerimento será diretamente feito pelo credor, com a observância de rito próprio.

CAPÍTULO 18

DECRETAÇÃO JUDICIAL DA FALÊNCIA

1. NATUREZA DO PROCESSO PRÉ-FALIMENTAR

No sistema falimentar verifica-se a existência de dois processos distintos: o pré-falimentar ou pré-falencial e o processo de falência propriamente dito.

Sendo a insolvência, ou na dicção moderna da lei a crise econômico-financeira aguda que não se supera pela vontade dos credores, um estado de fato, sua apresentação ao Estado-juiz para que dele tome conhecimento e o transforme em um estado de direito – a falência – reclama via própria que se realiza por meio de procedimentos que constituem esse processo prévio, preliminar, o pré-falimentar. Sua iniciativa compete ao próprio devedor, ao credor ou qualquer outro por lei legitimado, cujo escopo central é dar conta ao magistrado dos atos ou fatos reveladores da crise da insolvabilidade. Assegurada a ampla defesa e o contraditório regular, superada a fase instrutória, o juiz irá decretar ou denegar a falência. Neste último caso estará encerrado o processo pré-falencial, não se instaurando a falência; na primeira situação, ao decretar a falência, o julgador estará pondo termo ao processo preliminar e iniciando o processo falimentar que se inaugura, assim, com a sentença e não com a petição inicial.

A natureza, dessarte, desse processo pré-falimentar é cognitiva. É verdadeiro processo de conhecimento, sendo a lide nele veiculada composta por uma sentença.

2. LEGITIMAÇÃO PROCESSUAL ATIVA

O nosso sistema processual falimentar é dispositivo, só se instaurando mediante a provocação do interessado.

A doutrina nacional[1], em maioria ostensiva, tem repudiado a figura da falência *ex officio*. Nega-se, com isso, a iniciativa do juiz no procedimento.

---

[1] Amaury Campinho, ob. cit., p. 10; Sampaio de Lacerda, ob. cit., p. 50; Nelson Abrão, ob. cit., p. 38.

A esse sistema dispositivo, presente tradicionalmente em nossa legislação, inclusive no revogado Decreto-Lei n. 7.661/45 e na atual Lei n. 11.101/2005, se opõe o denominado sistema inquisitório, que permite a instauração de ofício, presente no velho e de há muito revogado, nessa parte, Código Comercial de 1850 (art. 807).

Na estrutura da legislação em vigor, a decretação da falência de ofício pelo juiz só pode ocorrer nas seguintes hipóteses: (a) não apresentação, pelo devedor, do plano de recuperação judicial no prazo legal (art. 53 e inciso II do art. 73); (b) rejeição do plano apresentado pela assembleia geral de credores (§ 8º do art. 56 e inciso III do art. 73); (c) descumprimento de obrigação assumida no plano de recuperação, verificada durante o período em que o devedor permanecer em recuperação judicial (§ 1º do art. 61 e inciso IV do art. 73); (d) por descumprimento dos parcelamentos especiais de débitos fazendários ou da eventual transação sobre esses débitos (embora esses créditos não se sujeitem à recuperação judicial, a Lei n. 14.112/2020 incluiu a hipótese em proteção ao crédito fazendário, permitindo, desse modo, que um fator externo à recuperação judicial venha a ensejar a sua convolação em falência); (e) quando identificado o esvaziamento patrimonial do devedor que implique liquidação substancial do seu ativo, em prejuízo dos credores não sujeitos à recuperação judicial, inclusive as Fazendas Públicas (hipótese também incluída pela reforma de 2020); (f) objeção de credor quirografário, titular de mais da metade dos créditos dessa natureza, ao plano especial apresentado pelo microempresário, empresário de pequeno porte ou produtor rural pessoa natural (parágrafo único do art. 72). Mas, com efeito, as situações revelam uma tentativa malograda de recuperação. A sua causa direta é a frustração da iniciativa de recuperação judicial, quando o devedor já demonstrou o seu estado de crise econômico-financeira, objetivando a sua superação pela vontade dos credores. Não sucede, pois, a situação de um originário processo pré-falencial.

Argumento maior a amparar a impossibilidade da falência *ex officio,* repousa na circunstância de poder o credor ou o próprio devedor requerente da falência dela desistir, embora caracterizado o fato ensejador da quebra. Ao juiz não assiste a iniciativa de resistir, cabendo-lhe homologar a desistência, tão somente. Se fosse possível falência de ofício, convencido do fato revelador da insolvência, declararia a falência, mesmo contrariamente à desistência apresentada pelo autor do requerimento.

2.1. *INICIATIVA DO DEVEDOR*

Prescreve o art. 105 da Lei n. 11.101/2005: "O devedor em crise econômico-financeira que julgue não atender aos requisitos para pleitear sua recuperação judicial deverá requerer ao juízo sua falência, expondo as razões da impossibilidade de prosseguimento da atividade empresarial [...]".

Sem embargo do emprego do verbo "deverá", na verdade esta tentativa de se desenhar um dever legal acaba sucumbindo ante a inexistência de sanção à não confissão da falência pelo devedor. A ordem legal converte-se em faculdade. Estando o devedor em crise econômico-financeira aguda – insolvência – e não reunindo condições subjetivas (art. 48) para o requerimento de sua recuperação ou, ainda, sentindo que a superação desse estado não se dará pela vontade de seus credores, diante de sua ruína patrimonial, da flagrante incapacidade de sua empresa na geração dos resultados que justificam sua permanência, ou em razão de qualquer outro fator concreto que se lhe apresente, poderá requerer ao juiz que decrete a sua falência.

Na confissão da falência, o devedor instruirá sua petição inicial, a qual deverá amoldar-se, no que for compatível com a sua natureza, aos requisitos do art. 319 do Código de Processo Civil de 2015, com os seguintes documentos: (a) demonstrações contábeis referentes aos três últimos exercícios sociais e as levantadas especialmente para instruir o pedido, confeccionadas com estrita observância da legislação societária aplicável e compostas obrigatoriamente de: (i) balanço patrimonial; (ii) demonstração de resultados acumulados; (iii) demonstração do resultado desde o último exercício social; (iv) relatório do fluxo de caixa; (b) relação nominal dos credores, indicando endereço, importância, natureza e classificação dos respectivos créditos; (c) relação dos bens e direitos que compõem o ativo, com a respectiva estimativa de valor e documentos comprobatórios de propriedade; (d) prova da condição de empresário, contrato social ou estatuto em vigor ou, se não houver, a indicação de todos os sócios, seus endereços e a relação de seus bens pessoais; (e) os livros obrigatórios e documentos contábeis que lhe forem exigidos por lei; (f) relação de seus administradores nos últimos cinco anos, com os respectivos endereços, suas funções e participação societária.

A deficiente instrução do pedido renderá ensejo à determinação judicial para que seja completada no prazo de quinze dias, sem o que o juiz deverá indeferir a petição inicial (arts. 106 e 189 da Lei n. 11.101/2005 e art. 321 do Código de Processo Civil de 2015).

Em se tratando de sociedade empresária, a confissão será viabilizada por seu órgão de administração, a quem compete constituir procurador *ad judicia* para estar regularmente em juízo a pessoa jurídica. A atuação do administrador ou dos administradores deverá estar pautada na deliberação dos sócios, segundo o critério estabelecido nas respectivas leis societárias[2]. Sendo a sociedade em comum (Lei n. 11.101/2005, art. 105, IV), sua representação em juízo se materializará pela pessoa a quem couber a administração de seus bens (Código de Processo Civil de 2015, art. 75, IX).

Interessante questão consiste na indagação, já formulada desde a vigência da lei anterior, se à confissão da falência podem se opor os credores quando, evidenciadamente, ainda não se encontrar delineada a insolvência do devedor.

Como judiciosamente observava Requião[3], "seria possível aos credores, intervindo no pedido do devedor, informarem ao juiz, deduzindo suas provas e razões, que o devedor pode perfeitamente pagar os seus credores. Ao juiz caberia, então, indeferir o pedido de falência, pela confissão do devedor".

Ao requerente é possibilitada a desistência de seu pedido de autofalência. Nada impede possa retratar-se de sua confissão. Mas deverá sempre fazê-lo até que venha a ser proferida a sentença que decrete a quebra. Após a decretação, irrompe-se um novo estado de direito, do qual não mais poderá o devedor dispor. Desaparece o interesse privado e prevalece o interesse coletivo e público que se fazem presentes na falência.

2.2. *INICIATIVA DO CÔNJUGE SOBREVIVENTE, DO HERDEIRO OU DO INVENTARIANTE*

Encontram-se especialmente legitimados a requerer falência do espólio do devedor que faleceu insolvente ou que a insolvência posteriormente tenha aflorado, pessoas a ele diretamente ligadas. São os casos do cônjuge supérstite, dos herdeiros ou do inventariante. A competência é cumulativa e não sucessiva[4].

Na hipótese de a iniciativa ser do cônjuge sobrevivente, dúvida se apresenta quanto à legitimação daquele casado no regime da separação total de bens. Poderia ele fazer uso do pedido? Na opinião de Miranda Valverde[5], somente àquele que tenha interesses econômicos ligados ao espólio do devedor, em consequência do regime de casamento, é que assistiria o direito. Não pensamos que assim o seja. A lei não restringe a possibilidade do requerimento a um ou mais regimes de bens. A faculdade que se confere ao cônjuge decorre do interesse da família.

---

2   Sociedades anônimas e comandita por ações – Lei n. 6.404/76, arts. 122, IX e parágrafo único, e 129; sociedade limitada – Código Civil, arts. 1.076, III e 1.072; sociedade em nome coletivo – Código Civil, arts. 1.010 e 1.040; sociedade em comandita simples – Código Civil, arts. 1.010, 1.040 e 1.046.

3   Ob. cit., vol. I, p. 103.

4   Miranda Valverde, ob. cit., vol. I, p. 99.

5   Ob. cit., vol. I, p. 99.

No direito anterior, interessante debate se travava quanto à possibilidade de o herdeiro agir singularmente no requerimento da falência.

Silva Pacheco[6] não via óbice algum nessa iniciativa, afirmando: "qualquer herdeiro poderá requerer a falência".

Rubens Requião[7] se opunha à possibilidade, escrevendo: "Não compartilhamos desse entendimento, pois o preceito legal refere-se a *herdeiros* e não ao *herdeiro*".

Miranda Valverde[8], adotando intermediária posição sustentava: "têm eles, individualmente, o direito de requerer a falência do espólio. Todavia, deverá o juiz, havendo pluralidade de herdeiros, mandar ouvir os demais, se o requerimento não é formulado por todos eles, é claro".

A lei atual, a fim de esclarecer a dúvida surgida anteriormente na doutrina, declara, em favor de qualquer dos herdeiros, a legitimação ativa (art. 97, II).

Em complementação ao tema ora abordado, remetemo-nos ao que foi desenvolvido no item 5 do Capítulo 2.

2.3. *INICIATIVA DOS SÓCIOS*

Podem ainda requerer a falência: "o cotista ou o acionista do devedor na forma da lei ou do ato constitutivo da sociedade".

Embora a lei não faça menção aos sócios da sociedade em comandita simples nem aos da sociedade em nome coletivo, não vemos como deixá-los de fora da previsão. Imbuído, provavelmente, o legislador, da presença no mercado de sociedades limitada ou anônima é que, acreditamos, tenha nominadamente se referido a seus sócios.

O sócio deverá, portanto, vir a juízo em nome próprio para pedir, com base em qualquer dos fundamentos legais, a falência da sociedade. Cumprir-lhe-á comprovar a sua condição, mediante a exibição, conforme a hipótese, do contrato social ou das ações, bastando, nesse último caso, que exiba cópia autêntica do livro de registro das ações nominativas ou escriturais apontando sua titularidade.

Vemos na regra, que já se desenhava na lei anterior, uma verdadeira disposição de resguardo ao direito da minoria, segura de que a demora na abertura do processo de falência resultará em efetivos prejuízos ao quadro social. É fonte de defesa do sócio minoritário contra ações da maioria que, muitas vezes, desejando desviar bens da sociedade, para depois dissolvê-la irregularmente, evitam a iniciativa. É remédio que

---

6   Ob. cit., p. 182.
7   Ob. cit., vol. I, p. 104.
8   Ob. cit., vol. I, p. 99.

302 CURSO DE DIREITO COMERCIAL – FALÊNCIA E RECUPERAÇÃO DE EMPRESA

se põe à disposição do sócio para evitar sua responsabilização pessoal nessas circunstâncias.

Não se trata, portanto, de confissão de falência pela sociedade, mas de requerimento formulado, em seu próprio nome, por um dos sócios.

2.4. *INICIATIVA DOS CREDORES*

No dia a dia do foro, o mais comum são os pedidos de falência emanados dos credores. Geralmente, as pretensões vêm calcadas na impontualidade do devedor.

Se empresário for o credor, deverá, com o seu requerimento, exibir certidão da Junta Comercial comprobatória da regularidade de sua atividade. Veda, assim, a lei que o empresário individual ou a sociedade empresária irregular ou de fato (sociedade em comum) requeiram falência de outro empresário. Mas sendo a falência decretada, por iniciativa de outro credor ou do próprio devedor, por exemplo, nada impede possam promover suas habilitações, caso seus créditos já não estejam declarados. A limitação que sofrem diz respeito à iniciativa do processo pré-falimentar.

O credor domiciliado no exterior não fica impedido de requerer a falência de devedor no Brasil. Porém, se lhe exige que preste caução relativa às despesas processuais e ao pagamento da indenização por dolo no requerimento que possa vir a ser condenado pelo julgamento de improcedência de seu pedido, nos termos do art. 101 da Lei de Recuperação e Falência. A caução se impõe, ainda que o requerente possua bens imóveis no Brasil, suficientes ao respectivo pagamento, não sendo na hipótese aplicável a excludente contida na parte final do *caput* do art. 83 do Código de Processo Civil de 2015[9] para os feitos em geral. O § 2º do art. 97 da Lei n. 11.101/2005, ao exigir a caução, não cogita de semelhante exceção, prevalecendo, assim, os seus termos, por ser regra especial.

A caução deve ser prestada nos próprios autos do processo pré-falencial.

Nada obsta que o credor desista do seu requerimento. Poderá unilateralmente fazê-lo enquanto ainda não oferecida a contestação (§ 4º do art. 485 do Código de Processo Civil de 2015). Após o fato processual, somente lhe é dado fazê-lo com o assentimento do requerido. Contudo, após a decretação da falência já não mais a desistência será viável. Desaparece, a partir daí, o interesse privado das partes que ainda preside o processo pré-falimentar. Decretada a quebra, inaugura-se o processo de falência, que

---

9   Art. 83: "O autor, brasileiro ou estrangeiro, que residir fora do Brasil ou deixar de residir no país ao longo da tramitação de processo, prestará caução suficiente ao pagamento das custas e dos honorários de advogado da parte contrária nas ações que propuser, se não tiver no Brasil bens imóveis que lhes assegurem o pagamento".

envolve direito coletivo dos credores. É, por outro lado, movido pelo interesse público, razão pela qual não têm mais as partes disposição sobre ele. Conforme já elucidava Carvalho de Mendonça[10], a sentença falencial *"facit jus erga omnes*, isto é, relativamente aos credores não representados no processo preliminar da falência, ainda que não se achem vencidos os seus títulos, o que se justifica pela necessidade de organizar o processo coletivo de liquidação, alvo da sentença". Por seu turno, o Código de Processo Civil de 2015 positiva entendimento jurisprudencial de que a desistência da ação somente pode ser apresentada até a sentença (§ 5º do art. 485). Após a sua prolação, apenas é cabível a desistência ou a renúncia ao recurso eventualmente interposto.

2.5. *A INICIATIVA DA FAZENDA PÚBLICA*

A iniciativa da Fazenda Pública na ação de falência tem desafiado inúmeros debates, dividindo a doutrina e jurisprudência.

Carvalho Neto[11] assim expunha sua convicção:

> No que tange à Fazenda Pública, seja ela federal, estadual ou municipal, o veto persiste. Sendo como é, *ex vi legis*, credora privilegiada, gozando de privilégio legal e preferente a todos os demais, a Fazenda Pública só poderá requerer falência dos seus devedores comerciantes, dentro da técnica atual da lei de quebras, se renunciasse a esse privilégio. Ora, como isso não é possível [...], é lógico que não pode a Fazenda Pública requerer a falência dos seus devedores.

Rubens Requião[12] explanava, com a mesma conclusão, seu magistério:

> De nossa parte, estranhamos o interesse que possa ter a Fazenda Pública no requerimento de falência do devedor por tributos. Segundo o Código Tributário Nacional, os créditos fiscais não estão sujeitos ao processo concursal, e a declaração de falência não obsta o ajuizamento do executivo fiscal, hoje de processamento comum. À Fazenda Pública falece, a nosso entender, legítimo interesse econômico e moral para postular a declaração da falência de seu devedor. A ação pretendida pela Fazenda Pública tem, isso sim, nítido sentido de coação moral, dadas as repercussões que um pedido de falência tem em relação às empresas solventes.

Fábio Konder Comparato[13], entretanto, sustenta contrária visão, aduzindo ser a alegada abusividade da cobrança desprovida de razão, diante do sentimento de que norma alguma existiria a impedir opte a Fazenda Pública pela habilitação de seu crédito na falência em lugar de executá-lo.

---

[10] Ob. cit., vol. VII, p. 256.
[11] *Tratado das defesas falimentares*, vol. II. São Paulo: Ática, 1967, p. 81.
[12] Ob. cit., vol. I, p. 109.
[13] Falência – legitimidade da Fazenda Pública para requerê-la. *RT*, São Paulo, n. 442/48-54.

A jurisprudência do Superior Tribunal de Justiça ficou cindida na análise da *quaestio juris*.

A Quarta Turma, por unanimidade de votos, no julgamento do Recurso Especial n. 138.868/MG[14], assim decidiu: "A Fazenda Pública não tem legitimidade para requerer a falência. Recurso conhecido, mas improvido".

A Terceira Turma, todavia, perfilhou-se ao entendimento contrário, ao apreciar o Recurso Especial n. 10.660/MG[15], por maioria de votos: "Não há empeço legal a que Fazenda Pública requeira a falência de seu devedor. A lei de quebras somente exclui o credor com garantia real, nos termos do art. 9º, III, 'b'. Direito real de garantia e privilégio creditório não se confundem. Recurso conhecido e provido".

Ulteriormente, chegando o tema controverso na 2ª Seção, o Tribunal fixou a seguinte orientação, por maioria de votos, no enfrentamento do Recurso Especial n. 164.389/MG[16]:

> I – Sem embargo dos respeitáveis fundamentos em sentido contrário, a Segunda Seção decidiu adotar o entendimento de que a Fazenda Pública não tem legitimidade, e nem interesse de agir, para requerer a falência do devedor fiscal. II – Na linha da legislação tributária e da doutrina especializada, a cobrança do tributo é atividade vinculada, devendo o Fisco utilizar-se do instrumento afetado pela lei à satisfação do crédito tributário, a execução fiscal, que goza de especificidades e privilégios, não lhe sendo facultado pleitear a falência do devedor com base em tais créditos.

Sempre professamos, de longa data em nossas aulas e palestras, a convicta ótica de falecer à Fazenda Pública não propriamente legitimidade, mas notadamente interesse de agir.

O art. 187 do Código Tributário Nacional, tanto na sua redação original, quanto na que lhe foi outorgada pela Lei Complementar n. 118/2005, é de cristalina precisão ao prescrever não estar a cobrança do crédito tributário sujeita à falência ou a qualquer concurso creditório. Sua cobrança se faz por meio da ação de execução fiscal, disciplinada na Lei n. 6.830/80, que, em seu art. 29, repete a regra do art. 187 acima referido. Ademais, a competência para processar e julgar a execução da Dívida Ativa da Fazenda Pública, nos termos do art. 5º da mesma Lei n. 6.830/80, exclui a de qualquer outro juízo, inclusive, prevê expressamente a norma, o da falência. Em

---

[14] Publicado no *DJU*, Seção I, de 30-3-1998, p. 74, e na *RSTJ*. 110/304, Rel. Min. Ruy Rosado de Aguiar.

[15] Publicado no *DJU*, Seção I, de 10-6-1996, p. 20.319, e na *RSTJ* 84/179, Rel. Min. Costa Leite.

[16] Publicado no *DJU*, Seção I, de 16-8-2004, p. 130, Rel. Min. Sálvio de Figueiredo Teixeira.

complementação ao sistema instituído, emerge o art. 38 do mesmo diploma legal, proclamando a máxima de que a discussão judicial da Dívida Ativa da Fazenda Pública só é admissível em execução, na forma nele disciplinada, excetuando apenas as hipóteses de mandado de segurança, ação de repetição de indébito ou ação anulatória do ato declarativo da dívida, esta precedida, contudo, do depósito preparatório do valor do débito.

A jurisprudência do Superior Tribunal de Justiça, ao permitir a habilitação do crédito tributário em processo de falência, ressalva que o fato não significa admitir o requerimento de quebra por parte da Fazenda Pública (confira-se o REsp n. 1.103.405/MG e o REsp n. 988.468/RS), entendimento que não se deve alterar diante do disposto no art. 7º-A, introduzido pela Lei n. 14.112/2020, que veio a disciplinar o incidente de classificação do crédito público.

Desse modo, não há como sustentar o interesse de instaurar a execução coletiva por parte de quem dela não está obrigado a participar, dispondo de mecanismo próprio, apartado do concurso de credores falimentar, para cobrança de seu crédito. Há verdadeira falta de utilidade e necessidade no pedido.

3. DEFESA DO REQUERIDO

O devedor empresário, citado no processo pré-falimentar, poderá apresentar defesa no prazo de dez dias.

Não restringe a Lei n. 11.101/2005 qualquer forma de citação. Portanto, pode ser realizada pelo correio; por oficial de justiça; pelo escrivão ou chefe de secretaria, quando o citando comparecer em cartório; por edital; ou por meio eletrônico (Código de Processo Civil de 2015, art. 246).

No que se refere à citação por hora certa (Código de Processo Civil de 2015, art. 252), não vislumbramos qualquer impedimento para que se efetive no processo preliminar de falência, cabendo ao oficial de justiça intimar, no estabelecimento principal, qualquer gerente ou preposto de que, no dia útil imediato, voltará a fim de fazer a citação, na hora que designar, quando por duas vezes houver sem sucesso procurado o réu ou seu representante legal, suspeitando-se, assim, de sua ocultação.

Quanto aos procedimentos de citação em quaisquer de suas versões e o início do prazo para contestar, serão observadas as regras do Código de Processo Civil de 2015, vez que a Lei de Recuperação e Falência não se ocupa dessa regência (Lei n. 11.101/2005, art. 189).

Competirá ao requerido alegar, na contestação, toda a matéria de sua defesa, expondo as razões de fato e de direito com que impugna o pedido do autor, buscando, assim, elidir a presunção de sua insolvência. Especificará as provas que pretende produzir, já fazendo a juntada da prova documental, sem que, entretanto, isso prejudique a juntada de documentos suplementares.

Antes de discutir o mérito, poderá deduzir as denominadas defesas processuais indiretas, como a alegação de incompetência absoluta do juízo falimentar, a coisa julgada, a ausência de legitimidade ou interesse processual e a falta de caução prestada pelo credor domiciliado fora do Brasil, por exemplo.

No prazo de defesa, faculta-se-lhe requerer a recuperação judicial (art. 95). Mas esse requerimento, em nossa visão, apesar de logo suspender o trâmite do processo pré-falencial, somente poderá elidir a decretação da falência se efetivamente concedida a recuperação por sentença. Enquanto recebido e deferido seu processamento pelo juiz, apenas se terá a manutenção da suspensão já verificada. Fica, ainda assim, limitado às hipóteses do art. 94, I e II, já estudadas, por representarem situações de não pagamento de dívidas, mesmo se a iniciativa for de credor sujeito aos efeitos da recuperação. Não será causa suspensiva, muito menos elidente, se o pedido de falência vier assentado em um dos atos ruinosos do inciso III do art. 94. Estes, também como já se viu, ensejam pedido de falência, formulado por qualquer credor, sujeito ou não aos efeitos da recuperação, ainda durante o referido estado, conforme se verifica do parágrafo único do art. 73.

Não se pode admitir interpretação que negue a possibilidade do pedido de recuperação judicial, mesmo após o prazo de defesa. Nada impede seja ele autonomamente formulado depois de sua consumação. Não há preclusão e, muito menos, decadência desse direito. Apenas o devedor deverá obter o despacho de seu processamento anteriormente à eventual decretação da falência, eis que somente os requerimentos de recuperação apresentados no prazo de contestação, ou antes dele, e noticiado na defesa, têm o condão de imediatamente suspender o trâmite do processo pré-falencial. Com a obtenção daquele ato do juiz, os créditos sujeitos a seus efeitos ficarão com a exigibilidade suspensa por até cento e oitenta dias nas ações em curso. A recuperação pode ser requerida, como se pode inferir do art. 48, I, até a decretação da falência.

Destarte, o encerramento do processo em que foi requerida a falência (pré-falimentar), ainda quando a recuperação tenha sido pleiteada no prazo de defesa ou antes dele, somente se verificará com a decisão que conceder ou negar a recuperação judicial. Neste último caso, haverá a convolação do respectivo pedido em falência. Durante o seu processamento a hipótese é de simples suspensão, não só porque assim determina o inciso III do art. 52, mas também por ser ao devedor facultado desistir do pedido, mesmo após o deferimento do seu processamento, com a correspondente aprovação na assembleia geral de credores (§ 4º do art. 52). Essa faculdade, que implementada faz retornar o curso do processo preliminar de falência, encontra seu termo final com a sentença que conceder a recuperação, conforme expusemos no item 9 do Capítulo 10.

4. O DEPÓSITO ELISIVO DA FALÊNCIA

Nos requerimentos baseados nos incisos I e II[17] do art. 94, faculta a lei ao devedor, no prazo de sua defesa, depositar o valor correspondente ao total do crédito constante, respectivamente, do título ou dos títulos executivos que arrimam o pedido, ou daquele cobrado na ação de execução não garantida pelo devedor. Ao principal serão contados correção monetária e juros, sendo ainda acrescido de honorários advocatícios[18] e, embora seja omissa a lei, também das custas.

Realizado o depósito, a falência não mais será decretada, eis que elidida a presunção de insolvabilidade do devedor. O depósito aqui tratado não é feito em pagamento, mas como prova de que o devedor não se encontra insolvente. Permite, assim, que promova sua defesa, afastado o fantasma da decretação de sua quebra, caso não tenha sucesso no acolhimento de suas razões pelo juiz. Nessas condições, o credor receberá o valor depositado em pagamento do seu crédito. Embora a sentença seja denegatória de falência, a defesa articulada não foi aceita, só deixando o magistrado de decretá-la em virtude do depósito. A sucumbência, no caso, é do devedor requerido.

Imprecisa é a lei, ao final do parágrafo único do art. 98, ao declarar: "[...] caso julgado procedente o pedido de falência, o juiz ordenará o levantamento do valor pelo autor". A correção de sentido se impõe, descartando-se a literalidade. Jamais o pedido de falência será julgado procedente, como antes se sacramentou. Não haverá sentença que a decrete. A pretensão deduzida pelo credor, que não é a de cobrança do seu crédito, mas sim em ver decretada a falência do devedor, seria acolhida pelo juízo, caso não houvesse o depósito. Só não a decreta diante da ausência de configuração da impontualidade, não propriamente pela defesa apresentada, mas pelo depósito, vez que não sendo caracterizada a insolvência, não há como irromper a falência. Tecnicamente mais preciso, no particular, se mostrava a redação da parte final do § 2º do art. 11 do Decre-

---

[17] Nesta última hipótese somente quando o requerente for o promovente da execução não garantida – cf. o que foi abordado no item 3.1 do Capítulo 17.

[18] A Súmula 29 do Superior Tribunal de Justiça, construída sob o pálio do Direito anterior, já consagrava, tanto no depósito elisivo propriamente dito, quanto naquele feito em pagamento, a incidência de correção monetária, juros e honorários de advogados.

to-Lei n. 7.661/45 ao assim declarar: "Feito o depósito, a falência não pode ser declarada, e se for verificada a improcedência das alegações do devedor, o juiz ordenará, em favor do requerente da falência, o levantamento da quantia depositada, ou a da que tiver reconhecido como legitimamente devida".

Acolhidas, por seu turno, as alegações do devedor, este recobrará o depósito efetivado, incorrendo o credor requerente nas penas da sucumbência.

Não mais é possível na lei atual, e, para nós, o feito representou avanço, que com o depósito se abra a discussão sobre a importância do crédito, como expressamente admitia a primeira parte do § 2º do art. 11[19] da lei revogada. Tanto é que, como acima se reproduziu, permitia o juiz o levantamento do montante que tivesse reconhecido como devido. O pedido de falência, nunca é demais ressaltar, não é ação de cobrança. Assim, por exemplo, se o credor arrima seu crédito em duplicata parcialmente quitada, sem fazer a ressalva, traduzindo em seu pedido a totalidade do numerário estampado no título, não será o caso de o juiz ordenar o levantamento da importância ainda não quitada. Ao exigir o total, apresentou um título falencial inidôneo. Não estava a impontualidade caracterizada nos termos do pedido e, diante do fato, não há como não denegar o pedido. Isto porque a ação de falência não se presta à composição para recebimento de débitos.

Diferentemente, contudo, seria o caso de o credor, também com fundamento no art. 94, I, da Lei n. 11.101/2005, apresentar seu pedido ancorado em quatro títulos falenciais, sendo acolhida a relevante razão de direito invocada em relação a três deles e não em relação ao quarto. Nesse caso, feito o depósito do valor de todos os títulos, o credor levantará aquele relativo ao crédito reconhecido como legítimo, com todos os seus acréscimos legais, restituindo-se ao devedor o depósito relativo aos outros três tidos por ineptos a embasar a pretensão de sua quebra. Mas isto se o título único suplantar o limite de quarenta salários mínimos previstos em lei (§ 2º do art. 96).

O depósito elisivo propriamente dito, apresentado com a defesa, não se confunde, como já se sublinhou, com o depósito feito em pagamento, após a citação. Neste, confessa o devedor a pertinência de seu débito e, portanto, paga para elidir a falência.

Portanto, citado o devedor, três opções de comportamento processual ativo a ele se apresentam: (a) depositar a importância do débito em pagamento, com correção, juros, custas e honorários advocatícios nas hipóteses dos incisos I e II do art. 94, nesta última

---

[19]   § 2º: "Citado, poderá o devedor, dentro do prazo para defesa, depositar a quantia correspondente ao crédito reclamado, para discussão da sua legitimidade ou importância, elidindo a falência".

se o requerente for o autor do processo de execução, no qual se verifica o fato jurídico caracterizador da presunção de insolvência; (b) contestar o pedido e, no mesmo prazo, apresentar o depósito elisivo da falência, naquelas mesmas situações legais; (c) apenas oferecer defesa. Na situação descrita no inciso III do art. 94 somente se lhe cabe esta última possibilidade. Permanecendo inerte, sem oferecer contestação, ter-se-á por caracterizada a sua revelia, presumindo-se verdadeiras as alegações de fato formuladas pelo requerente (Código de Processo Civil de 2015, art. 344).

5. DECRETAÇÃO DA FALÊNCIA

Refutados pelo juiz os elementos de defesa apresentados pelo devedor, e, não tendo ele, nas hipóteses dos incisos I e II do art. 94, realizado o depósito elisivo, não restará ao magistrado outro caminho senão o de decretar-lhe a falência. A respectiva sentença, como também procederá a que resultar da confissão pelo devedor, além de obedecer, sob pena de nulidade, aos requisitos comuns a todo e qualquer ato dessa natureza, preconizados no *caput* do art. 489 do Código de Processo Civil de 2015[20], deverá conter, dentre outras determinações: (a) a síntese do pedido, a identificação do falido e os nomes dos que forem a esse tempo seus administradores, bem como dos sócios solidária e ilimitadamente responsáveis, com qualidade de empresário, declarados falidos, além daqueles não empresários, sobre os quais apenas serão produzidos os efeitos jurídicos da quebra; (b) a fixação do termo legal da falência, sem poder retrotraí-lo por mais de noventa dias contados do pedido de falência, do pedido de recuperação judicial ou do primeiro protesto por falta de pagamento, excluindo-se, para esta finalidade, os protestos que tenham sido cancelados; (c) a ordem para que o falido apresente, no prazo máximo de cinco dias, relação nominal dos credores, indicando endereço, importância, natureza e classificação dos respectivos créditos, se esta já não se encontrar nos autos, como na hipótese de confissão de falência (art. 105, II), sob pena de desobediência; (d) a explicitação do prazo para as habilitações de crédito, observado o disposto no § 1º do art. 7º; (e) a decisão de suspensão de todas as execuções contra o falido, ressalvadas as hipóteses previstas nos §§ 1º e 2º do art. 6º; (f) a proibição da prática de qualquer ato de disposição ou oneração de bens do falido, submetendo-os preliminarmente à autorização judicial e do comitê, se houver, ressalvados os bens cuja venda faça parte das atividades normais do devedor se autorizada a continuação provisória; (g) a

---

[20]   *Caput* do art. 489: "São elementos essenciais da sentença: I – o relatório, que conterá os nomes das partes, a identificação do caso, com a suma do pedido e da contestação, e o registro das principais ocorrências havidas no andamento do processo; II – os fundamentos, em que o juiz analisará as questões de fato e de direito; III – o dispositivo, em que o juiz resolverá as questões principais que as partes lhe submeterem".

determinação das diligências necessárias para salvaguardar os interesses das partes envolvidas, podendo ordenar a prisão preventiva do falido ou de seus administradores quando requerida com fundamento em provas da prática de crime definido na Lei de Recuperação e Falência; (h) a ordem ao Registro Público de Empresas e à Secretaria da Receita Federal do Brasil para que procedam às anotações da falência nos registros do devedor, a fim de que constem a expressão "Falido", a data da decretação da falência e a sua inabilitação empresarial; (i) a nomeação do administrador judicial; (j) a determinação para expedição de ofícios aos órgãos e repartições públicas e outras entidades para que informem a existência de bens e direitos do falido; (l) o pronunciamento a respeito da continuação provisória das atividades do falido com o administrador judicial ou da lacração dos estabelecimentos; (m) a determinação, quando entender conveniente, para convocação da assembleia geral de credores para a constituição de comitê de credores, podendo ainda autorizar a sua manutenção quando eventualmente em funcionamento na recuperação judicial, na hipótese de sua convolação em falência; (n) a intimação eletrônica do Ministério Público e das Fazendas Públicas Federal e de todos os Estados, Distrito Federal e Municípios em que o devedor tiver estabelecimento, para que tomem conhecimento da falência, a qual será direcionada aos respectivos destinatários, conforme o estatuído no § 2º do art. 99.

Como se percebe, o conteúdo da sentença implica uma série de consequências no curso do processo falimentar, no próprio negócio e bens do devedor e na relação com seus credores. Destacam-se a nomeação do administrador judicial, a fixação de prazo para os credores que não constarem da listagem do devedor se habilitem, a fixação do termo legal da falência, a suspensão das execuções e a manifestação a respeito da continuação provisória das atividades do falido. Alguns desses requisitos já foram estudados e outros o serão adiante abordados.

Os seus efeitos materiais são de imediato produzidos, a partir, portanto, da assinatura pelo juiz, dadas as consequências que de logo acarreta. A sua publicação, por edital eletrônico, além de servir à sua publicidade, tem por fim a produção de efeitos de ordem processual, como o início da contagem do prazo recursal e do prazo de habilitação dos credores.

6. TERMO LEGAL DA FALÊNCIA

Determina a lei que o juiz, ao decretar a falência, fixe, na respectiva sentença, o termo legal da falência. Como ensinava Carvalho de Mendonça[21], "a fixação des-

---

[21]   Ob. cit., vol. VII, p. 22.

te termo é tão importante como a própria declaração da falência. Trata-se de reconhecer a ocasião exata em que as dificuldades, ou o procedimento incorreto do devedor começaram a perturbar os seus negócios e a depositar neles o gérmen da falência, influindo diretamente nas relações dos credores entre si e também entre terceiros".

É, pois, um conceito eminentemente temporal, presumindo a lei que o estado de falência já havia por antecedência se manifestado. Daí determinar que retroaja para atingir determinados atos praticados pelo devedor, tornando-os ineficazes quando realizados dentro do interregno. Parte a lei de uma presunção absoluta que aqueles atos por ela discriminados, uma vez positivados no termo legal, são, por si sóis, prejudiciais aos credores, porquanto implementados pelo devedor quando já em total estado de desequilíbrio, pressionado pelos reflexos nocivos da sua crise econômico-financeira aguda. Já não tinha mais isenção na prática de certos atos, os quais se mostram, muitas vezes, discriminatórios e lesivos aos interesses dos credores.

Como anotava de forma pertinente Rubens Requião[22], reflete o ingresso "num período cinzento, no qual, embora civilmente capaz, sofre uma *capitis deminutio*, estando inabilitado para dispor de seus bens". Por tal razão é que foi muito bem qualificado por Carvalho de Mendonça[23] como "um período suspeito", terminologia usualmente empregada na doutrina como sinônimo do termo legal[24].

Sua utilidade reside, dessa feita, em permitir a declaração da ineficácia de certos atos, sem a necessidade da prova de que foram praticados em fraude contra os credores. Está intimamente ligado com a ação revocatória, como se pode inferir dos incisos I, II e III do art. 129.

Na sentença deve o juiz, também, fixar o termo legal da falência de cada um dos sócios de responsabilidade ilimitada assim declarados falidos (art. 81). Esse termo pode ser o mesmo para a sociedade e para os sócios nesta condição ou ser diverso para cada um deles. Isto porque são patrimônios distintos o da sociedade e os dos sócios. A falência destes decorre da presunção legal da impossibilidade em que se acham de satisfazer as obrigações sociais, pelas quais são solidariamente responsáveis[25].

No regime da lei atual, o termo legal não pode retroagir por mais de noventa dias contados do pedido de falência, do pedido de recuperação judicial ou do primeiro

---

[22] Ob. cit., vol. I, p. 128.
[23] Ob. cit., vol. VII, p. 22.
[24] Cf. Rubens Requião, ob. cit., vol. I, p. 130; Miranda Valverde, ob. cit., vol. I, p. 127; Nelson Abrão, ob. cit., p. 49.
[25] Carvalho de Mendonça, ob. cit., vol. VII, p. 338.

protesto por falta de pagamento, excluindo-se, para esta finalidade, aqueles protestos já cancelados.

Registra-se uma progressiva alteração de prazo: na Lei n. 2.024/1908 se limitava a quarenta dias; no Decreto-Lei n. 7.661/45 era de sessenta dias; na Lei n. 11.101/2005 ficou em noventa dias. O sistema não nos parece o mais adequado. Como bem apontava Nelson Abrão[26], "a prática de atos lesivos pode remontar à época mais remota", assim, conclui, "teria sido mais prudente deixar ao arbítrio judicial, baseado nas provas que se colherão do processo falimentar, fixá-lo por espaço de tempo mais dilatado".

Importante anotação, em relação ao direito anterior, consiste em não ser mais possível postergar-se para data ulterior a determinação final do termo legal. Deve ele, inexoravelmente, ser fixado na sentença. Fa-lo-á, pois, retrotrair, segundo os elementos de convicção apurados nos autos, variantes conforme a fisionomia da falência decretada, até noventa dias do primeiro protesto por falta de pagamento ainda não cancelado. Se não houver mais protesto no registro cartorário competente, a fixação tomará por base o ajuizamento do próprio pedido de falência ou, se ocorrer convolação do pedido de recuperação judicial em falência ou da recuperação já concedida em falência, será contado do ingresso do respectivo pedido recuperatório em juízo[27]. O critério do primeiro protesto se impõe como opção prioritária, respaldado na exteriorização da insolvabilidade pela impontualidade que, a final, acabou por manifestar o estado de falência, posteriormente declarado, ainda que com fundamento em outra causa.

7. CONTINUAÇÃO PROVISÓRIA DAS ATIVIDADES

No direito anterior à Lei n. 11.101/2005 concebia-se a figura jurídica da continuação do negócio do falido (Decreto-Lei n. 7.661/45, art. 74). Era a ele facultado requerer ao juiz a medida e, uma vez deferida, seria nomeado gerente para prosseguir nas atividades.

A sua realização respaldava-se nos seguintes critérios: (a) acautelamento do patrimônio comercial ou industrial de maiores prejuízos, decorrentes da paralisação da empresa; (b) não ser aconselhável a suspensão inopinada da atividade, tendo um volume de produtos e serviços a acabar; (c) viabilidade da concordata suspensiva.

---

[26]   Ob. cit., p. 49.

[27]   A data do "pedido de falência" ou do "de recuperação judicial" é aquela do ingresso em juízo, quando foi, pois, manifestado perante o Estado-juiz.

No sistema atual, a medida não mais se implementa exclusivamente pelo requerimento do devedor. A lei outorga ao juiz o poder de agir de ofício. Deverá o magistrado verificar a conveniência da continuação provisória das atividades do devedor falido, atento ao fato de que, em diversos episódios, a brusca cessação da atividade poderá provocar inefáveis prejuízos de ordem econômica e social. Cumpre sejam avaliadas não apenas as razões de natureza econômica da empresa, mas também as do pessoal dela dependente, como empregados e fornecedores. O que inspira a medida excepcional é a continuação do negócio como fonte de prevenção a dano grave e de difícil ou incerta reparação. Não se pode desconhecer que a repentina paralisação seja, por vezes, desaconselhável. Dela poderá decorrer a perda do aviamento ou o dever de indenizar resultante do não cumprimento de certos contratos, como os de produção e entrega de bens ou produtos, ou, até mesmo, a prestação de determinados serviços. Deflui do art. 75 da lei a visão da preservação, otimização e utilização produtiva dos bens, ativos e recursos – financeiros, econômicos e de pessoal –, inclusive os intangíveis que se encontram dispostos no exercício da empresa. A isto só se pode em muitos casos atender com o prosseguimento provisório da atividade. Com ela é que se alcançará o desiderato de uma proficiente liquidação do ativo, nela compreendida a alienação da própria "empresa" ou de suas filiais ou unidades produtivas, vistas, num ou noutro caso, como unidades de produção viáveis ou que se podem viabilizar pelos recursos e ações do novo titular. A ruína financeira nem sempre vai abalar certas unidades de produção que compõem, como um todo, o estabelecimento empresarial, instrumento de exercício da empresa. Recomenda-se sejam elas destacadas, a fim de não serem contaminadas e, com isso, se possa obter um efetivo proveito decorrente da alienação.

Desse modo é que a lei preconiza o pronunciamento judicial acerca da continuação provisória da empresa ou não. Optando-se pela primeira, caberá ao administrador judicial prosseguir na atividade, sendo-lhe facultado contratar auxiliares para a execução do mister (§ 1º do art. 22). As despesas serão pagas pelo administrador judicial com os recursos disponíveis em caixa (art. 150).

Propugnamos a possibilidade de o juiz, num primeiro momento, decidir pela lacração do estabelecimento e, após, verificando a ocorrência de fatos novos, motivados até mesmo pelo requerimento do administrador judicial ou de qualquer credor, decidir pela continuação provisória das atividades. A decisão sobre a matéria não tem, em nossa visão, força preclusiva. Desde que os pressupostos se apresentem, amparando a conveniência da providência, pode ela a qualquer tempo ser deferida.

8. PUBLICIDADE DA SENTENÇA

À sentença que decreta a falência, em função da multiplicidade de efeitos que dela decorrem, deve ser dada ampla publicidade. Visa-se com a iniciativa a preservar os interesses dos credores e de terceiros que possam vir a ser afetados pelo novo estado de direito que resulta a falência para o devedor e seus bens.

Nesse sentido é que dela se dá ciência ao representante do Ministério Público, às Fazendas Públicas Federal e de todos os Estados, Distrito Federal e Municípios nos quais o devedor esteja estabelecido e ao Registro Público de Empresas Mercantis, a este para que proceda a anotação da falência no registro do devedor e a notícia em seu banco de dados, a ser disponibilizado na rede mundial de computadores.

Igualmente serão expedidos ofícios aos órgãos e repartições públicas e outras entidades para que informem a existência de bens e direitos do falido.

Outrossim, será publicada por edital eletrônico, contendo sua íntegra e a relação de credores. Deverá ser mencionada em qualquer publicação a epígrafe "falência de".

9. NATUREZA JURÍDICA DA SENTENÇA

A Lei Falimentar de 1945 fazia uso da expressão "Da Declaração Judicial da Falência" para intitular a Seção Segunda do Título I. A opção legislativa inspirou alguns autores, como Walter T. Álvares[28], a asseverar a natureza declaratória da decisão judicial.

A acepção é contestada por diversos outros tratadistas, partidários da doutrina constitutiva da sentença[29].

Nutrimos o entendimento de que não há, na verdade, base científica para sustentar a prevalência da carga declaratória ou da carga constitutiva do ato judicial. Deve a sentença apresentar-se com equilíbrio entre o caráter declaratório e o constitutivo que lhe são inerentes. Ao reconhecer o preexistente estado de fato da insolvência emerge a sua qualidade marcantemente declaratória. Sem esse reconhecimento não há estado de falência. Daí não se poder desprezar o seu forte tempero declaratório. Impende seja a insolvência judicialmente reconhecida e declarada por sentença para que se tenha irrompido o estado de falência. Diante dessa declaração, constitui-se, instaura-se, um novo estado jurídico, com previsão e regulação legal,

---

[28] *Direito falimentar*, vol. I. São Paulo: Sugestões Literárias S/A, 1960, p. 223.

[29] Nelson Abrão, ob. cit., p. 47; Rubens Requião, ob. cit., vol. I, p. 125; Miranda Valverde, ob. cit., vol. I, p. 125.

que se impõe *erga omnes*, a partir do qual se terá uma efetiva mutação não só em relação à pessoa do empresário, mas também em relação a seus bens, contratos e credores. Por isso, ressalta-se, igualmente, a sua qualidade constitutiva. Participa, pois, a sentença dessas duas categorias.

A Lei n. 11.101/2005 não mais faz uso, acreditamos propositadamente, das expressões "declaração da falência" ou "sentença declaratória da falência", preferindo referir-se à decretação tão somente.

10. COISA JULGADA

A verificação da coisa julgada decorrente da sentença que decreta a quebra não tem sido pacificamente enunciada. A consideração gira em torno de se distinguir as hipóteses de jurisdição com ou sem lide[30].

O procedimento pré-falimentar, quando de iniciativa do credor, por exemplo, não traz dúvida da sua feição contenciosa; todavia, se iniciado pela confissão do devedor, há quem vislumbre a presença da jurisdição sem lide[31]. Não nos parece, entretanto, que assim o seja. Como tivemos oportunidade de deflagrar no item 2.1 do Capítulo 18, valendo-nos da judiciosa opinião de Rubens Requião, nada obsta a qualquer credor se opor ao pedido de decretação da autofalência formulado pelo devedor. Nessas condições, ainda que inexista a predita intervenção e, portanto, se alegue a jurisdição sem lide, o certo é que o caráter contencioso se mantém, derivado do simples fato de ser possível, em seu bojo, ocorrerem controvérsias. A potencialidade da lide traduz essa natureza contenciosa ao processo preliminar da falência.

Por tais razões é que sustentamos fazer a sentença declaratória de falência coisa julgada.

11. RECURSO

A lei atual simplifica e põe termo à babel recursal estampada na lei revogada.

É clara a verba legal ao enunciar que da sentença que decretar a falência caberá recurso de agravo (art. 100), leia-se de instrumento. A modalidade recursal se justifica,

---

[30]   BESSONI, Darcy. *Instituições de direito falimentar*. São Paulo: Saraiva, 1995, p. 77.

[31]   Darcy Bessone, ob. cit., p. 78-79 – ainda que para este autor o processo de confissão de falência seja jurisdição sem lide, sustenta que a decisão nela proferida produz pelo menos os efeitos da coisa julgada.

embora do preceito geral conste que da sentença caiba apelação (Código de Processo Civil de 2015, art. 1.009), justo porque a decisão em apreço, na medida em que impõe o fim do processo pré-falencial inaugura um outro processo, o de falência propriamente dito, com a produção de imediatos efeitos decorrentes da nova condição jurídica do devedor, efeitos esses de ordem pessoal, patrimonial e em relação a seus credores. Daí se justificar o recurso de agravo de instrumento, eis que da decisão surge um novo processo, embora nos mesmos autos, recheado de procedimentos a serem logo implementados.

Podem recorrer da decisão o devedor, os sócios de responsabilidade ilimitada, os terceiros prejudicados, o próprio credor requerente da quebra e o Ministério Público. Sendo a lei atual silente, aplica-se na integralidade o princípio insculpido no art. 996 do Código de Processo Civil de 2015.

O devedor é a parte vencida com a decretação de sua falência. Os sócios de responsabilidade ilimitada também o são, impondo a lei sejam citados para apresentarem contestação (art. 81). Daí os evidentes interesses recursais.

A sentença de falência vale *erga omnes*, pelo que potencialmente é capaz de resultar em prejuízos a terceiros, direta ou indiretamente interessados no patrimônio do devedor. Demonstrando o nexo de interdependência entre o seu interesse de intervir e a relação jurídica submetida à apreciação judicial (parágrafo único do art. 996 do Código de Processo Civil de 2015), poderá o terceiro recorrer. São os casos, por exemplo, dos sócios da sociedade cuja falência foi decretada e, na falência do espólio, do cônjuge sobrevivente e do herdeiro do devedor falecido, quando não requerentes[32]. A estas exemplificações também se pode juntar o adquirente do estabelecimento falido[33].

O credor, igualmente, poderá manejar o recurso. A lei anterior expressamente o legitimava. O silêncio da atual não prejudica a conclusão. Apesar de satisfeito em relação ao pedido principal – a quebra –, poderá restar desatendido nas providências acessórias da decisão, como na fixação do termo legal da falência e na nomeação do administrador judicial[34].

Ao representante do Ministério Público, também é facultado objetar, por agravo de instrumento, a decisão judicial. Nos precisos termos do *caput* do art. 996 c/c o inciso II do art. 179 do Código de Processo Civil de 2015, poderá recorrer nos processos em que for parte ou oficiar como fiscal da ordem jurídica. Tem, assim, legiti-

---

[32]   Miranda Valverde, ob. cit., vol. I, p. 139.

[33]   *RT* 192/294.

[34]   Ao credor é, ainda, possível recorrer nas hipóteses de confissão da falência, quando a ela se opuser e restar vencido em sua pretensão.

midade para interpor os recursos legais para a efetiva execução e observância da lei de ordem pública[35].

Diante do laconismo da Lei n. 11.101/2005, o prazo e o processamento do agravo de instrumento são os da Lei Processual Geral. Assim, deve ser interposto dentro de quinze dias da intimação da decisão. O prazo se conta em dias corridos (inciso I, do § 1º do art. 189). Na hipótese do Ministério Público, o seu representante será pessoalmente intimado (Lei n. 11.101/2005, inciso XIII do art. 99). O agravo de instrumento será dirigido diretamente ao Tribunal competente. Recebido o recurso, faculta-se ao relator atribuir-lhe efeito suspensivo ou deferir, em antecipação de tutela, total ou parcialmente, a pretensão recursal (inciso I do art. 1.019 do Código de Processo Civil de 2015).

12. UNIDADE E UNIVERSALIDADE DO JUÍZO DA FALÊNCIA

Prescreve o art. 76 da Lei n. 11.101/2005, em sua parte inicial, que "o juízo da falência é indivisível e competente para conhecer todas as ações sobre bens, interesses e negócios do falido", e o complementa o art. 115 do mesmo diploma, enunciando a regra segundo a qual "a decretação da falência sujeita todos os credores", que somente poderão exercer seus direitos sobre os bens do devedor na forma estabelecida na respectiva lei.

No primeiro regramento se tem presente o princípio da unidade ou da indivisibilidade do juízo da falência; no segundo se visualiza o da universalidade. São princípios informadores, que devem estar presentes em qualquer procedimento concursal, sem os quais não se consegue atingir os seus fins.

Consoante o magistério de Miranda Valverde[36], "a universalidade do estado de falência, situação jurídica legal, que não decorre, mas pressupõe a unidade do juízo que dele conhece, opõe-se à possibilidade de serem decretadas tantas falências do mesmo comerciante, quantos forem os seus estabelecimentos, situados em jurisdições diferentes". Mas universalidade não está a esse efeito limitada. O concurso de credores falimentar é universal, justo porque o procedimento engloba a totalidade desses credores e os bens do devedor. Como figurativamente o qualificava Carvalho de Mendonça[37], "o juízo da falência é um mar onde se precipitam todos os rios". Nele, assim, devem concorrer

---

[35] A Súmula 99 do Superior Tribunal de Justiça consagra a legitimação do Ministério Público para recorrer no processo em que oficiou como fiscal da lei, ainda que não haja recurso da parte.

[36] Ob. cit., vol. I, p. 81.

[37] Ob. cit., vol. VII, p. 259.

todos os credores. É no juízo da falência que se realiza a arrecadação dos bens, em que se processa a verificação dos créditos, em que se processam os pedidos de restituição e quaisquer outras reclamações sobre bens, interesses e negócios do devedor falido, como as ações revocatórias.

Mas para que esse caráter universal da execução coletiva falimentar se assegure, necessário é que nele se concentre o contencioso e a atividade jurisdicional e processual da falência. A unidade e a indivisibilidade do juízo são, verdadeiramente, pressupostos da universalidade.

Tendo a falência por escopo, como escrevia Carvalho de Mendonça[38], a liquidação integral do patrimônio do devedor e o pagamento de todos os seus credores, forçoso é que o juízo, no qual ela se processa, possua a *vis attractiva*, tornando-se único e universal.

Conforme dizia Rubens Requião[39], evita-se com a unidade e consequente indivisibilidade do juízo falimentar "a dispersão das ações, reclamações e medidas que, conjuntamente, formam o procedimento falimentar, submetido ao critério uniforme do julgamento do magistrado que superintende a falência e que preside à solução dos interesses em conflito com ela ou nela relacionados".

A *vis attractiva* permite a reunião do contencioso que envolva os bens, negócios e interesses do falido, que já integram a massa falida, a qual será a parte nos respectivos feitos, possibilitando a uniformidade de visão e economia na condução dos vários processos e incidentes que se realizam em razão do estado de falência. Com ela, fica possível se assegurar a *par conditio creditorum*, princípio inspirador do direito concursal.

Contudo, a regra comporta certas exceções. Existem ações não falimentares consistentes naquelas cuja existência independe do processo concursal. São as não reguladas na Lei Falimentar, "em que o falido figurar como autor ou litisconsorte ativo" (art. 76, *caput, in fine*). A expressão legal não é feliz. Após a falência, a massa falida é quem ocupará o polo ativo da demanda que envolver os bens, negócios e interesses do devedor falido. Ele demandará em nome próprio nos feitos que envolverem questões estritamente pessoais, não relacionadas com a falência, e estes, por óbvio, não são atraídos para o juízo falimentar. Também não o serão aqueles em que a massa falida atuar como autora ou litisconsorte ativa, desde que não reguladas pela Lei de Recuperação e Falência. Essa é a inteligência que se deve extrair do preceito. Seriam os casos de uma ação de despejo proposta pelo administrador judicial no interesse da massa falida, a fim de recobrar o bem objeto do arrendamento, ou de uma ação na qual persiga a reparação de

---

[38] Ob. cit., vol. VII, p. 259.
[39] Ob. cit., vol. I, p. 95.

ato ilícito contratual, cometido por um contratante do devedor falido, que descumpre a avença comercial, gerando prejuízos para a massa.

Outras exceções são verificadas no *caput* do art. 76, mesmo que a massa ocupe o polo passivo da demanda. São as ações trabalhistas e fiscais. As primeiras correrão na Justiça do Trabalho e, uma vez apurado o respectivo crédito, paralisa-se a ação, com a execução se realizando no juízo da falência, conforme tivemos oportunidade de demonstrar no item 9 do Capítulo 8. As segundas, consoante abordado no item 8 do Capítulo 8, não se sujeitam ao crivo do juízo falimentar, nos termos do art. 187 do Código Tributário Nacional e do art. 2º do Decreto-Lei n. 858/69.

As ações decorrentes de acidente de trabalho, derivadas de dolo ou culpa do empregador (Constituição Federal, inciso XXVIII do art. 7º), após a Emenda Constitucional n. 45/2004 – que atribuiu nova redação ao art. 114 da Constituição Federal, redefinindo a competência da Justiça do Trabalho –, segundo o entendimento que acabou por se estabelecer no Supremo Tribunal Federal[40], ficam na esfera de competência material

---

[40] A matéria encontra-se pacificada pela Súmula Vinculante 22 do Supremo Tribunal Federal, cujo verbete vem assim expressado: "A Justiça do Trabalho é competente para processar e julgar as ações de indenização por danos morais e patrimoniais decorrentes de acidente de trabalho propostas por empregado contra empregador, inclusive aquelas que ainda não possuíam sentença de mérito em primeiro grau quando da promulgação da Emenda Constitucional n. 45/04". Entretanto, com o escopo de aprofundar a evolução do estudo do tema, trazemos como fonte os seguintes casos. No julgamento do Agravo Regimental no Recurso Extraordinário n. 441.038-9/MG foi consignado o seguinte entendimento: "Acidente de trabalho – indenização por danos materiais e/ou morais – ação ajuizada em face do empregador, com fundamento no direito comum – matéria que, não obstante a superveniência da EC 45/2004, ainda permanece na esfera de competência do poder judiciário local – recurso improvido. Compete à Justiça dos Estados-membros e do Distrito Federal, e não à Justiça do Trabalho, o julgamento das ações de indenização por danos materiais e/ou morais resultantes de acidente do trabalho, ainda que fundadas no direito comum e ajuizadas em face do empregador. Não obstante a superveniência da EC n. 45/2004, subsiste íntegra, na esfera de competência material do Poder Judiciário local, a atribuição para processar e julgar as causas acidentárias, qualquer que seja a condição ostentada pela parte passiva (INSS ou empregador), mesmo que a pretensão jurídica nelas deduzida encontre fundamento no direito comum. Inaplicabilidade da Súmula 736/STF. (2ª Turma, unânime, publicada no *DJU*, Seção I, de 8-4-2005, p. 36). O Tribunal Pleno, em sessão realizada em 9-3-2005, enfrentou o tema no julgamento do RE n. 438.639/MG, decidindo por maioria de voto em favor do não deslocamento da competência. Ficaram vencidos os Min. Carlos Ayres Britto e Marco Aurélio. Ulteriormente, a Suprema Corte alterou a sua construção jurisprudencial, para reconhecer a modificação de competência em favor da Justiça do Trabalho. Em sessão realizada em 29-6-2005, o mesmo Tribunal Pleno decidiu: "Constitucional. Competência Judicante em Razão da Matéria. Ação de Indenização por Danos Morais e Patrimoniais Decorrentes de acidente do trabalho, proposta pelo empregado em face de seu (ex-)empregador. Competência da Justiça do Trabalho. Art. 114 da Magna Carta. Redação anterior e posterior à Emenda Constitucional n. 45/04. Evolução da jurisprudência do Supremo Tribunal Federal. Processos em curso na Justiça comum dos Estados. Imperativo de política judiciária – 1.

da Justiça do Trabalho. A atribuição para processar e julgar tais feitos, na visão da Corte Suprema, se desloca para a Justiça Especializada. Uma vez reconhecido e apurado o crédito, o seu pagamento obedecerá às regras do concurso falimentar, tal qual se tem em relação aos demais créditos derivados da relação de trabalho.

Por motivação de ordem pública, as ações nas quais a União, entidade autárquica ou empresa pública federal forem interessadas nas condições de autoras, rés, assistentes ou oponentes, em que participar a massa falida, ainda que na condição de ré ou litisconsorte passiva, a competência privativa para dirimi-las será da Justiça Federal (Constituição Federal, art. 109, inciso I, e Código de Processo Civil de 2015, art. 45, *caput* e inciso I).

Nas ações reais imobiliárias, a orientação que vinha predominando era a de que a competência devia ser determinada pelo direito comum, ou seja, do juízo da situação da coisa (Código de Processo Civil de 1973, art. 95, correspondente ao art. 47 do Código de Pro-

---

Numa primeira interpretação do inciso I do art. 109 da Carta de Outubro, o Supremo Tribunal Federal entendeu que as ações de indenização por danos morais e patrimoniais decorrentes de acidente do trabalho, ainda que movidas pelo empregado contra seu (ex-) empregador, eram da competência da Justiça comum dos Estados-Membros. 2. Revisando a matéria, porém, o Plenário concluiu que a Lei Republicana de 1988 conferiu tal competência à Justiça do Trabalho. Seja porque o art. 114, já em sua redação originária, assim deixava transparecer, seja porque aquela primeira interpretação do mencionado inciso I do art. 109 estava, em boa verdade, influenciada pela jurisprudência que se firmou na Corte sob a égide das Constituições anteriores. 3. Nada obstante, como imperativo de política judiciária – haja vista o significativo número de ações que já tramitaram e ainda tramitam nas instâncias ordinárias, bem como o relevante interesse social em causa –, o Plenário decidiu, por maioria, que o marco temporal da competência da Justiça trabalhista é o advento da EC 45/04. Emenda que explicitou a competência da Justiça Laboral na matéria em apreço. 4. A nova orientação alcança os processos em trâmite pela Justiça comum estadual, desde que pendentes de julgamento de mérito. É dizer: as ações que tramitam perante a Justiça comum dos Estados, com sentença de mérito anterior à promulgação da EC 45/04, lá continuam até o trânsito em julgado e correspondente execução. Quanto àquelas cujo mérito ainda não foi apreciado, hão de ser remetidas à Justiça do Trabalho, no estado em que se encontram, com total aproveitamento dos atos praticados até então. A medida se impõe, em razão das características que distinguem a Justiça comum estadual e a Justiça do Trabalho, cujos sistemas recursais, órgãos e instâncias não guardam exata correlação. 5. O Supremo Tribunal Federal, guardião-mor da Constituição Republicana, pode e deve, em prol da segurança jurídica, atribuir eficácia prospectiva às suas decisões, com a delimitação precisa dos respectivos efeitos, toda vez que proceder a revisões de jurisprudência definidora de competência *ex ratione materiae*. O escopo é preservar os jurisdicionados de alterações jurisprudenciais que ocorram sem mudança formal do Magno Texto. 6. Aplicação do precedente consubstanciado no julgamento do Inquérito 687, Sessão Plenária de 25-8-99, ocasião em que foi cancelada a Súmula 394 do STF, por incompatível com a Constituição de 1988, ressalvadas as decisões proferidas na vigência do verbete. 7. Conflito de competência que se resolve, no caso, com o retorno dos autos ao Tribunal Superior do Trabalho" (Conflito de Competência n. 7204/MG, decisão por maioria, vencido, no caso, o Min. Marco Aurélio, na medida em que não estabelecia a edição da Emenda Constitucional n. 45/2004 como marco temporal para competência da Justiça Trabalhista, publicada no *DJU*, Seção I, de 9-12-2005, p. 5).

cesso Civil de 2015) ou do foro especializado previsto em lei especial. Esse foi o entendimento da Segunda Seção do Superior Tribunal de Justiça[41], no seguinte *leading case*:

> Usucapião especial. Ação promovida contra a massa falida. Competência do foro da situação do imóvel. Nos casos de foro especializado previsto em lei, como no caso do usucapião especial – Lei 6.969/81, art. 4º, não prevalece o foro dito universal da falência". Todavia, acolhendo melhor doutrina acerca da matéria, em julgamento ulterior, a Segunda Seção reviu o conceito exarado, para prestigiar a via atrativa do juízo falimentar, considerando a visão global e plena que este juízo único e indivisível tem da situação específica da falência. Assim, no indigitado aresto vem afirmado: "Entretanto, os motivos que justificam a improrrogabilidade da competência das ações reais imobiliárias parecem ceder diante da competência conferida ao juízo indivisível da falência, o qual, por definição, é um foro de atração, para o qual converge a discussão de todas as causas e ações pertinentes a um patrimônio com universalidade jurídica. A unidade e consequente indivisibilidade do juízo falimentar evita a dispersão das ações, reclamações e medidas que, conjuntamente, formam o procedimento falimentar, o qual fica submetido a critério uniforme do juiz que superintende a execução coletiva e que preside a solução dos interesses em conflito com ela ou a ela relacionados[42].

---

[41] Conflito de Competência n. 2136/SP, decisão unânime, Rel. Min. Athos Carneiro, publicada no *DJU*, Seção I, de 20-4-1992, p. 5198. No mesmo sentido, o Conflito de Competência n. 2137/SP, decisão unânime, Rel. Min. Nilson Naves, publicada *DJU*, Seção I, de 16-3-1992, p. 3074.

[42] Conflito de Competência n. 84.752/RN, decisão unânime, Rela. Mina. Nancy Andrighi, publicada no *DJU*, Seção I, de 1-8-2007. Confira-se a íntegra da ementa: "PROCESSUAL CIVIL. CONFLITO POSITIVO DE COMPETÊNCIA. AÇÃO DE ADJUDICAÇÃO COMPULSÓRIA DE BEM IMÓVEL ARRECADADO PELA MASSA FALIDA. – Embora a competência territorial seja, via de regra, relativa, aquela atinente ao foro da situação do imóvel, que também tem natureza territorial, rege-se, na maior parte das vezes, pela norma contida na segunda parte do art. 95 do CPC, que a qualifica de absoluta. A causa dessa exceção é o juízo de conveniência e interesse público do legislador, de decidir *in loco* os litígios referentes aos imóveis, com melhor conhecimento das realidades fundiárias locais ou regionais, facilidade para a realização de perícias, maior probabilidade de identificar e localizar testemunhas etc. Ademais, a destinação dada ao imóvel pode ter repercussões na vida econômica ou social de uma localidade ou de uma região, o que constitui respeitável fundamento metajurídico da competência ditada pelo art. 95 do CPC. – Entretanto, os motivos que justificam a improrrogabilidade da competência das ações reais imobiliárias parecem ceder diante da competência conferida ao juízo indivisível da falência, o qual, por definição, é um foro de atração, para o qual converge a discussão de todas as causas e ações pertinentes a um patrimônio com universalidade jurídica. A unidade e consequente indivisibilidade do juízo falimentar evita a dispersão das ações, reclamações e medidas que, conjuntamente, formam o procedimento falimentar, o qual fica submetido a critério uniforme do juiz que superintende a execução coletiva e que preside a solução dos interesses em conflito com ela ou a ela relacionados. – No particular, há de se acrescentar, ainda, que o imóvel cuja adjudicação se pretende foi efetivamente arrecadado pela massa falida. A arrecadação é ato de apreensão judicial executiva que visa à guarda e conservação dos bens do falido

As ações que demandam quantias ilíquidas também excluem o juízo universal da falência até que se apure o respectivo crédito, conforme a orientação que prevaleceu no Superior Tribunal de Justiça, nos moldes, por exemplo, do Agravo Regimental no Recurso Especial n. 1.471.615/SP, em que ficou definido: "A decretação da falência, a despeito de instaurar o juízo universal falimentar, não acarreta a suspensão nem a atração das ações que demandam quantia ilíquida: se elas já tinham sido ajuizadas antes, continuam tramitando no juízo onde foram propostas; se forem ajuizadas depois, serão distribuídas normalmente segundo as regras gerais de competência. Em ambos os casos, as ações tramitarão no juízo respectivo até a eventual definição de crédito líquido"[43].

Nos Recursos Especiais n. 1.643.856/SP e n. 1.643.873/SP, afetados como Recursos Especiais Repetitivos, na mesma trilha do entendimento acima reproduzido, firmou-se a seguinte tese jurídica: "A competência para processar e julgar demandas cíveis com pedidos ilíquidos contra massa falida, quando em litisconsórcio passivo com pessoa jurídica de direito público, é do juízo cível no qual for proposta a ação de conhecimento, competente para julgar ações contra a Fazenda Pública, de acordo com as respectivas normas de organização judiciária"[44].

Questão interessante diz respeito à propositura de ação que, pela regra de competência falimentar, seria atraída para o juízo universal, mas cujo ajuizamento se operou em data anterior à decretação da falência, sem que tenha ocorrido citação.

O Superior Tribunal de Justiça, por sua Quarta Turma, assim se posicionou: "Arrendamento mercantil. Ação de reintegração de posse. Decretação de falência da ré. Anterioridade à citação. Juízo universal. Atração. Ineficácia. Art. 24, § 2º, II, Lei de Falências. O simples ajuizamento de ação possessória antes do decreto de

---

para futura alienação, em benefício dos credores. Sendo assim, nada mais coerente que todas as questões relacionadas aos bens arrecadados sejam decididas pelo juízo falimentar. – O juízo falimentar detém uma visão global e plena da falência. Conhece a totalidade de credores; tem informação sobre a situação financeira da massa, em especial dos bens que foram arrecadados; tem contato próximo com o síndico para obtenção de dados complementares, enfim dispõe de todos os elementos necessários à tomada de uma decisão imparcial, equitativa e justa. O Juízo de situação do imóvel, por sua vez, não obstante esteja privilegiado pela proximidade física do bem, dificilmente terá acesso a essa gama de informações. Conflito conhecido para declarar competente o Juízo de Direito da 3ª Vara de Falências e Concordatas de Fortaleza – CE".

[43] 4ª Turma do Superior Tribunal de Justiça, Rel. Min. Marco Buzzi, julgado à unanimidade em 16-9-2014.

[44] 1ª Seção do Superior Tribunal de Justiça, Rel. Min. Og Fernandes, julgados à unanimidade em 13-12-2017.

falência da ré livra-a da atração do juízo universal, ainda que a citação não se tenha efetuado"[45].

No mesmo sentido a Terceira Turma: "Princípio da universalidade do juízo falimentar. Ajuizamento da ação. Precedentes da Corte. Afasta o princípio da universalidade do juízo falimentar o ajuizamento da ação antes da decretação da quebra, não se exigindo para tanto que tenha sido efetivada a citação"[46].

Todas as ações já em curso, mesmo as excepcionadas do juízo universal, terão prosseguimento com o administrador judicial, que deverá ser intimado para representar a massa falida, sob pena de nulidade do processo, conforme preceitua o parágrafo único do art. 76.

As ações que devam ser propostas no juízo da falência estarão sujeitas à distribuição por dependência (parágrafo único do art. 78). Os pedidos de falência terão distribuição obrigatória, respeitando-se a ordem de apresentação (*caput* do art. 78), sendo certo que a distribuição do primeiro previne a jurisdição para qualquer outro (§ 8º do art. 6º).

13. SENTENÇA DENEGATÓRIA DA FALÊNCIA

A sentença que denegar a falência será apelável. A denegação da quebra não se verifica apenas quando se "julga a improcedência do pedido", conforme limitadamente enuncia o art. 100.

Haverá sentença denegatória da falência nas seguintes hipóteses: (a) quando o juiz acolher a defesa do requerido, repelindo-se assim o pedido; (b) quando o devedor promover o depósito em pagamento, nas hipóteses dos incisos I e II do art. 94, elidindo a falência; (c) quando, nas mesmas hipóteses legais, realizar o depósito elisivo, isto é, depositar não em pagamento, mas para apresentar defesa, de antemão já elidindo a presunção de sua insolvabilidade.

Na primeira situação contemplada, resta clara a sucumbência do autor do requerimento, o qual deve incorrer nas respectivas penas consagradas no § 2º do art. 82 c/c o art. 85 do Código de Processo Civil de 2015, suportando, assim, o pagamento das despesas processuais e dos honorários advocatícios, a serem fixados na correspondente decisão.

---

45 REsp n. 243.385/SP, decisão unânime, Rel. Min. Aldir Passarinho Junior, publicada no *DJU*, Seção I, de 26-8-2002, p. 225.

46 REsp n. 263.874/SP, decisão unânime, Rel. Min. Carlos Alberto Menezes Direito, publicada no *DJU*, Seção I, de 27-8-2001, p. 328.

Na segunda, quem sucumbe é o devedor, razão pela qual o depósito para elidir a quebra deve contemplar o principal, correção monetária, juros, despesas processuais e honorários de advogado arbitrados pelo juiz.

Na terceira, a sucumbência poderá ser do requerente ou do requerido, dependendo do acolhimento ou não da matéria de defesa. Não decorre, destarte, do simples fato objetivo da não decretação da falência. Esta não se inaugura em razão do depósito, ainda que sejam rejeitadas na decisão as razões de bloqueio ofertadas pelo devedor. Portanto, com o acolhimento da defesa, sucumbente é o requerente; caso contrário, será o requerido. Daí a lei determinar que o depósito se faça com atualização monetária, juros, honorários advocatícios (parágrafo único do art. 98), para que o credor o levante em pagamento de seu crédito, sem prejuízo de arcar o devedor também com as despesas processuais.

Em princípio, legitimado para o recurso é o credor requerente. Mas, no caso acima contemplado, nada impede seja o devedor requerido o apelante. Seu interesse em recorrer reside justo no fato de que, embora denegada a falência, o foi com o não acolhimento de sua defesa, gerando para ele o ônus correspondente e a reversão do depósito para o pagamento do credor. Desejará o reexame do Tribunal para a prevalência das suas razões, invertendo-se a responsabilidade pelas verbas sucumbenciais, além de poder recobrar o valor depositado.

O Ministério Público, igualmente, é parte legítima para a interposição da apelação (*caput* do art. 996 c/c o inciso II do art. 179 do Código de Processo Civil de 2015)[47].

No âmbito do Decreto-Lei n. 7.661/45, editava-se polêmico preceito – o parágrafo único do art. 19 –, enunciando não fazer coisa julgada a sentença que rejeitasse o pedido de falência. Não vem regra semelhante reeditada na Lei n. 11.101/2005.

Em verdade, o sentimento da doutrina era todo voltado para a autoridade de coisa julgada da sentença. Proclamando entendimento adequado ao dispositivo, Miranda Valverde[48] bem explanava a sua extensão:

> A sentença denegatória da falência não tem autoridade de coisa julgada, diz o parágrafo único. Não tem, com efeito, mas no sentido de que a própria parte que decaiu do pedido pode voltar a fazê-lo, baseando-se em novos fatos. O fundamento legal pode ser o mesmo, diverso, porém, há de ser o ato ou fato atribuído ao devedor. Rigorosamente falando, pois, a sentença denegatória da falência tem autoridade de coisa julgada. Pode o credor requerer de novo a falência do seu devedor comerciante, mas diversa há de ser a *causa petendi*.

---

47 Súmula 99 do STJ: "O Ministério Público tem legitimidade para recorrer no processo em que oficiou como fiscal da lei, ainda que não haja recurso da parte".

48 Ob. cit., vol. I, p. 146.

A visão dogmática serve para orientar a matéria no direito vigente. Uma vez denegado o pedido, nada impede volte o credor a requerer a falência de seu devedor, em processo novo, deduzindo fatos novos, inéditos, assim, em relação ao primitivo fundamento, trazendo nova causa de pedir; ou, até mesmo, corrigindo defeito que resultou no indeferimento do pedido anterior, como a ausência de protesto do título falencial.

13.1. *CONDENAÇÃO EM PERDAS E DANOS*

Aquele que por dolo requerer a falência do devedor será condenado, reconhecido o fato pelo juiz, na mesma sentença que julgar o pedido improcedente, a indenizá-lo, apurando-se, em liquidação de sentença, as correspondentes perdas e danos, reza o *caput* do art. 101.

O requerimento de falência, como curial, constitui ato de suma gravidade, que deve ser operado com extrema responsabilidade, dado as inúmeras consequências patrimoniais e morais que é capaz de produzir na vida empresarial do requerido. Não pode, pois, atuar o requerente dolosamente e nem em abuso do direito.

Rubens Requião[49], asseverando o uso legítimo do requerimento pelo credor, ressaltava não ser a ele lícito "transformar essa prerrogativa que a lei lhe confere numa arma maliciosa para oprimir o devedor, para dele obter vantagens ou pagamento não devido".

Por esta razão é que a lei manda que o juiz investigue, ao rejeitar a pretensão, se houve dolo na ação do credor. Assim convencido, deverá condená-lo nas perdas e danos respectivos.

O termo "dolo", empregado no texto legal, quer nos parecer utilizado no seu sentido genérico, como sinônimo de má-fé, conforme já assim ponderava Valverde[50] ao comentar o art. 20 da lei revogada. É verdadeira sanção que a lei comina ao litigante malicioso.

Somente na análise precisa e minuciosa do caso concreto é que ao juiz é possível, diante das provas dos autos, formar convencimento do dolo ou da má-fé do requerente, isto é, da sua intenção de constranger, de prejudicar o devedor. Mas, com apoio na experiência colhida, podemos exemplificar algumas hipóteses: (a) utilização de documento falso, viciado, que não merece fé em juízo; (b) obtenção de protesto do título, em que se funda o pedido, por meio de falsas declarações e informações ao tabelionato competente; (c) fundamento do pedido em duplicata sem causa; (d) requerimento apoiado em título sabidamente inexigível pelo credor, ou pretenso credor etc.

---

[49] Ob. cit., vol. I, p. 133.
[50] Ob. cit., vol. I, p. 147.

No entanto, o dolo, para ensejar a condenação do requerente na própria sentença, deverá ser manifesto. Não estando assim convencido, caberá ao magistrado deixar de impor a condenação. O fato, todavia, não impede que o requerido, por ação própria, promova os atos competentes para pleiteá-lo, aduzindo provas mais consistentes e efetivas da atuação dolosa do requerente de sua falência.

Embora o dispositivo sob comento se refira à apuração das perdas e danos em liquidação de sentença, vislumbramos que isto somente se deva fazer em relação aos danos materiais, que irão demandar a verificação de certos fatos provocadores do abalo do patrimônio ou negócio do empresário, como a perda de um contrato em função do requerimento da falência. O dano moral que necessariamente resultará da ação do credor, este, pensamos, deve vir já fixado na sentença, pois cabe ao juiz quantificá-lo, segundo a experiência comum.

Havendo mais de um requerente, serão solidariamente responsáveis aqueles que motivaram com o mesmo elemento subjetivo sua ação (§ 1º do art. 101).

Não contempla a Lei n. 11.101/2005, de modo expresso, como o fazia a lei anterior, a possibilidade de o requerido perseguir a indenização nos casos de culpa ou abuso do direito do requerente da falência denegada. O silêncio, contudo, não altera a pertinência da pretensão, a ser viabilizada em processo autônomo, é o nosso convencimento.

Pelas drásticas implicações de um pedido de falência no negócio do devedor é que não se deve absolver do dever de indenizar aquele que atua culposa ou abusivamente ao dirigir o seu pleito. É possível não ter havido dolo, a intenção de prejudicar o empresário, mas o exercício irregular de um direito não pode passar incólume. O art. 927 do Código Civil erige como uma das fontes da obrigação de indenizar o abuso do direito, prescrito no art. 187 do mesmo Código, assim enunciado: "também comete ato ilícito o titular de um direito que, ao exercê-lo, excede manifestamente os limites impostos pelo seu fim econômico ou social, pela boa-fé ou pelos bons costumes".

Também por ação própria, ao terceiro prejudicado está autorizado, nos casos de dolo, culpa ou abuso do direito, reclamar indenização dos responsáveis. Seria o caso do sócio controlador de uma sociedade anônima, prestes a negociar a venda do controle, que vê o valor de suas ações "despencar" em razão de um pedido doloso ou irregular da falência da companhia, frustrando a negociação.

14. NATUREZA DO PROCESSO DE FALÊNCIA

Decretada a falência, como já se mencionou, tem-se início o processo falimentar. Inaugura-se, portanto, não com a petição inicial ajuizada, mas com a sentença de quebra, embora tudo se processe em única autuação.

O processo de falência, em nossa visão, é um processo recheado de providências administrativas e outras contenciosas. A feição administrativa revela-se no seu escopo de apurar o ativo do devedor falido e pagar aos seus credores, alinhados segundo preferências legais decorrentes de seus títulos. Como promotor de uma liquidação, o processo tem natureza administrativa. Contudo, nele podem emergir situações contenciosas, o que, pela simples potencialidade do surgimento de controvérsias, lhe imprime esse caráter contencioso, também.

É o caso, por exemplo, da declaração incidental de ineficácia de certos atos em relação à massa falida (art. 129).

CAPÍTULO 19

EFEITOS DA SENTENÇA EM RELAÇÃO À PESSOA DO FALIDO

1. CONDIÇÃO JURÍDICA DO FALIDO

A sentença que decreta a falência provoca reflexos diretos na condição pessoal do falido, inibindo-o da prática de certos atos.

Não é, contudo, um incapaz. A sentença não o torna um interdito. Conserva ele seus direitos civis e políticos. Pode praticar atos da vida civil, como o de laborar e o de contratar as condições desse trabalho. Apenas não se permite possam esses atos refletir em seus bens sujeitos à massa falida, nem ofender direitos e interesses nela envolvidos[1].

Sofre, efetivamente, algumas restrições, as quais decorrem de certas incompatibilidades ou deveres dispostos por lei, que atingem a sua própria pessoa.

A vedação à livre disposição de seus bens, por exemplo, resulta do próprio sistema legal de liquidação falimentar e não de eventual incapacidade. Seus efeitos são, guardadas as devidas proporções, semelhantes aos que decorrem da penhora na execução singular. A extensão e a intensidade são mais sensíveis porque recai o ato de privação sobre a totalidade de seu patrimônio.

2. DIREITOS DO FALIDO

O falido permanece proprietário do patrimônio arrecadado na falência. Enquanto não alienado, nos termos da lei, tem legítimo interesse em preservá-lo. Contudo, permanece inibido de agir, como autor, em postulações relativas às relações patrimoniais envolvidas na falência. Não tem ele a administração de seus bens, que compete ao administrador judicial. Poderá, entretanto, intervir nos processos em que a massa falida for parte ou interessada, requerendo o que for de seu interesse e direito, fazendo uso, inclusive, da interposição dos recursos cabíveis (parágrafo único do art. 103).

---

[1] Carvalho de Mendonça, ob. cit., vol. VII, p. 431.

Como titular do patrimônio arrecadado, fica-lhe assegurado fiscalizar a administração da falência, requerendo as providências necessárias para a conservação de seus direitos ou bens.

Sofre o falido, como se percebe, uma restrição em sua capacidade processual, referente às lides que se refiram aos direitos patrimoniais envolvidos na falência. Mas permanece ela inabalada quanto à preservação de seus direitos civis e políticos, podendo, para defendê-los, atuar legitimamente em juízo. No próprio juízo falimentar tem ele o direito de se opor à decretação da falência, interpondo o competente recurso. Em suma: poderá o falido estar em juízo, como autor ou réu, sobre questões que não digam respeito à massa.

3. INABILITAÇÃO EMPRESARIAL

A partir da decretação da falência, preceitua o art. 102, fica o falido inabilitado para exercer qualquer atividade empresarial. Os efeitos se estendem até que se verifique o trânsito em julgado da sentença extintiva de suas obrigações. Entretanto, sendo ele empresário individual e condenado a crime previsto na Lei de Recuperação e Falência, é possível também decorrer como efeito desta condenação a sua inabilitação, consoante prevê o inciso I do art. 181. Mas dito efeito não é automático. O juiz, ao proferir a sentença condenatória, deverá motivá-lo e declará-lo. Uma vez imposta a restrição, a inabilitação para o exercício de atividade empresarial perdurará até cinco anos após a extinção da punibilidade, podendo, contudo, antes cessar por força da reabilitação penal. Esta se realiza, nos moldes do art. 94 do Código Penal. Assim é que pode ser requerida decorridos dois anos do dia em que foi extinta, de qualquer modo, a pena ou terminar sua execução, computando-se o período de prova da suspensão e o livramento condicional, se não sobrevier revogação, desde que o condenado: (a) tenha tido domicílio no País no prazo acima referido; (b) tenha dado, durante esse tempo, demonstração efetiva e constante de bom comportamento público e privado; (c) tenha ressarcido o dano causado pelo crime ou demonstre a absoluta impossibilidade de o fazer, até o dia do pedido, ou exiba documento que comprove a renúncia da vítima ou novação da dívida.

A medida restritiva atinge também os sócios de responsabilidade ilimitada declarados falidos (art. 190).

Além da inabilitação acima contemplada, são também efeitos da condenação criminal, por crime previsto na Lei n. 11.101/2005, o impedimento para o exercício de cargo ou função de gestão – conselho de administração ou diretoria – nas sociedades simples e empresárias (inciso II do art. 181; Código Civil, § 1º do art. 1.011; e Lei n. 6.404/76, § 1º do art. 147) e a impossibilidade de gerir o estabelecimento por mandato ou gestão de negócios (inciso III do art. 181).

Poderão os sócios e os administradores, de fato e de direito, da sociedade falida, que se equiparam, na medida de sua culpabilidade, ao falido para todos os efeitos penais (art. 179), restarem atingidos por estas restrições decorrentes de eventual condenação criminal.

Em consonância, pois, as determinações da Lei de Recuperação e Falência com o inciso II do art. 35 da Lei n. 8.934/94, que veda o arquivamento de documentos de constituição ou alteração de sociedades empresárias ou firmas individuais em que figura, respectivamente, como administrador ou titular pessoa que esteja condenada pela prática de crime cuja pena vede o acesso à atividade empresarial.

Findo o período de inabilitação, é facultado ao falido, empresário individual ou sociedade empresária, requerer ao juiz da falência que proceda à correspondente anotação em seu registro, de modo que, sem barreiras formais, possa reingressar na atividade (parágrafo único do art. 102).

Os sócios de responsabilidade ilimitada declarados falidos e os administradores e demais sócios que tenham sofrido condenação criminal geradora de inabilitação também poderão pleitear suas reabilitações.

4. OBRIGAÇÕES LEGAIS DO FALIDO

A decretação da falência impõe ao falido ou, sendo ele pessoa jurídica, a seus administradores ou liquidantes, uma série de obrigações e deveres legalmente dispostos, de modo a viabilizar adequada ordenação processual e proficiente administração dos interesses envolvidos na falência, esclarecendo os fatos com ela relacionados, em atenção ao seu íntimo conhecimento dos negócios de interesse da massa. Como na lei revogada, o art. 104 enumera deveres de ordem pessoal, administrativa e processual. Passemos ao seu elenco: (a) assinar nos autos, desde que intimado da decisão, termo de comparecimento, com a indicação do nome, nacionalidade, estado civil, endereço completo do domicílio, cumprindo ainda declarar, para constar do dito termo, diretamente ao administrador judicial, em dia, local e hora por ele designados, por prazo não superior a quinze dias após a decretação da falência, o seguinte: (i) as causas determinantes da sua falência, quando requerida pelos credores; (ii) tratando-se de sociedade, os nomes e endereços de todos os sócios, acionistas controladores, diretores ou administradores, apresentando o contrato ou estatuto social e a prova do respectivo registro, bem como suas alterações; (iii) o nome do contador encarregado da escrituração dos livros obrigatórios; (iv) os mandatos que porventura tenha outorgado, indicando seu objeto, nome e endereço do mandatário; (v) seus bens imóveis e os móveis que não se encontram no estabelecimento; (vi) se faz parte de outras sociedades, exibindo respectivo contrato; (vii) suas contas bancárias, aplicações, títulos em cobrança e processos em andamento em que for autor ou réu; (b) entregar ao administrador judicial os seus livros obrigatórios e os demais instrumentos de escrituração pertinentes, que os encerrará por termo; (c) não se ausentar do lugar onde se processa a falência sem motivo justo e comunicação expressa ao juiz, e sem deixar procurador bastante, sob as penas cominadas na lei; (d) comparecer a todos os atos da falência, podendo ser representado por procurador, quando não for indispensável sua presença; (e) entregar ao administrador judicial, para arrecadação, todos os bens, papéis, documentos e senhas de acesso a sistemas contábeis, financeiros e bancários, indicando-lhe aqueles que porventura estejam em poder de terceiros; (f) prestar as informações reclamadas pelo juiz, administrador judicial, credor ou Ministério Público sobre circunstâncias e fatos que interessem à falência; (g) auxiliar o administrador judicial com zelo e presteza; (h) examinar as habilitações de crédito apresentadas; (i) assistir ao levantamento, à verificação do balanço e ao exame dos livros; (j) manifestar-se sempre que for determinado pelo juiz; (k) apresentar ao administrador judicial a relação de seus credores, em arquivo eletrônico, no dia em que prestar as declarações (alínea *a supra*); (l) examinar e dar parecer sobre as contas do administrador judicial.

Faltando ao cumprimento de qualquer dever, após pessoalmente intimado pelo juiz para fazê-lo, responderá o falido por crime de desobediência (Código Penal, art. 330).

Tratando-se de sociedade falida, como já se ressaltou, as obrigações deverão, sob a mesma pena, ser realizadas por seus administradores ou, se estivesse em estado de liquidação quando da decretação da quebra, pelo liquidante (§ 2º do art. 81).

5. RESTRIÇÃO AO LIVRE TRÂNSITO

O inciso III do art. 104 reflete, como no direito anterior, relevante dever legal do falido empresário individual ou, no caso de sociedade falida, de seus administradores ou liquidantes, a merecer análise destacada. Exige-lhe a lei que não se ausente do lugar onde se processa a falência sem motivo justo e comunicação expressa ao juiz, deixando, nesse caso, procurador que o represente. Não mais se condiciona seu afastamento prolongado do foro da falência à ordem judicial, como no regime do Decreto-Lei n. 7.661/45. Basta comunicar expressamente ao juízo, fazendo a demonstração do justo motivo e indicando o seu bastante procurador.

A restrição imposta à sua livre locomoção, como já explicitava Rubens Requião[2], "não deve ser entendida como uma punição". Decorre ela da própria eficiência que se lhe requer no cumprimento de outros deveres legais, como o de comparecer aos atos da falência, auxiliar o administrador judicial, prestar as informações reclamadas pelo juiz, administrador judicial, credor ou Ministério Público, dentre outros.

---

[2]   Ob. cit., vol. I, p. 171.

6. SIGILO DE CORRESPONDÊNCIA

À semelhança do que se via na antiga lei de 1945, a lei de 2005, ao arrolar os deveres do administrador judicial, relaciona o de "receber e abrir a correspondência dirigida ao devedor, entregando a ele o que não for assunto de interesse da massa" (art. 22, III, *d*).

Essa restrição pessoal que se impõe ao falido, no que concerne à sua correspondência, desde o direito anterior vem suscitando controvérsia acerca de sua constitucionalidade. Na Constituição Federal de 1988, o foco residiria no inciso XII do art. 5º, ao prescrever ser "inviolável o sigilo da correspondência e das comunicações telegráficas, de dados e das comunicações telefônicas, salvo, no último caso, por ordem judicial, nas hipóteses e na forma que a lei estabelecer para fins de investigação criminal ou instrução processual penal".

Embora sob a égide de Constituição anterior, Bento de Faria[3] sustentava a constitucionalidade de semelhante preceito do Decreto-Lei n. 7.661/45 (art. 63, II), assim esclarecendo:

> Se é certo que o preceito constitucional assegura a *inviolabilidade*, não expressa contudo o conceito da violação, que há de, pois, ser proporcionado pela lei ordinária. Esse critério deve ser fornecido pela lei penal, vez que por ela é que se pune a *violação*. Ora, o Código Penal somente sujeita às suas sanções a *violação indevida* (art. 151 e segtes.), isto é, quando o agente *não tem o direito de ler a correspondência*. Daí resulta, portanto, que a possibilidade de ser devassado o conteúdo da carta deve ser expressamente outorgada, ou resultar implícita, como faculdade necessária e resultado do direito inerente à função exercida pelo agente, ou cujo exercício é autorizado pela sua posição jurídica em relação ao destinatário.

Os judiciosos comentários são plenamente amoldados ao direito vigente que, em essência, não se apresenta com substanciais variações.

Com efeito, o texto da Carta Política de 1988 também não define a inviolabilidade, apenas a assegura. Outorga, assim, à lei ordinária a sua conceituação. E esta permanece com o mesmo conceito, punindo apenas a violação indevida. No mesmo sentido apropriado pelo art. 151 do Código Penal, tem-se o art. 40 da Lei n. 6.538/78, que dispõe sobre os serviços postais, definindo como violação de correspondência o ato de devassar indevidamente o conteúdo de correspondência fechada dirigida a outrem.

Na norma falimentar, o administrador judicial é expressamente autorizado a receber e abrir a correspondência dirigida ao falido, não havendo tecnicamente violação. A

---

[3] Ob. cit., vol. I, n. 56, p. 218.

própria lei, demonstrando cautela na enunciação, determina que a ele sejam restituídas as que não forem de interesse da massa. Na lei em vigor não mais se exige, como na anterior se exigia, que a abertura de correspondência se desse na presença do falido ou de seu representante. O fato não altera, para nós, a conclusão pela constitucionalidade da norma. A exigência foi abolida, a fim de conferir agilidade aos atos falenciais. Ao administrador é conferido esse poder-dever, justamente em atenção aos interesses envolvidos na falência, inclusive os de ordem pública. É com o acesso à correspondência do negócio do devedor falido que pode o administrador desempenhar a contento suas funções. A partir dela poderá colher informações indispensáveis à administração da massa, inclusive descobrindo atos que possam ser em relação a ela ineficazes ou revogáveis, os quais caracterizam à pretensão revocatória.

Em reforço à cautela que deve o administrador judicial guardar no desempenho do mister, Sampaio de Lacerda[4], arrimado na lição de De Semo, demonstrava não ser a ele dado o direito de divulgar o conteúdo do que leu, a não ser no interesse exclusivo da massa, sob pena de responder por crime de violação de sigilo funcional, previsto no art. 325 do Código Penal.

---

[4]   Ob. cit., p. 89.

CAPÍTULO 20

EFEITOS DA SENTENÇA EM RELAÇÃO AOS BENS DO FALIDO

1. O DESAPOSSAMENTO DOS BENS E A FORMAÇÃO DA MASSA FALIDA OBJETIVA

A partir da decretação da falência, o devedor perde o direito de livremente administrar os seus bens e deles dispor (art. 103). Inclusive, como se viu, na própria sentença, o juiz deverá, explicitando o princípio, expressamente proibir a prática de qualquer ato de disposição ou de oneração dos bens do falido (art. 99, VI). A mesma restrição decorre do deferimento de tutela de urgência de natureza cautelar de sequestro dos bens do devedor[1], em procedimento específico (Código de Processo Civil de 2015, art. 301) que pode preceder à decretação da quebra, geralmente nas hipóteses decorrentes da prática de atos ruinosos previstos no art. 94, III. A infração ao dispositivo levará à invalidação do ato, em face da evidente nulidade. No direito anterior, a nulificação do negócio jurídico vinha prevista no próprio dispositivo referente ao tema (§ 1º do art. 40 do Decreto-Lei n. 7.661/45). O art. 103 é omisso acerca da sanção. Portanto, na espécie, incide a regra do inciso VII do art. 166 do Código Civil, segundo a qual é nulo o negócio jurídico quando a lei taxativamente assim o declarar, ou proibir-lhe a prática, sem cominar sanção.

---

[1]   No regime do Decreto-Lei n. 7.661/45, o sequestro dos bens do falido era previsto expressamente no § 4º do art. 12, que cuidava do procedimento do processo pré-falimentar, para as hipóteses de falência requeridas com base no art. 2º, isto é, com apoio na enumeração legal (execução sem pagamento ou garantia e prática de atos ruinosos). Naquela situação, o sequestro poderia ser decretado de ofício pelo juiz, não necessitando de ação própria. A Lei n. 11.101/2005 não mais reedita semelhante norma, mas em seu art. 103 faz menção à figura do sequestro como uma das referências para marcar o momento em que se verifica a perda da posse e da administração dos bens pelo devedor e do direito de livre disposição sobre eles. O sequestro, portanto, no regime atual, deve ser entendido como tutela de urgência de natureza cautelar, de iniciativa do credor, prevista no art. 301 do Código de Processo Civil de 2015. Pode ser requerido anteriormente ou no curso do processo preliminar da falência (Código de Processo Civil de 2015, parágrafo único do art. 294).

O desapossamento dos bens do falido dá origem à massa falida objetiva. Serão eles arrecadados pelo administrador judicial, que os administrará, até que sejam liquidados. O falido permanece como proprietário dos bens, perdendo, entretanto, os direitos de diretamente possuí-los, administrá-los e de livre disposição. O fenômeno verifica-se por força de lei, constituindo-se o patrimônio arrecadado em um patrimônio separado do falido, afetado ao pagamento de seus credores.

Portanto, com a arrecadação dos bens do devedor se estará compondo a massa objetiva, por isso também chamada de massa ativa, que constituirá um patrimônio autônomo, integrado pelos bens sujeitos à execução, destacando-se, no patrimônio do falido, daqueles bens absolutamente impenhoráveis, que não estarão sujeitos à arrecadação, e sobre os quais o devedor permanece com a posse e com a administração plenas.

Nessa orientação de raciocínio sobressai a lição de Ferrara[2], ao esclarecer que "a declaração da falência cinde, com efeito, o patrimônio do falido em duas massas; de um lado, o patrimônio do falido sujeito à execução, neste compreendendo-se os bens que lhe advierem durante o estado de falência; de outro, *o patrimônio impenhorável* (créditos por alimentos, pensões, ordenados, bens dotais, etc.). O primeiro passa para a administração do curador[3]; o outro, estranho ao processo executivo, permanece na posse do falido".

2. ARRECADAÇÃO E CUSTÓDIA DOS BENS

Ato contínuo à assinatura do termo de compromisso de bem e fielmente desempenhar o cargo, com a assunção de todas as responsabilidades a ele inerentes (art. 33), o administrador judicial efetuará a arrecadação dos bens e documentos do falido no local em que se encontrem, sendo-lhe facultado requerer ao juiz, para esse fim, as medidas necessárias, inclusive a requisição de força policial, havendo resistência. Procederá, ainda, à respectiva avaliação, correspondente a cada bem separadamente considerado ou em bloco (art. 108). Para a realização da avaliação será possível ao administrador judicial contratar avaliadores, de preferência oficiais, mediante autorização judicial, caso não tenha qualificação técnica para o mister (art. 22, III, *h*).

Ainda que haja avaliação em bloco, o bem objeto de garantia real será também avaliado separadamente. Isto porque os créditos com garantia real concorrerão nessa classe até o limite do valor do bem gravado. Os eventuais saldos dos créditos não co-

---

[2] Francesco Ferrara, *Dir. civ. italiano*, vol. 1, p. 880, *apud* Trajano de Miranda Valverde, ob. cit. vol. I, p. 230.

[3] A menção à figura do curador no Direito italiano corresponde à do administrador judicial em nosso Direito.

bertos pelo produto da alienação dos bens vinculados ao seu pagamento concorrerão como quirografários. Será considerada como valor do bem objeto da garantia real a importância auferida com a sua venda. Mas na alienação em bloco, o valor de avaliação individual do bem é o que será tomado para esse fim.

Os bens arrecadados, os quais poderão ser removidos dos locais em que se encontram, desde que a providência seja indicada para assegurar a custódia e sua conservação, ficarão sob a guarda do administrador judicial. Faculta-se-lhe, no entanto, eleger outra pessoa para o desempenho da função de depositário, mas sempre sob sua responsabilidade. Nada obsta seja o falido, ou qualquer de seus representantes, nomeado para o encargo. Ele, o devedor, inclusive, terá o direito de acompanhar os procedimentos de arrecadação e avaliação.

O estabelecimento será lacrado sempre que houver risco para a execução da etapa de arrecadação ou para a preservação dos bens integrantes da massa falida ou dos interesses dos credores. O juiz, na sentença, ou até mesmo após a sua prolação, surgindo o fato, deverá decidir a respeito.

Havendo bens penhorados ou por outra forma apreendidos, o respectivo produto entrará para a massa. Cumprirá ao juiz, a requerimento do administrador judicial, deprecar às autoridades competentes, determinando sua entrega. Esta é a regra do § 3º do art. 108. Contudo, parece-nos que o produto, no preceito referido, ingressará na massa quando os bens penhorados apreendidos já houverem sido liquidados em hasta pública ou, até mesmo, quando esta já estiver por editais marcada, devendo, por questões de economia processual, ser assim realizada, apurando-se o prefalado produto resultante da venda judicial. Do contrário, os próprios bens serão arrecadados na falência, vez que a partir de sua decretação as execuções serão suspensas, não sendo lógico haver a alienação judicial do bem apreendido.

3. ARRECADAÇÃO FRUSTRADA OU EXÍGUA

Inexistindo bens a arrecadar, ou, ainda que existentes, caso se mostrem insuficientes para fazer face ao pagamento das despesas processuais, o administrador judicial deverá comunicar o fato ao juiz que, em sequência, mandará ouvir os credores, no prazo de dez dias, fixado por meio de edital, a fim de requererem o que for a bem de seus direitos. A qualquer um deles deve ser assegurada a faculdade de dar prosseguimento ao feito, adiantando os valores necessários às despesas, inclusive para a investigação da existência de bens, e ao pagamento dos honorários do administrador judicial. As importâncias despendidas pelo credor ou pelos credores para esse desiderato serão havidas como créditos extraconcursais, nos moldes do inciso I-A do art. 84. Nada requerendo os credores, o administrador judicial promoverá a venda dos bens arrecadados, se for o caso, no prazo máximo de trinta dias para bens móveis e de sessenta dias para bens imóveis, e apresentará o seu relatório. Após tal apresentação, deverá a falência ser por sentença encerrada pelo juiz. Em quaisquer das situações, ou seja, não havendo bens a serem arrecadados ou se os arrecadados forem insuficientes, impõe-se a cientificação do fato ao representante do Ministério Público, antes mesmo da oitiva dos credores, para se manifestar e para que possa providenciar, se pertinentes, as medidas relativas à apuração das eventuais responsabilidades criminais.

O procedimento célere ou sumário da falência, por arrecadação frustrada ou exígua, vem restabelecido pelo art. 114-A, incluído pela Lei n. 14.112/2020, que, com pequenas alterações, reedita o regramento constante do art. 75 do Decreto-Lei n. 7.661/45. A Lei n. 11.101/2005 foi omissa no tratamento da aludida figura, o que se corrige com a reforma, pois não há qualquer razão lógica que justifique outra providência senão a do seu sumário processamento para imediato encerramento, diante da arrecadação frustrada ou exígua.

O § 3º do art. 114-A é cópia fiel do § 3º do art. 75 do Decreto-Lei n. 7.661/45. Na sua nova versão, constante do art. 114-A[4], não há qualquer sentido em se referir a "proferida a decisão", pois ela, na versão do § 3º do art. 75 da Lei de 1945, relacionava--se a uma decisão constante do § 5º do art. 200, integrante das disposições especiais, que se dirigia à falência cujo passivo fosse inferior a cem vezes o maior salário mínimo vigente no país, a qual sumariamente se processava. Assim, a referência fica vazia e, portanto, deve ser desconsiderada na leitura do dispositivo. O Decreto-Lei n. 7.661/45 conhecia duas modalidades de falência sumária: em razão da exiguidade do ativo (art. 75) ou do passivo (art. 200).

Na situação aqui tratada, também tem aplicação a regra do art. 144-A. Dessarte, frustrada a tentativa de venda dos bens e não havendo proposta concreta dos credores para assumi-los, diz a lei, tais bens poderão ser considerados sem valor de mercado e destinados à doação. Não havendo interessados na doação, os bens serão devolvidos ao devedor falido.

4. BENS EXCLUÍDOS DA ARRECADAÇÃO

Não são arrecadáveis na falência os bens absolutamente impenhoráveis, proclama o § 4º do art. 108. A Lei Falimentar não qualifica, contudo, quais bens são impenhoráveis. Portanto, aplicar-se-á na solução da questão o conceito da lei processual civil geral ou

---

4   Art. 114-A.: "[...] § 3º. Proferida a decisão, a falência será encerrada pelo juiz nos autos".

de leis especiais que cuidem da matéria, desde que as hipóteses sejam conformáveis com o estado de falência.

Assim é que incide, para sua informação, a regra geral do art. 833 do Código de Processo Civil de 2015, que declara serem impenhoráveis: (a) os bens inalienáveis e os declarados, por ato voluntário, não sujeitos à execução[5]; (b) os móveis, os pertences e as utilidades domésticas que guarnecem a residência do devedor, salvo os de elevado valor ou os que ultrapassem as necessidades comuns correspondentes a um médio padrão de vida; (c) os vestuários, bem como os pertences de uso pessoal do executado, salvo se de elevado valor; (d) os vencimentos, os subsídios, os soldos, os salários, as remunerações, os proventos de aposentadoria, as pensões, os pecúlios e os montepios, bem como as quantias recebidas por liberalidade de terceiro e destinadas ao sustento do devedor e de sua família, os ganhos de trabalhador autônomo e os honorários de profissional liberal; (e) os livros, as máquinas, as ferramentas, os utensílios, os instrumentos ou outros bens móveis necessários ou úteis ao exercício da profissão do devedor; (f) o seguro de vida; (g) os materiais necessários para obras em andamento, salvo se essas forem penhoradas; (h) a pequena propriedade rural, assim definida em lei, desde que trabalhada pela família; (i) os recursos públicos recebidos por instituições privadas para aplicação compulsória em educação, saúde ou assistência social; (j) até o limite de 40 (quarenta) salários mínimos, a quantia depositada em caderneta de poupança; (k) os recursos públicos do fundo partidário recebidos por partido político; (l) os créditos oriundos de alienação de unidades imobiliárias, sob regime de incorporação imobiliária, vinculados à execução da obra.

Pelo § 3º do citado artigo da Lei Processual Civil, incluem-se na impenhorabilidade apontada na alínea *e* acima os equipamentos, os implementos e as máquinas agrícolas pertencentes à pessoa física ou, nas literais palavras do Código, "a empresa individual produtora rural" (*sic*), exceto quando tais bens tenham sido objeto de financiamento e

---

[5] As cláusulas de inalienabilidade e impenhorabilidade só se estabelecem em relação a terceiros. Não é dado a ninguém gravar com essas cláusulas seus próprios bens, salvo a constituição do bem de família (Código Civil, arts. 1.711 a 1.722). A respeito, leciona Washington de Barros Monteiro: "Trata-se de ônus que só se estabelece em relação a terceiros (donatários, herdeiros e legatários), pois a ninguém se permite, ainda com homologação judicial, vincular os próprios bens, salvo no caso especial de constituição do bem de família" (*Curso de direito civil*, vol. 6, 29. ed., p. 151). No mesmo sentido, Sílvio de Salvo Venosa: "Afora os bens que são inalienáveis por sua própria natureza e aqueles que o são por força de lei, há uma terceira espécie de bens inalienáveis: são os bens inalienáveis pela vontade humana, ou seja, aqueles aos quais se apõem a *cláusula de inalienabilidade*, nas doações e testamentos. Ninguém pode gravar os próprios bens. Só se gravam bens de terceiros e só por meio desses atos de disposição, doações e testamentos" (*Direito civil*, vol. 7, 4. ed., p. 214 e 222-223).

estejam vinculados em garantia a negócio jurídico ou quando respondam por dívida de natureza alimentar, trabalhista ou previdenciária.

No rol acima elencado encontram-se os livros, as máquinas, as ferramentas, os utensílios, os instrumentos ou outros bens móveis necessários ou úteis ao exercício da profissão do devedor. No Decreto-Lei n. 7.661/45 havia expressa excludente dessa hipótese, localizada no parágrafo único do art. 41, determinando a arrecadação, ressalvados os bens de módico valor. A Lei n. 11.101/2005 não adota o mesmo critério do diploma revogado, sendo, pois, silente na questão. Mas essa passividade da lei vigente não pode alterar a conclusão que já se extraía no direito anterior. Percebe-se que todas as situações de impenhorabilidade, transportadas ou não para o universo falimentar, têm por escopo assegurar ao falido, pessoa natural, e sua família, aqui também contemplados os sócios de responsabilidade ilimitada declarados falidos, o mínimo indispensável de meios de subsistência moral e material, garantindo-lhe uma sobrevivência com os critérios mínimos aceitáveis de dignidade da pessoa humana, inclusive, possibilitando seja assegurado ao devedor o direito ao trabalho.

Desse modo, fica evidente que a regra do Código de Processo Civil, no mesmo sentido em que se desenhava o critério excludente da lei revogada, se refere aos livros, máquinas, ferramentas, utensílios e instrumentos de uso pessoal do executado ou do falido, materiais esses necessários ou úteis ao exercício da profissão, admitindo-se, assim, no âmbito da falência, que o empresário ou o sócio de responsabilidade ilimitada empresário possam exercer outra profissão como as de médico, químico, arquiteto ou engenheiro, por exemplo. Não dizem respeito, portanto, os indigitados bens, à atividade do devedor como empresário, porquanto os bens que integram o estabelecimento não escapam à arrecadação. Com efetiva atualidade, a lição de Miranda Valverde[6], ao analisar o parágrafo único do art. 41 do já revogado Decreto-Lei n. 7.661/45:

> Ora, dada a especialização, que hoje se verifica em todos os ramos da mesma atividade profissional, é possível que o médico ou o engenheiro falido necessite dos seus livros, máquinas ou instrumentos de alto valor pecuniário para o exercício da profissão. Como solucionar o problema? Somente o juiz, caso por caso, poderá resolvê-lo. Terá, entretanto, sempre que atender à finalidade de exceção: garantir ao executado ou falido os meios de subsistência ou de cumprir o dever social de trabalhar.

Pelos mesmos fundamentos lógicos, os bens previstos no § 3º do art. 833 do Código de Processo Civil de 2015 não escapam à arrecadação no caso de falência do empresário rural, porquanto, com o seu registro na Junta Comercial, fica equiparado, para todos os efeitos, aos demais empresários (Código Civil, art. 971).

---

[6] Ob. cit., vol. I, p. 244.

Além dos bens relacionados, poder-se-ia citar, ainda, o denominado "bem de família", instituído pela Lei n. 8.009/90, da qual se tem que o imóvel residencial próprio do casal, ou da entidade familiar, é impenhorável, não respondendo por qualquer tipo de dívida civil, comercial, fiscal, previdenciária ou de outra natureza, a não ser naqueles casos em que a própria lei excepciona (art. 1º), como por ter o respectivo bem sido adquirido com produto de crime (inciso VI do art. 3º), ou por obrigação decorrente de fiança concedida em contrato de locação (inciso VII do art. 3º), dentre outros. Em relação à fiança, é oportuno registrar a fixação pelo Plenário do Supremo Tribunal Federal de tese de repercussão geral para o Tema 1.127, assim expressada: "É constitucional a penhora de bem de família pertencente a fiador de contrato de locação, seja residencial, seja comercial" (cf. o Recurso Extraordinário n. 1.307.334/SP, julgado em 10-3-2022, por maioria, tendo por relator o Min. Alexandre de Moraes). Na trilha da decisão da Suprema Corte, o Superior Tribunal de Justiça aprovou a seguinte tese (Tema 1.091): "É válida a penhora do bem de família de fiador dado em contrato de locação de imóvel, seja residencial, seja comercial, nos termos do inciso VII, do art. 3º, da Lei n. 8.009/1990" (cf. o Recurso Especial n. 1.822.033/PR, 2ª Seção, julgado em 8-6-2022, decisão unânime, tendo por relator o Min. Luis Felipe Salomão).

Afora os bens absolutamente impenhoráveis, não serão também objeto de arrecadação os que constituam patrimônio de afetação, estabelecidos para o cumprimento de destinação específica pelo devedor, nos termos da lei especial. Sobre eles, traçamos estudo no item 12 do Capítulo 22.

5. AUTO DE ARRECADAÇÃO DOS BENS

O auto de arrecadação compõe-se pelo inventário dos bens arrecadados e pelo respectivo laudo de avaliação. Será assinado pelo administrador judicial, pelo falido ou seus representantes e por outras pessoas que auxiliarem ou presenciarem o ato.

Não sendo possível a avaliação dos bens no ato da arrecadação, o administrador judicial requererá ao juiz a concessão de prazo para apresentação do correspondente laudo. O prazo não poderá exceder trinta dias, contado da apresentação do auto de arrecadação.

Serão referidos no inventário, e sempre que possível individualizados: (a) os livros obrigatórios e os auxiliares ou facultativos do devedor, designando-se o estado em que se acham, número e denominação de cada um, páginas escrituradas, data do início da escrituração e do último lançamento, e se os livros obrigatórios estão revestidos das formalidades legais; (b) dinheiro, papéis, títulos de crédito, documentos e outros bens formadores da massa falida; (c) os bens integrantes da massa falida em poder de terceiro, a título de guarda, depósito ou penhor; (d) os bens indicados como propriedade de terceiros ou reclamados por estes, mencionando-se essa circunstância.

A decretação da falência suspende o exercício do direito de retenção, conforme prevê o inciso I do art. 116, sobre os bens sujeitos à arrecadação, devendo, assim, ser os mesmos entregues ao administrador judicial.

Em relação aos bens imóveis, o administrador judicial, no prazo de quinze dias após a sua arrecadação, exibirá as competentes certidões do registro imobiliário, as quais deverão ser extraídas em data posterior à decretação da falência, com todas as indicações que nele constarem. Igual procedimento deverá, apesar da omissão legal, ser observado em relação aos bens móveis registráveis, como aeronaves e embarcações, exibindo as respectivas certidões passadas pelos registros competentes.

6. LIQUIDAÇÃO ANTECIPADA DOS BENS

O art. 75 da Lei n. 11.101/2005, nesta obra já mencionado em outras passagens, traduz, dentre suas disposições, a ideia que deve imperar na liquidação falimentar: a otimização, a preservação e a utilização produtiva do ativo arrecadado, inclusive quanto aos bens qualificados como intangíveis, com a rápida realocação eficiente de recursos na economia.

Esse regramento programático ganha vida ao ser conjugado com outros, contidos na própria lei, que preconizam normas concretas de conduta, notadamente junto àquelas que regem a realização do ativo, objeto de análise no Capítulo 26.

Nesse contexto é que também se deve enxergar a autorização contida nos arts. 111 e 113 quanto à liquidação antecipada dos bens do falido. Justamente visando a otimizar a liquidação, garantindo-se uma apuração mais proveitosa dos valores do ativo, ou ao menos com menor percentual de perda, vem a providência justificada.

Nos termos do art. 111, é possibilitado aos credores, de forma individual ou coletiva, adquirir ou adjudicar de imediato os bens arrecadados, observadas as seguintes condições: (a) prévia autorização judicial; (b) ponderação dos custos com a custódia dos bens; (c) respeito ao valor mínimo de avaliação; (d) oitiva do comitê, caso tenha sido instalado. Essa autorização em favor dos credores não se realiza em atenção, propriamente, aos seus interesses privados, mas sim em observância de sua utilidade para a massa falida. Se efetiva, pois, no interesse da massa. Este é o ponto a ser considerado na permissão judicial. Verificando-se pretensões concorrentes entre os credores interessados, a solução deverá atender à ordem de prelação dos seus respectivos créditos. A hipótese, acima de tudo, se aplica nas situações de ausência de forças do ativo a justificar os gastos com conservação, guarda e realização de leilão, venda por propostas, pregão ou outro modo de venda do ativo. Põe-se, dessa forma, rápido fim à realização do ativo e procede-se ao pronto pagamento do passivo.

O art. 113 legitima, após a arrecadação e avaliação, a venda antecipada dos bens perecíveis, deterioráveis, sujeitos à considerável desvalorização ou que sejam de conser-

EFEITOS DA SENTENÇA EM RELAÇÃO AOS BENS DO FALIDO

vação arriscada ou dispendiosa. A operação, que é sempre dependente de expressa autorização judicial, demanda sejam ouvidos, no prazo de quarenta e oito horas, o falido e o comitê, se houver.

Anotamos efetiva evolução entre a regra referenciada e a de seu antecedente histórico, o art. 73 do Decreto-Lei n. 7.661/45, ao expressamente prever como motivação a amparar a venda antecipada a considerável desvalorização do bem. Existem ativos em que a falta do seu uso ou o simples passar do tempo imprimir-lhes-ão incontornável depreciação. É o caso, na primeira situação, de certas máquinas industriais e, na segunda, de equipamentos de informática. Assim, a venda antecipada funciona como um antídoto a esse fenômeno nefasto aos interesses da massa falida.

7. GERAÇÃO DE RENDIMENTOS A PARTIR DOS BENS ARRECADADOS

Inserido nessa ótica de se atingir uma proficiente realização do ativo, otimizando-se e potencializando-se sua capacidade de gerar receitas para a massa, permite a lei sejam realizados negócios jurídicos envolvendo o patrimônio arrecadado. Podem, desse modo, os bens que formam a massa falida ser objeto de contrato de locação ou arrendamento, por exemplo. O seu celebrante será o administrador judicial, que agirá mediante autorização do comitê, se houver[7].

Mas sempre obrando no interesse da massa, a lei limita os efeitos desses negócios que venham a ser celebrados. Não permite que a contratação gere direito de preferência em favor do contratante para a aquisição futura do bem; nem torna viável, outrossim, a implementação de contratos que importem em disposição total ou parcial dos bens.

Por outro lado, o bem objeto do negócio jurídico firmado poderá ser livremente alienado, independentemente do prazo da contratação, resolvendo-se, dessarte, sem direito à multa, o contrato realizado, salvo se aquele que o adquiriu na liquidação falimentar anuiu no seu prosseguimento, sucedendo, nesse caso, a posição contratada pelo administrador judicial.

---

[7] Importante ressaltar a alteração introduzida pela Lei n. 11.127, de 28 de junho de 2005, que acrescentou o § 5º ao art. 192 da Lei n. 11.101/2005. O indigitado artigo prevê que esta lei não se aplica aos processos de falência ou de concordata ajuizados anteriormente ao início de sua vigência, que serão concluídos nos termos do Decreto-Lei n. 7.661/45. O § 5º inserido vem justamente prever a possibilidade de, nos processos ainda regidos pela antiga lei, haver autorização, por parte do juiz, da locação ou do arrendamento de bens imóveis ou móveis, a fim de evitar a sua deterioração, cujos resultados reverterão em favor da massa.

CAPÍTULO 21

EFEITOS DA SENTENÇA EM RELAÇÃO AOS CREDORES

1. A FORMAÇÃO DA MASSA FALIDA SUBJETIVA

O principal efeito da sentença que decreta a falência, em relação aos credores, é o de dar início à formação da massa falida subjetiva, isto é, da massa dos credores que concorrerão na falência.

A falência é, como regra de princípio, uma execução coletiva na qual concorrem os credores do falido. Daí ser essa execução dotada do caráter universal.

No processo falimentar os credores são partes e se reúnem em uma coletividade denominada massa falida subjetiva, que ora funciona como uma extensão da pessoa do falido, sub-rogando-se em alguns de seus direitos, ora como terceiro, voltando-se contra o devedor, para o fim, por exemplo, de ser indenizada pelos prejuízos decorrentes de atos fraudulentos por ele perpetrados.

A massa falida, por traduzir um complexo de relações jurídicas do falido, dotada de valor econômico, tem sido vista como uma universalidade de direito (Código Civil, art. 91). É a sua ótica, a partir de sua consideração como uma unidade dos interesses envolvidos na falência.

A doutrina, a fim de dimensionar e qualificar os efeitos que a partir dela e sobre ela se produzem, propõe a sua divisão em massa objetiva e massa subjetiva, como já se pôde verificar. Esta última é que vai reunir os interesses dos credores concorrentes na falência do devedor, preservando a *par conditio creditorum*, que garante o tratamento igualitário a todos os credores de uma mesma classe.

2. CREDORES CONCORRENTES E CREDORES CONCURSAIS

A massa subjetiva, como se asseverou, reunirá a massa dos credores concorrentes. Por credores concorrentes entende-se aqueles que efetivamente participam do processo de falência. São os que terão os seus créditos declarados no passivo falimentar e que nutrem a expectativa de serem satisfeitos com o ativo falencial.

Diversamente é o conceito de credor concursal. Os credores concursais são todos aqueles que têm o direito de participar do processo de falência. Serão concorrentes na medida em que de fato e de direito compareçam no processo. Não será concorrente, portanto, aquele credor que, não constando da listagem apresentada pelo devedor, queda-se inerte, deixando de promover a sua habilitação, na forma em que a lei o garante. Não perde, entretanto, a condição de credor concursal.

3. CREDORES REIVINDICANTES

O nominado credor reivindicante não é um credor concursal. Na verdade, tecnicamente, nem credor é, eis que não desfruta de um crédito propriamente dito em face do falido. Titulariza bens ou valores que foram arrecadados quando estavam em poder do devedor (art. 85 e seguintes). Daí ter ele o direito de reclamar a sua restituição. Não sendo possível restituir-se a coisa em espécie, proceder-se-á a restituição no seu equivalente em dinheiro. As restituições em dinheiro (art. 86), com a reforma de 2020, passaram a integrar, para pagamento, o rol dos créditos extraconcursais (art. 84, I-C). Realizadas as restituições e pagos os credores extraconcursais, na forma do art. 84, as importâncias recebidas com a liquidação do ativo serão destinadas ao pagamento dos credores concorrentes, após a consolidação do quadro-geral de credores e observada a classificação prevista no art. 83 (art. 149).

4. CREDORES EXTRACONCURSAIS

Os credores extraconcursais são aqueles que não se sujeitam ao concurso falimentar. São pagos anteriormente aos credores concorrentes. Qualificam-se como créditos extraconcursais, dentre outros, a remuneração devida ao administrador judicial, as despesas com arrecadação, administração e realização do ativo, as custas do processo de falência e os tributos relativos a fatos geradores ocorridos após a decretação da quebra, as restituições em dinheiro e os valores entregues ao devedor em processo de recuperação judicial pelo financiador, na forma da Seção IV-A do Capítulo II, quando esta restar frustrada (art. 84). São créditos, como regra, havidos contra a massa e não em face do falido.

5. CREDORES NÃO ADMITIDOS

Existem créditos que na falência não se podem reclamar. Nesse sentido, os seus respectivos titulares são denominados de credores não admitidos ao concurso falimentar. São credores não concursais. Pelo seu pagamento não respondem os bens que compõe a massa.

EFEITOS DA SENTENÇA EM RELAÇÃO AOS CREDORES

São os casos expressos das obrigações a título gratuito e das despesas que os credores individualmente fizerem para tomar parte na falência (art. 5º, I e II).

As obrigações a título gratuito são aquelas implementadas por mera liberalidade por uma parte, em benefício da outra. O seu exemplo típico é o contrato de doação, que assim vem definido no art. 538 do Código Civil: "Considera-se doação o contrato em que uma pessoa, por liberalidade, transfere do seu patrimônio bens ou vantagens para o de outra".

É a doação dita gratuita, isto é, a que se faz sem encargo para o donatário, sem que este, portanto, esteja obrigado a uma contraprestação, que vem contemplada na Lei Falimentar, eis que ela, em princípio, se apresenta incompatível com a atividade empresarial, presumivelmente onerosa.

Como adequadamente asseverava Nelson Abrão[1], não há na doação "aquela situação *ex intervalo* que possibilita a reclamação do cumprimento" na falência. É um contrato de execução imediata. A hipótese só estaria, assim, configurada, com a promessa de doação. Desse modo, anota aquele autor, "preexistindo a promessa de doação, não pode o promissário reclamar o seu cumprimento na falência".

Não é sem propósito já sublinhar que a Lei n. 11.101/2005 considera ineficaz em relação à massa a prática de atos a título gratuito, desde dois anos antes da decretação da falência (art. 129, IV).

Também as despesas realizadas pelos credores para participarem do processo de falência não são reembolsáveis, constituindo-se em encargos por eles exclusivamente suportados.

Entre elas não se incluem as decorrentes de litígio com a massa, isto é, as resultantes da sucumbência da massa falida em ações autônomas; são elas consideradas créditos extraconcursais (art. 84, IV).

Não se inserem, igualmente, no rol das despesas não reclamáveis, aquelas pagas pelo credor requerente da falência. Os gastos por ele suportados com o ajuizamento do pedido a todos os demais credores aproveita, sendo, assim, reembolsáveis. Sustentamos estarem eles insertos no conceito de "custas do processo de falência", inscrito no inciso III do art. 84. Serão créditos extraconcursais, nesse sentido.

A lei vigente não menciona, tal qual o fazia a anterior, como obrigações não reclamáveis as oriundas de prestações alimentícias devidas pelo falido, quando pessoa natural, em razão do direito de família. Mas por óbvio que a exclusão permanece, posto

---

[1]   Ob. cit., p. 56.

348 CURSO DE DIREITO COMERCIAL – FALÊNCIA E RECUPERAÇÃO DE EMPRESA

tratar-se de obrigação personalíssima, que não se transmite à massa falida. Só podem ser satisfeitos com os bens que para ela não ingressam: os absolutamente impenhoráveis, concernentes aos vencimentos e salários, caso existam.

6. CREDORES POR OBRIGAÇÕES SOLIDÁRIAS

Havendo credor por dívidas solidárias, e sendo declarado falido um dos seus devedores, é direito seu promover sua habilitação na falência decretada, se já não constar seu nome da listagem apresentada pelo devedor, sem prejuízo de perseguir a satisfação de seu direito em face do coobrigado solvente, segundo a ação derivada de seu título.

Seria o exemplo típico do credor de uma nota promissória, na qual figuram como devedores o emitente e seu avalista. Tendo o emitente sua falência decretada, nada impede que o beneficiário, credor do título, promova a habilitação, pelo valor total do crédito, na falência deste devedor e proponha ação de execução contra o avalista solvente para receber o mesmo montante, se não se tratar de aval parcial, é lógico. A iniciativa vem legitimamente amparada no princípio da autonomia das obrigações cambiais.

Todavia, se os devedores solidários forem todos eles declarados falidos, o credor terá o direito de concorrer, em cada uma das respectivas massas, pela totalidade de seu crédito, até ser integralmente pago, quando, então, deverá comunicar aos respectivos juízos. É a regra traduzida pelo art. 127, da qual escapam aqueles coobrigados solidários falidos, cujas obrigações já tenham sido por sentença julgadas extintas. A situação poderá ocorrer, porquanto a lei considera tanto os casos de falências decretadas simultaneamente – como na hipótese das sociedades com sócios de responsabilidade solidária e ilimitada –, como os de decretações sucessivas. A falência simultânea ou sucessiva dos coobrigados os coloca em situação jurídica idêntica, razão pela qual a posição jurídica do credor em cada uma das falências há de ser a mesma.

Por tal motivo, comentando semelhante regra do Decreto-Lei n. 7.661/45, Miranda Valverde[2] explicava que sobrevindo a segunda falência e tendo o credor já recebido parcela do seu crédito na primeira, o fato não o impedia de figurar, na falência posteriormente decretada, pela totalidade de seu crédito, pois se sua posição jurídica em ambos os processos não for a mesma, estaria ele sendo desigualmente tratado. Conclui, dessa forma, que "o credor não faz mais do que transportar para a segunda a posição

---

[2] Ob. cit., vol. I, p. 193.

que mantém na primeira". Declara, assim, a totalidade de seu crédito, indicando o que já houver recebido na falência de outro devedor solidário.

Se o credor restar integralmente pago por uma ou por diversas massas coobrigadas, aquelas que efetuaram o pagamento terão regresso contra as demais, observada, em qualquer caso, a proporção do que pagaram e àquela que tenham efetivamente a conta de seu encargo, de sua responsabilidade. Caso a soma dos valores pagos em todas as massas coobrigadas venha exceder o total do crédito devido, o valor será devolvido a cada uma das massas na proporção de suas respectivas responsabilidades. Sendo os coobrigados garantidores uns dos outros, o excesso pertencerá, conforme a ordem das obrigações, às massas dos coobrigados que tiverem o direito de ser garantidas.

Por derradeiro, estabelece o art. 128 que "Os coobrigados solventes e os garantes do devedor ou dos sócios ilimitadamente responsáveis podem habilitar o crédito correspondente às quantias pagas ou devidas, se o credor não se habilitar no prazo legal".

Por quantias pagas devem ser entendidas aquelas integralmente ou parcialmente quitadas. Não há, assim, a necessidade do pagamento do total do crédito pelo coobrigado para poder habilitar a quota parte a ele devida. Admite-se, pois, o regresso proporcional, tratando-se de devedores coobrigados ou garantidores solventes.

No que pertine às quantias devidas, poderão por elas se habilitar, caso o credor não o faça no prazo legal, isto, por óbvio, se ele, o credor, já não estiver constando da listagem apresentada pelo devedor. Mas neste caso, somente receberão algum valor se vierem efetivamente a pagá-lo ao credor. Permite a lei a habilitação do que seria devido ao coobrigado solvente ou aos garantidores do devedor, mas o reembolso fica diferido, até que se realize o pagamento por um deles ao credor. Essa é a interpretação que temos do preceito destacado.

7. EFEITOS JURÍDICOS QUANTO AOS DIREITOS DOS CREDORES E EFICÁCIA DA CONVENÇÃO DE ARBITRAGEM

Ao ser decretada a falência, tem início um novo estado de direito que irá informar as relações do devedor com seus credores, significando a derrogação de diversos princípios de direito comum. A excepcionalidade do estado de falência legitima as alterações processadas, de modo a que seus fins sejam alcançados.

Podem ser identificados os seguintes efeitos que incidem sobre os direitos dos credores: (a) vencimento antecipado dos créditos; (b) suspensão das execuções individuais; (c) cessação da fluência de juros; (d) suspensão do curso do prazo prescricional.

A reforma implementada pela Lei n. 14.112/2020, visando a resolver polêmica anterior, veio dispor que a decretação da falência não autoriza o administrador judicial a recusar a eficácia da convenção de arbitragem (cláusula compromissória e compromisso arbitral). Dessa forma, não se poderá impedir ou suspender a instauração de procedimento arbitral (§ 9º do art. 6º) entre devedor e credor. Admite-se, portanto, a harmônica convivência das jurisdições arbitral e estatal, contanto que respeitadas as respectivas competências.

8. VENCIMENTO ANTECIPADO DA DÍVIDA DO FALIDO

Em razão do caráter concursal de que desfruta o procedimento falimentar, mister se faz possibilitar aos credores uma participação temporal uniforme no respectivo processo, de modo a possibilitar a formação da massa falida subjetiva, assegurando-se a *par conditio creditorum*. Para que possam todos os credores, tão logo seja a falência por sentença decretada, participar da execução coletiva universal, atuando na defesa de seus direitos, é que se preconiza, como efeito desse novo estado que se instaura, o vencimento antecipado das dívidas do falido e dos sócios solidária e ilimitadamente responsáveis (art. 77).

Mas o vencimento antecipado não pode resultar em benefício indevido para o credor. Daí a lei determinar seja procedido o desconto dos juros convencionados ou legais em relação ao tempo que faltar para a expiração do vencimento previsto para a dívida em seu respectivo título.

Quanto às obrigações firmadas em moeda estrangeira, serão os seus correspondentes montantes convertidos, na data da decretação da falência, para a moeda corrente nacional, segundo o câmbio do dia daquela decisão.

Interessante questão se apresenta em relação às obrigações sujeitas à condição suspensiva. Condição é a cláusula, derivada da vontade exclusiva das partes, que subordina o efeito do negócio jurídico a evento futuro e incerto (Código Civil, art. 121). Subordinando-se a eficácia do negócio jurídico à condição suspensiva, enquanto ela não se verificar, não se terá adquirido o direito, a que ela visa (Código Civil, art. 125). Portanto, somente com a verificação do fato previsto é que se realiza a condição e os efeitos da obrigação passam a vigorar. Neste momento é que surge o direito ao crédito reclamável na falência. Por tal motivo é que as obrigações sujeitas à condição suspensiva não podem ter seus vencimentos antecipados. Mas, não obstante isso, devem constar da listagem do devedor e, na sua ausência, tem o credor o direito de habilitar-se, pois, ao titular do direito eventual, é permitido praticar todos os atos destinados a conservá-lo (Código Civil, art. 130). Apenas o pagamento ficará suspenso, aguardando-se a realização da condição.

No regime do Decreto-Lei n. 7.661/45 havia previsão expressa da hipótese no § 2º do art. 25. Apesar da apatia da lei atual, à mesma definição de efeitos se pode chegar, a partir de sua construção amparada no direito comum, como acima se alinhavou.

9. SUSPENSÃO DAS EXECUÇÕES INDIVIDUAIS DOS CREDORES

Com o mesmo intento de garantir a unidade e a universalidade do concurso falimentar, bem como a igualdade de tratamento dos credores, é que se impõe a suspensão, a partir da decretação da falência, de todas as execuções individuais dos credores em face do devedor, inclusive aquelas dos credores particulares dos sócios de responsabilidade solidária e ilimitada, por créditos sujeitos à falência (arts. 99, V, e 6º).

A *vis attractiva* do processo falimentar garante a sua universalidade e indivisibilidade, propiciando que os credores a ele concorram, ainda que seus títulos não estejam vencidos, como se viu no item anterior. Com as providências do vencimento antecipado das obrigações do devedor falido e com a suspensão das ações e execuções individuais dos credores é que se consegue preservar a unidade da massa de credores, assegurando-se a *par conditio creditorum*, princípio mãe a inspirar todo e qualquer procedimento concursal, implicando o acertamento adequado do passivo falimentar.

Todavia, contempla a lei exceções ao princípio da paralisação das ações.

Terão prosseguimento no juízo no qual estiverem sendo processadas, operando-se a substituição do falido pelo administrador judicial, as ações que demandarem quantia ilíquida. Uma vez tornadas líquidas as importâncias, será o crédito incluído na falência na classe que lhe for própria. Sobre o tema já nos debruçamos no item 10 do Capítulo 8, a cujos termos nos remetemos, em complementação, para evitar inúteis repetições.

Nada impede, por outro lado, sejam essas ações iniciadas após a decretação da falência. Nesse caso, devem ser propostas perante o juízo universal, salvo se sujeitas a jurisdição especial, como visto no item 12 do Capítulo 18, citando-se o administrador judicial para a defesa da massa.

As ações de natureza trabalhista também não são alcançadas pela suspensão, prosseguindo na Justiça do Trabalho, até que se apure e liquide o respectivo crédito, ocasião em que serão paralisadas e a execução correspondente far-se-á no juízo da falência, consoante foi desenvolvido nos itens 9 do Capítulo 8 e 12 do Capítulo 18.

As ações de execução de créditos de natureza tributária, por não se sujeitarem ao juízo da falência, nos termos do art. 187 do Código Tributário Nacional, também não se suspendem, prosseguindo, após a decretação da falência, com o administrador judicial. Confira-se o que sobre o assunto foi desenvolvido nos itens 8 do Capítulo 8 e 7 do Capítulo 25.

10. CESSAÇÃO DA FLUÊNCIA DE JUROS

Contra a massa falida, estabelece o art. 124, não são exigíveis os juros vencidos após a decretação da quebra, tanto os convencionais como os legais, se o ativo apurado não bastar para a satisfação dos credores subordinados, isto é, dos que recebem em último lugar na ordem de classificação dos créditos.

A enunciação do preceito parte do princípio de ser usual a verificação do déficit patrimonial da massa falida, não sendo justo, assim, o pagamento de juros posterior à decretação da falência a um credor em detrimento dos pagamentos regulares devidos aos outros. A suspensão da fluência dos juros no curso do processo falimentar tem justamente por escopo a preservação da possibilidade de se pagar a todos os credores o valor do principal de seus créditos, devidamente corrigido[3] e com os juros computados até a data da quebra, para, somente após, pagar o acessório vencido no curso da falência, uma vez constatada força no ativo para a sua realização.

Desse modo, a cessação dos juros no trâmite do processo pressupõe a insuficiência do ativo falimentar para o seu pagamento. Pagos a todos os credores concorrentes o principal corrigido e com os juros legais ou convencionais incidentes até a data da decretação da falência, se a massa comportar, serão os juros havidos durante o estado de

---

[3] A jurisprudência do Superior Tribunal de Justiça de há muito ficou consolidada no sentido de ser aplicável aos processos falimentares o princípio garantidor da correção monetária dos créditos sob discussão judicial. A respeito, exemplificativamente, tem-se os seguintes julgados: "Comercial. Falência. Crédito habilitado. Correção monetária. Consoante pacífica orientação jurisprudencial desta Corte, a correção monetária incide nos créditos habilitados em processo falimentar, nos termos da Lei 6.899/81" (REsp n. 14.414/MG, 4ª Turma, decisão unânime, Rel. Min. Bueno de Souza, publicada no *DJU*, Seção I, de 22-6-1992, p. 9.764); "Falência. Habilitação de crédito. Correção monetária. A correção monetária dos créditos habilitados é plena, sem limitação ao valor dos bens dados em garantia pelo credor hipotecário habilitado" (REsp n. 11.540/RS, 4ª Turma, decisão unânime, Rel. Min. Athos Carneiro, publicada no *DJU*, Seção I, de 26-10-1992, p. 19.054); "Falência. Crédito trabalhista. Habilitação. Correção monetária. O cômputo da correção monetária na habilitação de crédito não se condiciona à suficiência do ativo da massa. Inaplicação da regra inserta no art. 26 da Lei Falencial" (REsp n. 72.706/SP, 4ª Turma, decisão unânime, Rel. Min. Barros Monteiro, publicada no *DJU*, Seção I, de 27-11-2000, p. 164); "Falência. Créditos (declaração). Oportunidade. Moeda estrangeira (conversão). Correção monetária. Convertida a moeda estrangeira em moeda brasileira, pelo câmbio do dia em que se declarou a falência (Lei de Falências, art. 213), impunha-se a partir de então fosse o crédito monetariamente corrigido. Exato, portanto, o que ordinariamente se decidiu: 'devidamente acrescido de juros legais, e correção monetária a partir dessa data'. Há ampla orientação jurisprudencial segundo a qual sobre os créditos habilitados incide correção monetária (por exemplo, REsp's n. 11.540 e 11.414, *DJ's* de 26-10-92 e 22-6-92). 'A correção monetária integra o valor da restituição, em caso de adiantamento de câmbio, requerida em concordata ou falência' (Súmula 36). É por ocasião do disposto no art. 92 que também se decide a propósito da incidência da correção. Inexistência, por conseguinte, de preclusão. Caso em que se não procede a alegação de ofensa aos arts. 467 e 468 do Cód. de Pr. Civil" (REsp n. 190.567/PR, 3ª Turma, decisão unânime, Rel. Min. Nilson Naves, publicada no *DJU*, Seção I, de 1-8-2000, p. 263 e *RSTJ*, vol. 146, p. 257).

falência devidamente satisfeitos, na ordem da classificação dos créditos. Em outros termos, deverá o administrador judicial pagar a cada credor, por ocasião em que estiver sendo atendida a classe que pertencer, o valor do principal corrigido, acrescido dos juros até a data da decretação da quebra. Após o pagamento dos credores subordinados é que, na medida das forças da massa ativa, serão pagos, na ordem da classificação legal dos créditos, os juros vencidos durante o processamento da falência.

São, entretanto, excepcionados desse regramento os juros das debêntures e dos créditos com garantia real, mas por estes últimos responde, exclusivamente, o produto dos bens que constituem a garantia. Se, contudo, o produto dos bens garantes não for suficiente à satisfação integral dos juros, a parcela faltante somente será atendida se houver recursos na massa, após o pagamento dos créditos subordinados, respeitada a ordem de classificação dos créditos; ou seja, a esse saldo será dado tratamento igual ao dos demais credores.

11. SUSPENSÃO DO CURSO DO PRAZO PRESCRICIONAL

A decretação da falência tem o condão, ainda, de suspender o curso do prazo de prescrição das obrigações do devedor sujeitas ao regime disciplinado na Lei n. 11.101/2005 (art. 6º, I).

Com efeito, a violação de um direito enseja o nascimento, para o titular do direito malferido, de uma pretensão, a qual se extingue, pela prescrição, se não exercitada nos prazos previstos em lei, que variarão conforme a natureza do direito violado (Código Civil, art. 189).

A decretação da falência, entretanto, é causa perturbadora do fluxo do prazo de prescrição. Isto porque o credor não poderá, individualmente, acionar o seu devedor, cumprindo-lhe participar do concurso falimentar, com o intuito de receber o seu crédito. Daí o comando legal impor fique o curso do prazo prescricional suspenso durante o processo falimentar. Antes da reforma instituída pela Lei n. 14.112/2020, o curso da prescrição fica apenas paralisado, retornando a fluir, com a remoção da causa, isto é, com o definitivo encerramento da falência, por sentença passada em julgado.

Restabelecida a fluência do prazo de prescrição, era possível ao credor, que não houvesse sido integralmente pago na falência, dirigir sua pretensão de recebimento do saldo devido, durante o prazo prescricional relativo a seu título, em face do falido, enquanto não extintas, na forma da lei, as suas obrigações. O sucesso, entretanto, ficava condicionado à aquisição de bens pelo devedor supervenientemente ao encerramento da falência. Contudo, a hipótese não mais se verifica. O art. 157 foi revogado e, diante da nova estrutura do art. 158, o encerramento da falência, por si só, é fato gerador da extinção das obrigações do falido[4].

Importante ressaltar que não haverá suspensão do prazo prescricional em favor do credor que puder ajuizar a respectiva ação em face da massa falida, como na hipótese daquela em que demandar quantia ilíquida (cf. item 9 do Capítulo 21). Uma vez apurado o crédito, nesse caso, a execução correspondente far-se-á no juízo da falência, com a habilitação do respectivo crédito.

Tendo o devedor falido codevedores solidários ou garantidores solventes, em relação a estes não há a suspensão da prescrição, que permanece em seu curso normal. Também não são atingidas pela regra as obrigações de terceiros para com o falido ou com a massa falida.

Em se tratando de decadência, a falência não impede, suspende ou interrompe o respectivo prazo, que se constitui em um prazo extintivo e fatal (Código Civil, art. 207).

---

[4] Cf. a abordagem do tema nos itens 12 do Capítulo 26 e 3 do Capítulo 27.

CAPÍTULO 22

EFEITOS DA SENTENÇA EM RELAÇÃO AOS CONTRATOS DO FALIDO

1. CONTRATO: CONCEITO E CLASSIFICAÇÃO

Com o intuito de apenas resgatar algumas noções sobre contratos, úteis ao tema sob enfoque, longe, portanto, de dogmaticamente enfrentar o instituto, passaremos às enunciações do conceito e de sua classificação em bilaterais e unilaterais.

No Código Civil italiano de 1942, fonte inspiradora do nosso Código de 2002, encontramos, em seu art. 1.321, a definição de contrato como sendo o acordo de duas ou mais partes para constituir, regular ou extinguir entre elas uma relação jurídica patrimonial.

Na doutrina nacional destacam-se algumas conceituações que merecem ser reproduzidas.

Para Carvalho de Mendonça[1], "contrato, no lato sentido, é a concorde manifestação da vontade de duas ou mais pessoas em situação antagônica entre si, para o escopo de constituírem, modificarem ou extinguirem uma relação jurídica".

Na visão de Caio Mário[2], contrato é "um acordo de vontades, na conformidade da lei, e com a finalidade de adquirir, resguardar, transferir, conservar, modificar ou extinguir direitos".

Tendo em vista as obrigações das partes na relação jurídico-contratual, dividem-se classicamente os contratos em bilateral e unilateral. No primeiro, as obrigações são correspectivas, isto é, a obrigação de uma parte corresponde à da outra. Há obrigações recíprocas ente os contratantes. Cada parte é, simultaneamente, credora e devedora da outra de uma determinada prestação. Já no segundo, apenas uma das partes declaran-

---

[1] Ob. cit., vol. VI, parte I, p. 445.

[2] *Instituições de direito civil.* 8. ed., vol. III. Rio de Janeiro: Forense, 1990, p. 6.

te da vontade se obriga por uma prestação em favor da outra declarante. Os efeitos da obrigação em apenas um lado se fazem presentes, não havendo troca de prestações.

2. CONTRATOS BILATERAIS

É princípio assente no Direito Concursal que a falência não é causa de resolução dos contratos bilaterais. Apesar de não se constituir em motivação legal para a ruptura do vínculo, ela influirá na execução desses contratos. A possibilidade e a conveniência em cumprir ou não a prestação a que estava obrigado o devedor falido, já agora a cargo do administrador judicial, é que determinará a manutenção ou a resolução do contrato. Daí a lei prescrever, em seu art. 117, *caput*, que "os contratos bilaterais não se resolvem pela falência e podem ser cumpridos pelo administrador judicial se o cumprimento reduzir ou evitar o aumento do passivo da massa falida ou for necessário à manutenção e preservação de seus ativos, mediante autorização do Comitê".

A lei, portanto, confere ao administrador judicial, mediante autorização do comitê, se houver, o direito de optar pela execução ou não dos contratos bilaterais. A solução adotada deverá atender à conveniência dos interesses da massa falida, no que se refere à preservação do ativo que a compõe e a não geração de maior passivo.

A declaração do administrador judicial de cumprir ou não o contrato, como já demonstrava Miranda Valverde[3], em relação ao síndico no direito anterior, é uma manifestação de vontade unilateral, que não necessita, assim, da aceitação da outra parte. Basta que chegue ao seu conhecimento, por qualquer meio de declaração de vontade, vez que a lei não exige forma especial. Pode ser inferida, inclusive, pela prática de qualquer ato revelador desse intento de cumprir a avença.

A inação do administrador judicial, todavia, enseja que o outro contratante o interpele, no prazo de noventa dias, contado da assinatura do termo de sua nomeação, para que, dentro de dez dias, declare se cumpre ou não o contrato (§ 1º do art. 117). Como a lei também não impõe forma especial, essa interpelação pode ser realizada por qualquer meio de manifestação da vontade, capaz de comprovar que o respectivo conteúdo chegou ao seu destinatário. A resposta negativa ou o silêncio do administrador judicial confere à parte *in bonis* (não falida) o direito à indenização, cujo valor, apurado em processo de conhecimento, pelo procedimento comum, no juízo falimentar, constituirá crédito quirografário (§ 2º do art. 117). Idêntica consequência se terá quando o administrador judicial, tomando a iniciativa, houver notificado à outra parte que não cumprirá o contrato.

---

[3]   Ob. cit., vol. I, p. 255.

Situação especial é aquela na qual o contratante *in bonis* não tenha, ainda, realizado a sua prestação e o administrador judicial declarar que executará o contrato. Nesse caso, faculta-se-lhe exigir que este último inicialmente satisfaça a obrigação que compete à massa falida ou lhe dê garantias de satisfazê-la, como vem assegurado no art. 477 do Código Civil.

Nos contratos de execução sucessiva ou continuada, a resolução não terá efeitos retroativos, somente provocando a ruptura das relações futuras.

Nada impede que as partes tenham estabelecido, no contrato, cláusula penal para a hipótese de sua inexecução, predeterminando, desse modo, as perdas e danos. A cláusula penal compensatória estipulada funcionaria, nesse caso, como o valor a ser habilitado pelo contratante *in bonis* na falência, não havendo necessidade de propositura da ação para a sua apuração, quando o *quantum* nela já estiver fixado. Ressalva-se, porém, o direito de o administrador judicial, agindo no interesse da massa falida, impugnar o respectivo valor, se manifestamente excessivo o seu montante, consideradas a natureza e a finalidade do negócio. Da mesma forma, deve a penalidade ser reduzida pelo juiz se a obrigação tiver sido cumprida em parte pelo devedor (Código Civil, art. 413).

No caso de o prejuízo exceder ao previsto na cláusula penal não é possível ao credor exigir indenização suplementar se assim não foi convencionado. Tendo-o sido, a pena valerá como mínimo da indenização, competindo ao credor, em ação própria, de natureza cognitiva, demonstrar o prejuízo excedente (Código Civil, parágrafo único do art. 416).

A questão do pacto rescisório em caso de falência também oferece interesse. São usuais as cláusulas nos contratos bilaterais de execução sucessiva prevendo a sua resolução em face da sobrevinda falência de um dos contratantes. A lição de Carvalho de Mendonça[4] foi decisiva nas construções doutrinária e pretoriana sobre o tema. Ensinava aquele jurista:

> Não vemos, porém, razões que vedem os contratantes a se premunirem contra certas consequências da falência, como a incerteza, a demora ou a dificuldade que esta produzirá relativamente à execução dos contratos, ou, ainda, certos contratos *intuitu personae*, onde se atende especialmente à pessoa do contratante e à inconveniência da sua substituição pela massa falida ou por terceiro. Não há proibição de os contratantes estipularem, para o caso da superveniência da falência, a rescisão do contrato, antes de cumprido inteiramente. Não se dá ofensa a princípio algum de ordem pública. O direito da massa, agindo esta como representante do falido, mede-se pelo direito deste. Então, o contrato não continuará com

---

4   Ob. cit., vol. VII, p. 460.

a massa. É válido, portanto, o pacto em virtude do qual a declaração da falência opera como condição resolutiva do contrato, cessando as relações jurídicas criadas, para que o síndico ou liquidatário não substitua o falido na execução; não seria lícito, entretanto, ao cocontratante reclamar preferências ou privilégios fundados nesse pacto, salvo o seu direito de concorrer na falência.

3. CONTRATOS UNILATERAIS

Pouco se tinha, no âmbito do Decreto-Lei n. 7.661/45, a dizer sobre os contratos unilaterais. Sendo o falido o credor da obrigação nele pactuada, a massa falida o substituía nos direitos correspondentes, cabendo exigi-la na data prevista no instrumento. Quando o falido, todavia, fosse o seu devedor, operava-se o vencimento antecipado com a falência, não sendo atendidas as eventuais cláusulas penais.

A Lei n. 11.101/2005, inovando na matéria, passa a dispor, no art. 118, que o administrador judicial, mediante autorização do comitê, caso constituído, "poderá dar cumprimento a contrato unilateral se esse fato reduzir ou evitar o aumento do passivo da massa falida ou for necessário à manutenção e preservação de seus ativos, realizando o pagamento da prestação pela qual está obrigada".

As cláusulas penais, todavia, não serão atendidas se as obrigações no contrato estipuladas tiverem seus vencimentos provocados em razão da falência (§ 3º do art. 83).

Ocupando o falido a posição de credor, permanecem os efeitos tal qual se tinham no direito anterior.

4. COISAS VENDIDAS, AINDA EM TRÂNSITO

Nos contratos de compra e venda a prazo, não é permitido ao vendedor, nos termos do inciso I do art. 119, obstar a entrega da coisa expedida ao devedor e ainda em trânsito, se o comprador, antes do requerimento de sua falência, as tiver revendido, sem fraude, à vista das faturas e conhecimentos de transporte, entregues ou remetidas pelo vendedor. A *contrario sensu*, poderá fazê-lo, enquanto em trânsito, se não revendidas pelo devedor antes do requerimento da falência ou se as tiver revendido com fraude. Essa regra que sobressai da Lei Falimentar tem origem no *right of stoppage in transitu* do Direito inglês, que traduz ordem para o transportador não realizar a entrega. Ampara-se o vendedor, quando ainda não pago o preço da venda e não tendo a mercadoria vendida chegado efetivamente às mãos do comprador, não se consumando a sua entrega real. Basta, estando em trânsito a coisa, o vendedor dar contraordem de entrega ao transportador. Contudo, chegando às lojas, armazéns ou depósitos do comprador, ou de seus agentes ou representantes, tem-se por consumada a entrega, não mais se lhe assistindo o direito de recuperação da mercadoria. Nesse caso, deverá concorrer na falência pelo recebimento do respectivo preço, na condição de credor quirografário.

5. VENDA DE COISAS COMPOSTAS

O contrato de compra e venda pode ter por objeto coisas compostas, isto é, as que constam de partes heterogêneas artificialmente unidas[5], como uma máquina ou uma instalação industrial. Nem sempre ao comprador convém ficar com partes já recebidas, ainda incapazes de garantir o funcionamento do todo pretendido. Somente lhe interessa a unidade funcional. Faculta-se-lhe, assim, nos termos do inciso II do art. 119, se o administrador judicial decidir não continuar a execução do contrato, colocar à disposição da massa falida as coisas já recebidas, para reclamar perdas e danos. A ação será de natureza cognitiva e terá curso no juízo universal da falência. O crédito apurado será classificado na categoria dos quirografários.

6. VENDA DE COISA MÓVEL OU PRESTAÇÃO DE SERVIÇOS PAGOS EM PRESTAÇÕES

O inciso III do art. 119 disciplina a venda pelo devedor falido de coisa móvel, bem como a contratação de seus serviços, para pagamento, em qualquer dos casos, em prestações, sem que o devedor tenha entregue a coisa ou prestado o serviço. Resolvendo o administrador judicial não executar o contrato, o crédito relativo aos valores pagos será habilitável na falência, segundo a classe a que faça jus. Não é razoável conceber possa a massa falida deixar de devolver as prestações já pagas, sob pena de incorrer em verdadeiro enriquecimento sem causa. Mas a devolução das importâncias não retira do credor – comprador ou tomador dos serviços – o direito de pleitear indenização por perdas e danos.

7. CONTRATO DE VENDA COM RESERVA DE DOMÍNIO

Na venda de coisa móvel à prestação, permite-se ao vendedor que reserve para si a propriedade, até que o preço seja integralmente pago. Somente nesse momento é que se dará a transferência do domínio sobre a coisa ao comprador.

Preconiza a lei, no inciso IV do art. 119, que o administrador judicial, após a oitiva do comitê, se houver, resolvendo não dar continuidade à execução do contrato, promova a restituição da coisa móvel comprada pelo devedor com reserva de domínio do vendedor, exigindo a devolução, nos termos do contrato, dos valores pagos.

---

[5] Nelson Abrão, ob. cit., p. 73.

Contudo, ao vendedor é facultado reter as prestações pagas até o necessário para cobrir a depreciação da coisa, as despesas feitas e o mais que lhe seja devido. O excedente será à massa devolvido e o que eventualmente faltar será por ação própria cobrado, tudo em conformidade com o que estabelece o art. 527 do Código Civil, de aplicação na espécie. Nesses termos, haverá a necessidade de vistoria da coisa e o arbitramento de seu valor.

8. CONTRATO DE COMPRA E VENDA A TERMO

Nos contratos de compra e venda a termo de coisa que tenha cotação em bolsa ou mercado, e não se executando o contrato pela efetiva entrega daquela e pagamento do preço, prestar-se-á, consoante o disposto no inciso V do art. 119, a diferença entre a cotação do dia do contrato e a da época da liquidação em bolsa ou mercado. Percebe-se que a preocupação da lei, como já acontecia com o Decreto-Lei n. 7.661/45, é tão somente regular a forma de liquidar o contrato.

Consoante esclarecia Nelson Abrão[6], "não implicando a decretação da falência a rescisão ou vencimento antecipado do contrato de compra e venda a termo, observar-se-ão as regras do direito comum, isto é, com a chegada do termo, a massa prestará ou receberá a diferença, conforme tenha havido alta ou baixa na cotação, e segundo sua posição de compradora ou vendedora".

9. PROMESSA DE COMPRA E VENDA DE IMÓVEIS

O inciso VI do art. 119, limita-se a dispor que na promessa de compra e venda de imóveis, a regulação do contrato se fará pela legislação respectiva.

Não se pactuando o direito ao arrependimento na avença sob análise, seja ela celebrada por instrumento público ou particular, desde que registrada no Cartório de Registro de Imóveis, adquire o promitente comprador direito real à aquisição do imóvel. Fica a ele assegurado, nessas condições, o direito de exigir do promitente vendedor a outorga da respectiva escritura definitiva de compra e venda do imóvel, nos termos previstos no instrumento preliminar, e, havendo recusa, poderá requerer ao juiz a adjudicação compulsória do bem. É o que preceituam os arts. 1.417 e 1.418 do Código Civil, aplicáveis na hipótese. O contrato não se resolve pela falência, portanto.

Desse modo, na falência do promitente vendedor, fica o administrador judicial obrigado a dar cumprimento ao contrato, recebendo as prestações vincendas e outorgando, ao final, a competente escritura definitiva, quando já integralmente quitado

---

[6] Ob. cit., p. 75.

EFEITOS DA SENTENÇA EM RELAÇÃO AOS CONTRATOS DO FALIDO 361

o preço, sob pena de adjudicação compulsória, se o contrato não contiver cláusula de arrependimento e estiver inscrito no Registro de Imóveis. Sendo, entretanto, decretada a falência do promitente comprador, deverá o administrador judicial arrecadar o contrato e liquidá-lo em hasta pública, entrando o correspondente produto para a massa falida.

10. CONTRATO DE LOCAÇÃO

A Lei de Recuperação e Falência direciona suas disposições para preservar, como regra de princípio, os efeitos decorrentes do contrato de locação quando o falido for o locador. Assim, dispõe que a sua falência não resolve o contrato de locação, que seguirá seu curso, devendo ser os alugueres recebidos pelo administrador judicial e remetidos para a massa falida, até que se opere a venda do imóvel.

Sendo o locatário o falido, a regulação já se altera, conferindo-se ao administrador judicial a faculdade de, a qualquer tempo, denunciar o contrato, sem ter que pagar multa ou qualquer outro consectário.

Mas há que se ressaltar a validade dos pactos rescisórios, conforme já analisado no item 2 do Capítulo 22, geralmente presentes nos contratos de locação empresarial. Dessarte, se as partes pactuarem a cláusula de resolução no caso de falência, será ela plenamente eficaz, não se podendo desrespeitá-la. O contrato se resolve, não em função da falência em si, mas pela vontade das partes já manifestada, de verem a quebra como causa de resolução do vínculo locatício.

11. COMPENSAÇÃO E LIQUIDAÇÃO DE OBRIGAÇÃO NO ÂMBITO DO SISTEMA FINANCEIRO NACIONAL

A falência não afeta as obrigações assumidas no âmbito das câmaras ou prestadoras de serviços de compensação e liquidação financeira, integrantes do Sistema de Pagamentos Brasileiro – SPB (Lei n. 10.214/2001, art. 2º, *caput* e parágrafo único)[7], que

---

[7] Art. 2º: "O sistema de pagamentos brasileiro de que trata esta Lei compreende as entidades, os sistemas e os procedimentos relacionados com a transferência de fundos e de outros ativos financeiros, ou com o processamento, a compensação e a liquidação de pagamentos em qualquer de suas formas". Parágrafo único: "Integram o sistema de pagamentos brasileiro, além do serviço de compensação de cheques e outros papéis, os seguintes sistemas, na forma de autorização concedida às respectivas câmaras ou prestadores de serviços de compensação e de liquidação, pelo Banco Central do Brasil ou pela Comissão de Valores Mobiliários, em suas áreas de competência: I – de compensação e liquidação de ordens eletrônicas de débito e de crédito; II – de transferência de fundos e de outros ativos financeiros; III – de compensação e de liquidação de operações com títulos e valores mo-

serão ultimadas e liquidadas na forma de seus regulamentos (art. 193). Atuam tais câmaras e prestadores de serviços como um instrumento de diluição de risco das entidades financeiras, sendo responsáveis por operações relevantes para o sistema de pagamentos, nos termos definidos pelo Banco Central, assumindo a condição de parte contratante na liquidação das obrigações realizadas por seu intermédio, funcionando como garantidora do seu adimplemento e da liquidez do sistema que operam. São obrigadas a constituírem um patrimônio separado, com bens e direitos afetados ao cumprimento das obrigações correspondentes em cada um dos sistemas que estiverem operando (Lei n. 10.214/2001, art. 5º). Os bens e direitos integrantes do patrimônio especial, bem como aqueles oferecidos em garantia pelos participantes, são impenhoráveis, e não poderão ser objeto de arresto, sequestro, busca e apreensão ou qualquer outro ato de constrição judicial, exceto para o cumprimento das obrigações assumidas pela própria câmara ou prestador de serviços de compensação e de liquidação na qualidade de parte contratante (Lei n. 10.214/2001, art. 6º).

A falência de qualquer participante de operação na esfera das câmaras ou prestadores de serviços de compensação ou liquidação financeira não afetará a compensação ou liquidação das obrigações nela amparadas. Permanecerão tais obrigações sendo compensadas e liquidadas, destinando-se o produto da realização das garantias prestadas, bem como os títulos, valores mobiliários e quaisquer outros de seus ativos objetos de compensação ou liquidação, vertidos à realização das obrigações assumidas (art. 194). Apenas se houver saldo, resultante da efetiva compensação e liquidação, o seu respectivo resultado será entregue à massa falida.

Permite o inciso VIII do art. 119, que, havendo acordo para compensação e liquidação de obrigações no âmbito do sistema financeiro nacional, a parte não falida possa considerar vencido antecipadamente o respectivo contrato, hipótese em que será devidamente liquidado, na forma do regulamento específico do sistema, admitindo-se a compensação de eventual crédito que venha a ser apurado em favor do falido com créditos detidos pelo outro contratante.

12. PATRIMÔNIO DE AFETAÇÃO

Reza o inciso IX do art. 119 que "os patrimônios de afetação, constituídos para cumprimento de destinação específica, obedecerão ao disposto na legislação respectiva,

---

biliários; IV – de compensação e de liquidação de operações realizadas em bolsas de mercadorias e de futuros; e V – outros, inclusive envolvendo operações com derivativos financeiros, cujas câmaras ou prestadores de serviços tenham sido autorizados na forma deste artigo".

permanecendo seus bens, direitos e obrigações separados dos do falido até o advento do respectivo termo ou até o cumprimento de sua finalidade, ocasião em que o administrador judicial arrecadará o saldo a favor da massa falida ou inscreverá na classe própria o crédito que contra ela remanescer".

Com clareza se pode perceber a fundada preocupação da legislação em vigor com a proteção e preservação do patrimônio de afetação, também chamado de patrimônio separado ou segregado, figura jurídica que vem ganhando presença constante em leis especiais, com o intuito de resguardar o interesse de certos credores na falência de determinadas categorias de empresários.

Ter-se-á, assim, um patrimônio separado ou segregado do patrimônio geral do devedor, constituído para a satisfação de uma destinação específica que lhe é atribuída. Esse patrimônio não integrará a massa falida, continuando a ser gerido e liquidado em atenção exclusiva ao objetivo que motivou sua constituição.

Um exemplo de patrimônio de afetação é o das câmaras e dos prestadores de serviços de compensação e de liquidação financeira, integrantes do Sistema de Pagamentos Brasileiros, disciplinado pela Lei n. 10.214/2001, já objeto de análise no item anterior.

Outro exemplo a ser ressaltado é o da incorporação imobiliária, que pode ser submetida ao regime de afetação, a critério do incorporador, pelo qual o terreno e as acessões, assim como os demais bens e direitos a ela vinculados ficam apartados do patrimônio do incorporador, afetados, pois, à consecução da incorporação correspondente e à entrega das unidades imobiliárias aos respectivos adquirentes.

Esse patrimônio separado, que se constitui mediante averbação, a qualquer tempo, no Registro de Imóveis, de termo firmado pelo incorporador, não se comunica com os demais bens, direitos e obrigações de seu patrimônio geral ou de outros patrimônios de afetação por ele constituídos e só responde por dívidas e obrigações vinculadas à incorporação respectiva.

A falência do incorporador não atinge o patrimônio de afetação das incorporações, não integrando, assim, a massa concursal.

A figura vem disciplinada nos arts. 31-A a 31-F da Lei n. 4.591/64, com a redação dada pela Lei n. 10.931/2004.

Um terceiro exemplo, também de realce, reside na securitização de recebíveis imobiliários, disciplinada pela Lei n. 9.541/97, nos arts. 8º a 16, em relação a qual a Lei n. 11.101/2005 é aplicável subsidiariamente, por força do seu art. 197. A companhia securitizadora de créditos imobiliários, instituição não financeira constituída sob a forma de sociedade por ações, pode instituir o regime fiduciário sobre os créditos imobiliários que lastreiam a emissão de Certificados de Recebíveis Imobiliários (CRI). Os créditos, objeto desse regime, constituem patrimônio separado, que não se confunde com o da companhia securitizadora, do qual se manterão apartados até que se complete o resgate de todos os títulos da série a que estejam afetados. Destinam-se, assim, exclusivamente à liquidação desses títulos. Pelas obrigações da companhia securitizadora não irão responder, inclusive na hipótese de insolvabilidade, protegendo-se, desse modo, os investidores que titularizam tais certificados.

13. CONTRATO DE TRABALHO

Os contratos de trabalho não se resolvem de pleno direito com a falência do empregador, seguindo a regra geral dos contratos bilaterais. A causa de sua resolução, em verdade, é a cessação das atividades do falido, quando, então, o empregador não terá mais condições de dar cumprimento ao que fora avençado.

Assim, não ocorrendo a continuação provisória das atividades do falido com o administrador judicial (art. 99, XI), paralisando a atividade empresária, resolver-se-á a relação contratual empregatícia, fazendo jus o empregado a perceber os seus direitos daí advindos, porquanto na falência subsistem os direitos oriundos da existência do contrato de trabalho (Consolidação das Leis do Trabalho, art. 499), e os créditos dele decorrentes gozarão de prioridade absoluta no concurso falimentar até o limite de cento e cinquenta salários mínimos por empregado.

O Tribunal Superior do Trabalho vem incorporando o entendimento na sua jurisprudência, não prejudicada pelo fato de sua construção ter por base o Decreto-Lei n. 7.661/45. A título de exemplo, tem-se a decisão proferida no Recurso de Revista n. 814.293, de 2001, por sua 4ª Turma, publicada no *Diário de Justiça da União* de 27/09/2002, assim ementada: "A quebra não é motivo para a extinção dos contratos de trabalho, cuja resilição ou decorre da vontade do síndico ou da cessação da atividade da empresa, conforme se depreende do art. 499 e seu § 2º da CLT"[8].

---

[8]   Neste mesmo sentido, os Tribunais Regionais têm decidido. O da 2ª Região, por sua 8ª Turma, no julgamento do Recurso Ordinário n. 02960.006/62-8, sentenciou: "Só a falência não é motivo suficiente para a rescisão dos contratos de trabalho, que somente poderá se traduzir em justo motivo para dissolução com o fechamento do estabelecimento". O da 4ª Região, pela 5ª Turma, no Recurso Ordinário n. 00409.002/97-6, definiu: "A falência não extingue, por si só, o contrato de trabalho, exige-se para tanto a comprovação da desativação da empresa falida".

Na falência não se terá por caracterizada a arbitrariedade do empregador na dispensa do empregado[9].

14. CONCESSÃO DE SERVIÇO PÚBLICO

Era regra, na Lei de Falências anterior, que se o falido fosse concessionário de serviço público, a quebra não interromperia os serviços e seu cargo. A hipótese vinha prevista no art. 201 do Decreto-Lei n. 7.661/45.

A nova disciplina instituída pela Lei n. 11.101/2005, em seu art. 195, estabelece que a falência das concessionárias de serviços públicos implica a extinção da concessão, na forma da lei.

Reafirma, assim, os princípios de Direito Administrativo traduzidos em leis anteriores, revogadores do prefalado art. 201. Com efeito, o Decreto-Lei n. 2.300/86, no inciso IX do art. 68, dispunha que a decretação da falência constituía causa de rescisão do contrato de concessão. A Lei n. 8.666/93, que regulamentou o inciso XXI do art. 37 da Constituição Federal, instituindo normas para licitações e contratos da Administração Pública, declarou, no inciso IX do art. 78, o mesmo princípio do Decreto-Lei acima mencionado, que foi por ela revogado. No art. 80, prescreveu que o podia concedente, nessa condição, pode assumir o serviço público concedido. A citada lei de 1993 foi revogada pela Lei n. 14.133/2021 que manteve a mesma sistemática, prevendo, no inciso IV do art. 137, que a falência constitui motivo para a extinção do contrato e, no inciso I do art. 139, que a extinção determinada por ato unilateral da administração poderá acarretar a assunção imediata do objeto do contrato.

A Lei n. 8.987/95, que disciplina os regimes de concessão e permissão da prestação de serviços públicos previstos no art. 175 da Lei Maior, preconiza, no inciso VI do art. 35, a falência como motivação para a extinção, de pleno direito, da concessão. Extinta a concessão, dispõe o § 2º do mesmo artigo, haverá a imediata assunção do serviço pelo poder concedente, procedendo-se aos levantamentos, avaliações e liquidações necessários.

15. CONTRATO DE CONTA-CORRENTE

O contrato de conta-corrente, apesar de ser um contrato bilateral, não enseja a possibilidade de o administrador judicial com ele prosseguir. Estabelece o art. 121 que as contas-correntes com o devedor falido consideram-se encerradas no momento

---

[9] Cf. Tribunal Superior do Trabalho, acórdão proferido pela 2ª Turma, no Recurso de Revista n. 654.319, de 2000, publicado no *DJU*, de 29-9-2000, p. 557.

da decretação da falência, verificando-se o respectivo saldo. Sendo ele favorável à massa, deverá ser pago pelo contratante e, se a este beneficiar, ensejará a sua declaração no passivo falimentar.

Carvalho de Mendonça[10] definia a conta-corrente como o contrato no qual "duas pessoas convencionam formar uma massa homogênea de todas as suas operações consistentes em remessas recíprocas de valores, remessas que, perdendo sua individualidade própria, se transformam em artigos de débito e crédito, de modo que o saldo final, resultante do balanço destes dois artigos, seja unicamente o exigível por aquele que neste balanço se tornar credor".

Por remessas devem ser entendidas as operações que dão origem a crédito, dotadas de heterogeneidade, como as originadas de transferência de dinheiro, mercadorias, títulos de crédito, despesas, juros e comissões.

Como anotava Requião[11], o que se visa na conta-corrente é, sobretudo, evitar pagamentos em dinheiro, limitando o movimento de numerários no pagamento final do saldo, verificável na época do vencimento do contrato, simplificando as relações entre empresários.

16. CONTRATOS DE MANDATO E COMISSÃO

O mandato é o contrato pelo qual alguém recebe de outrem poderes para, em seu nome, praticar atos ou administrar interesses, sendo a procuração o seu instrumento (Código Civil, art. 653).

A Lei n. 11.101/2005, no art. 120, distinguiu o mandato para fins civis daquele para fins empresariais, interessando-se apenas por esse último. Estabelece, assim, que uma vez conferido pelo devedor, antes de sua falência, para a realização de negócios, cessará, de pleno direito, com a decretação da quebra, tocando ao mandatário prestar suas contas ao administrador judicial. Tendo o devedor recebido o mandato, nas mesmas condições, este também ficará sem efeito, ressalvados, sempre, os que versem sobre matéria estranha à atividade empresarial.

Cessa, igualmente, a comissão que houver recebido antes da decretação da quebra. O contrato de comissão tem por objeto a aquisição ou a venda de bens pelo comissário em seu próprio nome, à conta do comitente, ficando aquele diretamente responsável para com as pessoas com quem contratar (Código Civil, arts. 693 e 694).

No caso de mandatos judiciais outorgados pelo devedor para sua representação em ações contra ele ou por ele propostas, antes da quebra, estes permanecem em vigor

---

[10]   Ob. cit., vol. VII, p. 465-466.
[11]   Ob. cit., vol. I, p. 209.

até que sejam expressamente revogados pelo administrador judicial. O que deseja a lei é que a defesa dos interesses do devedor, transportada para a massa falida, não sofra solução de continuidade, não havendo a cessação do mandato pela decretação da falência. Obviamente, o mandato judicial sob foco é aquele relativo a ações que versem sobre assuntos de interesses da massa falida, porquanto, nesses feitos, será o falido substituído pelo administrador judicial. Aqueles conferidos para sua representação no processo de falência ou para causas de seu particular interesse permanecem incólumes, não estando sujeitos à revogação pelo administrador judicial. Não se pode olvidar que o falido permanece no gozo de sua capacidade civil. Por essa mesma razão é que a lei não interfere nos mandatos por ele outorgados ou recebidos que versarem sobre matérias que fugirem à atividade empresarial.

17. PROPRIEDADE EM COMUM

Participando o falido de algum condomínio, o administrador judicial arrecadará a parte ideal a ele pertencente. A situação de indivisão da propriedade em comum deverá ser resolvida com a venda do bem, deduzindo-se do valor apurado o que for devido aos demais condôminos, sendo a eles facultada a aquisição da quota-parte do falido, nos termos da melhor proposta obtida (§ 2º do art. 123).

Não deve, assim, a dissolução do condomínio ser resolvida em ação autônoma, nos moldes do art. 725, V, do Código de Processo Civil de 2015 (procedimento de jurisdição voluntária). O fim do estado de indivisão será alcançado com a alienação judicial do bem no âmbito do processo falimentar, consoante disposição expressa do § 2º do art. 123 acima referenciado.

Deverão os coproprietários ser regularmente cientificados do ato de alienação, a fim de que, sem qualquer entrave, possam exercer os seus direitos.

18. CONTRATO DE SOCIEDADE

A falência do sócio, como já foi dito no item 4 do Capítulo 16, não acarreta a falência da sociedade, nem a sua dissolução de pleno direito. Verificado o fato, suas participações societárias deverão ser arrecadadas pelo administrador judicial, ingressando como ativo na massa falida.

Se se tratar de sócio de sociedade por ações – sociedades anônima e em comandita por ações – a arrecadação recairá sobre as ações por ele titularizadas. Contudo, na hipótese de sociedades contratuais – sociedade limitada, sociedade em nome coletivo e sociedade em comandita simples – a quota do sócio será liquidada, apurando-se os seus haveres, que entrarão, caso positivos, para a massa como ativo falencial.

O art. 123, *caput* e § 1º, da Lei n. 11.101/2005[12] regula a situação no universo das sociedades contratuais. Consoante já se deduziu no antes mencionado item 4 do Capítulo 16, o indigitado preceito vem enunciado tendo como atores os sócios comanditários e cotistas. Mas a omissão quanto aos demais tipos de sócios das sociedades empresárias que se formam por contrato existentes em nosso ordenamento positivo é, para nós, simplesmente acidental. O comando da regra deve a todos atingir, pois a falência do sócio, repita-se, em nenhum caso acarreta a falência ou a dissolução *pleno jure* da sociedade. O *caput* do art. 123 deve ser harmonizado com o princípio geral das sociedades contratuais, insculpido no parágrafo único do art. 1.030 do Código Civil, segundo o qual será de pleno direito excluído da sociedade o sócio declarado falido, resolvendo-se, destarte, a sociedade em relação a ele, liquidando-se a sua quota.

Diante dessa visão, propomos seja feita leitura ampla e irrestrita do art. 123 da Lei de Recuperação e Falência, em face dos princípios societários norteadores da espécie. Nesse sentido, se o falido fizer parte de alguma sociedade como sócio solidário, comanditário ou cotista, para a massa falida entrarão somente os seus haveres que na sociedade possuir e forem apurados na forma estabelecida no contrato social. Assim estarão albergados na regra todos os sócios das sociedades contratuais.

Se o contrato social, entretanto, nada dispuser a respeito, a apuração far-se-á judicialmente, salvo se, diz o § 1º do art. 123, por lei ou pelo contrato, a sociedade tiver de liquidar-se, caso em que os haveres do falido somente após o pagamento de todo o passivo da sociedade, entrarão para a massa falida.

O defeito detectado no dispositivo em comento não só se verifica em relação à omissão cometida, como acima se destacou, mas também pelo excesso cometido ao se referenciar, tanto no *caput* como no § 1º, ao estatuto social. Ora, como curial, as sociedades que se formam por contrato, como as por ele contempladas, não têm como ato constitutivo estatuto, mas sim contrato social. Deve aqui, mais uma vez, ser o equívoco corrigido, lendo-se na regra apenas o vocábulo contrato[13].

---

[12] Art. 123: "Se o falido fizer parte de alguma sociedade como sócio comanditário ou cotista, para a massa falida entrarão somente os haveres que na sociedade ele possuir e forem apurados na forma estabelecida no contrato ou estatuto social. § 1º Se o contrato ou o estatuto social nada disciplinar a respeito, a apuração far-se-á judicialmente, salvo se, por lei, pelo contrato ou estatuto, a sociedade tiver de liquidar-se, caso em que os haveres do falido, somente após o pagamento de todo o passivo da sociedade, entrarão para a massa falida".

[13] O estatuto, ato regra que integra o ato constitutivo, é reservado para as sociedades estatutárias, nas quais figuram as sociedades anônima e em comandita por ações, para nós de natureza institucional (cf. *Curso de direito comercial: direito de empresa*, item 3.3.7.3).

Nada impede que os sócios, já no contrato social, façam previsão, dentro do princípio da liberdade de contratar, de que a falência de um dos integrantes da pessoa jurídica seja causa de sua dissolução (cf. art. 1.035 do Código Civil). Também não estão obstados de, diante da falência de um sócio, principalmente nas sociedades constituídas *cum intuitu personae*, deliberarem, segundo os quóruns legais pertinentes ao tipo societário[14], pela dissolução da sociedade. A outra possibilidade seria quando por força de lei tiver a sociedade que se dissolver. Esta situação se pode verificar nas sociedades que fiquem com um único sócio, diante da falência do outro, à exceção da sociedade limitada, na qual a unipessoalidade é automática (§§ 1º e 2º do art. 1.052 do Código Civil, acrescentados pela Lei n. 13.874/2019, c/c alínea *d* do inciso XXIX do art. 57 da Lei n. 14.195/2021, que revogou o inciso IV do *caput* e o parágrafo único do art. 1.033 do Código Civil). Mas em quaisquer das hipóteses a dissolução não ocorre de pleno direito em razão da falência, mas motivada pela decisão dos sócios ou do sócio único, previamente tomada ou estabelecida após o fato, ou por falta de pluralidade de partícipes nas sociedades que necessariamente devam ser pluripessoais.

Os haveres, em princípio, serão apurados extrajudicialmente, pelo órgão de administração da sociedade, obedecido o disposto no contrato social. Sendo ele omisso, far-se-á judicialmente. Mas a apuração judicial não se dará apenas no silêncio do ato constitutivo. Poderá ser procedida quando o administrador judicial discordar dos valores extrajudicialmente apurados ou quando não se promover incontinenti a liquidação da quota pelo órgão de administração da sociedade.

Na apuração dos haveres do falido deverá ser observada a regra do art. 1.031[15] do Código Civil. Sobre o tema, escrevemos em nossa obra *Curso de direito comercial*: direito de empresa que o valor da quota-capital a ser liquidada levará em conta o montante que efetivamente foi pelo sócio realizado. Se a sua quota social encontrar-se totalmente realizada, será ela por inteiro considerada; se parcialmente integralizada, a liquidação tomará por base a proporção efetivamente realizada, sob pena de haver um enriquecimento ilícito do sócio em detrimento da sociedade. Se o sócio, detentor de 30% de

---

[14] Na sociedade limitada a deliberação seria tomada pelos votos correspondentes a, no mínimo, três quartos do capital social, sejam contratadas por prazo determinado ou indeterminado (Código Civil, arts. 1.076, I, e 1.071, VI); nas sociedades em comandita simples ou em nome coletivo, quando contratadas por prazo indeterminado, pela deliberação dos sócios, por maioria absoluta, quando tiverem prazo determinado, pelo consenso unânime dos sócios (Código Civil, art. 1.033, II e III, c/c arts. 1.044 e 1.051, I).

[15] Art. 1.031: "Nos casos em que a sociedade se resolver em relação a um sócio, o valor da sua quota, considerada pelo montante efetivamente realizado, liquidar-se-á, salvo disposição contratual em contrário, com base na situação patrimonial da sociedade, à data da resolução, verificada em balanço especialmente levantado".

participação no capital, só integralizou 20% de sua quota, a respectiva liquidação irá considerar este e não aquele percentual. A apuração dos respectivos haveres (liquidação da quota) será implementada com base na situação patrimonial da sociedade na data da resolução, verificada em balanço especialmente levantado, no qual deverá ser computado todo o patrimônio da sociedade, no seu valor real e não no meramente escriturado. Permite-se, porém, a previsão contratual em sentido contrário, como se depreende da leitura do *caput* do art. 1.031 do Código Civil, curso esse seguido pelo Código de Processo Civil de 2015 em seus arts. 604, II, e 606, *caput*. Em nossa opinião lá lançada e minuciosamente articulada, propugnamos que a previsão contratual somente poderá validamente prevalecer quando traduzir fórmula que não gere desproporcional distorção em relação à fórmula legal do valor patrimonial real, demandando, assim, a análise especial em cada caso concreto[16].

A quota liquidada deverá ser paga em dinheiro, no prazo de noventa dias, computado a partir da efetiva liquidação, salvo se o contrato dispuser em sentido contrário.

Por derradeiro, em complementação à avaliação dos efeitos da falência em relação aos sócios, remetemo-nos ao que foi estudado nos itens 4 e 5 do Capítulo 16, ressaltando que a decretação da falência da sociedade suspende o exercício do direito de retirada ou do recebimento do valor de suas quotas ou ações, por parte do sócio da sociedade falida, conforme o disposto no inciso II do art. 116 da Lei de Recuperação e Falência, o qual, assim, não será oponível à massa falida (§ 2º do art. 83).

19. COMPENSAÇÃO DAS DÍVIDAS DO FALIDO

A compensação configura-se como um dos meios de extinção das obrigações sem que ocorra o pagamento. Opera-se quando duas pessoas forem ao mesmo tempo credor e devedor uma da outra, fato este que levará as duas obrigações a extinguirem-se, até o montante no qual se compensarem. Efetua-se, apenas, entre dívidas líquidas, vencidas e de coisa fungíveis (Código Civil, arts. 368 e 369).

O art. 122 da Lei n. 11.101/2005 admite a compensação, com preferência sobre todos os demais credores concursais, das dívidas passivas do falido vencidas até o dia da decretação da falência, provenha ou não o vencimento da sentença, como, neste último caso, quando se verificar a expiração do prazo estipulado. Desse modo, se alguém for credor do falido e, ao mesmo tempo, seu devedor, ocorrerá a extinção dos montantes das obrigações recíprocas vencidas no limite da concorrência dos valores correspondentes. Apenas a eventual diferença é que deverá ser computada para fins de arrecadação

---

[16] Confira-se, em aprofundamento, os itens 6.11.4 do Capítulo 6 e 7.12 do Capítulo 7 da obra citada.

do direito de crédito pelo administrador judicial como ativo da massa falida ou para que o credor do falido possa participar do concurso falencial.

A compensação que, portanto, levará à extinção das duas dívidas ou a redução de uma delas, poderá ser deduzida pelo interessado ou decretada de ofício pelo juiz, na aplicação do imperativo legal.

Interessante questão que girava em torno da matéria no direito anterior, dizia respeito a poder o credor do falido, que tivesse junto a ele uma dívida não vencida, compensá-la com seu crédito na falência.

Miranda Valverde[17], criticando a literalidade da norma do então art. 46 da Lei de 1945, sustentava que uma interpretação estreita levar-nos-ia à conclusão de que só se vencendo com a falência as dívidas passivas do falido e não as suas dívidas ativas, isto é, os seus créditos, a compensação só seria possível quando já vencida a dívida do credor do falido por ocasião da sentença de falência, ou se vencesse, justamente, no dia de sua abertura.

Nelson Abrão, criticando a tese de que somente as dívidas vencidas podem ser compensadas na falência, argumentava:

> Entretanto, a opinião contrária é a que reúne melhores foros de juridicidade e tem sido consagrada pelo Supremo Tribunal Federal. Com efeito, decidiu essa Corte, conforme acórdão inserto na *Revista de Direito Mercantil, Industrial, Econômico e Financeiro*, n. 14, Nova Série, p. 94, que tivemos oportunidade de comentar: "Não viola o art. 46 da Lei de Falências, nem lhe nega vigência, o acórdão que admite a compensação de dívida passiva do concordatário com dívida ativa vencida posteriormente". Embora se tratasse de caso de concordata, seus argumentos são aplicáveis à falência; por isso, achamos conveniente repetir as considerações que, então, aduzimos: A conclusão do aresto encontra apoio na doutrina: "menor importância tem, ao invés, que o prazo do débito para com o falido não esteja ainda vencido; porque o prazo se presume a favor do devedor (art. 1.184 do Código Civil italiano), que pode renunciar a ele" (Ferrera, *Il fallimento*, p. 289). No mesmo sentido da lei italiana está o Código Civil brasileiro, art. 126, ao dispor que, nos contratos, "o prazo se presume em proveito do devedor".

Contudo, parece-nos que, diante do novo texto legal, a conclusão não pode mais ser sustentada. O art. 122 manda expressamente que se obedeçam, na compensação, os requisitos da legislação civil. Põe-se, assim, uma pá de cal na discussão, porquanto é invencível requisito para que se opere a compensação que as dívidas estejam vencidas, nos moldes do art. 369 do Código Civil.

O grande problema, em nossa visão, que a lei vigente, nos mesmos passos da lei anterior, consagra, é a possibilidade de haver a compensação legal das dívidas passivas

---

[17] Ob. cit., 1º vol., p. 298-299.

do devedor vencidas por antecipação em razão da sentença da falência. A compensação só se deveria admitir em relação às dívidas passivas já vencidas na data da decretação, por expiração do seu prazo estipulado no título respectivo. A compensação de dívidas vencidas antecipadamente, por efeito da própria sentença, ofende a *par conditio creditorum*, criando um pagamento privilegiado. Mas o legislador de 2005 não se sensibilizou com a distinção das espécies, insistindo em fórmula a nosso ver infeliz.

No parágrafo único do art. 122, tem-se os casos nos quais não se admite compensação. Assim é que não se compensam: (a) os créditos transferidos após a decretação da falência, salvo em caso de sucessão por fusão, incorporação, cisão ou morte; (b) os créditos, ainda que vencidos anteriormente, transferidos quando já conhecido o estado de crise econômico-financeira do devedor ou cuja transferência se operou com fraude ou dolo.

Além dessas hipóteses previstas na legislação especial, a elas outras se juntam, por força do direito comum. O Código Civil exclui, em diversas situações, a compensação de dívidas. Desse modo, nos termos do art. 373, a diferença de causa nas dívidas não impede a compensação, salvo: (a) se provier de esbulho, furto ou roubo; (b) se uma se originar de comodato, depósito ou alimentos; (c) se uma for de coisa não suscetível de penhora. Por outro lado, ainda não se compensam as dívidas se as partes, por mútuo acordo, a excluírem, ou se houver renúncia prévia de uma delas (art. 375). Também quando se obriga uma pessoa por terceiro, não poderá compensar essa dívida com o que o credor dele lhe deve (art. 376). Da mesma forma, não se admite compensação em prejuízo do direito de terceiro (art. 380).

CAPÍTULO 23

AÇÃO REVOCATÓRIA

1. ATOS INEFICAZES E REVOGÁVEIS

A investigação etimológica do *nomen juris* da ação sob estudo contribui para melhor compreensão do instituto. A ação é revocatória, isto é, seu núcleo gira em torno do verbo revocar, que significa fazer voltar, mandar voltar, chamar para trás. Visa, pois, a ação revocatória fazer voltar a certos atos praticados pelo devedor para torná-los inoponíveis à massa falida. Em regra, vai identificar e atingir aqueles atos realizados anteriormente à decretação da falência, mas, excepcionalmente, pode vir a vincular alguns praticados após a sentença de quebra (art. 129, VII). É, em essência, uma ação de reintegração do patrimônio do devedor, posta em favor dos seus credores, a fim de que não se chancele a subtração de bens que o compõem, em prejuízo da massa passiva.

Não se trata de buscar a declaração da nulidade ou promover a anulação do ato. Nem se cogita da sua invalidade entre as partes que o praticaram, podendo, entre elas, até permanecer válido. Não se investigam, necessariamente, vícios capazes de anular o ato. O que se pretende é tornar o ato inoponível à massa e, tão somente, em relação a ela.

Para a realização desse escopo, a lei contempla os atos que denomina de ineficazes e aqueles que intitula de revogáveis. Os primeiros são inscritos no art. 129; os segundos, no art. 130.

No art. 129 têm-se discriminados os atos que são incapazes de produzir efeitos em relação à massa falida, tenha ou não o contratante conhecimento do estado de crise econômico-financeira do devedor, seja ou não intenção deste fraudar credores. O elemento subjetivo da fraude é aqui despiciendo. A ineficácia do ato resulta exclusivamente de sua incidência na hipótese prevista em lei, algumas das quais configuram atos ruinosos preconizados no inciso III do art. 94. O art. 129 enuncia, de forma taxativa, determinados atos que são por lei considerados ineficazes em relação à massa falida, por pressupor que sua prática, só por si, se incompatibiliza com o estado de falência que veio ulteriormente a aflorar. O elemento objetivo do dano é a inspiração determinante do preceito. Não há espaço para se indagar a intenção das partes ao praticá-los. São atos que, realizados nas condições especificadas, são por lei considerados prejudiciais aos interesses dos credores, sendo irrelevante se foram ou não implementados com a intenção de fraudá-los ou prejudicá-los. O intento da ação revocatória do art. 129 é o de retirar do ato a eficácia tão somente em relação à massa falida, podendo até, como se disse, permanecer válido entre as partes que o celebraram.

Já para a formulação da ação dos atos revogáveis, a intenção de prejudicar credores é fundamental. Tem-se pelo art. 130 que são revogáveis os atos praticados com aquele escopo, provando-se o conluio fraudulento entre o devedor e o terceiro que com ele contratou, além do efetivo prejuízo sofrido pela massa falida.

Nessa hipótese não há limitação de atos, nem importa a época em que foram realizados. Serão revogáveis e, portanto, em último estágio, também não produzirão os efeitos em relação à massa falida, todos os atos efetivados com a intenção de prejudicar, provando-se a fraude. Percebe-se que a base inspiradora da ação do art. 130 é a ação pauliana do direito civil, exigindo-se a demonstração da fraude (*consilium fraudis*) e do prejuízo do ato advindo (*eventus damni*). Embora apresente essa afinidade com a ação pauliana, com ela não se confunde, como muito bem elucidava Sampaio de Lacerda[1]. Com efeito, na pauliana o autor da ação é o credor singular, que atua *iure proprio*, ao passo que na revocatória falimentar o sujeito ativo pode ser o administrador judicial, agindo no interesse da massa, qualquer credor ou o Ministério Público (art. 132). Por outro lado, naquela, o devedor será sempre o acionado e, nesta, ao contrário, não figurará o falido no polo passivo (art. 133).

O *consilium fraudis*, consoante já se registrou, decorre da intenção de prejudicar os credores do devedor. Na verdade, para que se tenha êxito na pretensão, basta demonstrar que o terceiro, pelas condições em que o ato foi praticado, tinha a ciência de que era prejudicial aos credores, não se exigindo a prova da real intenção em prejudicá-los[2]. Somos adeptos à ideia de que, para a procedência do pedido nela formulado, basta a ocorrência de presunções graves, certas e contundentes, competindo ao juiz, no exercício do seu livre convencimento motivado, avaliá-las. A experiência forense demonstra que a exigência da prova cabal da fraude ou da má-fé, na maioria dos episódios processuais, frustrará a eficácia do instrumento revocatório, na recomposição patrimonial que com ele se persegue. Portanto, é válido o julgamento a partir dessas presunções. É forçoso proceder por indícios, a partir dos quais se pode pesquisar, investigar a intenção

---

[1]   Ob. cit., p. 140.
[2]   Miranda Valverde, ob. cit., vol. I, p. 357.

das partes. Desse modo, como de há muito lecionava Carvalho de Mendonça[3], não é fora de propósito apresentar alguns fatos que estabelecem presunção simples de fraude: (a) a clandestinidade do ato; (b) a permanência dos bens alienados na posse direta do devedor, quando, pela natureza do ato, deviam passar para o terceiro; (c) a falta de causa do ato ou do contrato; (d) o parentesco ou a afinidade entre o devedor e o terceiro; (e) o preço vil; (f) a proximidade da falência; (g) a alienação de todos os bens; (h) a multiplicidade de atos praticados para encobrir a verdade.

O *eventus damni* também deve estar por caracterizado. Muito se discute se há a necessidade de ser provado no feito ou se estaria o autor dispensado dessa prova, visto resultar da própria sentença que decreta a falência.

Miranda Valverde[4] sustentava haver a necessidade da comprovação. Em suas palavras tem-se registrado: "Entre a intenção de prejudicar e o prejuízo real dos credores, que a falência, em regra, positiva, deve haver um nexo de causa e efeito, isto é, a situação do falido deve decorrer de ato fraudulento, direta ou indiretamente, ou deve ter ele concorrido para piorar o seu já então precário estado econômico. Não é, portanto, exato dizer, não ser necessária a prova do *eventus damni*, por ser a falência uma presunção desse fato".

De opinião diversa era Sampaio de Lacerda[5], que assim escrevia: "A prova do prejuízo decorre da própria sentença declaratória de falência e não se pode admitir que o terceiro pretenda provar a suficiência do ativo para evitar as consequências da ação, por isso que, enquanto perdurar o processo falimentar, não se pode saber da real solidez do passivo, conforme esclarece Bonelli".

Sempre fomos defensores dessa última ordem de ideias. O simples fato do reconhecimento da crise econômico-financeira aguda – a insolvência –, ao ser decretada pelo juiz a falência, já é prova objetiva do prejuízo resultante para a massa falida, derivada do ato realizado. A situação da insolvabilidade revela, de forma contundente, a falta de forças do ativo para gerar rendimentos ao pagamento pontual do passivo. Esse estado de impotência patrimonial não permite a realização de transações que o enfraqueçam cada vez mais. O reconhecimento do estado de insolvência, juridicamente declarado como falência, deixa evidenciada a prova do prejuízo decorrente do ato praticado com o intuito, ou ao menos a ciência, do prejuízo à garantia que o patrimônio do devedor representa a seus credores.

Estabelecidas as visões e distinções conceituais das duas espécies de ação revocatória, passa-se à análise individual dos atos que, taxativamente, são por lei erigidos à condição de ineficazes em relação à massa falida.

---

[3] Ob. cit., vol. VII, p. 567-568.

[4] Ob. cit., vol. I, p. 358.

[5] Ob. cit., p. 140.

2. PAGAMENTO DE DÍVIDAS NÃO VENCIDAS

Prevê o inciso I do art. 129 a ineficácia do pagamento de dívida não vencida, quando realizado pelo devedor no termo legal da falência, por qualquer meio extintivo do direito de crédito, ainda que pelo desconto do próprio título.

Em regra, o pagamento de uma dívida deve se fazer no seu vencimento. O devedor solvente, com elevado índice de liquidez e ponderável capital de giro, até pode pagá-la por antecipação, visando auferir alguma vantagem de redução de seu valor. Mas não quer a lei amparar a prática pelo devedor insolvente, porquanto o pagamento antecipado da dívida a um credor viola o princípio da *par conditio creditorum*.

O termo "desconto do próprio título", já empregado no antecedente histórico do dispositivo (Decreto-Lei n. 7.661/45, inciso I do art. 52), é entendido como o pagamento com abatimento de juros e outros encargos, eventualmente obtido com o seu adiantamento.

Realizado o pagamento antecipado fora do termo legal, o ato somente será alcançado pela ação revocatória do art. 130, necessitando a demonstração do *consilium fraudis*.

3. PAGAMENTO POR MEIO EXTRAORDINÁRIO

O pagamento de dívidas vencidas e exigíveis, realizado no termo legal da falência, por qualquer forma que não seja a prevista pelo contrato, é considerado, pelo inciso II do art. 129, ineficaz em relação à massa.

O que pretende aqui o legislador incriminar é o pagamento de uma dívida, embora vencida e, portanto, plenamente exigível, por um meio anormal, não previsto no documento de dívida. Nada obsta à sua eficácia, se for a quitação realizada pela forma convencionada. O que não se permite é a alteração do método do pagamento, em um período de tempo imediatamente anterior à decretação da falência, quando o devedor já atuava sob a pressão e a ameaça de seus credores.

Assim será ineficaz, por exemplo, o pagamento mediante a entrega de mercadorias ao credor, quando, pela natureza do título de dívida ou pela convenção das partes, este devia realizar-se em dinheiro. O pagamento com a entrega de bens só seria legítimo se previsto no pacto celebrado.

O Tribunal de Justiça de São Paulo[6], em interessante caso concreto, decidiu ser ineficaz a dação em pagamento de imóvel realizada em pagamento de contrato de re-

---

[6]   7ª Câmara Cível, Apelação Cível n. 230.540-1/0, Rel. Des. Rebouças de Carvalho, decisão unânime, publicada na *Revista dos Tribunais* n. 723/315.

passe de empréstimo contraído pela sociedade falida perante instituição financeira, uma vez praticado no termo legal, sem que fosse essa fórmula prevista no respectivo instrumento. Não admitiu, assim, o pagamento do mútuo feneratício senão feito em moeda corrente nacional.

Ocorrendo o fato anteriormente ao termo legal, o ato poderá ser revogado, diante da comprovação da intenção de prejudicar os credores (art. 130).

4. CONSTITUIÇÃO DE GARANTIA REAL

Considera-se também ineficaz em relação à massa falida a constituição de garantia real, inclusive a retenção, dentro do termo legal, tratando-se de dívida anteriormente contraída, preceitua o inciso III do art. 129.

Duas são as condições para a ineficácia, conforme se pode colher no texto legal: (a) que o ônus real tenha sido estabelecido no termo legal da falência; (b) que a dívida date de período anterior a esse termo. O objetivo é evitar que o devedor, pressionado pelo seu estado de crise aguda, favoreça um credor quirografário, transformando-o em privilegiado.

Contudo, não configura a hipótese vergastada a constituição do ônus real de forma contemporânea ao nascimento da dívida, ainda que firmada dentro do termo legal, ressalvado o intento de fraude em detrimento dos credores (art. 130). Do mesmo modo, não se tem por ineficaz, em princípio, a constituição de garantia de dívida anterior, mas implementado esse ônus antes do termo legal.

A regra também vai alcançar o reforço da garantia, realizado no termo legal, em referência à dívida anteriormente contratada. O reforço somente terá eficácia se já previsto no próprio contrato para a situação de insuficiência da garantia, provocada por causa superveniente. Nesse caso, não vemos como caracterizar a simulação.

Por fim, o preceito sob comento é completado com a previsão de que se os bens dados em hipoteca forem objeto de outras posteriores, a massa falida apenas receberá a parte que devia caber ao credor da hipoteca ineficaz.

5. ATOS A TÍTULO GRATUITO

O inciso IV do art. 129 fulmina com a ineficácia em relação à massa falida a prática de atos a título gratuito, desde dois anos antes da decretação da quebra.

Os atos a título gratuito são os resultantes de uma liberalidade, caracterizados pela transferência de bens do patrimônio de um sujeito a outro, sem a correspondente contraprestação do favorecido.

Não se pode conceber que o devedor, afligido pelo seu estado de insolvabilidade, possa praticar atos dessa natureza. O seu caráter ruinoso transparece evidente.

Na situação, a lei se afasta do conceito do termo legal para considerar um outro período temporal para servir de base à declaração de ineficácia.

Mister se faz repetir a preocupação externada por Rubens Requião[7], no sentido de não serem as gratificações concedidas a diretores ou empregados confundidas com o ato objurado. Assim explanava seu raciocínio:

> Deve-se, todavia, distinguir dos atos gratuitos, geralmente objeto de doações feitas pelo empresário, as gratificações concedidas pela empresa moderna aos seus diretores ou empregados. É comum estabelecer-se, nos contratos sociais ou nos estatutos que, ao encerrar-se o balanço anual, dos lucros verificados se destine uma percentagem para ser distribuída aos diretores e aos empregados. Essas gratificações, quanto aos empregados, têm natureza de remuneração, e se integram no salário, segundo a jurisprudência dos tribunais trabalhistas.

6. RENÚNCIA À HERANÇA OU AO LEGADO

A renúncia à herança ou a legado, reza o inciso V do art. 129, igualmente se mostra ineficaz em relação à massa, quando implementada até dois anos antes da decretação da falência. A renúncia é vista como um ato unilateral e a título gratuito, na qual o empresário não usufrui de qualquer vantagem. A lesão dos credores se evidencia pelo empobrecimento do patrimônio do devedor.

Tanto a renúncia aqui tratada como a prática de atos a título gratuito abordada no item anterior, se realizadas fora do interregno legalmente prescrito, podem, demonstrada a fraude, ser alcançadas pela ação revocatória do art. 130.

7. TRASPASSE DO ESTABELECIMENTO

O inciso VI do art. 129 declara ser ineficaz "a venda ou transferência de estabelecimento feita sem o consentimento expresso ou o pagamento de todos os credores, a esse tempo existentes, não tendo restado ao devedor bens suficientes para solver o seu passivo, salvo se, no prazo de 30 (trinta) dias, não houver oposição dos credores, após serem devidamente notificados, judicialmente ou pelo oficial do registro de títulos e documentos".

Como alardeado por toda a doutrina, o estabelecimento constitui-se na principal garantia aos credores do devedor. A sua transferência só pode ocorrer em respeito a esse direito. Na alienação ou cessão de seu estabelecimento terá o empresário que ficar com bens ou recursos suficientes ao pagamento de suas dívidas ao tempo existentes, caso não

---

[7] Ob. cit., vol. I, p. 231.

resolva promover o pagamento integral, quitando todas elas, ou não obtenha a anuência expressa ou tácita de seus credores. Em outras palavras, será ineficaz em relação à massa falida o traspasse sem o consentimento, expresso ou tácito, de todos os credores ou seu pagamento, salvo se ficou o devedor com bens capazes de atender o passivo existente à época do ato.

A hipótese sob a rubrica legal não se confunde com a venda isolada de alguns bens ou componentes que integram o estabelecimento empresarial, sem que isso comprometa a sua higidez. O fato punível é a venda ou cessão que desmantele, que inutilize o estabelecimento como instrumento da atividade empresarial, provocando o seu evidente enfraquecimento. Veda-se não só a alienação do estabelecimento como um todo, mas também de bens ou bem essencial à sua configuração.

Nesse sentido, foi precisa a decisão do Superior Tribunal de Justiça[8], no enfrentamento do Recurso Especial n. 33.762/SP, assim ementada: "Falência. Ação revocatória. Bem integrante do estabelecimento. A lei quer impedir a desmontagem do estabelecimento do falido, em prejuízo dos credores, seja pela alienação do estabelecimento como um todo, seja pela transferência de parte substancial dele, descaracterizando-o como local de comércio ou de indústria, o que pode ocorrer com a transferência de bens integrantes do seu ativo fixo, como a máquina referida nos autos".

8. REGISTROS E AVERBAÇÕES APÓS A DECRETAÇÃO DA FALÊNCIA

O inciso VII do art. 129 pune com a ineficácia em relação à massa falida a realização de registros de direitos reais e de transferência de propriedade entre vivos, por título oneroso ou gratuito, ou a averbação relativa a imóveis após a decretação da falência, salvo se tiver havido prenotação anterior.

Caberá, nessas condições, por exemplo, ao credor titular da garantia participar do concurso falimentar como quirografário, e, ao adquirente do bem, o direito de haver o valor pago.

O Superior Tribunal de Justiça, em relação ao tema posto no Decreto-Lei n. 7.661/45, também pertinente ao direito vigente, reiteradas vezes decidiu que a ineficácia somente se verificava quando o registro de transferência da propriedade imobiliária fosse feito após a decretação da quebra, não se operando durante o termo legal da falência, situação em que seria exigida a prova de fraude (atual art. 130). A respeito, tem-

---

[8] 4ª Turma, Rel. Min. Ruy Rosado de Aguiar, decisão unânime, publicada no *DJU,* Seção I, de 12-5-97, p. 18.804.

-se a decisão unânime da 4ª Turma, no Recurso Especial n. 90.156/SP[9]: "Não é ineficaz a alienação de imóvel só e só por ter sido efetuada no termo legal da falência, ou seja, no denominado período suspeito, mas antes de decretada a quebra. Exige-se a comprovação de fraude do devedor, não ocorrente na espécie".

No mesmo sentido, o acórdão unânime proferido pela 3ª Turma, no julgamento do Recurso Especial n. 510.404/SP[10]: "Precedentes da Corte já assentaram que 'se a transferência se deu no período suspeito, mas antes da decretação da falência, sua nulidade depende da prova da fraude' (REsp n. 139.304/SP, Rel. Min. Ari Pargendler, *DJ* de 23-4-1)".

9. INEFICÁCIA DO REEMBOLSO DOS ACIONISTAS

O acionista que divergir de certas deliberações da assembleia geral, capituladas, entre outras, no art. 137 da Lei n. 6.404/76, poderá exercer o seu direito de recesso, retirando-se, assim, da companhia, mediante o reembolso do valor de suas ações (Lei n. 6.404/76, art. 45).

Se, entretanto, sobrevier a falência da sociedade, ficará suspenso o direito de recebimento do aludido valor (Lei n. 11.101/2005, inciso II do art. 116), sendo o respectivo titular classificado como credor quirografário, em quadro geral de credores separado, e os rateios que eventualmente lhe couberem serão imputados no pagamento dos créditos constituídos anteriormente à data da publicação da ata da assembleia geral materializadora da decisão que ensejou o recesso. As importâncias assim atribuídas aos créditos mais antigos não se deduzirão do crédito do ex-acionista, que subsistirá integralmente para ser pago pelos bens integrantes da massa, após a satisfação daqueles, caso existam forças para tal (Lei n. 6.404/76, § 7º do art. 45).

Contudo, se ao tempo da decretação da falência já houver sido efetivado o pagamento do reembolso ao ex-acionista, à conta do capital social, e não tendo o retirante sido substituído no contexto societário, com o ingresso de novos recursos no capital da companhia em montante equivalente ao reembolso, verificada a insuficiência de recursos da massa para o pagamento dos créditos existentes à época da retirada, caberá ao ex-acionista restituir o reembolso pago com a redução do capital social, até a concorrência do que remanescer dessa parte do passivo. A ação revocatória é o instrumento para se alcançar a correspondente restituição (Lei n. 6.404/76, § 8º do art. 45).

---

[9] Rel. Min. César Asfor Rocha, publicada no *DJU,* Seção I, de 2-10-2000, e na *Revista dos Tribunais* n. 788/202.

[10] Rel. Min. Carlos Alberto Menezes Direito, publicada no *DJU,* Seção I, de 29-3-2004, p. 232.

10. ATOS PREVISTOS NO PLANO DE RECUPERAÇÃO JUDICIAL OU EXTRAJUDICIAL

Determinados atos taxados por lei de ineficazes em relação à massa falida, quando previstos em plano de recuperação judicial, e executados em estrita observância do que foi aprovado pela assembleia de credores e por decisão judicial chancelados, não perderão a eficácia, sendo a recuperação judicial convolada em falência. São os casos específicos dos incisos I, II, III e VI do art. 129 acima analisados. A previsão legal (art. 131) se justifica em função da realização do ato no intuito de recuperação da empresa exercida pelo empresário, tendo sido aprovado pela coletividade dos credores e contado com o referendo judicial.

Originariamente, a regra do art. 131 em questão se limitava à recuperação judicial. A reforma de 2020 também estendeu a imunidade dos atos àqueles constantes do plano de recuperação extrajudicial e realizados na forma nele definida. Mas é importante atentar que os referidos atos apenas gozam dessa proteção quanto à ineficácia quando se tratar de plano homologado em juízo, seguindo a mesma lógica da recuperação judicial. A alteração legislativa confere maior segurança jurídica para o acordo extrajudicial materializado em plano de recuperação extrajudicial homologado.

11. PROCESSAMENTO DA AÇÃO REVOCATÓRIA

A declaração de ineficácia dos atos prescritos no art. 129 poderá ser obtida em ação própria ao atingimento desse fim ou, ainda, incidentalmente nos autos do processo de falência. Possibilita-se seja declarada, inclusive, de ofício pelo juiz, diante da constatação do fato, pela documentação carreada aos autos do prefalado processo de quebra. Outrossim, afigura-se cabível ser a ineficácia deduzida como matéria de defesa pela massa falida em qualquer ação contra ela proposta. O parágrafo único do art. 129 não exige, dessa feita, seja ela perseguida em ação específica, permitindo sua verificação em favor da massa pelos mais variados modos. Contudo, como se ressaltou, não impede seja dita ação proposta para a materialização da pretensão. Ocorrendo a hipótese, teremos a ação revocatória do art. 129. Não nos sensibiliza a opinião de que a ação, nessas condições, seria inominada, porquanto a lei não a expressamente batizou de revocatória, como o fez no art. 132 ao se referir àquela dos atos revogáveis de que trata o art. 130. Pensamos que a ação, em qualquer dos casos, é a revocatória que, todavia, se divide em ação dos atos ineficazes do art. 129 e ação dos atos revogáveis do art. 130. A distinção fundamental reside no modo, na forma de se obter a inoponibilidade do ato contestado em relação à massa falida. Na primeira, não obriga a lei a propositura de ação para o desiderato, contemplando a possibilidade da declaração da ineficácia por via de incidente nos autos do processo de falência ou como exceção em ação autônoma de que participe a massa, sem, no entanto, excluir a sua propositura. Na segunda, a revogação do ato pela demonstração do elemento subjetivo da fraude só por ela se alcança. O certo é que, proposta a ação, seguirá ela o mesmo processamento em lei disciplinado, independentemente de seu fundamento ser o art. 129 ou 130.

Lícito registrar que ainda nas circunstâncias de decretação de ofício da ineficácia do ato pelo juiz, impõe seja a decisão precedida de procedimentos que garantam a ampla defesa e o contraditório. O fato, de certo, causará embaraços no andamento normal do processo falimentar. Mas isto não é capaz de restringir o exercício desses direitos fundamentais da parte. Por essa razão é que sempre preferimos fosse a declaração da ineficácia perseguida por ação própria, ou como matéria de defesa da massa em processo autônomo, não se albergando a decretação em forma de incidente no processo principal da quebra, por provocação ou de ofício. O legislador, porém, assim não preferiu[11].

12. LEGITIMAÇÃO ATIVA E PASSIVA

Encontram-se legitimados a propor a ação revocatória, nos termos do art. 132, o administrador judicial, qualquer dos credores concorrentes e o Ministério Público.

---

[11] No direito anterior, a doutrina se dividia quanto à obrigatoriedade da propositura da ação para obter a ineficácia do ato. Rubens Requião sustentava: "Note-se que, a princípio, não é necessária a ação para declarar a ineficácia do ato, nos casos do art. 52; aqui, a ineficácia decorre *pleno jure*, resulta da norma legal em si. Se o terceiro, todavia, se opõe à restituição da coisa objeto do contrato, a ação se torna então necessária" (ob. cit., vol. I, p. 239). No mesmo sentido, Silva Pacheco: "Na fase inicial do processo falimentar, pode o síndico, o juiz, o curador ou qualquer credor alegar a ineficácia do ato e tê-lo como ineficaz em relação à massa. Ao terceiro caberá bater-se por sua eficácia. A ação então, poderá ser do terceiro que se sentir lesado com a ineficácia. Entretanto, podem ocorrer casos em que é necessária a ação da massa para obter-se a declaração judicial de ineficácia. A ação, aí, é da massa. Pode promovê-la o síndico, sendo nela interessados os credores e o falido. Em qualquer caso, atua o curador de massas" (ob. cit., p. 341). Contrariamente se pronunciava Jayme Leonel: "Todavia, o meio pelo qual se obtém o pronunciamento da revogação de qualquer deles é a ação revocatória do art. 55 do aludido decreto, muito embora há quem sustente – erradamente é verdade – que, nos casos do art. 52, não há necessidade do exercício daquela ação, a qual só é indispensável em se tratando de atos do art. 53" (*Da ação revocatória no direito da falência*. 2. ed. São Paulo: Saraiva, 1951, p. 51). O Superior Tribunal de Justiça, no enfrentamento da questão, acertadamente, decidiu: "Direito falimentar. Ação revocatória. Declaração de ineficácia. Dação em pagamento. Termo legal. Art. 52, DL 7.661/45. Via adequada. Precedente. Doutrina. Recurso desacolhido. Na linha da melhor doutrina, 'é por intermédio da ação revocatória que a massa falida pode obter a decretação da ineficácia ou a revogação dos atos indicados nos arts. 52 e 53 da lei' (dentre outros, Sampaio Lacerda, *Manual de Direito Falimentar*, 12. ed., Rio de Janeiro: Freitas Bastos, 1985, n. 85, p. 143)" (4ª Turma, REsp n. 259.265/SP, Rel. Min. Sálvio de Figueiredo Teixeira, decisão unânime, publicada no *DJU*, Seção I, de 20-11-2000, p. 301, e na *RSTJ*, v. 143, p. 414).

Embora o preceito refira-se a "qualquer credor" tão somente, sustentamos que a adjetivação aí se impõe. Somente terão interesse em promover a ação de reintegração do patrimônio do falido, que lhes serve de garantia ao pagamento de seus créditos, aqueles que efetivamente participam do concurso falimentar, isto é, os credores concorrentes. Eles é que serão pagos na moeda da falência. O Ministério Público, embora não seja parte no processo de falência, vem erigido como sujeito ativo da ação revocatória. A legitimação *in casu* é sempre concorrente.

Os sujeitos passivos são, conforme o elenco do art. 133: (a) os que figuraram no ato ou que por efeito dele foram pagos, garantidos ou beneficiados; (b) os terceiros adquirentes, se tiveram conhecimento, ao se criar o direito, da intenção do devedor de prejudicar credores, na ação do art. 130; (c) os herdeiros e legatários das pessoas antes referidas.

Quando a ação tiver por fundamento um dos atos do art. 129, sustentamos possa ser ela também proposta contra os terceiros adquirentes e seus herdeiros ou legatários. Isto porque a ineficácia em relação à massa é ampla e objetiva.

O devedor falido não é parte na ação revocatória, nem como réu. Isto se deve ao fato de que, ao restaurar o patrimônio arrecadado para a massa falida, o devedor acaba por efeito dela se beneficiando, na medida em que sobre ele não perde o direito de propriedade. Não se tem, assim, qualquer razão de ordem lógica a amparar sua sujeição passiva.

13. COMPETÊNCIA, RITO E PRAZO DE PROPOSITURA

A ação revocatória, reza o art. 134, deverá correr perante o juízo universal da falência. Ele é o competente para dela conhecer e julgar o respectivo pedido. A competência é também aqui absoluta. Obedecerá ao procedimento comum, disciplinado no Código de Processo Civil de 2015, seja ela fundada nos atos revogáveis ou nos ineficazes. Embora a lei não proíba expressamente, adotando, assim, a mesma linha do Decreto-Lei n. 7.661/45, o réu não pode opor compensação ou reconvenção, pois os direitos creditórios só podem ser exercidos através da competente habilitação[12].

Ao juiz é permitido, a requerimento do autor da ação, ordenar, como medida preventiva, na forma da legislação processual civil (Código de Processo Civil de 2015, arts. 294, 301 e 305 a 310), o sequestro dos bens subtraídos do patrimônio do devedor que estejam em poder de terceiros.

Como se extrai de toda a exposição anterior, a ineficácia do ato (art. 129) ou a sua revogação (art. 130) têm por fundamento a própria falência. O escopo central

---

[12] Sampaio de Lacerda, ob. cit., p. 145.

da ação revocatória é o de torná-lo inoponível à massa falida. O efeito do reconhecimento da ineficácia ou da revogação consiste em fazer retornar à massa os bens que indevidamente foram subtraídos do patrimônio do devedor (art. 135). A recuperação do bem ou do seu equivalente em dinheiro, mais as eventuais perdas e danos havidos, se faz em favor da massa. Desse modo, pode a ação ser proposta a partir da abertura do processo de falência, quando, então, surge a massa falida. O *dies a quo*, isto é, o termo inicial para o ajuizamento é a data da decretação da falência. Decai o direito à ação revocatória, quando fundada nos atos revogáveis do art. 130, em três anos, computados da decretação da falência (art. 132). O prazo terá início, efetivamente, não da data de publicação da sentença no órgão oficial, mas sim do dia em que foi assinada pelo juiz, pois daí decorrem, desde logo, os efeitos materiais daquele estado, conforme sustentamos no item 5 do Capítulo 18. Mas o direito de propô-la sempre irá restar extinto, ainda que antes daquele prazo, quando encerrado o processo de falência por sentença transitada em julgado, porquanto desaparece seu fundamento – o estado de falência, bem como não haverá mais a figura da massa falida. Se a ação vem amparada no art. 129, faculta-se a sua proposição desde a decretação da quebra até o seu definitivo encerramento, ainda que este se verifique após três anos de sua abertura, uma vez que esse prazo extintivo só alcança a ação dos atos revogáveis. Igualmente, a ineficácia poderá ser declarada incidentalmente no curso do processo de falência, de ofício ou por provocação, a qualquer tempo, enquanto ele estiver tramitando. Da mesma sorte, cabe a ineficácia ser deduzida como defesa enquanto processada a falência, pois essa exceção pode ser oposta pela massa – e só por ela, nos feitos de qualquer natureza em que participe.

14. RECURSO DA DECISÃO REVOCATÓRIA

A sentença que julgar procedente o pedido formulado na ação revocatória é apelável (parágrafo único do art. 135). O mesmo recurso caberá na hipótese de improcedência. O prazo e o processamento da apelação são os do Código de Processo Civil (art. 189).

No caso de a ineficácia do ato, nos termos do art. 129, vir a ser declarada de ofício ou por provocação incidentalmente formulada nos autos do processo de falência, a decisão, dado o seu caráter interlocutório, será agravável de instrumento. Esse mesmo recurso é o apropriado na hipótese de não ser pela decisão acolhida a pretensão revocatória. Não se pode olvidar que a falência é um processo de execução coletiva, pelo qual são arrecadados bens do devedor sujeitos à execução, para o atendimento dos seus credores, observadas as preferências legais. Desse modo, toda decisão de conteúdo executivo deve estar logo resolvida, evitando que a atividade coativa prossiga sem que as questões incidentes estejam pacificadas. Essa é a lógica conclusão que se pode tirar do sistema legal vigente. A ideia vem a ser corroborada pela reforma da Lei n. 14.112/2020, ao prever que as decisões proferidas nos processos disciplinados pela Lei n. 11.101/2005 são passíveis de agravo de instrumento, exceto nas hipóteses em que a própria lei especial dispuser de modo diverso (inciso II do § 1º do art. 189). O prazo de interposição do agravo de instrumento é o do Código de Processo Civil.

15. INEFICÁCIA OU REVOGAÇÃO DE ATO AMPARADO EM DECISÃO JUDICIAL

O campo de incidência que se assegura o pedido revocatório é tão largo, que a inoponibilidade à massa falida do ato ineficaz ou fraudulento pode ser pretendida mesmo se amparado em decisão judicial transitada em julgado. Nesse caso, revogado o ato ou declarada a sua ineficácia, ficará rescindida a correspondente sentença que o motivou (art. 138).

Consoante explicava Carvalho de Mendonça[13], a respeito dos credores, em cujo proveito se institui a ineficácia ou revogação do ato, essa sentença é *res inter alios*; não são eles vinculados por seus dispositivos. Para a lei, portanto, é indiferente a forma com que o ato se revista; ela o encara em si e em suas consequências. A sentença que o ato autorizou, como ressaltava o citado comercialista, podia ser fruto de uma renúncia de direitos por parte do devedor ou mesmo um conluio entre as partes litigantes para prejudicar credores.

O escopo da lei reside, portanto, na salvaguarda dos interesses dos credores, cujo prejuízo possa resultar de ato do falido, ainda que formalmente perfeito e, até mesmo, quando sancionado por sentença, desde que fraudulento ou objetivamente ineficaz em relação à massa falida.

16. EFEITOS DA AÇÃO REVOCATÓRIA

Conforme tivemos oportunidade de sustentar no item 1 do Capítulo 23, a ação revocatória não tem por fim a anulação ou a declaração de nulidade do ato, mas tão somente obter a sua inoponibilidade em relação à massa falida, de modo que os atos contra ela não produzam efeitos. Isso se dá tanto na ação revocatória do art. 129, quando na do art. 130. É uma ação de reintegração do patrimônio do falido. Por tal razão é que a sentença que julgar o pedido procedente determinará o retorno dos bens à massa falida em espécie, com todos os seus acessórios, ou, na sua impossibilidade, que seja

---

[13] Ob. cit., vol. VII, p. 556.

restituído o seu valor de mercado, podendo ser acrescido das perdas e danos correspondentes (art. 135). Igual efeito advirá da decisão proferida de ofício pelo juiz ou na solução de incidente nos autos do processo falimentar, à exceção das perdas e danos, as quais sempre demandarão ação própria, inclusive para sua liquidação.

Declarada a ineficácia ou decretada a revogação do ato, as partes retornarão ao *status quo ante*. Fica assegurado ao terceiro de boa-fé, a qualquer tempo, propor ação por perdas e danos contra o devedor e seus garantes, além do direito a reaver os valores ou coisas entregues ao devedor (art. 136, *caput* e § 2º e inciso III do art. 86).

Na hipótese de securitização de créditos do devedor, não será declarada a ineficácia ou revogado o ato de cessão em prejuízo dos direitos dos portadores de valores mobiliários emitidos pelo securitizador (§ 1º do art. 136).

CAPÍTULO 24

PEDIDO DE RESTITUIÇÃO

1. FUNÇÃO E NATUREZA JURÍDICA

A arrecadação, como já desenvolvido nesta obra, é o meio de integração da massa objetiva. Decretada a falência, cabe ao administrador judicial arrecadar os bens do devedor, à exceção dos absolutamente impenhoráveis. No exercício desse mister, apreenderá os bens que forem encontrados em poder do falido, sem perquirir a sua real titularidade. Não cabe a ele definir quais os bens que serão objeto da apreensão judicial, competindo-lhe arrecadar tudo o que estiver presente nos estabelecimentos (físicos) sede e filiais. A decisão concernente à situação jurídica dos bens caberá ao juízo da falência. É de sua exclusiva competência definir quais os bens integrarão a massa falida, a serem liquidados para o pagamento do passivo falimentar. Portanto, aqueles que sofrerem a constrição judicial, por encontrarem-se em poder do devedor, mas que sejam de titularidade de terceiros, deverão ser destacados da massa falida objetiva. A medida judicial adequada ao fim é justamente o pedido de restituição. Julgada procedente a pretensão restitutória, o bem objeto do pedido será desintegrado da massa ativa e devolvido ao legítimo titular de seu domínio.

Com efeito, não é contemplada em nosso direito positivo a restituição amigável, quando verificada a propriedade de terceiro. A pretensão somente poderá ser traduzida por meio da ação restitutória, que se caracteriza como um incidente em relação ao procedimento falimentar, de feição cognitiva. Fundado o pedido no domínio do bem, a ação tem natureza real reivindicatória (*caput* do art. 85). Arrimado, entretanto, o pleito em relação obrigacional ou em tributos retidos, tem-se uma ação pessoal restitutória (art. 86, II, III e IV e parágrafo único do art. 85). É possível, pois, que a restituição se realize em função de outra causa que não seja o direito de propriedade. Pode ter por fundamento, por exemplo, evitar o enriquecimento ilícito da massa (art. 86, III) ou consolidar o prestígio à boa-fé que devem os contratantes nutrir nas transações empresariais (parágrafo único do art. 85). São, assim, as restituições especiais, que coexistem com a ordinária, esta estribada no direito real de propriedade do reivindicante sobre a coisa.

388 CURSO DE DIREITO COMERCIAL – FALÊNCIA E RECUPERAÇÃO DE EMPRESA

A Lei n. 11.101/2005 não evoluiu, em nosso sentir, adequadamente no tema. Somos partidários de um posicionamento mais liberal sobre a restituição de bens e valores. Pensamos seria útil se processasse administrativamente, perante o administrador judicial que, com a autorização do juiz, após a oitiva do comitê de credores, pudesse promover a restituição. A obrigatoriedade do procedimento judicial não contribui para as tão decantadas economia processual e celeridade do processo de falência (§ 1º do art. 75), pois diversos incidentes deverão ser processados, ocupando, muitas das vezes, desnecessariamente, a máquina judicial. Em caso de dúvida é que estaria a via contenciosa reservada à solução do conflito, procedendo-se a uma investigação detalhada da espécie em discussão, assegurando-se, assim, o contraditório e a ampla defesa.

2. RESTITUIÇÃO ORDINÁRIA

Estabelece o *caput* do art. 85 da Lei n. 11.101/2005 que "o proprietário de bem arrecadado no processo de falência ou que se encontre em poder do devedor na data da decretação da falência poderá pedir sua restituição". Verifica-se aí desenhada a restituição ordinária, fundada no direito de propriedade do bem apreendido. Sendo esse o alicerce de sua pretensão, o reclamante deverá alegar e provar o domínio sobre o bem reivindicado e a posse injusta que sobre ele está sendo exercida.

A coisa deve ser restituída ao seu proprietário em espécie. Entretanto, caso não mais exista, seja por que motivo for, proceder-se-á a restituição no equivalente em dinheiro. Nessa circunstância, ter-se-á por base o valor de sua avaliação, ou, ocorrida a venda, o respectivo preço, operando-se, em qualquer das situações, a correspondente atualização dos valores (art. 86, I).

Não sendo cabível o pedido de restituição, fica resguardado ao interessado o manejo de embargos de terceiros. A materialização da iniciativa se dará quando, por exemplo, tiver apenas posse a defender (art. 93).

Com o intuito de ilustrar a espécie jurídica sob foco, passa-se à análise de certas relações que nela possam desembocar.

3. ALIENAÇÃO FIDUCIÁRIA EM GARANTIA

A Lei n. 4.728/65, em seu art. 66, traçou a disciplina do contrato de alienação fiduciária em garantia, relevante instrumento de segurança creditícia e fortalecedor das relações no mercado de capitais nacional. A operação logrou tamanho êxito que, na prática, veio a soterrar o clássico contrato de compra e venda com reserva de domínio. O indigitado preceito passou a ter nova redação atribuída pelo Decreto-Lei n. 911/69, que também se destinou a editar normas processuais a respeito do instituto, no intento de robustecer a posição do credor na recuperação de seu crédito dessa forma garantido.

A Lei n. 10.931/2004 alterou a Seção XIV da Lei de Mercados e Capitais, na qual a alienação fiduciária vinha tratada, para nela apenas contemplar o contrato de alienação fiduciária em garantia celebrado no âmbito do mercado financeiro e de capitais, bem como em garantia de créditos fiscais e previdenciários. A operação, que pode ter por objeto coisas fungíveis ou infungíveis, vem agora regulada no art. 66-B da Lei n. 4.728/65, com a redação que lhe imprimiu a mencionada Lei n. 10.931/2004, havendo sua disciplina supletiva pelas regras da propriedade fiduciária, dispostas no Código Civil (art. 1.368-A, acrescentado pela Lei n. 10.931/2004).

Na alienação fiduciária em garantia no âmbito do mercado financeiro e de capitais, o devedor ou fiduciante transfere para o credor ou fiduciário (instituição financeira), em garantia de seu débito, o domínio resolúvel e a posse indireta do bem, permanecendo com a sua posse direta e como seu depositário. Com a quitação da dívida, resolve-se o domínio, que se consolida nas mãos do fiduciante. Não sendo ela adimplida, terá o credor o direito de processualmente realizar a busca e a apreensão da coisa alienada em garantia, promovendo a sua venda, independentemente de leilão, avaliação prévia ou qualquer outra medida judicial ou extrajudicial, salvo disposição contratual em sentido contrário, aplicando o preço no pagamento de seu crédito e das despesas de cobrança. O eventual saldo será restituído ao devedor. Não bastando o produto da venda para a integral satisfação do credor, continuará o devedor obrigado pelo restante.

Na falência do devedor ou fiduciante, ao credor ou fiduciário é assegurado o direito de fazer uso do pedido de restituição para reivindicar a coisa de sua propriedade. A restituição vem expressamente preconizada no art. 7º do Decreto-Lei n. 911/69. Mas a referência é meramente confirmatória, porquanto a regra geral de comando já se encontra consubstanciada no *caput* do art. 85 da Lei n. 11.101/2005. Restituído o bem, será realizado o procedimento de sua venda, como acima retratado. Verificado saldo positivo, o respectivo valor deverá ser pelo fiduciário entregue ao administrador judicial e integrará, assim, a massa falida; não sendo o produto da venda suficiente ao pagamento total do crédito e despesas incorridas, deverá a instituição financeira credora habilitar-se no rol dos créditos quirografários pelo saldo respectivo.

Contratada a alienação fiduciária em garantia fora do mercado financeiro e de capitais ou de algum mercado regulado por lei especial, a sua disciplina seguirá os termos previstos no Código Civil para a propriedade fiduciária (arts. 1.361 a 1.368-A). Nesse caso, somente pode ser objeto do contrato coisa móvel infungível. Embora o art. 8º-A do Decreto-Lei n. 911/69, com a redação atribuída pela Lei n. 10.931/2004, limite a incidência de suas regras à operação realizada naquele mercado ou para fins de garantia de débito fiscal ou previdenciário, não se tem dúvida que na falência do devedor poderá o proprietário fiduciário, titular do domínio resolúvel, manejar o pedido de restituição, ancorado no *caput* do art. 85 da Lei de Recuperação e Falência.

Quando o contrato de alienação fiduciária em garantia tiver por objeto bem imóvel, a sua regência dar-se-á pelos arts. 22 a 33 da Lei n. 9.514/97. No art. 32 é expressamente prevista a restituição do imóvel na falência do devedor ou fiduciante.

Não nos sensibiliza o argumento de que a falência do fiduciante, por si só, já ensejaria a resolução do contrato e asseguraria ao proprietário fiduciário o exercício do direito de reivindicar o bem. O contrato de alienação fiduciária, em quaisquer de suas modalidades, deve ser analisado à luz da regra geral reservada pelo art. 117 da Lei de Recuperação e Falência aos contratos bilaterais, possibilitando-se ao administrador judicial, no interesse da massa falida, optar pelo seu cumprimento. Caso, entretanto, escolha a sua resolução, aí sim, será cabível a restituição do bem. Ressalva-se, entretanto, a circunstância da existência de cláusula resolutória expressa, tendo a falência como sua causa.

4. CESSÃO FIDUCIÁRIA DE DIREITOS CREDITÓRIOS

A Lei n. 9.514/97, que dispõe sobre o Sistema Financeiro Imobiliário, contempla, como modalidade de garantia às operações de financiamento imobiliário, a cessão fiduciária de direitos creditórios decorrentes de contratos de alienação de imóveis (art. 17, II). Pelo contrato de cessão fiduciária em garantia, opera-se a transferência ao credor da titularidade dos créditos cedidos, até a liquidação da dívida garantida (art. 18). Na hipótese de falência do devedor cedente, e se não tiver havido a tradição dos títulos representativos dos créditos cedidos, ficará assegurada ao cessionário a restituição (art. 20).

A cessão fiduciária de direitos sobre coisas móveis ou sobre títulos de crédito vem normatizada nos §§ 3º e 4º do art. 66-B da Lei n. 4.728/65, com redação atribuída pela Lei n. 10.931/2004. Sobre tais operações são aplicáveis os princípios dos arts. 18 e 20 da Lei n. 9.514/97 acima destacados.

Assim, de forma geral, podemos dizer que quando a alienação fiduciária em garantia tiver por objeto direito de crédito, passa a ser por lei denominada cessão fiduciária, sobre a qual se aplica o instituto da restituição, demonstrada a posse injusta da massa exercida sobre os títulos de propriedade do credor requerente, tendo como norma central e geral o *caput* do art. 85 da Lei n. 11.101/2005, especificada e referendada na lei especial (Lei n. 9.514/97, art. 20).

5. ARRENDAMENTO MERCANTIL

No arrendamento mercantil ou *leasing*, que também se constitui como uma modalidade de financiamento para a aquisição de bens, o arrendador arrenda ao arrendatário um bem por ele adquirido, segundo as indicações deste último, ao qual caberá a opção de compra, findo o contrato, mediante o pagamento de um preço residual previamente fixado.

Decretada a falência do arrendatário, faculta-se ao arrendador postular a restituição do bem objeto do contrato. Isto porque, o bem arrecadado na posse do falido é de propriedade da sociedade de arrendamento mercantil. Mas, para tal, haverá de comprovar não só a titularidade sobre a coisa, mas também a posse ilegítima da massa falida. Imprescindível, assim, que o contrato tenha sido resolvido, seja porque o administrador judicial opte por não o cumprir, seja pela existência de cláusula resolutória expressa.

6. MANDATO E COMISSÃO

O mandato e a comissão, que versarem sobre matéria ligada à atividade empresarial do devedor, cessam de pleno direito com a decretação da quebra (§ 2º do art. 120). Desse modo, caberá a restituição em favor do mandante ou do comitente das mercadorias arrecadadas em poder do falido e por eles titularizadas. Cumpre-lhes comprovar as relações de mandato e comissão preexistentes.

7. COMODATO

O comodato consiste no empréstimo gratuito de coisa não fungível, o qual se perfaz com a tradição do objeto (Código Civil, art. 579). Embora as relações empresariais se presumam sempre onerosas, não é fato desconhecido no mercado que, em certos negócios, para que se possam implementar na forma desejada pelas partes, há, em complementação, a celebração de um contrato de comodato. São os casos das distribuidoras de combustível que, no contrato de compra e venda respectivo, firmado com os postos revendedores, dão em comodato as bombas, bandeira, letreiros etc. Também se verifica nos contratos de venda de bebidas, quando o fabricante do produto confere, em regime de comodato, à casa que vai promover a venda ao público consumidor, cadeiras, mesas, geladeiras, letreiros etc.

Assim sendo, verificada a falência do comodatário, os correspondentes bens deverão ser restituídos ao proprietário, porquanto não sendo deferida a continuação provisória do negócio, não há mais atividade comercial entre as partes a justificar a permanência do empréstimo. Sendo ela deferida, caberá ao administrador judicial pronunciar-se a respeito da execução do contrato, salvo se houver cláusula expressa prevendo a falência como causa de extinção da relação contratual. Neste caso, em especial, pode ficar prejudicada a própria eficácia da manutenção da atividade.

8. CONTRATO ESTIMATÓRIO

Nos contratos estimatórios, isto é, naqueles pelos quais uma pessoa consigna à outra coisa móvel para vender, estimada em determinada quantia, com a obrigação de lhe pagar o consignatário o preço de estimação ou de lhe restituir a coisa[1], também caberá o pedido de restituição em função da quebra do consignatário. Obedecerá às mesmas condições anteriormente deduzidas em relação ao comodato, no que se refere à sua resolução.

9. RESTITUIÇÃO DE DINHEIRO EM PODER DO FALIDO E RESTITUIÇÃO FAZENDÁRIA

Muito se debateu na doutrina e na jurisprudência acerca do cabimento da restituição de dinheiro arrecadado em poder do falido. Como elucidava Rubens Requião[2], "por vários motivos pode a falência encontrar dinheiro de terceiro em mãos do falido, seja proveniente de contrato de depósito, de mandato, de comissão mercantil, seja proveniente de operação confiada ao falido, que não a tendo realizado, não fez a respectiva prestação de contas".

A tese vitoriosa foi a que conferiu substancial amplitude à restituição em dinheiro, vindo pelo Supremo Tribunal Federal sufragado o seguinte enunciado: "Pode ser objeto de restituição, na falência, dinheiro em poder do falido, recebido em nome de outrem, ou do qual, por lei ou contrato, não tivesse ele a disponibilidade" (Súmula 417).

O entendimento cristalizado não encontra na lei vigente qualquer movimento capaz de prejudicá-lo. Com efeito, o dinheiro, como valor monetário, configura-se como bem imaterial patrimonial, ensejando, portanto, correspondente proteção jurídica em favor de seu titular. Ademais, a própria Lei n. 11.101/2005 traduz a possibilidade de restituição de moeda corrente, nos casos dos incisos II, III e IV do art. 86.

O inciso IV, incluído pela reforma da Lei n. 14.112/2020 no rol do art. 86, veio explicitamente contemplar que se proceda à restituição em dinheiro em favor das fazendas públicas, relativamente a tributos passíveis de retenção na fonte, de descontos de terceiros ou de sub-rogação e a valores recebidos pelos agentes arrecadadores e não repassados aos cofres públicos. Foi e continua sendo situação recorrente em nossos tribunais a restituição ao Instituto Nacional do Seguro Social (INSS) de importâncias descontadas pelo empresário empregador falido de seus empregados e ainda não reco-

---

[1] Sampaio de Lacerda, ob. cit., p. 152.
[2] Ob. cit., vol. I, p. 288.

lhidas. Verificado o fato, assegurava-se ao INSS reivindicar tais valores (Lei n. 8.212/91, parágrafo único do art. 51). Mas não se pode confundir a contribuição do empregado com aquela devida pelo empregador. Esta, como espécie tributária, não pode ser objeto de restituição, sendo reclamada pelos meios próprios de cobrança desses créditos. O inciso IV em questão amplia a possibilidade de restituição a todos os demais casos de tributos sujeitos a retenção na fonte e a outras situações de desconto de terceiros, sub-rogação ou agentes de arrecadação em que não se realizou o recolhimento ao Fisco.

Com a revogação do parágrafo único do art. 86 e a nova estrutura conferida ao art. 84, ambas pela reforma de 2020, a restituição em dinheiro passou a ser classificada como crédito extraconcursal (art. 84, I-C), devendo, desse modo, obedecer à ordem de pagamento neste último preceito estabelecida.

10. RESTITUIÇÕES ESPECIAIS

A Lei n. 11.101/2005 contempla, ao lado da restituição ordinária, outras modalidades de restituição, motivadas por causas diversas daquela geral fundada no direito de propriedade sobre o bem arrecadado. Podem, por isso, ser denominadas restituições especiais as previstas no parágrafo único do art. 85 e nos incisos II, III e IV do art. 86. Sobre esta última já nos ocupamos no item anterior, cumprindo discorrer, ainda, sobre as demais.

11. RESTITUIÇÃO DE COISA VENDIDA A CRÉDITO

Permite o parágrafo único do art. 85 que também possa ser "pedida a restituição de coisa vendida a crédito e entregue ao devedor nos 15 (quinze) dias anteriores ao requerimento de sua falência, se ainda não alienada".

O fato que fundamenta essa modalidade de pedido de restituição é a repressão à má-fé do falido, que vem presumida, ao aceitar, às vésperas do requerimento de sua falência, mercadorias sob modalidade de venda a crédito, já ciente da pouca probabilidade de vir a honrar o compromisso. Ao mesmo turno, protege-se o vendedor de boa-fé que, de certo modo, foi induzido a erro, eis que, sabedor da situação de crise econômico-financeira do comprador, teria sustado a entrega.

Para que ocorra a restituição em foco faz-se necessária a concorrência dos seguintes requisitos: (a) que a coisa tenha sido vendida a crédito; (b) que tenha sido entregue nos quinze dias anteriores ao requerimento da falência que veio a ser decretada; (c) que não tenha sido alienada.

Na análise do primeiro pressuposto, encontra-se descartada a venda à vista. Somente se permite a restituição na venda operada a prazo. Contudo, a esta se equipara a venda, embora rotulada de à vista, em que o devedor emitiu um cheque desprovido de suficiente provisão de fundos ou aceitou uma duplicata a vista sem, entretanto, honrá-la na apresentação. Isto porque, o pagamento efetuado por meio de um título de crédito deve ser considerado, dado a sua natureza, um pagamento *pro solvendo* e não *pro soluto*.

Diversa já se mostra a situação na qual foi pactuada a venda à vista, entregando o vendedor a coisa sem obter o correspondente pagamento. Rubens Requião[3] se mostrava favorável ao direito de restituição em favor do vendedor, levando em conta a boa-fé do credor e a má-fé do comprador, que recebera a mercadoria escamoteando a sua insolvabilidade. Miranda Valverde[4] apresentava visão em sentido diverso. Para ele, entregando a coisa vendida à vista, sem ao mesmo tempo receber o pagamento do preço, altera o vendedor a condição preliminarmente pactuada, transformando uma venda a pronto pagamento em uma venda a pagamento sem prazo certo, desde logo exigível. Entendemos, de nossa parte, que na hipótese não cabe o pedido restituitório. Não se pode prestigiar a omissão do vendedor, verificada ao entregar a coisa sem o correspondente pagamento. Não estava ele obrigado à entrega (Código Civil, art. 491). Sua atitude não gera novação, não modifica a modalidade de venda à vista, para transformá-la em venda a crédito.

No segundo pressuposto, releva investigar o conceito de entrega da coisa. A entrega tratada no texto legal é a real, isto é, aquela que se efetiva com a chegada das mercadorias adquiridas no estabelecimento do devedor falido ou de seu representante.

Ainda nesse cenário, cumpre enfrentar indagação formulada por Requião[5]: caso a entrega do bem ocorra após o requerimento da falência, sendo a venda realizada dentro dos quinze dias anteriores, ainda se admite a restituição? O mencionado jurista respondia afirmativamente. Sustentava que, "se o vendedor não teve conhecimento do pedido de falência do comprador, ou não pôde obstar a entrega real, o fato de a entrega se ter operado após o requerimento ou declaração da falência, não deve impedir a restituição".

Dessa forma não pensamos. É muito larga, vaga e subjetiva a aferição real do momento em que o vendedor poderia ter tomado conhecimento do pedido de quebra. Também difícil será a prova que terá ele que fazer do fato negativo. Portanto, a estrutura legal parte de um sistema de presunções não relativas. Preserva a boa-fé do vendedor e pune a má-fé do comprador quando a entrega se efetivar nos quinze dias anteriores ao pedido da falência que acabou decretada. Entende-se que, a partir do requeri-

---

[3]   Ob. cit., vol. I, p. 283.
[4]   Ob. cit., vol. I, p. 460.
[5]   Ob. cit., vol. I, p. 284.

mento, o vendedor já poderia e deveria ter tomado conhecimento da situação de crise do comprador, agindo para obstar a entrega da coisa em trânsito (Código Civil, art. 495). O limite máximo a que admitimos ser possível elastecer a norma, sem comprometer sua estrutura conceitual, circunscreve-se em consagrar a plausibilidade da restituição quando a entrega se efetivar no dia do requerimento, ou seja, no dia do seu ajuizamento. Somente no dia subsequente é que se faria possível ao mercado tomar conhecimento do pedido de falência, pela publicidade que lhe segue.

Inserta no terceiro pressuposto encontra-se a exigência de que a coisa não tenha sido ainda alienada. Portanto, não caberá o pleito restituitório, caso haja sido revendido o bem pelo adquirente antes de ter sua falência decretada ou na hipótese de ter sido alienado judicialmente, no âmbito do processo de falência, pelo administrador judicial. Quaisquer das circunstâncias em que se tenha verificada a alienação prejudica o pedido de restituição, tocando ao vendedor e credor do respectivo preço participar do concurso falimentar, na classe dos credores quirografários.

Havendo o preenchimento dos pressupostos legais e sendo deferida a restituição, os bens devem ser entregues em espécie. Todavia, não mais existindo a coisa por qualquer motivação que não tenha sido a sua alienação, proceder-se-á a restituição em dinheiro, nos moldes do inciso I do art. 86.

12. RESTITUIÇÃO DECORRENTE DE ADIANTAMENTO A CONTRATO DE CÂMBIO

No inciso II do art. 86, faz-se a previsão da restituição "da importância entregue ao devedor, em moeda corrente nacional, decorrente de adiantamento a contrato de câmbio para exportação, na forma do art. 75, §§ 3º e 4º, da Lei n. 4.728, de 14 de julho de 1965, desde que o prazo total da operação, inclusive eventuais prorrogações, não exceda o previsto nas normas específicas da autoridade competente".

É usual nas operações de câmbio, que a instituição financeira adiante ao exportador importâncias por conta do contrato de câmbio. Este receberá, por suas vendas no exterior, valores em moeda de curso internacional, sendo obrigado a vendê-la a uma instituição financeira, mediante a realização de um contrato de câmbio. Celebrado o contrato, a instituição pode adiantar-lhe, como forma de financiamento, em todo ou em parte, esses valores. O adiantamento é objeto de restituição no caso de falência do exportador. A vantagem por lei assegurada tem em mira ampliar as exportações de produtos nacionais, com barateamento do financiamento respectivo. É amplamente sabido que um dos componentes mais agudos na equação da taxa de juros praticada pelas instituições de crédito é o risco da inadimplência. A restituição preconizada visa a contribuir para a redução do risco de não recebimento pela instituição financeira das importâncias adiantadas, motivando a cobrança de uma taxa de juros mais reduzida em relação àquela que seria demandada caso não houvesse esse direito.

13. VALORES ENTREGUES AO DEVEDOR PELO CONTRATANTE DE BOA-FÉ

Outra modalidade de restituição especial é a referente aos valores entregues ao devedor pelo contratante de boa-fé, na hipótese de ineficácia do contrato (inciso III do art. 86 c/c art. 136). A fim de evitar o enriquecimento injusto da massa falida, assegura-se ao prejudicado provar sua boa-fé e ser restituído desses valores entregues ao devedor. Perderá o bem com a decretação da ineficácia do contrato celebrado, mas a essa perda se busca compensar com restituição do dinheiro vertido ao falido.

Os casos tratados neste tópico e as demais hipóteses de restituição especial revelam pedido de restituição no qual não se indaga o domínio do autor sobre a coisa, mas sim se a lei ou o contrato, em que arrima sua pretensão, lhe conferem esse direito. Encerram uma verdadeira ação pessoal restituitória.

14. RITO PROCESSUAL

O pedido de restituição será, pelo titular do direito, formulado ao juiz por meio de petição na qual deverá, sem prejuízo de observar os requisitos da petição inicial emoldurados no art. 319 do Código de Processo Civil de 2015, estar devidamente fundamentada a sua pretensão e descrita, de modo preciso, a coisa reclamada. Recebido o requerimento inicial, o juiz da falência determinará sua autuação em separado, como incidente que é, juntamente com os documentos que o instruírem, ordenando, outrossim, a intimação do falido, do comitê de credores, caso instalado, dos credores concorrentes e do administrador judicial para, no prazo sucessivo de cinco dias, se manifestarem sobre o pedido. Será havida como contestação a manifestação contrária à restituição.

Com o recebimento do pedido, fica suspensa a disponibilidade da coisa até o trânsito em julgado da sentença que o decidir. Cumprirá, portanto, ao administrador judicial, sustar qualquer providência que se encontre em curso para a sua alienação.

Contestado o pedido e deferidas as provas porventura requeridas pelas partes, o juiz designará, se necessária, audiência de instrução e julgamento. Não havendo provas a realizar, os autos já serão imediatamente conclusos para sentença.

Reconhecido o direito à restituição em favor do requerente, a respectiva sentença determinará a entrega da coisa, que deverá ser cumprida pelo administrador judicial no prazo de quarenta e oito horas, seguintes ao seu trânsito em julgado. Incumbe ao titular do direito à restituição ressarcir a massa falida ou a quem tiver suportado as despesas incorridas com a conservação da coisa reclamada. É possível, inclusive, condicionar-se a sua entrega ao ressarcimento devido.

Sendo a restituição em dinheiro, o respectivo pagamento será atendido pelo administrador judicial no âmbito da quitação dos créditos extraconcursais, obedecida a ordem estabelecida no art. 84.

Quando os diversos requerentes da restituição houverem de ser satisfeitos em dinheiro e não existir saldo suficiente para o pagamento integral, far-se-á o rateio proporcional entre eles.

Inexistindo contestação ao pedido, não se admite imputação à massa falida de qualquer condenação relativa à verba honorária ou a custas judiciais, as quais deverão ser suportadas pelo requerente. Sendo o pedido resistido, o sucumbente arcará com os honorários advocatícios e com as despesas do processo.

Negada a restituição, o juiz, na mesma sentença, uma vez reconhecida a titularidade do crédito pelo requerente, determinará, quando for o caso, a sua inclusão no quadro-geral de credores, na classificação que lhe caiba.

Da sentença que julgar o pedido de restituição cabe apelação, a ser recebida tão somente no efeito devolutivo. Faculta-se ao autor do pedido julgado procedente receber a coisa ou a importância reclamada, na pendência do recurso, mediante a prestação de caução, que será realizada nos próprios autos.

15. EMBARGOS DE TERCEIRO OPOSTOS PELO CÔNJUGE DO FALIDO

O empresário individual, como já foi nesta obra anotado, revela a pessoa natural que profissionalmente exerce a atividade econômica organizada, para a produção ou a circulação de bens ou serviços. Serve-lhe de instrumento a esse exercício o estabelecimento ou fundo de empresa.

Decretada a sua falência, respondem os bens por ele titularizados pelo pagamento dos credores. Isto quer dizer que serão arrecadados para posterior liquidação e acertamento do passivo não só os bens que integram o estabelecimento, mas também aqueles que não são direta ou indiretamente envolvidos no exercício da atividade profissional. O patrimônio é único e, como tal, responde por suas dívidas. Dele só se destacam os bens impenhoráveis. O Direito brasileiro, infelizmente, ainda não consagrou a figura do empresário individual de responsabilidade limitada, situação em que poderia haver a separação patrimonial, vindo a responder pelas dívidas contraídas no desempenho da atividade econômica os bens integrantes do estabelecimento, afetados a esse fim.

Diante da realidade, interessante problema se torna factível de ser enfrentado na falência: o comprometimento do patrimônio comum, quando o empresário individual for casado pelo regime da comunhão parcial ou universal de bens.

O denominado Estatuto da Mulher Casada, Lei n. 4.121/62, em seu art. 3º, introduziu, à época, inovação relevante na relação patrimonial entre os cônjuges, ao determinar que, ainda que casados pelo regime da comunhão universal, somente responderiam os bens particulares do signatário e os comuns até o limite da sua meação, pelas dívidas que não fossem por ambos contraídas.

O escopo da regra era o de possibilitar a defesa da meação pelo cônjuge, casado no regime da comunhão, quando o título de dívida fosse firmado apenas pelo outro consorte, sem que ao menos houvesse a sua formal anuência. A jurisprudência vinha, predominantemente, na interpretação da norma, assentando o entendimento de que o isolamento da meação do cônjuge não signatário da obrigação ocorreria quando a dívida pelo outro assumida não o fosse em benefício do casal. Não revertendo a obrigação assumida em proveito da família, a meação do outro consorte estaria resguardada. Notadamente, verificava-se a hipótese nas obrigações de mero favor, firmadas por um deles, como então se tinha no aval[6]. Igualmente, se presenciava nas dívidas decorrentes de ato ilícito, praticado por um dos cônjuges[7]. Resultando, portanto, a dívida, em favor da família, respondiam os bens comuns.

Resta, assim, analisar a matéria à luz do Código Civil de 2002. No desempenho do mister, é lícito trazer à baila os comentários, com os quais precisamente assentimos, de Silvio Rodrigues[8]:

> Pelo § 1º do art. 1.663, as dívidas de um cônjuge obrigam os bens comuns e particulares, podendo até atingir os bens próprios do outro em razão do seu proveito; porém, sendo este encargo decorrente da administração de bens particulares e em benefício destes, não obriga sequer

---

[6] Pelo regime do Código Civil de 2002, o aval passou a exigir a outorga do outro cônjuge (art. 1.647, III). A sua falta, como regra, pode gerar a anulação do ato, por pleito do outro consorte (art. 1.649). No sistema anterior, o Superior Tribunal de Justiça vinha assim decidindo: "Embargos de terceiro. Mulher casada. Aval prestado pelo marido. Ônus da prova. Constitui ônus do cônjuge provar que as dívidas contraídas pelo outro não reverteram em benefício da família. Em caso de aval, é de presumir-se o prejuízo. Sendo o cônjuge executado, entretanto, sócio da empresa avalizada, não prevalece a presunção, fazendo-se necessária aquela prova. Orientação do STJ que se firmou no mesmo sentido da decisão recorrida (Súmula 83 – STJ). A exclusão da meação do cônjuge deve ser considerada em cada bem do casal e não na indiscriminada totalidade do patrimônio (REsp n. 200.251/SP). Recurso especial não conhecido (REsp n. 434.681/RS, Rel. Min. Barros Monteiro, 4ª Turma, decisão unânime, publicada no *DJU*, Seção I, de 24-2-2003, p. 242).

[7] Pacífica a orientação do Superior Tribunal de Justiça nessa linha de ideias, senão vejamos: "Jurisprudência que se firmou no sentido de que, se a dívida decorreu de ato ilícito praticado pelo marido, exclui-se a meação da esposa, cabendo ao credor o ônus da prova de que esta se beneficiou e, se as dívidas são de outra natureza, não se exclui a meação, a não ser que o cônjuge comprove que a família não se beneficiou com as importâncias" (Agravo Regimental no REsp n. 118.28/SP, Rela. Mina. Eliana Calmon, 2ª Turma, decisão unânime, publicada no *DJU*, Seção I, de 3-4-2000, p. 133).

[8] *Direito civil – direito de família*, vol. VI. 28. ed. São Paulo: Saraiva, 2004, p. 166-167.

os bens comuns (art. 1.666). Já o art. 1.664 estabelece que os bens da comunhão respondem pelas obrigações contraídas por qualquer dos cônjuges para 'atender aos encargos da família, às despesas de administração e às decorrentes de imposição legal'. E assim se confirma, por exemplo, ao prever o art. 1.644 que as dívidas contraídas para a aquisição das coisas necessárias à economia doméstica obrigam solidariamente a ambos os cônjuges. A seu turno, pelo art. 1.670, estendem-se ao regime da comunhão universal as regras acima referidas. [...] Finalmente, cumpre observar que se as dívidas contraídas pelo marido, somente com a sua assinatura, aproveitaram à mulher ou à família, não pode ela excluir sua meação da responsabilidade pelo seu resgate. Isso porque, caso contrário, haveria da parte da esposa um enriquecimento sem causa.

Tendo-se por inalterado o princípio correspondente no direito anterior, cuja adequação vem chancelada pelo Código Civil em vigor, cumpre verificar sua conformação no âmbito da falência de cônjuge empresário.

Nesse contexto, reconhecemos que a questão se torna um pouco diferenciada, em função do caráter universal da falência. Na execução individual, a investigação da ocorrência do benefício far-se-á em razão do título posto em cobrança, além de a meação ser avaliada em relação ao bem ou bens penhorados. Na falência a meação deve ser verificada em caráter global, em referência a todos os bens. O mesmo sucede na aferição do benefício, que não se limita a uma ou mais relações jurídicas individualizadas, mas contempla a sua universalidade.

Diante dessas condições, sustentamos, como regra geral de princípio, que as dívidas firmadas pelo empresário individual, no exercício regular de sua atividade profissional, são dívidas contraídas em benefício da família, devendo também por elas responder, na falência, o patrimônio comum. Há lógica presunção que tais dívidas não decorrem em desfavor da família, a qual usufrui, ou ao menos chegou a usufruir um dia, dos dividendos decorrentes da atividade econômica explorada, de forma regular, pelo empresário individual. Por tal razão é que a arrecadação se fará de forma plena, sobre a totalidade dos bens particulares e comuns do falido. Todavia, fica assegurado ao cônjuge do devedor, casado pelo regime da comunhão parcial ou universal, a defesa da sua meação no patrimônio comum, competindo-lhe, no entanto, o ônus da prova da ausência do benefício. Os instrumentos processuais adequados ao fim seriam os embargos de terceiro, disciplinados nos arts. 674 a 681 do Código de Processo Civil de 2015.

A prova, efetivamente, deve ficar ao encargo do consorte que parte em defesa de sua meação. Não se pode exigir dos credores, ou mais adequadamente ao caso, do administrador judicial, agindo, nesse ponto, em favor da massa falida subjetiva, a prova do proveito. Está ele alheio ao que se passa no lar conjugal. Por isso, a presunção se impõe. Mas presunção relativa. Por outro lado, a falência do empresário regular, por si só, não se considera fraudulenta. Não é a sua decretação caracterizadora de um ilícito. Inexiste, assim, espaço para se exigir que o ônus da prova seja da massa de credores.

Reconhecemos que, na prática, serão raras as situações de sucesso do cônjuge em fazer a prova. Mas poderemos trazer, como exemplo, a falência do empresário irregular ou de fato. Nesse caso, a preservação da meação só restará frustrada caso a massa de credores, representada pelo administrador judicial, comprove que o consorte do falido auferia benefício com o exercício irregular da atividade. Mesmo na consideração da regularidade da exploração da empresa, poderíamos vislumbrar situação na qual os cônjuges estivessem formalmente casados, mas de fato separados há considerável espaço de tempo, tendo a insolvência aflorado por dívidas contraídas durante o período dessa situação de fato, a partir das quais eclodiu a falência. Provada a circunstância, a meação poderá ser preservada.

Obtido pelo cônjuge meeiro êxito na defesa de sua meação, os respectivos bens ou valores serão da massa falida destacados. Havendo bens indivisíveis, poderão ser liquidados na falência, entregando-se a metade do preço alcançado ao consorte[9].

---

[9] Deve ser aplicado à execução coletiva o mesmo princípio consagrado na execução individual, donde se tem que: "O bem que não comporte cômoda divisão será levado por inteiro à hasta pública, entregando-se a metade do preço alcançado ao cônjuge meeiro, após o praceamento" (REsp n. 171.275/SP, 4ª Turma, decisão por maioria, Rel. Min. César Asfor Rocha, publicada no *DJU*, Seção I, de 14-6-1999, p. 203). No mesmo sentido, REsp n. 200.251/SP, Corte Especial, decisão por maioria, Rel. Min. Sálvio de Figueiredo Teixeira, publicada no *DJU*, Seção I, de 29-4-2000, p. 152.

CAPÍTULO 25

CLASSIFICAÇÃO DOS CRÉDITOS

1. RAZÃO DE ORDEM

A decretação da falência instaura a execução coletiva universal. Com ela ocorrerá um desapossamento global do patrimônio do devedor, à exceção dos bens impenhoráveis, o qual será expropriado para o pagamento dos credores. Estes deverão concorrer na falência, alinhados segundo uma ordem legal de preferência resultante de seus títulos, estabelecendo-se um sistema de classificação dos créditos.

Conforme lecionava Carvalho de Mendonça[1], a falência não transforma os direitos materiais dos credores. Não lhes retira, nem altera, dessa forma, as garantias legais e convencionais legitimamente fundadas. Apenas modifica o exercício dos direitos. O concurso de credores vem pautado em um critério de preferências, justificadas pela qualidade ou causa do crédito. Com a providência se busca evitar tratamentos iníquos e assegurar a *par conditio creditorum*.

A prelação estabelecida diz respeito aos créditos concursais. Os extraconcursais serão atendidos precedentemente, mas também observada, entre eles, uma ordem de priorização (art. 84).

2. GRADAÇÃO DOS CRÉDITOS

A Lei n. 11.101/2005, com as alterações sofridas pela Lei reformadora n. 14.112/2020, no art. 83, apresenta, em essência, a seguinte hierarquia dos direitos creditórios na falência: I – créditos derivados da legislação trabalhista, limitados a cento e cinquenta salários mínimos por credor, e os decorrentes de acidente de trabalho; II – créditos com garantia real até o limite do valor do bem gravado; III – créditos tributários; IV – créditos quirografários; V – créditos

---

[1] Ob. cit., vol. VIII, p. 154.

subquirografários; VI – créditos subordinados[2]; e VII – juros vencidos após a decretação da falência.

A questão dos juros vencidos após a decretação da quebra não se afeiçoa, tecnicamente, a uma verdadeira ordem de gradação, pois não guarda uma relação direta com preferência creditícia, por estar atrelada ao próprio crédito. O que ocorre é uma cessação da fluência dos juros após a decretação da falência, que retoma o seu curso caso o ativo apurado seja suficiente para pagar todos os credores concorrentes pelo valor do principal dos créditos, devidamente corrigido, e com os juros até a data da sentença de quebra. E isso se aplica tanto em relação aos juros legais, quanto aos convencionais. Em outros termos, serão satisfeitos os juros havidos durante o processo de falência, se a massa comportar e na ordem de classificação dos créditos do art. 83.

Em situação diversa, encontram-se apenas os juros das debêntures e dos créditos com garantia real, mas por estes últimos respondem apenas o produto dos bens que constituem a garantia.

Feita a ressalva, passaremos, agora, à investigação de cada uma dessas categorias, ressaltando que os créditos cedidos a qualquer título manterão a sua natureza e classificação (§ 5º do art. 83)[3].

Passaremos, agora, à investigação de cada uma dessas categorias.

3. CRÉDITOS DE NATUREZA TRABALHISTA

Encontram-se no topo da pirâmide de preferências os créditos de natureza trabalhista, isto é, aqueles derivados da legislação do trabalho e os decorrentes de acidente de trabalho.

Não há mais, como no direito anterior à Lei n. 11.101/2005, prioridade entre eles. Os créditos de acidente do trabalho não são priorizados face àqueles advindos de salários e indenizações trabalhistas. Encontram-se alinhados em um mesmo grau na ordem de prelação. Não havendo recursos suficientes ao pagamento desses créditos, far-se-á, entre eles, o rateio.

---

[2]   O parágrafo único do art. 186 do Código Tributário Nacional, com a redação determinada pela Lei Complementar n. 118/2005, confere suporte à regra do art. 83 da Lei n. 11.101/2005, em referência. Assim dispõe aquele preceito: "Art. 186 [...]. Parágrafo único. Na falência: I – o crédito tributário não prefere aos créditos extraconcursais ou às importâncias passíveis de restituição, nos termos da lei falimentar, nem aos créditos com garantia real, no limite do valor do bem gravado; II – a lei poderá estabelecer limites e condições para a preferência dos créditos decorrentes da legislação do trabalho; e III – a multa tributária prefere apenas aos créditos subordinados".

[3]   Anteriormente à reforma da Lei n. 14.112/2020, os créditos trabalhistas cedidos a terceiros eram considerados quirografários (§ 4º do art. 83, ora revogado). A disposição foi alvo de diversas críticas, pois, ao invés de proteger o crédito laboral, produzia efeito diverso.

Os denominados créditos derivados da legislação do trabalho compreendem os créditos trabalhistas de qualquer natureza, tais como saldos de salário, horas extras, aviso prévio, férias não gozadas, décimo-terceiro salário etc. Mas a lei, para eles, estabelece um limite de cento e cinquenta salários mínimos por credor. Os credores com créditos iguais ou inferiores a esse limite concorrerão integralmente nessa classe prioritária; aqueles que titularizarem direitos creditórios superiores ao teto legal concorrerão, até os cento e cinquenta salários mínimos, na categoria e, pelo que sobejar, na classe dos quirografários.

O intento da lei foi o de não atender com preferência absoluta àqueles créditos provenientes de altos salários detidos por administradores ou empregados graduados. A perspectiva não nos pareceu irradiadora de equidade, eis que créditos trabalhistas também o são. O empregado que ganha muito ou pouco, não importa, deve ser considerado como empregado. Os direitos sociais a serem atendidos têm tronco comum. Eventual fraude verificada, por exemplo, com a elevação artificial de salários de pessoas ligadas aos controladores da sociedade, expediente engendrado com o fim de retirar valores da massa, dada a prioridade no pagamento dentro do concurso falimentar, deveria ser atacada por remédios próprios. A possível existência desse mecanismo fraudulento foi por muitos, na fase de elaboração legislativa, suscitada para a consagração do limite. Há, para nós, um equívoco. A fraude não se presume. Deve ser comprovada. São os probos punidos, porque o legislador constrói um sistema defensivo, que inverte conceitos. Parte da presunção de que quem aufere um bom salário não deve ser com preferência atendido, porque o fato poderia revelar manobra capaz de subtrair recursos da massa, destinados ao pagamento de outros credores. Isso nos parece um absurdo.

Mas a nossa crítica fica restrita à opção feita pelo legislador, ou seja, a uma questão puramente de conveniência. O certo é que a disposição é válida e eficaz. Inclusive, o Supremo Tribunal Federal, por ocasião do julgamento da Ação Direta de Inconstitucionalidade – ADI n. 3.934-2/DF, afirmou a constitucionalidade da regra. O Relator, Ministro Ricardo Lewandowski, em seu voto consignou: "[...] forçoso é convir que o limite de conversão dos créditos trabalhistas em quirografários fixado pelo art. 83 da Lei 11.101/2005 não viola a Constituição, porquanto, longe de inviabilizar a sua liquidação, tem em mira, justamente, a proteção do patrimônio dos trabalhadores, em especial dos mais débeis do ponto de vista econômico". No mesmo julgamento, ficou assentada a constitucionalidade do limite expressado em salários mínimos. O Relator assim atestou: "[...] não encontro nenhum vício na fixação do limite dos créditos trabalhistas, para o efeito de classificá-los como quirografários, em salários mínimos, pois o que a Constituição veda é a sua utilização como indexador de prestações periódicas, e não como parâmetro de indenizações ou condenações, de acordo com remansosa jurisprudência desta Suprema Corte".

O prefalado limite, temos sustentado, em face do silêncio legal, deve levar em consideração o valor do salário mínimo vigente à época do pagamento, de modo a ser assegurado, ao máximo, o sistema de tratamento privilegiado conferido ao crédito dessa natureza.

Não se pode olvidar a tutela legal estendida ao pequeno assalariado, ao determinar sejam os créditos trabalhistas, de natureza estritamente salarial, vencidos nos três meses anteriores à decretação da quebra, e até o limite de cinco salários mínimos por empregado, pagos, pelo administrador judicial, tão logo se verifique disponibilidade de caixa, os quais serão classificados como extraconcursais (arts. 151 e 84, I-A). Mas o pagamento consiste em um adiantamento, que deve ser abatido, por ocasião da satisfação do crédito no concurso, com a devida atualização.

Os créditos decorrentes de acidente de trabalho, tratados no inciso I do art. 83, são aqueles que resultam da indenização a que venha o empregado fazer jus, quando o empregador concorrer com dolo ou culpa para o evento, conforme previsto no inciso XXVIII do art. 7º da Constituição Federal. O auxílio acidente (Lei n. 8.213/91, art. 61), verba a que tem direito em função do infortúnio, a qual independe de qualquer participação do patrão no evento, é paga pelo Instituto Nacional do Seguro Social (INSS), porquanto oriunda do seguro contra acidentes, a cargo do empregador (Constituição Federal, inciso XXVIII do art. 7º e Lei n. 8.212/91, inciso II do art. 22)[4].

4. CRÉDITO RELATIVO A HONORÁRIOS ADVOCATÍCIOS

O crédito do advogado decorrente da contratação de seus serviços ou em virtude de condenação judicial da parte sucumbente vem contemplado pelo art. 24 da Lei n. 8.906/94 como crédito privilegiado na falência do devedor.

Mas em razão de sua natureza alimentar, o Superior Tribunal de Justiça firmou entendimento de que os honorários advocatícios, tanto os contratuais como os de sucumbência, devem ser equiparados a crédito trabalhista, observado o limite do valor previsto no art. 83, inciso I, da Lei n. 11.101/2005. Já os honorários de advogado decorrentes de serviços prestados à massa falida, depois, portanto, da decretação da falência, são créditos extraconcursais (Recurso especial n. 1.152.218/RS, julgado em 7-5-2014 pela Corte Especial, com rito e efeito de recurso repetitivo).

Diante desse posicionamento da aludida Corte e do próprio Supremo Tribunal Federal[5] acerca da natureza alimentar do crédito de honorários advocatícios, o § 14 do art. 85 do Código de Processo Civil de 2015, cuidando da verba sucumbencial, afirma

---

4   Sobre o tema, já discorremos no item 3 do Capítulo 13, no âmbito da recuperação judicial.
5   Cf. RE n. 470.407, 1ª Turma, julgado em 9-5-2006.

a sua natureza alimentar e outorga-lhe "os mesmos privilégios dos créditos oriundos da legislação do trabalho".

5. REPRESENTANTES COMERCIAIS AUTÔNOMOS

O art. 44 da Lei n. 4.886/65, introduzido pela Lei n. 8.420/92, equiparou, na falência do representado, os créditos resultantes de comissões e indenizações devidas aos representantes comerciais autônomos aos créditos trabalhistas.

A equiparação sempre foi por nós criticada. No que se referia ao plano da conveniência, não havia nenhuma razão de ordem lógica a ampará-la, porquanto são os representantes comerciais autônomos empresários. Muitos deles, inclusive, são sociedades empresárias, não fazendo o menor sentido considerar os créditos por eles titularizados como sendo da mesma natureza dos créditos laborais. No âmbito da juridicidade, ressoava esdrúxula a forma utilizada. A Lei n. 8.420/92 é uma lei ordinária. A prioridade absoluta dos créditos trabalhistas vinha desenhada no art. 186 do Código Tributário Nacional, que ostenta a condição de lei complementar. Na sua redação anterior à alteração imposta pela Lei Complementar n. 118/2005, tinha-se que o crédito tributário preferia a qualquer outro, ressalvados os créditos decorrentes da legislação do trabalho. Ora, a equiparação promovida pela lei ordinária vinha frustrar a única exceção que o art. 186 permitia. A alteração de seu comando, portanto, só se poderia fazer por outra lei complementar, sob pena de configurar invasão de competência. É bem verdade que alguns preceitos encontram-se aforados em lei complementar, sem que esse seja o foro privativo, verificando-se, assim, sua queda de *status* nesse particular, valendo como lei ordinária. Mas esse não era o caso. Prescreve o art. 146 da Constituição Federal, em seu inciso III, alínea *b*, caber à lei complementar estabelecer normas gerais em matéria de legislação tributária, especialmente sobre crédito tributário. A questão de preferência creditícia é, sem dúvida, matéria afeta ao crédito tributário e, por consequência, da alçada da lei complementar, com exclusão de outros instrumentos que lhe sejam hierarquicamente inferiores[6]. Fiel a essa linha de entendimento, professávamos a ineficácia da equiparação, devido à evidente inidoneidade do instrumento legislativo utilizado. Afora esse argumento de defeito de constitucionalidade, também se

---

[6] Misabel Abreu Machado Derzi, em nota de atualização da obra *Direito tributário brasileiro*, de Aliomar Baleeiro, sustenta: "Apenas a União tem competência para legislar sobre os privilégios e as preferências do crédito tributário. É que tais garantias são prerrogativas de um crédito sobre outro, de natureza tributária ou não, sendo modificativas do Direito Comum, Trabalhista, Comercial, etc., em relação aos quais a União mantém o monopólio legislativo. Portanto, nem Estados ou Municípios podem modificar os privilégios e as preferências estabelecidas pela União. Sobre esses privilégios e preferências de caráter material, somente poderá a União legislar, mediante lei complementar, conforme determina o art. 146, III, *b*, da Constituição Federal" (11. ed. Rio de Janeiro: Forense, 2003).

podia invocar a violação ao princípio da isonomia (Constituição Federal, *caput* do art. 5º), quando se pretendia equiparar os créditos de representação comercial titularizados por pessoas jurídicas aos créditos trabalhistas, na medida em que, nessas situações, inexistiria a natureza alimentar. Por tais motivos, o crédito, para nós, sempre foi quirografário.

Com a nova sistemática da classificação dos créditos, instituída pela Lei n. 11.101/2005 e pela Lei Complementar n. 118/2005, não pode residir dúvida de que qualquer equiparação perdera o sentido jurídico. O primeiro diploma legal mencionado, no art. 83, tratou completamente da matéria, não referendando em seu texto as equiparações existentes no direito anterior. O segundo, ao conferir nova redação ao art. 186 do Código Tributário Nacional, deixa evidenciado no seu *caput* que o "crédito tributário prefere a qualquer outro, seja qual for sua natureza ou o tempo de sua constituição, ressalvados os créditos decorrentes da legislação do trabalho ou do acidente de trabalho". No parágrafo único, ao cuidar em especial da falência, prevê que "o crédito tributário não prefere aos créditos extraconcursais ou às importâncias passíveis de restituição, nos termos da lei falimentar, nem aos créditos com garantia real, no limite do valor do bem gravado" (inciso I); que a "lei poderá estabelecer limites e condições para a preferência dos créditos decorrentes da legislação do trabalho" (inciso II); e que "a multa tributária prefere apenas aos créditos subordinados" (inciso III).

Desse modo, se já enxergávamos equivocada a Lei n. 8.420/92 ao cuidar dos créditos dos representantes comerciais e autônomos na falência do representado em conjunto com os trabalhistas, o que levava à sua rejeição pelo sistema jurídico, vedando-se, pois, seu ingresso no ordenamento para repelir invasões de competência constitucional[7] e violação da isonomia, parece-nos que no direito posterior à vigência da Lei n. 11.101/2005 não se poderia dar-lhes outro enquadramento senão o de créditos quirografários, porquanto não vêm contemplados em quaisquer dos níveis de preferência dos créditos na estrutura do art. 83 da aludida Lei n. 11.101/2005, nem se enquadram nas permissões do art. 186 do Código Tributário Nacional para neutralizar a preferência do crédito tributário. Com efeito, não é o crédito em questão decorrente da legislação do trabalho, como exige o mencionado art. 186 em sua ressalva, para que possa preferir ao tributário[8].

A Lei n. 14.195/2021, entretanto, ao conferir nova redação ao art. 44 da Lei n. 4.886/65, reacende todas aquelas questões antes tratadas, ao prever, para o *caput* do prefalado pre-

---

[7]   COÊLHO, Sacha Calmon Navarro. *Curso de direito tributário brasileiro*. 6. ed. Rio de Janeiro: Forense, 2003, p. 100.

[8]   No julgamento do Agravo de Instrumento n. 550.678-4/4-00, o Tribunal de Justiça do Estado de São Paulo, através de sua Câmara Especial de Falências e Recuperações Judiciais de Direito Privado, tendo por relator o Desembargador Pereira Calças, entendeu, no entanto, que somente poderão invocar a equiparação de seus créditos com os créditos trabalhistas os representantes comerciais pessoas naturais; já aqueles oriundos de representação comercial titularizados por sociedades empresárias devem ser classificados como quirografários.

ceito, a seguinte enunciação: "No caso de falência ou de recuperação judicial do representado, as importâncias por ele devidas ao representante comercial, relacionadas com a representação, inclusive comissões vencidas e vincendas, indenização e aviso prévio, e qualquer outra verba devida ao representante oriunda da relação estabelecida com base nesta Lei, serão consideradas créditos da mesma natureza dos créditos trabalhistas para fins de inclusão no pedido de falência ou plano de recuperação judicial". Dessa feita, diante desse novo cenário revivido, os mesmos defeitos de constitucionalidade presentes na redação anterior do citado art. 44 são detectados em sua hodierna expressão.

6. CRÉDITOS COM GARANTIA REAL

Após os créditos de natureza trabalhista, seguem os créditos gravados com direito real de garantia, dentre os quais se destacam os créditos hipotecário, pignoratício, resultantes das debêntures com garantia real e certos títulos de créditos dotados desse tipo de garantia, como as cédulas de crédito rural, industrial, comercial e à exportação.

Essa alteração na ordem de preferência em relação ao direito anterior provocou profundos e acalorados debates no Congresso Nacional, porquanto o Fisco passou a ser classificado em terceiro plano. A novidade veio justificada como integrante de um conjunto de providências necessárias a reduzir o custo dos juros bancários. O elevado grau de risco na recuperação do crédito no País vem apontado como um dos principais fatores de elevação da taxa de juros. Acentuando a preferência do crédito com garantia real, acredita o legislador, se alcançará um barateamento do crédito, pois o risco derivado da insolvência do devedor vem minimizado.

O crédito com garantia real será pago com o produto da venda do bem gravado, isto é, vinculado ao seu pagamento. Se for superior ao montante do crédito, a sobra será destinada ao pagamento dos demais credores concorrentes; se inferior, pela respectiva diferença concorrerá na classe dos quirografários. Portanto, se o bem for alienado na falência por cem mil reais, e o crédito montar em cento e vinte mil, deverá participar do concurso entre os credores quirografários para receber os vinte mil não cobertos pelo bem objeto da garantia.

Na venda em separado, como no exemplo acima, será considerado como valor do bem gravado a importância efetivamente apurada com sua liquidação. Na hipótese de alienação em bloco, quando não for possível aferir o seu valor unitário na venda, o valor de sua avaliação é que será individualmente considerado para o pagamento do crédito garantido.

Entre os credores com garantia real, portanto, não haverá rateio. Seus créditos deverão ser quitados com o produto apurado na alienação dos bens sobre os quais recaia a garantia. Contudo, interessante questão pode na prática surgir, comprometendo os respectivos acertamentos: a insuficiência de recursos para atender ao pagamento dos créditos extraconcursais e dos de natureza trabalhista, os quais devem ser prioritariamente satisfeitos. Nessas condições, o produto da venda dos bens vinculados será destinado aos pagamentos prioritários. Mas aqui também se deve observar a *par conditio creditorum*. O respectivo ônus deverá ser proporcionalmente distribuído pelos integrantes da classe, quando a versão dos valores não for integral. Formulemos um exemplo bem simplificado: suponha-se que sejam necessários cinquenta mil reais para a satisfação integral dos créditos de natureza trabalhista, não havendo outros bens a liquidar senão aqueles objeto da garantia real, nem outra fonte de recursos. Existindo cinco credores com garantia real, titularizando cada um crédito no valor de cento e vinte mil reais, e apurando-se, em cada uma das vendas dos bens gravados, cem mil reais, perfazendo o total de quinhentos mil reais, cada credor perderá para a satisfação do seu crédito a importância de dez mil reais, vertendo-se, assim, os cinquenta mil necessários à integral satisfação dos créditos que os preferem. Com a providência, estar-se-á garantindo a efetividade da ordem de classificação dos créditos, sem prejudicar o tratamento igualitário que se deve dispensar aos credores de uma mesma classe, ainda que entre eles não se faça o rateio. Não se pode admitir nem a falta de satisfação do crédito com recebimento priorizado, nem que o respectivo ônus recaia somente sobre um credor com garantia real.

7. CRÉDITOS TRIBUTÁRIOS

A terceira classe é composta pelos créditos tributários, – excetuados os enquadrados como créditos extraconcursais e as multas tributárias – nos quais se encontram os impostos, as taxas, as contribuições e os empréstimos compulsórios. As contribuições, por seu turno, são divididas em de melhoria, parafiscais e especiais.

O Ministro Carlos Velloso, em seu voto proferido no Recurso Extraordinário n. 138.284-8, apreciado no Tribunal Pleno e decidido à unanimidade, apresenta um quadro das diversas espécies tributárias no modelo constitucional brasileiro, que merece ser reproduzido, em função de seu traço didático:

> a) os impostos (C.F., arts. 145, I, 153, 154, 155 e 156); b) as taxas (C.F., art. 145, II); c) as contribuições, que podem ser assim classificadas: c.1. de melhoria (C.F., art. 145, III); c.2. parafiscais (C.F., art. 149), que são: c.2.1. sociais, c.2.1.1. de seguridade social (C.F., art. 195, I, II, III), c.2.1.2. outras de seguridade social (C.F., art. 195, parág. 4º), c.2.1.3. sociais gerais (o FGTS, o salário-educação, C.F., art. 212, parág. 5º, contribuições para o SESI, SENAI, C.F., art. 240); c.3. especiais: c.3.1. de intervenção no domínio econômico (C.F., art. 149) e c.3.2. corporativas (C.F., art. 149). Constituem, ainda, espécie tributária: d) os empréstimos compulsórios (C.F., art. 148).

O parágrafo único do art. 187 do Código Tributário Nacional estabelecia um concurso de preferência entre os titulares do crédito tributário. No entanto, por ocasião do julgamento da Arguição de Descumprimento de Preceito Fundamental (ADPF) n. 357, o Supremo Tribunal Federal, por maioria, fixou o entendimento de que o preceito não foi recepcionado pela Constituição Federal de 1988.

As pessoas jurídicas de direito público acima referenciadas poderão desfrutar de créditos de natureza não tributária, como, por exemplo, indenizações devidas em virtude de ilícito contratual ou extracontratual. Esses créditos, uma vez inscritos na dívida ativa, terão, a teor do § 4º do art. 4º da Lei n. 6.830/80, o mesmo tratamento de preferência dos créditos tributários, aplicando-se-lhes o art. 186 do Código Tributário Nacional. Todavia, não estando regularmente inscritos, concorrerão como quirografários.

O crédito tributário, consoante desenvolvido no item 8 do Capítulo 8, integra o quadro-geral de credores e está sujeito a uma ordem de classificação dentre os créditos que participam do concurso falimentar, tendo a Lei n. 14.112/2020 introduzido na Lei n. 11.101/2005 um art. 7º-A para disciplinar a sua participação nesse concurso, por meio do *incidente de classificação de crédito público*. Instaurado o prefalado incidente, as execuções fiscais contra o falido serão suspensas; do contrário, não, porquanto a decretação da falência, por si só, não suspende as execuções fiscais.

Na hipótese de não suspensão da execução fiscal, relevante questão merece ser enfrentada, a qual reside no fato de encontrar-se o bem penhorado na execução fiscal e o produto de sua liquidação mostrar-se indispensável ao atendimento dos créditos que gozam de preferência, como, por exemplo, os trabalhistas, diante da inexistência de outros recursos ou bens arrecadados.

Rubens Requião[9] apresentava solução adequada à questão, recomendando que o juiz da falência dirija ofício ao juízo da execução fiscal solicitando que do produto da venda do bem sob constrição judicial seja remetido o necessário para o atendimento dos créditos trabalhistas, com prioridade sobre o crédito fiscal.

O Superior Tribunal de Justiça vem abonando o entendimento. A respeito, tem-se a seguinte decisão ementada[10]:

> Processual – Execução Fiscal – Massa falida – Bens penhorados – Dinheiro obtido com a arrematação – Entrega ao juízo universal – Credores privilegiados. I – A decretação da falência não paralisa o processo de execução fiscal, nem desconstitui a penhora. A execução continuará a se desenvolver, até a alienação dos bens penhorados. II – Os créditos fiscais não estão sujeitos à habilitação no juízo falimentar, mas não se livram de classificação, para disputa de preferência com créditos trabalhistas (DL. 7.661/45, art. 126). III – Na execução fiscal contra falido, o dinheiro resultante da alienação de bens penhorados deve ser entregue

---

[9] Ob. cit., vol. I, p. 331.

[10] REsp n. 85.274/RS, 1ª Turma, decisão por maioria, Rel. Min. Humberto Gomes de Barros, publicada no *DJU*, Seção I, de 2-9-96, p. 31.029. No mesmo sentido, têm-se os julgamentos proferidos no REsp n. 74.157/RS e no REsp n. 84.884/MS, nos quais houve unanimidade.

ao juízo da falência, para que se incorpore ao monte e seja distribuído, observadas as preferências e as forças da massa.

Por derradeiro, impende observar que as multas tributárias não se enquadram no mesmo grau de preferência dos créditos em questão, sendo classificadas como subquirografárias e, portanto, atendidas após o pagamento dos credores quirografários.

8. CRÉDITOS COM PRIVILÉGIO ESPECIAL

Antes da reforma introduzida pela Lei n. 14.112/2020, os créditos com privilégio especial recebiam em quarto lugar, após os de natureza tributária e, à semelhança dos com garantia real, não se sujeitavam a rateio. Circunscrito o privilégio a bem especialmente vinculado, se o produto dele não fosse suficiente para o pagamento integral do crédito, concorreria o credor, pelo saldo, entre os quirografários. Mas, com as alterações implementadas pela Lei n. 14.112/2020, passam a integrar o rol dos quirografários para fins de classificação dos créditos na falência.

Os privilégios especiais, como elucidava Carvalho de Mendonça[11], são a consequência de situações diversas em que se pode achar o credor, cada uma das quais com motivações e regras próprias. Versam, assim, sobre bens, móveis ou imóveis, que a lei separa para o pagamento de certos créditos, que com eles se relacionam.

O direito de preferência que resulta de um privilégio especial se difere do proveniente de um direito real. O acima citado comercialista[12] muito bem definia seus traços distintivos, explicando que a garantia que este último oferece funda-se na diligência do credor, supondo uma convenção entre as partes – salvo casos excepcionais, como na hipoteca legal – e se liga ao conceito de alienação do bem que lhe serve de objeto, assumindo um caráter de peso, de ônus real sobre a coisa, visto ficar o credor premunido contra a alienação desta. Já a garantia que decorre de um privilégio especial tem sua origem única e exclusiva na vontade da lei, que a concede a certos e determinados créditos por princípios de humanidade, equidade, ou conveniência pública. Os bens sobre os quais recai o privilégio não ficam direta e imediatamente vinculados ao cumprimento da obrigação. O devedor pode deles dispor livremente, enquanto não forem judicialmente sequestrados, penhorados ou arrecadados.

Desse modo, verifica-se que os privilégios especiais resultam de regras de ordem pública e sua interpretação não admite ampliação, sendo obstado às partes sobre eles convencionarem.

---

[11] Ob. cit., vol. VIII, p. 169.
[12] Ob. cit., vol. VIII, p. 155-156.

São credores com privilégio especial, dentre outros: (a) sobre a coisa beneficiada, o credor por benfeitorias necessárias ou úteis (Código Civil, art. 964, III); (b) sobre os prédios rústicos ou urbanos, fábricas, oficinas, ou quaisquer outras construções, o credor de materiais, dinheiro, ou serviços para a sua edificação, reconstrução, ou melhoramento (Código Civil, art. 964, IV); (c) sobre os exemplares da obra existente na massa do editor, o autor dela, ou seus legítimos representantes, pelo crédito fundado contra aquele no contrato da edição (Código Civil, art. 964, VII); (d) sobre o preço do navio, os créditos a cargo da embarcação que se acharem em conformidade com os arts. 470, 471 e 474 do Código Comercial (art. 475 do mesmo Código)[13]; (e) sobre as quantias que houverem pago ao incorporador, os subscritores ou candidatos à aquisição de unidades condominiais (Lei n. 4.591/64, art. 43, III); (f) sobre os bens discriminados no art. 1.563 do Código Civil de 1916[14], o titular de nota de crédito industrial (Decreto-Lei n. 413/69, art. 17).

Com a reforma de 2020, o inciso IV do art. 83 da Lei n. 11.101/2005 foi revogado e o § 6º do mesmo artigo, por ela introduzido, passou a dispor que o crédito com privilégio especial, conferido por outras leis, para todos os fins da Lei n. 11.101/2005, integra a classe dos quirografários e, dessa forma, será tratado, não havendo mais, portanto, qualquer vinculação entre o produto da venda do bem sobre o qual recai o privilégio, nos termos da lei que o disciplina, e está sujeito a rateio.

Os créditos com privilégio especial não deixaram de existir para outras finalidades como aquela destinada a determinar a ordem de preferência creditícia para atendimento na insolvência civil.

9. CRÉDITOS COM PRIVILÉGIO GERAL

O privilégio geral compreende todos os bens não sujeitos a direito real nem a privilégio especial.

Têm privilégio geral, entre outros: (a) o crédito por despesa do funeral do devedor, feito segundo a condição do morto e o costume do lugar (art. 965, I, do Código Civil); (b) o crédito por despesas com o luto do cônjuge sobrevivo e dos filhos do devedor falecido, se foram moderadas (art. 965, III, do Código Civil); (c) o crédito por despesas com a doença de que faleceu o devedor, no semestre anterior à sua morte (art. 965, IV, do Código Civil); (d) o crédito pelos gastos necessários à mantença do devedor falecido e sua família, no trimestre anterior ao falecimento (art. 965, V, do Código Civil); (e) o

---

[13] No art. 470, n. 5, do Código Comercial é mencionado como privilegiado o crédito pelas soldadas do capitão, oficiais e gente de tripulação. Atualmente este crédito é trabalhista (art. 7º da Lei n. 9.537/97).

[14] Art. 1.563: "Os privilégios, excetuado o de que trata o parágrafo único do art. 759, se referem somente: I – Aos bens móveis do devedor, não sujeitos a direito real de outrem; II – Aos imóveis não hipotecados; III – Ao saldo do preço dos bens sujeitos a penhor ou hipoteca, depois de pagos os respectivos credores; IV – Ao valor do seguro e da desapropriação".

crédito pelos salários dos empregados do serviço doméstico do devedor, nos seus derradeiros seis meses de vida (art. 965, VII, do Código Civil); (f) o crédito do comissário, relativo a comissões e despesas devidas pelo comitente (art. 707 do Código Civil).

Anteriormente à reforma da Lei n. 14.112/2020, os créditos com privilégio geral recebiam em quinto lugar na ordem de classificação do art. 83. Com o advento da lei reformadora, o inciso V do citado preceito restou revogado e, à semelhança dos créditos com privilégio especial, foram considerados, para todos os efeitos da lei de recuperação e falência, como créditos quirografários, pelo § 6º nele introduzido. Os privilégios gerais estabelecidos em outras leis continuam a existir como tal para outras finalidades, que não o concurso falimentar. Para os fins da Lei n. 11.101/2005, todos os créditos que disponham de privilégio especial ou geral integram a classe dos créditos quirografários.

10. CRÉDITOS QUIROGRAFÁRIOS

Após a classe dos credores tributários, receberão os integrantes da classe dos créditos quirografários, como tal entendidos aqueles que não desfrutam de qualquer das preferências que a Lei n. 11.101/2005 estabelece. São, portanto, créditos residuais, aos quais se chegam por exclusão, embora, na prática, costumem representar a lista mais extensa no rol das classificações de crédito. Não se enquadrando o crédito em nenhuma das outras classes que o precedem será ele quirografário. Dessa natureza, têm-se os assentados em notas promissórias, letras de câmbio, cheques, duplicatas, debêntures sem garantia, contratos desamparados por garantia real, dentre outros. Nessa classe dos quirografários também concorrerão os créditos decorrentes de ato ilícito praticado pelo falido, os créditos de natureza não tributária não inscritos na dívida ativa, os saldos dos créditos não cobertos pelo produto da alienação dos bens vinculados ao seu pagamento, os saldos dos créditos derivados da legislação trabalhista que excederem ao limite de cento e cinquenta salários mínimos.

Inexistindo forças na massa para o completo pagamento desses credores, proceder-se-á ao rateio proporcional.

11. CRÉDITOS SUBQUIROGRAFÁRIOS

Satisfeitos todos os créditos quirografários, passa o administrador judicial a atender os créditos subquirografários, consistentes nas multas contratuais e nas penas pecuniárias por infração das leis penais ou administrativas, incluídas as multas tributárias.

Especial atenção merecem as multas contratuais. A cláusula penal, no preciso conceito de J. M. Leoni Lopes de Oliveira[15], revela "uma obrigação acessória pela qual as

---

[15]   *Novo Código Civil anotado.* Rio de Janeiro: Lumen Juris, 2002, p. 271.

CLASSIFICAÇÃO DOS CRÉDITOS

partes acordam, para o caso de inadimplemento absoluto, parcial, ou de simples mora, o pagamento, pelo devedor, de certa quantia, a entrega de um bem, ou a prestação de um serviço, como forma de antecipação do valor das perdas e danos". Sua função é, pois, primariamente, a de predeterminar o montante das perdas e danos; a essa finalidade se soma uma outra, que consiste em coagir ou incentivar o devedor ao exato cumprimento da prestação prometida. Pode ser a cláusula penal compensatória ou moratória. A primeira vem prevista para o caso de inadimplemento absoluto e tem amparo no art. 410 do Código Civil; a segunda, traduzida no art. 411 do mesmo diploma legal, serve para o caso de inadimplemento parcial, isto é, quando uma ou algumas cláusulas da avença são descumpridas, ou para a hipótese de atraso no pagamento. Conforme elucida J. M. Leoni[16], é possível às partes estabelecerem as duas modalidades de cláusula penal para o mesmo vínculo obrigacional, ou seja, "uma cláusula penal prevendo o valor da indenização para o caso de inadimplemento absoluto ou relativo, bem como outra cláusula penal para a avaliação da indenização em caso de mora".

As multas contratuais aludidas no inciso VII do art. 83 da Lei de Recuperação e Falência, que se qualificam como créditos subquirografários, são as moratórias, nas quais terá o credor, na dicção do mencionado art. 411 do Código Civil, "o arbítrio de exigir a satisfação da pena cominada, juntamente com o desempenho da obrigação principal". É o exemplo típico de um contrato de mútuo em que vem prevista multa de dez por cento do valor da obrigação principal corrigida para o caso do seu não pagamento no tempo e lugar convencionados (mora). O valor da obrigação principal constitui crédito quirografário e o da multa moratória crédito subquirografário.

Diverso é o caso da cláusula penal compensatória. Nela vem previamente ajustado entre as partes o valor das perdas e danos pelo inadimplemento absoluto do contrato. Nessas condições, o respectivo valor será pago no rol dos créditos quirografários, consoante interpretação extensiva do § 2º do art. 117 da Lei n. 11.101/2005[17].

As cláusulas penais dos contratos unilaterais, entretanto, não serão reclamáveis na falência se as obrigações neles estipuladas se vencerem em virtude da sua decretação (§ 3º do art. 83).

12. CRÉDITOS SUBORDINADOS

Pagos os créditos subquirografários, passa-se à satisfação da última classe dos credores que concorrem na falência: os por créditos subordinados.

São subordinados os créditos que os sócios e os administradores sem vínculos de emprego com a sociedade falida desfrutam em face da pessoa jurídica, mas cuja contra-

---

[16] Ob. cit., p. 276.
[17] Cf. item 2 do Capítulo 22, sobre os efeitos da falência em relação aos contratos bilaterais do falido.

tação não tenha observado as condições estritamente comutativas e as práticas de mercado, além daqueles que por lei ou contrato venham assim previstos, como é o caso do credor por debêntures subordinadas (Lei n. 6.404/76, § 4º do art. 58).

A Lei n. 14.112/2020 alterou a redação da alínea *b*, do inciso VIII, do art. 83 para acertadamente prever que os créditos de sócio e de administrador sem vínculo de emprego somente se enquadram na categoria dos créditos subordinados caso não se observem, na sua constituição, as condições estritamente comutativas e as práticas de mercado. Com isso, confere um novo enfoque à questão, saneando as dúvidas e inseguranças antecedentes, para garantir a esses créditos a classificação natural decorrente dos respectivos contratos firmados, desde que realizados nas condições normais de mercado. Estimula-se o financiamento proveniente do sócio em prol da sociedade, diante da multiplicidade de instrumentos disponíveis no mercado, com vistas a fortalecê-la na exploração de seu objeto e no enfrentamento das crises. A providência está em consonância com o sistema atual da Lei n. 11.101/2005, que prevê o financiamento do devedor em recuperação judicial por recursos de seus sócios e integrantes do grupo econômico do devedor (art. 69-E, introduzido pela Lei n. 14.112/2020).

A aferição da regularidade na concessão do crédito deve-se fazer à luz de cada caso concreto, a fim de se repelirem manobras fraudulentas e de dissimulação.

Os créditos subordinados apenas irão preferir os sócios da sociedade falida no ativo que remanescer na liquidação falimentar. Somente após o integral pagamento dos créditos subordinados é que, havendo sobras (Lei n. 11.101/2005, art. 153), serão elas partilhadas entre os sócios, segundo a proporção de seus quinhões sociais, visto que a falência implica a dissolução da sociedade, podendo resultar na sua extinção. Desse modo, os créditos de sócios referidos como subordinados não se confundem com o direito essencial de que são titulares, consistente na participação do acervo da sociedade em caso de liquidação. Assim, se um sócio conceder empréstimo à sociedade, o seu crédito será classificado na categoria correspondente à natureza do contrato, direito esse, portanto, inconfundível com o de partilha do ativo remanescente.

Sendo os recursos insuficientes para a satisfação integral dos credores subquirografários ou dos subordinados, far-se-á o rateio, conforme o caso, dentro da respectiva classe.

13. CRÉDITOS EXTRACONCURSAIS

Os intitulados créditos extraconcursais são aqueles que não participam do concurso falimentar, porquanto não traduzem créditos contra o falido (empresário individual ou sociedade empresária), mas sim créditos em face da massa falida. Formam-se, como regra, após a decretação da falência. Os titulares desses direitos, destarte, são credores da massa e, como tal, determina a lei sejam pagos com precedência sobre os créditos concursais, na ordem que o art. 84 estabelece, a saber: I – despesas cujo pagamento antecipado seja indispensável à administração da falência, inclusive na hipótese de continuação provisória das atividades do devedor, e os créditos trabalhistas de natureza estritamente salarial vencidos nos três meses anteriores à decretação da falência, até o limite de cinco salários mínimos por trabalhador, valores esses que serão pagos tão logo exista recursos disponíveis em caixa; II – valor efetivamente entregue ao devedor em recuperação judicial pelo financiador cujo financiamento se enquadre nos termos dos arts. 69-A a 69-F; III – créditos em dinheiro objeto de restituição (art. 86); IV – remunerações devidas ao administrador judicial e seus auxiliares, reembolsos devidos a membros do comitê de credores e créditos derivados da legislação trabalhista ou decorrentes de acidentes de trabalho relativos a serviços prestados após a decretação da falência[18]; V – obrigações resultantes de atos jurídicos válidos praticados durante o processo de recuperação judicial, nos termos do art. 67, ou após a decretação da falência; VI – quantias fornecidas à massa pelos credores; VII – despesas com arrecadação, administração, realização do ativo e distribuição do seu produto, bem como custas do processo de falência; VIII – custas judiciais, aqui entendidas no sentido de despesas judiciais para perfeita harmonização com o conceito traduzido no art. 84 do Código de Processo Civil de 2015, relativas às ações e execuções em que a massa falida tenha sido vencida; IX – tributos relativos a fatos geradores ocorridos posteriormente à quebra[19], respeitada a ordem estabelecida no art. 83.

O conceito de "custas do processo de falência", a que se refere o inciso III do art. 84, deve, em nossa visão, gozar da maior amplitude possível, para abranger todos os gastos com os atos do processo, como realizações de assembleias de credores, por exemplo, além de amparar aquelas custas despendidas pelo credor que requereu a falência, eis que realizadas em proveito de toda a massa de credores.

Poderão os pagamentos de alguns desses créditos extraconcursais ser adiantados, a fim de não se comprometer a administração da falência (art. 150). Tendo-se, portanto, o adiantamento como indispensável, deverá o administrador judicial promovê-lo com os recursos disponíveis em caixa, como para atender aos seus auxiliares (contadores, peritos, avaliadores, advogados etc.) e quitar gastos com depósitos, seguros, leilões,

---

[18] Aqui incluídos os honorários de advogado resultantes de serviços prestados à massa falida (REsp n. 1.152.218/RS, julgado em 7-5-2014, pela Corte Especial do Superior Tribunal de Justiça, com rito e efeito repetitivo).

[19] Essa regra da Lei de Recuperação e Falência vem apoiada pelo art. 188 do Código Tributário Nacional, com a redação dada pela Lei Complementar n. 118/2005, que assim é expressado: "São extraconcursais os créditos tributários decorrentes de fatos geradores ocorridos no curso do processo de falência".

editais etc., sem o que o processo falimentar não terá adequado e ágil andamento, frustrando os seus fins. Mas se deve atentar para o fato de que a hipótese versada é de adiantamento.

A remuneração devida ao administrador judicial, outrossim, também pode ter pagamento adiantado, na forma do que vier a ser pelo juiz fixado, sempre em atenção às forças da massa e em conformidade com os critérios estabelecidos no art. 24, já estudados no item 7 do Capítulo 5.

Excepcionalmente poderá ocorrer concurso entre alguns desses créditos denominados extraconcursais, caso faltem recursos para o pagamento integral de seus titulares. Nessa situação, observada a ordem estabelecida no art. 84, far-se-á o rateio proporcional ao crédito de cada um dos integrantes da categoria que estiver sendo paga, ante a verificação da exaustão dos recursos para o seu completo atendimento. Em outros termos, entre os créditos extraconcursais não há rateio; o pagamento deve obedecer à referida ordem do art. 84. Pode, entretanto, haver rateio no âmbito de cada categoria ou classe nele identificada.

CAPÍTULO 26

REALIZAÇÃO DO ATIVO E PAGAMENTO DO PASSIVO

1. O MOMENTO DA LIQUIDAÇÃO

No regime do Decreto-Lei n. 7.661/45 detectavam-se duas fases bem distintas do processo falimentar: o período de informação e o período de liquidação[1]. Na primeira, implementavam-se as formações das massas objetiva (ativa) e subjetiva (passiva), procedendo-se aos atos de arrecadação do patrimônio do devedor insolvente e de apuração de seus débitos; na segunda, o ativo definido seria liquidado para a satisfação do passivo falimentar, realizando-se os atos de conversão desse patrimônio arrecadado em valores, tendentes ao pagamento dos credores concorrentes.

Entre os citados períodos, abria-se ao devedor a oportunidade de restabelecer sua atividade empresarial, obtendo o benefício da extinta concordata suspensiva. Portanto, no interregno de cinco dias, após o vencimento do prazo para a entrega do relatório do síndico, fato que devia se dar depois da publicação do quadro-geral de credores e do ato do juiz que decidisse o inquérito judicial, o falido poderia requerer a concordata suspensiva de sua falência, obstando, desse modo, a realização do ativo. Se, entretanto, assim não procedesse, ou, uma vez requerida, fosse ela denegada, caberia ao síndico promover o início do período de liquidação, anunciando por avisos publicados na imprensa oficial que daria partida à realização do ativo e ao pagamento do passivo. Caso, porém, o juiz houvesse recebido a denúncia ou a queixa, formulada em decorrência do prefalado inquérito, afastada estaria a possibilidade de requerer o devedor o

---

[1] O uso das expressões "período de informação" e "período de liquidação" sofreu certas críticas da doutrina. O "período de informação", por traduzir a apuração dos lados positivo e negativo da massa falida, não se encontrava tecnicamente adequado. O sentido técnico do vocábulo "informação" era, na verdade, o de "apuração". De outro lado, o substantivo "liquidação", na tradição do direito comum, sempre foi empregado para refletir o procedimento que converte, em líquida, a sentença ilíquida. Destina-se, assim, a determinar o *quantum debeatur*, deixado em aberto pela decisão exequenda (cf. Darcy Bessone, ob. cit., p. 117).

favor legal da concordata e o síndico, nas vinte e quatro horas que se seguissem à apresentação de seu relatório, providenciaria a indigitada publicação.

O sistema de liquidação do ativo sofreu profunda alteração na disciplina introduzida pela Lei n. 11.101/2005. Essas fases ou períodos não mais são identificados autonomamente no processo falimentar. A realização do ativo tem início tão logo se complete a arrecadação dos bens, com a juntada aos autos do processo de falência do respectivo auto de arrecadação (art. 139), não sendo mais necessário que se ultime a formação inicial da massa subjetiva. A consolidação e publicação do quadro-geral de credores deixou de ser condição para que a liquidação do ativo tenha início (§ 2º do art. 140). A razão dessa modificação de procedimentos se justifica, basicamente, em dois fatores: primeiro, na estrutura processual que não mais contempla a suspensão da falência. Uma vez decretada, seguirá seu curso contínuo, até a total venda judicial dos bens arrecadados e o pagamento, na medida das forças da massa objetiva, dos credores do devedor. A apuração da prática de eventual crime também não mais se executa no juízo da falência, passando o inquérito, se necessário, a correr, por requisição do órgão do Ministério Público, perante a autoridade policial, conforme já foi visto no item 3 do Capítulo 4. Segundo, porque o escopo central da falência consiste na liquidação judicial do patrimônio do empresário insolvente visando à preservação do valor do ativo e utilização produtiva dos bens, inclusive os intangíveis que integram o estabelecimento, com a rápida realocação de ativos no mercado (art. 75), o que só se pode alcançar através de procedimentos que, com maior eficiência, garantam uma melhor forma de satisfação dos créditos. A ideia, portanto, é a de logo promover a alienação judicial, o que minora os gastos com a conservação e guarda dos bens, além de, significativamente, propiciar seja alcançado um preço de venda mais elevado, porquanto os bens não sofrerão os desgastes que acabam por contribuir para sua depreciação.

O início da liquidação, desse modo, se dará independentemente da conclusão do procedimento de verificação dos créditos e homologação do quadro-geral de credores. A lei contempla e adota as conclusões decorrentes da experiência forense que apontam para os desastrosos efeitos aos interesses da massa de credores provocados pelo retardamento da realização do ativo. Tão logo sejam arrecadados, devem os bens, como regra geral, ser judicialmente alienados. Essa é a proposta legal.

Os vocábulos alienação – utilizado pela própria lei – e venda são aqui empregados no âmbito da realização do ativo, traduzindo, pois, não uma noção contratual, mas um ato de expropriação efetuado pelo órgão judicial. Essa expropriação revela-se como uma transferência coativa, a título oneroso, da propriedade dos bens arrecadados – que integram a massa falida objetiva – em favor de um terceiro concorrente da licitação, que será aquele que oferecer o maior valor (§ 2º do art. 142).

A reforma da Lei n. 14.112/2020 visou a garantir ainda mais a aceleração da venda, impondo ao administrador judicial o dever de proceder à alienação de todos os bens integrantes da massa falida objetiva ou ativa, no prazo máximo de cento e oitenta dias, contado da data da juntada do auto de arrecadação, sob pena de destituição, ressalvada, no entanto, a demonstração da impossibilidade em procedê-la, devidamente reconhecida pelo juiz (alínea *j*, do inciso III, do art. 22, § 3º do art. 99 e inciso IV do § 2º-A, do art. 142).

2. PLANO DE VENDA DOS BENS

A Lei n. 11.101/2005, no art. 140, estabelece as formas comuns ou ordinárias de alienação do ativo, bem como um regime de preferência entre elas. Prioritariamente, indica a alienação do negócio do devedor, realizada com a venda de seu estabelecimento em bloco ou, secundariamente, com o desmembramento de suas unidades produtivas isoladamente consideradas; em plano inferior, dirige-se para a alienação dos bens que integram o estabelecimento, englobada ou individualmente contemplados. A venda em bloco deverá preferir à venda unitária, também nesse caso.

A alienação, nos termos do *caput* do art. 142, será procedida através de leilão eletrônico presencial ou híbrido – modalidade que denominamos de comum ou ordinária –, por processo competitivo organizado ou por outra modalidade aprovada nos termos da Lei n. 11.101/2005 – modalidades que nominamos de extraordinárias, pois dependem de aprovação da assembleia geral de credores (inciso I do § 3º-B do art. 142) ou de provimento judicial (art. 144), consoante analisaremos, de modo detalhado, no item 6 deste Capítulo 26.

Caberá ao administrador judicial, como responsável pela prática dos atos necessários à realização do ativo (art. 22, III, *i*), formatar um plano adequado de venda dos bens, sempre imbuído em alcançar uma melhor forma e uma modalidade mais eficiente a serem adotadas para a alienação. O administrador judicial deverá, no prazo de sessenta dias, contado do termo de sua nomeação, apresentar, para apreciação do juiz da falência, plano detalhado de realização do ativo, contendo, inclusive, a estimativa de tempo, que não poderá ser superior a cento e oitenta dias, computados a partir da juntada de cada auto de arrecadação (§ 3º do art. 99). A natureza do patrimônio arrecadado e as condições do mercado irão, certamente, informar o procedimento. Dessa feita, faculta-se-lhe adotar mais de uma forma de alienação, podendo livremente conjugá-las (§ 1º do art. 140) e sendo permitido, ainda, que a modalidade de alienação eleita (art. 142) seja realizada com compartilhamento de custos operacionais por dois ou mais devedores em regime falimentar (§ 3º do art. 141).

As modalidades de alienação ordinária e extraordinária devem obedecer às seguintes regras: (a) dar-se-ão independentemente de a conjuntura do mercado no momento da venda ser favorável ou desfavorável, considerado o seu caráter forçado; (b) independerão da consolidação do quadro-geral de credores; (c) poderão contar com serviços de terceiros como consultores, corretores e leiloeiros; (d) deverão ocorrer no prazo máximo de cento e oitenta dias, contado da data da lavratura do correspondente auto de arrecadação; (e) não estarão sujeitas à aplicação do conceito de preço vil; e (f) frustrada a tentativa de venda dos bens e não havendo proposta concreta dos credores para assumi-los, os bens poderão ser considerados sem valor de mercado e destinados à doação, sendo certo que não havendo interessados em recebê-los em doação, serão devolvidos ao devedor falido (§ 2º-A do art. 142 e art. 144-A).

A questão relativa à frustração da venda referida ao final do parágrafo antecedente deve ser avaliada com cautela pelo juiz, à luz da especificidade do caso concreto. A não realização da venda no prazo de cento e oitenta dias não pode, e não deve, por si só, ensejar a consideração de serem os bens destituídos de valor de mercado e, assim, destinados à doação. Existem bens de difícil venda, muitas vezes em função do seu alto valor de mercado e de um pequeno nicho de compradores, como é o caso, por exemplo, de um complexo hoteleiro ou de uma plataforma de petróleo. A hipótese não deve ensejar, por evidente, a aplicação da regra do art. 144-A, por não traduzir uma providência dotada de racionalidade econômica. Nessas condições, o prazo de cento e oitenta dias deve ser excepcionalmente flexibilizado, sob pena de não atender a orientação do art. 75, que lhe serve de substrato. A situação contemplada no art. 144-A somente poderá ser aplicada – note-se que a lei usa propositadamente o vocábulo *poderão* (e não *deverão*), o qual aqui não se traduz em um poder-dever – se o bem efetivamente não tiver valor de mercado, o que não pode ser presumido, repita-se, pelo simples fato de não ser alienado, por falta de interessado, no prazo de cento e oitenta dias.

3. ALIENAÇÃO COMUM OU ORDINÁRIA

A alienação comum ou ordinária, como já se adiantou no item anterior, é aquela que se implementa em estrita obediência aos parâmetros fixados em lei quanto à forma (art. 140) e à modalidade de venda do ativo por leilão eletrônico, presencial ou híbrido (art. 142, inciso I).

Mas dela só se vai cogitar, quando os bens arrecadados justificarem a adoção de um de seus procedimentos, destacados para realização do ativo. Com efeito, na decretação da falência de micro e pequenos empresários não raras são as vezes em que o diminuto patrimônio arrecadado sugere a inviabilidade de se arcar com os custos necessários a uma venda ordinária ou extraordinária do ativo. Daí ser possível, como se viu no item 6 do Capítulo 20, ao juiz autorizar, nos termos do art. 111, que os credores, de forma individual ou coletiva, adquiram ou adjudiquem, de imediato, os bens arrecadados, pelo valor de avaliação, atendido o critério de preferência entre eles, após a oitiva do comitê, caso instalado. Com isto estar-se-á, de forma célere e menos custosa, privilegiando a realização do ativo e o pagamento do passivo.

Feita a observação, cumpre, adiante, analisar as formas e as modalidades ordinárias de alienação dos bens na falência.

4. FORMAS ORDINÁRIAS

Impõe a lei seja a alienação dos bens realizada por uma das quatro formas que vem a contemplar, segundo uma ordem de preferência que também estabelece.

Em primeiro plano, prevê a venda do negócio do devedor falido, com a transferência do estabelecimento em bloco. Objetiva, com isso, a otimização do patrimônio, firme na ideia de que é bem mais atrativo para o mercado a aquisição de uma empresa, isto é, de uma organização em atividade, ou, ao menos, pronta para que ela seja restabelecida, com potencial geração de riquezas. Nesse ponto se justifica, fundamentalmente, a continuação provisória das atividades do devedor, evitando a estagnação da atividade econômica. Acredita-se que a venda, nessas condições, alcançará valores mais elevados, revertendo maiores recursos para a massa, ao mesmo tempo em que prestigia a preservação da empresa[2].

Em segundo lugar, ocupa-se da venda do negócio não de forma unitária, mas com a segregação de suas unidades produtivas. O objetivo é alcançar maiores rendimentos com a venda individualizada de cada unidade de produção, levando-se em conta as reais condições de cada uma delas, isoladamente consideradas. Seria o caso, por exemplo, de uma indústria, composta por cinco estabelecimentos físicos nos quais desenvolve suas atividades, situados em localidades distintas. Dentre eles, encontram-se duas unidades superavitárias, com aparelhagem e tecnologias de última geração empregadas na criação de seus produtos, localizadas em um distrito industrial próspero, com infraestrutura de escoamento da produção adequada, ao passo que as outras três fábricas mostram-se situadas em áreas decadentes ou de risco, com sistema de produção a demandar reestruturação e modernização. Será, em princípio, mais lucrativo proceder à venda daquelas duas unidades, de forma autônoma, evitando seja o preço final contaminado pelas outras unidades de pouca ou nenhuma valia para o novo empreendedor. A continuação provisória da atividade do devedor, nesse caso, poderia ser concedida parcialmente, de forma a manter ativas as filiais produtivas.

---

[2]   Confira-se a abordagem feita no item 2 do Capítulo 1.

A terceira forma consiste na alienação em bloco dos bens que integram cada um dos estabelecimentos físicos do devedor. Não sendo viável a venda do negócio, passa-se a essa alternativa. Situam-se no ativo bens, máquinas e equipamentos que, englobadamente, podem atrair mais facilmente compradores. Os bens serão dispostos em blocos, em conjuntos, de modo a distinguir aqueles mais valiosos e atrativos.

Por derradeiro, a lei apresenta a alienação dos bens de forma individualizada. Serão eles individualmente destacados do estabelecimento para que sejam oferecidos aos licitantes interessados.

Como registramos no item 2 do Capítulo 26, podem essas formas ser adotadas de modo conjugado, sempre no intuito de que seja alcançado um melhor produto na venda judicial. A situação real da empresa explorada pelo falido, o aparelhamento de seu estabelecimento, as condições de mercado, dentre outros fatores, irão dirigir a adoção da forma que poderá lograr maior proficiência.

5. MODALIDADES ORDINÁRIAS

A fim de que a alienação judicial se implemente, a lei disponibiliza as seguintes modalidades: (a) leilão eletrônico, presencial ou híbrido; (b) processo competitivo organizado; (c) qualquer modalidade aprovada nos termos da lei de recuperação e falência.

Abre-se, assim, um fértil cardápio, para que se realize, com eficiência, a liquidação do ativo, pois não se tem uma lista instrumental fechada para a sua implementação. Além das figuras legalmente nominadas (leilão e processo competitivo organizado), pode ser utilizado qualquer outro método, desde que aprovado pelos credores (adjudicação, constituição de sociedade, fundo ou outro veículo de investimento, ou conversão de dívida em capital – art. 145) ou por decisão judicial (art. 144).

A alienação mediante leilão, em quaisquer de suas categorias, não depende de aprovação prévia da assembleia geral, refletindo processo liquidatório natural do procedimento falimentar, se outro método alternativo não se apresentar para autorização judicial. Por tal razão, a chamamos de ordinária ou comum.

Deferida pelo juiz a adoção da modalidade ordinária, a partir da proposição apresentada pelo administrador judicial, o leilão, independentemente de sua categorização, vai observar, no que couber, as regras do Código de Processo Civil. A alienação por leilão eletrônico, presencial ou híbrido, dar-se-á, em primeira chamada, no mínimo pelo valor de avaliação do bem; em segunda chamada, dentro de quinze dias, contados da primeira chamada, por no mínimo cinquenta por cento do valor de avaliação; e, em terceira chamada, dentro de quinze dias, contados da segunda chamada, por qualquer preço.

Independentemente da modalidade de leilão que venha a ser adotada, os representantes do Ministério Público e das Fazendas Públicas devem dela ser intimados por meio eletrônico, sob pena de nulidade do ato (§ 7º do art. 142)

No prazo de quarenta e oito horas da arrematação que se venha a realizar, os credores, o devedor e o representante do Ministério Público poderão apresentar as impugnações que entenderem devidas. Terá o juiz o prazo de cinco dias para decidi-las e, julgando-as improcedentes, ordenará a entrega dos bens ao arrematante (*caput* do art. 143). Da decisão, caberá o recurso de agravo de instrumento (inciso II do § 1º do art. 189).

As impugnações amparadas no valor da venda do bem somente serão recebidas se acompanhadas de "oferta firme" do impugnante ou de terceiro para sua aquisição, por importância superior ao valor de venda e mediante depósito caucionado equivalente a dez por cento do montante oferecido (§ 1º do art. 143). Por "oferta firme", deve-se entender aquela formulada em caráter irrevogável e irrenunciável, sem ressalvas ou condições. Não poderá ser apenas fundada, como no passado se admitia, na vileza do preço. A oferta vincula o impugnante e o terceiro ofertante, como se arrematantes fossem, nos precisos termos do § 2º do art. 143.

Existindo propostas concorrentes, traduzidas em mais de uma impugnação, apenas terá seguimento aquela dotada de maior valor presente (§ 3º do art. 143). Para esse fim, deve-se considerar não só o valor em si ofertado, mas a forma de seu pagamento. Em caso de propostas concorrentes coincidentes, isto é, com igual valor e com as mesmas condições de pagamento, parece ser factível ao juiz, a bem da eficiência da liquidação, abrir concurso licitatório entre os ofertantes, em prazo exíguo, para apurar quem se dispõe a melhorar a oferta. Não havendo disposição em melhorá-las, cabe escolher aquela que foi primeiramente protocolada, o que parece razoável, ou definir por sorteio.

Para reprimir conduta temerária, prevê a lei que a alegação infundada de vício na alienação pelo impugnante é considerada ato atentatório à dignidade da justiça, sujeitando o suscitante à reparação dos prejuízos causados e às penas previstas no Código de Processo Civil para comportamentos análogos (§ 4º do art. 143).

6. MODALIDADES EXTRAORDINÁRIAS

No intuito de otimizar os recursos da massa, prevê a lei a possibilidade de adoção de meios alternativos de liquidação, diversos, pois, das vendas por leilão. São essas modalidades denominadas extraordinárias e dependerão de decisão judicial (art. 144 e inciso V do *caput* do art. 142) ou de aprovação pela assembleia geral de credores (art. 145 e incisos IV e V do *caput* do art. 142), com superveniente homologação judicial, para serem implementadas.

Situações poderão aflorar, nas quais ao juiz é facultado autorizar a venda extraordinária, mediante requerimento fundamentado do administrador judicial ou do comitê, e sempre que convencido da sua conveniência para se atingir um melhor resultado na realização do ativo. Não se encontra, pois, adstrito às modalidades nominadas em lei, as quais são exemplificativamente alinhadas, conforme se pode inferir do esquema apresentado no art. 142, estando, dessarte, habilitado a decidir, a bem da massa, por qualquer meio capaz de assegurar e otimizar a utilização produtiva dos bens, ativos e recursos produtivos, inclusive os intangíveis (art. 75). Exercerá, assim, um juízo de conveniência e oportunidade em prol da eficiência da liquidação.

Por outro lado, a lei concede aos credores, reunidos em assembleia geral, a faculdade de determinar outro modo não ordinário de realização do ativo. Nesse caso, caberá ao juiz apenas homologá-lo, salvo verifique algum vício ou ilegalidade.

Nesse sentido, tem-se a realização da alienação por meio de processo competitivo organizado por agente especializado e de reputação ilibada, cujo procedimento deverá ser detalhado em relatório anexo ao plano de realização do ativo. É mister que o procedimento alinhavado assegure ampla competição pelos bens do devedor falido, como forma de maximizar os recursos que serão gerados para o pagamento do passivo. A alienação aqui prevista necessita ser aprovada pela assembleia geral de credores (inciso I, do § 3º-B, do art. 142). O *quorum*, diante da omissão da lei neste particular, será o de credores que representem mais da metade do valor total dos créditos presentes ao conclave de credores (art. 42, primeira parte).

Podem surgir ainda outras medidas alternativas e extraordinárias para a realização do ativo, também dependentes de aprovação dos credores, como aquelas concernentes à adjudicação ou à aquisição dos bens através de constituição de sociedade, de fundo ou de outro veículo de investimento, com a participação, se necessária, dos atuais sócios da sociedade falida ou de terceiros, ou mediante a conversão da dívida em capital. Aplica-se, de forma irrestrita, o disposto no art. 141, independentemente de como se realize a transferência do bem, inexistindo, pois, sucessão nas obrigações do devedor falido. Encontram-se tais modalidades amparadas pela conjugação dos arts. 142, inciso V e 145.

Aqui reside um sério problema de exegese, que certamente desafia solução adequada pela jurisprudência: qual o *quorum* de deliberação para a aprovação destas medidas alternativas previstas no art. 145 e aludidas no parágrafo anterior?

O *caput* do prefalado dispositivo refere-se à "deliberação tomada nos termos do art. 42". O art. 42, em princípio, segue o *quorum* de credores que representem a maioria do valor dos créditos presentes ao foro de deliberação, constante de sua primeira parte. Mas a segunda parte do dispositivo ressalva as exceções, dentre as quais a "forma alternativa de realização do ativo nos termos do art. 145". Ademais, o art. 46, que não restou revogado, prevê o *quorum* de dois terços dos créditos presentes à assembleia para a aprovação de alienação do modo preconizado no art. 145.

Portanto, o art. 145, apesar de ter sido alterado pela reforma da Lei n. 14.112/2020, não teve o *quorum* especial de dois terços modificado. Em reforço se tem o estatuído no § 3º do art. 45-A, também advindo da reforma, segundo o qual "as deliberações sobre forma alternativa de realização do ativo na falência, nos termos do art. 145 desta Lei, poderão ser substituídas por documento que comprove a adesão de credores que representem 2/3 (dois terços) dos créditos". Não teria sentido abolir o *quorum* de dois terços na situação de realização da assembleia geral de credores e mantê-lo quando substituída por termo de adesão. A lógica do sistema conspira para a prevalência do *quorum* de dois terços em quaisquer das situações, sendo que, no caso de realização de assembleia geral de credores, projetado a partir dos créditos presentes ao conclave de credores.

Não sendo pela assembleia geral de credores aprovada a proposta alternativa do inciso IV do *caput* do art. 142 ou do art. 145 c/c o inciso V do *caput* do art. 142, cumprirá ao juiz decidir a forma que será adotada, sempre tendo em conta a manifestação do administrador judicial e do comitê em funcionamento. Não nos parece estar o juiz impedido de determinar que a alienação se faça por um daqueles meios extraordinários que não logrou aprovação assemblear, desde que convencido de sua adequação e proficiência. O inciso III do § 3º-B do art. 142 vem justamente nesse sentido.

Também na alienação extraordinária se deve assegurar o direito de impugnação pelos credores, devedor e representante do Ministério Público (art. 143). Sobre o tema, reportamo-nos ao que foi explanado no item anterior.

Os representantes do Ministério Público e das Fazendas Públicas serão igualmente intimados por meio eletrônico da alienação, sob pena de nulidade (§ 7º do art. 142).

Como forma de conferir estabilidade e segurança jurídica às alienações, prevê o § 8º do art. 142, também acrescido pela reforma de 2020, que todas as modalidades de alienação de bens realizadas de acordo com a Lei n. 11.101/2005 serão consideradas, para quaisquer fins e efeitos, alienações judiciais. A previsão é relevante para assegurar a inexistência de sucessão preconizada no inciso II do art. 141.

7. SUCESSÃO NAS OBRIGAÇÕES DO DEVEDOR

Sempre se apresentou como uma das questões mais desafiadoras do direito falimentar a sucessão do arrematante nas obrigações do falido.

Rubens Requião[3], analisando a hipótese sob a ótica da sucessão do estabelecimento do falido, proclamava, apoiado em doutrina de Miranda Valverde, que a alienação "seja por leilão público ou propostas, seja pela constituição de nova sociedade pelos credores,

---

[3]   Ob. cit., vol. I, p. 373.

ou cessão, não importa a transferência de seus ônus para o adquirente. Surgirá sempre novo empresário que encetará, pela sua atividade, nova empresa".

Waldemar Ferreira[4], diversamente, sustentava: "a sociedade, que os credores organizarem, será continuadora do negócio do falido e, então, se terá a sucessão comercial, de tal arte que a sociedade se sub-rogará no ativo e no passivo da massa falida, assumindo-lhe as obrigações e investindo-se nos direitos, que lhe eram pertinentes".

A Lei n. 11.101/2005, de forma ampla e irrestrita, consagra o princípio segundo o qual, na alienação conjunta ou separada de ativos, inclusive do negócio do falido, quer por inteiro ou segregado por unidades produtivas, promovida por quaisquer das modalidades, não implica a sucessão do arrematante nas obrigações do devedor, mesmo as de natureza tributária, derivadas da legislação do trabalho e as decorrentes de acidentes de trabalho, encontrando-se o objeto da alienação livre de qualquer ônus (art. 141)[5]. O preceito vem apoiado e referendado pelos §§ 1º a 3º do art. 133 do Código Tributário Nacional, com a redação que lhe conferiu a Lei Complementar n. 118/2005.

Não temos dúvida que a desoneração se aplica a qualquer das modalidades de venda judicial do ativo, não se limitando à intitulada ordinária. Isto se verifica pela falta de expressa restrição no art. 141 da Lei n. 11.101/2005[6], o qual, em sua nova redação, corrigindo erro material incorrido na originária, se refere expressamente a qualquer modalidade de alienação do art. 142 que venha a ser adotada. Ademais, de maneira explícita, o § 1º do art. 145 manda aplicar o regramento insculpido no indigitado art. 141 à transmissão do bem a sociedade, fundo ou veículo de investimentos, o que corrobora a afirmação de sua aplicabilidade igualmente nas propostas alternativas. Não se pode desconsiderar, outrossim, que a regra do Código Tributário Nacional, embora especialmente destinada à sucessão tributária, consagra a alforria para o gênero das alienações judiciais, sem distingui-las em espécie. Portanto, a exegese deve sempre ser conduzida para esse princípio de ordem geral, até porque não seria lógico nem jurídico criar-se, no âmbito falimentar, discriminações entre os efeitos de alienações realizadas em juízo, as quais passarão pelo crivo de avaliação e confirmação judicial e se dirigem à obtenção de um mesmo escopo. E, para não restar qualquer dúvida, a reforma de 2020

---

4   Ob. cit., 15 vol., p. 171-172.

5   No julgamento da Ação Direta de Inconstitucionalidade – ADI n. 3.934-2/DF, o Supremo Tribunal Federal confirmou a constitucionalidade da disposição.

6   O art. 141 vinha originariamente expressado com evidente equívoco, ao referir-se às "modalidades de que trata este artigo". Na verdade, ele não trata de modalidade alguma, as quais vinham referidas nos arts. 142, 144 e 145. Por isso, pugnávamos por ser a referência interpretada como qualquer modalidade de venda judicial, porquanto toda norma de restrição deve ser expressa e inconfundível. A reforma da Lei n. 14.112/2020 deixou clara e referendou a interpretação.

introduziu um § 8º no art. 142, para afirmar que todas as formas de alienação de bens realizadas em consonância com a Lei n. 11.101/2005 serão consideradas alienações judiciais para todos os fins e efeitos. Com a providência, confere-se maior estabilidade e segurança jurídica às referidas alienações.

Entretanto, para que o objeto da alienação se encontre efetivamente livre de qualquer ônus, não sendo reconhecida a sucessão, é exigida, prudentemente, a observância de certas condições. Assim, ficarão tais efeitos prejudicados se o arrematante for: (a) sócio da sociedade falida, ou sociedade controlada pelo falido; (b) parente, em linha reta ou colateral até o quarto grau, consanguíneo ou afim, do falido ou de sócio da sociedade falida; ou (c) identificado como agente do falido com o objetivo de fraudar a sucessão.

Os empregados do devedor falido que forem contratados pelo arrematante serão admitidos mediante novos contratos de trabalho, não respondendo este pelas obrigações oriundas do contrato anterior.

8. DISPOSIÇÕES COMPLEMENTARES À REALIZAÇÃO DO ATIVO

Complementando-se as diretivas traçadas para a realização do ativo, tem-se que, em qualquer das modalidades de alienação judicial que venha a ser adotada, não estará a massa falida obrigada à apresentação de certidões negativas. Nas transmissões de bens que dependam de registro público, o mandado judicial respectivo servirá como título aquisitivo registrável, atendendo-se, assim, aos mandamentos de celeridade e de economia no processo falencial.

As importâncias recebidas como produto da alienação, sobre as quais todos os credores, obedecida a ordem de preferência de seus títulos, ficam sub-rogados, serão depositadas pelo administrador judicial em conta remunerada em instituição financeira, atendidas as diretrizes das normas de organização judiciária em vigor no foro da falência.

9. ORDEM DE PAGAMENTOS

O administrador judicial, ao realizar os pagamentos devidos na falência, deverá observar determinados critérios que na lei vêm desenhados.

Tão logo existam recursos disponíveis em caixa, procederá ao pagamento dos créditos trabalhistas de natureza estritamente salarial que tenham vencido nos três meses anteriores à decretação da falência e até o limite de cinco salários mínimos por trabalhador (art. 151). O pagamento é feito em atenção à tutela legal do pequeno assalariado, social e juridicamente justificável em função da natureza estritamente alimentar do crédito, direcionado, acima de tudo, à subsistência dos credores empregados do falido. Como se registrou no item 3 do Capítulo 25, consiste a providência em antecipação de parcela do crédito titulado por essa categoria prioritária de credores concorrentes, parcela esta que, para esse fim, se enquadra como crédito extraconcursal (art. 84, I, a) e desfruta, nesse caso, de prioridade sobre os demais créditos extraconcursais. Assim, a importância paga será deduzida, por ocasião da satisfação do crédito no concurso, com a devida atualização monetária.

Igualmente serão pagas, com os recursos disponíveis em caixa, as despesas indispensáveis à administração da falência, inclusive na hipótese de continuação provisória das atividades do devedor, sem o que o correspondente processamento estará efetivamente comprometido (art. 150). O pagamento, que também será realizado sob forma de antecipação, atenderá aos gastos inadiáveis, como aqueles efetuados com contadores, peritos, avaliadores, depositário, editais, leiloeiro etc. Para esse fim, também se classificam como créditos extraconcursais (art. 84, I, a) e igualmente gozam de preferência sobre os demais. Para a regularidade do pagamento a ser feito pelo administrador judicial, é mister que se tenham a contrapartida correspondente e efetiva utilidade para a massa falida.

Antes de proceder ao pagamento dos credores concorrentes, o administrador judicial deverá realizar as restituições de bens e pagar os créditos extraconcursais (art. 149), obedecida a ordem preconizada no art. 84.

O art. 149, com efeito, deixa entrever uma sequência de prioridades a ser atendida. Alinha, de forma encadeada, a realização das restituições em bens, o pagamento dos credores extraconcursais e, por fim, o pagamento dos credores concorrentes, atendido o sistema legal de classificação. Consolidado o quadro-geral de credores, as importâncias recebidas com a realização do ativo serão destinadas ao pagamento dos credores concorrentes, respeitadas as reservas das importâncias judicialmente determinadas. Todos esses credores, observada a ordem de preferência do art. 83, ficam sub-rogados no produto da realização do ativo falimentar (art. 141, I).

Em resumo, temos a seguinte sequência de pagamentos a ser respeitada pelo administrador judicial: 1º) créditos trabalhistas de natureza estritamente salarial vencidos nos três meses anteriores à decretação da falência, até o limite de cinco salários mínimos por trabalhador (arts. 84, I-A e 151), e as despesas cujo pagamento antecipado seja indispensável à administração da falência, inclusive no caso de continuação provisória das atividades do falido (arts. 84, I-A e 150), sendo certo que deverão ser atendidos tão logo haja disponibilidade em caixa; 2º) valores efetivamente entregues ao devedor em processo de recuperação judicial pelo financiador na forma do financiamento especial disciplinado pelos arts. 69-A a 69-F (art. 84, I-B); 3º) restituições em dinheiro previstas no art. 86 (art. 84, I-C); 4º) remunerações devidas ao administrador judicial e aos seus auxiliares, reembolsos devidos a membros do comitê de credores, e créditos derivados da legislação trabalhista ou decorrentes de acidentes de trabalho relativos a serviços prestados após a decretação da falência (art. 84, I-D); 5º) obrigações resultantes de atos jurídicos válidos praticados durante o processo de recuperação judicial (art. 67), ou após a decretação da falência (art. 84, I-E); 6º) quantias fornecidas à massa pelos credores (art. 84, II); 7º) despesas com arrecadação, administração, realização do ativo, distribuição do seu produto e custas do processo de falência (art. 84, III); 8º) custas judiciais relativas às ações e às execuções em que a massa falida tenha sido vencida (art. 84, IV); 9º) tributos relativos a fatos geradores ocorridos após a decretação da falência, respeitada a ordem estabelecida no art. 83 (art. 84, V); 10º) créditos derivados da legislação trabalhista, limitados a cento e cinquenta salários mínimos por credor – sendo certo que o valor excedente será pago no rol dos créditos quirografários (art. 83, VI, c) –, e aqueles decorrentes de acidentes de trabalho (art. 83, I); 11º) créditos gravados com direito real de garantia até o limite do valor do bem gravado (art. 83, II) e o que sobejar é reclassificado como quirografário (art. 83, VI, b); 12º) créditos tributários, independentemente da sua natureza e do tempo de constituição, exceto os créditos extraconcursais e as multas tributárias (art. 83, III); 13º) créditos quirografários (art. 83, VI); 14º) multas contratuais e penas pecuniárias por infração das leis penais ou administrativas, incluídas as multas tributárias (art. 83, VII); 15º) créditos subordinados (art. 83, VIII); 16º) atendimento dos juros incidentes após a decretação da falência, nos termos do art. 124, excetuados aqueles relativos às debentures e às obrigações com garantia real até o limite do valor da garantia (art. 83, IX).

10. IMPORTÂNCIAS RESERVADAS

Ao promover o pagamento dos créditos no concurso falimentar, segundo a ordem legal de preferência, o administrador judicial deverá atentar para as decisões judiciais que determinaram reserva de importância a credores. O fato poderá se verificar enquanto os créditos encontrarem-se em regime de apuração judicial (§ 3º do art. 6º), de habilitação ou impugnação retardatárias (§ 8º do art. 10 e § 1º do art. 16).

Havendo a reserva de importâncias, os respectivos montantes ficarão depositados à disposição do juízo, até o julgamento definitivo do crédito. Entretanto, não sendo ele, em todo ou em parte, finalmente reconhecido, o valor depositado reverterá para eventual rateio suplementar a ser realizado entre os credores remanescentes que não tenham sido integralmente pagos, sempre observando a ordem legal de classificação dos créditos e a *par conditio creditorum*.

11. DISPOSIÇÕES COMPLEMENTARES AO PAGAMENTO DO PASSIVO

Na sistemática de pagamentos na falência, o administrador judicial promoverá diretamente o pagamento aos credores, obtendo a respectiva quitação. Esse fim poderá também ser obtido mediante o depósito judicial do que ao credor for devido. A este, portanto, caberá promover o respectivo levantamento. Contudo, não procedendo o credor, no prazo que vier a ser fixado pelo juiz, ao levantamento dos valores que lhe couberem, será ele pessoalmente intimado a fazê-lo no prazo de sessenta dias, findo o qual as correspondentes importâncias reverterão para a massa e serão objeto de rateio suplementar entre os credores remanescentes (§ 2º do art. 149).

Pagos todos os credores e havendo saldo, este será entregue ao falido (art. 153). Mas não se pode olvidar que para o pagamento ser reputado integral, mister se faz que todos os credores concorrentes tenham recebido o valor do principal devidamente corrigido, com os juros legais ou contratuais. Em outras palavras, antes de se entregar o eventual saldo ao falido empresário individual ou ao falido sociedade empresária – para ser partilhado entre os sócios, com a extinção da pessoa jurídica, ou, interrompendo a dissolução, voltar à atividade empresarial –, o administrador judicial deverá ter feito o pagamento completo dos créditos extraconcursais e dos credores concorrentes. Esse pagamento contemplará o principal, a correção monetária[7] e os juros legais ou convencionais até a data do efetivo pagamento.

Por derradeiro, caso algum credor tenha agido com dolo ou má-fé na constituição do crédito ou da garantia, ficará ele obrigado a restituir em dobro o valor dos pagamentos recebidos, devidamente atualizado e acrescido de juros legais (art. 152).

12. ENCERRAMENTO DA FALÊNCIA

Concluída a realização de todo o ativo e distribuído o respectivo produto entre os credores, o administrador judicial apresentará suas contas ao juiz[8], dispondo do prazo de trinta dias para fazê-lo. Uma vez julgadas as contas, apresentará o relatório final da falência, em um prazo de dez dias, pelo qual irá fazer um balanço da liquidação falimentar. Nesses termos, indicará o valor do ativo e o produto de sua realização, o montante do passivo e o dos pagamentos realizados, especificando, outrossim, diz a lei, as responsabilidades com que continuarão o falido e os sócios solidária e ilimitadamente responsáveis da sociedade falida (arts. 154 e 155).

A previsão que ainda formalmente persiste na parte final do art. 155, de apontamento da responsabilidade do falido no relatório final – e dos próprios sócios de responsabilidade solidária e ilimitada, quando for o caso –, não mais se justifica com a

---

[7] A atualização monetária deverá obedecer ao critério previsto no contrato ou, em sua falta, se fazer segundo os índices de correção dos débitos judiciais.

[8] O correspondente procedimento de prestação de contas já foi estudado no item 9 do Capítulo 5.

reforma introduzida na Lei n. 11.101/2005, pela Lei n. 14.112/2020. Isto porque o encerramento da falência, por si só, passa a ser fato gerador da extinção da responsabilidade do falido (art. 158, VI). Restou, ainda, como consequência lógica da inovação, expressamente revogado o art. 157, que previa o retorno, a partir do trânsito em julgado da sentença que encerrasse o processo falimentar, da fluência do prazo prescricional relativo às obrigações do falido, suspenso com a decretação da quebra (art. 6º, I). Mesmo na hipótese de extinção das obrigações motivada pelo simples decurso do prazo de três anos, contemplada no inciso V do art. 158, que vem sendo apelidada de *fresh start* brasileiro, a situação de se preverem as responsabilidades com que continuará o falido não se justifica, porquanto as dívidas estarão quitadas com a sentença que declarar extintas as obrigações, ainda que o processo prossiga a fim de que seja implementada a ressalva legal, no sentido de que os bens arrecadados serão destinados à liquidação para a satisfação dos credores habilitados ou com pedido de reserva.

À vista do relatório final, o juiz encerrará, por sentença, a falência, decisão esta que será publicada por edital, nos moldes do art. 191, e da qual caberá recurso de apelação, (art. 156).

Com o encerramento da falência, três situações poderão se apresentar, a partir da efetiva liquidação: ou o ativo apurado foi bastante ao pagamento do passivo; ou o ativo foi inferior e, destarte, insuficiente ao seu pagamento; ou, ainda, o ativo foi superior ao passivo.

Na primeira hipótese, o passivo falimentar estaria quitado, nada mais devendo o falido a seus credores.

O mesmo quadro estará desenhado na terceira situação, mas haverá saldo a ser restituído ao falido. De posse desse saldo, se empresário individual, o falido poderá restabelecer a sua atividade empresarial. Extintas as suas obrigações e não tendo sido criminalmente condenado, com pena de inabilitação para o exercício da atividade, nada impede o seu reingresso no mundo empresarial. Havendo condenação com a imputação da aludida pena, entretanto, deverá aguardar o transcurso do prazo de cinco anos após a extinção da punibilidade, salvo se cessar a inabilitação por força de reabilitação penal, obtida nos termos do art. 94 do Código Penal.

No caso de sociedade empresária, nada impede que os sócios, de posse do ativo remanescente, partilhem seu produto, levando a cabo a dissolução falimentar com a extinção da sociedade falida, ou que restabeleçam a mesma empresa, com a mesma sociedade, revertendo os efeitos da dissolução, sem prejuízo de, ainda, constituírem uma nova sociedade para esse fim. O tema será aprofundado no item 1 do Capítulo 27.

Na segunda hipótese aventada, na qual o ativo seria insuficiente ao pagamento de todo o passivo ou, ao menos, à quitação de mais de vinte e cinco por cento dos créditos quirografários em rateio, os credores, após o encerramento da falência, não mais terão o direito de demandar o devedor pelos saldos de seus créditos, enquanto não prescritas as correspondentes pretensões, como no direito anterior à reforma da Lei n. 14.112/2020 era factível, embora a consequência só se tornasse efetiva se o devedor viesse a titularizar novos bens. Com a revogação do art. 157 e a novel estrutura do art. 158, o encerramento da falência quita todo o passivo falimentar impago, sendo – o encerramento – fundamento para a sentença de extinção das obrigações do devedor, como já acima se esclareceu.

CAPÍTULO 27

EXTINÇÃO DAS OBRIGAÇÕES DO FALIDO

1. ENQUADRAMENTO

O encerramento da falência e a extinção das obrigações do falido são institutos que guardam naturezas jurídicas distintas. O encerramento é providência de cunho eminentemente processual. Realizado o ativo e pago o passivo na medida de suas forças, não mais haverá necessidade de se manter em curso o processo de falência. Seu objetivo foi alcançado. Portanto, prestadas e julgadas as contas do administrador judicial e apresentado o relatório final, estará esgotado o procedimento, não se fazendo útil a prática de qualquer outro ato processual. Já a extinção das obrigações é medida inserida no âmbito do direito material. Somente estará concretamente livre o devedor de suas responsabilidades advindas do estado de falência ao obter a declaração judicial que reconheça a ocorrência do fato jurídico capaz de extingui-las.

Desse modo, a extinção das obrigações se afigura de relevante importância para o falido liberar-se da inabilitação empresarial que sob ele pende, iniciada com a sentença de decretação da falência. Não sendo ele condenado por crime previsto na Lei n. 11.101/2005 com a declaração de inabilitação para o exercício da atividade empresarial, basta obter a extinção, por sentença, de suas obrigações, para cessar a inabilitação decorrente da falência. Havendo condenação, com a imputação do prefalado efeito na sentença penal, além de lograr a extinção das obrigações, deverá aguardar o transcurso do prazo de cinco anos após a extinção da punibilidade, salvo se esta vier a cessar em função da reabilitação penal[1]. Vê-se, pois, que o instituto é de fundamental relevo para o empresário individual, para o sócio de responsabilidade ilimitada e para os administradores da sociedade falida (pois sobre eles pode recair eventual condenação), os quais, mesmo após o encerramento da falência, poderão permanecer a sofrer as limitações advindas daquele estado.

---

[1] O tema foi estudado no item 3 do Capítulo 19, o qual invocamos como complementação do enfoque ora dispensado.

A finalidade precípua da Lei de Recuperação e Falência é normalizar a anômala situação da empresa, acarretada pela crise econômico-financeira de seu titular, o empresário – individual ou sociedade empresária –, caso ela, a empresa, possua viabilidade. Separa-se, assim, na esteira da doutrina contemporânea, a sorte de uma em relação à do outro. Não reunindo condições à recuperação, a orientação legal é a da célere descontinuação da empresa por força da falência, seja ela explorada de forma individual ou por meio de uma pessoa jurídica, para que se promova a realocação eficiente de recursos na economia (art. 75, II e § 2º). A falência sobressai como causa excepcional de extinção da empresa, convivendo com o meio normal de sua desmobilização, resultante da vontade de seu titular. Mas ao se encerrar, pela falência, a empresa exercida pelo devedor, em virtude da liquidação de seu estabelecimento, o fato leva à extinção da sociedade empresária, quando essa for a sua titular, caso não procedam os sócios com o intuito de interromper a dissolução provocada pela decretação da falência. Por meio da sentença de quebra é verificada a causa – dissolução – que desencadeia a liquidação. Durante o processo de falência, a sociedade mantém a sua personalidade jurídica. Contudo, com o trânsito em julgado da sentença que a encerra, estará ultimada a fase de sua liquidação, já tendo o seu patrimônio sido apurado e repartido entre os credores, competindo providenciar o correspondente cancelamento de seu registro para que ela reste extinta.

A falência, com efeito, é causa de dissolução judicial da sociedade empresária, dissolução que se processa com observância da respectiva lei, consoante bem ressalta o art. 206, II, *c* da Lei n. 6.404/76. A dissolução, no caso, é total. Mas pode a dissolução, provocada a partir da sentença que a decreta, ser interrompida diante da sentença de extinção das obrigações, obtida anteriormente à sentença de encerramento da falência, caso seja interesse dos sócios continuar com a mesma pessoa jurídica e recolocá-la em atividade.

A possibilidade ganhou força durante a vigência do Decreto-Lei n. 7.661/45, a partir da interpretação do seu art. 138[2], extensível às sociedades. Nesse sentido também sempre sustentamos doutrinariamente[3] e em parecer[4]. Entretanto, diante da estrutura da Lei n. 11.101/2005, em sua versão original, não mais nos pareceu possível continuar a defender o entendimento, o que fazíamos com grande pesar.

---

[2]   Art. 138: "Com a sentença declaratória da extinção de suas obrigações, fica autorizado o falido a exercer o comércio, salvo se tiver sido condenado ou estiver respondendo a processo por crime falimentar, caso em que se observará o disposto no art. 197".

[3]   Cf., por exemplo, Sérgio Campinho, *O Direito de Empresa à Luz do novo Código Civil*, 1. ed., Rio de Janeiro, Renovar, 2002, p. 232-235.

[4]   Cf. parecer publicado na *Revista Semestral de Direito Empresarial (RSDE)*, n. 5, jul./dez. 2009, Rio de Janeiro, Renovar, p. 291-317.

Em face da reforma implementada pela Lei n. 14.112/2020 na estrutura do art. 158, parece-nos plausível retornar ao entendimento pretérito, embora com amparo em outros alicerces. A extinção das obrigações do falido, pessoa natural ou pessoa jurídica, ocorre, dentre outros motivos, como adiante serão analisados, pelo decurso do prazo de três anos, contados da decretação da falência, ressalvado o destino dos bens arrecadados para o pagamento dos credores, ou seja, ainda no curso do processo de falência (inciso V). Ademais, o encerramento da falência, por si só, passou a ser causa da extinção das obrigações do falido (inciso VI), não sendo mais necessário aguardar o decurso de prazo subsequente (revogados os incisos III e IV). Tudo isso em consonância com a programação do inciso III do art. 75 de fomentar o empreendedorismo, inclusive por meio da viabilização do retorno célere do empreendedor falido à atividade econômica, o qual não se limita à figura do empresário individual, mas se espraia às sociedades empresárias. O empreendedorismo muito se materializa através de sociedades unipessoais e de sociedades pluripessoais, enquadradas como microempresa e empresa de pequeno porte.

Desse modo, soa-nos oportuna a interpretação, diante do sistema atual, de que a falência não implica, necessariamente, a extinção da sociedade. Essa somente vai se verificar em função do curso que vier a ser adotado e ultimado no âmbito do processo falimentar, abrindo ensejo, assim, à solução de dissolução, liquidação e extinção da pessoa jurídica. Por outro lado, com a opção de seu retorno ao exercício da atividade econômica, valendo-se dos benefícios que a lei apresenta para o seu reingresso, pode-se interromper a dissolução iniciada pela sentença de quebra, sem prejuízo da liquidação do ativo para o pagamento do passivo falimentar, mediante a obtenção da sentença de extinção das obrigações, antes do encerramento da falência. Mas mesmo em face do seu encerramento, é plausível entender admissível o reingresso da sociedade na atividade empresarial, sem que se tenha promovido o cancelamento de seu registro, pois a extinção das obrigações da sociedade falida daí advinda também lhe garante o benefício legal para o seu retorno, tendo o sentido de reabilitação[5].

A Lei n. 14.112/2020 moderniza o instituto da extinção das obrigações, visando a restabelecer, de modo minimamente aceitável, a normalidade das relações jurídicas, realizável pela satisfação dos credores, com o menor grau de sacrifício possível, e a libe-

---

[5]   Nesse sentido, flui o entendimento de Fábio Ulhoa Coelho: "A declaração judicial de extinção das obrigações antes da sentença de encerramento do processo falimentar (o chamado "levantamento da falência") é um modo particular de interrupção da dissolução falencial. Mesmo depois de encerrado o processo, podem os antigos sócios reabilitar a sociedade empresária falida, revertendo os efeitos dissolutórios da falência, com o objetivo de fazê-la retornar à exploração da atividade" (*Comentários à Lei de Falências e de Recuperação de Empresas*, 14. ed., São Paulo, Revista dos Tribunais, 2021, p. 373).

ração do devedor dos efeitos da falência, que não podem ser perpétuos. A finalidade do processo falimentar, como já se anotou, é a de solucionar a situação de anormalidade da empresa em crise, decorrente da insolvência de seu titular, o qual deve merecer nova oportunidade, pressupondo-se que tenha aprendido com o erro, o que o faz agir com maior cuidado nos futuros negócios. O retorno do falido aos negócios, por outro lado, é fonte de geração de riquezas para a economia, resultando no estímulo à aplicação produtiva dos recursos econômicos e ao empreendedorismo.

2. PAGAMENTO

O meio normal de extinguir uma obrigação é o pagamento. Por seu intermédio é que se verifica a morte natural da obrigação. Por esta razão, está ele previsto como causa principal da extinção das obrigações na falência (art. 158, I). Mas o pagamento integral de todos os créditos é de difícil verificação na prática falimentar. Em regra, não tendo o devedor logrado a recuperação judicial, sua situação econômica não irá apresentar condições a esse adimplemento pleno, com a solução de seus débitos pelo seu montante total. Inserida nesse horizonte é que a lei vem facultar a extinção das obrigações pelo pagamento parcial, elegendo um percentual mínimo aceitável para que se realize em rateio. Terá, assim, efeito liberatório, o pagamento, após a realização de todo o ativo, de mais de vinte e cinco por cento dos créditos quirografários, sendo permitido o depósito da quantia necessária à obtenção dessa percentagem se para tanto não bastou a integral liquidação do ativo (art. 158, II). A hipótese legal pressupõe a quitação integral (principal, atualização monetária e juros até a data da decretação da falência) dos créditos extraconcursais e dos demais credores preferenciais. O rateio de mais de vinte e cinco por cento, capaz de exonerar o devedor, se perfaz no universo dos credores quirografários. A Lei n. 14.112/2020, ao conferir nova redação ao inciso II do art. 158, reduziu esse percentual, que originariamente era de cinquenta por cento.

3. DECURSO DO TEMPO E ENCERRAMENTO DA FALÊNCIA

A decretação da falência tem como natural e imediato efeito a suspensão do curso do prazo prescricional relativo às obrigações do falido (art. 6º, I). O art. 157, revogado pela Lei n. 14.112/2020, previa a retomada do curso daquele prazo a partir do dia em que transitasse em julgado a sentença de encerramento da falência. A regra não mais se justifica, pois a nova estrutura do art. 158 já não se compatibiliza com o retorno da fluência do prazo prescricional, diante da revogação dos incisos III e IV e dos novos incisos V e VI acrescidos. As obrigações restam extintas diante da aplicação de qualquer das hipóteses do art. 158.

O inciso V do art. 158 preconiza o decurso do prazo de três anos, contado da decretação da falência, como causa de extinção das obrigações do falido, ressalvada a utilização dos bens arrecadados anteriormente, os quais serão destinados à liquidação para a satisfação dos credores. O preceito concretiza o comando do inciso III do art. 75, de fomento ao empreendedorismo, inclusive com o célere retorno do empreendedor falido à atividade econômica. Mas o devedor, como consta do texto legal, não poderá reaver os bens arrecadados até que se verifiquem a sua liquidação e a satisfação integral dos credores.

O encerramento da falência, por sentença transitada em julgado, também é causa da extinção das obrigações, seja ela verificada na hipótese de arrecadação frustrada ou exígua (art. 114-A), seja na situação do art. 156, isto é, quando proferida após o julgamento das contas do administrador judicial e a apresentação do relatório final.

4. PROCESSAMENTO DO REQUERIMENTO

Verificada qualquer das hipóteses caracterizadoras da extinção de suas obrigações, o falido poderá requerer ao juiz que declare o fato por sentença.

O requerimento será autuado em separado (§ 6º do art. 159, parte final), na forma de incidente, e instruído com os respectivos documentos[6]. A secretaria do juízo fará publicar, na forma do art. 191, imediatamente a informação acerca do requerimento. No prazo comum de cinco dias, qualquer credor, o administrador judicial e o Ministério Público poderão manifestar-se exclusivamente para apontar inconsistências formais e objetivas, juntando as correspondentes provas que embasam as suas objeções (§ 1º do art. 159).

Findo o prazo, o juiz, diz a lei, proferirá, em quinze dias, a sua sentença (§ 3º do art. 159). Mas, em respeito aos princípios constitucionais da ampla defesa e do contraditório, havendo impugnação, parece-nos indispensável que se garanta a oportunidade de o requerente sobre ela se manifestar. Somente após esse evento é que os autos devem ser conclusos para sentença. Da decisão proferida, caberá recurso de apelação, a ser interposto pelo devedor, por qualquer dos impugnantes, ou pelo representante do Ministério Público. Passada em julgado a sentença, os autos serão apensados ao processo principal (§§ 5º e 6º do art. 159).

A sentença que declarar extintas as obrigações será comunicada a todos aqueles que foram da decretação da falência informados, como o representante do Ministério Pú-

---

[6]   Dentre eles, a prova de quitação de todos os tributos (Código Tributário Nacional, art. 191, com redação determinada pela Lei Complementar n. 118/2005). Será, entretanto, essa prova dispensada em relação àqueles créditos alcançados pela prescrição tributária (Código Tributário Nacional, art. 174), visto que, a teor do disposto no inciso V do art. 156 do Código Tributário Nacional, esta é uma das causas de extinção do crédito tributário.

blico, as Fazendas Públicas Federal e de todos os Estados, Distrito Federal e Municípios em que o devedor se encontrava estabelecido e o Registro Público de Empresas (§ 4º do art. 159).

A decisão que declara extintas as obrigações do falido somente poderá ser rescindida por meio da propositura de ação rescisória, processada na forma do Código de Processo Civil, a pedido de qualquer credor, mas desde que comprovadamente se verifique que o falido tenha sonegado bens, direitos ou rendimentos de qualquer espécie, anteriormente à data do requerimento de extinção das obrigações por ele formulado. Parece, pois, que a ação rescisória preconizada no art. 159-A, introduzido pela Lei n. 14.112/2020, apresenta-se com requisito singular ou especial para que seja o pedido rescisório formulado e processado, não se sujeitando, dessarte, às hipóteses comuns de cabimento previstas no Código de Processo Civil.

O direito à rescisão extingue-se no prazo de dois anos, contados do trânsito em julgado da última decisão proferida no incidente processual de extinção das obrigações.

5. SÓCIOS DE RESPONSABILIDADE ILIMITADA

O art. 160 dispõe que "verificada a prescrição ou extintas as obrigações nos termos desta Lei, o sócio de responsabilidade ilimitada também poderá requerer que seja declarada por sentença a extinção de suas obrigações na falência".

O sócio de responsabilidade ilimitada terá sempre o interesse na obtenção da extinção de suas obrigações, seja porque também foram declarados falidos, seja porque se encontram patrimonialmente sujeitos aos efeitos da falência[7]. Daí a lei legitimá-los a promover, em nome próprio, o competente requerimento.

---

[7] Cf. o que foi sustentado no item 4 do Capítulo 16 sobre a declaração da falência do sócio ilimitadamente responsável pelas obrigações sociais.

SEÇÃO V

RECUPERAÇÃO EXTRAJUDICIAL

Capítulo 28

RECUPERAÇÃO EXTRAJUDICIAL

1. CONVOCAÇÃO EXTRAJUDICIAL DE CREDORES

No regime do Decreto-Lei n. 7.661/45, aparecia elencada como ato de falência a convocação extrajudicial de credores para lhes propor dilação, remissão de créditos ou cessão de bens (art. 2º, III). Consoante opinião da doutrina que sobre o tema se formou[1], esse acordo extrajudicial entre o devedor e seus credores, para lograr êxito, deveria contar com o apoio unânime destes últimos, traduzindo crédito e confiança na pessoa do devedor. Contudo, se um ou mais credores o recusassem, levando o dissidente ou os dissidentes a proposta do devedor ao conhecimento do juiz competente, e, uma vez provado o fato, a ele cumpriria decretar a falência do proponente.

A Lei n. 11.101/2005 inova substancialmente na matéria, descaracterizando a hipótese como presunção de insolvência do empresário. Passa a ser plenamente válida a realização de acordos privados entre o devedor e seus credores, com o escopo de evitar a quebra, criando, assim, condições favoráveis à reestruturação da empresa em crise econômica e financeira. A lei, por outro lado, confere plena liberdade às partes – devedor e seus credores – para celebrarem esses pactos inominados, os quais poderão estipular qualquer objeto lícito para esses fins. A repactuação, desse modo, pode ser global ou parcial das dívidas, adotando a feição de moratória (dilação do prazo de pagamento), de remissão parcial dos débitos (redução do montante a ser pago), de alteração das condições de pagamento ou de garantias, dentre outras. São celebrados em caráter privado, sem a necessária interferência estatal. Todavia, nada obsta sejam levados à homologação judicial, quer para conferir maior eficácia ao exercício de determinados direitos do pacto resultantes, quer para a obtenção de uma maior extensão de seus efeitos, abrangendo, assim, certos credores, ainda que não signatários do respectivo instrumento. A lei somente se ocupa em disciplinar o plano de recuperação

---

[1] Miranda Valverde, ob. cit., p. 41, e Bento de Faria, ob. cit., p. 115-116.

extrajudicial que será levado à homologação, não interferindo, pois, naqueles contratos que consensualmente se realizam, sem qualquer impulso estatal. É a inteligência que se pode inferir do art. 167[2].

De fato, essa concordata extrajudicial é figura clássica, devidamente identificada pela doutrina. Alfredo Rocco[3] propõe uma classificação desses acordos celebrados entre o devedor e seus credores, segundo a extensão de sua eficácia. Classifica-os, pois, da seguinte forma:

A – concordata amigável, que se subdivide em:

(a) concordata amigável extrajudicial, que se conclui sem a existência de qualquer processo e, portanto, sem a participação do juiz, a qual só obriga aos seus signatários;

(b) concordata amigável judicial, concluída no curso de um processo judicial (de moratória ou de falência) e obrigatória apenas para os anuentes.

B – concordata obrigatória, dividindo-se em:

(a) concordata obrigatória preventiva, concedida pelo magistrado antes da decretação da falência;

(b) concordata obrigatória suspensiva da falência, deferida no curso do processo de execução coletiva de seu patrimônio[4].

A Lei n. 14.112/2020 buscou aprimorar o instituto da recuperação extrajudicial, visando a conferir-lhe maior celeridade e eficiência, embora o fazendo, cremos, com certa timidez. Perdeu a chance, com efeito, de deixar expressa no art. 166, a referência ao art. 141, de modo a não restar dúvidas da inexistência de sucessão quando o plano de recuperação extrajudicial homologado envolver alienação judicial de filiais ou unidades produtivas isoladas do devedor, por exemplo.

2. O ACORDO EXTRAJUDICIAL HOMOLOGÁVEL

A lei atual não mais qualifica como ato de falência a convocação extrajudicial de todos ou de parte dos credores para submeter-lhes um plano de renegociação dos seus créditos. Para que produzam esses pactos privados seus efeitos entre as partes que o celebram não há necessidade de chancela judicial. É bastante à eficácia pretendida, tenha alcançado o devedor o consenso com os seus credores. Garante-se às partes celebrantes

---

[2]   Art. 167: "O disposto neste Capítulo não implica impossibilidade de realização de outras modalidades de acordo privado entre o devedor e seus credores".

[3]   *Il concordato nel fallimento e prima del fallimento*, in Trattato Teorico e Pratico. Torino: Ed. Fratelli Boca, 1902, p. 7-8.

[4]   No sistema atual de nosso Direito não há mais espaço para suspensão da falência. A recuperação é sempre requerida anteriormente àquele estado (art. 48, I).

o direito de comporem livremente seus interesses, imunes, assim, de qualquer coação estatal. Seu alcance, entretanto, é individual, isto é, só obriga os signatários, prestigiando-se, nesse ponto, o princípio da relatividade, pelo qual os efeitos dos contratos se limitam, salvo disposição legal expressa, às partes que o firmaram.

Contudo, nada impede seja o respectivo instrumento levado à homologação judicial. Essa homologação facultativa ou opcional traduziria certas vantagens a justificá-la, apesar de o caráter individual do acordo permanecer incólume, ou seja, somente serão atingidos pelas providências nele contempladas os credores que o subscreverem. O incentivo a impulsionar o devedor buscar a homologação judicial pode se traduzir em três aspectos derivados do ato judicial: (a) a constituição do título executivo judicial, nos termos do inciso III do art. 515 do Código de Processo Civil de 2015[5], a partir da sentença de homologação do plano de recuperação extrajudicial apresentado (§ 6º do art. 161)[6]; (b) a impossibilidade, após a distribuição do pedido de homologação, de o credor signatário do plano desistir de sua adesão sem a anuência expressa de todos aqueles que o subscreveram (§ 5º do art. 161); (c) possibilidade de alienação em hasta pública de filiais ou unidades produtivas isoladas, quando do acordo constar a providência (art. 166). Por isso, permite o art. 162 que o devedor requeira a homologação do plano de recuperação extrajudicial em juízo, para tanto fazendo juntar a sua justificação e o instrumento que traduza seus termos e condições, devidamente assinado pelos credores que a ele tenham aderido, devendo, ainda, observar as condições do art. 161.

A outra hipótese de homologação, traduzida no art. 163, tem por escopo vincular todos os credores pelo plano abrangidos, ainda que não o tenham assinado. Mas, para tal, é indispensável a subscrição do respectivo instrumento por credores que representem

---

[5] O § 6º do art. 161 da Lei n. 11.101/2005 faz expressa menção à constituição do título executivo judicial, nos termos do art. 584, III, do Código de Processo Civil de 1973. Contudo, a Lei n. 11.232/2005 introduziu o art. 475-N naquele diploma codificado, redefinindo os títulos executivos judiciais e revogando o art. 584. Naquela última estrutura, a hipótese ora versada melhor se encaixava no inciso V do art. 475-N, que tratava, de forma mais específica, dos acordos extrajudiciais que tinham por conteúdo direitos subjetivos materiais. Com a aprovação e vigência do Código de Processo Civil de 2015, a referência deve recair no inciso III do art. 515, que contempla como título executivo judicial a decisão homologatória de autocomposição extrajudicial de qualquer natureza.

[6] Nos acordos não homologados poderá resultar a formação de título executivo extrajudicial. Basta, para tal, que o respectivo instrumento observe os requisitos do inciso III do art. 784 do Código de Processo Civil de 2015. Contudo, nos títulos judiciais, a vantagem reside no fato de que a matéria de impugnação do devedor faz-se restrita (Código de Processo Civil de 2015, § 1º do art. 525), ao passo que, nos embargos de devedor opostos em execução por título extrajudicial, é a ele garantido opor todas as matérias que lhe seriam lícitas deduzir como defesa no processo de conhecimento (Código de Processo Civil de 2015, inciso VI do art. 917).

mais da metade dos créditos de cada espécie por ele alcançados. Assim, se o devedor desejar, por exemplo, compor com a totalidade de seus credores com garantia real e com a dos quirografários, por traduzirem o montante significativo de suas dívidas, providência necessária ao reerguimento da sua empresa, basta contar com a assinatura de credores que traduzam mais da metade dos créditos com garantia real e quirografários, porque no caso proposto serão as espécies por ele abrangidas. Se sessenta por cento dos primeiros e oitenta por cento dos segundos assinaram o plano, por exemplo, este, uma vez homologado, se estende a todos que nele foram contemplados, inclusive àqueles que não o firmaram. A reforma da Lei n. 14.112/2020 reduziu o *quorum* para mais da metade dos créditos de cada espécie pelo plano de recuperação extrajudicial abrangidos. A versão original da Lei n. 11.101/2005 previa o *quorum* de mais de três quintos. A adesão de razoável parcela dos credores abrangidos é suficiente a impor suas condições à minoria que não o aderiu. A homologação judicial supre a necessidade da adesão voluntária desse universo minoritário de credores. Almeja-se, com isto, coibir certas condutas especulativas e oportunistas de determinados credores, capazes de comprometer a reorganização da empresa. Fecha-se a possibilidade de credores, que perfaçam uma minoria dissidente, aproveitarem-se da situação de crise do devedor para obter indevidas vantagens. Mas, para esse efeito, a homologação é necessária e, para sua obtenção, o devedor deverá observar outras condições, de natureza especial, previstas no art. 163, que se somarão às de ordem geral do art. 161.

Para alcançar o *quorum* previsto no *caput* do art. 163, a lei apresenta algumas regras a serem observadas, a saber: (a) não serão computados os créditos detidos por sócios da sociedade devedora, das sociedades a ela coligadas, que a controlem, ou sejam por ela controladas, bem como das sociedades que tenham sócio com participação superior a dez por cento do capital social da sociedade devedora ou em que esta ou algum de seus sócios detenham participação superior a dez por cento (inciso II do § 3º do art. 163); (b) no crédito em moeda estrangeira, far-se-á a sua conversão para reais pelo câmbio da véspera da data de assinatura do plano (inciso I do § 3º do art. 163). Por evidente, só terão relevância para a obtenção do indigitado percentual, previsto no *caput* do art. 163, os créditos incluídos no plano, não se considerando, portanto, aqueles por ele não alcançados, os quais não poderão ter seus valores ou condições originais de pagamento alteradas (§ 2º do art. 163).

O plano poderá abranger a totalidade de uma ou mais espécies de créditos, como tal entendidas aquelas previstas nas classes aludidas nos incisos II, IV, V, VI e VIII do art. 83 (crédito com garantia real, crédito quirografário e crédito subordinado, sendo certo que, com a reforma de 2020, o crédito com privilégio especial e o crédito com privilégio geral passam a integrar o rol dos créditos quirografários), bem como grupo de credores da mesma natureza e sujeito a semelhantes condições de pagamento (§ 1º do art. 163). Destarte, não há a necessidade, por exemplo, de serem incluídos todos os credores quirografários do devedor, sendo lícito apenas alcançar parcela ou grupo destes, como os que tenham os seus direitos creditórios a vencer no curto prazo. Para o êxito da recuperação poderá bastar fiquem obrigados todos os credores desse grupo, sem a necessidade de englobar a totalidade da espécie dos quirografários. Eles serão os credores abrangidos pelo plano, nessa hipótese contemplada. A sujeição dos créditos derivados da legislação trabalhista e daqueles decorrentes de acidente do trabalho passou a ser possível, mas depende de negociação coletiva (§ 1º do art. 161, com a redação dada pela Lei n. 14.112/2020).

Em síntese, tem-se que o devedor pode diretamente acordar com seus credores, em todo ou em parte, novas condições para o cumprimento de suas obrigações, buscando com o procedimento uma solução negociada para a crise econômico-financeira em que se vê inserido. Encontrando-se todos os interessados acordes nos termos e condições a serem implementados, é suficiente para que os efeitos dessa renegociação sejam alcançados que o devedor firme com seus credores o respectivo instrumento. Faculta-se-lhe requerer a homologação judicial, ocasião em que deverá observar os requisitos de ordem geral que a lei estabelece para a recuperação extrajudicial (arts. 161 e 162). Caso pretenda estender os efeitos do acordo a credores que constem do plano, mas que não assinaram o instrumento, a homologação se faz necessária, impondo-se o atendimento, ao lado dos requisitos gerais (art. 161), de certas condições especiais (art. 163). Fique, assim, claro que o preenchimento das condições legais e a observância dos demais regramentos exigidos pela Lei n. 11.101/2005 para a recuperação extrajudicial somente se aplicam para os acordos que serão levados à homologação judicial.

3. CONDIÇÕES GERAIS

As condições ou requisitos de ordem geral para que o plano de recuperação extrajudicial possa ser homologado em juízo se subdividem em dois grupos: os que se vinculam à pessoa do devedor (requisitos subjetivos) e os que se encontram atrelados ao próprio plano (requisitos objetivos).

Dentre os requisitos subjetivos, aparecem alinhados: (a) a observância das mesmas condições previstas para a recuperação judicial, quais sejam: (i) exercício regular, no momento do pedido, da atividade empresarial há mais de dois anos; (ii) não ser falido e, se o foi, terem sido declaradas extintas, por sentença transitada em julgado, suas obrigações; (iii) não ter sido condenado, ou não ter, como administrador ou sócio controlador, pessoa condenada por crime previsto na Lei de Recuperação e Falência (*caput* do art. 161); (b) não estar pendente pedido de recuperação judicial (§ 3º do art. 161, primeira parte); (c) não ter obtido recuperação judicial ou homologação de outro plano de recuperação extrajudicial há menos de dois anos (§ 3º do art. 161, segunda parte).

São requisitos objetivos: (a) inexistência de previsão de pagamento antecipado de dívidas (§ 2º do art. 161, primeira parte); (b) inexistência de tratamento desfavorável aos credores que a ele não estejam vinculados (§ 2º do art. 161, segunda parte).

4. CONDIÇÕES ESPECIAIS

Afora as condições gerais verificadas no item anterior, exige a lei a observância especial de outras três de natureza objetiva para que logre o devedor a homologação do plano de recuperação extrajudicial destinado a obrigar todos os credores por ele abrangidos, ainda que não o subscrevam (art. 163). São elas: (a) o plano obrigará somente os créditos constituídos até a data do pedido de homologação (§ 1º do art. 163, parte final); (b) a alienação de bem objeto de garantia real, a supressão da garantia ou a sua substituição depende da aprovação expressa no plano do credor garantido (§ 4º do art. 163); (c) a variação cambial nos créditos em moeda estrangeira somente poderá ser afastada se o respectivo credor aprovar, expressamente, no plano, previsão diversa (§ 5º do art. 163).

5. CREDORES EXCLUÍDOS

Alguns credores encontram-se impedidos de integrar plano de recuperação extrajudicial homologável. Este, inclusive, não poderá provocar qualquer alteração em seus direitos creditórios. Não lhes é, desse modo, permitido renegociar os seus créditos nas condições que a lei prevê para a recuperação extrajudicial, passível de homologação judicial. Incluem-se nesse rol os titulares de créditos de natureza tributária, derivados da legislação do trabalho e decorrentes de acidente de trabalho, estes últimos sem negociação coletiva. A eles se juntam, outrossim, o proprietário fiduciário, o arrendador mercantil, o vendedor ou promitente vendedor de imóvel por contrato irrevogável, o vendedor titular de reserva de domínio e a instituição financeira credora por adiantamento ao exportador de contrato de câmbio (§ 1º do art. 161).

A reforma da Lei n. 14.112/2020 passou a admitir a inclusão dos créditos trabalhistas e acidentários, exigindo, contudo, a negociação coletiva com o sindicato da respectiva categoria, situação que está em consonância com o disposto no inciso VI do art. 7º, da Constituição Federal, pois a redução do salário somente é permitida mediante convenção ou acordo coletivo.

Portanto, se submetem ao regime legal de recuperação extrajudicial todos os demais credores.

Mas o fato não impede a renegociação privada das dívidas com tais credores excluídos, à exceção, por certo, dos credores tributários e trabalhistas[7], visando à superação do estado de crise do devedor. A exclusão traduz, tão somente, para esses credores, a impossibilidade de homologação desses acordos.

6. INSTRUÇÃO DO PEDIDO

A fim de que o plano de recuperação extrajudicial possa ser homologado em juízo, na hipótese do art. 162, ou seja, naquela em que os efeitos ficarão restritos às partes que o celebraram, basta que o devedor faça juntar ao seu requerimento a competente justi-

---

[7] Em função de ser indisponível o interesse público, não pode a autoridade tributária negociar com os seus devedores. Só por meio de lei especial pode ser concedida remissão, anistia, moratória ou parcelamento. No âmbito do direito individual do trabalho, igualmente movido pela primazia dos preceitos de ordem pública, há severas restrições a transações e renúncias a direitos. A indisponibilidade de direitos trabalhistas por parte do empregado emerge como um dos mais destacados princípios do Direito do Trabalho. Sobre o tema escreve Maurício Godinho Delgado: "A indisponibilidade de direitos trabalhistas pelo empregado constitui-se em regra geral no Direito Individual do Trabalho do país, estando subjacente a pelo menos três relevantes dispositivos celetistas: arts. 9º, 444 e 468, CLT. Isso significa que o trabalhador, quer por ato individual (renúncia), quer por ato bilateral negociado com o empregador (transação), não pode dispor de seus direitos laborais, sendo nulo o ato dirigido a esse despojamento. Essa conduta normativa geral realiza, no plano concreto da relação de emprego, a um só tempo, tanto o princípio da indisponibilidade de direitos trabalhistas, como o princípio da imperatividade da legislação do trabalho" (*Curso de direito do trabalho*. 3. ed. São Paulo: Editora LTr, 2004, p. 217). No mesmo sentido, o ensinamento de Arnaldo Süssekind: "A renúncia, como já assinalamos, é um ato jurídico unilateral, pelo qual o titular de um direito dele se despoja. Ela está sujeita, no campo da aplicação do Direito do Trabalho, a restrições que seriam incabíveis em outros ramos do direito. A inderrogabilidade da maioria das normas de proteção ao trabalho visa a que os respectivos direitos beneficiem aqueles sobre os quais incidem. Essa imperatividade se dirige tanto contra a parte contrária como a própria vontade do indivíduo portador do direito subjetivo em questão. Se faltasse essa última característica da força coativa, a vigência do Direito do Trabalho dependeria outra vez exclusivamente do interesse individual, a que o interesse social ficaria subordinado. A renunciabilidade de direitos, em relação ao trabalhador, deve ser admitida apenas excepcionalmente, em face das condições especiais configuradas em cada caso concreto. Ainda que se trate de direito não imposto por norma jurídica de ordem pública, a renúncia, admitida em princípio, deve ser examinada de conformidade com os princípios tendentes a restringi-la. Portanto, são irrenunciáveis os direitos que a lei, as convenções coletivas, as sentenças normativas e as decisões administrativas conferem aos trabalhadores, salvo se a renúncia for admitida por norma constitucional ou legal ou se não acarretar uma desvantagem para o trabalhador ou um prejuízo à coletividade; são renunciáveis os direitos que constituem o conteúdo contratual da relação de emprego, nascidos do ajuste expresso ou tácito dos contratantes, quando não haja proibição legal, inexista vício de consentimento e não importe prejuízo ao empregado." (*Instituições de direito do trabalho*. 21. ed., vol. I. São Paulo: Editora LTr, 2003, p. 209-210).

ficativa e o instrumento que contenha seus termos e condições, devidamente subscrito pelos credores que a ele aderiram[8]. Todavia, para a homologação do plano fundado no art. 163, no qual estarão obrigados todos os credores por ele abrangidos, ainda que não signatários, desde que atingido o percentual de aprovação pela maioria dos credores previsto em lei, exige-se instrução diferenciada, dotada de maiores exigências, em função da especialidade e da extensão de seus efeitos. Assim é que o devedor deverá juntar ao seu requerimento: (a) a justificativa do acordo celebrado; (b) seu instrumento que traduza os termos e as condições, com as assinaturas de credores que representem mais da metade dos créditos de cada espécie por ele abrangidos; (c) a exposição de sua situação patrimonial; (d) as demonstrações contábeis relativas ao último exercício social e as levantadas especialmente para instruir o pedido, confeccionadas com estrita observância da legislação societária aplicável e compostas obrigatoriamente de: (i) balanço patrimonial; (ii) demonstração de resultados acumulados; (iii) demonstração do resultado desde o último exercício social; (iv) relatório gerencial de fluxo de caixa e de sua projeção; (e) os documentos que comprovem os poderes dos subscritores para novar ou transigir, relação nominal completa dos credores, com a indicação do endereço de cada um, a natureza, a classificação e o valor atualizado do crédito, discriminando sua origem, o regime dos respectivos vencimentos e a indicação dos registros contábeis de cada transação pendente.

Em relação especificamente ao instrumento subscrito por credores que representem mais da metade dos créditos de cada espécie abrangida pelo plano de recuperação extrajudicial, o § 7º introduzido no art. 163 pela reforma de 2020 permitiu que o pedido de homologação possa ser apresentado com a comprovação de anuência de credores que representem pelo menos um terço de todos os créditos de cada classe, mediante o compromisso de, no prazo improrrogável de noventa dias, contado da data do pedido, atingir o referido *quorum*, por meio de adesão expressa, facultada a conversão do procedimento em recuperação judicial a pedido do devedor, desde que, por certo, ele consiga demonstrar o preenchimento dos requisitos legais exigidos para ter acesso ao novo procedimento, pedido que deve ser formulado à luz do art. 51 da Lei n. 11.101/2005.

O dispositivo acrescido permite, pois, com aquele *quorum* mais reduzido de um terço, o ingresso do pedido de homologação para os fins do art. 163. Neste caso, as negociações irão prosseguir, a fim de que se atinja o *quorum* necessário a correspondente e efetiva homologação.

---

[8]   Obviamente, caso o credor esteja representado, deverá ser exibido o respectivo instrumento de representação, munido dos poderes para a celebração do acordo.

A recuperação extrajudicial é igualmente é amparada, desde o respectivo pedido, pela suspensão das execuções e do curso do prazo de prescrição, prevista no art. 6º, mas exclusivamente em relação às espécies de créditos nele abrangidas (§ 8º do art. 163, também introduzido pela Lei n. 14.112/2020).

No caso de formulação do pedido com o *quorum* mais reduzido de um terço, findo o prazo de noventa dias sem que o devedor obtenha a adesão de credores necessária a perfazer o *quorum* legal para a homologação, poderá dele desistir, com o natural retorno de todos os envolvidos ao estado anterior, ou requerer a sua conversão em recuperação judicial. Esta última possibilidade de escolha ressalta o caráter da recuperação extrajudicial como alternativa prévia à recuperação judicial.

7. OPOSIÇÃO DOS CREDORES

Recebido o pedido de homologação do plano de recuperação extrajudicial, em quaisquer de suas modalidades (arts. 162 ou 163), o juiz convocará todos os credores do devedor para que apresentem, em juízo, as impugnações que tiverem. Essa convocação realizar-se-á mediante publicação de edital eletrônico.

Os credores, no prazo de trinta dias, contado da publicação do edital no órgão oficial, poderão, juntando a prova de seu crédito, somente deduzir, nos termos do § 3º do art. 164, as seguintes matérias como oposição ao pedido: (a) prática de qualquer dos atos de falência previstos no inciso III do art. 94; (b) realização de atos com a intenção de prejudicar credores, provando-se o conluio fraudulento entre o devedor e o terceiro que com ele contratou, e o efetivo prejuízo do ato advindo para os credores (art. 130); (c) descumprimento de condições legais ou de qualquer outra exigência feita por lei para que o devedor possa lograr a homologação do plano; (d) não preenchimento do percentual mínimo previsto no *caput* do art. 163, quando nele o requerimento estiver arrimado, isto é, não se encontrar o instrumento assinado por credores que representem mais de três quintos de todos os créditos de cada espécie por ele abrangidos.

Entretanto, apesar da gramaticalidade do preceito, o conteúdo da oposição ao plano admite mais duas outras figuras, concernentes à simulação de créditos e vício de representação dos credores que subscreverem o plano, consoante se pode inferir do § 6º do mesmo artigo.

Importante ressaltar que serão convocados, nos termos do *caput* do art. 164, os credores do devedor a impugnar o plano apresentado, e não apenas aqueles a ele sujeitos ou por ele abrangidos. Isto porque a totalidade dos credores do devedor, inclusive os não alcançados e os excluídos do acordo, têm legítimo interesse em não verem prosperar um plano de recuperação extrajudicial apresentado por devedor que pratica atos caracterizadores de falência (art. 94, III) ou passíveis de revogação no âmbito falimentar (art. 130), podendo à pretensão se opor, nos termos do § 3º do art. 164. Patente o interesse na apuração de atos falimentares para, oportunamente, requerer a falência do devedor e vê-la decretada, com a revogação dos atos fraudulentos. Já a oposição pautada em descumprimento de requisitos ou exigências legais, não preenchimento de percentual mínimo para a aprovação do plano com vinculação de todos os credores nele abrangidos, vício na representação dos credores ou simulação do crédito, em princípio, só interessaria aos credores alcançados pelos efeitos do plano, pois, nessas matérias, apenas os afetados diretamente pelo acordo aproveitaria a ele resistir. Contudo, como a verificação desses aspectos pode se fazer de ofício pelo julgador, por tratarem de questões de aferição da legalidade do plano submetido à homologação judicial, nada impede que aqueles credores por ele não alcançados também formulem suas objeções pautadas nesse conteúdo.

Na fluência do prazo de impugnação, impõe a lei que o devedor comprove o envio de carta aos credores que ficarão sujeitos aos efeitos do plano, domiciliados ou sediados no país, informando a distribuição do pedido de sua homologação judicial, as suas condições e o prazo para objetá-lo (§ 1º do art. 164). Entretanto, não prevê sanção para o descumprimento desse mandamento o que, na prática, fará funcionar como uma faculdade esse objetivo legal de conferir maior publicidade em favor dos credores que serão afetados. Nem se diga que para os que não receberam a comunicação o prazo para a impugnação restaria dilatado, porque o § 2º do citado art. 164 a essa conclusão não autoriza. Claros os seus termos de computar o referido prazo da publicação do edital.

Apresentada objeção por qualquer dos legitimados, será concedido ao devedor prazo de cinco dias para que dela se manifeste (§ 4º do art. 164). Decorrido este prazo, serão os autos conclusos imediatamente ao juiz para a apreciação das eventuais impugnações e proferir decisão em igual prazo de cinco dias. O plano será homologado por sentença se convicto o magistrado que sua concretização não implica a prática de atos fraudulentos, isto é, realizados com a intenção de prejudicar credores, nos termos do já mencionado art. 130, e desde que inexistam outras irregularidades capazes de recomendar a sua rejeição (§ 5º do art. 164). Outrossim, havendo prova de simulação de créditos ou vício de representação dos credores que subscreveram o plano, a sua homologação igualmente será indeferida (§ 6º do art. 164). Vê-se, portanto, como já foi afirmado, que o julgador, diante destas constatações, ainda que inexistam impugnações formuladas pelos credores, estará autorizado a rejeitar o pleito de homologação. A falta de preenchimento de condições legais, bem como a verificação de qualquer vício que macule o acordo em juízo apresentado pode e deve ser de ofício conhecida, para embasar a competente rejeição. Da sentença caberá apelação, sem efeito suspensivo (§ 7º), que poderá ser interposta pelo devedor ou pelo credor impugnante. Os credores que não resistiram à homologação, em nossa visão, não estarão legitimados à interposição do recurso.

As eventuais impugnações oferecidas pelos credores imprimem litigiosidade ao procedimento, razão pela qual parece ser cabível a imposição dos ônus de sucumbência ao vencido[9].

Por derradeiro, impende registrar que a falta de homologação do plano apresentado não implica a decretação da falência, podendo o devedor apresentar um novo pedido, desde que cumpridas as formalidades legais, com a superação do fato que ensejou o indeferimento (§ 8º do art. 164).

8. EFEITOS

O plano de recuperação extrajudicial terá eficácia após o trânsito em julgado da sentença que o homologar, sendo, todavia, lícito que nele se estabeleça a produção de efeitos anteriores ao ato, desde que tais efeitos se limitem à modificação do valor ou da forma de pagamento dos credores signatários. Rejeitado o pedido de homologação, devolve-se a tais credores o direito de exigir seus créditos nas condições originais, com a dedução dos valores efetiva e comprovadamente pagos (art. 165).

O requerimento de homologação do plano, bem como o seu acolhimento, não acarretará, em qualquer hipótese, suspensão de direitos, ações ou execuções, nem prejudicará pedido de falência formulado pelos credores por ele não alcançados (§ 4º do art. 161). Estes estarão imunes a seus efeitos, não sofrendo quaisquer restrições que dele possam decorrer.

---

[9] Nesse sentido, confira-se o Recurso Especial n. 1.924.580/RJ.

SEÇÃO VI

O Código de Processo Civil como Fonte Subsidiária e as Conciliações e Mediações nos Processos de Recuperação Judicial e Recuperação Extrajudicial

CAPÍTULO 29

DIÁLOGO COM O CÓDIGO DE PROCESSO CIVIL

1. QUESTÃO DE ORDEM

Na disciplina dos institutos da falência, da recuperação judicial e da recuperação extrajudicial coexistem regras de direito material e de direito processual, sendo-lhe essa feição híbrida um traço peculiar e marcante.

O art. 189 da Lei n. 11.101/2005, que inaugura as suas disposições finais e transitórias, prevê a aplicação do Código de Processo Civil, no que couber, aos procedimentos previstos naquela lei especial. Tem-se, destarte, que essa lei geral de processo é fonte subsidiária dos direitos falimentar e recuperacional. Assim, só se deve recorrer ao Código de Processo Civil como fonte supletiva diante de lacunas ou omissões. Rechaçam-se, portanto, as disposições codificadas, não só quando conflitantes com as regras da Lei n. 11.101/2005, mas também com os seus princípios e com o seu próprio sistema.

A interface entre os aludidos diplomas legais, que interagem em diversos pontos, demanda muitas vezes do intérprete o trabalho de adequação e de compatibilização.

Apesar de inúmeras dessas questões de integração terem sido abordadas ao longo deste Curso, em itens e capítulos próprios, o certo é que outras reclamam tratamento específico, o que se faz neste capítulo.

2. CONTAGEM DOS PRAZOS DE NATUREZA PROCESSUAL

O Código de Processo Civil de 2015 apresentou nova fórmula para a contagem dos prazos em dia. A teor de seu art. 219, os prazos de natureza processual são contados em dias úteis – prazos esses que valem para as partes e seus advogados, magistrados e auxiliares da justiça – e os de natureza material, em dias corridos.

Identificou-se, logo com o advento do Código de Processo Civil de 2015, corrente pugnando pela aplicação da regra da contagem dos prazos processuais em dias úteis aos processos de falência e de recuperação judicial, mas com a ressalva de que certos prazos de natureza material deveriam ser relativizados, para também serem computados em dias úteis. Era exemplo corrente do prazo de 180 dias para a suspensão das execuções contra o devedor em recuperação (§ 4º do art. 6º), que, apesar de material, seria contado em dias úteis, por considerar-se que sua composição resulta do somatório de prazos processuais[1-2].

Nosso convencimento se formou em canal diverso, conforme se pode constatar através de consulta à vasta argumentação contida em edições anteriores deste livro.

Os processos de falência e de recuperação judicial buscam uma solução para a crise da empresa e, assim o sendo, reclamam agilidade de processamento para que se alcance a desejável eficiência de resultado.

Não se perca de vista que a recuperação judicial é processo de sacrifício, em que se limitam os poderes do devedor e se restringem os direitos dos credores[3] e, por isso mesmo, exige uma célere solução: ou se supera a crise da empresa viável ou se decreta a falência do titular da inviável.

Ademais, também se deve considerar que o processo de recuperação judicial, por si só, já implica perda do valor dos ativos e do próprio negócio do devedor, além de natural restrição de acesso ao crédito. O estado de incerteza que cerca o processo recuperatório quanto ao futuro da empresa exercida pelo devedor está diretamente relacionado com a duração do processo.

A falência, por sua vez, é um processo de execução concursal pelo qual se visa a sanear o mercado e a promover a garantia e a proteção do crédito, através da estruturação de um sistema eficiente de liquidação de ativos, visando ao pagamento do maior número de credores e de percentual de créditos, com a preservação e a otimização dos bens e dos recursos produtivos, sua realocação proveitosa no mercado e o rápido retorno do empreendedor falido à atividade econômica.

Concluíamos, nesta esteira de argumento de valores, que o regime de contagem dos prazos processuais em dias úteis contemplado no Código de Processo Civil de 2015 não se coadunava com a especialização dos processos tratados na Lei n. 11.101/2005. O curso dos prazos em dias previsto na Lei de Falência e Recuperação de Empresas deve-

---

[1] Manoel Justino Bezerra Filho, A Recuperação Judicial e o Novo CPC, *Valor Econômico*, Rio de Janeiro, 31 maio 2016. Legislação e Tributos, p. E2.

[2] Daniel Carnio Costa, A Recuperação Judicial no Novo CPC, *Valor Econômico*, Rio de Janeiro, 1 e 2 maio 2016. Legislação e Tributos, p. E2.

[3] Yves Guyon, *Droit des affaires*, Tome 2: entreprises en difficultés, Redressement judiciaire – Faillite, 9. ed., Paris, Economica, 2003, p. 105.

ria ser corrido, independentemente da natureza processual ou material, sob pena de se vulnerar a racionalidade e a unidade do sistema jurídico estruturado pela lei especial e o seu próprio fim[4].

A reforma implementada pela Lei n. 14.112/2020, incorporando o entendimento, passou a expressamente dispor que todos os prazos previstos na Lei n. 11.101/2005 ou que dela decorram – como, por exemplo, os prazos de interposição dos recursos de agravo de instrumento e de apelação – serão contados em dias corridos (inciso I do § 1º do art. 189).

3. O SISTEMA RECURSAL DA LEI N. 11.101/2005

Do texto normativo do já mencionado art. 189 extrai-se norma segundo a qual, inexistindo regra de direito processual civil na Lei n. 11.101/2005, aplicam-se, em caráter subsidiário, as regras do Código de Processo Civil para suprir, desse modo, a omissão ou a lacuna verificadas.

Em outros termos, a solução processual deve ser procurada, em primeiro lugar, na Lei de Recuperação e Falência, somente se dirigindo ao Código de Processo Civil se nela não for encontrada a disposição pertinente[5]. Impende sempre aplicar o que a legislação falimentar e recuperacional preceituar, mesmo que de forma diversa da lei processual geral, pois o acesso a essa lei geral é obstado sempre que a Lei n. 11.101/2005 estabelecer a disciplina para determinada matéria[6].

A Lei de Recuperação e Falência projeta um sistema recursal próprio que deverá ser sempre observado, com socorro às regras do Código de Processo Civil apenas para suprir ou complementar a lacuna ou a omissão.

Em diversas passagens, o legislador prevê o recurso próprio para atacar o ato judicial correspondente. São exemplos o art. 100 (da sentença que decretar a falência, cabe agravo de instrumento e da que a denegar, cabe apelação); o § 2º do art. 59 (contra a decisão que conceder a recuperação judicial cabe agravo de instrumento); o parágrafo

---

[4] O Superior Tribunal de Justiça, por sua 4ª Turma, em acórdão unânime proferido no Recurso Especial n. 1.699.528/MG, relatado pelo Ministro Luis Felipe Salomão, adotou a tese por nós defendida. No caso concreto, decidiu-se que o prazo de 180 dias para a suspensão das execuções (§ 4º do art. 6º) e o prazo de 60 dias para a apresentação do plano de recuperação judicial (*caput* do art. 53) deverão ser contados em dias corridos.

[5] BEZERRA FILHO, Manoel Justino. *Lei de Recuperação de Empresas e Falência*: Lei 11.101/2005 comentada artigo por artigo. 10. ed. São Paulo: Revista dos Tribunais, 2014, p. 385.

[6] COELHO, Fábio Ulhoa. *Comentários à nova Lei de Falências e de Recuperação de Empresas (Lei n. 11.101, de 9-2-2005)*. 4. ed. São Paulo: Saraiva, 2007, p. 413.

único do art. 156 (é apelável a sentença de encerramento da falência); o § 5º do art. 159 (a sentença que declarar extintas as obrigações do falido também é apelável); o art. 17 (da decisão sobre impugnação de crédito cabe agravo de instrumento); o art. 90 (a sentença que julgar o pedido de restituição desafia apelação sem efeito suspensivo); e o parágrafo único do art. 135 (cabe apelação em face da sentença que decidir o pedido formulado em ação revocatória).

Mas existem certas decisões judiciais, tomadas nos cursos dos processos em questão, para as quais a Lei n. 11.101/2005 não faz previsão expressa do recurso próprio para contraditá-las.

Repudiávamos qualquer modo de interpretação que visasse a sustentar a irrecorribilidade da decisão. Ainda que a orientação de ser o sistema recursal exaustivo pudesse ser defendida no direito anterior[7], sob a égide do Decreto-Lei n. 7.661/45, o certo é que no regime vigente a exegese não teria qualquer amparo lógico legal. Apesar de a Lei n. 11.101/2005 nutrir um sistema recursal próprio, o Código de Processo Civil se lhe aplica subsidiariamente em tema de recorribilidade das decisões judiciais. Afasta-se a aplicação do Código de Processo Civil quando a Lei de Recuperação e Falência apresentar regra expressa ou, ainda, quando ela (a aplicação do Código) for incompatível com o seu sistema especial.

Por isso é que professávamos, por exemplo, que apesar de a lei não se ocupar de um recurso específico para a sentença de encerramento do processo de recuperação judicial, não era ela irrecorrível. A relevância da decisão não pode ter a conotação de irrecorribilidade. Contra ela, defendíamos, era possível o interessado interpor o recurso de apelação, fosse por aplicação subsidiária do *caput* do art. 1.009 do novo Código de Processo Civil, que tem por antecedente histórico o art. 513 do Código de 1973, fosse por aplicação analógica do disposto no parágrafo único do art. 156 da Lei n. 11.101/2005, o qual prevê idêntico recurso contra a sentença de encerramento da falência. Mas, com a disposição introduzida pela reforma de 2020, no sentido de que as decisões proferidas nos processos tratados na Lei n. 11.101/2005 são passíveis de agravo de instrumento,

---

[7] A respeito lecionava Rubens Requião: "A Lei de Falências organizou um sistema recursal próprio que não deve nem pode ser ampliado por inovação subsidiária do processo comum. Em matéria de recursos, a Lei de Falências é autossuficiente, e a exaure em suas previsões. Não cabe, pois, ampliar os recursos nela previstos" (*Curso de direito falimentar*, vol. 2. 14. ed. São Paulo, Saraiva, 1995, p. 187-188). E a linha de raciocínio tinha fundamento na lacônica disposição do art. 207 do Decreto-Lei n. 7.661/45: "O processo e os prazos da apelação e do agravo de instrumento são os do Código de Processo Civil" (redação conferida pela Lei n. 6.014/73). Mas mesmo no sistema anterior perfilhávamo-nos ao entendimento segundo o qual o Código de Processo Civil, como lei geral de processo, era fonte supletiva do direito falimentar, em todos os seus aspectos.

exceto naquelas hipóteses em que a própria lei dispuser de modo diverso (inciso II do § 1º do art. 189), passa a aludida decisão a ser agravável de instrumento.

Ainda no campo dos exemplos, também asseverávamos, para a hipótese de ineficácia do ato (art. 129 da Lei de Recuperação e Falência), sendo ela declarada de ofício ou mediante provocação incidentalmente formulada, o cabimento do recurso de agravo de instrumento para contraditar a respectiva decisão, diante do seu evidente caráter interlocutório e de seus efeitos práticos e de mérito de fazer retornar à massa falida os bens ou valores indevidamente alijados do patrimônio do devedor. Agora, a partir do advento da Lei n. 14.112/2020, fica evidente o cabimento do agravo de instrumento.

O agravo de instrumento passou a ser o recurso padrão para contrariar as decisões proferidas nos processos, procedimentos e incidentes disciplinados na Lei n. 11.101/2005. Assim é que, por exemplo, cabe agravo de instrumento em face da decisão que determina o afastamento do devedor ou de seus administradores, nos moldes do art. 64 da Lei n. 11.101/2005, ou que resolve incidente de desconsideração da personalidade jurídica.

O modelo da irrecorribilidade imediata das decisões interlocutórias, projetado para o processo de conhecimento, e que se vale de um esquema casuístico de exceções, não resguarda os interesses envolvidos nos processos de recuperação judicial, recuperação extrajudicial e falência, notadamente em situações reveladoras de vícios, nulidades e de grave lesão.

Em razão da feição peculiar do processo de recuperação judicial, recuperação extrajudicial e falência – esta tradutora de uma execução coletiva –, as decisões judiciais proferidas durante o seu curso devem ser de logo combatidas, não comportando, assim, o recurso de forma concentrada, tal qual erigido como norma geral pelo Código de Processo Civil de 2015. As questões neles tratadas devem ter pronta solução, porquanto influenciarão no conteúdo de atos subsequentes e na conclusão dos respectivos procedimentos que devem sempre funcionar como efetiva e eficiente fonte de composição e estabilização dos interesses neles tratados.

A especificidade do sistema da Lei n. 11.101/2005 repele a norma geral do Código de Processo Civil de 2015, à luz da racionalidade e da busca da eficiência da prestação jurisdicional, e, assim, autoriza a utilização do recurso de agravo de instrumento para contraditar as decisões, interlocutórias ou sentenças, sempre que a referida lei não estatuir de forma diversa, conforme, dessarte, dispôs a Lei n. 14.112/2020 ao incluir a regra do inciso II do § 1º do art. 189.

4. REGIME DE PUBLICAÇÕES E INTIMAÇÕES

A Lei n. 14.112/2020 reformulou o regime de publicações e intimações previsto originariamente na Lei n. 11.101/2005. A alteração visou à redução de custos e à simplificação.

Sintonizada com os novos meios de comunicação e transmissão de dados e informações, as publicações ordenadas na lei serão realizadas em sítio eletrônico próprio, na internet, dedicado à recuperação judicial, à recuperação extrajudicial e à falência, contendo a epígrafe, conforme o caso, "recuperação judicial de", "recuperação extrajudicial de" ou "falência de". Ficam ressalvadas, apenas, as disposições específicas da lei em sentido diverso, como na hipótese do § 1º do art. 52, na qual o edital será publicado em órgão oficial, por exemplo.

O sistema assegura celeridade e transparência, podendo as informações ser rapidamente acessadas com as atualizações havidas no curso dos feitos, além de, por certo, ganhar-se economia.

As intimações, por sua vez, poderão ser realizadas por notificação direta através de dispositivos móveis previamente cadastrados e autorizados pelos interessados.

5. NEGÓCIO JURÍDICO PROCESSUAL

O negócio jurídico processual, constante do art. 190 do Código de Processo Civil[8], suscitava polêmica quanto à sua aplicação no âmbito dos processos falimentar e recuperacional, com fortes vozes sustentando a sua incompatibilidade em decorrência da imprescindibilidade de concordância de todos os participantes do processo, o que não se mostraria factível nos referidos feitos, diante da multiplicidade de credores.

O § 2º do art. 189, introduzido pela reforma da Lei n. 14.112/2020, trouxe conveniente solução ao impasse, ao prever que a manifestação de vontade do devedor deverá ser expressa e a da coletividade dos credores obtida por maioria, na forma prevista na primeira parte do art. 42, ou seja, pela maioria formada por credores que representem mais da metade do valor total dos créditos presentes à assembleia geral de credores.

6. COOPERAÇÃO JURISDICIONAL (COOPERAÇÃO NACIONAL)

O Código de Processo Civil de 2015, inovando na matéria, cuida da cooperação judiciária nacional nos arts. 67 a 69. O seu claro intuito, ao instituir o dever de recípro-

---

[8] Art. 190: "Versando o processo sobre direitos que admitam autocomposição, é lícito às partes plenamente capazes estipular mudanças no procedimento para ajustá-lo às especificidades da causa e convencionar sobre os seus ônus, poderes, faculdades e deveres processuais, antes ou durante o processo.
Parágrafo único. De ofício ou a requerimento, o juiz controlará a validade das convenções previstas neste artigo, recusando-lhes aplicação somente nos casos de nulidade ou de inserção abusiva em contrato de adesão ou em que alguma parte se encontre em manifesta situação de vulnerabilidade".

ca cooperação entre os distintos órgãos do Poder Judiciário nacional, é o de incrementar a eficiência do serviço judiciário, implantando uma política de informalidade e agilidade[9]. Essa cooperação concebida no Código de 2015, tem por escopo incentivar e permitir o intercâmbio e o auxílio recíproco entre os juízos[10], mesmo que de ramos distintos. Deve a cooperação realizar-se, inclusive, entre órgãos de diferentes hierarquias.

A formulação do pedido de cooperação entre os órgãos jurisdicionais se destina à prática de qualquer ato processual, impondo a lei que ele, o pedido, seja prontamente atendido.

Não há forma especial disposta em lei para que um juízo formule o pedido de cooperação, prevendo a lei processual diversos meios para sua materialização. Assim, é que pode ser executado como (i) auxílio direto; (ii) reunião ou apensamento de processos; (iii) prestação de informações; ou (iv) atos concertados entre juízos cooperantes.

Os atos concertados podem consistir, além de outros, no estabelecimento de procedimento para (i) a prática de citação, intimação ou notificação de ato; (ii) a obtenção e apresentação de provas e a coleta de depoimentos; (iii) a efetivação de tutela provisória; (iv) a efetivação de medidas e providências para recuperação e preservação de empresas; (v) a facilitação de habilitação de créditos na falência e na recuperação judicial; (vi) a centralização de processos repetitivos; ou (vii) a execução de decisão jurisdicional.

O Código destaca, como se vê, a cooperação para conferir efetividade a medidas e providências visando à recuperação e preservação de empresas e à facilitação de habilitação de crédito nos processos falimentar e recuperacional.

7. CONCILIAÇÕES E MEDIAÇÕES ANTECEDENTES OU INCIDENTAIS AOS PROCESSOS DE RECUPERAÇÃO JUDICIAL E DE RECUPERAÇÃO EXTRAJUDICIAL

A conciliação e a mediação são métodos de solução consensual de conflitos que vêm inscritos no § 3º do art. 3º do Código de Processo Civil como normas fundamentais. Devem ser estimuladas por juízes, advogados, defensores públicos e membros do Ministério Público, inclusive no curso do processo judicial. São institutos postos em evidência no século XXI, nutrindo contorno de essencialidade com a pandemia do Covid-19, como ferramenta útil para evitar maior sobrecarga do Poder Judiciário com questões decorrentes da crise econômico-financeira por ela deflagrada.

Já ganhava corpo a possibilidade de utilização dos mecanismos de autocomposição no âmbito dos processos de recuperação judicial, recuperação extrajudicial e falência,

---

[9] THEODORO JÚNIOR, Humberto. *Curso de direito processual civil*, vol. I. 57. ed. Rio de Janeiro: Forense, 2016, p. 267.

[10] Humberto Theodoro Júnior, ob. cit., p. 267.

embora sem haver na Lei n. 11.101/2005 previsão específica para compatibilizar adequadamente as suas extensões e limites às naturezas e especificidades desses processos e seus procedimentos.

Nesse contexto, foi incorporada como Seção II-A ao Capítulo II da Lei n. 11.101/2005, pela Lei n. 14.112/2020, a disciplina das conciliações e mediações antecedentes ou incidentais aos processos de recuperação judicial e recuperação extrajudicial (arts. 20-A a 20-D). O objetivo principal é o de criar incentivos para que os devedores busquem solucionar a crise da empresa por meio de negociações coletivas e extrajudiciais com seus credores, inclusive de modo preventivo, com o menor grau de interferência judicial possível.

A previsão de conciliação prévia data de há muito no Direito Comercial, mais especificamente no âmbito do processo comercial, modernamente chamado de processo empresarial. O Decreto n. 737 de 1850, que regulamentou o Código Comercial – por isso ficou conhecido como Regulamento 737 –, dispunha, no *caput* de seu art. 23, que "nenhuma causa comercial será proposta em Juízo contencioso, sem que previamente se tenha tentado o meio da conciliação, ou por ato judicial, ou por comparecimento voluntário das partes. [...]". No entanto, eram excepcionados os "atos de declaração de quebra" (§ 3º do citado art. 23). Todavia, ao longo do tempo, a regra caiu em desuso. Resta saber se serão – a conciliação e a mediação – eficientes nos processos de recuperação judicial e recuperação extrajudicial encorpados pelas novas previsões legais.

Com a reforma, passa-se expressamente a prever que a mediação e a conciliação devem ser estimuladas em qualquer grau de jurisdição e em qualquer etapa do processo, inclusive na fase pré-processual.

Os institutos, do modo preconizado, aplicam-se à recuperação judicial e à recuperação extrajudicial, sendo esta última expressamente referida no § 3º do art. 20-B e no parágrafo único do art. 20-C, muito embora o título da Seção somente faça alusão à recuperação judicial. Não foram, ao que nos parece, dirigidos, na forma da Seção, ao processo de falência, no qual sempre deverá prevalecer a *par conditio creditorum*. Em outros termos, a disciplina especial introduzida na Lei n. 11.101/2005 se volta na direção dos processos de recuperação judicial e recuperação extrajudicial, sem prejuízo de que, em alguns procedimentos que componham o processo falimentar, se lance mão da conciliação e da mediação, quando compatíveis, de maneira suplementar, na forma do que dispõe o art. 189 da lei de regência.

As tentativas de conciliação e mediação não impactarão no curso dos prazos processuais. Somente ocorrerá a suspensão dos prazos se houver consenso entre as partes envolvidas ou por determinação judicial, impondo-se ao juiz, neste caso, ser cauteloso e agir com parcimônia. A suspensão por ordem judicial somente se justifica se convencido o magistrado do possível sucesso da composição consensual e da sua efetiva relevância para a coletividade dos credores envolvidos, promovendo contribuições reais e efetivas para a solução da crise empresarial.

Admitem-se as conciliações e mediações, antecedentes ou incidentais nos processos de recuperação judicial, o diz o art. 20-B, notadamente: "I – nas fases pré-processual e processual de disputas entre os sócios e acionistas de sociedade em dificuldade ou em recuperação judicial, bem como nos litígios que envolverem credores não sujeitos à recuperação judicial, nos termos dos §§ 3º e 4º do art. 49 desta Lei, ou credores extraconcursais; II – em conflitos que envolverem concessionárias ou permissionárias de serviços públicos em recuperação judicial e órgãos reguladores ou entes públicos municipais, distritais, estaduais ou federais; III – na hipótese de haver créditos extraconcursais contra empresas em recuperação judicial durante período de vigência de estado de calamidade pública, a fim de permitir a continuidade da prestação de serviços essenciais; IV – na hipótese de negociação de dívidas e respectivas formas de pagamento entre a empresa em dificuldade e seus credores, em caráter antecedente ao ajuizamento de pedido de recuperação judicial".

Os incisos acima transcritos não lograram a melhor técnica.

O inciso I genericamente se refere a "disputas entre os sócios e acionistas de sociedade", o que soa com estranheza, porquanto elas muitas vezes vão versar sobre questões que não terão qualquer relação direta ou indireta com as matérias envolvidas no processo de recuperação judicial ou com o sistema de pré-insolvência. Cremos que a melhor exegese é aquela que limita a aplicação dos institutos, do modo que se encontram disciplinados na Lei n. 11.101/2005, a questões societárias que guardem relação com os processos de recuperação judicial ou de recuperação extrajudicial.

Outra situação que desafia melhor compreensão é a referência feita nos incisos I e III, respectivamente, a credores e créditos extraconcursais. Não há na recuperação judicial ou na recuperação extrajudicial um concurso de credores, no sentido técnico do termo, o que se realiza apenas na falência.

Na recuperação judicial e na recuperação extrajudicial ocorrerá a reestruturação dos créditos ou, do ponto de vista do devedor, das suas dívidas. Assim, nelas teremos apenas credores sujeitos e credores não sujeitos a seus efeitos. As terminologias *concursais* e *extraconcursais* somente se alinham tecnicamente com o instituto da falência, embora sua utilização venha sendo difundida na linguagem diária do foro para aqueles dois outros sistemas de insolvência.

Ainda na esfera da ausência do rigor técnico desejado, também é impreciso falar-se em "créditos extraconcursais contra empresas em recuperação judicial" (inciso III), porquanto o crédito se estabelece em face do titular da empresa – o empresário individual ou a sociedade empresária –, o qual é o sujeito de direitos e obrigações. Da mesma forma, não é adequada a alusão a "negociação de dívidas e respectivas formas de pagamento entre a empresa em dificuldade e seus credores" (inciso IV). A mesma imprecisão se verifica no § 1º do art. 20-B, o qual abaixo se comenta.

Na situação preconizada no inciso IV do *caput* do art. 20-B, faculta-se, nos termos do § 1º acima citado, que o devedor – e não a empresa em dificuldade, pois despida de personalidade jurídica – que preencha os requisitos legais para requerer a recuperação judicial postule tutela de urgência de natureza cautelar, perante o juízo do seu principal estabelecimento (art. 3º), na forma da lei processual civil, a fim de que sejam suspensas as execuções contra ele ajuizadas pelo prazo de até sessenta dias. Tal suspensão destina-se a criar um ambiente mais apropriado e que estimule a tentativa de composição com os credores no procedimento de mediação ou de conciliação já instaurado perante o Centro Judiciário de Solução de Conflitos e Cidadania (Cejusc) do Tribunal competente ou da Câmara especializada. Vê-se que a regra, em última análise, visa a propiciar ao devedor a proteção de um *stay period* especial, de natureza cautelar, com dupla função: criar incentivo para o sucesso da autocomposição e servir de medida preparatória para o pedido de recuperação judicial, caso a conciliação ou a mediação não logrem bons resultados. Por tal motivo é que se exige que o devedor demonstre preencher todos os requisitos para postular a recuperação judicial no seu pedido de tutela cautelar, muito embora não esteja ele obrigado a futuramente requerê-la.

Caso o devedor, no entanto, venha a requerer a recuperação judicial, ou mesmo a recuperação extrajudicial, o período de suspensão das ações acima comentado será deduzido do *stay period* do previsto no § 4º do art. 6º da Lei n. 11.101/2005.

Obtido o acordo por meio da conciliação ou da mediação, este deverá ser homologado pelo juízo competente, qual seja, o do local em que esteja situado o principal estabelecimento do devedor. A homologação tem em mira promover maior segurança jurídica para as partes envolvidas na autocomposição.

Com claro propósito de evitar que o procedimento de pré-insolvência seja utilizado de maneira inadequada pelo devedor, prevê a lei, no parágrafo único do art. 20-C, uma condição resolutiva para o acordo ultimado entre o devedor e seus credores sujeitos aos efeitos da recuperação judicial ou da recuperação extrajudicial e devidamente homologado. Assim é que, requerida a recuperação judicial ou a recuperação extrajudicial em até trezentos e sessenta dias contados do acordo firmado durante o período da conciliação ou da mediação pré-processual, o credor terá reconstituídos seus direitos e garantias nas condições originalmente contratadas. O acordo celebrado e homologado nos moldes da Seção II-A do Capítulo II perderá, portanto, a sua eficácia se a condição for implementada, isto é, se ocorrer o ajuizamento de recuperação judicial ou de recuperação extrajudicial durante aquele interregno. Nesse caso, serão deduzidos os valores eventualmente pagos e ressalvados os atos validamente praticados no âmbito dos procedimentos de pré-insolvência.

O prazo de trezentos e sessenta dias deve contar-se da data de cada acordo, como bem estampado no texto legal, e não de sua homologação, embora esta seja indispensável para que esteja sob condição resolutiva, ou seja, para que se encontre amparado pela regra do parágrafo único do art. 20-C.

Com a previsão legal referenciada, obsta-se que o credor que titularize um crédito já individualmente renegociado na fase de pré-insolvência tenha seu crédito sujeito ao risco de uma nova reestruturação no âmbito do processo de recuperação judicial ou de recuperação extrajudicial.

Parece retratar a melhor conclusão o convencimento de que a condição resolutiva somente vai atingir aqueles créditos ainda não extintos. Caso já se tenham créditos extintos, na forma do acordo, quando do ajuizamento do pedido de recuperação judicial ou de recuperação extrajudicial, as extinções serão mantidas, porquanto já integralmente cumpridos os acordos prévios homologados, os quais, dessarte, não se sujeitam ao risco de nova reestruturação.

Após o prazo legal de até trezentos e sessenta dias, em princípio, o devedor estará inteiramente liberado para promover os requerimentos de recuperação judicial ou recuperação extrajudicial considerando os valores e as condições antes acordados. Diz-se em princípio, pois devem ser ressalvadas as hipóteses de abuso do direito, o qual parece estar caracterizado, por exemplo, quando o devedor ajuíza o seu pedido logo em seguida ao vencimento do aludido prazo. As situações de abuso do direito, como curial, devem ser avaliadas caso a caso.

Importante ressaltar que são expressamente vedadas a conciliação e a mediação que versem sobre a natureza jurídica e a classificação de créditos, assim como acerca de matérias de votação na assembleia geral de credores.

Por derradeiro, seguindo a tendência da virtualização, as sessões de conciliação e de mediação aqui tratadas podem, por expressa autorização legal, ser realizadas por meio eletrônico, desde que o Cejusc do Tribunal competente ou da Câmara especializada disponha dos meios necessários.

Seção VII

Insolvência Transnacional ou Transfronteiriça

CAPÍTULO 30

SISTEMA NORMATIVO DA INSOLVÊNCIA TRANSNACIONAL NO BRASIL

1. FINALIDADE, REGRAS, PRINCÍPIOS E FUNCIONALIDADE

A economia globalizada rende inegáveis frutos às empresas, aos consumidores e aos mercados em geral. Gera maior competitividade, elevando as possibilidades de vendas e de acesso a uma variedade de bens, serviços e tecnologias. Mas, por outro lado, as consequências das crises empresariais são mais extensas, reclamando instrumentos capazes de propor soluções adequadas a questões transfronteiriças delas derivadas.

O Brasil estava bastante atrasado em relação ao tratamento da crise das empresas transnacionais, não apresentando estruturação jurídica apta a resolver os inúmeros problemas transfronteiriços que dela resultam. A Lei n. 11.101/2005, na sua versão original, apenas disciplinou a crise em relação às sociedades brasileiras no plano interno, não encarando o desafio que já vinha sendo posto de também regular a insolvência transnacional.

Com o intuito de harmonizar as diferentes legislações de cada país acerca do tratamento da insolvência, respeitando a soberania de cada Estado, a Lei Modelo de Insolvência Transnacional da UNCITRAL – *Cross-Border Insolvency* – foi constituída e apresentada à comunidade internacional em 1997. Os Estados Unidos a incorporaram ao seu ordenamento jurídico interno, no ano de 2005, no capítulo 15 do Código de Insolvência Americano – *US Bankruptcy Code*. A União Europeia, por seu turno, através do Regulamento n. 1.346/00, deu início à adoção da insolvência transfronteiriça, tendo como fonte inspiradora a referida Lei Modelo. Posteriormente foi editado, em 2015, o novo regulamento europeu de insolvência[1].

Somente com a reforma da Lei n. 14.112/2020 é que se quitou o atraso no País, com a inserção de um Capítulo VI-A na Lei n. 11.101/2005 para cuidar da

---

[1] Sérgio Campinho, Márcio Souza Guimarães e Paulo Penalva Santos. A falência transnacional no Projeto de Código Comercial, *Consultor Jurídico*, conjur.com.br, 17.06.2016.

matéria (arts. 167-A a 167-Y), adotando a Lei Modelo da UNCITRAL, com pequenas alterações.

A medida mostra-se indispensável para que se consiga desfrutar de previsibilidade e, portanto, de segurança jurídica para os investimentos, atingindo maior eficiência na administração da insolvência transfronteiriça, com a tutela dos interesses dos credores, dos terceiros interessados e do próprio devedor, a partir da proteção e maximização de seus ativos e da facilitação do financiamento para a superação da crise empresarial. Almeja-se, com a providência, favorecer a recuperação, com a salvaguarda de investimentos e a preservação de empresas. Não sendo factível vencer a crise, promove-se a liquidação de ativos com a otimização da utilização produtiva dos bens e recursos produtivos, inclusive dos intangíveis. O canal aberto para a realização desses objetivos consiste na cooperação entre juízes e autoridades nacionais e estrangeiras competentes para lidar com a insolvência transnacional (art. 167-A, *caput*).

Deverão prevalecer na interpretação das regras constantes do Capítulo VI-A o efetivo e real escopo de cooperação internacional, a uniformidade de sua aplicação e a boa-fé (§ 1º do art. 167-A). A reciprocidade, por seu turno, é a força motriz da colaboração internacional.

É fundamental ter-se em mente que não há uma jurisdição internacional em matéria de insolvência. O instituto da insolvência transfronteiriça concerne à disponibilização de meios e instrumentos que facilitem e concretizem a cooperação internacional entre juízes e autoridades. O juiz brasileiro, portanto, preserva a sua jurisdição, sem prejuízo do dever de colaborar na garantia, através da utilização das ferramentas legais, da efetividade das decisões de juízes estrangeiros proferidas em suas respectivas jurisdições. Essa colaboração respeitará sempre, pois, os limites territoriais de cada atuação.

As medidas de assistência aos processos estrangeiros constantes da Lei n. 11.101/2005 representam um rol meramente exemplificativo, de sorte que não inibem a implementação de outras providências que venham a ser solicitadas, as quais, quando pertinentes, serão deferidas pelo juízo competente ou realizadas diretamente pelo administrador judicial, com a imediata comunicação nos autos do processo correspondente. O juiz somente poderá deixar de aplicar as disposições atinentes ao feixe normativo que perfaz a disciplina da insolvência transnacional em caso de manifesta violação da ordem pública, sendo certo que o representante do Ministério Público intervirá em todos esses processos (§§ 2º, 4º e 5º do art. 167-A). A referência legal a "manifesta ofensa à ordem pública", com efeito, quer sugerir um viés restritivo para a não aplicação. A interpretação é pró cooperação internacional em casos de insolvência transfronteiriça.

Deve-se sempre respeitar e observar a competência do Superior Tribunal de Justiça, quando for o caso, para a homologação da sentença estrangeira e a concessão de *exequa-*

tur às cartas rogatórias, assegurada na alínea *i* do inciso I do art. 105 da Constituição Federal, até porque o pedido de reconhecimento de processo estrangeiro de insolvência não se confunde com as providências reservadas constitucionalmente àquela Corte, uma vez que deferido o pleito de colaboração, haverá a submissão ao ordenamento jurídico nacional de todos os credores e representantes estrangeiros. A homologação de sentença estrangeira visa a garantir a segurança jurídica decorrente das respectivas decisões, que não serão revistas, garantindo-se a observância dos direitos adquiridos no plano externo. Já o *exequatur* almeja conferir eficácia, no plano interno, a certas determinações de execução de atos processuais, como citações e produção de provas.

Em caso de conflito das fontes normativas, a lei brasileira adotou o critério da hierarquia para solucioná-las, preservando a prevalência dos tratados ou convenções internacionais em vigor sobre a legislação interna acerca da insolvência transfronteiriça, desde que, repita-se o que já foi registrado, não conflite com a ordem pública de forma manifesta (§§ 3º e 4º do art. 167-A).

O art. 167-B positiva uma série de novos conceitos a serem observados e que vão orientar a aplicação do novo sistema normativo transfronteiriço. Assim é que será considerado: (a) processo estrangeiro: qualquer processo judicial ou administrativo, de cunho coletivo, inclusive de natureza cautelar, aberto em outro país de acordo com disposições relativas à insolvência nele vigentes, em que os bens e as atividades de um devedor estejam sujeitos a uma autoridade estrangeira, para fins de reorganização ou liquidação; (b) processo estrangeiro principal: qualquer processo estrangeiro aberto no país em que o devedor tenha o centro de seus interesses principais; (c) processo estrangeiro não principal: qualquer processo estrangeiro que não seja um processo estrangeiro principal, aberto em um país em que o devedor tenha estabelecimento ou bens; (d) representante estrangeiro: pessoa ou órgão, inclusive o nomeado em caráter transitório, que esteja autorizado, no processo estrangeiro, a administrar os bens ou as atividades do devedor, ou a atuar como representante do processo estrangeiro; (e) autoridade estrangeira: juiz ou autoridade administrativa que dirija ou supervisione um processo estrangeiro; e (f) estabelecimento: qualquer local de operações em que o devedor desenvolva uma atividade econômica não transitória com o emprego de recursos humanos e de bens ou serviços.

É interessante notar que a definição de representante estrangeiro e as suas competências de atuação, quando transportadas para o direito brasileiro, vão corresponder, na falência, ao administrador judicial, e, na recuperação judicial e na recuperação extrajudicial, ao próprio devedor, conforme se infere do art. 167-E. Na hipótese de falência, poderá o juiz, em caso de omissão do administrador judicial, autorizar terceiro a funcionar como representante do processo brasileiro.

O art. 167-C define o escopo de aplicação da disciplina concernente à insolvência transfronteiriça. Dessarte, será ela observada nos casos em que: (a) a autoridade estrangeira ou o representante estrangeiro solicita assistência no Brasil para um processo estrangeiro; (b) a assistência relacionada a um processo disciplinado pela Lei n. 11.101/2005 é pleiteada em um país estrangeiro; (c) o processo estrangeiro e o processo disciplinado pela Lei n. 11.101/2005 relativos ao mesmo devedor encontram-se em curso simultaneamente; (d) os credores ou outras partes interessadas, de outro país, têm interesse em requerer a abertura de um processo disciplinado pela Lei n. 11.101/2005, ou dele participar. Como se pode facilmente perceber, o dispositivo normativo define taxativamente os limites de aplicação, a qual se deve concretizar, segundo os cânones de exegese, de modo restritivo. A providência limita, pois, a utilização do Capítulo VI-A introduzido àquelas situações no preceito definidas, grifando a excepcionalidade de sua incidência.

Consoante destacamos parágrafos acima, a reciprocidade deve orientar a colaboração internacional, sendo um de seus alicerces. Mas, com efeito, a falta de reciprocidade não se configura como um óbice à aplicação do sistema normativo da insolvência transfronteiriça no Brasil. Não vem configurada como um limitador pelo art. 167-C, no que, aliás, segue a Lei Modelo da UNCITRAL que lhe serviu de espelho.

2. JUÍZO COMPETENTE

O mesmo critério de competência adotado para homologar o plano da recuperação extrajudicial, deferir a recuperação judicial ou decretar a falência é aplicado para os casos de insolvência transfronteiriça: o juízo do local do principal estabelecimento do devedor no Brasil. Ele, portanto, será o competente para o reconhecimento de processo estrangeiro e para a cooperação com a autoridade estrangeira (art. 167-D). Sobre o conceito de principal estabelecimento, para evitar repetições, reportamo-nos ao item 1 do Capítulo 3.

A distribuição de pedido de reconhecimento do processo estrangeiro gera a prevenção da jurisdição para qualquer outro pedido de recuperação judicial, de recuperação extrajudicial ou de falência em relação ao mesmo devedor, assim como a distribuição do pedido relativo a qualquer um daqueles feitos previne a jurisdição para qualquer pedido de reconhecimento de processo estrangeiro concernente ao devedor.

As regras de competência visam a melhor ordenar a cooperação direta entre juízes para fins de reconhecimento de processos estrangeiros e deferimentos de providências e medidas de assistência e proteção.

O conceito de Centro de Interesses Principais – CIP não coincide com o de principal estabelecimento, no qual sobressai a expressão econômica para a sua caracterização.

Na noção de CIP, prevalece o local no qual o devedor conduz a administração do seu negócio, de suas operações, sendo assim percebido pelos terceiros que com ele interagem, não traduzindo uma simples filial, sucursal ou unidade de produção. Salvo prova em contrário, presume-se como tal o domicílio do devedor empresário individual e a sede contratual ou estatutária das sociedades devedoras (inciso III do art. 167-I). O CIP é relevante, como se viu no item anterior, para definir o processo estrangeiro principal.

3. ACESSO À JURISDIÇÃO BRASILEIRA

A legitimação para postular diretamente a um juiz brasileiro no sistema de insolvência transnacional cabe ao representante estrangeiro. A sua atuação pode se dar por meio de um pedido de reconhecimento de processo estrangeiro no Brasil ou através de cooperação direta ou indireta. Incumbe ao juiz nacional determinar a comprovação de sua qualidade, quando já não acompanhar o seu pedido formulado. Isto porque os legitimados para agirem na condição de representante estrangeiro não vêm definidos, por lógico, na Lei n. 11.101/2005, mas sim pela lei do país de origem do representante.

As decisões proferidas pelo juiz brasileiro estarão circunscritas aos limites do pedido formulado, razão pela qual, a teor do disposto no § 1º do art. 167-F, não sujeitarão, para além daquelas fronteiras, o representante estrangeiro nem o devedor, seus bens e atividades à jurisdição brasileira, confirmando, desse modo, a prevalência do princípio da territorialidade.

Uma vez reconhecido o processo estrangeiro, fica o representante estrangeiro autorizado a: (a) ajuizar pedido de falência do devedor, desde que observados os requisitos dos incisos I, II e III do art. 94 e preenchidos os demais pressupostos e condições estabelecidos na Lei n. 11.101/2005; (b) participar de um processo de recuperação judicial, recuperação extrajudicial ou falência do mesmo devedor em curso no Brasil; (c) intervir em qualquer processo em que o devedor seja parte, atendidas as exigências do ordenamento jurídico brasileiro (§ 2º do art. 167-F).

Os credores estrangeiros e os que titularizam créditos exigíveis no exterior têm os mesmos direitos conferidos aos credores nacionais e aos que titularizam créditos exigíveis no Brasil nos processos de recuperação judicial, recuperação extrajudicial e falência. Devem, pois, receber idêntico tratamento, mas sempre respeitada a ordem de prelação estabelecida na Lei n. 11.101/2005, impondo-se, no entanto, observar o seguinte: (a) os créditos estrangeiros de natureza tributária e previdenciária, bem como as penas pecuniárias por infração de leis penais ou administrativas, inclusive as multas tributárias devidas a Estados estrangeiros, não serão considerados nos processos de recuperação judicial e serão classificados como créditos subordinados nos processos de falência, independentemente de sua classificação nos países em que foram constituídos; (b) o crédito do representante estrangeiro será equiparado ao do administrador judicial nos casos em que fizer jus a remuneração, exceto quando for o próprio devedor ou seu representante; (c) os créditos que não tiverem correspondência com a classificação prevista na Lei n. 11.101/2005 serão classificados como quirografários, independentemente da classificação atribuída pela lei do país em que foram constituídos (art. 167-G, *caput* e § 1º).

Em função desse arranjo da lei especial, não se justifica exigir, na forma do art. 83 do Código de Processo Civil, a prestação de caução.

4. RECONHECIMENTO DE PROCESSO ESTRANGEIRO E SEUS EFEITOS

A Seção III do Capítulo VI-A (arts. 167-H a 167-O) cuida de disciplinar o procedimento para o reconhecimento de processos estrangeiros, o qual deverá ser requerido ao juízo nacional competente para os processos regidos pela Lei n. 11.101/2005.

O pedido de reconhecimento do processo estrangeiro, ajuizado pelo representante estrangeiro, tem natureza de ação autônoma. A petição inicial, que observará, no que for compatível, o art. 319 do Código de Processo Civil, deve ser acompanhada dos seguintes documentos essenciais: (a) cópia apostilada da decisão que determine a abertura do processo estrangeiro e nomeie o representante estrangeiro; (b) certidão apostilada expedida pela autoridade estrangeira que ateste a existência do processo estrangeiro e a nomeação do representante estrangeiro; ou (c) qualquer outro documento emitido por autoridade estrangeira que permita ao juiz atingir plena convicção da existência do processo estrangeiro e da identificação do representante estrangeiro. Deve, ainda, instruir o pedido a relação de todos os processos estrangeiros relativos ao devedor que sejam conhecidos pelo representante estrangeiro. Os documentos redigidos em língua estrangeira devem ser acompanhados de tradução oficial para o vernáculo. Faculta-se, entretanto, ao juiz dispensar a tradução oficial, valendo-se, sem prejuízo para os credores, de tradução simples, mediante requerimento do advogado que a deve declarar, sob a sua responsabilidade pessoal, fiel e autêntica (art. 167-H).

O art. 167-I flexibiliza o procedimento de reconhecimento do processo estrangeiro, conferindo ao juiz certa margem de discricionariedade. Assim é que autoriza o reconhecimento da existência do processo estrangeiro e a identificação do representante estrangeiro a partir da decisão ou da certificação referidas nos itens (a) e (b) do parágrafo anterior que o indicarem como tal, dispensando, assim, que sejam apostilados. Pode, outrossim, considerar autênticos os documentos juntados com a petição inicial, ainda que não apostilados. Mas, para esse fim, é indispensável que a decisão venha devidamente fundamentada e não seja capaz de causar qualquer tipo de prejuízo aos credores. Prestigiam-se com a permissão legal os princípios da instrumentalidade das formas e da economia processual.

A apostila consiste no documento que certifica a origem do documento público, reconhecendo a autenticidade da assinatura da pessoa ou autoridade que o subscreveu ou carimbou, assim como a sua competência para realizar o ato. Surge do apostilamento, que permite o reconhecimento mútuo de documentos brasileiros no exterior e de documentos estrangeiros no Brasil, mecanismo previsto na Convenção da Haia, da qual o Brasil é signatário. A apostila traduz, assim, certificado de autenticidade emitido por países signatários da aludida Convenção.

O reconhecimento do processo estrangeiro, nos termos sistematizados e sintetizados no art. 167-J, dar-se-á quando cumpridos os seguintes requisitos: (a) o processo enquadrar-se na definição legal de processo estrangeiro constante do inciso I do art. 167-B, ou seja, ser processo judicial ou administrativo de cunho coletivo, inclusive de natureza cautelar, aberto em outro país de acordo com disposições relativas à insolvência nele vigentes, em que os bens e as atividades de um devedor estejam sujeitos a uma autoridade estrangeira, para fins de reorganização ou liquidação; (b) o pedido observar as exigências estatuídas no art. 167-H, analisadas nos dois parágrafos acima, considerada, portanto, a flexibilização contemplada no art. 167-I; (c) o representante que tiver requerido o reconhecimento do processo encaixar-se na definição de representante estrangeiro constante no inciso IV do art. 167-B, isto é, ser pessoa ou órgão, inclusive o nomeado em caráter transitório, que esteja autorizado, no processo estrangeiro, a administrar os bens ou as atividades do devedor, ou a atuar como representante do processo estrangeiro; (d) o pedido tiver sido dirigido ao juiz na forma do disposto do art. 167-D, ou seja, ao juízo do local do principal estabelecimento do devedor no Brasil, ou ao juízo prevento por distribuição de pedido de recuperação judicial, de recuperação extrajudicial, ou de falência relativo ao devedor.

Indispensável anotar a ressalva, já verificada em outras passagens, de que o juiz somente deixará de proceder ao reconhecimento nas hipóteses de ofensa manifesta à ordem pública, as quais se deve restritivamente interpretar.

Satisfeitos os requisitos alinhados e, portanto, acolhido o pedido de reconhecimento de processo estrangeiro, este deve ser reconhecido como principal ou não principal, também nominado de secundário, auxiliar ou acessório.

Principal será aquele que tramitar na jurisdição em que está localizado o centro de interesses principais – CIP do devedor. A noção de CIP já foi analisada no item 2 deste Capítulo, sendo de ressaltar existir a presunção relativa em favor do local de registro da sociedade, o que foi apropriado pela lei brasileira no inciso III do art. 167-I, ao dispor que, salvo prova em contrário, o país onde se localiza o domicílio do devedor empresário individual ou o país do local da sede contratual ou estatutária da sociedade será reconhecido pelo juiz como seu centro de interesses principais. Não principal, portanto, será o processo que não se classificar como principal. Nutre, pois, um caráter residual, bastando para caracterizá-lo que tenha sido aberto em localidade em que o devedor tenha bens ou estabelecimento não principal e não transitório.

O processo estrangeiro, no entanto, será reconhecido como secundário se o CIP do devedor tiver sido transferido ou, de outra forma, manipulado com o objetivo de deslocar para outro Estado a competência jurisdicional para abertura do processo. A regra do § 2º do art. 167-J tem por escopo combater as condutas temerárias, despidas da boa-fé exigida, impedindo que o devedor manipule, mediante qualquer artifício fraudulento, o processo, movimentando o seu CIP com o fim de escolher a jurisdição que melhor lhe aprouver, em prejuízo dos credores e de terceiros interessados. Conferir maior estabilidade e segurança jurídica para os credores e terceiros interessados é a finalidade da regra, combatendo o *forum shopping*, obstando que o devedor altere artificialmente o local do seu centro de interesses principais, em busca de uma legislação ou jurisdição que lhe seja mais favorável. Objetiva-se, em última análise, assegurar a proteção da confiança e da legítima expectativa dos credores, os quais, ao fazerem os cálculos dos custos de transação, consideram os eventuais impactos de uma insolvência transfronteiriça, tendo em consideração a lei aplicável ao processo principal.

A decisão de reconhecimento do processo estrangeiro nutre caráter precário. Pode, dessarte, ser modificada ou revogada, a qualquer momento, a pedido de qualquer parte interessada, havendo elementos comprobatórios que demonstrem que os requisitos para o reconhecimento foram descumpridos, no todo ou em parte, ou deixaram de existir. Da decisão que acolher o pedido de reconhecimento cabe agravo de instrumento, e da sentença que o julgar improcedente cabe apelação (§§ 3º e 4º do art. 167-J).

O representante estrangeiro, após o pedido de reconhecimento do processo estrangeiro, tem o dever de prontamente informar ao juiz sobre qualquer modificação significativa no estado do processo estrangeiro reconhecido ou no estado de sua nomeação como representante estrangeiro, assim como a respeito de qualquer outro processo estrangeiro relativo ao mesmo devedor de que venha a ter conhecimento (art. 167-K). A imposição deriva da necessidade de coordenação internacional dos processos de insolvência transfronteiriça, a partir da fidelidade das informações que devem ser compartilhadas. A lei, entretanto, olvidou-se de impor uma sanção expressa para o caso de descumprimento desse dever de informar.

Também após o ajuizamento do pedido de reconhecimento do processo estrangeiro, mas sempre antes da decisão sobre o pedido respectivo, o juiz está autorizado a conceder liminarmente as medidas de tutela provisória, fundadas na urgência ou na evidência, sempre que necessárias ao cumprimento do sistema normativo da insolvência transfronteiriça, à proteção da massa falida ou à eficiência da administração dos processos. Incumbe-lhe, entretanto, indeferir as medidas que tenham o condão de interferir na administração do processo estrangeiro principal, ou quando a sua concessão possa pôr em risco o interesse dos credores, do devedor e de terceiros interessados. As medidas de natureza provisória são automaticamente encerradas diante da decisão sobre o pedido de reconhecimento do processo estrangeiro, salvo quando forem convertidas em medidas definitivas (arts. 167-L e 167-O).

Do reconhecimento do processo estrangeiro principal decorrem automaticamente os seguintes efeitos: (a) a suspensão do curso de quaisquer processos de execução ou de quaisquer outras medidas individualmente tomadas por credores relativas ao patrimônio do devedor; (b) a suspensão do curso da prescrição de quaisquer execuções judiciais contra o devedor; (c) a ineficácia de transferência, de oneração ou de qualquer forma de disposição de bens do ativo não circulante do devedor realizadas sem prévia autorização judicial (art. 167-M, *caput*).

Outras hipóteses específicas sobre a extensão, a modificação ou a concessão dos efeitos acima indicados poderão ser consideradas desde que subordinadas ao disposto na Lei n. 11.101/2005 (§ 1º, art. 167-M). Inclusive podem ser adotadas pelo juiz no caso de reconhecimento do processo estrangeiro como secundário. O fato de os aludidos efeitos se projetarem automaticamente na situação de reconhecimento do processo como principal não elide a possibilidade de o juiz, à luz do caso concreto, adotá-los no processo não principal, sempre por decisão fundamentada, observando o binômio necessidade-utilidade para o deferimento da providência, amparada no dever de cooperação.

O *caput* do art. 167-N, por seu turno, prevê, em listagem meramente exemplificativa, as medidas que podem ser ordenadas pelo juiz com a decisão de reconhecimento do processo estrangeiro principal ou secundário, desde que requeridas pelo representante estrangeiro e necessárias à proteção dos bens do devedor e no interesse dos credores, a saber: (a) a ineficácia de transferência, de oneração ou de qualquer forma de disposição de bens do ativo não circulante do devedor realizadas sem prévia autorização judicial, caso não tenham decorrido automaticamente do reconhecimento; (b) a oitiva de testemunhas, a colheita de provas ou o fornecimento de informações relativas a bens, a direitos, a obrigações, à responsabilidade e à atividade do devedor; (c) a autorização do representante estrangeiro ou de outra pessoa para administrar e/ou realizar o ativo do devedor, no todo ou em parte, localizado no Brasil; (d) a conversão, em definitivo, de qualquer medida de assistência provisória concedida anteriormente; (e) a concessão de qualquer outra medida que seja necessária.

Tal qual se tem nos processos de falência e recuperação judicial, na insolvência transfronteiriça os credores conservam o direito de ajuizar e de prosseguir nas ações judiciais ou em procedimentos arbitrais que objetivem a condenação do devedor ou o reconhecimento ou a liquidação de seus créditos. Em qualquer hipótese, porém, as medidas de caráter executório devem permanecer suspensas.

Nenhum dos efeitos e providências aqui tratados, por outro lado, pode afetar, senão nos estritos limites permitidos pela Lei n. 11.101/2005, os credores que não estejam sujeitos aos processos de recuperação judicial, recuperação extrajudicial ou falência.

No pressuposto de que todas aquelas medidas tratadas acima, assentadas nos arts. 167-L e 167-N, integram um rol meramente exemplificativo, a decisão judicial de sua concessão, denegação, modificação ou revogação, deverá estar fundada no legítimo interesse dos credores, do devedor e dos terceiros interessados, os quais, assim, devem ser adequadamente protegidos, sendo lícito ao juiz condicionar a concessão das medidas ao atendimento de certas exigências que considere apropriadas. De ofício, ou mediante requerimento do representante estrangeiro ou de qualquer interessado, pode proceder à modificação, à adequação ou à revogação das medidas concedidas, quando deixarem de atender aos interesses acima identificados ou perderem sua utilidade para o processo (art. 167-O, *caput* e §§ 1º e 2º).

Reconhecido o processo estrangeiro, principal ou não principal, o representante estrangeiro pode propor medidas com o objetivo de obter a declaração de ineficácia de atos praticados, nos termos do art. 129 da Lei, excepcionando aqueles previstos e realizados na forma do plano de recuperação judicial ou do plano de recuperação extrajudicial, consoante o disposto no art. 131. Em se tratando de processo estrangeiro secundário, a ineficácia dependerá da verificação, pelo magistrado, de que, de acordo com a lei brasileira, os bens estejam submetidos à disciplina aplicável ao processo estrangeiro não principal. Nada impede, outrossim, que seja ajuizada ação revocatória em relação aos atos com a intenção de prejudicar credores, provando-se a fraude perpetrada entre o devedor e o terceiro que com ele contratar, além do efetivo prejuízo experimentado pela massa falida, na forma do art. 130 (§§ 3º e 4º do art. 167-O).

5. COOPERAÇÃO DIRETA E INDIRETA

A cooperação relativa aos processos estrangeiros poderá se realizar de forma direta ou indireta. A primeira é aquela diretamente implementada pelo juiz; a segunda é aquela que se perfaz por intermédio do administrador judicial, sob a supervisão do magistrado. Em quaisquer dos casos, deve-se fazer na maior extensão possível com os representantes estrangeiros ou com as autoridades estrangeiras, visando a melhor realizar os objetivos declarados no art. 167-A. O juiz promoverá essa comunicação direta sem a necessidade de maiores formalismos, com a expedição de carta rogatória, por exemplo (art. 167-P). O procedimento cooperativo será, portanto, flexível, em função da urgência da prática do ato visado, para que se alcance a eficiência almejada nas hipóteses de comunicação internacional.

No cumprimento deste desiderato, o art. 167-Q prevê, de modo tão somente exemplificativo, esquemas de cooperação internacional entre juízes e outras autoridades, tais como: (a) a nomeação de uma pessoa, natural ou jurídica, para agir sob a supervisão do juiz; (b) a comunicação de informações por quaisquer meios considerados apropriados pelo juiz; (c) a coordenação da administração e da supervisão dos bens e das atividades do devedor; (d) a aprovação ou implementação, pelo juiz, de acordos ou de protocolos de cooperação para a coordenação dos processos judiciais; e (e) a coordenação de processos concorrentes relativos ao mesmo devedor. Vê-se, desse modo, que caberá ao magistrado avaliar, caso a caso, qual a melhor medida a ser utilizada para a realização do fim colimado.

6. PROCESSOS CONCORRENTES

A partir do reconhecimento de um processo estrangeiro principal, apenas se poderá dar início, no Brasil, a um processo de recuperação judicial, de recuperação extrajudicial ou de falência se o devedor possuir bens ou estabelecimento no país (art. 167-R). Verificada a hipótese, ter-se-á a figura dos processos concorrentes: processo estrangeiro e processo nacional relativos ao mesmo devedor. Em princípio, os efeitos do processo brasileiro devem ficar restritos aos bens e ao estabelecimento do devedor no país localizados. Excepcionalmente, admite-se que a jurisdição se estenda a bens não situados no mesmo território, como meio de se atingirem a cooperação e a coordenação dos processos, não se permitindo, em qualquer situação, a sobreposição de atuações.

No caso de curso simultâneo de um processo estrangeiro com um processo brasileiro, a cooperação e a coordenação entre os juízos deverão realizar-se em atenção ao ordenamento jurídico nacional. O art. 167-S traça o vetor que deve ser seguido, sem que do fato resulte, reafirme-se, qualquer grau de subordinação.

Se o processo brasileiro já estiver em curso quando do ajuizamento do pedido de reconhecimento do processo estrangeiro, qualquer medida de assistência (arts. 167-L ou 167-N) deve ser compatível com o processo nacional, e os efeitos automáticos constantes do art. 167-M não serão aplicáveis caso o processo estrangeiro seja reconhecido como principal. Isto porque os efeitos são decorrentes da legislação do país no qual tiver curso o processo principal.

Já se o processo brasileiro for ajuizado após o reconhecimento do processo estrangeiro ou após o ajuizamento do pedido de seu reconhecimento, todas as medidas de assistência concedidas (art. 167-L ou art. 167-N) devem ser revistas pelo juiz e modificadas ou revogadas se forem incompatíveis com processo brasileiro. Os efeitos constantes do art. 167-M serão modificados ou cessados se incompatíveis com os demais dispositivos da Lei n. 11.101/2005, quando o processo estrangeiro for reconhecido como principal.

Qualquer medida de assistência a um processo estrangeiro secundário deverá ficar restrita a bens e ao estabelecimento do devedor situados no Brasil, e deve ser deferida em consonância com o ordenamento jurídico nacional e se submeter à disciplina aplicável ao processo estrangeiro não principal, ou a informações nele exigidas.

Existindo mais de um processo estrangeiro relativo ao mesmo devedor, o juiz deverá cooperar de forma direta ou por intermédio do administrador judicial, e na máxima extensão possível, com as autoridades estrangeiras ou com os representantes estrangeiros, podendo a cooperação e a coordenação materializarem-se por quaisquer medidas e providências julgadas mais adequadas ao caso concreto. Porém, deverá sempre observar: (a) qualquer medida concedida ao representante de um processo estrangeiro não principal após o reconhecimento de um processo estrangeiro principal deve ser compatível com este último; (b) se um processo estrangeiro principal for reconhecido após o reconhecimento ou o pedido de reconhecimento de um processo estrangeiro não principal, qualquer medida concedida nos termos dos arts. 167-L ou 167-N deverá ser revista pelo juiz, que a modificará ou a revogará se for incompatível com o processo estrangeiro principal; (c) se, após o reconhecimento de um processo estrangeiro não principal, outro processo estrangeiro não principal for reconhecido, o juiz poderá, com a finalidade de facilitar a coordenação dos processos, conceder, modificar ou revogar qualquer medida antes deferida (art. 167-T).

A sistemática preconizada volta-se para garantir as finalidades da disciplina da insolvência transfronteiriça, consistente em conferir efetividade à cooperação internacional, mediante a eficiente coordenação dos processos, evitando choques e conflitos. Somente assim se vão atingir os melhores resultados na reestruturação da empresa global em crise ou, no caso de falência, na proteção e na maximização do valor dos ativos do devedor insolvente, inclusive dos intangíveis.

O art. 167-U preconiza uma presunção relativa de insolvência do devedor cujo processo estrangeiro principal tenha sido reconhecido no Brasil. Por ser uma presunção relativa e não absoluta, é indispensável que se observem os pressupostos e requisitos da Lei n. 11.101/2005 para que a falência se caracterize e seja decretada. Em outras palavras, mesmo que o devedor tenha a sua falência aberta em outro país e mesmo que a justiça brasileira tenha reconhecido o processo estrangeiro como principal, a sua falência no Brasil somente será decretada se observados os pressupostos e requisitos da lei brasileira. Por isso, o representante estrangeiro e os credores, além do próprio devedor, poderão requerer a falência deste devedor desde que caracterizada nos termos da Lei n. 11.101/2005, notadamente à luz do disposto nos arts. 94 e 105.

Ao juízo falimentar responsável pelo processo estrangeiro secundário, impõe-se prestar ao juízo principal, em concretização do dever de cooperação entre as jurisdições e em respeito ao princípio da transparência, as informações por ele julgadas relevantes. O art. 167-V elenca aquelas consideradas por lei como essenciais e que, portanto, devem integrar o fluxo de informações, a saber: (a) valor dos bens arrecadados e do passivo; (b) valor dos créditos admitidos e sua classificação; (c) classificação, segundo a lei nacional, dos credores não domiciliados ou sediados nos países titulares de créditos sujeitos à lei estrangeira; (d) relação de ações judiciais em curso de que seja parte o falido, como autor, réu ou interessado; (e) ocorrência do término da liquidação e o saldo, credor ou devedor, bem como eventual ativo remanescente.

O complexo de informações que devem ser transmitidas, no âmbito dos processos de insolvência transfronteiriça, para o juízo responsável pelo processo principal tem por finalidade municiá-lo de forma adequada para tomar decisões e formular os pedidos de assistência. Também são elas úteis aos credores e liquidantes para pautarem as suas ações.

Um dos objetivos da insolvência transnacional é o de realizar as pretensões dos credores de recebimento dos seus créditos, proteção que se estende a credores nacionais e estrangeiros com créditos exigíveis no Brasil ou no exterior. Afinal, esta é a meta de qualquer processo concursal: realizar a satisfação dos créditos do modo mais eficiente possível, minimizando ao máximo as perdas dos credores. Por isso é que a lei prevê que no processo falimentar transnacional, seja ele principal ou secundário, nenhum ativo que remanescer da liquidação deverá ser entregue ao devedor se ainda existir passivo a ser satisfeito em qualquer outro processo falimentar transfronteiriço relativo a esse devedor (art. 167-W), e que o processo reconhecido como principal só poderá ser extinto após o encerramento dos processos não principais ou mediante a constatação de que neles – nos processos secundários – inexiste ativo remanescente (art. 167-X). Essas regras asseguram a utilidade dos processos de insolvência transnacional.

Em arremate, preocupa-se a lei em preservar no regime da insolvência transfronteiriça a observância do princípio da *par conditio creditorum*, que visa a garantir o tratamento paritário entre os credores de uma mesma classe, configurando, pois, princípio *mater* em matéria de direito concursal. Dessa forma, dispõe o art. 167-Y que, sem embargo dos direitos sobre bens ou decorrentes de garantias reais, o credor que tiver recebido pagamento parcial de seu crédito em um processo de insolvência no exterior não pode ser pago pelo mesmo crédito em processo de insolvência no Brasil enquanto os pagamentos aos credores da mesma classe forem proporcionalmente inferiores ao valor já recebido no exterior. O credor titular de crédito estrangeiro, em última análise, não participa dos rateios no processo brasileiro enquanto os credores titulares de créditos nacionais, da mesma classe, não receberem idêntico valor.

Referências

ABRÃO, Nelson. *Curso de direito falimentar*. São Paulo: Saraiva, 1978.

ALVAREZ, Walter T. *Direito falimentar*. São Paulo: Sugestões Literárias S/A, 1960. v. I.

ASSIS, Araken de. *Manual da execução*. 11. ed. São Paulo: Revista dos Tribunais, 2007.

ÁVILA, Humberto. *Teoria dos princípios – da definição à aplicação dos princípios jurídicos*. 4. ed. 3. tir. São Paulo: Malheiros Editores, 2005.

AYOUB, Luiz Roberto; CAVALLI, Cássio. *A construção jurisprudencial da recuperação judicial de empresas*. Rio de Janeiro: Forense, 2013.

BALEEIRO, Aliomar. Atualizado por DERZI, Misabel Abreu Machado. *Direito tributário brasileiro*. 11. ed. Rio de Janeiro: Forense, 2003.

BEDRAN, Elias. *Falências e concordatas no direito brasileiro*. Rio de Janeiro: Alba, 1962.

BESSONE, Darcy. *Instituições de direito falimentar*. São Paulo: Saraiva, 1995.

BEZERRA FILHO, Manoel Justino. *Lei de Recuperação de Empresas e Falências*. 11. ed. São Paulo: Revista dos Tribunais, 2016.

_____. *Lei de Recuperação de Empresas e Falência*. 15. ed. São Paulo: Thomson Reuters, 2021.

BONELLI, Gustavo. *Del fallimento*. Milão: Casa Editrice Dott. Francesco Vallardi, 1923.

BONNARD, Jérôme. *Droit des entreprises en difficulté*. 2. ed. Paris: Hachette Supérieur, 2003.

BORGES, João Eunápio. *Curso de direito comercial terrestre*. 5. ed. Rio de Janeiro: Forense, 1991.

_____. Protesto cambial – abusos e preconceitos. *Revista Forense*, n. 124.

BOTTALLO, Eduardo D. Reflexões sobre o processo de execução fiscal na Constituição de 1988. *Revista de Direito Tributário* n. 66. São Paulo: Malheiros.

BREUER, Wolfgang. *Insolvenzrecht*. 2. ed. Munique: Beck, 2003.

BUENO, Cássio Scarpinella. *Curso sistematizado de direito processual civil*. São Paulo: Saraiva, 2012, v. 2, tomo I.

CÂMARA, Alexandre Freitas. *O novo processo civil brasileiro*. 2. ed. e 3. ed. São Paulo: Atlas, 2016 e 2017.

CAMPINHO, Amaury. *Manual de falência e concordata*. 8. ed. Rio de Janeiro: Lumen Juris, 2002.

CAMPINHO, Sérgio. *Curso de direito comercial:* direito de empresa. 20. ed. São Paulo: Saraiva, 2024.

_____. *Curso de direito comercial:* direito de empresa. 14. ed. São Paulo: Saraiva, 2016.

_____. *Curso de direito comercial:* sociedade anônima. 8. ed. São Paulo: Saraiva, 2024.

_____. *Curso de direito comercial:* sociedade anônima. 5. ed. São Paulo: Saraiva, 2020.

_____. A preservação da empresa na falência. *In*: WAISBERG, Ivo; RIBEIRO, José Horácio Halfeld Rezende (Org.). *Temas de direito da insolvência*. São Paulo: IASP, 2017, p. 1.019-1.031.

_____. Recuperação judicial. Associação com finalidade econômica. *In: Estudos e pareceres*. Rio de Janeiro: Processo, 2021, p. 113-145.

_____. Recuperação judicial. Garantias reais e pessoais: Substituição, redução e supressão. *In: Estudos e pareceres*. Rio de Janeiro: Processo, 2021, p. 187-222.

CANDIAN, Aurélio. *Il processo di fallimento*. Padova: CEDAM, 1934.

CARNEIRO, Paulo Cezar Pinheiro; PINHO, Humberto Dalla Bernardina de (coords.) e outros. *Novo Código de Processo Civil:* anotado e comparado: Lei n. 13.105, de 16 de março de 2015. Rio de Janeiro: Forense, 2015.

CARVALHO, Paulo de Barros. *Curso de direito tributário*. 8. ed. São Paulo: Saraiva, 1996.

CARVALHO NETO, Antonio Manuel. *Tratado das defesas falimentares*. São Paulo: Ática, 1967.

CEREZETTI, Sheila C. Neder. Grupos de sociedades e recuperação judicial: O indispensável encontro entre direitos societário, processual e concursal. *In*: Flávio Luiz Yarshell; Guilherme Setoguti J. Pereira (Coords.). *Processo societário*. São Paulo: Quartier Latin, 2015, v. II.

COELHO, Fábio Ulhoa. *Curso de direito comercial*. 6. ed. São Paulo: Saraiva, 2002. v. I, II e III.

_____. *Comentários à nova Lei de Falências e de Recuperação de Empresas (Lei n. 11.101, de 9-2-2005)*. 4. ed. São Paulo: Saraiva, 2007.

_____. *Comentários à Lei de Falências e de Recuperação de Empresas*. 14. ed. São Paulo: Thomson Reuters, 2021.

COÊLHO, Sacha Calmon Navarro. *Curso de direito tributário brasileiro*. 6. ed. Rio de Janeiro: Forense, 2003.

COMPARATO, Fábio Konder. Falência – legitimidade da Fazenda Pública para requerê-la. *Revista dos Tribunais*, São Paulo, n. 442.

COSTA, Daniel Carnio; MELO, Alexandre Correa Nasser de. *Comentários à Lei de Recuperação de Empresas e Falência*. Curitiba: Juruá, 2021.

DUARTE, Henrique Vaz. *Questões sobre recuperação e falência*. 2. ed. Coimbra: Almedina, 2004.

ELKIN, Judith. Lifting the Veil and Finding the Pot of Gold: Piercing the Corporate Veil and Substantive Consolidation in the United States. *Texas Journal of Business Law*. Texas, v. 45, n. 3, Fall 2013.

ESTRELLA, Hernani. Duplicata não aceita é título inábil para decretação da falência. *Revista Forense*, n. 237.

FARIA, Bento de. *Direito comercial*. Rio de Janeiro: A. Coelho Branco F.º, 1948.

FERRARA, Francesco. *Il fallimento*. Milão: Athenaeun, 1956.

FERREIRA, Waldemar. *Instituições de direito comercial*. São Paulo: Livraria Editora Freitas Bastos, 1946. v. IV.

_____. *Tratado de direito comercial brasileiro*. São Paulo: Livraria Editora Freitas Bastos, 1965. v. XV.

FUX, Luiz. *Curso de direito processual civil*. Rio de Janeiro: Forense, 2001.

GARCÍA, Ricardo Olivera; SANZ, Laura Chalar. La Ley Uruguaya de Concursos y Reorganización Empresarial. *In:* GARCÍA, Ricardo Olivera (coord.). *Panorama de derecho concursal*: estudios sobre la Ley n. 18.387. Montevideo: Fundación de Cultura Universitaria, 2015.

GUYON, Yves. *Droit des affaires*. 9. ed. Paris: Ed. Economica, 2003.

HÄSEMEYER, Ludwig. *Insolvenzrecht*. 3. ed. rev. e atual. Köln, Berlin, Bonn, München: Heymanns, 2003.

LACERDA, Sampaio de. *Manual de direito falimentar*. 12. ed. Rio de Janeiro: Livraria Editora Freitas Bastos, 1985.

LEONEL, Jayme. *Da ação revocatória no direito da falência*. 2. ed. São Paulo: Saraiva, 1951.

LOBO, Jorge. *Direito concursal*. 2. ed. Rio de Janeiro: Forense, 1998.

_____. *Comentários à Lei de Recuperação de Empresas e Falência* (coords. Paulo Fernando Campos Salles de Toledo e Carlos Henrique Abrão). 3. ed. São Paulo: Saraiva, 2009.

MARQUES, José Frederico. *Manual de direito processual civil*. São Paulo: Saraiva, 1974.

MAXIMILIANO, Carlos. *Hermenêutica e aplicação do direito*. 19. ed. Rio de Janeiro: Forense, 2007.

MENDES, Otávio. *Falências e concordatas*. São Paulo: Saraiva & Cia. Editores, 1930.

MENDONÇA, J. X. Carvalho de. *Tratado de direito comercial brasileiro*. 4. ed. Rio de Janeiro: Livraria Editora Freitas Bastos, 1946. v. VII e VIII.

MIRANDA, Pontes de. *Tratado de direito privado*. Rio de Janeiro: Editora Borsoi, 1960. v. XXIX.

_____. *Ação de decretação de abertura de falência*. São Paulo: Revista dos Tribunais, n. 446.

MONTEIRO, Washington de Barros. *Curso de direito civil*. 29. ed. São Paulo: Saraiva, 1994. v. VI.

MOTA, Pedro Vieira. *Sustação do protesto cambial*. 7. ed. São Paulo: Saraiva, 1990.

NAVARRINI, Umberto. *Trattato teórico-pratico di diritto commerciale*. Torino: Fratelli Bocca Editori, 1921.

OLIVEIRA, J. M. Leoni Lopes de. *Novo Código Civil anotado*. Rio de Janeiro: Lumen Juris, 2002.

PACHECO, José da Silva. *Processo de falência e concordata*. 12. ed. Rio de Janeiro: Forense, 2001.

PEREIRA, Caio Mário da Silva. *Instituições de direito civil*. 8. ed. Rio de Janeiro: Forense, 1990. v. III.

PÉROCHON, Françoise; BONHOMME, Régine. *Entreprises en difficulté – instruments de crédit et de paiement*. 6. ed. Paris: Librairie Générale de Droit et de Jurisprudence, 2003.

PROVINCIALI, Renzo. *Manuali di diritto fallimentare*. 5. ed. Milão: Casa Editrice Dott. A. Giuffrè Editore, 1969.

RAMALHO, Ruben. *Curso teórico e prático de falência e concordatas*. 3. ed. São Paulo: Saraiva, 1993.

REQUIÃO, Rubens. *Curso de direito falimentar*. 16. ed. São Paulo: Saraiva, 1998. v. I e II.

ROCCO, Alfredo. *Il fallimento*. Milão: Casa Editrice Dott. A. Giuffrè, 1962.

_____. *Il concordato:* nel fallimento e prima del fallimento, in Trattato Teorico e Pratico. Torino: Ed. Fratelli Boca, 1902.

RODRIGUES, Silvio. *Direito civil – direito de família*. 28. ed. São Paulo: Saraiva, 2004. v. 6.

ROSA JR., Luiz Emygdio Franco da. *Títulos de crédito*. Rio de Janeiro: Renovar, 2000.

_____. *Títulos de crédito*. 9. ed. Rio de Janeiro: Forense, 2019.

SACRAMONE, Marcelo Barbosa. *Comentários à Lei de Recuperação de Empresas e Falência*. São Paulo: Saraiva, 2018.

SALOMÃO, Luis Felipe; PENALVA SANTOS, Paulo. *Recuperação judicial, extrajudicial e falência*: teoria e prática. 3. ed. Rio de Janeiro: Forense, 2017.

SERRA, Catarina. *O novo regime português da insolvência – uma introdução*. Coimbra: Almedina, 2004.

SIMÃO FILHO, Adalberto. Interesses transindividuais dos credores nas assembleias gerais e sistemas de aprovação do plano de recuperação judicial. *In: Direito recuperacional: aspectos teóricos e práticos* (coords. Newton De Lucca e Alessandra de Azevedo Domingues). São Paulo: Quartier Latin, 2009.

TEPEDINO, Gustavo; BARBOZA, Heloisa Helena; MORAES, Maria Celina Bodin de. *Código Civil interpretado conforme a Constituição da República.* Rio de Janeiro: Renovar, 2004. v. I.

THEODORO JÚNIOR, Humberto. *A reforma da execução do título extrajudicial.* Rio de Janeiro: Forense, 2007.

_____. *Curso de direito processual civil.* 38. ed., 57. ed. e 59 ed. Rio de Janeiro: Forense, 2002, 2016 e 2018. v. I.

_____. *Curso de direito processual civil.* 18. ed. Rio de Janeiro: Forense, 1997. v. II.

_____. *Curso de direito processual civil.* 48. ed. Rio de Janeiro: Forense, 2016. v. III.

TOMAZETTE, Marlon. *Comentários à Reforma da Lei de Recuperação de Empresas e Falência.* Indaiatuba/SP: Foco, 2021.

VALVERDE, Trajano de Miranda. *Comentários à Lei de Falências.* Rio de Janeiro: Forense, 1948. v. I, II e III.

VAMPRÉ, Spencer. *Tratado elementar de direito comercial.* Rio de Janeiro: F. Briguiet & Cia., 1925.

VENOSA, Sílvio de Salvo. *Direito civil.* 4. ed. São Paulo: Atlas, 2004. v. VII.

VIVANTE, Cesare. *Trattato di diritto commerciale.* 5. ed. Milão: Casa Editrice Dott. Francesco Vallardi, 1924.